Р. И. АВАНЕСОВ

РУССКОЕ ЛИТЕРАТУРНОЕ ПРОИЗНОШЕНИЕ

УЧЕБНОЕ ПОСОБИЕ
ДЛЯ СТУДЕНТОВ
ПЕДАГОГИЧЕСКИХ
ИНСТИТУТОВ

Издание пятое, переработанное и дополненное

BRÜCKEN-VERLAG — DÜSSELDORF, 1972

МОСКВА «ПРОСВЕЩЕНИЕ»

1972

Avanesov, R. I., Russkoe literaturnoe proiznošenie.
Awanesow, R. I., Die russische Literaturaussprache.

Аванесов Р. И.
Русское литературное произношение. Учеб. пособие для студентов пед. ин-тов. Изд. 5-е, перераб. и доп. М., „Просвещение", 1972.

415 с.

В книге дано детальное описание русского литературного произношения. Орфоэпические нормы даются в соответствии с новейшими наблюдениями над современной практикой произношения.

Для 5-го издания пособие значительно расширено, в него включены обширные таблицы, показывающие соотношение произношения и написания.

ISBN 3—87106—022—4

*Памяти любимого учителя
Дмитрия Николаевича Ушакова
к столетию со дня его рождения
(1873—1973)*

ПРЕДИСЛОВИЕ К 5-му ИЗДАНИЮ

Настоящая книга имеет свою историю: от журнальных статей 1935—1936 гг. и позднейших — к 1-му изданию в 1950 г., а затем на протяжении более двадцати лет к ряду последующих изданий. С каждым изданием описание русского литературного произношения пополнялось новыми сведениями, детализировалось. В то же время — хотя и медленно — изменялись и самые рекомендуемые в книге нормы. Следя за рекомендуемыми в разных изданиях книги нормами, внимательный читатель может представить себе до известной степени эволюцию в области русских произносительных норм в течение последних почти четырех десятилетий.

Настоящая книга (как и книга „Ударение в современном русском литературном языке", 1-е изд. — 1955, 2-е — 1958) тесно связана с опытом словаря-справочника „Русское литературное ударение и произношение" (1955 г.) и его последующей переработкой „Русское литературное произношение и ударение. Словарь-справочник" (1959 г.): она предшествовала в первых двух изданиях опыту словаря-справочника (1955 г.), как бы подготовляя почву для его создания, и в свою очередь в последующих изданиях она обогатилась по своему содержанию благодаря наличию значительного по своим материалам словаря-справочника 1959 года.

Перерабатывая книгу, автор учел также материалы, накопившиеся у него во время многолетних консультаций в Кабинете актера и режиссера Всероссийского театрального общества, а также в последнее время на телевидении и радио.

В 5-е издание своей книги автор ввел небольшой очерк звуковой системы русского языка, а также дал схемы профиля артикуляций звуков русского языка. Однако автор считает нужным предупредить, что настоящая книга не есть русская фонетика, хотя он и пользуется фонетическими понятиями и терминами. Сведения по фонетике должны сообщаться преподавателем по мере изучения русского произношения или должны черпаться учащимися из соответствующих пособий по русской и общей фонетике.

5-е издание книги пополнено обширным „справочным отделом", где дан краткий очерк русской графики и орфографии и две таблицы — „От буквы к звуку" и „От звука к букве". Таблицы эти дают возможность наведения разнообразных справок о произношении написанного слова (1-я таблица) и о написании произнесенного слова (2-я таблица). Этот отдел много выиграл бы, если бы соотношения между произношением и правописанием строились исходя из фонологической системы русского языка. Однако практический характер книги не позволил автору этого сделать. Автор надеется осуществить это в отдельной книге, посвященной системе фонем русского литературного языка в ее отношении к устной (произносительно-слуховой) и письменной, графической (писанно-зрительной) реализации языка. Здесь же он изредка пользуется термином „фонема", полагая, что читатель получит необходимые разъяснения преподавателя или почерпнет их из книг (например, из книги Р. И. Аванесова, В. Н. Сидорова „Грамматика русского литературного языка" (М., 1945) или книги Р. И. Аванесова „Фонетика современного русского литературного языка" (М., 1956).

Характер изложения в книге остался прежним. Автор описывает современное состояние русского литературного произношения; при наличии вариантов он не скрывает своих вкусов и симпатий, указывая на то, какой из них предпочтительнее, а также каковы их различия в стилистической окраске. Установление же твердых норм, как указывалось в предисловии к предыдущим изданиям,—„это дело авторитетных органов советской науки и культуры", а не отдельного лица. Это будет сделано в коренным образом переработанном орфографическом словаре, готовящемся под руководством автора этой книги в Институте русского языка Академии наук СССР.

Книга предназначена прежде всего для работы с учащимися, родной язык которых русский. При работе с учащимися-нерусскими преподаватель должен исходить из звуковой системы их родного языка, из его артикуляционной базы, так как — как это было отмечено еще в предисловии к 1-му изданию — „трудности в усвоении русского произношения для представителей разных народов в зависимости от звукового строя их родного языка весьма различны".

В связи с тем что настоящая книга широко распространена не только среди учащихся-русских, но также и представителей народов Советского Союза и в зарубежных странах, автор считает нужным отметить, что, обучая нерусских русскому литературному произношению, следует ориентироваться на нейтральный стиль в его отчетливом произношении („полный стиль" по Л. В. Щербе), отвлекаясь от особенностей, присущих разным другим стилям произношения. Необходимо прежде всего добиться правильной постановки произношения отдельных звуков, а затем уже и типичных для русского языка сочетаний звуков, помня при этом, что трудности для усвоения русского языка не одинаковы для представителей разных языков в связи с различными артикуляционными базами этих языков. Так, например, надо добиться, чтобы звуки [т] и [д] отчетливо различались по глухости — звонкости (так как в ряде языков они различаются прежде всего по большей или меньшей силе взрыва), чтобы мягкие [т'], [б'], [с'], [з'] образовывались путем смычки или сближения передней части спинки языка (при кончике языка, примыкающем к нижним губам), а не кончиком языка, как в ряде языков; чтобы гласный [е] (после мягких согласных перед твердыми или на конце слова) имел [и]-образный приступ, чтобы гласный [о] после твердых согласных имел легкий [у]-образный приступ и т. п. Необходимо привить учащимся навыки правильного произношения в отношении ритмического строя русского слова с его редукцией гласных в безударных слогах и т. д.

Обучая русскому литературному произношению нерусских, надо отказаться от некоторых деталей в произношении, стремясь к некоему стандарту. Не претендуя на полноту, сделаем несколько конкретных замечаний. Следует, как указывалось, особое внимание уделить ритмической структуре русского слова с его редукцией безударных слогов. Однако 2-х ступеней редукции следует добиваться только для положения после твердых согласных ([гълавá], [гóлъву]); в положении после мягких согласных можно удовлетвориться одним [и]-образным звуком, который в книге обозначается при помощи разных знаков ([э], [ь] и [иᵉ]), т. е. не различать безударных гласных в случаях типа [б'ьр'иᵉгá], [д'иᵉр'éвн'ьм]. При наличии вариантов, один из которых соответствует правописанию, другой нет, можно удовлетвориться первым — т. е. [кр'éпк'иį], [т'и́х'иį], а не [кр'éпкъį], [т'и́хъį] (*крепкий*, *тихий*); [вытáск'ивът], [рᴧспáх'ивът'], а не [вытáскъвът'], [распáхъвът'] (*вытаскивать*, *распахивать*), [мójýс], [бᴧjýс'], [мы́лсъ], а не [мójýс], [бᴧj'ýс], [мы́лсъ] (*моюсь*, *боюсь*, *мылся*) и т. д.

Следует также отказаться от требования во всей полноте придерживаться правил ассимилятивного смягчения согласных: при наличии варианта с твердым согласным перед мягким допускать произношение с твердым согласным (имеется в виду произношение типа [дв'êр'], [л'ýдмилъ], [рᴧзд'в'и́нут] (*дверь*, *Людмила*, *раздвинут*). Это тем более целесообразно, что и в произношении русских имеется тенденция к усилению позиций перечисленных выше и других, обычно более новых вариантов, к их стремлению занять положение нормы по крайней мере в повседневном языковом общении.

При подаче схем артикуляций русского языка использован „Альбом артикуляций звуков русского языка" М. И. Матусевич и Н. Н. Любимовой (М., 1963).

Автор благодарит сотрудницу Института русского языка Академии наук СССР С. Н. Борунову, просмотревшую книгу в рукописи и сделавшую ряд ценных замечаний.

Автор посвящает эту книгу памяти своего учителя Дмитрия Николаевича Ушакова — основоположника русской орфоэпии, которому он обязан своим интересом к фонетике, орфоэпии и орфографии русского языка.

Ноябрь 1971 г., Москва

ИЗ ПРЕДИСЛОВИЯ К 4-МУ ИЗДАНИЮ

Первые три издания настоящей книги встретили многочисленные отзывы и отклики как в советской, так и в зарубежной печати, а также в большом количестве писем к автору и в устных обсуждениях. Критики и читатели сделали ряд замечаний как более общего, так и частного характера. В связи с этими замечаниями в настоящее издание внесены некоторые исправления и дополнения.

В кратком предисловии нет возможности (да и необходимости) входить в обсуждение сделанных автору критических замечаний, часть которых имеет определенный теоретический интерес. Однако одного из них коснуться необходимо. Автору был сделан упрек в том, что при наличии произносительных вариантов он больше описывает современное состояние русского литературного произношения, чем устанавливает его нормы. Упрек этот следует признать справедливым; но не менее справедливо и то, что ни один автор в качестве отдельного лица не может и не имеет права взять на себя функции „законодателя", предписывающего нормы произношения. Это дело авторитетных органов советской науки и культуры. К тому же полная унификация произносительной системы невозможна, и едва ли ее следует добиваться. Язык есть явление развивающееся, и в каждую данную эпоху в нем сосуществуют явления развивающиеся и явления отмирающие, сосуществуют варианты, различные по своей возрастной и социальной принадлежности, по стилистической окраске. Поэтому в настоящем издании характер изложения в общем остался прежним, хотя автор и не скрывает своих вкусов и симпатий, указывая обычно на то, какой из произносительных вариантов ему кажется предпочтительнее, а также на различия в их стилистической окраске. Думается, что при современном состоянии изучения русского литературного произношения это единственно правильное решение.

Четвертое издание книги „Русское литературное произношение" переработано и расширено. Оно пополнено материалом новых наблюдений автора, сделанных после выхода 3-го издания настоящей книги (1958). Введены необходимые коррективы и уточнения в рекомендуемые нормы с учетом языкового развития последнего десятилетия.

Однако в целом характер книги сохранился. Как и в предыдущих изданиях, автор стремился к популярному изложению. Как и прежде, он стремился не только описать законы русского произношения, но и привести достаточно широкий иллюстративный материал, а в тех случаях, когда описываемое явление встречается в ограниченном количестве случаев,—привести все соответствующие случаи. Поэтому настоящая книга является не только „пособием", „руководством", „учебником", но также—в известной степени—и справочной книгой для всех, кто интересуется произносительной стороной современного русского языка.

Июль 1967 г., Москва

ИЗ ПРЕДИСЛОВИЯ К 1-МУ ИЗДАНИЮ

В настоящей книге делается попытка представить основные черты русского литературного произношения в том виде, как оно бытует в устах владеющих им советских людей наших дней, т. е. с учетом происшедших в нем за советский период изменений.

Сложившиеся до Великой Октябрьской социалистической революции в русском литературном языке орфоэпические нормы в значительной своей части сохранили силу и для наших дней, но в некоторых случаях утратились, уступив свое место новым нормам. Немало и таких случаев, когда рядом со старым произношением, представленным в определенных стилях речи, существует и новое произношение, укрепившееся за последнее время и являющееся теперь вполне литературным. Иными словами, для ряда явлений приходится отмечать известные колебания в произношении, указывать на произносительные варианты литературного языка.

При наличии колебаний в литературном произношении автор не предписывает читателю ту или иную норму, а описывает данное явление в его современном состоянии, указывая на произношение старое и новое, отмирающее и нарождающееся, на бо́льшую или ме́ньшую употребительность разных произносительных вариантов, на их различную стилистическую окраску.

В связи с практическим характером пособия русское литературное произношение описывается в нем не само по себе, а с точки зрения наиболее типичных отклонений от произносительных норм литературного языка в речи русских, а также отчасти в речи представителей других народов. Впрочем, надо иметь в виду, что эта книга не может достаточно полно обслужить потребности нерусского, изучающего русский язык, так как трудности в усвоении русского произношения для представителей разных народов в зависимости от звукового строя их родного языка весьма различны и не могут быть предусмотрены в одном, и притом небольшом по объему, общем пособии.

При описании литературного произношения в книге не только указываются типичные отклонения от него, но также и приемы исправления произношения.

Настоящая книга предназначена для студентов вузов — будущих преподавателей русского языка. Автор надеется, что ею смогут воспользоваться также учителя в своей школьной практике, так как работа над повышением произносительной культуры школьников была и остается важной стороной преподавания русского языка в школе. Однако в связи с популярным и чисто практическим характером пособия оно, по существу, адресовано и к более широким кругам советской интеллигенции разных специальностей, так или иначе заинтересованным в повышении культуры устной речи.

Настоящая книга выросла из многолетней практики преподавания автора в Московском государственном университете, а также на основе материалов многочисленных справок и консультаций, которые ему приходилось давать учителям, студентам, школьникам, актерам, научным работникам и работникам радио.

1950 г., Москва

ВВЕДЕНИЕ

§ 1. Понятие об орфоэпии

Одним из существеннейших признаков каждого литературного языка, в отличие от диалектов, является наличие в нем более или менее четко отработанных норм.

Литературный язык имеет нормы лексические, грамматические, орфографические и произносительные (иначе — фонетические).

Так, например, слова *хорóший, в прóшлом годý, óчень, молодёжь, процéнт* находятся в согласии с лексическими нормами русского литературного языка. Тот же, кто употребляет слово *баскóй* (вместо *хороший*), *лонúсь* (вместо *в прошлом году*), *дюже, шúбко* или *порáто* и др. (вместо *очень*), *мóлодежь* и *прóцент* (с ударением на первом слоге), тем самым нарушает эти нормы: приведенные слова или совсем не входят в состав русского литературного языка, или же имеют чуждое литературной речи ударение. Другой пример. Русскому литературному языку свойственны формы *он хóчет, знáет, у сестры́, нóгу, она спалá*. Тот же, кто вместо них употребляет диалектные формы *он хотúть, знáт, у сестрé, ногý* (с ударением на окончании), *она спáла* (с ударением на первом слоге), тем самым нарушает грамматические нормы литературного языка, принятые в литературном языке нормы спряжения и склонения. Лексические и грамматические нормы (кроме ударения, относящегося к сфере устной речи) свойственны литературному языку как в его письменном виде, так и в устном. Однако письменный язык имеет еще свои специфические нормы — орфографические, т. е. систему правил, устанавливающих единообразную передачу языка на письме. В свою очередь устной речи свойственны нормы орфоэпические. Орфоэпия (от греч. orthos — прямой, правильный и epos — речь) — совокупность правил устной речи, обеспечивающих единство ее звукового оформления в соответствии с нормами национального языка, исторически выработавшимися и закрепившимися в литературном языке.

Объем понятия орфоэпии не является вполне установившимся. Одни понимают орфоэпию суженно — как совокупность норм произношения в собственном смысле слова, исключая из нее вопросы ударения, практически очень важные. Другие, напротив, понимают орфоэпию очень широко — как совокупность не только специфических норм устной речи (т. е. норм произношения и ударения), но также и правил образования грамматических форм (ср., например, в русском языке *свечей* или *свеч, колыхáется* или *колы́шется, тяжелéе* или *тяжéле*), которые в равной мере относятся также и к письменному языку. Наиболее целесообразным следует считать такое понимание орфоэпии, при котором в ее состав включается произношение и ударение, т. е. специфические явления устной речи, обычно не отражаемые в должной мере на письме. Примеры ошибок в области ударения уже были даны выше. Приведем пример из области произношения. Например, слова *помог ему* в литературном языке произносятся приблизительно так: *памóк йиму́*. Тот, кто произносит диалектные *памóк яму́*, или *помóк ёму́*, или как-нибудь иначе, нарушает произносительные нормы литературного языка. Или фраза *приведу внука* произносится приблизительно так: *привиду́ внýка*. Тот, кто произносит *привяду́ унýка*, или *привёду́ мнýка*, или как-нибудь иначе, опять-таки нарушает нормы русского литературного произношения.

Понятия произношения и ударения требуют некоторых пояснений.

Произношение охватывает прежде всего фонетическую систему языка, т. е. состав различаемых в данном языке фонем, их качество, их изменения в определенных фонетических условиях. Например, фонетической системе русского литературного языка свойственны две аффрикаты — [ц] и [ч'] (ср. *мыльце* и *мыльче* — сравнительная степень от *мылкий*), в отличие от цокающих говоров, имеющих одну аффрикату (в цокающих говорах, например, слова *конца* и *кончать* произносятся со звуком [ц] как на месте *ц,* так и на месте *ч*). Другой пример: фонема [г] имеет в русском литературном языке взрывное образование ([г]ость), а не фрикативное, как в южных говорах ([γ]ость); одной из закономерных черт фонетической системы русского литературного языка является замена звонких парных согласных на конце слова соответствующими глухими (ср. хлé[б]а, но хле[п], морó[з]а, но морó[с], дро[в]á но дро[ф]). Важной чертой фонетической системы русского языка является замена гласного [о] в 1-м предударном слоге гласным, близким к [а]: ср. ст[о]л — ст[ʌ]лá, дв[о]р — дв[ʌ]рóв, пр[ó]сим — пр[ʌ]си́л, д[ó]рог — д[ʌ]рóже. Эти и подобные явления и образуют фонетическую систему. Фонетическая система — главное и основное в произношении, однако она не покрывает собой полностью понятия произношения. В понятие произношения входит, кроме того, звуковое оформление отдельных слов или групп слов в той мере, в какой оно не определяется фонетической системой языка. Так, например, имеется группа слов, в которых на месте орфографического сочетания *чн* произносится [шн]: конé[шн]о, скý[шн]о, яи́[шн']ица, пустя́[шн]ый, прáче[шн]ая и др. В ряде случаев существует двоякое произношение, с [шн] и [ч'н]: сли́во[шн]ый и сли́во[ч'н]ый, моло[шн]ый и моло[ч'н]ый и др. При любом произношении этих слов фонетическая система русского языка в равной мере допускает оба сочетания — как [шн], так и [ч'н]; ср. пы́[шн]ый, роско́[шн]ый, ду́[шн]ый и зы́[ч'н]ый, то́[ч'н]ый, ту́[ч'н]ый. Таким образом, перед нами в данном случае явление, безусловно относящееся к произношению, но не определяющееся фонетической системой. Произношение звука [ш] или [ч'] перед [н] в каждом отдельном слове определяется традицией, принадлежностью слова к тому или иному стилю (высокому или разговорному), стилистической окрашенностью речи, но отнюдь не фонетическими условиями. Точно так же из фонетической системы никак не вытекает, что на месте *щ* в словах *помощник, всенощная* следует произносить [ш]: помо́[ш]ник, всено́[ш]ная (ср. *мощный, хищный* и другие слова, где на месте *щ* произносится двойной мягкий [ш], т. е. [ш':]: мо́[ш':]ный, хи́[ш':]ный); фонетическая система допускает произношение перед [н] как фонемы [ш':], так и фонемы [ш] (ср. бу́ду[ш':]ность и возду́[ш']ность). Фонетическая система не дает указаний на то, как произносить, например, сочетание *те* в словах *постель* и *пастель, патент* и *тент:* пос[т'е́]ль и пас[тэ́]ль, па[т'е́]нт и [тэ]нт. Как видно из этих примеров, фонетическая система допускает употребление перед гласным [е] как мягкого, так и твердого согласного [т]. Употребление твердого [т] определяется принадлежностью слова к определенному слою лексики, а именно к части заимствованных слов, относящихся главным образом к области науки, техники, искусства, политики.

Наконец, в понятие произношения входит звуковое оформление отдельных грамматических форм, опять-таки в той мере, в какой оно не определяется фонетической системой языка. Например, вопрос о звуковом оформлении глаголов с возвратной частицей *-сь* (бою́[с] или бою́[с'], мо́ю[с] или мо́ю[с']), безусловно, относится к произношению, но не имеет отношения к фонетической системе русского языка, так как последняя в равной мере допускает на конце слова как [с], так и [с']: ср. [ос] и [ос'], [ус] и [гус'], [спрос] и [брос'].

Все эти и подобные случаи, не всегда относящиеся к фонетической системе, тем не менее относятся к произношению. Таким образом, произношение представляет собой понятие более широкое, чем фонетическая система, хотя последняя занимает в нем главное место.

Следует специально отметить, что к произношению не относится такая важная сторона устной речи, как дикция, т. е. устная речь со стороны четкости и внятности произношения. Можно обладать плохой дикцией и в то же время хорошим литературным произношением, т. е. невнятно, нечетко артикулировать, но произносить правильно, как это свойственно литературному языку. Напротив, можно обладать прекрасной дикцией, т. е. артикулировать четко и внятно, но совершенно не владеть литературным произношением, например произносить *яво́, яму́, приняси́.* Само собой разумеется, что не относятся к произношению разного рода индивидуальные недостатки речи — такие, как заикание, картавость, гнусавость и т. д., для устранения которых требуется помощь медицины (так называемая л о г о п е д и я).

Специальное замечание требуется об ударении — другом важном отделе орфоэпии. Русский язык обладает сложной системой разноместного и подвижного ударения. Русское ударение является разноместным, потому что оно может падать на любой слог слова (ср. слова *зо́лото, то́пливо* с ударением на первом слоге, *соба́ка, воро́на* с ударением на втором слоге, *молоко́, тарака́н* с ударением на третьем слоге). Вместе с тем русское ударение, будучи в одних словах неподвижным, в других словах является подвижным, так как при образовании разных форм одного и того же слова его место может меняться (ср., например, *вода́, воды́,* но *во́ду; го́род, го́рода, го́роду,* но *городá, городо́в, городáм; при́нял,* но *приняла́; приму́,* но *при́мешь, при́мут; этот товар до́рог,* но *эта вещь дорога́* и т. д.). Ударение является весьма важной стороной оформления устной речи, хотя оно и не относится в русском языке к области произношения в собственном смысле слова.

Отсутствие фиксированного места ударения, разноместность делает ударение в русском языке индивидуальным признаком данного слова. Одним словам присуще ударение на 1-м слоге, другим — на 2-м, третьим — на 3-м и т. д. (ср. *то́пливо, коро́ва, толокно́*). Разноместность ударения используется для различения слов (ср. *му́ка* и *мука́, пи́ли* и *пили́*) и в этой своей роли непосредственно связано с лексикой, словарным запасом языка. У суффиксальных и префиксальных слов ударение может быть признаком данного словообразовательного типа. Ср., например, *глу́хость, ту́пость, ста́рость, глу́пость* (безударность суффикса) или *тра́вка, но́жка, кана́вка, кни́жка* (ударение на основе) при различии ударения в соотносительных с ними мотивирующих словах: *глухо́й, тупо́й* и *ста́рый, глу́пый; трава́, нога́* и *кана́ва, кни́га.* Ср. также *сельцо́* и *де́льце* при *село́* и *де́ло* (где место ударения производных отражает различия в месте ударения соотносительных с ними мотивирующих слов). Другая сторона русского ударения — его подвижность — используется как грамматическое средство, хотя и дополнительное, но тем не менее в устной речи весьма существенное. Например, вин. пад. ед. ч. от *вода́, нога́, рука́* образуется не только при помощи флексии *-у,* но также и путем переноса ударения на основу (ср. *вода́, воды́, воде́, водо́й,* но *во́ду* и т. д.). Форма женск. р. от *при́нял* образуется не только при помощи прибавления флексии *-а,* но также и путем переноса ударения на эту флексию: *при́нял — приняла́.* В одних случаях перенос ударения с одной части слова на другую при его изменении является признаком отдельного слова или группы слов, в других — признаком парадигмы как таковой, т. е. целиком относится к грамматике.

Таким образом, хотя ударение всецело относится к сфере устной речи, но, будучи в русском языке признаком либо данного слова, либо данной грамматической формы или парадигмы, оно относится и к лексике и грамматике, а не характеризует само по себе произношение. Это значит, что если кто-нибудь говорит *мо́лодежь* вместо *молодёжь,* то он ошибается не в произношении в собственном смысле слова, а в ударении, присущем данному слову в литературном языке. При неправильности ударения может быть правильным произношение, если в заударных слогах этого слова на месте *о* и *е* произносятся очень краткие гласные, близкие соответственно к [ы] и [и] (*мо́лыдиш*), так как именно эти звуки и должны произноситься в литературном языке на месте *о* и *е* в заударных слогах. Если кто-нибудь вместо *го́лову* скажет *голову́* и при этом произнесет на месте буквы *о* в 1-м и 2-м предударных слогах соответственно звук [а] и очень краткий звук, близкий к [ы] (приблизительно: *гылаву́*), то он сделает ошибку не против произношения, так как именно эти звуки и надо произносить на месте *о* в предударных слогах, а против грамматики: винительный падеж от слова *голова* образуется с переносом ударения на первый слог основы: *го́лову* (ср. также *сторона́ — сто́рону, борода́ — бо́роду, борона́ — бо́рону* и др.).

Настоящее пособие посвящено произношению в собственном смысле слова, т. е. тому, как должны произноситься те или иные звуки в определенных фонетических положениях, в определенных сочетаниях с другими звуками, а также какие звуки должны произноситься в определенных грамматических формах и группах слов или даже отдельных словах, если эти формы и слова имеют свои произносительные особенности. Вопросы ударения, практически чрезвычайно важные, в нем оставлены в стороне: они должны составить предмет особого, весьма нужного пособия, посвященного ударению в словах и грамматических формах, т. е. акцентологическому словарю русского языка и грамматике русского ударения.

В настоящей книге не рассматривается вопрос о произношении связного текста — его членении паузами, интонации, темпе, тембре, выразительной стороне и т. д.: в ней речь идет лишь о произношении каждого отдельного слова в этом тексте, или, точнее, о произношении фонетического слова, т. е. самостоятельного (знаменательного) слова с примыкающими к нему безударными служебными словами или частицами (например, *на́ гору, на горе́, не пойдёт ли, когда́ же*).

Объем вопросов, рассматриваемых в этой книге, лучше всего уясняется следующим образом: представим себе написанный текст с поставленными ударениями; вопрос о том, как он должен произноситься в пределах каждого слова в указанном только что смысле, и является предметом настоящего пособия.

§ 2. Практическое значение орфоэпии

Язык есть „важнейшее средство человеческого общения" (Ленин), „практическое... действительное сознание" (Маркс и Энгельс). Звуки речи являются „природной материей" языка; без звуковой оболочки не может существовать язык слов. Этим определяется место фонетической системы и шире — орфоэпии в системе языка. В то время как элементы лексики и грамматического строя (слова, морфемы, предложения и т. д.) всегда значимы, обладают определенным значением, элементы фонетической системы незначимы сами по себе, а лишь служат для различения слов и морфем. Ср. какое-нибудь слово, например *перелезут*, в целом или в составляющих его морфемах (*пере-, -лез-, -ут*), с одной стороны, и входящие в их состав звуки. Слово и каждая из его морфологических частей (морфем) обладают своим определенным значением. В противоположность этому отдельные звуки (фонемы), например [п'], [л'], [у], никаким значением не обладают. Однако, не обладая сами по себе значением, звуки речи (фонемы) являются средством, при помощи которого различается звуковая оболочка слов и морфем, обладающих разным значением (ср., например, *дом — том — сом; сом — сам; сам — сап*). Поэтому в процессе языкового общения звуковая сторона языка имеет весьма важное значение.

На определенной ступени своего развития звуковой язык получает и свою письменную фиксацию. Важность единства письменного языка, единства в написаниях, т. е. орфографии, очевидна для всех: всем известно, что разнобой в написаниях, неграмотные написания мешают чтению, тормозят понимание читаемого. Но произвол в произношении почти так же недопустим, как и анархия в письме: язык как средство общения будет полностью удовлетворять своему социальному назначению только в том случае, если все его элементы будут способствовать наиболее быстрому и легкому общению. Дело в том, что отклонения от литературного, орфоэпического произношения почти так же мешают языковому общению, как и неграмотное письмо. Это объясняется тем, что при восприятии устной речи нормально мы не фиксируем внимания на ее звуковой стороне, а непосредственно воспринимаем смысл. Между тем неправильности в произношении, т. е. отклонения от стандартного орфоэпического произношения, отвлекают слушающего от смысла, заставляя его обращать внимание на внешнюю, звуковую сторону речи, и тем самым являются помехами на пути к пониманию, на пути языкового общения. Таким образом, единообразное произношение так же важно, как и единообразное письмо.

Орфоэпия, как и орфография, является неотъемлемой стороной литературного языка. Задачи орфоэпии и орфографии заключаются в том, чтобы, минуя все индивидуальные особенности речи, а также особенности местных говоров, сделать язык наиболее совершенным средством широкого общения.

Следовательно, орфоэпия относится к сфере чисто практической, прикладной. Являясь одной из сторон культуры речи, она ставит своей задачей способствовать поднятию произносительной культуры русского языка в советском обществе.

В прошлом, когда устная речь не была средством широкого общения вследствие неразвитости публичной речи и употреблялась главным образом в обиходно-бытовом диалоге, проблема орфоэпии, естественно, не имела большого практического значения. Значение единообразности произношения выросло с развитием разных форм публичной речи. Особенно велико оно стало после Великой Октябрьской социалистической революции, когда устная речь стала средством самого широкого общения на собраниях, съездах советских и общественных организаций, разного рода конференциях, совещаниях, слетах, в школе, театре, кино, наконец, на радио и телевидении. Ораторская речь с трибуны, лекция преподавателя с кафедры, выступление чтеца с эстрады, речь актера со сцены, звуковое кино, радиовещание, телевидение — все это требует безукоризненного языкового оформления, в том числе оформления произносительного. Особенное значение в этом отношении имеет развитие радиовещания и телевидения, которые делают устную речь средством в известном смысле даже более широкого общения, чем письмо.

При уяснении важности культуры русского литературного произношения надо иметь в виду еще следующее: русский язык является не только национальным языком русского народа, но и языком межнационального общения братских народов Советского Союза и одним из важнейших мировых языков — языком величайшей культуры, на котором созданы произведения Пушкина, Белинского, Чернышевского, Льва Толстого, Максима Горького, труды великого Ленина. Русский язык в настоящее время широко изучается во всем мире, в школах многих стран — в качестве одного из обязательных иностранных языков.

Из всего сказанного следует, что обучение русскому литературному произношению так же необходимо, как и обучение правописанию и грамматике. Сознательное культивирование литературного произношения (в театре, кино, на радио и телевидении, в школе) имеет огромное значение для освоения многомиллионными массами трудящихся, русских и нерусских, русского литературного языка и тем самым русской советской социалистической культуры. Но школа имеет свое особое и большое место в этом отношении: именно она призвана заложить основы литературного произношения у подрастающего поколения; поэтому забота о повышении произносительной культуры учащихся является одной из важных обязанностей каждого учителя-словесника.

§ 3. Русское литературное произношение в его историческом развитии

Орфоэпия как совокупность специфических норм устной речи складывается исторически, вместе с сложением и развитием данного национального языка. Хотя элементы нормализации языка известны и в более ранние эпохи (до образования национального языка), однако они в эти эпохи или не охватывали устную речь, или охватывали ее в незначительной степени: потребность в орфоэпических нормах была незначительна вследствие слабого развития публичной речи. Роль орфоэпии возрастает с формированием национального языка, когда в связи с развитием капиталистических отношений, одержавших окончательную победу над элементами феодализма, широко развиваются разные формы публичной речи, требующие единого звукового оформления.

Произносительные нормы современного русского языка сложились в своих важнейших чертах еще в первой половине XVII в., но первоначально как нормы „московского говора", которые лишь постепенно, по мере развития и укрепления национального языка, стали приобретать характер общенациональных норм.

Как известно, русский народ сложился в северо-восточной, Ростово-Суздальской Руси, центром которой уже с XIV в. стала Москва. Именно в Москве в XV—XVII вв. на почве одного из первоначально севернорусских говоров, приобретшего впоследствии под воздействием южного диалекта аканье (и тем самым среднерусский характер),— говора московского — складываются основы литературного русского языка. Установившиеся в Москве нормы, в том числе нормы произносительные, передавались в другие культурные центры в качестве единого образца, постепенно усваиваясь там на почве своих местных языковых особенностей.

Перевод столицы в начале XVIII в. в Петербург произошел тогда, когда русский литературный язык в основных своих фонетико-морфологических чертах уже сложился, и потому это событие не могло оказать на формирование его норм существенного влияния. Вновь построенная столица была лишена в своих окрестностях большого компактного населения; последнее к тому же в экономическом, политическом и культурном отношениях не имело сколько-нибудь заметного значения в стране. В самой новой столице едва ли не преобладали первое время москвичи, для остального же смешанного разнодиалектного населения в течение длительного времени московское наречие сохраняло свой образцовый характер. С течением времени московское произношение в Петербурге подвергается некоторым изменениям в сторону усиления элементов книжного, „буквенного" произношения под влиянием правописания, а также, возможно, некоторого усиления севернорусских элементов. Так возникает противоположение московскому произношению „петербургского". Последнее, правда, не стало орфоэпической нормой, оно не было, в частности, принято русской сценой, наиболее ревностно оберегающей чистоту литературного произношения („московские" нормы господствовали и на петербургской сцене). Однако многие его особенности оказались весьма жизнеспособными — они влияли и продолжают в настоящее время влиять на направление развития русского литературного произношения.

Таким образом, русский литературный язык сложился на исторической основе московского говора. Поэтому орфоэпическим считалось то произношение, которое было свойственно московскому говору.

До Великой Октябрьской социалистической революции орфоэпические нормы русского языка отстоялись главным образом в языке московской интеллигенции, а через нее проникали в той или иной степени и вообще в язык культурных слоев населения.

Однако полной унификации литературного произношения все же не было, да его и не могло быть, поскольку существуют разные стили языка, отличающиеся друг от друга наряду с другими особенностями также и произносительными. Поэтому в определенных случаях существовали колебания — произносительные варианты, многие из которых имели разную стилистическую окраску.

Кроме того, несмотря на стремление литературного языка ко всеобщности и единообразию, отдельные крупные экономические и культурные центры нередко вырабатывали некоторые свои особенности произношения, несвойственные орфоэпическому, литературному произношению, сложившемуся на основе московского говора. Поэтому не только петербургское произношение несколько отличалось от московского, но имелись свои местные отличия и в произношении других крупных центров, например таких, как Казань или Нижний Новгород (ныне Горький), Ростов-на-Дону и др.

После Великой Октябрьской социалистической революции социальный состав носителей русского литературного языка значительно расширился: литературный язык становится достоянием быстро растущих широких кругов многомиллионной советской интеллигенции, вышедшей из народа, а также постепенно и всего советского народа. К русскому литературному языку получили доступ самые широкие слои братских народов Советского Союза — таким образом, русский язык стал языком межнационального общения народов СССР. В связи со всем этим орфоэпические нормы, выработавшиеся до Великой Октябрьской социалистической революции, не могли не пошатнуться: колебаний и произносительных вариантов, которых было достаточно много и ранее, стало больше. Однако в дальнейшем, по мере укрепления страны, осуществления планов довоенных пятилеток, роста культуры советского народа, повысилась также и культура речи, в том числе произносительная. Ранее выработавшаяся произносительная система сохранилась во всех своих основных, решающих чертах. Эта система культивируется на сцене, ей старается следовать радиовещание и телевидение, ей учится подрастающее поколение в школе. Из нее выпали некоторые устаревшие черты, заменившиеся новыми. В некоторых случаях рядом со старыми нормами стали употребляться новые, укрепившиеся за последнее время. Однако русская произносительная система, как одна из сторон литературного языка, представляет собой исторически сложившееся явление. Утрачивая постепенно некоторые свои особенности и вырабатывая другие, она в то же время сохранилась в своей основе без существенных изменений.

§ 4. Разные стили произношения

Литературный язык реально существует во многих своих разновидностях. Так, в языке советского офицера, инженера, рабочего, колхозника-передовика имеются свои особенности; это обусловлено, конечно, объективной действительностью — различиями их реального, практического жизненного опыта. Больше того, язык каждого из них неодинаков в зависимости от того, обращается ли он к одному лицу или ко многим (например, при выступлении на собрании), а при обращении к одному лицу — в зависимости от того, кто это лицо — ребенок или взрослый, из числа родных и близких, или постороннее, незнакомое лицо, а также в зависимости от того, где происходит разговор, например в семейном кругу или в общественной организации. Огромное значение имеет содержание речи: обиходно-бытовой диалог, выступление на производственном совещании, научная лекция, лирическое стихотворение — все это в языковом отношении оформляется весьма различно.

Все эти языковые разновидности образуют то, что обычно называется разными стилями литературного языка. Принято думать, что последние отличаются друг от друга лишь в отношении лексики и фразеологии, а также грамматики. Однако это неверно: на самом деле отличия захватывают и область фонетическую, произносительную. Поэтому с полным правом можно говорить о разных стилях произношения. Ввиду неразработанности этого вопроса мы ограничимся лишь немногими замечаниями.

Отметим, что стили произношения тесно связаны со стилями языка в целом, и прежде всего со стилистическими разграничениями в лексике. Однако отношения произносительных стилей к стилям в лексике не являются прямолинейными и простыми.

В лексике, как известно, выделяется в качестве основного нейтральный стиль. Это слова, которые могут быть употреблены в любом типе высказывания: в обиходном-бытовом диалоге и торжественной публичной речи, в частном письме и лирическом стихотворении, в деловой бумаге и языке художественной прозы. Таковы, например, слова *дом, часы, вода, сад; строить, жить, умереть; большой, белый, сладкий; я, он, мой, свой; где, куда; пять, десять*. Будучи универсальными, употребляясь в любом типе высказывания, эти слова стилистически не окрашены. Именно этот негативный признак дает основания отнести их к н е й т р а л ь н о м у с т и л ю.

На фоне нейтрального стиля, с одной стороны, выделяются слова в ы с о к о г о с т и л я, с другой — слова р а з г о в о р н о г о с т и л я.

К высокому стилю могут быть отнесены, например, слова *очи, чело, уста, владыка, воздвигнуть, возмездие, дерзновенный, восславить, воссиять, воспарить*, а также уже вышедшие из употребления и встречающиеся только в языке старинных писателей — *ланиты* (щеки), *перси* (грудь), *выя* (шея). Употребление этих слов характеризует речь торжественную, эмоционально приподнятую.

К разговорному стилю могут быть, например, отнесены слова *давненько, частенько, болтун, шельма, вихрастый, глазастый, головастый, говорун, задира, загвоздка, невпроворот, взбелениться, артачиться, дескать, де,* выражения *как миленький, как пить дать*. Эти слова употребляются в речи непринужденной, обиходно-бытовой, интимной.

Вполне возможно высказывание, целиком состоящее из слов нейтрального стиля. Однако невозможно представить себе высказывание, состоящее из слов, принадлежащих только к одному из окрашенных стилей — высокому или разговорному. Слова этих стилей лишь вкрапливаются в высказывание. Употребляясь среди слов стилистически неокрашенных, относящихся к нейтральному стилю, они стилистически окрашивают все высказывание. Далеко не все слова нейтрального стиля имеют свои соответствия в одном из окрашенных стилей. Но слова окрашенных стилей обычно имеют соответствия в нейтральном стиле. Ср. *очи — глаза; уста — губы; воздвигнуть — построить; головастый — большеголовый* или переносно — *умный; взбелениться — рассердиться; артачиться — противиться, как пить дать — обязательно.* Не часто встречается лексическое соответствие одновременно во всех трех стилях, типа *скончался — умер — помер.*

Высокий стиль имеет разновидности — поэтический, ораторский, академический (или книжный) и др. За пределами литературного языка от разговорного стиля ответвляется просторечный стиль, тесно связанный с городскими „полудиалектами" и арго (например, *шпана, лафа, стибрить, дербалызнуть, сбрендить, в доску свой, в дым пьяный*).

В произношении также выделяются три стиля: основной, нейтральный стиль и ответвляющиеся от него в разные стороны высокий и разговорный стили. См. это в схеме:

Стили произношения

стилистически окрашенный:	высокий
основной; стилистически не окрашенный:	нейтральный
стилистически окрашенный:	разговорный

Многим нормам нейтрального стиля произношения нет соответствий в окрашенных стилях. Например, слова *дом, стол, вода, нога, сказал, дай, хорош, собака, корова* произносятся одинаково в любом стиле. Однако некоторые нормы нейтрального стиля произношения имеют свои соответствия в высоком или разговорном стиле.

Так, например, произношение [сонэ́т], [но]кти́рн, [фонэ] ти́ческий характеризует высокий стиль в отличие от нейтрального — [слн'е́т], [нʌ]кти́рн, [фън'и^е] ти́ческий. Или: произношение [ут'еа́] нет книги? [клда́] (*когда*), т[о́]ко (*только*), [шыис'·а́т] (*шестьдесят*), [п'иис'·а́т] (*пятьдесят*) характеризует разговорный стиль в отличие от обычного, нормального, нейтрального [у-т'и^{е}б'·а́], [клгда́], [то́·л']ко, [шъз'д'и^{е}с'·а́т], [п'ьд':и^{е}с'·а́т]. Наконец, произношение [тэ] ма, му [зэ́]й отражает стремление говорящего к высокому стилю в произношении таких слов, которые в самом высоком стиле не отличаются от произношения их в нейтральном стиле: [т'е́]ма, му[з'е́]й. Подобное произношение в прошлом свидетельствовало о стремлении определенных социальных кругов отгородиться от общенародного языка своим „классовым" жаргоном (например, у дворянства в царской России). Теперь оно обычно встречается в связи с неполным усвоением норм литературного языка, при стремлении, однако, их усвоить. В этих условиях появляется книжное произношение таких слов, которые в литературном языке произносятся по общим нормам звуковой системы. Такая речь производит впечатление претенциозности, „сверхобразованности" и, конечно, рекомендована быть не может.

Можно отметить, что и́канье (т. е. произношение гласного [и] на месте *е, я* в безударных слогах, в особенности в 1-м предударном слоге), свойственное разговорному стилю, не свойственно высокому стилю, где произносится гласный более или менее близкий к [е]. Ср. [з'имл'·а́] или [з'и^{е}мл'·а́], [з'ирно́] или [з'и^{е}рно́], [в'ика́] или [в'и^{е}ка́] (в разговорном стиле) и [з'е^{и}мл'·а́] или [з'емл'·а́], [з'е^{и}рно́] или [з'ерно́], [в'е^{и}ка́] или [в'ека́] (в высоком стиле).

Естественно, что слова высокого стиля в своем звучании оформляются по нормам высокого стиля произношения, если они имеют соотносительные особенности в нейтральном и высоком стиле. Например, слова *дерзать, мерцательный*, относящийся к высокому стилю, едва ли следует произносить в и́кающем оформлении: [д'ирза́·т'], [м'ир]ца́тельный. Здесь в 1-м предударном слоге более уместно будет произношение гласного, близкого к [е]: [д'е^{и}рза́·т'], [м'е^{и}р]ца́тельный. Так же естественно, что слова разговорного стиля при наличии в них соотносительных произносительных особенностей в нейтральном и разговорном стилях оформляются по нормам разговорного стиля. Ср. обычное произношение взбе[л'и]ни́ться, [фт'и]мя́шится (в голову), [з'ит'·ок] *(зятек)* с гласным [и] в 1-м предударном слоге. Произношение гласного, близкого к [е], здесь было бы неуместно и приобрело бы диалектную окраску. Однако значительное количество слов относится к нейтральному стилю. Такие слова в соответствии со стилем высказывания в целом могут оформляться либо по нормам нейтрального стиля, либо по нормам одного из окрашенных стилей.

Разные стили произношения нельзя представлять себе как замкнутые в себе, изолированные друг от друга системы: напротив, они теснейшим образом связаны друг с другом и характеризуются взаимным проникновением. Некоторые явления, появившиеся в разговорном стиле, затем, теряя свою стилистическую окрашенность, проникают в нейтральный стиль. Таково, например, по своему происхождению и́канье в литературном языке: некоторые особенно частотные слова нормально произносятся с [и] в 1-м предударном слоге, не имея специфической стилистической окраски разговорного стиля. Так, например, обычно произносятся слова *десяток, ребята, у меня, у тебя*: [д'и]ся́ток , [р'и]бя́та, у-[м'и]ня́, у-[т'и]бя́. Другие явления, напротив, проникают в нейтральный стиль из высокого, где они зародились. Например, произношение бу́ло[ч'н]ая, моло́[ч'н]ая, возникшее в высоком стиле (точнее, в его книжной разновидности), вместо более старого произношения бу́ло[шн]ая, моло́[шн]ая, в наше время проникло из высокого стиля в нейтральный. В некоторых случаях явления, зародившиеся в высоком стиле произношения, не будучи канонизированы в нейтральном стиле, все же, минуя его, проникают в разговорный стиль, придавая ему квазикнижную, якобы интеллигентскую окраску. Таково, например, произношение ску́[ч'н]о, [ч'т]о вместо произношения ску́[шн]о, [шт]о, которое должно быть единственным литературным произношением (т. е. свойственным всем его стилям). Известны ученые, которые свою академическую речь (например, лекцию) оформляют в нейтральном стиле, и, напротив, есть другие ученые, которые даже свою обычную разговорную речь оформляют в высоком (книжном, академическом) стиле.

Все это свидетельствует о теснейшем взаимодействии, взаимопроникновении разных стилей речи.

С указанными выше различиями в стилях произношения не надо смешивать произносительные различия, обусловленные темпом речи. В этом последнем отношении следует отличать беглую речь, характеризующуюся более быстрым темпом и потому меньшей отчетливостью, меньшей чеканностью, меньшей тщательностью артикуляций, от отчетливой речи, более медленной по темпу и потому характеризующейся бо́льшей тщательностью артикуляций [1]. Надо иметь в виду, что между разными стилями произношения и произносительными различиями, обусловленными темпом речи, существует тесная связь: более быстрый темп речи чаще бывает в разговорном стиле, а более замедленный — в высоком. Поэтому первому в большей степени свойственна беглая речь, а второму — отчетливая. Нейтральному стилю в равной мере свойственны как беглая речь, так и отчетливая. Однако полного соответствия между разными стилями произношения и произносительными различиями, обусловленными темпом речи, нет: хотя и реже, но может встречаться разговорный стиль произношения при отчетливой речи и, напротив, высокий стиль — при беглой речи.

В особом отношении ко всем этим языковым стилям находится сценическая речь, потому что произношение в сценической речи является не только ее внешней формой, как и для всякой другой речи, но также и важным выразительным средством актерской игры наряду с интонацией, жестом, костюмом, гримом и т. д. Поэтому в зависимости от стиля пьесы, времени и места действия, характера действующих лиц сценической речи приходится обращаться ко всем реально существующим в общественной практике языковым стилям.

Однако нельзя преувеличивать роль произношения как выразительного средства, как средства актерской игры: больше всего на сцене приходится иметь дело с обычной речью нашего времени, т. е. с речью стилистически нейтральной. Весьма важно, чтобы произношение в этой речи было действительно обычным, общепринятым, так как только тогда оно не будет обращать на себя внимание зрителя и последний сможет непосредственно воспринимать содержание, смысл, минуя внешние произносительные особенности.

---

[1] Акад. Л. В. Щерба в близком значении к указанному разграничению отчетливой и беглой речи употреблял термины „полный" и „неполный" стили произношения.

Кроме того, и стилистическое использование на сцене разных типов произношения (например, диалектного, просторечного, интеллигентского и т. д.), их выразительность значительно выигрывают при наличии в обществе высокой орфоэпической культуры: чем выше в обществе произносительная культура, чем более унифицировано литературное произношение, чем строже придерживаются говорящие орфоэпических норм, тем бо́льшую выразительность приобретают отступления от них, тем острее воспринимаются все отклонения от литературного произношения, которые неминуемо приобретают в сознании лиц, владеющих орфоэпическими нормами, определенную стилистическую значимость, выразительность.

Ввиду всего этого театр всегда был крайне заинтересован в наличии единых произносительных норм литературного языка и сыграл в выработке их выдающуюся роль. Театр стал школой общепринятого орфоэпического произношения и хранителем орфоэпических традиций. Общепризнанным хранителем чистоты русского литературного произношения дооктябрьской эпохи был Московский Малый театр. В советскую эпоху роль театра как хранителя чистоты литературного произношения не только продолжается, но и усиливается. Однако надо помнить высказанное выше положение о том, что сценическая речь всегда обращается к реально существующим в общественной практике стилям речи и взаимодействует с ними. Поэтому естественно, что новые явления, развившиеся за последнее время, проникают и в сценическую речь, которая развивается вместе с развитием нашего литературного языка. Колебания, характеризующие современное произношение, свойственны в определенной степени и нашей сценической речи.

Мы уже сказали, что театру больше всего приходится иметь дело с обычной речью нашего времени, т. е. с речью стилистически нейтральной. Однако театр строже относится к произносительной норме, крепче держится установившихся и исторически отстоявшихся норм и отвергает многие из тех произносительных новшеств, которые постепенно накапливаются в непосредственной общественной практике говорящих.

Поэтому представляется целесообразным различать две разновидности нейтрального стиля произношения — с т р о г у ю, полностью нормированную (сценическое произношение), и с в о б о д н у ю, менее нормированную.

Рассмотрим, в каком отношении друг к другу находятся эти две разновидности нейтрального стиля произношения. Значительное число языковых особенностей, в том числе основа произношения — фонетическая система во всех ее основных чертах, — является общим для обеих разновидностей. Естественно, что эти особенности должны быть обязательны для каждого, кто считает себя владеющим литературным произношением. Они образуют, так сказать, орфоэпический минимум, который, безусловно, должна давать школа.

Однако имеется довольно большое количество языковых явлений и фактов, где, при наличии в строгой разновидности нейтрального стиля одной произносительной нормы, в свободной разновидности допускается двоякое произношение. Строгая разновидность в основном сохраняет исторически сформировавшиеся нормы. Новые явления с трудом проникают в нее. Они постепенно накапливаются в свободной разновидности нейтрального стиля, что и ведет к появлению произносительных вариантов. Свободная разновидность нейтрального стиля в равной мере допускает произношение ти́[хъ]й и ти́[х'и]й, мо́ю[с] и мо́ю[с'] и т. д. В противоположность этому строгая разновидность нейтрального стиля допускает произношение только одного из этих вариантов, а именно ти́[хъ]й, мо́ю[с]. Это значит, что в пределах обиходно-бытовой речи, при отсутствии установки на ее безупречное звуковое оформление, можно не требовать обязательного произношения по нормам строгой разновидности. Последнее необходимо в тех случаях, когда требуется безукоризненное языковое оформление, например в сценической речи, звуковом кино, в радиовещании и телевидении, в разных формах публичной речи, в речи учителя-словесника и т. д.

Таким образом, в нейтральном стиле произношения, который, естественно, является основным при изучении русского языка, выделяются два произносительных концентра. Первый концентр, вмещающий в себя явления, не отличающиеся в строгой и свободной разновидностях нейтрального стиля, абсолютно необходим и обязателен для каждого говорящего на русском литературном языке. Второй концентр включает в себя явления, допускающие два варианта: оба они могут употребляться в разных ситуациях общественно-бытовой практики. Однако при установке на безупречное языковое оформление обязателен только один из них. Это и есть строгая разновидность нейтрального стиля произношения, высшей формой которого является сценическое произношение.

Кроме нейтрального стиля и ответвляющихся от него, если так можно сказать, в разные стороны стилей высокого и разговорного, следует отметить еще п р о с т о р е ч н ы й с т и л ь, находящийся уже за пределами литературного языка. В прошлом это — мещанско-городское московское просторечие, на базе которого в свое время формировались орфоэпические нормы (недаром Пушкин говорил об удивительно чистом языке московских просвирен). Часть особенностей просторечного стиля впоследствии утратила свое значение нормы, вытеснившись соответствующими элементами книжного произношения. Ср. произношение *скрыпеть, прынц, вышня, цалует*, допустимое в XIX в., которое в настоящее время находится за пределами литературного языка и характеризует просторечие. Ср. также произношение *крынка*, допустимое в настоящее время в разговорном стиле, при предпочтительном *кринка* и т. д.

Именно то обстоятельство, что литературные нормы в основном формировались на базе московского просторечия, привело к такому парадоксальному факту, что нередко выбывшие из состава норм разговорного стиля черты могут характеризовать одновременно как просторечный стиль, так и строгую разновидность нейтрального стиля, в отличие от свободного. Так, например, произношение огуре[шн]ый, кирпи[шн]ый можно услышать как в речи „правнучки" пушкинской просвирни, так и в сценической речи (и при том не только в характерных ролях, но и в собственной, конечно культивированной, актерской речи).

Высказанные здесь замечания о разных стилях произношения необходимо помнить при изучении произносительных норм современного русского языка. В дальнейшем изложении описываются нормы нейтрального стиля произношения и лишь в необходимых случаях указываются произносительные варианты разговорного или высокого стиля.

§ 5. Источники отступлений от литературного произношения

Чтобы усвоить литературное произношение или прививать его учащимся, необходимо знать источники отступлений от него. Каковы же эти источники? Если не принимать в расчет таких физических недостатков речи, как заикание, картавость и т. д., которые, как уже указано было выше, относятся к области медицины, а не языкознания, то для русских отступления от литературного произношения имеют обычно два источника — письмо и родной говор.

Как известно, между написанием и произношением далеко не всегда имеется закономерное соответствие: например, пишется *того*, а произносится то[в]о́, пишется *конечно, что*, а произносится коне́[ш]но, [ш]то; пишется *тихий, звонкий, убогий*, а еще до недавнего времени орфоэпическим считалось только твердое произношение окончаний прилагательных после [х], [к], [г] — близкое к ти[хы]й, зво́н[кы]й, убо́[гы]й и т. д. В случаях отсутствия закономерных соответствий между написанием и произношением у грамотных людей написание может натолкнуть на неправильное, „буквенное" произношение, соответствующее правописанию. Так появляется буквенное произношение то[г]о́, большо́[г]о со звуком [г] у школьников младших классов, недавно обучившихся чтению; так объясняется широко распространенное произношение *конечно, скучно, что* со звуком [ч'] вместо [ш]; такого же происхождения мягкое произношение прилагательных на -*кий, -гий, -хий*, в настоящее время широко распространенное и на наших глазах ставшее литературным.

Еще более часто источником отступления от литературного произношения является родной диалект говорящего. Кто не замечал, например, следов оканья у некоторых из уроженцев севера, в целом владеющих литературным языком, но произносящих на месте безударного *о* звук, близкий к отодвинутому назад [э]: [мэлэ]до́й, [гэлэ]ва́, [вэ]да́, [дэ]мо́й и т. д.; те же лица часто произносят [зна́эт], [ду́маэт], [рабо́таэт], вместо того чтобы произносить эти слова приблизительно как [зна́ит], [ду́мъит], [рʌбо́тъит]. На обширных пространствах нашего юга даже лица, в целом вполне владеющие литературным языком, часто произносят фрикативное, длительное [г] (т. е. [γ]) в соответствии с окружающими южнорусскими говорами, а также с соседним украинским языком, в котором соответствующий звук произносится ближе к южнорусскому фрикативному, длительному [γ], чем к севернорусскому и русскому литературному звуку [г] — взрывному, мгновенному. Представители южнорусских говоров, усвоив в общем литературное произношение, в том числе образование взрывного, мгновенного [г], все же нередко на месте *г* в конце слова произносят фрикативный звук [х] вместо свойственного литературному языку звука [к]: например, произносят сне[х], сапо[х], пиро́[х], вдру[х], сто[х] (сена) вместо сне[к], сапо[к], пиро́[к], вдру[к], сто[к] (сена).

Оба эти источника отступления от литературного произношения — написание слова и его произношение в том или ином местном диалекте — могут иметь место и в русской речи нерусских. Написание слова, его орфографическое начертание на пишущих по-русски представителей других народов может воздействовать даже в большей степени, чем на русских, в той мере, в какой они с русским языком, ранее им мало известным или совсем неизвестным, знакомятся из книг. Поэтому при работе с нерусскими надо особенно упорно бороться с буквенным произношением.

Влияние местного говора также может сказаться в русском произношении нерусских, если иметь в виду те народы, которые находятся в соседстве с компактным русским населением, говорящим на том или ином местном диалекте, и живут бок о бок с ним, а нередко даже вперемежку. Они усваивают русский язык обычно от своих соседей-русских, говорящих на одном из русских диалектов. Именно поэтому, например, русский язык марийцев или удмуртов характеризуется многими из тех особенностей, которые свойственны соседним севернорусским говорам.

Однако отступления от литературного произношения в русской речи нерусских имеют еще один, и притом весьма важный источник — особенности звуковой системы их родного языка, в отличие от звуковой системы русского языка. Представитель того или иного народа, говоря по-русски, невольно вносит в свою русскую речь произносительные навыки родного языка, привычные для него способы образования отдельных звуков и их сочетаний.

Различия между звуковыми системами русского языка и родного языка говорящего могут быть весьма многообразны. Одни звуки русского языка могут отсутствовать в родном языке говорящего, другие имеются как в том, так и в другом. Характерно, что трудности для нерусского, изучающего русский язык, касаются не только освоения новых звуков. Звуки, имеющиеся в обоих языках, также представляют собой большие трудности, так как на самом деле они редко бывают вполне одинаковы: они образуются и звучат обычно несколько иначе в том и другом. Поэтому нерусскому иногда даже легче усвоить звук, отсутствующий в его родном языке, чем правильно воспроизвести звук, которому имеется соответствие в его родном языке, произнести его так, как он должен звучать в русском. Иностранец или представитель того или иного народа Советского Союза, говоря по-русски, при наличии соответствия между звуками русского и родного языков неизбежно вместо русских звуков подставляет соответствующие им или наиболее близкие к ним звуки своего родного языка. Таково именно происхождение иностранного акцента и вообще плохого произношения в русской речи нерусского.

Из всего сказанного нельзя не сделать вывода о том, что учитель, помимо того что должен сам в полной мере владеть литературным произношением, должен быть знаком с природой русского правописания в его отношении к фонетической системе русского языка и с особенностями родного языка учащихся — с теми или иными местными говорами, если учащиеся — русские, или с соответствующими языками, если учащиеся — представители других народов. Чем более однороден состав учащихся по их родному диалекту или языку, тем проще задача учителя: ему нужно быть знакомым лишь с данным диалектом или языком. И наоборот, чем пестрее состав учащихся по их родному языку или диалекту, тем сложнее становится работа учителя, так как она требует от него знакомства с рядом языков или диалектов и индивидуального подхода к отдельным учащимся, поскольку у последних могут быть весьма различные отклонения от литературного произношения.

§ 6. Работа над исправлением произношения

В настоящем пособии основные особенности русского литературного произношения описываются с точки зрения наиболее типичных отклонений от него в речи русских, а частично также в русской речи представителей других народов. Более подробное описание русского литературного произношения с точки зрения отклонений в речи нерусских должно явиться предметом специальных пособий для каждого народа в связи со спецификой звуковой системы его языка.

Исправление произношения предполагает не только знакомство с орфоэпическими нормами, но также и знание источников каждого из этих отклонений и их причин. Необходимо помнить, что культуру литературного произношения надо сознательно прививать и развивать. Сама она без специальных усилий никому не дается. Она требует известной наблюдательности, некоторых специальных знаний, а также повседневных забот — контроля над своей речью, упражнений и тренировки. При этом надо иметь в виду, что произносительная культура нередко бывает недостаточно высока не только у учащихся, но и у преподавателей. Поэтому необходимо, чтобы учитель одновременно с занятиями по привитию литературного произношения у учащихся постоянно работал над своим собственным произношением.

Как же начать работу над выработкой литературного произношения? В наши дни благодаря исключительно возросшему культурному уровню населения, расцвету советской литературы, журналистики и газетного дела литературный язык, обогащенный народным языком, языком масс, в свою очередь распространяется в значительной степени через печать. Значение книги и газеты в этом отношении огромно. Но надо иметь в виду, что путем чтения можно научиться правильному словоупотреблению, правильному построению речи, правильному образованию грамматических форм, принятому в письменном языке, но никак не правильному произношению, так как письмо не дает и не может давать достаточных указаний на произношение. Мы знаем, что нередко написание и произношение расходятся друг с другом. Больше того: как отмечено было выше, правописание может иной раз даже натолкнуть на неправильное „буквенное" произношение.

Литературному произношению нужно учиться прежде всего путем непосредственных наблюдений над речью лиц, владеющих им. Надо учиться слушать звучащую речь, наблюдать свое произношение и произношение окружающих. Учащихся надо приучать прислушиваться к произношению учителя, который сам, конечно, должен владеть основными орфоэпическими нормами. Большое значение для усвоения литературного произношения имеет воспроизведение и прослушивание механической звукозаписи со специальной целью наблюдений над произношением. В этом отношении наиболее доступным является прослушивание речевых пластинок, воспроизводящих произношение крупнейших мастеров сцены и чтецов, а также наблюдения над произношением дикторов и ведущих на радио и телевидении.

Однако было бы ошибкой думать, что одни наблюдения над звучащей речью, даже самое внимательное прислушивание к образцовому произношению может обеспечить усвоение орфоэпических норм (если не иметь в виду детей, и притом преимущественно дошкольного возраста, у которых подражательные способности развиты значительно сильнее). Недостаточно только услышать звуковые различия между своей речью и чужой, образцовой: надо научиться самому воспроизводить образцовое произношение, чуждые для своей речи звуки, непривычные их сочетания. А этого редко удается достигнуть путем простого подражания, так как при таком подражании, при усвоении произношения со слуха, говорящий обычно вместо звуков образцового произношения подставляет привычные звуки своего произношения. Существенную помощь при усвоении произношения оказывает фонетика. Фонетика может ознакомить нас с тем, как образуются звуки речи речевым аппаратом человека, какие движения органов речи требуются для образования каждого звука.

Из фонетики же можно узнать, чем отличаются в артикуляционном[1] отношении те или иные звуки или сочетания звуков своего произношения от соответствующих звуков или сочетаний образцового произношения, а в связи с этим также узнать, как сознательно

---

[1] Работа органов речи, их движения, необходимые для образования того или иного звука, называются а р т и к у л я ц и е й.

изменить движения своих органов речи, чтобы достаточно точно воспроизвести образцовое произношение. Таким образом, знакомство с элементами фонетики значительно облегчает усвоение произношения, поэтому следует рекомендовать обращение к лингвистическим пособиям, посвященным фонетическому описанию русского литературного языка. В таких пособиях описывается образование каждого звука, а также типичных сочетаний звуков. При помощи особого письма, так называемой фонетической транскрипции, в которой с возможной точностью передаются все особенности произношения, в этих пособиях даются образцы литературного произношения.

Однако надо иметь в виду, что уяснение артикуляционных различий между своим произношением и образцовым само по себе еще не обеспечивает усвоения последнего: необходимо приучить свои органы речи к производству непривычных им движений, а затем систематически их тренировать, чтобы движения, представляющие собой на первых порах сознательные усилия, превратить в автоматические навыки. Отсюда — необходимость тренировки и систематических упражнений в произношении специально подобранных слов и фраз.

Основная часть настоящего пособия, посвященная описанию русского литературного произношения, и предназначена для длительной систематической, повседневной работы по овладению русским литературным произношением. Именно с этой целью на каждое явление дается достаточное количество примеров, а для явлений лексически ограниченных, т. е. встречающихся в определенном круге слов и форм, приводятся, по возможности, все встречающиеся случаи. При описании каждого явления указываются наиболее типичные отклонения от правильного произношения и их источники, нередко сообщаются методические приемы устранения их и усвоения правильного произношения; кроме того, не только приводится для каждого случая правильное произношение, но также описывается его образование — как, при помощи каких движений органов речи достигнуть правильного произношения того или иного звука или сочетания звуков.

При обучении тому, как надо произносить, необходимо учитывать артикуляционные привычки данного лица, особенности его неправильного произношения. Как для выпрямления согнувшейся стальной пластинки надо гнуть ее в противоположную сторону, так и для устранения закоренелой неправильности произношения надо прививать не просто правильное произношение, а иной раз именно произношение, противоположное неправильному произношению, свойственному данному лицу. Например, в словах *часы, пятак* многие произносят отчетливое [е] (т. е. [ч'есы́], [п'етáк], [вз'елá]), а некоторые даже [а] (т. е. [ч'асы́], [п'атáк], [вз'алá]). Между тем в литературном языке здесь произносится звук, средний между [и] и [е], более близкий к [и]. Чтобы научить таких лиц произношению этого звука в примерах вроде только что приведенных, полезно учить произносить [и] (т. е. [ч'исы́], [п'итáк], [вз'илá]): привычка к произнесению звука [е] (или даже [а]) в данном положении не даст им возможности образовать настоящее [и] и поможет получить звук, который и должен быть в литературном языке,— средний между [и] и [е], более близкий к [и].

Во всех неясных случаях следует обращаться к специальным пособиям и справочникам. Подробные сведения читатель найдет в „Толковом словаре русского языка" под ред. Д. Н. Ушакова (1935—1940). Во введении к этому словарю кратко описаны важнейшие особенности русского литературного произношения, но почти целиком применительно к старым московским нормам, без достаточного учета изменений в произношении, имевших место в советскую эпоху. Естественно, что этот словарь, вышедший до войны 1941—1945 гг., не мог учесть изменений в произношении, пережитых русским языком в последние десятилетия. В самом „Толковом словаре" указано место ударения в каждом слове, а также в образуемых от него грамматических формах. В тех случаях, когда авторы сочли это необходимым, они отметили в словарных статьях также произносительные особенности. Однако следует иметь в виду, что в случаях колебаний в словаре под редакцией Д. Н. Ушакова указываются старые московские нормы, многие из которых, как будет видно из последующей части этой книги, уже устарели и вышли или выходят из употребления.

В словаре под редакцией Д. Н. Ушакова не уделяется внимания произносительным вариантам, обусловленным разными стилями произношения. Поэтому он недостаточно полно отражает состояние русского литературного произношения времени составления этого словаря. Только при учете стилистической дифференциации языка произносительные варианты находят свое место в системе современного языка, если под последним иметь в виду современный русский литературный язык советской эпохи во всем многообразии его функциональных разновидностей. Попытка описания русского литературного произношения с учетом стилистической дифференциации была сделана в первом издании настоящей книги (1950).

Наиболее полные сведения о современном состоянии русского литературного произношения даны в книге „Русское литературное произношение и ударение. Словарь-справочник" под ред. Р. И. Аванесова и С. И. Ожегова (М., 1959).

ЗВУКОВАЯ СИСТЕМА РУССКОГО ЯЗЫКА

§ 7. Гласные

В русском языке имеется пять основных гласных звуков (фонем), которые различаются в ударном слоге. Эти гласные следующие:

нелабиализованные	лабиализованные	подъем
и	у	верхний
е	о	средний
	а		нижний

Акустические различия между ними определяются объемом и формой резонирующих полостей, которые могут сильно изменяться в результате движения языка и губ. Язык может производить движения в двух направлениях — по горизонтали и по вертикали, т. е. двигаться вперед, к нижним зубам, или назад и подниматься в большей или меньшей степени к нёбу. Эти два направления в движении языка тесно связаны: движение вперед или назад обычно бывает сопряжено с одновременным бо́льшим или меньшим движением вверх. Эти движения языка изменяют объем и форму резонирующей полости рта, от которой зависит качество гласного.

Губы при образовании некоторых гласных выпячиваются вперед и округляются, образуя отверстие резонатора и удлиняя таким образом резонирующую полость (такие гласные называются лабиализованными), при образовании других гласных губы такой работы не производят (такие гласные называются нелабиализованными).

Различительными признаками русских ударных гласных являются: три степени подъема языка — верхний, средний и нижний подъем (подъем языка зависит от движения языка по вертикали); для гласных верхнего и среднего подъема — наличие или отсутствие лабиализации (т. е. гласные лабиализованные и нелабиализованные).

Движения языка по горизонтали в современном русском языке не имеют самостоятельного различительного значения, а зависят, как будет показано ниже, от качества соседних согласных.

Чтобы уяснить себе, в каком положении находятся органы речи при произношении основных ударных гласных, необходимо в первую очередь усвоить артикуляции гласных [а], [и], [у] в наиболее независимой самостоятельной позиции — в их изолированном произношении. При образовании этих гласных различия в движении языка и губ проявляются наиболее наглядно.

Гласный [а]

При образовании [а] нижняя челюсть опущена (в большей степени, чем при образовании всех других гласных); в связи с этим рот раскрыт широко (шире, чем при образовании других гласных); спинка языка слегка прогибается в середине, так что задняя часть ее

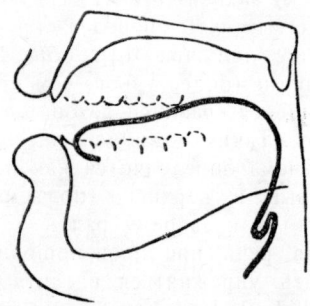

Рис. 1. Гласный [а]

оказывается чуть приподнята. Кончик языка опущен и лежит за нижними зубами, причем может слегка соприкасаться с ними. Края языка слегка касаются нижних боковых зубов. Губы пассивны, не выпячиваются вперед и открывают зубы, так что выходное отверстие резонатора образуется зубами. Таким образом, гласный [а] определяется как нелабиализованный, нижнего подъема. Гласный [а] в изолированном произношении практически нелокализован по месту подъема, хотя чаще его относят к заднему ряду.

Гласный [и]

При образовании [и] нижняя челюсть, как и при [у], приподнята выше, чем при других гласных, раствор рта узкий; язык продвинут вперед и высоко поднят в своей средней части — а вместе с ней и своей передней частью — к твердому нёбу; опущенный кончик языка упирается в нижние зубы; края языка прижаты к боковым нижним зубам; губы пассивны и несколько раздвинуты в стороны. Гласный [и] определяется как нелабиализованный, верхнего подъема, а также переднего ряда. Последний признак основного гласного звука (фонемы) [и] относится к изолированному произношению и положению после мягких согласных.

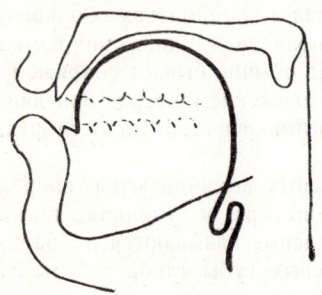

Рис. 2. Гласный [и]

Гласный [у]

При образовании [у] нижняя челюсть приподнята, как и для [и], больше, чем при других гласных, в связи с этим раствор рта узкий, язык отодвинут назад и в своей задней части высоко приподнят к мягкому нёбу, опущенный кончик языка довольно далеко отодвинут назад от нижних зубов. Корень языка сильно отодвинут к задней стенке глотки. Губы сильно вытянуты вперед и округлены (больше чем при [о]), образуя узкое отверстие (более узкое, чем при [о]), являющееся границей резонирующей полости. Таким образом, гласный [у] как фонема определяется как лабиализованный и верхнего подъема.

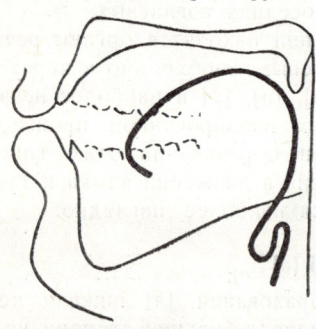

Рис. 3. Гласный [у]

В изолированном произношении он относится к заднему ряду.

Чтобы лучше усвоить уклад органов речи при произношении описанных гласных, можно рекомендовать упражняться в слитном (без паузы) произношении сочетаний [аи], [ау], [иу].

Усвоить артикуляцию гласных [е] и [о] легче всего путем сопоставления образования гласного [е] с [и] и гласного [о] с [у].

Гласный [е]

При образовании гласного [е] нижняя челюсть опущена больше, чем при [и], и меньше, чем при [а]; в связи с этим раствор рта при [е] шире, чем при [и], и у́же, чем при [а]; язык продвинут вперед и поднят в своей средней части к твердому нёбу, однако в меньшей степени, чем при [и]; края языка прижаты к боковым зубам; опущенный кончик языка лежит за нижними зубами, будучи чуть отодвинут от них; края языка прижаты к боковым зубам. Губы пассивны.

Таким образом, гласный [е] как фонема определяется как нелабиализованный, среднего подъема. В изолированном произношении он относится к переднему ряду.

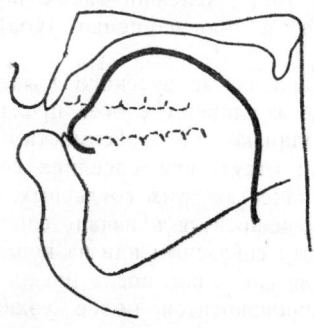

Рис. 4. Гласный [е]

Следует отметить, что в начале слова (как и после мягких согласных, о чем будет сказано ниже) гласный [е] не совсем однороден в своем протяжении; он начинается с лёгкого [и]-образного приступа: произносится как бы [ᴴе].

Таким образом, гласный [е] отличается от [и] более низким подъемом языка. Чтобы ощутить это, следует слитно произнести [ие], [еи]. Полезно также поупражняться в произношении [иеа], [аеи].

Гласный [о]

При образовании гласного [о] нижняя челюсть опущена больше, чем при [у], раствор рта при [о] шире, чем при [у], но у́же, чем при [а]; язык при образовании [о] отодвинут назад и поднят в своей задней части к мягкому нёбу, однако в меньшей степени, чем при [у]. Опущенный кончик языка отодвинут назад от нижних зубов (также в меньшей степени, чем при [у]); корень языка отодвинут к стенке глотки, но несколько меньше, чем при [у]. Губы вытянуты вперед и округлены, однако в меньшей степени, чем при [у], в связи с чем отверстие, образуемое губами и являющееся границей резонирующей полости, несколько более широкое, чем при [у].

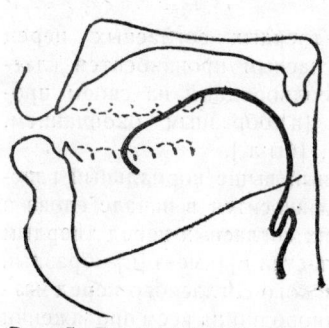

Рис. 5. Гласный [о]

Следует отметить, что в начале слова (как и после твердых согласных, о чем будет сказано ниже) гласный [о] не совсем однороден в своем протяжении: он начинается с [у]-образного приступа: произносится как бы [ᵘо].

Таким образом, гласный [о] как фонема определяется как лабиализованный, среднего подъема. В изолированном произношении он относится к заднему ряду. Таким образом, гласный [о] отличается от [у] более низким подъемом языка. Чтобы ощутить это, следует слитно произнести [уо], [оу]. Полезно также поупражняться в произношении [уоа], [аоу].

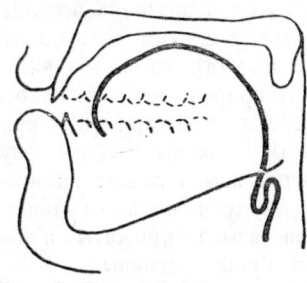

Рис. 6. Гласный [ы]

Основные гласные русского языка, различаемые в ударном слоге, произносятся неодинаково в зависимости от наличия или отсутствия соседних согласных и качества этих согласных.

Описанный выше „нормальный" [и] произносится в начале слова или после мягких согласных перед твердым согласным или на конце слова: ср. [и́въ], [л'и́пъ], [лав'и́]. В начале слова или после мягкого согласного перед твердым согласным произносится более узкий гласный, с более высоким и энергичным поднятием языка. Ср. [и́в'ə], [нл -л'и́п'ə]. После твердых согласных перед твердым согласным произносится [ы] — гласный верхнего подъема нелабиализованный. Ср. [быт], [был]. При произношении [ы] весь язык вместе с кончиком высоко поднимается к передней части мягкого нёба, все тело языка несколько оттянуто назад. Губы пассивны. Это можно заметить, сравнивая артикуляцию [ы] и [и].

Из сопоставления схем артикуляции [ы] и [и] видно, что при [и] кончик языка упирается в нижние зубы, а при [ы] оттянут назад

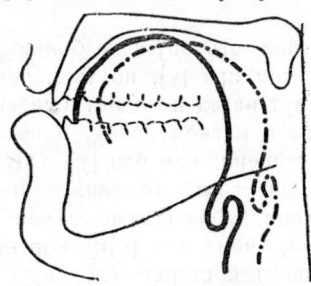

Рис. 7. ——— гласный [и]
—·—·— гласный [ы]

и поднят; при [и] задняя часть спинки языка опущена, а при [ы] она поднимается и оттягивается назад. Губы при [ы] нейтральны, при [и] несколько растянуты.

После твердых согласных перед мягким согласным произносится гласный [ы], неоднородный на своем протяжении, с [и]-образным окончанием. Ср. [бы́т'], [бы́л'].

Описанный выше нормальный гласный [е] произносится в начале слова и после мягких согласных перед твердым согласным или на конце слова. Ср. [л'ес], [нъ-стал'е́] (имеет [и]-образный приступ: [ᴵе]). В начале слова или после мягкого согласного перед мягким согласным гласный [е] произносится однородно на всем протяжении своей длительности и притом с более энергичным и высоким поднятием языка: ср. [л'е̂с'], (лезь), [м'е̂л']. После твердых согласных перед твердым согласным этот гласный несколько оттягивается назад и произносится как звук однородный на всем протяжении своей длительности. Ср. [тэ̃нт], [шэ̃ст]. После твердых согласных перед мягким произносится гласный [э] с [и]-образным окончанием (как бы [эⁿ]). Ср. [дэ̇л'тъ], [шêс'т].

Описанные выше „нормальные" гласные [а], [о], [у] произносятся в начале слова или после твердых согласных перед твердым согласным или на конце слова. Ср. [он], [ах], [уш] (*уж*); [там], [тот], [тут]; [та], [то], [ту]. В начале слова или после твердых согласных перед мягкими согласными произносятся неоднородные на своем протяжении гласные, имеющие в конце [и]-образное окончание. Ср. [а̇·н'ъ], [о̇·л'ъ], [у̇·л'ъ] (*Аня, Оля, Уля*); [ма·т'], [мо·л'], [пу·т']. После мягких согласных перед твердыми согласными или на конце слова произносятся неоднородные на своем протяжении гласные, имеющие в своем начале [и]-образный приступ. Ср. [р'·ат] (*ряд*), [м'·от] (*мёд*), [л'·ут] (*люд*), [з'иⁱмл'·а́], [пл̣р'·у́]. Между мягкими согласными произносятся неоднородные на своем протяжении звуки, имеющие как [и]-образное начало, так и [и]-образное окончание; и в середине своей протяженности эти гласные бывают более передними и более высокими в своем образовании, чем в других положениях. Ср. [п'ät'], [т'ö̇т'ъ], [л'ÿ̇т'ик].

В безударных слогах в русском литературном языке гласные произносятся с той или иной степенью редукции (т. е. сокращения), произносятся менее явственно и, что особенно важно, это то, что в безударных слогах некоторые гласные не различаются, совпадая друг с другом. Поэтому в безударных слогах произносится меньшее количество гласных, чем в слоге ударном. Не входя здесь в подробности (о них детально см. ниже), отметим, что после твердых согласных ударным [о] и [а] в 1-м предударном слоге соответствует один гласный, близкий к [а], но произносимый при менее опущенной нижней челюсти и, в связи с этим, при менее широком растворе рта ([л̣]), а в других безударных слогах — редуцированный, ослабленный гласный, средний между [а] и [ы]. Ср. корневой гласный в словах: [во́ды], [тра́вы]; [вл̣да́], [тр̣л̣ва́]; [въд'иⁱно́j], [тръв'иⁱно́j]. Сказанное отражено в таблице:

В ударном слоге	о	а
В 1-м предударном слоге	л̣	
В других безударных слогах	ъ	

После мягких согласных в соответствии с ударными гласными [е], [о], [а] в 1-м предударном слоге произносится [иᵉ] (ослабленный звук, средний между [и] и [е]), а в других безударных слогах звук [ь] (очень ослабленный, краткий звук, близкий к [и]). Ср. корневой гласный в словах [л'ес] (*лез*), [н'·ос], [т'·а́нут]; с[л'иᵉ]за́ть, [н'иᵉ]су́, [т'иᵉ]ну; [вы́·л'ьс] (*вылез*), [вы́·н'ьс], [вы́·т'ьнут]. См. в таблице:

В ударном слоге   [е] [о] [а]

В 1-м предударном слоге   [и^е]

В других безударных слогах   [ь]

Из сказанного следует, что три подъема гласных (верхний — [и] ([ы]), [у], средний — [е], [о], нижний — [а]) различаются только в ударном слоге. В безударных слогах ввиду совпадения гласных среднего подъема ([е], [о]) с гласными нижнего подъема [а] различается только два подъема: верхний и неверхний (в котором совпали гласные среднего и нижнего подъема). Отметим, что при так называемом „икающем" произношении, широко распространенном сейчас, особенно в разговорной речи, после мягких согласных гласные среднего подъема ([е], [о]) и нижнего подъема ([а]) совпадают с гласным верхнего подъема [и]. Ср. корневой гласный в словах мёл — мил, плёл — лил, лес — лис (род. п. мн. ч.), вял — видеть, [м'·ол] — [м'ил], [пл'·ол] — [л'ил], [л'ес] (лес) — [л'ис] (род. п. мн. ч.), [в'·ал] — [в'и̂д'ьт'] и в словах [м'ила́] (мела́ и мила́), [пл'ила́] и [л'ила́] (плела и лила), [л'иса́] (леса́ и лиса́), [ув'ида́·т'] (увядать и увидеть).

§ 8. Согласные

В русском языке имеется 34 основных согласных звука (фонемы). Эти согласные следующие:

[п] — [б] [ф] — [в] [т] — [д] [с] — [з] [л] [м] [н] [р]
[п'] — [б'] [ф'] — [в'] [т'] — [д'] [с'] — [з'] [л'] [м'] [н'] [р']
[ш] — [ж] [ш':] — [ж':] [к] — [г] [х] [ч'] [ц] [j]

Эти согласные образуют определенную систему: одни из них входят в соотносительные пары по признаку мягкости — твердости и звонкости — глухости, образуя „четверки" тесно связанных друг с другом звуков (таковы первые четыре четверки, образующие пары по вертикали и по горизонтали); другие входят в пары только по признаку мягкости — твердости (последующие четыре пары по вертикали); третьи — только по признаку звонкости — глухости (последующие три пары по горизонтали); наконец, четыре звука не входят ни в какие пары — это звуки (фонемы) — одиночки. Следует отметить, что усвоение заимствованных слов с мягкими заднеязычными ([г], [х] и в особенности [к]) перед непередними гласными приводит к ситуации, которую можно охарактеризовать как стремление заднеязычных образовать пары по мягкости — твердости. Ср. [л'инко́р] и [л'ик'·о́р], [гум] (ГУМ) и ле[г'у́м].

По активным органам все согласные делятся на **губные** и **язычные**, последние — на **переднеязычные, среднеязычные** и **заднеязычные**.

Губные по пассивному органу делятся на **губно-губные** (нижняя губа артикулирует по отношению к верхней губе; таковы звуки [п], [б], [п'], [б'], [м],) [м'] и **губно-зубные** (нижняя губа артикулирует по отношению к верхним зубам; таковы [в], [ф], [в'], [ф']).

Переднеязычные по пассивному органу делятся на **зубные** ([т], [д], [т'], [д'], [с], [з], [с'], [з'], [ц], [н], [н'], [л], [л'], при которых передняя часть языка артикулирует по отношению к верхним губам и нижним краям альвеол, и **нёбно-зубные** ([ч'], [ш], [ж], [ш':], [ж':], [р], [р']), при которых передняя часть языка или кончик языка артикулирует по отношению к альвеолам или зубной части твердого нёба). Среднеязычный по активному органу ([j]) является одновременно **средненёбным** по пассивному. Точно так же заднеязычные ([к], [г], [х]) по активному органу являются **задненёбными** по пассивному.

Согласные, образующие пары по звонкости—глухости, образуются только при помощи шума (**глухие**) или при помощи голоса и шума с преобладанием шума (**звонкие**). Так, согласные [с], [ш], [т], [к] образуются только при помощи шума; согласные же [з], [ж], [д], [г] отличаются от них тем, что к шуму прибавляется голос. Таким образом, если опустить некоторые детали, то можно сказать, что звук [з] есть [с], произносимый с голосом, а звук [т] есть [д], произносимый без голоса. Согласные, произносимые только при помощи шума (**глухие**) или при помощи шума и голоса с преобладанием шума (**звонкие**), называются **шумными**. Они образуют соотносительные пары по признаку звонкости — глухости (наличия или отсутствия голоса). Кроме шумных согласных, имеются еще сонорные согласные, которые образуются при преобладающем участии голоса (и наличии очень слабых шумов). Это согласные [н], [н'], [м], [м'], [л], [л'], [р], [р'], [j]. В слабости шумов при образовании сонорных легко убедиться, произнося их без голоса, шепотом: акустический эффект их минимален. Сонорные не образуют пар по звонкости — глухости.

Различия между согласными зависят не только от наличия или отсутствия голоса или места образования шума, но также и от **способа образования** преграды, являющейся источником образования шума.

Шумные согласные по способу образования делятся на **смычные, аффрикаты и щелевые**.

При образовании **смычных** согласных активный орган, приближаясь к пассивному, образует полное смыкание (затвор) — шум образуется в результате того, что выдыхаемый воздух с силой разрывает затвор в момент этого разрыва. Смычные согласные также называются **взрывными**.

При образовании **щелевых** согласных активный орган лишь приближается к пассивному, образуя узкую щель — шум образуется в результате трения выдыхаемого воздуха о стенки щели. Такие звуки называются также **фрикативными** (от латинского fricare — тереть). Щелевые согласные можно тянуть, поэтому их называют

также д л и т е л ь н ы м и (в отличие от смычных, называемых м г н о в е н-
н ы м и). Ср. [с], [ш] и [к], [т].

При образовании а ф ф р и к а т активный орган приближается к пассивному, образует полное смыкание (затвор), но размыкание происходит не мгновенно — путем взрыва (как при смычных), а путем перехода смыкания в щель, после чего активный орган отходит в исходное положение. Таким образом, аффрикаты представляют собой сложную артикуляцию со смычным началом и щелевой второй частью, что образует своеобразный шум. Аффрикатами являются в русском языке [ц], [ч'].

Сонорные по способу образования могут быть щ е л е в ы м и, с м ы ч н о - п р о х о д н ы м и и д р о ж а щ и м и. К щелевым относится [j]. К смычно-проходным относятся такие согласные, при произношении которых в полости рта образуется полное смыкание, однако имеется доступ для свободного прохождения воздуха через нос или рот. В зависимости от этого смычно-проходные делятся на н о с о в ы е ([н], [м]) и р т о в ы е ([л]).

Например, при произношении [м] нижняя губа смыкается с верхней губой, как при [б]. При произношении [н] кончик языка смыкается с верхними резцами, как при [д]. Однако мягкое нёбо бывает опущено и воздух проходит через нос. Так как часть воздуха при произношении [м], [н] проходит через нос, то воздушная струя, подходящая к препятствию в полости рта, оказывается слабой, в связи с чем при размыкании затвора шум образуется очень слабый.

При произношении [л] в полости рта образуется препятствие, близкое к тому, которое образуется при [д]: кончик языка смыкается с верхними резцами и альвеолами посередине; однако бока языка (или один бок) бывают опущены, давая доступ для свободного прохождения воздуха, несмотря на наличие смыкания. Проходящий по широким боковым проходам воздух образует слабый шум трением. Звуки типа [л] называются также б о к о в ы м и или л а т е р а л ь н ы-м и (от латинского latus — сторона).

Сонорные [р] и [р'] по способу образования являются д р о ж а щ и-м и, иначе в и б р а н т а м и. При [р] кончик языка, артикулирующий по отношению к альвеолам, благодаря прохождению воздушной струи вибрирует, дрожит, т. е. последовательно то смыкается, то размыкается, в результате чего образуется характерный шум.

Как было выше отмечено, существенной чертой системы русских согласных является наличие пар согласных по признаку мягкости — твердости. Мягкость согласных образуется с дополнительной [и]-образной артикуляцией, заключающейся в поднятии средней части спинки языка к твердому нёбу.

Эта дополнительная артикуляция, присоединяясь к основной, изменяет последнюю в той или иной степени. Так, например, при присоединении [и]-образной дополнительной артикуляции к [т] или [д] увеличивается площадь смыкания языка: язык своим кончиком и передней частью спинки смыкается не только с верхними зубами, но также с альвеолами и передней частью твердого нёба, причем кончик языка несколько опускается. Ср. артикуляции [т] и [т'], [д] и [д']. Особенно сильно различие артикуляций [л] и [л'], так как при произношении мягкого [л'] не только прибавляется дополнительная [и]-образная артикуляция, но и устраняется поднятие задней части спинки языка, которое имеется при [л].

Если мягкие согласные имеют [и]-образную окраску, то твердые имеют [ъ]-образную окраску: при образовании твердых согласных язык занимает положение, близкое к положению, нужному для образования [ъ].

Следует отметить существенное отличие в образовании мягких язычных и губных согласных. Дополнительная [и]-образная артикуляция, образующая мягкость, изменяет основную артикуляцию язычных согласных, так как и сама является язычной. Таким образом, дополнительная и основная артикуляции сливаются в одну артикуляцию. В противоположность этому мягкие губные образуются путем синхронизации двух раздельных артикуляций: основной — губной и дополнительной — язычной.

Классификация основных согласных (фонем) современного русского литературного языка представлена в следующей таблице.

			Губные				Язычные					
							переднеязычные				среднеязычные	заднеязычные
			губно-губные		губно-зубные		зубные		нёбно-зубные		средненёбные	задненёбные
			тв.	мяг.	тв.	мяг.	тв.	мяг.	тв.	мяг.		
шумные	смычные	глух.	п	п'			т	т'				к
		зв.	б	б'			д	д'				г
	аффрикаты	глух.					ц			ч'		
	щелевые	глух.			ф	ф'	с	с'	ш	ш':		х
		зв.			в	в'	з	з'	ж	ж':		
сонорные											j	
	смычно-проходные	носовые	м	м'			н	н'				
		ртовые					л	л'				
	дрожащие								р	р'		

Рассмотрим образование отдельных согласных звуков русского языка.

Губно-губные шумные смычные

При образовании губно-губных нижняя губа, артикулируя по отношению к верхней губе, смыкается с последней, образуя полный затвор. Струя воздуха разрывает образуемый губами затвор, благодаря чему получается характерный шум. Этот шум, не сопровождаемый голосом, образует глухие согласные [п] и [п']; тот же шум, но несколько ослабленный, в сопровождении голоса образует звук [б] и [б'].

Различие в артикуляции твердых [п], [б] и мягких [п'], [б'] заключается прежде всего в положении языка: при [п'] и [б'] он поднимается высоко к нёбу, приблизительно так, как при гласном [и]; при [п], [б] язык занимает положение примерно такое, как при [ъ]. При произношении мягких [п'] и [б'] губы несколько растягиваются.

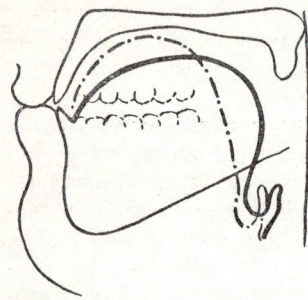

Рис. 8. ——— согласный [п]
—·—·— согласный [п']

Губно-губные смычно-проходные носовые

При произношении сонорных губно-губных [м] и [м'] положение губ такое же, как при [п], [б] и [п'], [б']. Различие заключается в положении мягкого нёба, которое отходит от задней стенки носоглотки и опускается, открывая доступ воздуху в полость носа.

Воздушная струя проходит через полость носа, а в момент размыкания затвора также и через рот. Характерная носовая окраска [м] и [м'] зависит от того, что резонатором служит не только полость рта, но также и полость носа. Носовые [м], [м'], как и другие сонорные, произносятся преимущественно с участием голоса. Положение языка при [м] такое же, как при [п], [б], а при [м'] такое, как при [п'], [б']. При произношении мягкого [м'] губы несколько растягиваются.

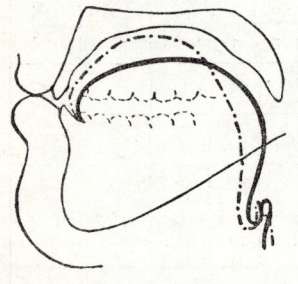

Рис. 9. ——— согласный [м]
—·—·— согласный [м']

Губно-зубные шумные щелевые

При образовании [ф] и [ф'] нижняя губа артикулирует по отношению к верхним зубам, образуя узкую щель, проходя через которую воздух в результате трения дает специфический шум, характерный для этих звуков. При сопровождении этого шума образуются звонкие согласные [в] и [в'].

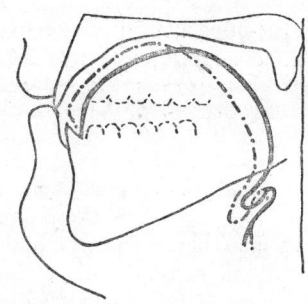

Твердые губно-зубные образуются при положении языка, близком к тому, которое нужно для образования гласного [ъ]. При образовании мягких губно-зубных язык принимает положение, близкое к тому, которое нужно для образования гласного [и]. При произношении [в'] и [ф'] губы несколько растягиваются.

Переднеязычные шумные смычные

Рис. 10. ———— согласный [ф]
        — · — · — согласный [ф']

При образовании переднеязычных смычных согласных [т], [д] самая передняя часть спинки языка, примыкающая к его кончику, смыкается с верхними зубами и нижним краем альвеол. Кончик языка обычно опущен к нижним зубам. Сильная воздушная струя разрывает затвор между передней частью спинки языка и верхними зубами, благодаря чему образуется характерный шум. Шум этот, не сопровождаемый голосом, образует глухие согласные [т] и [т']. Тот же шум, но несколько ослабленный и сопровождаемый голосом, образует звонкие согласные [д] и [д']. При твердых согласных [т] и [д] язык имеет положение приблизительно такое, как при [ъ]. При мягких согласных [т'], [д'] язык принимает [и]-образное положение. При произношении [т'], [д'] уголки губ несколько раздвигаются в стороны.

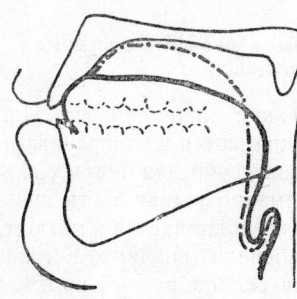

Рис. 11. ———— согласный [т]
        — · — · — согласный [т']

Переднеязычные смычно-проходные носовые зубные

При произношении носовых зубных [н] и [н'] затвор образуется такой же, как при [т], [д] и [т'], [д']. Различие заключается в положении мягкого нёба, которое отходит от задней стенки носоглотки, давая проход в полость носа воздушной струе. Характерная окраска носового согласного зависит от того, что резонатором служит не только полость рта, но также и полость носа. Звучащая струя воздуха проходит через полость носа, а в момент размыкания также через полость рта. При произношении [н'] уголки губ несколько раздвигаются в стороны. При [н] язык занимает положение, близкое к

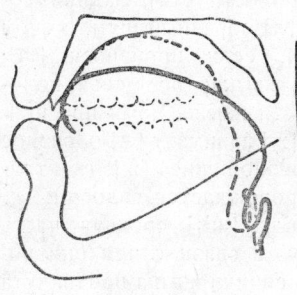

Рис. 12. ———— согласный [н]
        — · — · — согласный [н']

гласному [ъ], при [н'] язык занимает [и]-образное положение. Звуки [н] и [н'] образуются, как и другие сонорные, при преимущественном участии голоса.

Переднеязычные зубные шумные щелевые

При образовании [с], [з] края передней части спинки языка поднимаются к верхним зубам и альвеолам так, что по бокам они прижаты к зубам, а посередине остается узкая щель, воздух проходит через эту щель и образует сильный свистящий шум. При артикуляции [с], [з] язык занимает положение, близкое к артикуляции [ъ]; при [с'], [з'] язык принимает [и]-образное положение. Произнесение звонких согласных [з], [з'] сопровождается голосом. Уголки губ при [с'], [з'] несколько растягиваются.

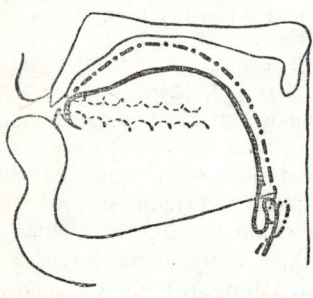

Рис. 13. ——— согласный [с]
— · — · — согласный [с']

Переднеязычные нёбко-зубные шумные щелевые (шипящие)

При образовании шипящих [ш], [ж] кончик языка поднимается и заворачивается несколько назад, образуя щель с альвеолами; одновременно задняя часть спинки языка несколько поднимается к мягкому нёбу, образуя впереди впадину, в связи с чем получается седлообразный профиль языка. Таким образом, звуки [ш], [ж] образуются при помощи двухфокусной артикуляции — двух сужений (впереди и в задней части полости рта). Задний фокус дает слабый [х]-образный шум. В этом легко убедиться, если, произнося [ш], опустить кончик языка, не меняя положения задней части языка. Язык при произношении [ш], [ж] занимает [ъ]-образное положение. Произношение [ж] (в отличие от [ш]) сопровождается голосом.

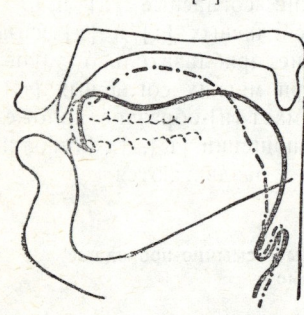

Рис. 14. ——— согласный [ш]
— · — · — согласный [ш']

При образовании мягких шипящих [ш':], [ж':] средняя часть спинки языка поднимается к твердому нёбу, в связи с чем они получают [и]-образную окраску. Задняя часть спинки языка продвинута вперед и опущена. Произношение [ж':] (в отличие от [ш':]) сопровождается голосом.

Переднеязычные зубные смычно-проходные ртовые

При образовании [л] кончик языка поднимается и смыкается с верхними зубами, одновременно поднимается к мягкому нёбу задняя

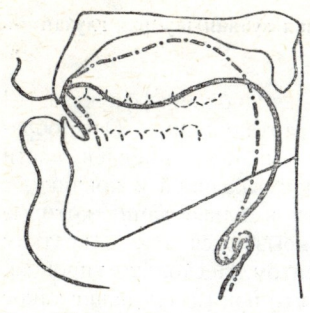

Рис. 15. ——— согласный [л]
— · — · — согласный [л']

часть спинки языка, несколько отодвигаясь назад (примерно так, как при [о]). Это придаёт профилю артикуляции [л] седлообразный характер. Бока языка опущены, образуя щель, через которую проходит воздух при произношении этого согласного.

При образовании [л'] задняя часть спинки языка опущена (и не отодвинута назад, как при [л]). Кончик языка приподнят (несколько выше, чем при [л]) и осложнён [и]-образной артикуляцией языка, свойственной и другим мягким согласным, увеличивающей зону смыкания за счёт передней части спинки языка и твёрдого нёба. Бока языка, как и при [л], опущены и образуют щель, через которую проходит воздушная струя при произношении [л']. Губы при [л'] несколько растянуты в стороны.

Звуки [л] и [л'], как и другие сонорные, образуются с преобладающим участием голоса.

Переднеязычные нёбно-зубные дрожащие

При образовании дрожащих [р] и [р'] кончик языка слегка загибается, поднимаясь к верхним зубам и альвеолам, напряжён и колеблется в воздушной струе, последовательно то размыкаясь, то слегка прикасаясь к альвеолам. Края языка прижаты к боковым зубам, так что воздух проходит через середину полости рта. Шумы, образуемые при произношении [р] и [р'], близки к шумам, при помощи которых образуются [ш] и [ш']. (Это можно заметить, произнося [р] и [р'] шёпотом.) При артикуляции [р] язык занимает положение, близкое к тому, которое нужно для образования гласного [ъ].

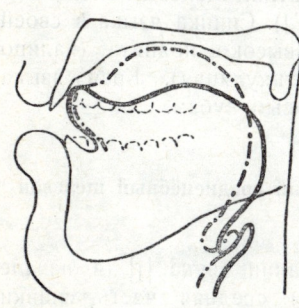

Рис. 16. ——— согласный [р]
— · — · — согласный [р']

При образовании [р] спинка языка в своей передней и средней части слегка прогибается вниз, образуя впадину. При образовании [р'] средняя часть языка находится в положении, которое нужно для произношения гласного [и], при этом всё тело языка (как и при [и]) несколько продвинуто вперёд.

При произношении [р'] губы слегка растягиваются в стороны. Согласные [р] и [р'], как и все сонорные, образуются с голосом.

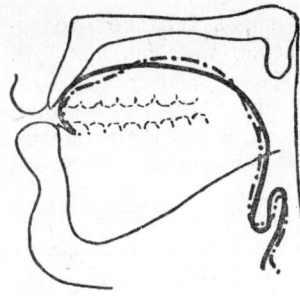

Рис. 17. Согласный [ц]
—————— момент смычки (затвора)
—·—·— момент щели (открытия)

Переднеязычная зубная шумная глухая аффриката

Глухая твердая зубная аффриката [ц] имеет сложную артикуляцию. Она образуется путем смыкания передней части спинки языка, примыкающей к кончику, с верхними зубами и альвеолами, которые постепенно раскрываются очень кратким щелевым элементом. Несколько упрощая, можно сказать, что при [ц] смыкание такое же, как при [т], а размыкание такое же, как при [с].

Края языка прижаты к боковым зубам. Язык занимает положение, близкое к тому, которое нужно для образования гласного [ъ].

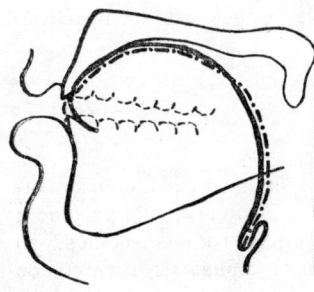

Рис. 18. Согласный [ч']
—————— момент смычки (затвора)
—·—·— момент щели (открытия)

Переднеязычная нёбно-зубная шумная глухая аффриката

Глухая мягкая нёбно-зубная аффриката [ч'] также имеет сложную артикуляцию. Эта аффриката начинается со смыкания передней части спинки языка с верхними зубами и примыкающей к ним зубной частью твердого нёба. Это смыкание, примерно такое, какое нужно для [т'], раскрывается кратким щелевым элементом (нужным для [ш']). Спинка языка в своей средней части высоко поднята (налицо [и]-образная артикуляция). Края языка прижаты к боковым зубам.

Среднеязычный средненёбный щелевой сонорный

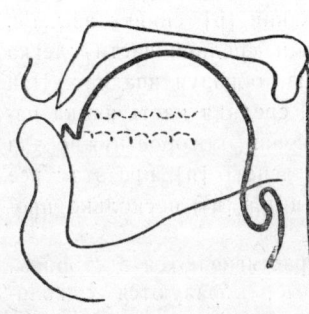

Рис. 19. Согласный [j]

При образовании звука [j] (в начале ударного слога) средняя часть спинки языка высоко поднята к твердому нёбу, так что образуется щель; все тело языка продвинуто вперед. Согласный [j] образуется путем трения воздушной струи о края щели. Края языка прижаты к боковым зубам; кончик языка лежит у нижних зубов. Как видно из описания, артикуляция звука [j] близка к артикуляции гласного [и]. Она отличается от артикуляции [и] более высоким подъемом языка и более узкой щелью, а в связи с этим — более сильным шумом. Губы при [j] несколько растянуты в стороны.

Заднеязычные заднепёбные смычные

При образовании заднеязычных смычных [к], [г] язык оттянут назад, задняя часть спинки языка поднимается к мягкому нёбу, образуя полное смыкание, передняя и средняя части спинки языка опущены. Кончик языка лежит за нижними зубами и может их слегка касаться. Звук образуется в результате размыкания, взрыва сомкнутых органов речи. Согласный [к] образуется без голоса, [г] — с голосом.

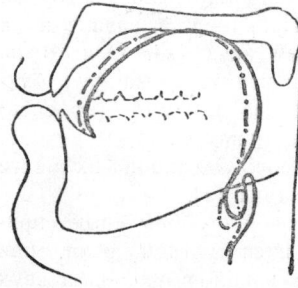

Рис. 20. ——— согласный [к]
—·—·— согласный [к']

При образовании [к'] и [г'] весь язык продвигается вперед, смычка с нёбом также является более передней. Передняя часть языка опущена, кончик языка лежит за нижними зубами. Звуки [к'], [г'] образуются путем размыкания, взрыва сомкнутых органов речи. Согласный [к'] образуется без голоса, согласный [г'] — с голосом. При произношении [к'] и [г'] губы несколько раздвинуты в стороны.

Заднеязычные заднепёбные щелевые

При образовании заднеязычного глухого согласного [х] задняя часть спинки языка поднимается к мягкому нёбу, образуя щель; края языка прижаты к задним боковым зубам. Передняя часть спинки языка опущена, и кончик языка лежит у нижних зубов. Шумы образуются благодаря трению воздушной струи о края щели, образуемой между задней частью спинки языка и мягким нёбом. При произношении [х] язык занимает положение, близкое к тому, которое нужно для образования гласного [ъ]. Согласный [х] как глухой образуется без голоса.

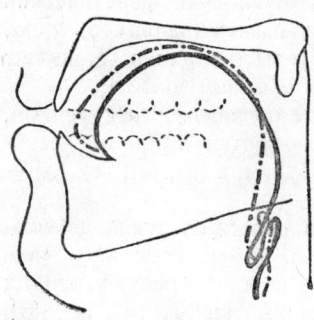

Рис. 21. ——— согласный [х]
—·—·— согласный [х']

При образовании [х'] язык продвигается вперед и образуется щель в более передней части; средняя часть спинки языка поднята (налицо [и]-образная артикуляция, делающая звук [х'] мягким). Кончик языка продвинут вперед и может касаться нижних зубов. Губы при [х'] слегка растянуты.

§ 9. Фонетическая транскрипция

Как известно, наше обычное письмо не передает точно звуков языка. Между написанием слова и его произношением, между буквами и звуками нет полного соответствия. Например, в написании слова *молоко* три раза встречается буква *о*. Между тем в 1-м слоге произносится очень краткий звук, близкий к звуку [ы], во 2-м слоге — звук типа [а] и только в 3-м слоге звук [о], соответствующий букве *о*. Таким образом, разные звуки могут обозначаться одной и той же буквой. В других случаях, наоборот, один и тот же звук обозначается различными буквами. Например, в начале и на конце слова *круг* произносится одинаковый звук [к]. Однако на письме он передается разными буквами: в начале слова *круг* буквой *к*, а на конце — буквой *г*. Также слова *умолять* (просить) и *умалять* (делать маленьким, уменьшать) пишутся неодинаково: с буквой *о* первое слово и с буквой *а* второе. Однако на их месте произносится один и тот же гласный звук типа [а].

Ввиду всего этого при изучении звуковой стороны языка приходится прибегать к особому способу записи устной речи, при котором каждая буква всегда обозначает какой-нибудь один звук и, наоборот, каждый звук обозначается всегда одной и той же буквой. Такая запись устной речи, а именно запись, основанная на строгом соответствии между буквами письма и реально произносимыми звуками, называется ф о н е т и ч е с к о й   т р а н с к р и п ц и е й.

В настоящей книге для фонетической транскрипции используются буквы обычного русского алфавита. Однако так как в устной речи звуков больше, чем букв алфавита, то в отдельных случаях приходится вводить добавочные буквы из других алфавитов (латинского или греческого). В фонетической транскрипции, кроме букв, употребляются особые добавочные значки, которые ставятся под буквой, или над буквой, или сбоку от буквы. В фонетической транскрипции некоторые буквы русского алфавита (например, *я, ю, ё, щ, й*) не употребляются, а другие буквы (например, *ъ*) имеют не то значение, которое им свойственно в обычном письме.

В этой книге в отличие от букв, которые обозначаются курсивом, звуки передаются прямым шрифтом и заключаются в прямые скобки. Таким образом, *и, а, т, л* обозначают буквы, а [и], [а], [т], [л] — звуки.

Для обозначения гласных звуков употребляются следующие буквы (без дополнительных значков): *и, е, а, о, у, ы, э, л, ъ, ь* (или *ə* — „перевернутое *е*"). Буквы *и, е, а, о, у, ы* не требуют особых разъяснений: они обозначают соответственно гласные [и], [е], [а], [о], [у], [ы]. Буква *э* обозначает гласный [е], отодвинутый назад в положении после твердых согласных. Чтобы заметить различие между [е] и [э], ср. слова *место* и *шест, тем* (род. пад. множ. ч.) и *темп*: в словах *место, тем* произносится [е], а в двух других словах [э] — [шэст], [тэмп].

Буква ʌ обозначает гласный звук 1-го предударного слога, близкий к звуку [а] ударного слога. Этот гласный произносится, например, в словах *водá, ногá, травá, старá:* [вʌдá], [нʌгá], [трʌвá], [стʌрá]. Гласный [ʌ] (1-го предударного слога) отличается от гласного [а] (ударного слога) главным образом чуть меньшим раствором рта, меньшей открытостью.

Буквы ъ и ь обозначают очень краткие (или, как их называют, редуцированные) гласные, произносящиеся в безударных слогах, кроме 1-го предударного, т. е. во 2-м, 3-м или 4-м предударных слогах и в слогах заударных. При этом буквой ъ обозначается гласный, средний между [а] и [ы], который обычно произносится после твердых согласных, например, [мълкó], [въдъпрʌвóт], [стърʌвáт], [стáръв], [шъкллáт] — *молоко, водопровод, староватa, старого, шоколад*. Буквой ь (или буквой э) обозначается очень краткий редуцированный гласный, очень близкий к [и]. Этот гласный произносится, например, в словах *белизнá, тягачá* [б'ьл'изнá], [т'ьглч'á] (знак ' после буквы согласного обозначает его мягкость).

П р и м е ч а н и е. В тексте книги для целей фонетической транскрипции мы не пользуемся буквой ь, так как она часто употребляется в нетранскрибированной части того же слова как знак мягкости. Ср.: [п'ь] ленáть. В тексте книги это слово было бы записано [п'э]ленá. Однако при сплошном транскрибировании текста удобнее пользоваться более принятым в нашей лингвистической литературе знаком ь. Поэтому этот знак принят в образцах транскрибированных текстов (в конце книги).

При буквах гласных употребляется ряд дополнительных значков. При буквах *и* и *ы* справа и выше может ставиться соответственно маленькая буква ^{е} или ^{э}: $и^е$ и $ы^э$. Знаками $и^е$ и $ы^э$ обозначаются несколько ослабленные, ненапряженные гласные 1-го предударного слога, средние между [и] и [е] или между [ы] и [э]. При этом гласный [$и^е$] употребляется после мягких согласных, а гласный [$ы^э$] — после твердых: [в'$и^е$снá], [в'$и^е$зáл], [жы^{э}нá] *(весна, вязал, жена)*.

Отличие между [$и^е$] и [ь] (или, что то же, — [э]) только в степени редукции: звук [$и^е$], употребляющийся в 1-м предударном слоге, имеет более полное образование, чем звук [ь], употребляющийся в остальных безударных слогах и характеризующийся наиболее сильной редукцией.

При букве ъ справа и выше может ставиться маленькая буква ^{ы}: $ъ^ы$. Знаком $ъ^ы$ обозначается очень краткий редуцированный звук, близкий к [ы] предударных слогов (кроме 1-го предударного) и заударного слога с конечным гласным: [шъ^{ы}в'и^{э}л'ит'] *(шевелить)*, [жъ^{ы}л'ӱз'и́] *(жалюзи)*, [т'и́шъ^ы] *(тише)*, [н'и́жъ^ы] *(ниже)*.

Следует иметь в виду, что все безударные гласные в русском литературном языке подвергаются редукции — меньшей в 1-м предударном слоге и большей — в остальных безударных слогах. Таким образом, при помощи как знаков ъ, ь (или э), $ъ^ы$, так и $ы^э$, $и^е$ обозначаются звуки в большей или меньшей степени редуцированные. Степень редукции безударных гласных [и], [ы], [у] в нашей записи остается необозначенной: ср. [пух], [пушы́стъȋ], [пухлво́ȋ] (*пух, пушистый, пуховой*).

Над буквами *и, е, э* может ставиться значок ^: û, ê, ê̂. При помощи этого значка обозначаются ударные гласные напряженные [û], [ê], [ê̂], образуемые при более высоком подъеме языка. При этом гласные [û], [ê] употребляются после мягких согласных: [в'û́л'и], ср. [в'ил]; [б'ŷ́т'], ср. [б'ит]; [с'ếл'и], ср. [с'ел]; [м'ếл'], ср. [м'ел]. Гласный [ê̂] употребляется после твердых согласных, причем его образование отличается от образования гласного [э] не только бо́льшим подъемом языка, но также и передвижкой артикуляции вперед, в зону [и] в конечной фазе длительности гласного — произносится как бы [э^и]: [шê̂с'т'], ср. [шэст]; [жê̂с'т'], ср. [жэст].

При буквах *а, о, у* может употребляться точка справа от буквы: *а·, о·, у·*, или точка слева от буквы: ·*а, ·о, ·у*, или две точки сверху от буквы: *ä, ö, ÿ*. Точки при буквах гласных *а, о, у* обозначают передвижку артикуляции вперед в зону гласного [и]. Знаки *а·, о·, у·* обозначают передвижку артикуляции вперед в зону [и] в конечной фазе длительности гласного: [ста·л'], ср. [стал]; [бра·т'], ср. [брат]; [мо·л'], ср. [мол]; [о·с'], ср. [ос] (род. пад. множ. ч.); [пу·с'т'], ср. [пуст]; [су·т'], ср. [сут] (*суд*). В этих случаях произносится как бы [а́^и], [о́^и], [ý^и] с очень слабым и кратким элементом, близким к [и] в конце. Точка справа и сверху ставится также при букве *ы* и имеет такое же значение — указывать на передвижку артикуляции в зону [и] в конечной фазе длительности гласного: [мы·т'], ср. [мыт]; [бы·т'], ср. [быт]; [пы·л'], ср. [пыл]. Произносится как бы [ы́^и] с очень слабым и кратким элементом [и] в конце. Гласные [а·], [о·], [у·], [ы·] употребляются перед мягкими согласными.

Знаки ·*а, ·о, ·у* указывают на то, что артикуляция соответствующих гласных начинается с [и]-образного приступа — произносится как бы [^иа́], [^ио́], [^иý] с кратким начальным [и]-образным элементом в начале: [м'·ал], ср. [мал]; [т'·а́пк'и], ср.: [та́пк'и]; [м'·ол], ср. [мол]; [ид'·о́м], ср. [дом]; [л'·ук], ср. [лук]; [смлтр'·ý] (*смотрю*), ср. [тру]. Гласные [·а], [·о], [·у] употребляются после мягких согласных.

Знаки *ä, ö, ÿ* указывают на передвижку артикуляции соответствующих гласных вперед на протяжении всей длительности каждого из них, но особенно заметно в начале и в конце: [с'äт'], ср. [сат] (*сядь*, ср. *сад*); [з'ät'], ср. [зат] (*зять*, ср. *зад*); [т'öт'ъ], ср. [тот] (*тётя*, ср. *тот*); [т'ÿ́р'ъ], ср. [тýра] (*тюря*, ср. *тýра* — род. пад. ед. ч. от *тур*).

Знак ⌢ над двумя буквами безударных гласных указывает на тенденцию к слиянию двух гласных в один слог: [п'иан͡'ис'т'и́ч'ьск'иȋ] (*пианистический*), [буржуаз͡'ȋъ] (*буржуазия*).

Для обозначения согласных звуков употребляются буквы согласных *б, в, г, д, ж, з, к, л, м, н, п, р, с, т, ф, х, ц, ч, ш*. Кроме того, употребляются еще буквы *l, γ, h*. Латинская буква *l* употребляется для обозначения так называемого "европейского" [l] (такого, как, например, в немецком или французском языке). Этот звук нередко также называют средним [l̦], так как акустически он производит впечатление звука, среднего между нашим [л] мягким и твердым (например, в словах [стал'], [л'ук], с одной стороны, и [стал], [лук] — с другой). Звук [l] (средний) не такой мягкий, как [л'], и не такой твердый, как [л]. Звук [l] может произноситься в отдельных словах иноязычного происхождения, например [klерк], [суфlé].

Греческой буквой γ обозначается звук заднеязычный, т. е. входящий в тот же класс, что и звуки [г], [к], [х]. Однако в отличие от [х] звук является звонким (т. е. образуется с голосом), а в отличие от [г] он является щелевым (т. е. образуется не путем примыкания задней части спинки языка к соответствующей части нёба, а путем их сближения). Таким образом, звук [γ] можно определить как щелевой [г] или как звонкий [х]. Звук [γ] может употребляться в отдельных словах (например, в междометном употреблении слова *господи!*).

Латинской буквой *h* обозначается фарингальный звук (т. е. образуемый в области фаринкса путем сближения корня языка с внутренней стенкой зева). Он может произноситься в отдельных словах, в частности в междометиях (например, [лhá] — *агá*).

Буквами *j* и *i̯* соответственно обозначаются звуки [j] ("йот") и [i̯] (*и* неслоговой), для которых нет особой буквы в русском алфавите: ср. *я* — [j·a], *юг* — [j·ук], *ёж* — [j·óш], *ел* — [jел]; *свинья* — [с'в'ин'j·á], *зная* — [зна́·i̯ъ]; звук [i̯] в конце слова и слога обозначается на письме буквой *й*: [ма·i̯], [ч'а́i̯], [ма́·i̯къ] (*май, чай, майка*).

Мягкость согласного обозначается значком ' справа выше буквы соответствующего согласного: [п'ät'], [л'ên], [с'в'ет]. Долгота согласного обозначается двумя точками после буквы соответствующего согласного: [мáс:ъ] (*масса*), [с:лд'и́т'] (*ссадить*), [вáн:ъ] (*ванна*), [гáм:ъ] (*гамма*), [ш":и] (*щи*). Долгота (иначе — удвоение) согласных [т], [д], [ц], [ч'], [п], [б], которые не могут протягиваться (т. е. так называемых взрывных и аффрикат), обозначается маленькой буквой (указывающей на характер выдержки), которая ставится слева выше буквы соответствующего согласного. Например, [лᵀтлш':и́т'] (*оттащить*), [плᵈд'éлът'] или [плᵈ'д'éлът'] (*подделать*), [лᵀцыᵌп'и́т'] (*отцепить*), [лᵀ'ч'äс'т'и] (*отчасти*), [óᵖпъл] (*об пол*), [лᵇбóрт] (*об борт*). Так как эти согласные не могут протягиваться, то удвоение образуется задержкой, как бы паузой перед размыканием (взрывом) сомкнутых органов речи. Ср. *поделать* и *подделать, оцепить* и *отцепить, почистить* и *подчистить, аборт* и *об борт*.

Знак ⌢ над двумя буквами согласных указывает на то, что соответствующие два согласных звука произносятся как бы слитно — с одним смыканием органов речи в начале первого согласного и одним их размыканием в конце второго; так произносятся сочетания согласных [д], [т] с последующим [н] или [л], а также сочетания согласных [б] и [п] с последующим [м]: [лd͡ná] (*одна*), [ва́т͡нъi̯] (*ватный*); [по́д͡лъ] (*подло*), [дл̂-тла́] (*до тла*); [лб͡ма́н] (*обман*), [нэ́п͡мън] (*нэпман*).

Знак ◌̭ под буквой согласных на конце слова указывает на утрату голоса соответствующим гласным, его глухое произношение: [м'етр̭] (*метр*), [смысл̭] (*смысл*), [м'икрлко́см̭] (*микрокосм*), [вопл'̭] (*вопль*), [внутр'̭] (*внутрь*), [в'ихр'̭] (*вихрь*), [мы̂·с'л'̭] (*мысль*), [п'ê̂с'̂н'̭] (*песнь*). В необходимых случаях слогораздел вну̂три слова обозначается вертикальной чертой: [ка́р|тъ], [ма́·i̭|къ] (*карта, майка*).

Знаком дефиса (-) обозначается слитное произношение проклитик и энклитик с последующим или предыдущим словом: [н'ь-плЛт'и̂-л'и] (*не пойти ли?*), [пл-го́ръду] (*по городу*), [пъ-длма́м] (*по домам*), [нá-гъру] (*на гору*).

Слабое, побочное ударение обозначается знаком грависа (`), в отличие от основного ударения, обозначаемого знаком акута (´), например: [у-į̀ѝво̀-с'иестры́] (*у его сестры*), [у-мъиво̀-лтца́] (*у моего отца*).

Для того чтобы облегчить пользование приведенными ниже материалами, при описании русского литературного произношения мы большей частью исходили из орфографического написания — из букв и сочетаний букв, указывая их звуковое значение. С этой же целью приводимые примеры мы обычно даем в орфографическом написании, за исключением той их части, которая является предметом наблюдения и потому дается в фонетической транскрипции. Фонетически транскрибированные части слов или слова́ заключены в прямые скобки. В конце книги для практических занятий и упражнений даются образцы транскрибированных текстов.

Небольшой объем книги не позволил дать в ней краткий очерк фонетики, здесь мы ограничились лишь сжатым перечнем знаков фонетической транскрипции с указанием их звукового значения. Знакомство с фонетикой русского языка по одному из существующих пособий значительно облегчило бы пользование книгой.

УДАРНЫЕ И БЕЗУДАРНЫЕ ГЛАСНЫЕ [и], [ы] и [у]

§ 10. Гласные [и], [ы]

Гласный [и] в пределах слова, взятого отдельно, обозначается буквой *и*, гласный [ы] — буквой *ы*, а после твердых шипящих буквой *и* (ср. *жил, шил* — произносится [жыл], [шыл]).

Гласный [и] употребляется в начале слова, после гласных и после мягкого согласного в ударном и безударных слогах: 1) в начале слова: *иго, искра, ива, игла, изба, избяной*; произносится: [и́гъ], [и́скръ], [и́въ], [игла́], [изба́], [из'б'иено́i̭]; 2) после гласных: *доить, кроить, наивный, казуистика, поискать, выискать*; произносится: [дли́т'], [крли́т'], [лли́внъi̭], [къзуи́с'т'икъ], [пъиска́т'], [вы́искът']; 3) после мягких согласных: *бить, вилка, гиря, диво, зима, кило, липа, лимон, милый, низкий, пилить, рисунок, тина, начисто, щипать, вожжи, размозжить;* произносится: [б'и́т'], [в'и́лкъ], [г'и́р'ъ], [д'и́въ], [з'има́], [к'ило́], [л'и́пъ], [л'имо́н], [м'и́лъ͡і], [н'и́скъ͡і], [п'ил'и́т'], [р'ису́нък], [т'и́нъ], [на́·ч'истъ], [ш':ипа́·т'], [во́ж':и], [ръзмлж':и́т'].

Как известно, при произношении гласного [и] спинка языка высоко поднимается к соответствующей части нёба. При этом перед мягким согласным спинка языка поднимается к нёбу особенно высоко и энергично (это особенно заметно при произношении ударных гласных). Более высокое и энергичное поднятие спинки языка можно обозначить значком ⌢ над буквой гласного. Ср. [б'ит] и [б'и́т'], [м'и́лъ͡і] и [м'и́л'ъ] *(милый и миля)*, [п'ил] и [п'и́л'и], [плил] и [пли́л'и].

Гласный [ы] в начале слова в русских словах не встречается: он употребляется в положении после твердого согласного. При этом после твердых шипящих [ш] и [ж], а также обычно после [ц] он обозначается буквой *и: шик, шина, широкий, вышитый, жир, нажива, жирок, наживать, выжили; цирк, циркуль, панцирь.* Произносится: [шык], [шы́нъ], [шыро́къ͡і], [вы́шытъ͡і]; [жыр], [нлжы́въ], [жыро́к], [нъжыва́·т'], [вы́жыл'и]; [цырк], [цы́ркул'], [па́нцыр']. После твердых согласных, парных с мягкими (т. е. после [п], [б], [в], [ф], [т], [д], [с], [з], [н], [м], [р], [л]), он обозначается буквой ы: *пытка, пытать, опыт, бык, бычок, привык, фыркать, тыл, тыловой, дым, дымок, сыпать, зыбкий, зыбучий, нынче, нырять, мышь, мышонок, рыба, лыжи, лыжня.* Произносится: [пы́тькъ], [пыта́·т'], [о́пыт], [бык], [быч'·о́к], [пр'ивы́к], [фы́ркъ т'], [тыл], [тылаво́·і], [дым], [дымо́к], [сы́път'], [зы́пкъ͡і], [зыбу́·ч'ə͡і], [ны́·н·ч'ə] [ныр'·а́т'], [мыш], [мышо́нък], [ры́бъ], [лы́жы], [лыжн·а́]. Так же обозначается звук [ы] в окончаниях и суффиксах после буквы *ц: огурцы, пальцы, куцых, куцым, сестрицын.* Произносится: [лгурцы́], [па́·л'цы], [ку́цых], [ку́цым], [с'əстр'и́цын].

П р и м е ч а н и е. Как известно, на месте сочетания *жж*, а также сочетания *зж* в пределах одной морфемы по нормам литературного произношения произносится мягкий долгий [ж], т. е. [ж':] (см. § 62). После этих сочетаний произносится гласный [и], обозначаемый буквой *и: вожжи, дрожжи, размозжить, езживал.* Произносится: [во́·ж':и], [дро́·ж':и], [ръзмлж':и́т'], [jе́ж:ивъл]. Эта норма, выдерживаясь в сценической речи, часто нарушается в повседневной практике, уступая произношению долгого твердого [ж], т. е. [ж:], после которого согласно общему правилу, как и после других твердых согласных, звучит [ы]: [вож:ы], [дрож:ы] [jе́ж:ывъл].

Гласный [ы] доставляет большие затруднения нерусским, изучающим русский язык. Образование гласного [ы] близко к [и]: в обоих случаях спинка языка высоко поднимается к нёбу, но при [и] в своей средней части, а при [ы] — в более задней; при [и] кончик языка находится у нижних зубов, а при [ы] тело языка отодвинуто несколько назад (причем кончик языка несколько приподнят). Переходя от произношения [и] к произношению [ы], легко заметить отодвижку артикуляции назад, в глубь полости рта.

Образование гласного [ы] в другом отношении близко к образованию гласного [у]: оно отличается прежде всего отсутствием лабиализации. Если, произнося [ы], вытянуть вперед губы и округлить так, чтобы между ними оказалась узкая щель, то получится неглубокий, не очень задний [у]; и наоборот, если, произнося [у], прекратить лабиализацию (вытягивание вперед и округление губ), несколько растянуть губы вдоль зубов, то получится гласный [ы], несколько более глубокий и задний, чем обычный [ы], например в слове *сыт*. Ср. произношение [сыт] и [сут] (*суд*).

§ 11. Гласный [у]

Гласный [у] внутри слова, в начале слова и после твердых согласных, а также после мягких согласных [ч'], [ш':] (соответственно после букв *ч, щ*) обозначается буквой *у*. Тот же гласный после остальных мягких согласных обозначается буквой *ю*.

Гласный [у] произносится как в начале слова и после твердых согласных, так и после мягких согласных, а также на конце слова и перед твердым или мягким согласным. Качество гласного [у] в разных положениях неодинаково.

В начале слова и после твердого согласного гласный [у] имеет заднее образование, произносится с высоким подъемом задней части спинки языка к нёбу и с вытянутыми вперед округленными губами (с лабиализацией). В безударных слогах качество [у] в общем сохраняется, но гласный в той или иной степени (разной в разных безударных слогах) теряет свою полновесность, сокращается количественно, подвергается редукции: *ум, узкий, утро, узор, удача, удить, ударить, ударять, убирать; булка, думать, густо, жук, зуб, зубило, кусок, луг, мука, сумка, туфли, худой, шуметь*. Произносится: [ум], [уск̯ъ̥и̯], [у́тръ], [узо́р], [уда́·ч'ъ], [у·д'и́т'], [уда·р'ит'], [удʌр'а́т], [уб'ира́·т']; [бу́лкъ], [ду́мът'], [гу́стъ], [жук], [зуп], [зуб'и́лъ], [кусо́к], [лук], [му́къ], [су́мкъ], [ту́фл'и], [худо́·i̯], [шум'е́т'].

В положении перед мягким согласным гласный [у] в конечной фазе своей длительности претерпевает передвижку вперед. Это особенно заметно в ударном слоге (передвижка вперед образования гласного обозначается точкой справа и сверху от буквы гласного): *усики, узенький, науськать, куль, нуль, суть, вглубь, лазурь, гусь, пулька*: [у́·с'ик'и], [у́·з'эн'къi̯], [нʌу́·с'кът'], [ку·л'], [ну·л'], [су·т'], [вглу·п'], [лʌзу́·р'], [гу·с'], [пу́·л'къ].

В положении после мягкого согласного перед твердым согласным и на конце слова образование ударного [у] претерпевает передвижку вперед в начальной фазе своей длительности (что обозначается точкой слева от буквы гласного): *нюхать, люстра, трюм, рюмка, бюст, тюк, сюсюкать, изюм, индюк, чудо, щука, валю, куплю, гоню*. Произносится: [н'·у́хът'], [л'·у́стръ], [тр'·ум], [р'·у́мкъ], [б'·уст], [т'·ук], [с'·у́с'·у́кът'], [из'·у́м], [ин'д'·у́к], [ч'·у́дъ], [ш':·у́къ], [вʌл'·у́], [купл'·у́], [гʌн'·у́].

В положении между мягкими согласными (в том числе [j]—[i̯]) образование ударного [у] под воздействием как предшествующего, так и последующего мягкого согласного претерпевает особенно сильную передвижку вперед и притом на всей протяженности своего звучания (правда, наиболее сильная передвижка вперед относится к начальной и конечной фазам длительности гласного). Такая степень передвижки вперед ниже обозначается двумя точками над буквой гласного: [ӱ]. Примеры: *тюль, тюря, люлька, люди, висюлька, нюни, изюминка, рюхи, пилюли, бирюльки, щурить*. Произносится: [т'ӱл'], [т'ӱр'ъ], [л'ӱл'къ], [л'ӱд'и], [в'ис'ӱл'къ], [н'ӱн'и], [из'ӱм'инкъ], [р'ӱх'и], [п'ил'ӱл'и], [б'ир'ӱл'к'и], [ш':ӱр'ит'].

Из предыдущего описания следует, что гласный [у] после мягкого согласного перед твердым или на конце слова (т. е. [˙у]) представляет собой звук неоднородный в своем образовании — более передний в начальный момент своей длительности и задний — в конце: произносится как бы [у] с [и]-обра́зным приступом. Следует отметить, что в основной части своей длительности и в особенности в конце этот [у] не отличается от обычного [у] после твердых согласных — лабиализованного гласного заднего ряда верхнего подъема. Такой [у] обозначим знаком [˙у].

В положении между мягкими согласными [и]-обра́зный элемент имеется не только в начальный момент длительности гласного, но также и в ее конечный момент. В связи с этим вся артикуляция гласного несколько смещается вперед. Однако эта передвижка вперед не достигает обычно той степени, которая характерна в аналогичном положении для [а] и [о] (см. ниже § 12, 13): образуется гласный [у] среднего ряда, который мы выше обозначили знаком [ӱ]. Примеры с ударным [у] после мягкого согласного перед твердым и мягким согласным даны выше.

В отдельных случаях, главным образом в словах с особой эмоциональной окраской и в разговорной речи, передвижка артикуляции ударного гласного [у] между мягкими согласными может быть более сильной и доходить до переднесреднего и даже переднего ряда (ср. [у] в выражениях *чуть-чуть, тютелька в тютельку* — [ч'ӱт'-ч'ӱт'], [т'ӱт'əл'къ-ф-т'ӱт'əл'ку]).

Безударный гласный [у] после мягких согласных не только перед мягким, но также и перед твердым согласным испытывает передвижку артикуляции вперед в более сильной степени, чем гласный [у] ударного слога. В связи с этим гласный [у] в этих положениях обозначаем знаком [ӱ̈]. Ср. в положении перед мягким согласным в 1-м предударном слоге: *тюлень, тюфяк, людей, тюрьма, тюльпан, чудить, ощущать*. Произносится: [т'ӱ̈л'е́н'], [т'ӱ̈ф'˙а́к], [л'ӱ̈д'е́i̯], [т'ӱ̈р'ма́], [т'ӱ̈л'па́н], [ч'ӱ̈д'и́т'], [ʌш':ӱ̈ш':а́т]. Во 2-м предударном слоге *тюфячок, слюдяной, трюфеля*. Произносится: [т'ӱ̈ф'и е ч'˙о́к], [с'л'ӱ̈д'и е но́˙i̯], [тр'ӱ̈ф'и е л'˙а́] — с гласным [у], очень продвинутым вперед в своем образовании (можно сказать — переднего ряда). Безударный гласный [у] после мягкого согласного и перед твердым согласным также испытывает весьма заметную передвижку вперед артикуляции, что дает возможность обозначить его знаком [ў]: *сюртук, любовь, бирюза, слюда, слюна, чудак, чугун,* а также *людоед, чугунок.* Произносится: [с'ўртўк], [л'ўбо́ф'], [б'ир'ўза́], [с'л'ўда́], [с'л'ўна́], [ч'ўда́к], [ч'ўгу́н], а также [л'ўдлjе́т], [ч'ўгуно́к].

УДАРНЫЕ ГЛАСНЫЕ [а], [о], [е]

§ 12. Гласный [а]

Ударный гласный [а] произносится как в начале слова и после твердых согласных, так и после мягких согласных, а также на конце слова и перед твердым или мягким согласным. Качество [а] в разных положениях неодинаково. После твердых согласных гласный [а] обозначаем буквой *а,* а после мягких (кроме [ч'] и [ш':])—буквой *я.* После букв *ч* и *щ,* обозначающих мягкие согласные [ч'] и [ш':], пишется буква *а.* То же пишется после буквы *ж* в сочетаниях *жж* и *зж,* когда они обозначают мягкий согласный [ж':].

В начале слова или после твердых согласных и одновременно в конце слова или перед твердыми согласными произносится „нормальное" [а]. Примеры: *акт, арка, алый, пар, бал, нас, сам, гам, мак, брак, рана, мал, шаг, жара, жалость.* Произносится: [акт], [а́ркъ], [а́лъ̣ǐ], [пар], [бал], [нас], [сам], [гам], [мак], [брак], [ра́нъ], [мал], [шак], [жла́], [жа́лъс'т']. Так же после гласных перед твердыми согласными или на конце слова и после твердых согласных перед гласными произносится „нормальное" [а]: [сла́фтър], [клла́къ], [буржуа́], [стра́ус] (*соавтор, клоака, буржуа, страус*).

В положении перед мягким согласным образование ударного гласного [а] испытывает в конечной фазе своей длительности передвижку вперед. Обозначим такой гласный [а] точкой справа и выше буквы: [а·]. Примеры: *альт, ария, азимут, баня, банщик, бантик, галька, дальний, дань, жаль, лань, пальма, мальва, реальный.* Произносится: [а·л'т], [а́·р'иǐъ], [а́·з'имут], [ба́·н'ъ], [ба́·н'ш':ик], [ба́·н'т'ик], [га́·л'къ], [да́·л'н'эǐ], [да·н'], [жа·л'], [ла·н'], [па́·л'м], [ма́·л'въ], [р'иеа́·л'нъ̣ǐ].

В положении мягкого согласного перед твердым согласным или на конце слова образование ударного гласного [а] испытывает заметную передвижку вперед в начальной фазе своей длительности (это обозначается точкой слева от буквы гласного): [·а]. Примеры: *размял, тяпка, тряпка, сяду, пятка, вялый, увядший, озяб, снял, прятать, клятва, слякоть, мякоть, звякнуть, пятый, тяга, глядят, грозят; судя, шутя, любя, топя, коня, гвоздя, спустя.* Произносится: [рлз'м'·а́л], [т'·а́пкъ], [тр'·а́пкъ], [с'·а́ду], [п'·а́ткъ], [в'·а́лъ̣ǐ], [у·в'·а́тшъ̣ǐ], [лз'·а́п], [с'н'·ал], [пр'·а́тът'], [кл'·а́твъ], [с'л'·а́кът'], [м'·а́кът'], [з'в'·а́кнут], [п'·а́тъ̣ǐ], [т'·а́гъ], [гл'иед'·а́т], [грлз'·а́т]; [су·д'·а́], [шу·т'·а́], [л'ўб'а́], [тлп'·а́], [клн'·а́], [гвлз'д'·а́], [спус'т'·а́].

В положении между мягкими согласными (в том числе [j] — [i̯]) образование ударного [а] под воздействием как предшествующего, так и последующего мягкого согласного испытывает особенно сильную передвижку вперед и притом на всем протяжении своего звучания (хотя наибольшая передвижка вперед относится к начальной и конечной фазам длительности гласного). Такую степень передвижки вперед артикуляции гласного [а] обозначим двумя точками над буквой гласного: [ӓ]. Примеры: *сядьте, глянь, взять, дятел, пяльцы, вяленый, замять, пять, бязь, чай, причалить, печать, счастье, угощать, прощай.* Произносится: [с'ӓт'ъ], [гл'ӓн'], [вз'ӓт'], [д'ӓт'əл], [п'ӓл'цы], [в'ӓл'əнъi̯], [злм'ӓт'], [п'ӓт'], [б'ӓс'], [ч'ӓi̯], [пр'ич'ӓл'ит'], [п'иеч'ӓт'], [ш':ӓс'т'i̯ъ], [углш':ӓт], [прлш':ӓi̯].

Из предыдущего изложения следует, что ударный гласный [а] после мягких согласных в русском языке неоднороден в своем образовании. Эта неоднородность особенно сильна в положении перед твердыми согласными и на конце слова. В этом положении звук [а] в своем начале имеет более переднее и закрытое образование, а затем — значительно более заднее и открытое; к концу своей длительности это звук открытый, нижнего подъема, типа обычного [а]. Таким образом, образование [а] после мягких согласных заключает в себе [и]-образный приступ: [ᴴа]. Выше этот звук обозначен знаком [˙а]. Так произносится [а], например, в словах: п[р'˙а́м]о, к[р'˙а́ш] (*кряж*) и др. (примеры см. выше).

Необходимо отметить, что неоднородность в образовании [а] после мягкого согласного имеет место и перед мягким согласным, т. е. между мягкими, хотя и в несколько меньшей степени. В этом положении образование звука [а] имеет не только [и]-образный приступ, но также и [и]-образное окончание, т. е. произносится как бы [ᴴаᴴ]. Следует иметь в виду, что образование гласного [а] между мягкими согласными (кроме отдельных слов, и притом в беглой речи) в своей основной средней части не доходит до переднего ряда, что этот звук, видимо, передне-среднего ряда. Обозначим этот звук знаком [ӓ]. Так произносится [а], например, в словах [с'ӓт'], г[л'ӓн'] и др., в[з'ӓт'], [д'ӓт']ел, [п'ӓл']цы, [в'ӓл']еный, [м'ӓт'], [п'ӓт'], [б'ӓс'] (примеры см. выше).

Эта норма нередко нарушается в русской речи нерусских, например латышей, произносящих между мягкими согласными гласный звук [ӓ], однородный в своей длительности и притом переднего образования. Такой звук они нередко произносят также после мягкого согласного перед твердым: [п'ӓт]ый, [м'ӓт]ый, [с'ӓд]у и т. д. (видимо, с неполной мягкостью предшествующего согласного).

§ 13. Гласный [о]

Ударный гласный [о] произносится как в начале слова и после твердых согласных, так и после мягких согласных, а также на конце слова и перед мягким согласным. Качество гласного [о] в разных положениях неодинаково. На письме гласный [о] обозначается после твердых согласных буквой *о*, а после мягких согласных буквой *ё*. (Однако после шипящих [ч'] и [ш':], [ш], [ж], обозначаемых буквами *ч, щ, ш, ж*, в одних случаях пишется буква *ё*, в других — *о*: ср. *шов* и *шёлк, жох* и *зажёг, чохом* и *чёлка, плащом* и *щёлка*.)

В начале слова и после твердых согласных и одновременно перед твердым согласным или в конце слова произносится „нормальное" [о]. Примеры: *облако, обруч, острый, олово; дом, ломкий, перо, окно, батон, пирог, сапог, доктор, купон, колос, холод, голый, порох*. Произносится: [о́блъкъ], [о́бруч'], [о́стръį], [о́лъвъ]; [дом], [ло́мкъį], [п'иеро́], [лкно́], [блто́н], [п'иро́к], [сппо́к], [до́ктър], [купо́н], [ко́лъс], [хо́лът], [го́лъį], [по́ръх]. Также после твердых гласных перед гласными и после гласных перед твердыми согласными произносится „нормальное" [о]: [со́ус], [ло́рът] (*соус, аорта*).

В положении перед мягким согласным ударный гласный [о] в начале слова и после твердого согласного испытывает передвижку вперед в конечной фазе своей длительности. Обозначим такой гласный точкой справа и выше буквы гласного: [о·]. Примеры: *ось, озеро, окись, ослик; готовь, ладонь, любовь, подбрось, конь, вкось, топь, гость, стой, мой*. Произносится: [о·с'], [о́·з'əръ], [о́·к'ис'], [о́·с'л'ик]; [глто́·ф'], [лллдо́·н'į], [л'у́66·ф'], [пллдбро́·с'], [ко·н'], [фко·с'], [то·п'], [го·с'т'], [сто·į], [мо·į].

В положении после мягкого согласного перед твердым или на конце слова образование гласного [о] испытывает передвижку вперед в начальной фазе своей длительности — это обозначается точкой слева от буквы гласного: [·о]. Примеры: *берёза, дёготь, зёрнышко, зелёный, лёгкий, мёрзлый, нёбо, пёстрый, сёмга, тёмный, свёкла, ни то ни сё*. Произносится: [б'иер'·о́зъ], [д'·о́гът'], [з'·о́рнышкъ], [з'иел'·о́нъį], [л'·о́хкъį], [м'·о́рзлъį], [н'·о́бъ], [п'·о́стръį], [с'·о́мгъ], [т'·о́мнъį], [св'·о́клъ], [н'ə-то̀-н'ə-с'·о́].

В положении между мягкими согласными (в том числе [j] — [į]) образование гласного [о] под воздействием как предшествующего, так и последующего мягкого согласного испытывает особенно сильную передвижку вперед, и притом на всем протяжении своей длительности (хотя наибольшая передвижка вперед относится к начальной и конечной фазам длительного гласного). Такую степень передвижки вперед артикуляции гласного [о] отметим двумя точками над буквой гласного [ö]. Примеры: *лётчик, на берёзе, на клёне, Лёля, Лёня, идёте, несёте, везёте, денёчек*. Произносится: [л'ö́тч'ик], [нъ-б'иер'·ö́з'ə], [нл-кл'ö́н'ə], [л'ö́л'ъ], [л'ö́н'ъ], [ид'ö́т'ə], [н'иес'ö́т'ə], [в'иез'ö́т'ə], [д'иен'ö́ч'əк].

Таким образом, гласный [о] после мягких согласных в русском языке отличается значительной неоднородностью своего образования. Эта неоднородность особенно сильна в положении перед твердым согласным. В этом положении гласный [о] в начальной фазе своей длительности имеет значительно более переднее, а также несколько более закрытое образование, а затем более заднее и открытое; к концу своей длительности это звук заднего ряда среднего подъема. Гласный [о] после мягкого согласного имеет [и]-образный приступ:

[˙о]. Примеры см. выше, а также: [т'˙о́плъ̣i̯], [д'˙о́сны], [с'˙о́стры], [ч'əрнлз'˙о́м], [злм˙о́рс], [с'п'˙о́ртъ̣i̯].

Необходимо отметить, что неоднородность в образовании звука [о] после мягкого согласного наблюдается и перед мягким согласным. Однако в этом положении неоднородность артикуляции гласного имеет место в меньшей степени. Это объясняется тем, что между мягкими согласными образование звука [о] имеет не только [и]-образный приступ, но также и [и]-образное окончание, т. е. произносится как бы [ⁱоⁱ]. Такое [о] мы обозначили знаком [ö]: [т'ö́т'ъ] — *тётя*, ве[с'ö́л']енький, зе[л'ö́н']енький, [п'ö́с']ик, бе[р'ö́т']е, де[н'ö́ч']ек, о[т'ч'ö́т'л']ивый — *отчетливый*. Следует иметь в виду, что образование гласного [о] между мягкими согласными в своей основной, средней части не доходит до переднего ряда — произносится обычно гласный не переднего, а передне-среднего ряда.

Эта норма нередко нарушается в русской речи нерусских — представителей ряда народов, произносящих после мягких согласных (как перед мягкими, так и перед твердыми) гласный [о], однородный в своем образовании и притом часто с неполной мягкостью предшествующего согласного.

Следует иметь в виду, что две точки над буквой *е* в печати и при письме обычно не ставятся. Поэтому узнать о том, нужно ли на месте буквы *е* произносить в каждом слове [о] или [е], можно лишь практически зная русский язык вообще, в частности читаемое слово. Ср., например, написание *осел*, которое можно прочесть как [лс'˙о́л] и как [лс'е́л]. В связи с этим произношение [о] или [е] на месте буквы *е* представляет определенные трудности для нерусских, изучающих русский язык, а также для русских, встречающихся при чтении с новым, ранее неизвестным читателю словом. Большие трудности встречают учащиеся, в том числе русские, при первоначальном обучении чтению и письму.

Употребление [е] или [о] после мягких согласных под ударением доставляет затруднения и взрослым русским. Ср. в большей или меньшей степени распространенное неправильное произношение слов *современный, передержка, афера, атлет, пересек, приземистый, бытие, бытием, акушерка, акушерский* с гласным [о] вместо правильного произношения с гласным [е]: совре[м'е́]нный, пере[д'е́]ржка, а[ф'е́]ра, ат[л'е́]т, пере[с'е́]к, при[з'е́]мистый, быти[jе́], быти[jе́м], аку[шэ́р]ка, аку[шэ́р]ский. Ср. произношение слова *истекший* с гласным [е] в одном значении и с гласным [о] — в другом: ис[т'е́]кшее (время), ис[т'˙о́]кший (кровью). Причастия *ушедший, приведший, забредший* произносятся с гласным [е] (после твердых шипящих — [э]), а причастия *плётший, заплётший*, а также *принёсший, привёзший* с гласным [о] (после мягкого согласного перед твердым [˙о]). Имеются также слова, в которых распространено неправильное произношение с гласным [е] под ударением вместо правильного [˙о], например: *манёвры, манёвренный, блёклый, блёкнуть, поблёкший, белёсый, твёрже*. Наличие произношения *акушёр* (с гласным [о]) при *акушерка* (с гласным [э]) вызывает к жизни неправильное произношение *акуш*[э]*р, акуш*[о]*р-ка* и др.

Ввиду всего сказанного в изданиях, предназначенных для нерусских, а также в букварях и книгах для первоначального обучения русскому языку над буквой *е* в тех случаях, когда на ее месте нужно читать гласный звук [о] того или иного качества, систематически ставятся две точки.

§ 14. Гласный [е]

Гласный [е] в начале слова обозначается буквой э (ср. *это, экий* — произносится [э́тъ], [є́къі̯]). Тот же гласный после согласных — кроме немногих заимствованных слов, где после твердого согласного пишется э, — обозначается буквой *е*: *сел, пел, бел, зеркало, дельта, шест, честь* и т. д. Примеры единичного употребления буквы э после твердого согласного: *пэр, мэр, сэр*, в собственных именах: *Тэн, Бэкон, Улан-Удэ*.

В начале слова и после гласного сочетание [јe] обозначается буквой *е*. Ср. [јел], [јêс'т'], [плјел], [плјéс'т'], [с'јел], [ф-с'и^ем'јé] (*ел, есть, поел, поесть, съел, в семье*).

Гласный [е] употребляется чаще всего после мягких согласных. Под ударением после мягких согласных гласный [е] имеет два основных оттенка — так называемое открытое, широкое [е] и закрытое, узкое.

Рассмотрим раньше первый из этих оттенков, который можно назвать нормальным, встречающимся и в изолированном произношении, например в междометии *э*. Он употребляется также после мягкого согласного перед твердым или на конце слова. Например: *лето, дело, села, сено, посев, лепка, бегал, на столе, на коне*. Произносится: [л'éтъ], [д'éлъ], [с'éлъ], [с'éнъ], [плс'éф], [л'éпкъ], [б'éгъл], [нъ-стлл'é], [нъ-клн'é].

В положении перед мягким согласным гласный [е] после мягкого согласного (иначе — в положении между мягкими согласными) звучит закрыто, узко. Такой [е] обозначаем знаком [ê]. Например: *весело, дерево, север, ветер, лестница, наместник, лезвие, зверь, песня, рея, тесть, фея, ей, ель, поесть*. Произносится: [в'ếс'əлъ], [д'ếр'əвъ], [с'ếв'əр], [в'ếт'əр], [л'ếсн'ицъ], [нлм'ếс'н'ик], [л'ếз'в'иџъ], [з'в'ếр'], [п'ếс'н'ъ], [р'ếј̯ъ], [т'ếс'т'], [ф'ếј̯ъ], [јếј̯], [јêл'], [плјêс'т'].

Чтобы заметить различие между [е] и [ê], полезно произнести подряд такие, например, пары слов, как [с'ел] и [с'ếл'и], [п'ел] и [п'ếл'и], [злл'éс] и [злл'ếз'л'и], [с'в'ет] и [с'в'ếт'ит], [л'éнъ] и [к-л'ếн'ə] (*Лена и к Лене*).

Гласный [е] употребляется также и в начале слова. При этом перед твердым согласным произносится его широкий, открытый оттенок, а перед мягким — узкий, закрытый. Ср. [э́тът] и [ếт'и] (*этот и эти*), [э́къв] и [ếк'их] (*экого и эких*), [ếј̯], [э́хъ], [э́пъс], [ếп'икъ], [ếл'инг] (*эй, эхо, эпос, эпика, эллинг*). Также после гласных: [с'илуэ́т] и [л-с'илуếт'ə] (*силуэт и о силуэте*).

Различие между этими двумя разновидностями [е] заключается прежде всего в степени поднятия языка: при произнесении [е] открытого, или широкого, средняя часть спинки языка поднимается к нёбу в меньшей степени, чем при произнесении [е] закрытого, или узкого. В последнем случае язык поднимается выше, но не настолько, чтобы образовался звук [и]. Таким образом, когда произносят [е] закрытый, язык поднимается выше, чем это нужно для [е] открытого, и ниже, чем нужно для [и]: [е] закрытый по своему образованию — звук, средний между [е] открытым и [и]. Другое отличие этих звуков заключается в том, что языковое тело при образовании [е] закрытого находится в более напряженном состоянии, чем при [е] открытом. С этим связано то, что [е] открытое представляет собой звук, неоднородный в своей длительности: в конечной своей части этот звук заметно более открытый, чем в начальной — более закрытой. Звук [е] образуется в русском литературном языке со слабым [и]-образным приступом, а в конечный момент своей длительности он заключает в себе заметно более задний и открытый элемент; он представляет собой как бы [^{и}е^ь]. Так произносится, как уже было отмечено, [е] под ударением после мягкого согласного перед твердым: [с'е́р]ый, [с'н'ек] (*снег*), а[р'е́н]да, [т'е́м]а (другие примеры см. выше). Близко к этому произносится [е] после мягких согласных на конце слова: *в воде* — [в-влд'е́], *вдалеке* — [вдъл'и^{е}к'е́].

Эта норма нередко нарушается представителями части русских говоров, знающих в положении после твердого согласного перед мягким или на конце слова звук [е] закрытый: [ê], т. е. произносящих [л'ếт]о, [с'ếл], [н'ếт], на сто[л'ế] и т. д. Особенно часто она нарушается в русской речи ряда народов как Советского Союза, так и зарубежных. Так, например, в русской речи марийцев или коми можно часто услышать: [л'е́т]о, [с'е́л], [н'е́т], на сто[л'е́], [гд'е́], а также [д'е́л]о, с[в'е́т], [хл'е́п] (*хлеб*), [т'е́кст], конс[п'е́кт], [т'е́м]а и т. д. Во многих случаях образование звука [е] в этом положении в речи нерусских не имеет описанного выше неоднородного характера — более узкого в начале и более широкого в конце, не имеет характерного для правильного русского произношения [и]-образного начала: произносится звук, однородный в своей длительности. Это связано частью с неполной мягкостью предшествующего согласного, частью — с более высокой и энергичной артикуляцией гласного, связанной с особой напряженностью языкового тела, в то время как русское [е] является гласным ненапряженным.

После твердых согласных образование гласного [е] становится более задним — языковое тело заметно отодвигается назад (обозначим такое [е] знаком [э]). Эта отодвижка назад происходит после твердых шипящих [ж], [ш] и после [ц], а в части слов иноязычного происхождения — также после других согласных. Чтобы заметить эту отодвижку назад в образовании [е], полезно обратить внимание на произношение соответствующего гласного, например в словах *мест* и *шест*: [м'ест] и [шэст]. При этом перед твердыми согласными, а также на конце слова гласный [э] имеет открытое образование, а перед мягкими согласными — закрытое. Закрытый гласный [э] в конце своей длительности имеет более переднее и верхнее образование, т. е. уклад языка, близкий к [и]: произносится как бы [э"]. Подвинутый вперед в своей конечной фазе гласный [э] (т. е. с [и]-образным окончанием) обозначим знаком [э̂]. Чтобы заметить различие между [э] и [э̂], полезно понаблюдать произношение гласного в таких случаях, как [шэст] и [шэ̂с'т'], [жэст] и [жэ̂с'т'], [цэп] и [цэ̂п'].

Примеры на [э] после твердых шипящих и [ц]: *женский, жертва, жемчуг, шедший, шенкель, ценный, цех, на ноже, в шалаше*. Произносится: [жэ́нскъі̇], [жэ́ртвъ], [жэ́мчук], [шэ́тшъі̇], [шэ́нк'əл], [цэ́н:ъі̇], [цэх], [нъ-нлжэ́], [ф-шълаше́]. После других согласных в словах иноязычного происхождения: *тент, терция, дерби, секста, темп, тембр, базедова (болезнь), безе, пюре*. Произносится: [тэнт], [тэ́рцыі̇ъ], [дэ́рб'и], [сэ́кстъ[, [тэмп], [тэмбр], [блзэ́дъвъ], [б'езэ́], [п'ўрэ́].

Примеры на [э̂] после твердых шипящих и [ц]: *женин, женьшень, жерех, шелест, шельма*. Произносится: [жэ̂н'ин], [жэ̂н'шэ̂н'], [жэ̂р'эх], [шэ̂л'эст], [шэ̂л'мъ]. После других согласных в словах иноязычного происхождения: *дельта, теннис, отель, сепия*. Произносится: [дэ̂л'тъ], [тэ̂н'ис], о[тэ̂л'], [сэ̂п'иі̇ъ].

БЕЗУДАРНЫЕ ГЛАСНЫЕ

§ 15. Гласные на месте букв *о* и *а* после твердых согласных (кроме шипящих)

1. На месте букв *о* и *а* после твердых согласных в первом предударном слоге произносится звук [ʌ]:
в[ʌ]да́, н[ʌ]га́, гр[ʌ]за́, с[ʌ]сна́, др[ʌ]ва́, п[ʌ]ля́, ст[ʌ]лы́, дв[ʌ]ро́в, пл[ʌ]до́в, г[ʌ]ло́в, ст[ʌ]ро́н, б[ʌ]ро́дка, в[ʌ]ро́та, х[ʌ]жу́, пр[ʌ]шу́, ст[ʌ]ю́, д[ʌ]шёл, п[ʌ]дро́с, пр[ʌ]вёл;
тр[ʌ]ва́, с[ʌ]ды́, гл[ʌ]за́, д[ʌ]ры́, м[ʌ]ла́, п[ʌ]шу́, ст[ʌ]ри́к, кл[ʌ]ду́, д[ʌ]ю́, з[ʌ]бы́л, з[ʌ]нёс, н[ʌ]се́л, н[ʌ]дре́зал.

Качество звука [ʌ] 1-го предударного слога в литературном языке не всегда одинаково, но в общем он произносится при несколько менее опущенной нижней челюсти и потому при менее широком растворе рта, чем звук [а] ударного слога. Однако все же это должен быть звук типа [а], а не отодвинутого назад [э] или [ъ] (об этом см. ниже).

В иностранных собственных именах и производных от них гласный [о] обычно сохраняется: Фл[о]бе́р, М[о]ри́с Т[о]ре́з и др., см. § 99.

Эта норма нарушается со стороны представителей окающих говоров, в которых, в отличие от литературного языка, звуки [о] и [а] различаются не только под ударением, но также и в слоге перед ударением (ср. в окающих говорах: др[о]ва́, в[о]да́, н[о]га́, х[о]жу́, но тр[а]ва́, с[а]ды́, кл[а]ду́). Усваивая многие черты литературного языка, представители окающих говоров нередко затрудняются в усвоении этой черты и часто в той или иной мере сохраняют элементы оканья, произнося в отдельных словах или в определенных фонетических условиях на месте буквы *о* в 1-м предударном слоге звук [о].

Для усвоения правильного произношения гласного на месте буквы *о* в 1-м предударном слоге необходимо обратить внимание на то, чтобы отсутствовала лабиализация (т. е. чтобы губы не округлялись и не вытягивались вперед), чтобы раствор рта был заметно шире, чем при [о], и чтобы, наконец, поднятие спинки языка было минимальным.

Утрачивая оканье, представители севернорусских говоров нередко устраняют лабиализацию (т. е. вытягивание вперед и округление губ), но сохраняют раствор рта и подъем языка, характерные для [о] (т. е. средние). В результате образуется сильно отодвинутое назад [э]: в[э]да́, в[э]ды́, др[э]ва́, ст[э]лы́, пр[э]шу́[1]. Такое произношение часто встречается также в русской речи украинцев. Поэтому, работая с ними, нужно добиться не только того, чтобы соответствующий гласный произносился без лабиализации, но также чтобы раствор рта при его образовании был шире, чем при [о] и [э], а подъем языка минимальный, так как именно при этих условиях образуются звуки типа русского безударного [а], который мы обозначили знаком [ʌ].

Кроме того, надо иметь в виду, что полному переходу от оканья к аканью предшествует ряд промежуточных этапов. Нередко одно и то же лицо одни слова произносит в акающей огласовке, другие — в окающей. В акающей огласовке произносятся обычно раньше всего слова, характерные только для литературного языка и отсутствовавшие в диалектах; напротив, исконные для диалекта слова могут дольше держаться в окающей огласовке. Неравномерно происходит переход от оканья к аканью также и в разных фонетических условиях. Замечено, что нередко раньше всего аканье усваивается в тех случаях, когда под ударением находится гласный [а], т. е. произносят в[а]да́, но в[о]ды́, в[о]де́, в[о]дой; сн[а]па́, но сн[о]пы́, сн[о]пов; со ст[а]ла́, но ст[о]лы́, к ст[о]лу́, ст[о]лов. Далее аканье проникает и в случаи с другими ударяемыми гласными, кроме [о], т. е. при наличии под ударением любого гласного, кроме [о], в предударном слоге произносится [а]; если же под ударением [о], то в предударном слоге звук [о] сохраняется — произносят: в[а]да́, в[а]ды́, в[а]де́, но в[о]дой; сн[а]па́, сн[а]пы́, но сн[о]пов; со ст[а]ла́, ст[а]лы́, к ст[а]лу́, но ст[о]лов. Есть и другие промежуточные ступени между оканьем и аканьем. Наконец, аканье проникает во все случаи независимо от качества гласного ударяемого слога (начинают произносить не только в[а]да́, в[а]ды́, но и в[а]дой).

Отклонения от правильного произношения гласного на месте *о* и *а* в 1-м предударном слоге встречаются и у представителей части южнорусских говоров, характеризующихся так называемым диссими-

---

[1] Близкое к этому произношение характерно для ленинградского просторечия, причем отодвинутое назад [э] произносится не только в 1-м, но также и во 2-м предударном слоге: г[э]л[э]ва́, м[э]л[э]ко́, с[э]д[э]во́д, в[э]д[э]во́з, сл[э]в[э]ри́.

лятивным аканьем, а также в русской речи части белорусов, так как восточным говорам белорусского языка также свойственно диссимилятивное аканье. Как известно, при диссимилятивном аканье на месте *о* и *а* в 1-м предударном слоге произносится редуцированный гласный типа [ъ], [э] или звук, близкий к [ы], если под ударением находится [а]; при наличии же под ударением любого другого гласного в предударном слоге произносится [а]: в[ъ]да́, но в[а]ды́; н[ъ]га́, но н[а]го́й; ст[ъ]я́л, но ст[а]ю́; м[ъ]я́, но м[а]ю́; т[ъ]ка́я, но т[а]ко́й и т. д. Произношение типа н[ъ]га́, ст[ъ]я́л, м[ъ]я́ нередко упорно держится у лиц, в других отношениях овладевших литературным языком. Особенно устойчиво оно в словах, которые при любых изменениях имеют под ударением [а], например ст[ъ]ка́н, т[ъ]та́рин, ум[ъ]ля́ть, ост[ъ]вля́ть.

Для устранения элементов диссимилятивного аканья необходимо прежде всего, чтобы говорящий услышал, осознал описанную особенность своего произношения (так как обычно она не осознается и не замечается говорящими); далее, необходимы упражнения в произношении предударного гласного в специально подобранных словах. Следует указать, что предударный гласный в них должен произноситься при широком растворе рта и, что связано с этим, при минимальном подъеме спинки языка, так как только при этих условиях получится звук типа [а], который произносится в литературном языке.

Следует отметить, что элементы диссимилятивного аканья отличаются значительной устойчивостью и нередко сохраняются в течение всей жизни у лиц, вполне владеющих литературным языком и в течение десятилетий не живущих в окружении говоров с диссимилятивным аканьем.

2. На месте букв *о* и *а* после твердых согласных в остальных безударных слогах (т. е. во всех безударных слогах, кроме 1-го предударного) произносится также один и тот же звук — очень краткий (иначе — редуцированный), нелабиализованный гласный среднего ряда и среднего подъема. В дальнейшем изложении этот звук обозначается буквой [ъ]. Звук [ъ] по месту подъема языка приблизительно такой, как звуки [а] и [ы]. По степени же подъема языка он занимает среднее положение между гласным [ы] (верхнего подъема) и гласным [а] (нижнего подъема). Иными словами, звук [ъ] отличается от [ы] более низким подъемом спинки языка, а от [а] — более высоким. Если произносить [ы], но при этом рот раскрыть несколько шире и спинку языка несколько опустить, то получится [ъ]. Можно и иначе объяснить образование звука [ъ]: если произносить [а], но при этом раствор рта сделать более узким, а спинку языка несколько поднять, то также получится [ъ].

Примеры на [ъ] на месте буквы *о*:
в предударных слогах — г[ъ]лова́, ст[ъ]рона́, б[ъ]рода́, д[ъ]рого́й, м[ъ]локо́, х[ъ]рошо́, в[ъ]роно́й, г[ъ]родо́к, в[ъ]дово́з, п[ъ]лучи́л, пр[ъ]вожу́, п[ъ]дложу́, пр[ъ]дала́, п[ъ]д водо́й, пр[ъ] него́, п[ъ] рублю́; то же произносится на месте букв *о* и *а* в начале слова после твердого согласного предлога: [с-ъ]гурца́ми, [ат-ъ]дного́, [пъд-ъ]го́родом — *с огурцами, от одного, под городом*;

в заударных слогах (кроме конца слова) — гóл[ъ]ву, нá г[ъ]л[ъ]ву, стóр[ъ]ну, нá ст[ъ]р[ъ]ну, бóр[ъ]ду, гóр[ъ]д, стóр[ъ]ж, нá д[ъ]м, нá п[ъ]л, мóл[ъ]д, пóр[ъ]х, ýз[ъ]к, нúз[ъ]к, блúз[ъ]к; за сáд[ъ]м, зá [гъръдъм], гóр[ъ]д[ъ]м, дóм[ъ]м, з[ъ] горóх[ъ]м, за стóг[ъ]м, собáк[ъ]й, за берёз[ъ]й, в нóв[ъ]м, стáр[ъ]м, дóбр[ъ]м, тúх[ъ]м, нúзк[ъ]м;

в заударном слоге на конце слова — какое сéн[ъ], то лéт[ъ], моё дéл[ъ], большое дéрев[ъ], то полéн[ъ], я́блок[ъ], я́блочк[ъ] (им. пад. ед. ч. средн. р.); тúх[ъ], стрóг[ъ], нúзк[ъ], мáл[ъ], мнóг[ъ], нáд[ъ], мóжн[ъ], нáскор[ъ], нáчист[ъ]; солнце заходúл[ъ], это не раз бывáл[ъ], яблоко упáл[ъ].

Примеры на [ъ] на месте буквы *а*:

в предударных слогах — ст[ъ]рикá, с[ъ]довóд, п[ъ]ровóз, п[ъ]рохóд, п[ъ]ровáя, д[ъ]ровúт, ст[ъ]ровáто, в кл[ъ]довóй, н[ъ]пустúл, н[ъ]дписáл, н[ъ] водé, з[ъ] горóй, н[ъ]д домáми; то же может произноситься на месте буквы *а* в начале слова после твердого согласного предлога: [с-ъ]гронóмом, [в-ъ]ртиллéрии;

в заударных слогах (кроме конца слова) — вы́т[ъ]ск[ъ]л, вы́д[ъ]вил, вы́ск[ъ]з[ъ]ть, вы́д[ъ]л, рабóт[ъ]ли, по лáвк[ъ]м, по забóр[ъ]м, за лáвк[ъ]ми, за забóр[ъ]ми, на лáвк[ъ]х, на забóр[ъ]х;

в заударном слоге на конце слова — корóв[ъ], берёз[ъ], собáк[ъ], дéвочк[ъ], знáл[ъ], луна заходúл[ъ], она часто здесь бывáл[ъ], груша упáл[ъ]; большие сёл[ъ], те óкн[ъ], длинные вёсл[ъ], без сéн[ъ], того полéн[ъ], нет я́блок[ъ], нет я́блочк[ъ].

Таким образом, слова *сено, лето, дело, дерево, яблоко* (им. пад.) и *сена, лета, дела, дерева, яблока* (род. пад.) произносятся одинаково — со звуком [ъ] на конце; точно так же одинаково произносятся слова *заходило* (средн. р.) и *заходила* (женск. р.), *бывала* и *бывало* — с [ъ] на конце.

При привитии описанного произносительного навыка в различных местных условиях надо обратить внимание на следующее: прежде всего надо помнить, что во многих севернорусских говорах безударные гласные, в том числе и не 1-го предударного слога, произносятся без редукции, причем звуки [о] и [а] сохраняют свое качество: ср. м[о]локó, п[о]годú и н[а]рубúл, м[а]лышá; топóрик[о]м (твор. пад. ед. ч.) и топóрик[а]м (дат. пад. множ. ч.); сéн[о] (им. пад. ед. ч.) и сéн[а] (род. пад. ед. ч.). Поэтому нужно добиться того, чтобы на месте обоих гласных в этом положении — как на месте *о*, так и на месте *а* — произносился один и тот же нелабиализованный редуцированный звук (среднего или средне-заднего ряда — типа [ъ]).

В части говоров (обычно южнорусских) редуцированный звук (в особенности в положении перед мягкой согласной) произносится при заметно более высоком подъеме языка, т. е. близко к [ы]: н[ы]рубúл, п[ы]любúл, з[ы]пирáть. В этих случаях надо стремиться произносить ближе к [а]: в связи с привычкой к произношению звука [ы], т. е. к высокому поднятию спинки языка, можно быть уверенным, что у таких лиц не появится [а], а образуется звук, средний между [а] и [ы], т. е. именно тот звук, который и должен быть.

Из более частных особенностей надо обратить внимание на следующее. Необходимо следить, чтобы редуцированный звук в предударных слогах (в особенности по соседству с губными и задненёбными) не подвергался лабиализации, т. е. чтобы не произносились звуки типа [у] или хотя бы приближающиеся к [у]: п[у]просил, п[у]годить, п[у]росят, к[у]лотить, г[у]рода. Надо следить также, чтобы такой звук не произносился в заударных слогах в окончаниях (в особенности после [к], [г], [х]): за тётк[у]й, в тонк[у]й, за берёз[у]й и т. д. В том и другом случае надо произносить со звуком [ъ]: п[ъ]просил, п[ъ]годить, п[ъ]росят, к[ъ]лотить, г[ъ]рода, за тётк[ъ]й, в тонк[ъ]й, за берёз[ъ]й.

Необходимо следить также, чтобы в ударном конечном слоге произносился редуцированный звук [ъ], а не более открытые звуки (т. е. произносимые с более широким раствором рта) типа [а], т. е. чтобы не произносили выск[ъ]з[а]ть, выр[ъ]б[ъ]т[а]ть, он мол[а]д, пять лав[а]к, за дом[а]м. Наиболее часто такое произношение встречается в конечном открытом слоге (в особенности перед паузой): можн[а], над[а], нужн[а], сен[а], есть дел[а] и т. д. Следует произносить выск[ъ]з[ъ]ть, выр[ъ]б[ъ]т[ъ]ть, он мол[ъ]д, пять лав[ъ]к, за дом[ъ]м; можн[ъ], нужн[ъ], сен[ъ], есть дел[ъ].

§ 16. Гласные на месте букв *о* и *а* в начале слова

На месте букв *о* и *а* в начале слова в предударных слогах, и притом не только в 1-м предударном, но также и в других слогах (не после согласного в конце предлога), произносится [ʌ].

Примеры на 1-й предударный слог: [ʌ]птека, [ʌ]рмяк, [ʌ]ршин, [ʌ]журный, [ʌ]ванс, [ʌ]ккорд, [ʌ]збт, [ʌ]ктриса; [ʌ]кно, [ʌ]дин, [ʌ]рех, [ʌ]пять, [ʌ]сенний, [ʌ]лень, [ʌ]стрить, [ʌ]деть, [ʌ]тдать [ʌ]т брата *(от брата)*, [ʌ] брате *(о брате)*.

Примеры на другие предударные слоги: [ʌ]таман, [ʌ]рмяка, [ʌ]рендовать, [ʌ]ртиллерия, [ʌ]вантюра, [ʌ]кварель, [ʌ]дресат, [ʌ]ккомпанировать, [ʌ]грегат; [ʌ]дного, [ʌ]динокий, [ʌ]гурцы, [ʌ]город, [ʌ]сетрина, [ʌ]бязательно, [ʌ]ставлять, [ʌ]пределить, [ʌ]тдавать, [ʌ]тделять, [ʌ]кружать, [ʌ]топри, [ʌ]т тебя *(от тебя)*, [ʌ] сестре *(о сестре)*.

Примечание. Если гласные на месте букв *о* или *а*, начинающих собой слово, оказываются после предлога на согласный, то во 2-м предударном слоге (а также других предударных слогах, кроме 1-го), согласно правилу, изложенному выше в § 15, п. 2, может произноситься [ъ]: [с-ъ]таманом, [с-ъ]дресатом, а[т-ъ]дного, и[з-ъ]сетрины, по[д-ъ]блаками, [в-ъ]пределении, [с-ъ]ртиллеристом.

Необходимо обращать внимание на то, чтобы на месте буквы *о* не произносили звука [о], как это обычно для севернорусских говоров. Диалектным является также произношение звука [у] или [и] на месте начального *о* во 2-м предударном слоге: [у]топри, [у]гурцы, [у]город или [и]топри, [и]гурцы, [и]город. Особенно важно обращать внимание на то, чтобы на месте буквы *о* или *а* в начале слова во 2-м предударном слоге не произносили редуцированного звука [ъ], так как такое произношение как диалектный пережиток нередко встречается у лиц, вообще владеющих литературным языком, например у уроженцев Поволжья: [ъ]дресáт, [ъ]ртиллéрия, [ъ]рендовáть, [ъ]стровá, [ъ]топри́, [ъ]бязáтельно, [ъ]предели́ть, [ъ]ставля́ть. В этих и подобных случаях, как указано выше, должно произноситься [л].

§ 17. Гласные на месте букв *о* и *а* после твердых шипящих и [ц] в предударных слогах

1. Буква *о* для обозначения безударных гласных после букв твердых шипящих *ш* и *ж* употребляется лишь в немногих заимствованных по происхождению словах и иностранных собственных именах. Как и в других словах, по общему правилу, после [ш] и [ж] на месте *о* в 1-м предударном слоге в таких словах произносится [л], а в других безударных слогах [ъ]. См. в 1-м предударном слоге: [шлф'·о́р] (*шофер*), [шлтла́нцы] (*шотландцы*), [шлк'и́ръвът'] (*шокировать*), [жлк'е́į] (*жокей*), [жллн'·о́р] (*жолнёр*), [жлнгл'·о́р] (*жонглёр*). В других безударных слогах: [шъв'ин'и́ст] (*шовинист*), [шъклла́т] (*шоколад*), [шъмплла́] (*шомпола*). В иностранных собственных именах и производных от них гласный [о] предпочтительно сохранять: Ж[о]рéс, Ш[о]пéн, ш[о]пéновский, ш[о]пениáна (см. § 99).

2. На месте буквы *а* в 1-м предударном слоге после твердых шипящих [ш] и [ж] в современном литературном языке по общему правилу произносится [л]: ж[л]бо́, ж[л]кка́рдовый, ж[л]кéрия, ж[л]ндáрм, ж[л]нри́ст, ж[л]ргóн, ж[л]ркóе, ж[л]рá, ж[л]рóвня; ш[л]блóн, ш[л]гáть, ш[л]грéнь, ш[л]жóк, ш[л]кáл, ш[л]лу́н, ш[л]лáнда, ш[л]лáш, ш[л]лфéй, ш[л]нтáж, ш[л]мóтный, ш[л]мпу́нь, ш[л]пчóнка, ш[л]тáться, ш[л]ту́н, ш[л]тéн, ш[л]сси́, ш[л]тёр, ш[л]лёвка, ош[л]лéть, ш[л]ли́ть, ш[л]рáхаться, ш[л]ржи́ровать, ш[л]рлóтка, ш[л]ры́, ш[л]рáда, ш[л]рмáнка, ш[л]рни́р, ш[л]фрáн, ш[л]ши́ст, ш[л]хи́ня; вож[л]кá, леж[л]кá, чуж[л]кá, пидж[л]кá, куш[л]кá, лош[л]кá, шиш[л]кá, иш[л]кá, больш[л]кá; эш[л]фóт, наш[л]ты́рь.

Однако в соответствии со старой московской нормой после [ш] и [ж] звучал гласный, средний между [э] и [ы],— [ыэ] или даже [ы]: ж[ыэ]рá, ш[ыэ]гáть, ш[ыэ]ги́, ш[ыэ]лу́н, [шыэ]ли́ть, ш[ыэ]мпáнское, ж[ыэ]ндáрм или ж[ы]рá, ш[ы]гáть, ш[ы]ги́, ш[ы]лу́н, ш[ы]ли́ть, ш[ы]мпáнское, ж[ы]ндáрм. Такое произношение в речи старшего поколения встречается и сейчас. Такое произношение сейчас уместно на сцене, например, в речи персонажей пьес А. Н. Островского, А. П. Чехова.

На отдельные слова новая норма произношения с [л] не распространяется. По отношению к таким словам орфоэпическим следует считать произношение не с [л], а с [ыэ] или [ы]. Сюда относится прежде всего слово *жалеть* и производные от него, а также ряд заимствованных по происхождению слов, прочно освоенных разговорной речью, в которых предударный гласный находится перед мягким согласным: ж[ыэ]лéть или ж[ы]лéть, к сож[ыэ]лéнию или к сож[ы]лéнию, пож[ыэ]лéй или пож[ы]лей, ж[ыэ]кéт или ж[ы]кéт, ж[ыэ]сми́н или ж[ы]сми́н, ж[ыэ]вéль или ж[ы]вéль. К этим словам можно присоединить также слово *бешамель* — под беш[ы^э]мéлью или под беш[ы]мéлью. Сюда относятся также формы множ. ч. (кроме им. пад.) слова *лошадь*: лош[ы^э]дéй или лош[ы]дéй, лош[ы^э]дя́м или лош[ы]дя́м, лош[ы^э]дя́ми или лош[ы]дя́ми, на лош[ы^э]дя́х или на лош[ы]дя́х. Во всех этих случаях произношение [л] в 1-м предударном слоге после [ш], [ж] не может считаться литературным и скорее носит диалектную окраску. Нередко не [л] произносится также в слове *ржаной*: рж[ы^э]ной.

В других словах произношение после [ш] и [ж] на месте *а* гласного [ы^э] имеет просторечную окраску и стало стилистическим признаком старомосковской речи: [шы^эжо́к], ш[ы^э]жко́м, ш[ы^э]бло́н, ш[ы^э]ла́ш, ж[ы^э]ра́, ж[ы^э]дню́га.

Особое место занимает произношение фамилий с *а* после твердого шипящего на месте гласного 1-го предударного слога: *Ушаков*, *Шаляпин*, *Шатрова*. Сейчас по общей норме в этих фамилиях должен произноситься гласный [л], по старым московским нормам было [ы^э] [1].

В других безударных слогах (кроме 1-го предударного) на месте буквы *а* после [ш], [ж] и [ц] произносится редуцированный гласный, средний между [а] и [ы], который мы здесь, как и везде, обозначаем знаком [ъ]: ш[ъ]луны́, ш[ъ]ловли́вый, ш[ъ]рова́ры, ш[ъ]нтажи́ст, из ш[ъ]лаша́, ж[ъ]ндарме́рия, ж[ъ]рдинье́рка, ж[ъ]люзи́ [2], ко́ж[ъ]ный, лу́ж[ъ].

3. На месте букв *а* и *о* после [ц] в 1-м предударном слоге по общему правилу произносится [л]: ц[л]ри́зм, ц[л]ря́, ц[л]рёк, ц[л]ри́ть, ц[л]ра́пать, ц[л]ра́пина, цап-ц[л]ра́п, кац[л]ве́йка, канц[л]не́тта (*канцонетта*). Однако в косвенных падежах числительных *двадцать* и *тридцать* произносится редуцированный звук, по качеству своему средний между [э] и [ы], обозначенный ниже буквой [ъ]: двадц[ъ]ти́, тридц[ъ]ти́, двадц[ъ]тью́, тридц[ъ]тью́.

На месте буквы *а* в других безударных слогах после [ц] произносится [ъ]: ц[ъ]редво́рец, два́дц[ъ]ть, три́дц[ъ]ть; ц[ъ]кота́ть (*цокотать*), ц[ъ]коту́ха.

§ 18. Гласные на месте буквы *е* после твердых шипящих и [ц] в предударных слогах

1. На месте буквы *е* после твердых шипящих в предударных слогах произносится гласный, по своему качеству средний между отодвинутым назад [э] и [ы]. В 1-м предударном слоге это звук менее редуцированный, более полный по своему образованию (обозначим его через [ы^э]), в других предыдущих слогах это звук более редуцированный (обозначим его знаком [ъ]).

---

[1] Впрочем, сам проф. Д. Н. Ушаков, один из лучших носителей норм старого московского произношения, произносил свою фамилию с гласным [л]: [ушлко́ф].

[2] Перед мягким согласным [ъ] может приближаться к [ы] — [ъ^ы]: [жъ^ыл'ў з'и́].

Примеры с гласным после [ш], [ж] в 1-м предударном слоге: ж[ы³]на́, ж[ы³]стόкий, ж[ы³]лте́ть, ж[ы³]мчу́жный, ш[ы³]стόй, ш[ы³]пта́ть, ш[ы³]лка́, ш[ы³]рша́вый, ш[ы³]рсти́нка, ж[ы³]ва́ть, ж[ы³]мчу́жина, ж[ы³]тόн, ж[ы³]ма́нный. Перед мягким согласным может произноситься звук более высокого образования, приближающийся к [ы]: ж[ы³]ле́зо и ж[ы]ле́зо, ж[ы³]ни́х и ж[ы]ни́х, ж[ы³]ста́нка и ж[ы]ста́нка, от ш[ы³]сти́ и до ш[ы]сти́.

Примеры с гласным после [ш], [ж] в других предударных слогах: ж[ъ]лобόк, ж[ъ]лтизна́, ж[ъ]стковáтый, ш[ъ]луха́, ш[ъ]лкови́ца, ш[ъ]лохну́ться, ш[ъ]поткόм, ж[ъ]ниха́, ж[ъ]ребёнок, ж[ъ]нишόк, ш[ъ]лестéть, ш[ъ]велю́ра, вш[ъ]стерόм, ш[ъ]вели́ться, ш[ъ]рстянόй. Перед мягким согласным [ъ] приближается к очень редуцированному [ы]: ж[ъʰ]ниха́, ш[ъʰ]лесте́ть.

2. На месте буквы *е* после [ц] в предударных слогах произносится гласный, по своему качеству средний между отодвинутым назад [э] и [ы]. В первом предударном слоге этот звук менее редуцированный (обозначим его знаком [ы³]), в других предударных — более редуцированный (обозначим его знаком [ъ]).

Примеры с гласным после [ц] в 1-м предударном слоге: ц[ы³]на́, оц[ы³]ни́ть, ц[ы³]ла́, ц[ы³]лкόвый, ц[ы³]ди́ть, отц[ы³]пи́ть, ц[ы³]па́ми, в ц[ы³]ха́х, поц[ы³]лу́й, ц[ы³]лу́ю, кольц[ы³]вόй, лиц[ы³]вόй, молодц[ы³]ва́тый, глянц[ы³]ви́тый. Перед мягкими согласными может произноситься звук более высокого образования, приближающийся к [ы] — [ъʰ]: проц[ъʰ]ди́ть, оц[ъʰ]ни́ть, ц[ъʰ]лёхонек.

Примечание. В одном случае—в словах *поцелу́й, целую́* и других образованиях с тем же корнем в 1-м предударном слоге—в старом московском произношении звучал [л]: поц[л]уй, ц[л]лу́ю. Такое произношение, отразившееся, между прочим, также и в правописании некоторых писателей XIX в., в настоящее время носит просторечный характер и не может считаться нормой современного литературного языка.

Примеры с гласным после [ц] в других предударных слогах: ц[ъ]ховόй, ц[ъ]лова́ть, ц[ъ]ликόм, ц[ъ]левόй. Следует отметить, что в этих случаях [ъ] произносится очень близко к редуцированному [ы]: ц[ы]ховόй, ц[ы]лова́ть и т. п.

На месте буквы *е* в 1-м предударном слоге после [ц] в глаголах *танцева́ть, гарцева́ть, кольцева́ть, облицева́ть* и др. произносится [ы³]: тан[цы³]ва́ть, гар[цы³]ва́ть, коль[цы³]ва́ть, обли[цы³]ва́ть. То же, видимо, произносится и в других глаголах на *-евать* после [ц], относящихся большей частью к специальной профессиональной лексике, а не к общему литературному языку: *глянцева́ть, вальцева́ть, квасцева́ть, спринцева́ть* и др. В некоторых из этих глаголов имеется колебание в произношении (произносится [л] и [ы³]): [тънцлва́т'], [гърцлва́т'] и [тънцы³ва́т'], [гърцы³ва́т']. В настоящее время произношение с гласным [л] в других словах следует считать устаревшим, а основным и соответствующим современной норме—произношение с гласным [ы³]. Указанное колебание едва ли не имеет в основе колебание в правописании—в допустимости до недавнего времени написания с буквой *о*: *танцовать, гарцовать*.

§ 19. Гласные на месте букв *я (а)* и *е* после мягких согласных в предударных слогах

1. На месте букв *я* и *е* после мягких согласных в 1-м предударном слоге произносится звук, близкий к [и], точнее несколько ослабленный гласный переднего ряда, по степени подъема языка средний между [и] и [е] (язык поднимается ниже, чем при [и], и выше, чем при [е]). Обозначим этот звук знаком [и^е].

Примеры: на месте буквы *я* — [м'и^е]сни́к, в[з'и^е]ла́, в[з'и^е]ли́сь, [р'и^е]би́на, про[т'и^е]ни́, [в'и^е]за́ть, [п'и^е]та́к, [п'и^е]тно́, [р'и^е]ды́, с[м'и^е]гчи́ть; тот же гласный произносится на месте буквы *я* в начале слова и после гласного [1] — [ји^е]зы́к, [ји^е]ви́лся, [ји^е]рлы́к, [ји^е]по́нец, [ји^е]ку́т, по[ји^е]вле́ние, у[ји^е]зви́ть, [ји^е]дро́, [ји^е]нва́рь, [ји^е]йцо́, [ј^е]мщи́к;

на месте буквы *е* — [д'и^е]ре́вня, при[н'и^е]си́, при[н'и^е]су́, по[в'и^е]ди́, по[в'и^е]ду́, [н'и^е]де́ля, к [н'и^е]му́, [р'и^е]ка́, на [р'и^е]ке́, [б'и^е]лье́, [л'и^е]сни́к, [л'и^е]со́к, [с'и^е]ло́, [с'и^е]ле́ние, [в'и^е]сёлый, [п'и^е]ту́х, [ч'и^е]рта́, к [ч'и^е]му́, [ч'и^е]сно́к, [ч'и^е]са́ть, но[ч'и^е]ва́ть, [ш':и^е]но́к *(щенок)*; тот же гласный звук произносится на месте буквы *е* в начале слова и после гласного [2] — [ји^е]му́, [ји^е]жа́, [ји^е]да́, [ји^е]зда́, [ји^е]ди́н, [ји^е]до́к, [ји^е]ро́шить, [ји^е]щё, [ји^е]ле́на *(Елена)*, по[ји^е]зда́, по[ји^е]зжа́й.

Тот же звук [и^е] произносится в 1-м предударном слоге на месте буквы *а* после [ч] и [щ]: [ч'и^е]сы́, [ч'и^е]со́к, [ч'и^е]ди́ть, [ч'и^е]сте́нько, о[ч'и^е]ро́ван, в [ч'и^е]на́х, [ш':и^е]ди́ть, [ш':и^е]ве́ль, на пло[ш':и^е]дя́х, [ш':и^е]стли́вый.

В 1-м предударном слоге перед мягким согласным гласный [и^е] нередко весьма приближается к [и] и даже отожествляется с [и]: [д'и]ре́вня, [в'и]се́лье, [д'и]ся́ток, при[н'и]си́, про[т'и]ни́, [р'и]би́на, [ш':и]ве́ль, на пло[ш':и]дя́х. В беглой речи вместо [и^е] может произноситься [и] также и перед твердым согласным — [н'и]су́, [в'и]ду́, [в'и]сна́, [с'и]ло́, [п'и]ту́х, в[з'и]ла́, [п'и]то́к, п[р'и]ду́ *(пряду)* и т. д. Такое произношение характерно для разговорного стиля во многих районах распространения среднерусских и южнорусских говоров, а также для московского просторечия.

Вообще следует иметь в виду, что разграничение [и] и [и^е] в 1-м предударном слоге очень условно, так как этимологическое [и] само в этом положении в основном массиве слов нейтрального стиля произносится менее энергично, с меньшим подъемом языка, т. е. само произношение близко к [и^е]; поэтому слова *перо* и *пирог* практически могут не различаться произношением гласного 1-го предударного слога.

При работе над усвоением этого навыка следует особое внимание обратить на следующие моменты: очень часто в качестве непреодоленной диалектной особенности приходится слышать на месте

---

[1] Необходимо только учесть, что буква *я*, так же как и буква *е*, в начале слова и после гласных обозначает гласный с предшествующим [ј] йотом или [i̯] (*и* неслоговым).

[2] См. предыдущее примечание.

буквы *я* (а после *ч* и *щ* также на месте буквы *а*) в 1-м предударном слоге звук [а]: без [п'а]ти́ пять, пог[л'а]ди́, при[в'а]за́л, [п'а]та́к, о[б'а́]за́тельно, сп[р'а]же́ние, [i̯а]зы́к, за[i̯а]вле́ние, [ч'а]сы́, [ш':а]ве́ль; часто приходится в этих же случаях, а также на месте буквы *е* в 1-м предударном слоге слышать открытое [е]: без [п'е]ти́ пять, пог[л'е]ди́, при[в'е]за́л, [п'е]та́к, о[б'е]за́тельно, сп[р'е]же́ние, за[i̯е]вле́ние, [ч'е]сы́; [д'е]ре́вня, при[н'е]си́, [б'е]рёза, ка[т'е]го́рия, [р'е]ши́тельно, [ч'е]са́ть, к [ч'е]му́, [i̯е]му́, [i̯е]ле́на *(Елена)*, [i̯е]зда́.

В этих случаях надо приучаться произносить звук [и] в предударном слоге: привычка к произношению в этом положении более открытых звуков (типа [е] или даже [а]) не даст возможности произносить чистое [и] — язык будет подниматься ниже, чем это нужно для [и], и таким образом получится звук, средний между [и] и [е], хотя и более близкий к [и], который и нужен в этом положении: без [п'иᵉ]ти́ пять, пог[л'иᵉ]ди́, при[в'иᵉ]за́л, [п'иᵉ]та́к, о[б'иᵉ]за́тельно, сп[р'иᵉ]же́ние, за[i̯иᵉ]вле́ние, [д'иᵉ]ре́вня, при[н'иᵉ]си́, [б'иᵉ]рёза, ка[т'иᵉ]го́рия, [р'иᵉ]ши́тельно и т. д.

Другой недостаток произношения гласных в 1-м предударном слоге на месте букв *е* и *я* (а после *ч* и *щ* также на месте *а*) — это иканье, т. е. произношение в этом положении чистого [и]: взг[л'и]ну́, про[т'и]ну́, [i̯и]зы́к, [i̯и]по́нец, [ч'и]сы́, [с'и]ло́, [н'и]су́, [i̯и]му́, по[ч'и]му́. В этих случаях, напротив, целесообразно приучаться к произношению звука [е] в предударном слоге — привычка к произношению в 1-м предударном слоге звука верхнего подъема [и] не даст возможности произнести настоящее [е], т. е. звук среднего подъема: язык будет подниматься выше, чем это нужно для [е], и таким образом получится нужный звук, средний между [е] и [и]: взг[л'иᵉ]ну́, про[т'иᵉ]ну́, [i̯иᵉ]зы́к, [i̯иᵉ]по́нец, [ч'иᵉ]сы́; [с'иᵉ]ло́, [н'иᵉ]су́, [i̯иᵉ]му́, по[ч'иᵉ]му́.

Во всяком случае следует иметь в виду, что гласный 1-го предударного слога на месте *я(а)*, *е* по своему качеству ближе к [и], чем к [е]. Произношение пог[л'и]ди́, [п'и]та́к, [д'и]ре́вня, [н'и]су́ широко известно литературному языку. В противоположность этому произношение по[гл'е]ди́, [п'е]та́к, [д'е]ре́вня, [н'е]су́ с ясным, открытым [е] в 1-м предударном слоге можно квалифицировать как нелитературное, носящее совершенно определенный отпечаток диалектности.

2. На месте букв *е* и *я* (а после *ч* и *щ* также на месте буквы *а*) в других предударных слогах также произносится звук, близкий к [и], по подъему языка средний между [е] и [и], но заметно более редуцированный (ослабленный), чем в 1-м предударном слоге (где произносится [иᵉ]). Сильно редуцированный гласный, по подъему языка близкий к [и], обозначаем знаком [ə]: [в'əл'ика́], [в'əс'иᵉл'е́i̯], [б'əл'изна́], [б'əднлта́], [б'əрəглво́i̯], [в'əр'əт'иᵉно́], [в'əрт'ика́·л'], [с'əр'əбро́], [с'əр'иᵉдн'·а́к], [с'əр'əдн'иᵉка́], [ч'əлав'е́к], [ч'əмлда́н], [ч'əр'иᵉпа́хъ], [ч'əпуха́], [ш':əтлво́т], [ш':əб'иᵉта́т'], [п'əр'əв'əд'иᵉна́], [п'əр'əв'əз'иᵉна́], [п'əр'əн'иᵉсу́], [п'əр'əв'иᵉзу́] — так произносятся слова *велика, веселей, белизна, беднота, береговой,*

веретено, вертикаль, серебро, середняк, середняка, человек, чемодан, черепаха, чепуха, счетовод, щебетать, переведена, перевезена, перенесу, перевезу; [пʼэтл̣чʼ·о́к], [мʼэхкл̣тʼéлъi̯], [вʼэскл̣ватъi̯], [лʼэгушо́нъек], [прʼэмл̣та́], [рʼедл̣во́i̯], [мʼэтʼиеж̣а́], [тʼэжыэл̣ватъi̯], [грʼэзнл̣ватъi̯], [рʼабл̣ва́тъi̯], [мʼэсʼнʼика́], [чʼэрл̣дʼéi̯], [чʼэстл̣ко́л], [л̣чʼэрл̣ва́·тʼ], [чʼэсл̣во́·i̯] — так произносятся слова *пятачок, мягкотелый, вязковатый, лягушонок, прямота, рядовой, мятежа, тяжеловатый, грязноватый, рябоватый, мясника, чародей, частокол, очаровать, часовой.*

Тот же звук [ə] произносится на месте букв *е* и *я* в начале слова (с учетом того, что буквы *е* и *я* в этом положении, кроме того, обозначают звук [j] перед гласным, впрочем ослабленный в предударных слогах в [i̯]). Ср. слова *ежевика, единодушный, европейский, ездовой, ерунда, естество,ералаш, еретик* и *ясновидец, ястребок, ярлыка, язычок, яровой, ятаган, Ярославль, ядовитый, янтаря, января,* произносятся: [i̯эжыэвʼи́ка], [i̯эдʼинл̣ду́шнъi̯], [i̯эврл̣пʼéi̯скъi̯]; [i̯эздл̣во́·i̯], [i̯эрунда́], [i̯эсʼтʼиеств́о], [i̯эрл̣ла́ш], [i̯эрʼиетʼи́к], [i̯эснл̣вʼи́дʼэц], [i̯эстрʼиебо́к], [i̯эрлыка́], [i̯эзычʼ·о́к], [i̯эрл̣во́·i̯], [i̯этл̣га́н], [i̯эрл̣сла́влʼ], [i̯эдл̣вʼи́тъi̯], [i̯энтл̣рʼ·а́], [i̯энвл̣рʼ·а́].

П р и м е ч а н и е. Звук [j] (йот) во многих положениях, в частности перед предударными гласными, ослабляется в [i̯] (*и неслоговой*). Последний в беглой речи, особенно в просторечии, может ослабиться до нуля, т. е. исчезнуть совсем. Ср. возможное произношение: [и]щё вместо [i̯иe]щё, [и]стественный вместо [i̯иe]стественный и т. д. Доказательством такого произношения может служить появление гласного [ы] после твердого согласного предлога: ср. *с еще бо́льшими основаниями* ([с-ыш'ː·о́]), *в естественных условиях* ([в-ысʼтʼéʼсʼтʼвʼьнːых]); ср. также [с-ы]зыка́ми вместо [с-i̯иe]зыка́ми, [с-ы]по́нцами вместо [с-i̯иe]по́нцами, [с-ы]вропе́йскими (странами) вместо [с-i̯иe]вропе́йскими и т. д. (Как известно, гласный [ы] заменяет собой гласный [и] в положении после твердого согласного — см. § 44). Такое произношение в бо́льшей части случаев характерно для просторечия.

При произнесении слов типа *переведена, перенесу* нетрудно заметить, что по своему качеству (т. е. месту и степени подъема языка) гласный 1-го предударного слога и гласные других предударных слогов одинаковы. Но между ними имеется различие в количественном отношении: гласный 1-го предударного слога отличается от гласных других предударных слогов своей большей полновесностью сравнительно с последними — значительно редуцированными.

П р и м е ч а н и е. При наличии 3-го предударного слога гласный этого слога нередко произносится более полновесно, чем редуцированный гласный 2-го предударного слога ([пʼиeрʼэнʼиʼсу́]), который имеет даже тенденцию к утрате. Ср. [пʼиeрʼнʼиесу́]. При наличии 4-го предударного слога гласный этого слога нередко произносится более полновесно, чем редуцированные гласные 3-го и 2-го предударных слогов: [пʼиeрʼэвʼэдʼиeна́]. В обоих случаях эти более полновесные гласные в количественном отношении могут приближаться к гласному 1-го предударного слога.

§ 20. Гласные на месте букв *е* и *я (а)* после мягких согласных в заударных слогах

1. На месте буквы *е* после мягких согласных в заударных слогах произносится гласный [ə]: вы́[н'ə]су, вы́[с'ə]ку, вы́[м'ə]ту, вы́[н'ə]си, вы́[с'ə]ки, вы́[м'ə]ти, [о́·ч'əр'əт'] *(очередь)*, [про́·с'əт'] *(проседь)*, [о́·ч'əр'əд'и] *(очереди)*.

2. На месте буквы *я* после мягких согласных, а также буквы *а* после мягких шипящих [ч'] и [ш':] в заударных неконечных слогах, не в окончаниях, перед твердым согласным: вы́[т'ə]ну, при́[н'ə]ты, вы́г[л'ə]нул, на́[ч'ə]ты, ру́б[ч'ə]тый, ство́р[ч'ə]тый; перед мягким согласным: вы́[т'ə]ни, вы́г[л'ə]ни, вы́к[л'ə]нчил, ви́[т'ə]зи, на при́[в'ə]зи, на пло́[ш':ə]ди. То же произносится в заударном конечном закрытом слоге (т. е. кончающемся согласным) перед мягким согласным: [в'и́т'əс'] *(витязь)*, [пло́·ш':əт'] *(площадь)*.

На месте буквы *я (а)* после мягких согласных в заударном конечном закрытом слоге, не в окончании, наряду с [ə] — звуком, близким к [и], может произноситься и звук более заднего и несколько более открытого образования — [ъ]: при́[н'ə]т и при́[н'ъ]т, за́[н'ə]т и за́[н'ъ]т, на[ч'ə]т и на[ч'ъ]т. См., кроме того, § 91.

3. На месте букв *е* и *я* после мягких согласных, а также на месте буквы *а* после *ч* и *щ* в заударных слогах в грамматических окончаниях произносится [ъ].

а) В им. пад. ед. ч. женск. р. существительных: ка́п[л'ъ], я́бло[н'ъ], ды́[н'ъ], ба́[н'ъ], до́[л'ъ], бу́[р'ъ], неде́[л'ъ], тё[т'ъ], ту́[ч'ъ], ку́[ч'ъ], ро́[ш':ъ], пи́[ш':ъ], лгу́[н'јъ] *(лгунья)*, шалу́[н'јъ], болту́[н'јъ], го́[с'т'јъ] *(гостья)*.

б) В род. пад. ед. ч. мужск. и средн. р. существительных: учи́те[л'ъ], слеса́[р'ъ], пе́ка[р'ъ], о́ку[н'ъ], пла́[ч'ъ], това́ри[ш':ъ], мо́[р'ъ], по́[л'ъ], го́[р'ъ]; сча́[с'т'јъ], весе́[л'јъ], пла́[т'јъ], здоро́[в'јъ], побере́[жјъ], увé[ч'јъ] (последняя группа примеров после разделительного *ь: счастья, веселья, платья, здоровья, побережья, увечья*).

в) В им. пад. множ. ч. существительных мужск. и средн. р. (на месте -*я*): пе́[р'јъ], коло́[с'јъ], сту́[л'јъ], дере́[в'јъ], ли́[с'т'јъ], су́[ч'јъ], крю́[ч'јъ], кры́[л'јъ]; следует иметь в виду, что произношение этих форм как пе́[р'jи], коло́[с'jи], кры́[л'jи] представляет собой диалектизм, не принятый в литературном языке.

г) В дат., твор. и предл. пад. множ. ч. существительных — в окончаниях -*ям (-ам), -ями (-ами), -ях (-ах)*: ка́п[л'ъ]м, ка́п[л'ъ]ми, ка́п[л'ъ]х; бу́[р'ъ]м, бу́[р'ъ]ми, в бу́[р'ъ]х; коло́[с'јъ]м, коло́[с'јъ]ми, коло́[с'јъ]х; ту́[ч'ъ]м, в ту́[ч'ъ]х; ро́[ш':ъ]м, ро́[ш:ъ]х; геро́[јъм], геро́[јъх]. Относительно произношения формы твор. пад. множ. ч. на -*ями (-ами)* следует отметить следующее: редуцированный гласный [ъ], начинающий собой флексию, находясь не только после мягкого согласного, но и перед мягким согласным [м'], становится более передним по своему образованию, т. е. произносится [ə]: [ка́пл'əм'и], [ту́ч'əм'и]. Однако гласный здесь не должен совпадать с [и], так как произношение ка́п[л'и]ми, ту́[ч'и]ми представляет собой диалектные формы, не принятые в литературном языке.

д) В существительных среднего рода на -мя: и́[м'ъ], се́[м'ъ], вре́[м'ъ], пла́[м'ъ], бре́[м'ъ], те́[м'ъ], вы́[м'ъ], стре́[м'ъ].

е) В деепричастиях на -я (а): ви́[д'ъ], вы́й[д'ъ], зна́[i̯ъ], чита́[i̯ъ], де́ла[i̯ъ], пла́[ч'ъ], пря́[ч'ъ].

ж) В некоторых окончаниях прилагательных в заударном конечном открытом слоге на месте как буквы я, так и буквы е произносится один и тот же гласный [ъ]. Это имеет место на конце прилагательных в им. пад. ед. ч. женск. и средн. р. в окончаниях -ая, -ое, а также -ья, -ье. Формы злая и злое, прямая и прямое произносятся с одним и тем же сочетанием [i̯ъ] на конце: зла́[i̯ъ] и зло́[i̯ъ], пряма́[i̯ъ] и прямо́[i̯ъ]. Таким образом, безударные окончания -ая и -ое произносятся одинаково: ста́р[ъi̯ъ] — старая и старое; у́мн[ъi̯ъ] — умная и умное; до́бр[ъi̯ъ] — добрая и доброе.

Прилагательные женск. р. на -ья и средн. р. на -ье произносятся с одинаковыми окончаниями. Формы вражья и вражье, птичья и птичье, баранья и баранье в устной речи не различаются. В отчетливом произношении звучит: вра́[ж'i̯ъ], пти́[ч'i̯ъ], бара́[н'i̯ъ].

з) В некоторых отдельных случаях, например в слове сегодня, в словах двое, трое, во всяком случае перед паузой: сего́[дн̂'ъ], нас было дво́[i̯ъ], тро́[i̯ъ] (но при отсутствии паузы, например в случае типа двое суток, возможно произношение дво́[ə] суток).

4. В некоторых окончаниях на месте буквы е в заударном конечном закрытом слоге возможно двоякое произношение — с [ъ] и [ə]. Так, сюда относятся:

а) Формы твор. пад. ед. ч. мужск. и средн. р. (на -ем) и род. пад. множ. ч. (на -ев) существительных: с учителем, братьев. В этих формах старые московские нормы знали только звук [ъ]: с учи́те[л'ъм], ка́м[н'ъм], слеса́р[ъм], пе́ка[р'ъм], голу́[б'ъм], геро́[i̯ъм], ча́[i̯ъм], пла́[ч'ъм]; бра́[т'i̯ъф], коло́[с'i̯ъф], сту́[л'i̯ъф], де́ре[в'i̯ъф], су́[ч'i̯ъф], кры́[л'i̯ъф]. Однако в настоящее время в этих формах наряду с [ъ] широко известно и [ə]: учи́те[л'əм], ка́м[н'əм], пе́ка[р'əм], голу́[б'əм], геро́[i̯əм], пла́[ч'əм]; бра́[т'i̯əф], коло́[с'i̯əф], су́[ч'i̯əф].

б) Формы им. и вин. пад. слов средн. р. на -е: поле, море, горе, счастье, знание. В соответствии со старыми московскими нормами в этой форме произносилось [ъ]: по́[л'ъ], мо́[р'ъ], го́[р'ъ], сча́[с'т'i̯ъ], зна́ни[i̯ъ]. Такое произношение, хотя и встречающееся до сих пор, следует считать для нашего времени отживающим. В настоящее время более распространенным является произношение в этой форме звука [ə]: по́[л'ə], мо́[р'ə], го́[р'ə], сча́[с'т'i̯ə], зна́ни[i̯ə].

в) Форма сравнительной степени на -ее; наряду с хотя и отживающим, но все же встречающимся произношением данной формы со звуком [ъ] на конце, в соответствии со старыми московскими нормами, в настоящее время шире распространено произношение звука [ə] вместо [ъ]: сильне́[i̯ъ], умне́[i̯ъ], добре́[i̯ъ] и сильне́[i̯ə], умне́[i̯ə], добре́[i̯ə].

г) В окончаниях род., дат. и предл. пад. ед. ч. прилагательных (*-его, -ему, -ем*) на месте буквы *е* также может произноситься [ъ] или [ə]: си́[н'ъв], пре́ж[н'ъв], горя́[ч'ъв], то́[ш':ъв]; си́[н'ъ]му, пре́ж[н'ъ]му, горя́[ч'ъ]му, то́[ш':ъ]му; в си́[н'ъ]м, пре́ж[н'ъ]м, горя́[ч'ъ]м, то́[ш':ъ]м; и рядом: си́[н'əв], пре́ж[н'əв], горя́[ч'əв], то́[ш':əв]; си́[н'ə]му, пре́ж[н'ə]му, горя́[ч'ə]му, то́[ш':ə]му; в си́[н'ə]м, пре́ж[н'ə]м, горя́[ч'ə]м, то́[ш':ə]м. Более новое произношение (со звуком [ə] в окончании) является сейчас и более распространенным.

5. Звук [ə] произносится в следующих окончаниях:

а) В род. пад. множ. ч. существительных на *-ей*. Слова *соседей, оленей, медведей, болезней* произносятся с [ə] в окончании: сосе́[д'ə]й, оле́[н'ə]й, медве́[д'ə]й, боле́з[н'ə]й.

б) В твор. пад. ед. ч. женск. р. существительных на *-ей* или *-ею*. Слова *за каплей* или *каплею, деревней* или *деревнею, яблоней, дыней, баней, тучей, кучей, рощей* произносятся с [ə] в окончании: ка́п[л'ə]й или ка́п[л'ə]ю, дере́в[н'ə]й или дере́в[н'ə]ю, я́бло[н'ə]й, ды́[н'ə]й, ба́[н'ə]й, ту́[ч'ə]й, ку́[ч'ə]й, ро́[ш':ə]й.

в) В им. пад. множ. ч. слов на *-анин (-янин)*: крестья́[н'ə], дворя́[н'ə], киевля́[н'ə], армя́[н'ə], ри́мля[н'ə], горожа́[н'ə].

г) В предл. пад. ед. ч. существительных мужск. и средн. р. на месте *-е*: в до́[м'ə], в го́ро[д'ə], в клу́[б'ə], на сту́[л'ə], в де́[л'ə], на боло́[т'ə], в се́[н'ə], в те́[л'ə], на сто́ли[к'ə], в по́[л'ə], в мо́[р'ə], в сча́[с'т'i̯ə], в весе́[л'i̯ə].

Примечание. В предл. пад. ед. ч. слов на *-ье* может произноситься также [i̯и] в сча́[с'т'i̯и], в весе́[л'i̯и], уще́[л'i̯и].

д) В дат. и предл. пад. ед. ч. существительных женск. р. на месте *-е*: к рабо́[т'ə], на рабо́[т'ə], на берё[з'ə], на коро́[в'ə], к соба́[к'ə], в дере́в[н'ə], на я́бло[н'ə], в ба́[н'ə], к ба́[н'ə].

е) В сравнительной степени на *-ей*: краси́[в'ə]й, упря́[м'ə]й, там полеси́[с'т'ə]й, ми́лости[в'ə]й, угрю́[м'ə]й.

ж) В сравнительной степени на *-е* после мягких согласных: бо́[л'ə], поме́[н'ə], деше́в[л'ə], покру́[ч'ə], бога́[ч'ə].

з) В личных окончаниях 2-го и 3-го лица ед. ч. и 1-го и 2-го лица множ. ч. глаголов 1-го спряжения (*-ешь, -ет, -ем, -ете*): ле́[з'ə]шь, ле́[з'ə]т, ле́[з'ə]м, ле́[з'ə]те; ста́[н'ə]шь, ста́[н'ə]т, ста́[н'ə]м, ста́[н'ə]те; ко́[л'ə]шь, ко́[л'ə]т, ко́[л'ə]м, ко́[л'ə]те.

и) В конце личного окончания глаголов 2-го лица множ. ч. настоящего и будущего времени, а также повелительного наклонения: идё[т'ə], несё[т'ə], ведё[т'ə], зна́е[т'ə], де́лае[т'ə], ко́ле[т'ə], ку́пи[т'ə], про́си[т'ə]; иди́[т'ə], неси́[т'ə], веди́[т'ə], зна́й[т'ə], де́лай[т'ə], коли́[т'ə], купи́[т'ə], проси́[т'ə].

§ 21. Гласные на месте букв *е* и *а* после твердых шипящих и [ц] в заударных слогах

На месте букв *е* и *а* после твердых шипящих ([ш], [ж]) и [ц] в заударных слогах обычно произносится звук [ъ]: вы́ш[ъ]л (*вы-*

шел), вы́ж[ъ]г (*выжег*), ско́ш[ъ]но, но́ш[ъ]ный, похо́ж[ъвъ], хоро́ш[ъвъ], похо́ж[ъ]му, хоро́ш[ъ]му, о похо́ж[ъ]м; от хоро́ш[ъ]й, к хоро́ш[ъ]й, на хоро́ш[ъ]й (род., дат. и предл. пад. женск. р.); сто́рож[ъ]м, плю́ш[ъ]м; си́тц[ъ]м (твор. пад. ед. ч.); су́ш[ъ]й, ко́ж[ъ]й, ку́риц[ъ]й; вы́ж[ъ]л, вы́ц[ъ]рапал; ко́ж[ъ], гру́ш[ъ], ку́риц[ъ], деви́ц[ъ], зарни́ц[ъ] (им. пад. ед. ч.); ко́ж[ъ]м, гру́ш[ъ]м, ко́ж[ъ]ми, гру́ш[ъ]ми, о ко́ж[ъ]х, гру́ш[ъ]х; пти́ц[ъ]м, пти́ц[ъ]ми, о пти́ц[ъ]х. Таким образом, окончания им. и род. пад. ед. ч. слов средн. р. после [ц] и твердых шипящих звучат одинаково, как [ъ]. Ср. *сердце* и *сердца, солнце* и *солнца, платьище* и *платьища, ложе* и *ложа*: се́[рцъ], со́[нцъ], пла́тьи[цъ], ло́[жъ].

Однако в некоторых окончаниях на месте буквы *е* на конце слова после [ш], [ж] и [ц] произносится звук, близкий к [ы] — точнее звук по подъему языка несколько более низкого образования, чем [ы], но заметно более высокого образования, чем [э] (обозначим этот звук знаком [ыэ]). Этот звук произносится в окончании предл. пад. ед. ч. существительных всех родов, а также в окончании дат. пад. ед. ч. женск. р. на месте -*е:* о сто́рож[ыэ], в ло́ж[ыэ], в ко́ж[ыэ], в но́ш[ыэ], по ко́ж[ыэ], на у́лиц[ыэ], по у́лиц[ыэ], к столи́ц[ыэ]. Тот же звук произносится в сравнительной степени на -*е* после [ш] и [ж]: ти́ш[ыэ], то́ньш[ыэ], ме́ньш[ыэ], су́ш[ыэ], вы́ш[ыэ], бли́ж[ыэ], ху́ж[ыэ].

§ 22. Несколько общих замечаний о произношении безударных гласных

Гласные 2-го предударного слога и заударного неконечного слога, как видно из предыдущего изложения, подвергаются редукции в наибольшей степени. Однако, как правило, редукция не должна доходить до полной утраты гласного. Необходимо следить, чтобы, например, слова *пароход* или *паровоз* согласно изложенным выше правилам (см. § 15, п. 1 и 2) произносились как [пърл]хо́д, [пърл]во́з, а не [прл]хо́д, [прл]во́з, как произносятся слова *проход, провоз*. Таким образом, слова *пароход* и *проход, паровоз* и *провоз* в литературном произношении отличаются друг от друга наличием или отсутствием редуцированного гласного [ъ]. В говорах, характеризующихся сильной редукцией гласного во 2-м предударном слоге, в некоторых случаях гласный в этом слоге совсем не произносится. Особенно часто такое произношение наблюдается в тех случаях, когда гласный 2-го предударного слога находится перед согласными [р], [л] или после одного из них. Если гласный 2-го предударного слога находится перед согласным [р] или [л], то при его исчезновении предшествующий согласный примыкает к согласному [р] или [л]: ср. [пъмълд'е́л] ⟶ [пъ|млд'е́л]. Если же гласный 2-го предударного слога находится после согласного [р] или [л], то при его исчезновении согласный [р] или [л] примыкает к предшествующему гласному: [мълъдлжо́ны] ⟶ [мъл|длжо́ны]. Возможно также произношение [мълдлжо́ны] со слоговым согласным [л]: [л̥] (при таком произношении передняя часть языка, примыкающая к деснам в конце длительности [л], не размыкается при переходе к произношению [д]). Произношение со слоговым [л] допустимо наряду с отчетливым произношением [мълъдлжо́ны].

При наличии этой черты необходимо специально упражняться в произношении таких слов, как *помолодел, по голове, похоронить, караулить, карантин, парикмахер, таракан, молокосос, молодожёны, молотобоец, головорез, парашютист, дороговато, зеленоватый, передовой, белесоватый*. Следует произносить [пъмълл]де́л, а не п[ъмлл]де́л; [пъ-гълл]ве́, а не п[ъ-глл]ве́; [пъхърл]ни́ть, а не [пъхрл]ни́ть; [кърл]у́лить, а не [крл]у́лить; [кърл]нти́н, а не [крл]нти́н; [пър'и]кма́хер, а не [пр'и]кма́хер; [търл]ка́н, а не [трл]ка́н; [мълък]осо́с или [мълк]осо́с, а не [мълк]осо́с; [мълъдл]жёны или [мълд]ожёны, а не [мълдл]жёны; [мълтл]бо́ец, а не [мълтл]бо́ец; [гълъвл]ре́з, а не [гълвл]ре́з; [пърш]юти́ст, а не [пърш]юти́ст; [дъръгл]ва́то, а не [дъргл]ва́то;]з'эл'энл]ва́тый, а не [з'эл'нл]ва́тый; [п'эр'эдл]во́й, а не [п'эрдл]во́й; [б'эл'эсл]ва́тый, а не [б'эл'сл]ва́тый. Следует произносить также [съхл]рку́, а не [схл]рку́ и т. д. Особое внимание следует уделить произношению приставки *пере-* в тех случаях, когда последний гласный приставки оказывается во 2-м предударном слоге, например: *передавать, перевозить, переносить, пересадить, переводить, перекроить, переложить* и т. д. Во многих русских говорах гласный 2-го предударного слога в результате сильной редукции совсем не произносится, причем следующий согласный [р] произносится твердо: говорят [п'эрд]ава́ть, [п'эрв]ози́ть, [п'эрн]оси́ть, [п'эрс]ади́ть и т. д. Нужно следить, чтобы второй гласный приставки произносился согласно изложенным выше правилам, а следующий за ним согласный [р] произносился мягко. Следует произносить: [п'эр'э]дава́ть, [п'эр'э]вози́ть, [п'эр'э]носи́ть, [п'эр'э]сади́ть, [п'эр'э]води́ть, [п'эр'е]кройт́ь, [п'эр'э]ложи́ть.

В некоторых случаях в разговорной беглой речи часто встречается произношение с пропуском безударной гласной, например: [мълклсо́с], [мълдлжо́н], [з'эл'нлва́т]ый, или со слоговым [л]: [мълклсо́с], [мъддлжо́н], [з'эл'нлва́т]ый.

Следует также обратить особое внимание на случаи, в которых гласный 2-го предударного слога находится между одинаковыми согласными, например: *папиросы, попа́дать, гиппопотам, благоговеть*. При сильной редукции и утрате гласного между двумя взрывными согласными в беглой речи образуется согласный с долгим затвором: [ᵖп'и]ро́сы, [ᵖпл]да́ть, ги[ᵖпл]та́м, [блъᵍгл]ве́ть [1]. Такое произношение особенно заметно после гласного предшествующего слова: за [ᵖп'и]ро́сами, не [ᵖпл]да́ю (*за папиросами, не попадаю*). Описанная особенность широко известна в просторечии, в быстрой речи, ее следует избегать в собственно литературном произношении. Поэтому

---

[1] Маленькая буква взрывного согласного слева над буквой согласного здесь указывает на затвор, предшествующий обычному затвору этого согласного, т. е. на долгий затвор.

надо следить, чтобы произносилось: [пъп'и]ро́сы, [пъпл]да́ть, ги-[пъпл]та́м, [блъгъгл]ве́ть — без пропуска гласного 2-го предударного слога.

В заударном неконечном слоге, как правило, гласные не должны пропускаться, например: вы́[дъ]дут, про́[бъ]вал, ста́[ръ]му, шё[пъ]та, шо́[ръ]ха и т. д. Встречающееся произношение с пропуском гласного на месте буквы *о* между [т] и [ч] в словах типа *достаточно, приданиточный, минуточка* и др. является неправильным. При этом неправильном произношении в связи с пропуском гласного после [т] от согласного [т] остается лишь затвор, примыкающий к предшествующему гласному, с укладом мягкого согласного под воздействием последующего мягкого согласного [ч']: дост[а́ᵗч']но (маленькая буква *т* выше строки указывает лишь на затвор, смыкание, задержку). При наличии этого недостатка необходимо стремиться к тому, чтобы в заударном неконечном слоге произносить редуцированный гласный: дост[а́тъч']но, прид[а́тъч']ный, мин[у́тъч']ка.

Если гласный 2 го предударного слога находится между двумя одинаковыми, но не взрывными согласными, то во многих случаях произношение со слоговым согласным (вместо сочетания согласный + [ъ]) перед следующим согласным того же качества следует считать нормальным, свойственным литературному языку в обычной речи (не при особенно отчетливом и чеканном произношении). Таковы, например, слова *хохотать, захохотал, филологический*. Произносится: [ххлта́·т'], [зъххлта́л],[ф'иллг'и́ч'əскъ̣і]. Так же может произноситься заударный неконечный слог, где между двумя одинаковыми невзрывными согласными мы бы ожидали звук [ъ]. Например, слово *высосал* при отчетливом и чеканном произношении [вы́съсъл] нормально, в обычной речи произносится [вы́ссъл]. Во всех этих и других аналогичных случаях при переходе от слогового согласного к следующему неслоговому согласному того же качества не имеет места размыкание сближенных (или сомкнутых) органов речи: слоговой и неслоговой согласные произносятся как бы единой артикуляцией, разделенной слогоразделом.

Заударный неконечный гласный на месте буквы *о* в окончании *-ого* и суффиксе *-ов-* прилагательных, а также на месте *ы* (в глаголах на *-овывать*) как норма не произносится, когда он находится одновременно после [в] и перед [в]. Утрата гласного компенсируется в этом случае удлинением первого согласного [в], приобретающего слоговой характер. Ср. произношение слов *сливовый, ивовый, засовывать*: сли́[вв]ый, и́[вв]ый, засо́[вв]ать. При произношении этих слов сближение нижней губы с верхними зубами, нужное для произнесения [в], производится не два раза, а один раз для обоих [в], так что артикуляционный уклад, нужный для [в], сохраняется и в то время, которое нужно бы было для гласного. Таким образом, при произнесении сочетания, которому соответствует написание *-вов-* или *-выв-*, сближение нижней губы с верхними зубами для произнесения первого [в] не изменяется и раствор рта не расширяется, что не дает возможности произнести гласный перед вторым [в]. В связи с этим первый [в] начинает функционировать как слоговой звук. Чтобы убедиться в том, что именно описанное произношение свойственно литературному языку, достаточно несколько раз произнести друг за другом сли[вв]ый и сли[вӑв]ый, засо[вв]ать и засо[вӑв]ать.

Приведем материал, иллюстрирующий описанное явление. Сюда относятся форма род. пад. ед. ч. прилагательных мужск., средн. р. с основой на -в (например, *нового, дубового*)[1], прилагательные с суффиксом -ов- и корнем на согласный [в] (например, *ивовый, сливовый*), глаголы на -ывать после [в] (например, *выплёвывать*): но́[ѵвъ], пра́[ѵвъ], ле́[ѵвъ], здоро́[ѵвъ], берёзо[ѵвъ], дубо́[ѵвъ], сосно́[ѵвъ], ли́по[ѵвъ], бу́ко[ѵвъ], хромо[ѵвъ], сли́во[ѵвъ], малино́[ѵвъ], вишнё[ѵвъ], лука́[ѵвъ], игри́[ѵвъ], костля́[ѵвъ], ворчли́[ѵвъ], сонли́[ѵвъ], тоскли́[ѵвъ], красноречи́[ѵвъ] и т. д.; [и́ѵвъі] (*ивовый*), [с'л'и́ѵвъі]; завоё[ѵвът'] (*завоёвывать*), поклё[ѵвът'] (*поклёвывать*), поплё[ѵвът'] (*поплёвывать*), организо́[ѵвът'] (*организовывать*), осно́[ѵвът'] (*основывать*), согласо́[ѵвът'] (*согласовывать*), засо[ѵвът'] (*засовывать*) и т. д. Возможно и два слоговых [в] подряд в случаях типа *ивового, сливового*: [и́ѵввъ], [сл'и́ѵввъ].

Особо следует отметить глаголы типа *царствовать* (а также формы, образующиеся от основы инфинитива этих глаголов: *царствовал, царствовавший* и др.). Специфика этих случаев заключается в том, что здесь орфографическое -вов- находится после группы согласных. В этих случаях, видимо, существует двоякое произношение — либо такое, как описано выше (ца́рст[ѵвът']), т. е. без гласного с приобретением первым согласным [в] слогового характера, либо с ослаблением и утратой первого [в] при сохранении гласного (ца́рст[ъвът']). Сюда относятся такие глаголы, как *властвовать, бедствовать, злобствовать, мудрствовать, шествовать, бесчинствовать, хозяйствовать*.

Лишь в отдельных словах допускается произношение с пропуском гласного: про́[вл]ка (*проволока*), ско́[връ]ду (при более распространенном произношении с ударением на последнем слоге: *сковороду́*), не́[кт]рые (*некоторые*), ме́[с'ц] два (*месяца два*) — последний пример в беглой речи. Произношение слов *су́толока, на́волока, па́поротник* с пропуском заударного гласного после [л], [р] следует считать неправильным. Нужно произносить: [су́тълъкъ], [на́вълъкъ], [па́пъртн'ик]. В словах *двоюродный* и *троюродный* гласный заударного неконечного слога обычно пропускается (в связи с этим в образовавшемся сочетании *рдн* звук [д] оказывается непроизносимым): двою́[рн]ый, трою́[рн]ый.

По-разному в разных стилях речи произносятся слова *тысяча* и *сейчас*. В более высоких книжных стилях речи заударный неконеч-

---

[1] На месте буквы *г* в окончании *-ого (-его)* произносится, как известно, звук [в] (см. § 87). Поэтому в этих случаях гласный заударного неконечного слога, если бы он произносился, находился бы между двумя согласными [в].

ный гласный в слове *тысяча* и предударный гласный в слове *сейчас* произносятся [ты́с'əч'ъ], [с'əі̯ч'а́с] или [с'əч'·а́с]. В разговорной речи эти слова произносятся с пропуском указанных гласных: [ты́ш'ч'ъ] или [ты́ш':ъ], [ш'ч'·а́с] или [ш'·:а́с]. Слово *тысячный* всегда произносится с гласным между *с* и *ч*: ты́[с'əч']ный. В слове *тысчонка*, относящемся к разговорно-просторечному стилю, гласный между [с] и [ч] отсутствует. Произносится ты[ш'·:о́]нка или ты[ш'ч'·о́]нка. Характерно, что в этом слове буква *я* между *с* и *ч* не пишется: *тысчонка*.

СОЧЕТАНИЯ БЕЗУДАРНЫХ ГЛАСНЫХ

В русском литературном языке немало слов с сочетаниями гласных не на стыке ясно членимых морфем, например: *буржуазия, туалет, тротуар, дезавуировать, авиация, радио, библиотека, плеоназм, поэзия, пеон*. Однако все это слова иноязычного происхождения. В словах исконно русских внутри одной морфемы обычно сочетаний гласных не бывает (ср. редкие случаи типа *паук*). В русском языке широко представлены сочетания гласных на стыке приставки и корня (например, *проучить, поиграть, заострить*), а также на стыке предлога и следующего слова (например, *на островах, по одному, на углу, за иголкой*) или отрицания (*не, ни*) и следующего слова (*не отдадим, ни одного*).

О произношении сочетаний гласных в предударных слогах надо сделать следующие замечания.

§ 23. Гласные на месте сочетаний *ао, оо*

На месте сочетаний *ао* или *оо* 2-го и 1-го предударных слогов произносится обычно [лл], т. е. гласный [л] не только в 1-м предударном слоге, но также и во 2-м: н[л-л]дно́й, н[л-л]кне́, з[л-л]дно́й, з[л-л]кно́м, п[л-л]дно́й, н[лл]бу́м, з[лл]стри́ть, з[л-л]ру́жием, с[лл]тве́тствовать, паук[лл]бра́зный, стар[лл]бра́зный, нес[лл]бра́зный, в[лл]бще́.

Необходимо обратить внимание на то, чтобы в подобных случаях предударные гласные не стягивались в один звук, чтобы не произносилось н[л]дно́й, з[л]кно́м, з[л]стри́ть, нес[л]бра́зный. Такое произношение допустимо только для слова *вообще*, которое наряду с в[лл]бще́ часто, в особенности в беглой речи, звучит как в[л]бще́. Стяженное произношение, но только в беглой речи, встречается также в слове *соответствует*, в особенности в предложном сочетании *в соответствии с...*: с[л]тве́тствует, в с[л]тве́тствии с...

На месте сочетаний *ао* и *оо* 3-го и 2-го предударных слогов гласные произносятся неодинаково в зависимости от того, в каких грамматических условиях они находятся: на стыке предлога и следующего слова на месте этого сочетания звучит [лл]: н[л-л]дного́, з[л-л]дного́, п[л-л]строва́м, з[л-л]строва́ми, з[л-л]дино́ким, н[л-л]бластно́м, н[л-л]кружно́м, н[л-л]пера́ции, п[л-л]тделе́нию, п[л-л]писа́нию, н[л-л]гурца́х, з[л-л]горо́дом, н[л-л]блучке́, п[л-л]тноше́нию, п[л-л]-бразцу́. В подобных случаях недопустимо стяженное произношение ни с [л], ни тем более с редуцированным гласным [ъ]: произношение н[л]дного́, н[л]пера́ции, з[л]строва́ми не является литературным, а произношение н[ъ]дного́, н[ъ]пера́ции, з[ъ]строва́ми можно считать даже диалектным.

Так же произносятся эти сочетания в производных глаголах на стыке ясно выделяемой приставки и следующей части слова: н[лл]ткрыва́ли, п[лл]пери́ровали, п[лл]ткрыва́ли, п[лл]зорнича́ли, з[лл]плоди́ровали, п[лл]ккомпани́ровал. То же произносится на месте сочетаний *оо, ао* в словах *соотноси́ть, соотноси́тельный, соотноше́ние, наоборо́т:* с[лл]тноси́ть, с[лл]тноси́тельный, с[лл]тноше́ние, н[лл]боро́т. В словах *вообрази́ть, воображе́ние, сообрази́ть, соображе́ние* на месте сочетания *оо* возможно двоякое произношение — с[лл] и [л]: в[лл]брази́ть, в[лл]браже́ние, с[лл]брази́ть, с[лл]браже́ние или в[л]брази́ть, в[л]браже́ние, с[л]брази́ть, с[л]браже́ние. Стяженное произношение с [л] характерно в большей степени для разговорного языка, беглой речи. В приведенных словах недопустимо стяженное произношение с редуцированным гласным [ъ]: в[ъ]брази́л, в[ъ]браже́ние, с[ъ]брази́л, с[ъ]браже́ние. Такое произношение имеет просторечный оттенок. Однако в словах *сооруди́л, сооруже́ние, сооружённый, воодушеви́л, воодушевле́ние, воодушевлённый, вооружи́л, вооруже́ние, вооружённый* широко развито стяженное произношение сочетания *оо*, и притом не только с [л], но в беглой речи также и с редуцированным гласным [ъ]: с[л]руди́л, с[л]руже́ние, с[л]ружённый, в[л]душеви́л, в[л]душевле́ние, в[л]душевлённый, в[л]ружи́л, в[л]руже́ние, в[л]ружённый, а также с[ъ]руди́л, с[ъ]руже́ние, с[ъ]ружённый, в[ъ]душеви́л, в[ъ]душевле́ние, в[ъ]душевлённый, в[ъ]ружи́л, в[ъ]руже́ние, в[ъ]ружённый.

§ 24. Гласные на месте сочетаний *ео* и *еа*

В сочетаниях *ео, еа* 3-го и 2-го предударных слогов на месте *о* (или *а*), как и в начале слова (см. § 16), произносится [л], а на месте *е* по общему правилу — редуцированный звук переднего ряда [э] после мягкой согласной, т. е. [эл]: [н'эл]бходи́мо, [н'эл]бяза́тельно, [н'эл]днокра́тно, [н'эл]пределённый, [н'эл]дина́ковый, [н'эл]ккура́тный, [н'эл]босно́ванный, [н'эл]быкнове́нный, [н'эл]пису́емый, [н'эл]бъясни́мый, [н'эл]трази́мый, [н'эл]щути́тельный, [н'э-л]тказа́л, [н'э-л]тноси́л, [н'э-л]каза́лся, [н'э-л]тобра́л, [н'э-л]тосла́л. Так же произносится сочетание *ио:* [н'э-л]дного.

Часто встречающееся произношение с [ъ] на месте *о* или *а* (т. е. с сочетанием [эъ]) не может считаться литературным: [н'эъ]бходи́мо, [н'эъ]бяза́тельно, [н'эъ]ккура́тный, [н'э-ъ]каза́лось дома. Не менее часто встречается также стяженное произношение этого сочетания в виде одного звука типа [е] (или звука, среднего между [е] и [и]) или [и]: [н'е]бходи́мо, [н'е]быкнове́нный], [н'е]бяза́тельно, [н'е]ккура́тный, [н'е]каза́лось дома или: [н'и]бходи́мо, [н'и]быкнове́нный, [н'и]бязáтельно, [н'и]ккурáтный, [н'и]казáлось дома. Такое произношение, имеющее просторечно-диалектную окраску, недопустимо в литературном языке.

§ 25. Гласные на месте сочетаний *еи* и *ее*

Сочетание *еи* во 2-м и 1-м или в 3-м и 2-м предударных слогах произносится с редуцированным гласным переднего образования [э] на месте *е*: [н'эи]збéжный, [н'эи]звéстный, [н'эи]змéнный, за-[н'эи]мéнием; [н'эи]зглади́мый, [н'эи]злечи́мый, [н'эи]змери́мый, [н'эи]мовéрный, [н'эи]сполни́мый, [н'эи]ссякáемый, [н'эи]стреби́мый. Сочетание *еи* в 4-м и 3-м предударных слогах обычно произносится с [ии], т. е. со звуком [и] на месте *е*: [н'ии]скорени́мый, [н'ии]споведи́мый, рядом с возможным произношением [н'эи]скорени́мый, [н'эи]споведи́мый.

Такое произношение широко известно также в 3-м и 2-м предударных слогах: [н'ии]зглади́мый, [н'ии]злечи́мый, однако во 2-м и 1-м предударном слоге оно имеет, видимо, несколько сниженную окраску и характеризует главным образом беглую речь. В отчетливой речи следует предпочесть произношение с [эи]. Ср. [н'ии]збéжный и [н'эи]збéжный; [н'ии]звéстный и [н'эи]звéстный и т. д.

Однако если произношение с [ии] может быть допустимо в литературном языке со сделанными выше оговорками, то совершенно нетерпимо стяженное произношение со звуком [и] на месте сочетания *еи*: [н'и]збéжный, [н'и]звéстный, [н'и]зглади́мый, [н'и]злечи́мый, [н'и]скорени́мый, [н'и]споведи́мый. Поэтому необходимо следить, чтобы безударное сочетание *еи* не стягивалось в один звук [и].

Близко к сочетанию *еи* произносится более редко встречающееся безударное сочетание *ее*. Наиболее обычным для литературного языка является произношение на месте сочетания *ее* звуков [эį̯э]: [н'эį̯э]стéственный, [н'эį̯э]ди́ный, [н'эį̯э]динодýшно, [н'эį̯э]диноглáсно, [н'эį̯э]жеднéвно. Произношение с [ии] характерно для непринужденной речи: [н'ии]стéственный, [н'ии]ди́ный, [н'ии]динодýшно.

§ 26. Другие сочетания

В сочетаниях *оу, ау* во 2-м или 3-м предударных слогах произносится редуцированный гласный [ъ] на месте *о* или *а*: н[ъу]гáд, н[ъу·]тёк, п[ъу]кá, н[ъу·]чи́л, н[ъ-у]глý, п[ъ-у]сáм, н[ъу]голóк, п[ъ-у]говорю́, п[ъу·]бирáли, н[ъу]кообрáзный. Необходимо следить, чтобы это сочетание в 3-м и 2-м предударных слогах не стягивалось в один звук [у]: н[у]голóк, п[у]говорю́ и т. д.[1]

В сочетаниях *уо, уа* в 3-м и 2-м предударных слогах произносится гласный [ʌ] на месте *о* или *а*: [у-ʌ]дного, [у-ʌ]стровóв, [у-ʌ]дино́кого, [у-ʌ]горо́да, [у-ʌ]гурцо́в, [у-ʌ]безьян, [у-ʌ]тамáна, [у-ʌ]пельси́на, [у-ʌ]двокáта, [у-ʌ]кробáта. В подобных случаях

---

[1] Редуцированный гласный [ъ] перед [у] звучит несколько лабиализованно, т. е. сам приближается к [у].

недопустимо не только стяжение — произношение одного звука [у] на месте сочетания: [у]дного́, [у]динóкого, [у]двока́та, но также и произношение [уъ], т. е. с [ъ] на месте *о* или *а*: [у-ъ]дного́, [у-ъ]стровóв, [у-ъ]динóкого, [у-ъ]горóда, [у-ъ]безья́н, [у-ъ]тама́на, [у-ъ]пельсина, [-у-ъ]двока́та, [у-ъ]кроба́та.

Безударные гласные на месте сочетаний *ои, аи* во 2-м и 1-м или в 3-м и 2-м предударных слогах произносятся без стяжения, с [ъ] на месте *о* или *а*: п[ъи]гра́ть, п[ъи]ска́ть, з[ъи]гра́ть, н[ъи]зу́сть, н[ъи]лу́чший, п[ъи]мённо, з[ъ-и]гóлкой, п[ъ-и]збé, п[ъ-и]мена́м, п[ъи]нтере́сней[1]. Необходимо следить, чтобы в подобных случаях не было стяжения — чтобы на месте сочетаний *ои, аи* не произносился один звук — [ы]: п[ы]гра́л, п[ы]мена́м.

Гласные на месте сочетания [ыи] в слове *вы́искать* и производных сохраняются: [вы́искъ’т], [вы́иш’:у]. Однако в слове *вы́играть* и производных на месте этого сочетания в разговорной речи обычно произносится [ы]: [вы́гръt’], [вы́грыл], [вы́грън:ы̣], [вы́грышнъi̯]. Лишь в очень отчётливом и чеканном произношении можно услышать [ы́и] в слове *вы́играл*.

§ 27. Безударные сочетания гласных на месте *ио, иа, ие, уа* в словах иноязычного происхождения

Узкие, высокого образования гласные [и] и [у] менее звучны сравнительно с более широкими гласными среднего подъёма языка [е] и [о] и в особенности сравнительно с наиболее широким гласным нижнего подъёма языка [а]. Гласные [и] и [у] также менее звучны, чем безударные замены [о], [а] и [е] — гласные [ʌ], [ъ], а также [ə], если он отличается от [и]. В связи с этим встречающиеся в словах иноязычного происхождения сочетания гласных с первым элементом [и] или [у] и вторым элементом — более широким гласным — стремятся как бы объединиться, имеют тенденцию превратиться в один слог с двойным гласным (при этом первый гласный стремится превратиться в его неслоговой элемент). Эта тенденция редко осуществляется полностью, но она существует и представляет собой характерную черту произношения слов иноязычного происхождения.

В отдельных часто встречающихся случаях эта тенденция имеет место даже в сочетаниях, где второй элемент является ударным гласным. Например, слово *пиа́но* (музыкальный термин) в живом произношении членится: *пиа|но* и мало отличается от произношения наречия *пья́но*: [п’и̯а́нъ] в первом случае и [п’jа́нъ] или [п’i̯а́нъ] во втором[2]. Слово *пиано* не произносится отчётливо в 3 счёта (*пи|а|но*), а скорее в два (*пиа|но*). Слово *пьеса* ещё недавно писалось *пиеса*

---

[1] Редуцированный гласный [ъ] перед [и] приобретает более высокое образование, т. е. приближается к [ы].

[2] Следует помнить, что гласный [а] после мягкого согласного, в частности [п’], имеет [и]-обра́зный приступ (см. § 7 и 12). Этот [и]-обра́зный приступ довольно близок к начальному элементу как [и̯а], так и [i̯а].

при в общем очень близком произношении в 2 счета: [п'jé|съ] (или [п'i̯é|съ]) и [п'ᵘé|съ].

Ср. произношение [м'ил'ᵘо́н] и [м'ил'jо́н] при колебании в написании: *миллион* и *мильон;* [към'ис'ᵘо́н:ы̯і] при написании *комиссионный*. При произношении слов *тротуар, буржуазный* также замечается некоторое стремление к объединению узкого гласного [у] с последующим широким гласным — ударным [а]: [тръту͡а́р] (однако здесь все же 3 слога, что видно из качества гласного начального слога слова — [ъ], как во 2-м предударном слоге, а не [ʌ], как в 1-м предударном), [буржу͡а́знъі̯]. Такое членение или, лучше сказать, такая ритмизация — *бур*|*жу*|*а́*|*зный* — будет „не по-русски". „Русское" членение будет: *бур*|*жуа́*|*зный*.

Эта черта особенно заметна, когда вторым элементом сочетания являются безударные гласные 1-го, 2-го или 3-го предударных слогов. Слова *пианист, материализм, империализм, миссионер, буржуазия, индивидуализм* произносятся: [п'ᴵʌн'и́ст], [мът'əр'ᵘʌл'и́зм], [нм'п'əр'ᵘʌл'и́зм], [м'ис'ᵘʌн'е́р], [буржу͡ʌз'н'і̯], [ин'д'ив'иду͡ʌл'и́зм]. Узкие гласные 2-го предударного слога примыкают к широким гласным 1-го предударного слога, как бы стремясь вместе с последним образовать один слог. Членение этих слов в русском произношении: *пиа̑*|*ни́ст, ма*|*те*|*риа̑*|*ли́зм, им*|*пе*|*риа̑*|*ли́зм, ми*|*ссио*|*не́р, бур*|*жуа́*|*зный, ин*|*ди*|*ви*|*дуа̑*|*ли́зм*. Приведем еще несколько примеров с сочетанием узкого гласного с широким в более далеких от ударения предударных слогах: *пиа̑*|*ни*|*сти́*|*че*|*ский, им*|*пе*|*риа̑*|*ли*|*сти́*|*че*|*ский, ма*|*те*|*риа̑*|*ли*|*за́*|*ци*|*я, на*|*цио*|*на*|*ли*|*за́*|*ци*|*я*. При указанном членении, обычном для живой речи, они произносятся: [п'ᴵəн'ис'т'и́ч'əскъі̯], [им'п'əр'ᵘəл'ис'т'и́ч'əскъі̯], [мът'əр'ᵘəл'иза́цыі̯], [нъцʸъ̑нъл'иза́цыі̯].

КАЧЕСТВО ОТДЕЛЬНЫХ СОГЛАСНЫХ

§ 28. Качество [г]

На месте буквы *г* в литературном языке вообще произносится звук взрывной. При образовании взрывного [г] (как и [к]) задняя часть спинки языка смыкается с мягким нёбом; шум образуется в момент мгновенного размыкания сомкнутых органов речи струей выдыхаемого воздуха. Поэтому взрывной [г] (как и [к]) — звук мгновенный: его нельзя тянуть.

Примеры: [г]ул, [г]од, [г]о́род, [г]усь, [г]ость, но[г]а́, ду[г]а́, [г]аси́ть, [г]удо́к, [г]ром, [г]рад, [г]ребу́, [г]ли́на, мо[г]ла́, со[г]ну́, о[г]ня́.

Эта особенность литературного произношения разделяется северно-русскими говорами, в противоположность южнорусским, которым свойствен звук [г] фрикативный (иначе — щелевой, длительный).

Фрикативный [г] образуется путем сближения задней части спинки языка с мягким нёбом, в связи с чем между ними образуется щель, шум образуется благодаря трению выдыхаемого воздуха о края сближенных органов речи. Таким образом, фрикативный [г] представляет собой не что иное, как звонкий [х], т. е. [х], образованный с голосом. Обозначим этот звук буквой [γ]. Фрикативный [г] (т. е. [γ]), в отличие от взрывного, можно тянуть. Примеры: [γ]од, [γ]óрод, [γ]усь, но[γ]á, [γ]ром, мо[γ]лá, со[γ]нý и т. д.

В украинском и белорусском языках на месте *г* произносится звук, акустически близкий южнорусскому фрикативному [γ], но имеющий несколько иное образование — фарингальное, которое нередко неточно называется гортанным. Такой звук, называемый также придыхательным, обозначим буквой [h]: но[h]á, [h]óрод.

При наличии указанных отклонений от литературного произношения [г] необходимо практиковать специальные упражнения. Произнося слово со звуком [г], необходимо следить, чтобы уклад языка при [г] был такой, как при [к]. Возможен такой прием: приготовиться к произношению звука [к], но произнести его с голосом — получится [г]. Полезны упражнения в произношении таких пар слов, как [к]ость и [г]ость, [к]óрка и [г]óрка, [к]óлос и [г]óлос, и[к]рá и и[г]рá, при условии, что учащийся будет помнить, что звук [г] в своем образовании отличается от [к] лишь наличием голоса. Необходимо следить, чтобы при произношении звука [г] задняя часть спинки языка плотно смыкалась с мягким нёбом. Наличие смыкания, требующего последующего взрыва, обеспечит мгновенный характер звука.

Необходимо сделать особое замечание о произношении [г] в отдельных словах и группах слов.

а) В нескольких словах церковного происхождения в литературном языке еще недавно было возможно произношение на месте буквы *г* фрикативного звука [γ]. Это разные формы слова *бог* со звуком [г] перед гласным (например, *бога, богу*)[1], слова *господь, благо, богатый* и производные от них (например, *благодарить, благодать, благополучно, богатство*): бó[γ]а, бó[γ]у, бла[γ]одáть, бла[γ]ополýчно, бла[γ]одарúть, бо[γ]áтый, бо[γ]áтство. Однако в настоящее время такое произношение *г* в отдельных словах лишь частично сохраняется, и притом только в речи самого старшего поколения. В речи молодежи и среднего поколения в этих словах, как и во всех других случаях, укрепилось произношение по общему правилу звука [г] взрывного: бó[г]а, бла[г]одáть, бла[г]одарúть, бо[г]áтый и т. д. Фрикативный [г] прочнее удерживается в междометном употреблении слова *господи:* [γ]óсподи, причем и здесь рядом с [γ] возможно и [г].

б) Кроме того, звук [γ] может произноситься на месте буквы *г* в наречиях на -*гда:* то[γ]дá, ко[γ]дá, все[γ]дá, ино[γ]дá. Произношение этих наречий с [γ] также встречается только в речи отдель-

---

[1] О произношении конечного согласного в форме им. пад. ед. ч. слова *бог* см. § 36, п. 2.

ных представителей старшего поколения. Обычным и свойственным современной норме произношением сейчас является [г] взрывное в этих словах: то[г]да́, ко[г]да́, все[г]да́, ино[г]да́. Слова *тогда, когда* в беглой речи могут произноситься и без [г]: [тада́], [када́]. Такое произношение носит разговорный оттенок.

в) Фарингальный звук [һ] на месте *г* в литературном языке произносится в междометиях *ага, ого, эге, гоп, гопля:* а[һ]а́, о[һ]о́, э[һ]е́, [һ]оп, [һ]опля́, в звукоподражательном слове [һ]ав-[һ]ав и некоторых других. Широко распространенное произношение междометия *ага* с [г] взрывным (между прочим, у лиц, которым вообще свойствен звук [г] фрикативный, т. е. которые произносят но[γ]а́, [γ]opа́) следует считать неправильным. Звук [һ] произносится также в отдельных словах иноязычного происхождения, проникших в общий язык из специального (см. об этом ниже § 98).

П р и м е ч а н и е. В начале слова *галоши* (пишется также и *калоши*) в литературном языке произносится звук [к].

§ 29. Качество согласного на месте буквы *щ*

На месте буквы *щ* произносится двойной мягкий фрикативный согласный *ш:* [ш'ш']; в дальнейшем обозначаем его [ш':]: [ш':]у́ка, [ш':]е́пка, [ш':]ель, [ш':]ébень, [ш':]и, [ш':]у́пать, [ш':]у́риться, по[ш':]а́да, и[ш':]е́йка, кле[ш':]и́й, исто[ш':]е́ние, сму[ш':]а́ть, ве[ш':]ество́, вра[ш':]а́ть, я[ш':]ик, я[ш':]ур, ро́[ш':]а, гу́[ш':]а, пи[ш':]а, то́[ш':]ий, городи́[ш':]е. Такое произношение было свойственно и старым московским нормам.

Наряду с двойным мягким фрикативным [ш':] на месте буквы *щ* вообще может произноситься также сочетание [ш'ч'] с очень слабым взрывным элементом во второй части: [ш'ᵀ'ш']. Этот звук был свойствен, между прочим, ленинградскому произношению. Таким образом, рядом с произношением [ш':]у́ка, по[ш':]а́да, ве[ш':]ество́ следует считать допустимым в литературном языке также произношение [ш'ч']у́ка, по[ш'ч']а́да, ве[ш'ч']ество́. Надо следить, однако, чтобы взрывной элемент не был особенно силен, чтобы произносилось не [ш'т̑'ш'], а скорее [ш'ᵀ'ш'].

Совершенно недопустимо твердое произношение [шч] или [ш:]: [шч]у́ка или [ш:]у́ка. Поэтому при работе над усвоением правильного произношения согласного звука на месте буквы *щ* необходимо в первую очередь добиться того, чтобы он был мягок. Что же касается взрывного элемента во второй части, то он допустим при условии, если он достаточно слаб. Предпочтительным является фрикативное произношение двойного мягкого глухого шипящего согласного на месте *щ:* оно является общераспространенным, и его именно надо культивировать. Произношение с утрированно сильным взрывным элементом не может считаться правильным.

На конце слова после заударного гласного двойной характер согласного (т. е. долгота) может быть менее заметен, а в беглой речи даже утратиться: това́ри[ш':] и това́ри[ш'], о́во[ш':] и о́во[ш'], по́мо[ш':] и по́мо[ш'] *(помощь)*. То же может происходить на конце слова после согласных ([р] и [л]): бор[ш':]и бор[ш'], тол[ш':] и тол[ш'] *(толщь)*. Частичная или полная утрата долготы имеет место в безударном слоге после согласного, начинающего собою слог. Такими согласными обычно являются [п] на месте *б* и *п*, [ф] на месте *в* и *ф*: ср. гардеро́|[пш']ик, заги́|[пш']ик, жа́ло|[пш']ик, сце́|[пш']ик, ску́|[пш']ик, упако́|[фш']ик, зимо́|[фш']ик, старьё|[фш']ик, типогра́|[фш']ик, а также разо|[пш'о́]нный, о́|[пш']ина, соб|[пш']ник. Так же, т. е. обычно без долготы мягкого шипящего, произносятся слова на -*нтщик,* где [н] относится к предыдущему слогу, а в последующем слоге [т] утрачивается: позуме́[н'|ш']ик, комплиме́[н'|ш']ик, проце́[н'|ш']ик, алиме́[н'|ш']ик; ср. также *надсмотрщик* (произносится надсмо́[трш']ик — с побочной, дополнительной слоговостью утратившего голос звука [р] и с возможной утратой долготы мягкого шипящего). Если согласный (в том числе [j]—[i̯]) перед [ш':] относится к предшествующему слогу, то на месте *щ* произносится [ш':]: сва́[р|ш':ик], набо́[р|ш':ик], вы́ду[м|ш':ик], съё[м|ш':ик], ба́[н|ш':ик], сме́[н|ш':ик], го́[н|ш':ик], рисова́[л|ш':ик] *(рисова́льщик),* носи́[л|ш':ик], кури́[л|ш':ик] *(кури́льщик),* тра́[л|ш':ик], трамва́[i̯|ш':ик], лите́[i̯|ш':ик], обо́[i̯|ш':ик].

Слово *вообще* часто произносится с твердым [ш], что является неправильным,— следует произносить воо[пш':]е́.

При сочетании на стыке приставки и корня *с* с последующим *щ* произносится долгий мягкий шипящий [ш] со слогоразделом посередине этого звука: и[ш'|ш']и́панный *(исщипанный)*, ра[ш'|ш'о́]лкать *(расщёлкать)*, ра[ш'|ш']епи́ть *(расщепить)*, ра[ш'|ш']е́лина *(расщéлина)*, ра[ш'|ш']ипа́ть *(расщипать)*, ра[ш'|ш']еми́ть *(расщемить)*, ра[ш'|ш']е́дриться *(расщедриться)*.

Следует особо отметить сочетание *тщ* в начале слова. На месте этого сочетания обычно произносится [ч'ш'] или [ч'щ'ш'] со слогообразующим [ш'] (последнее в отчетливой, не беглой речи) — [ч'ш']а́тельно, [ч'ш']еду́шный, [ч'ш']есла́вный, [ч'ш']етный или с дополнительным, побочным слогом — [ч'щ'ш']ательно и др. Отчетливой, чеканной речи свойственно произношение [тш':]ательный, [тш':]етный.

Однако следует считать неправильным широко распространенное произношение последнего слова с твердым сочетанием [тш]: [тш]е́тный. Для разговорной речи следует рекомендовать произношение [ч'ш']е́тный или [ч'щ'ш']е́тный.

Перед согласным долгота [ш':] может утрачиваться. Ср. произношение мо́[ш']ный, беспомо́[ш']ный, па́стби[ш']ный, чудо́ви[ш']ный, зре́ли[ш']ный, не́мо[ш']ный, насу́[ш']ный, изя́[ш']ный, хи́[ш']ный, ово[ш']но́й, су́[ш']ность, бу́ду[ш']ность, изя́[ш']ность, хи́[ш']ник, сокро́ви[ш']ница. В очень тщательном произношении (в заударном слоге) может сохраняться двойной согласный [ш':] со слогоразделом посередине: су́[ш'|ш']ность.

83

Надо иметь в виду, что двойной мягкий [ш':], сократившись, имеет тенденцию к отвердению; этим объясняется встречающееся нередко произношение мо́[ш]ный, изя́[ш]ный, су́[ш]ность, бу́ду[ш]ность, ово[ш]но́й, жили́[ш]ный, хи́[ш]ный, сокро́ви[ш]ница, которое следует считать неправильным. Так же объясняется приведенное выше неправильное произношение слов *вообще* и *тщетный* с твердым [ш].

Однако в двух словах — *всенощная* и *помощник*, а также производных от последнего эта тенденция осуществляется: на месте буквы *щ* перед *н* произносится твердое [ш] (всёно[ш]ная, помо́[ш]ник).

§ 30. Согласные [ц] и [ч]

Буквы *ц* и *ч* обозначают аффрикаты, иначе называемые слитными звуками. Каждый из этих звуков представляет собой как бы слившееся в один нераздельный звук сочетание: аффриката [ц] представляет собой нераздельный звук, состоящий из элементов [т] и [с]: [т͡с]; аффриката [ч'] — из элементов [т'] и [ш'] — мягких [т] и [ш]: [т͡'ш']. Таким образом, аффриката [ц] всегда произносится как звук твердый, а аффриката [ч'] — как звук мягкий. При произнесении аффрикат кончик языка образует смыкание, нужное для [т] или [т'], и быстро следующую за ним щель; поэтому звуки [ц] и [ч'] образуются при помощи взрыва сомкнутых органов речи и быстро следующего за ним трения (фрикации) струи воздуха о края щели, образованной сближенными между собой органами речи.

Однако аффрикаты, как и взрывные согласные (например, [т]), — звуки мгновенные: их нельзя тянуть. Если второй, фрикативный элемент аффрикаты, образуемый путем трения, будет тянуться, то получится не единый и нераздельный звук, которым она является, а сочетание звуков. Именно этим отличается аффриката [ц] от сочетания [тс], которое может произноситься как [цс] (ср. *поцарствовать* и *подсаживать* или *отсаживать*).

Для правильного образования звука [ц] литературного языка нужно, чтобы передняя часть спинки языка, примыкающая к его кончику, артикулировала по отношению к верхним зубам и несколько выше, где расположены их корни; средняя часть спинки языка при этом должна быть опущена, чтобы получился твердый звук. При произнесении звука [ц] в начале органы речи сомкнуты и образуется взрыв, как при твердом [т], а потом они сближены и образуется трение, как при твердом [с]: [ц]е́нный, [ц]епь, [ц]е́лый, [ц]ари́ть, кон[ц]а́, пти́[ц]а, лов[ц]а́, яй[ц]о́, дерев[ц]о́, [ц]ыга́н, продав[ц]ы́, па́ль[ц]ы, моло́де́[ц], боре́[ц].

Для правильного образования звука [ч'] литературного языка нужно, чтобы передняя часть спинки языка артикулировала по отношению к передней части нёба сейчас же за деснами верхних зубов, причем средняя часть спинки языка должна быть поднята к соответствующей части нёба. При произнесении звука [ч'] вначале органы речи сомкнуты и образуется взрыв приблизительно такой, как при [т'], а потом они сближены и образуется трение, как при [ш'] (мягкий [ш]): [ч']а́сто, [ч']ан, [ч']ад, [ч']у́дный, [ч']у́вство, [ч']у́ждый, [ч']угу́н, [ч'.о́]рный, [ч'.о́]лка, в [ч'.о́]м, [ч'е́]стный, [ч'е́]рви, [ч'и́]сто, [ч'и́]тка, вра[ч'], вра[ч']а́, вра[ч']у́, вра[ч']о́м, о вра[ч']е́, вра[ч']и́.

По отношению к употреблению аффрикат [ц] и [ч'] наблюдаются значительные отклонения от норм литературного произношения как в языке представителей разных диалектов русского языка, так и в русской речи нерусских (например, марийцев, удмуртов, коми). Целиком за пределами литературного русского языка находится цоканье и чоканье, т. е. употребление одной аффрикаты вместо двух — [ц] при цоканье и [ч] при чоканье: ов[ц]а́, [ц]ена́, ку́ри[ц]а; пята[ц]о́к, [ц]а́сто, [цо́]рный — при цоканье; ов[ч]а́, [ч]ена́, ку́ри[ч]а; пята[ч]о́к, [ч]а́сто, [ч]ёрный — при чоканье. Впрочем, в местных условиях (например, в Вологодской и Кировской областях, в Марийской АССР, в Удмуртской АССР, в Коми АССР) цоканье встречается и у лиц, вообще владеющих литературным произношением. Поэтому на произношение аффрикат [ц] и [ч'], их различение и качество каждой из них необходимо обращать специальное внимание.

Но имеются и другие отклонения, которые более или менее часто встречаются у лиц, в других отношениях владеющих литературным языком.

Звук [ц] прежде всего должен произноситься всегда твердо. При этом после [ц] на месте буквы *и* произносится [ы]: [цы]рк, [цы]нк, [цы́]ркуль, мото[цы́]кл, [цы́]фра, [цы]кл, [цы́]ник, [цы]клбн, ра[цы]о́н, мо[цы]о́н, ста[цы]она́р, вак[цы́]на, па[цы]е́нт, ба[цы́]лла, ка́ль[цы]й, ака́[цы]я, ле́к[цы]я, ста́н[цы]я. Следует иметь в виду, что среди старшего поколения носителей литературного языка встречались лица, которые в словах на -*ция* и производных от них произносили мягкий звук [ц]: диссерта́[ц'и]я, квалифика́[ц'и]я, деклама́-[ц'и]я, мелиора́[ц'и]я, мобилиза́[ц'и]я, моториза́[ц'и]я, модуля́[ц'и]я, мультиплика́[ц'и]я, депута́[ц'и]я, ориента́[ц'и]я, эволю́[ц'и]я, иллюмина́[ц'и]я, изоля́[ц'и]я, инфля́[ц'и]я, резолю́[ц'и]я, ситуа́[ц'и]я и т. д., а также диссерта[ц'и]о́нный, квалифика[ц'и]о́нный, мобилиза[ц'и]о́нный, револю[ц'и]о́нный, эволю[ц'и]о́нный, сек[ц'и]о́нный, аттеста[ц'и]о́нный, оккупа[ц'и]о́нный и т. д. При этом мягкий [ц] смягчал предшествующий согласный в таких случаях, как ста́[н'ц'и]я, Фра́[н'ц'и]я, каде́[н'ц'и]я, конкуре́[н'ц'и]я, эссе́[н'ц'и]я, конфере́[н'-ц'и]я, интеллиге́[н'ц'и]я, субста́[н'ц'и]я, конве́[н'ц'и]я, резиде́[н'ц'и]я, квита́[н'ц'и]я, тенде́[н'ц'и]я, а также ста[н'ц'и]о́нный, квита[н'ц'и]о́нный. Такое произношение встречается, например, у многих уроженцев Украины. В прошлом оно было свойственно некоторым слоям интеллигенции, в особенности дворянской. Однако с точки зрения современных норм такое произношение следует считать неправильным: в этих случаях, как и во всех других, звук [ц] должен звучать твердо, и после него вместо [и] должно произноситься [ы]: диссерта́[цы]я, квалифика́[цы]я, мелиора́[цы]я, мобилиза́[цы]я, моториза́[цы]я, модуля́[цы]я, канализа́[цы]я, индустриализа́[цы]я, механиза́[цы]я, электрифика[цы]я, коллективиза[цы]я; диссерта[цы]о́нный, квалифика[цы]о́нный, мобилиза[цы]о́нный, деклама[цы]о́нный, фрак[цы]о́нный, пор[цы]о́нный, лек[цы]о́нный, пози[цы]о́нный, револю[цы]о́нный. При этом согласный [н] перед словами на *-ция* и производными от них должен звучать твердо: ста́[нцы]я, Фра́[нцы]я, каде́[нцы]я, конкуре́[нцы]я, ста[нцы]о́нный.

Далее, нужно следить, чтобы при произношении [ц] имел место как взрывной элемент [т], так и фрикативный [с]: если не будет первого, то получится [с] — яй[с]о́, до кон[с]а́ вместо яй[ц]о́, до кон[ц]а́; если не будет второго, то получится [т] — [т]е́лый вместо [ц]е́лый. Нередко встречается произношение [ц] с ослабленным взрывом [ᵀс], что также является неправильным: яй[ᵀс]о́, до кон[ᵀс]а́, полоте́н[ᵀс]е, коне́[ᵀс], молоде́[ᵀс].

Наконец, нужно следить, чтобы фрикативный элемент был свистящий, т. е. типа [с], а не шипящий (типа [ш]): в противном случае получится звук, близкий к [ч]: [ч]е́лый вместо [ц]е́лый.

Примечание 1. Звук [ц] в той или иной степени мягкий в русском языке может произноситься в слове *цвет* и производных от него (*цветок, цвести, расцветать* и др.): [ц'в'ет]. Мягкость звука [ц] здесь является результатом его смягчения перед мягким [в']. Описанной особенностью произношения звука [ц] в словах с корнем *цвет* объясняются многочисленные неправильности диалектного происхождения: утрата взрывного элемента [с'в'иᵉто́к рлс'с'в'·о́л] — *цветок расцвел*; утрата фрикативного элемента [т'в'иᵉто́к рлс'т'в'·о́л] вместо литературного [ц'в'иᵉток рлс'ц'в'·о́л] и др.

Примечание 2. Языку части дореволюционной интеллигенции мягкое произношение [ц] было свойственно не только в словах на *-ция*, но также и в корнях слов иноязычного происхождения перед гласным на месте *и*. Теперь такое произношение не принято. Однако в некоторых словах иноязычного происхождения, обычно в безударных слогах, в особенности если в следующем слоге находится гласный переднего образования (т. е. типа [и] или [е]), после [ц] может произноситься не гласный [ы], который нормально следует за твердым согласным вместо [и] (см. § 10), а гласный [и], т. е. сочетание немягкого [ц] с гласным [и]. Например: [ци]сте́рна, [ци]ли́ндр, [ци]ти́ровать, [ци]вилиза́ция, [ци]сти́т, [ци]нера́рия, [ци]ни́зм, [ци]а́нистый, [ци]рцея́ *(Цирце́я)*. Несмотря на сказанное, основным и нормативным для современного языка следует считать произношение сочетания [цы] во всех словах на месте *ци*.

Согласный на месте *ч* должен произноситься мягко.

В отдельных русских говорах, а также в белорусском языке звук [ч] произносится твердо: мол[чы́], [чы́]сто, [чы]та́ть, [чо́]рный, [чэ́]рви, [чу]гу́н. Поэтому соответствующее отклонение от нормы литературного произношения по отношению к звуку [ч'] приходится слышать довольно часто. При наличии такого отклонения следует особое внимание обратить на положение средней части спинки языка: последняя при произнесении [ч'] как мягкого звука должна быть высоко поднята к соответствующей части нёба (приблизительно так, как при [и]). Напротив, при произнесении твердого [ч] средняя часть спинки языка бывает опущена. Далее, при произнесении звука [ч'] должен иметь место как взрывной элемент [т'], так и фрикативный [ш']: если не будет первого, то получится [ш'] — [ш']а́сто, [ш']у́дный, [ш']и́сто вместо [ч']а́сто, [ч']у́дный, [ч'и́]сто; если же не будет второго, то получится [т']—[т']а́сто, [т']у́дный, [т']угу́н. По отношению к звуку [ч'] особенно часто наблюдается ослабление и даже полная утрата взрыва, т. е. произношение [ᵗ'ш'] или [ш'] вместо [ч']: [ᵗ'ш']а́сто, [ᵗ'ш']у́дно, [ᵗ'ш']у́ство, [ᵗ'ш']ёрный, [ᵗ'ш']ёлка, [ᵗ'ш']и́сто, [ᵗ'ш']ита́ть, ко́[нᵗ'ш']ил, буто́[нᵗ'ш']ик или [ш']а́сто, [ш']у́дно, [ш'у́с]тво, [ш']ёрный, [ш']ёлка, [ш']и́сто, [ш']ита́ть, ко́[нш']ик, буто́[нш']ик. Эта неправильность произношения часто наблюдается у уроженцев некоторых областей, где распространены южнорусские говоры, например Орловской, Курской и прилегающих районов. При наличии указанного отклонения должно быть уделено особое внимание тому, чтобы органы речи плотно смыкались и чтобы при произношении образовался достаточно сильный взрыв.

Наконец, нужно следить, чтобы фрикативный элемент был шипящий, т. е. типа [ш'], а не свистящий (не типа [с']); в противном случае получится не [ч], а звуки типа [ц] или шепелявые звуки, средние между [ц] и [ч]: [ц']угу́н, [ц']а́сто, [ц']и́сто или [ц'ᶜ']угу́н, [ц'ᶜ']а́сто, [ц'ᶜ']и́сто.

§ 31. Согласные [ш] и [ж]

Буквы *ш* и *ж* обозначают всегда твердые согласные звуки [ш] и [ж]: [ш]ар, [ш]аг, [ш]ум, [ш]у́ба, [шо]лк, [шо́]рох, у[шо́]л, [шэ]ст, [шэ́]ствие; [ж]ар, [ж]а́дный, [ж]ук, [ж]урчи́т, [жо́]лтый, [жо́]лудь, за[жо́]г, [жэ]ст, тор[жэ́]ственный. Ввиду твердости согласных [ш] и [ж] после них вместо [и] произносится [ы]: [шы]л, [шы́]на, ма[шы́]на, кру[шы́]на, [шы]к, [шы]ро́кий, [шы]по́вник, ар[шы́]н, у[шы́]б, Ка[шы́]ра; [жы]л, [жы]р, за[жы́]м, [жы]в, пру[жы́]на, [жы]знь. Эта норма нарушается нередко в русской речи представителей некоторых народов, в языке которых представлены мягкие [ш] и [ж]. Она нарушается также иногда в речи русских, особенно в положении перед [и] и [е], где произносятся мягкие или полумягкие [ш] и [ж] в связи с наличием такой особенности в отдельных русских говорах: [ж'и]л, [ш'и]л, [ш'и]по́вник, путе[ш']е́ствие, [ш']есто́й, [ж'и]знь, тор[ж']е́ственный.

Примечание. Твердый [ш] обычно произносится также, несмотря на сочетание буквы *ш* с *ю* (*шю*), в нескольких словах иноязычного происхождения. Таковы слова *брошюра*, *парашют*, *парашютист*—бро[шу́]ра, пара[шу́]т, пара[шу]ти́ст (ср. с этим ныне устаревшее произношение бро[ш'·у́]ра, пара-[ш'·у́]т, пара[ш'у́]ти́ст). Однако в слове *пшют* и производных от него (*пшютоватый*, *пшютоватость*) произносится мягкий [ш]: [пш']ут. В слове *жюри* и сейчас предпочтительно произношение с мягким [ж]: [ж'у́]ри́. Так же произносятся имена *Жюльен*, *Жюль*.

§ 32. Качество [в]

Звук [в] в русском языке имеет губно-зубное образование. Это значит, что при произнесении этого звука нижняя губа артикулирует по отношению к верхним зубам, а именно приближается к ним, образуя узкую щель. Верхняя губа при образовании этого звука не принимает участия. Эта норма, лишь в отдельных случаях нарушаемая русскими, часто нарушается в русской речи нерусских — представителей тех народов, в языке которых представлен губно-губной [в] (например, в русской речи марийцев). Губно-губной (иначе — билабиальный) [в], образуемый путем приближения нижней губы к верхней, свойствен ряду языков, а также отдельным русским говорам. Если нужно приучиться к произношению губно-зубного [в], полезно при произнесении таких слов, как [в]ам, [в]ата, [в]оздух, [в]улкан, пра́[в]да, [в]дова́ и др., отодвигать рукой вперед и вверх верхнюю губу и таким образом по необходимости произносить звук [в] без участия верхней губы.

§ 33. Качество [л]

На месте буквы *л* перед буквами *а, о, у, ы,* а также перед согласными и на конце слова произносится звук [л] твердый. Твердость звука [л] объясняется тем, что при его образовании активно участвует задняя часть спинки языка: она приподнимается к мягкому нёбу и занимает такое приблизительно положение, при котором произносится гласный [о] или [у]. Так произносится [л], например, в словах ходи́[л]а, приш[л]а́, [л]а́мпа, [л]а́вка, [л]ом; [л]о́вкий, [л]о́шадь, хо[л]о́дный, [л]уг, [л]упи́ть, [л]у́жа; [л]ы́ко, [л]ы́сый, у[л]ы́бка; хо[л]ст, то́[л]сты, во[л]на́, шё[л]к, по[л]к, во[л]к; да[л], бы[л], сказа́[л], ма[л], сто[л], по[л], му[л].

Во многих русских говорах Севера, а также в некоторых других говорах на месте *л* перед буквами *а, о, у, ы* произносится звук, не такой твердый по акустическому впечатлению: более „мягкий", чем твердый [л] в слове [л]а́мпа при правильном произношении, и более „твердый", чем мягкий [л] в слове [л'·а́]мка. Такой звук [л] называется средним; он свойствен, например, французскому и немецкому языкам (обозначим средний [л] латинской буквой [1]): ходи́[l]а, да[1]а́, бы[l]а́, хо[l]о́дный, [l]у́жи, у[l]ы́бка, [l]ы́сый. Средний [л] отличается от твердого прежде всего пассивностью задней части спинки языка, которая бывает опущена или лишь незначительно поднята. Чтобы усвоить произношение твердого [л], раньше всего надо услышать различие между ним и своим средним [л]. Далее, произнося [л], надо стараться задней части спинки языка придать положение, близкое к тому, которое требуется для произношения гласного [у] или [о].

Произношение среднего [л] вместо твердого встречается в русской речи украинцев и особенно часто в русской речи других народов как Советского Союза, так и зарубежных.

В ряде русских говоров, главным образом севернорусских, на конце слова и перед согласными вместо твердого [л] произносится [у] неслоговой ([у̯]) или губно-губной [в] (обозначим его знаком [w]). Близкое к этому произношение часто встречается и в русской речи украинцев и белорусов: сказа́[у̯] или сказа́[w], да[у̯] или да[w], пришо́[у̯] или пришо́[w]; во[у̯]к или во[w]к, шо[у̯]к или шо[w]к, во[у̯]на́ или во[w]на́.

В индивидуальном произношении [у̯] или [w] вместо [л] встречается также перед гласными: [у̯]о́шадь или [w]о́шадь, [у̯]о́жка или [w]о́жка, [у̯]о́мит или [w]о́мит и т. д.

Чтобы научиться произносить вместо [у̯] или [w] звук [л], необходимо следить прежде всего за положением передней части спинки языка, примыкающей к его кончику: передняя часть спинки языка должна плотно прижиматься к верхним зубам; так произносится [л], в отличие от [у̯] или [w], при произношении которых передняя часть спинки языка удалена от верхних зубов. Если это требование будет выполнено, то произношение твердого [л] будет усвоено.

§ 34. Качество [р]

Образование русского [р] представляет иногда серьезные затруднения для нерусских. Поэтому необходимо коротко описать его артикуляцию. Русский [р] является звуком язычным. При его образовании кончик языка слегка приподнят и, загнутый к альвеолам, вибрирует, дрожит, то смыкаясь с альвеолами, то размыкаясь. При этом в разных положениях бывает неодинаковое число вибраций („раскатов"): в начале слова [р] имеет 1—2 вибрации, между гласными — одну и только на конце слова — обычно 3—4 вибрации.

Представители некоторых народов (например, марийцы, удмурты), имеющие в своем родном языке язычный [р] „раскатистый" (т. е. с бо́льшим числом раскатов), переносят такое образование [р] и в свое русское произношение. Это особенно бывает заметно в положении между гласными, где в русском языке обычно бывает одна вибрация (произносят как бы *горра́* вместо *гора́*). „Раскатистое" произношение [р] встречается и в речи русских на востоке и северо-востоке Европейской части СССР, а также в Сибири.

Имеется и другая трудность в произношении [р] для представителей некоторых народов. В отличие от русского языка, имеющего [р], при образовании которого вибрирует кончик языка, некоторым языкам (например, части французского) свойствен так называемый увулярный [р], т. е. такой, при образовании которого вибрирует задняя часть мягкого нёба с маленьким язычком (латин. uvula). Так образуется, между прочим, и [р] картавый, который встречается как индивидуальный недостаток русской речи.

Итак, для правильного образования русского [р] нужно, чтобы вибрировал кончик языка и чтобы число вибраций не превышало 3—4 на конце слова и 1—2 в других положениях.

§ 35. Согласный [j]

Для согласного [j] нет одной определенной буквы в русском алфавите. В начале слова, после букв гласных, а также после „разделительных" ь и ъ он обозначается буквами гласных *я, ю, ё, е*, которые в этих положениях в ударном слоге обозначают [j] с последующим одним из гласных [а], [у], [о], [е]. Ср. слова *яма, юг, ёлка, ехать, пьян, вьюга, льёт, пьеса, въехать, конъюнктура*, которые произносятся: [j·а́мъ], [j·у́к], [j·о́лкъ], [jе́хът'], [п'j·ан], [в'j·у́гъ], [л'j·от], [п'jе́съ], [в'jе́хът'], [кън'j·унктýръ]. Звук [j] произносится также перед [и]: воро[б'jи́], соло[в'jи́], [ч'jи] (*воробьи, соловьи, чьи*).

На конце слова и перед буквами согласных звук [j] обозначается буквой й (ср. *чай, пой, упакýй, лей, лéйка, войнá, вóйско*).

Звук [j] по своему образованию близок к гласному [и]. При образовании обоих этих звуков средняя часть спинки языка высоко поднимается к нёбу. Однако при образовании [j] она поднимается несколько выше, чем при [и]; щель между языком и твердым нёбом становится ýже, в связи с чем — энергичнее трение и сильнее шум. Звук [j] как согласный отличается от [и] как гласного также своим неслоговым употреблением. Описываемый звук [j] произносится перед ударным гласным. Примеры см. выше, а также: [j·а́къp'], [мʌj·а́к], [сълʌв'j·а́] (*якорь, маяк, соловья*); [j·ýжнъi̯], [пʌj·ý], [сълʌв'j·ý] (*южный, пою, соловью*); [j·о́мъi̯], [спʌj·о́м], [сълʌв·о́м] (*ёмкий, споём, соловьём*); [jест], [пʌjе́хъл'и], [ʌ-сълʌв·jе́] (*ест, поехали, о соловье*); [ч'j·а], [ч'j·у], [нʌ-ч'j·ом] (*чья, чью, на чьём*).

В положении перед безударным гласным в начале слова и после букв гласных вместо [j] произносится звук [i̯] („и неслоговой"). Звук [i̯] в своем образовании отличается от звука [j] несколько меньшим подъемом языка к нёбу, чем тот подъем, при котором произносится [j]. В связи с этим при произношении [i̯] щель между поднятой спинкой языка и нёбом несколько шире, чем при [j]; поэтому трение слабее, а шум почти не воспринимается на слух. Таким образом, при образовании [i̯] язык поднят в такой же степени, как при произнесении гласного [и]. Звук [i̯] отличается от [и] только своим неслоговым употреблением. Поэтому можно сказать, что [i̯] — гласный в роли согласного. При этом, как будет показано ниже, звук [i̯] в ряде положений замещает согласный [j], а нередко, кроме того, не разграничен в своем употреблении с [j]. Примеры с [i̯] в начале слова и после букв гласных: [i̯ю́п·и́т'əр], [i̯и^{е}сна́], [i̯и^{е}два́], [мо́·i̯·у], [зна́·i̯·у], [ум'е́i̯·у], [б'и^{е}ш'-ч'а́i̯ъ], [ш'-ч'а́i̯ъм], [пъi̯и^{е}с'н·ý], [уi̯и^{е}с'н'и́т'] (*юпитер, ясна́, едва́; мою, знаю, умею; без чая, с чаем, поясню, уяснить*).

В положении перед безударными гласными после согласного (на письме после „разделительного" ь) может произноситься как [i̯], так и [j], причем последний в отчетливой, чеканной речи. Ср. [бра́·т'i̯ъ], [бра́·т'i̯ъм], [кʌло́·с'i̯ъ], [кʌло́·с'i̯ъф] и [бра́·т'jъ], [бра́·т'jъм], [кʌло́·с'jъ], [кʌло́·с'jъф] (*братья, братьям, колосья, колосьев*).

В положении после гласного перед согласными произносится [i̯]: [ма́·i̯къ], [по́·i̯мъ], [бо́·i̯н'ъ], [вʌi̯на́] (*майка, пойма, бойня, война*). Тот же звук произносится на конце слова: [мо·i̯], [бо·i̯], [ма·i̯], [ч'а́i̯], [л'е́i̯], [с'е́i̯], [ду·i̯], [пл'ý i̯], [к'и́i̯] (*мой, бой, май, чай, лей, сей, дуй, плюй, кий*).

Следует отметить, что [j] и [i̯] не вполне разграничены в своем употреблении. Это объясняется тем, что в русском языке образование [j] не отличается энергичностью артикуляции, силой шума, образуемого от трения. Поэтому во многих случаях его трудно отграничить от [i̯]. Нередко наличие [j] или [i̯] связано с большей или меньшей отчетливостью произношения. В положении, где обычно выступает [j], при слабом, неэнергичном артикулировании может звучать и [i̯]: [узнʌi̯·у́], [i̯·а́снъ], при более обычных [узнʌj·у́], [j·а́снъ] (*узнаю, ясно*). Напротив, в аффектированной и эмоциональной речи при особенно энергичном артикулировании вместо обычного в данном положении [i̯] может произноситься и [j]: [зна́·j·у], [кра́·jъ], [к-слра́·jъм], при более обычных [зна́·i̯·у], [кра́·i̯ъ], [к-слра́·i̯ъм].

Характерной особенностью звука [j] является не только его ослабление в [i̯], но также его факультативность, необязательность, возможность его опускания в некоторых положениях, в некоторых словах или группах слов: имеются положения, в которых слово может произноситься со звуком [j] ([i̯]) или без него. Таково положение перед гласным [и] после гласного, в особенности перед безударным [и]. Понятно, почему именно перед [и] звук [j] ([i̯]) может быть факультативным: ведь [j] — [i̯] и [и] сходны в том отношении, что они образуются при помощи поднятия средней части спинки языка к твердому нёбу, причем [i̯] и [и] не отличаются степенью поднятия языка. Поэтому ясно, что [j] перед [и] может достаточно ясно ощущаться только в том случае, если он образуется при заметно более высоком подъеме языка, чем [и], с достаточно заметным шумом, получаемым от трения. Понятно также, почему особенно часто бывает факультативным произношение этого звука перед безударным [и]: ведь перед безударным [и], как и перед другими безударными гласными, произносится не [j], а [i̯], образование которого ничем не отличается от образования [и]; в связи с этим ощутимость звука [i̯] перед [и], его акустическая выразительность в этом положении практически равна нулю.

О произношении [j] перед предударными гласными см. § 19, п. 2, примечание.

Сочетание гласного с гласным [и] как вторым компонентом встречается главным образом на стыке с окончанием. Не на стыке с окончанием можно привести лишь отдельные примеры типа [сто́ик], [во́ин], [пли́мкъ], [длсто́ин] (*поимка, достоин*).

Обычно без [j] или [i̯] произносятся формы множ. ч. притяжательных местоимений *мой, твой, свой*: [мли́], [твли́], [свли́], [мли́х], [твли́х], [свли́х]; [мли́м], [твли́м], [свли́м]. Также без [j] или [i̯] могут произноситься формы типа *бой, слой, валуй, рой* ([бли́], [слли́], [вълуй], [рли́]), в особенности при безударности конечного [и]: *забои, перебои, покои, левкои, герои, покрои, лентяи, буржуи, сараи, злодеи* ([злбо́·и], [п’әр’иебо́·и], [плко́·и], [л’иефко́·и], [г’иеро́·и], [плкро́·и], [л’иен’т’ӓи], [буржу́·и], [слра́·и], [злдё́и].

Возможность произношения всех этих случаев также и со звуком [j] или [i̯] поддерживается наличием этого звука в других формах тех же слов, в положении перед другими гласными. Ср. [твли́], но [твлj·а́], [твлj·у́], [ф-твлj·о́м], [ф-твлjéi̯]; [бли́], но [бо́·i̯ъ], [г-бо́·i̯у], [блj·óф], [блjäм'и] и т. д. Обычное произношение притяжательных местоимений во множ. ч. без [j] или [i̯] (*мои, моих* и др.), которое можно считать нормальным для современного литературного языка, видимо, объясняется особой ролью этих местоимений во фразе, их слабой ударяемостью во многих случаях и даже нередким безударным употреблением. Ср.: *мой сёстры уéхали* (два нормальных словесных ударения на *сёстры* и *уехали*; слово *мои* слабоударяемое); *сёстры мои уéхали* (два нормальных словесных ударения на тех же словах, а местоимение *мои* безударно).

В инфинитиве и личных формах глаголов типа *кройть, дойть, пойть, гнойть, струйть, утайть* и типа *стройть, успокойть, утройть, удвойть, удостойть, клéить, задрáить* (с безударным [и]) перед [и] звук [j] или [i̯] не произносится: [крл́ит'], [крл́иш], [крл́ит], [крл́им], [крл́ит'ə]; [дл́ит'], [пл́иш], [гнл́ит], [струйт], [утл́ит'ə]; [стро́ит'], [успл̇ко́·иш], [удво́·им], [удл̇сто́·ит], [кл'е́им], [зл̇дра́·ит'ə]. Звук [j] или [i̯] не произносится также в личных окончаниях перед [и] в глаголах типа *стоять, бояться, состязаться:* [стл́иш], [стл́ит], [стл́им], [стл́ит'ə]; [бл́ишсъ], [състл́и͡тцъ] и т. д. Звука [j] или [i̯] нет также в образованиях типа *воитель, строитель:* [вл́ит'əл'], [стрл́ит'əл'].

В соответствии со старыми московскими нормами звук [j] произносился перед ударным [и] в начале слова: в формах *их, им, ими* — [jих], [jим], [jи́м'и]. В настоящее время такое произношение устарело и приобрело просторечную окраску. Современное произношение соответствует написанию: [их], [им], [и́м'и]. После твердого согласного предшествующего слова при слитном произношении в этих случаях по общему правилу (см. § 44) вместо [и] произносится [ы]: [в-ых до́·м'ə], [да́л-ым]. Ср. с этим старое произношение [в'-jих до́·м'ə], [да́л-jим], приобретшее просторечную окраску.

Имеются данные, свидетельствующие о возможном отсутствии [j] — [i̯] перед безударным [ə] в начале слова (на месте буквы *е* или *я*), в особенности во 2-м или 3-м предударных слогах, в беглом произношении просторечного типа: [иво́], [иш':·о́], [изыка́], [ирусл̇л'и́м] (*Ерусалим*), [ирл̇сла́вл'] (*Ярославль*), [ил'истра́тъф] (*Елистратов* — фамилия), при нормальном [i̯иᵉво́], [i̯иᵉш':·о́], [i̯əзыка́], [i̯əрусл̇л'и́м], [i̯əрл̇сла́вл'], [i̯əл'истра́тъф]. На возможность произношения с начальным [и] (без [j]) указывает просторечное же произношение этих форм после твердого согласного предыдущего слова с [ы]: [в-ыво́ до́·м'ə], [в-ырл̇сла́вл'ə]. См. также § 19, п. 2.

Очень ослабленно произносится звук [j] — [i̯] в положении после группы согласных перед заударным гласным (это случаи, где пишется „разделительный" *ь*). Имеются в виду такие случаи, как *казнью, жизнью, рознью, боязнью, зернью, чернью, костью, властью, мастью, честью* и т. д., которые в отчетливом произношении звучат: [ка́·з·н'i̯·у], [жы́·з·н'i̯·у], [ро́·з·н'i̯·у], [блjа́з·н'i̯·у], [з'е́р'н'i̯·у], [ч'е́р'н'i̯·у], [ко́·с·т'i̯·у], [вла́·с·т'i̯·у], [ма́·с·т'i̯·у], [ч'е́с·т'i̯·у] и т. д. Во многих из этих случаев заударный, в целом ослабленный (редуцированный) слог имеет перед [i̯] даже не один, а два согласных звука (ср. слогоделение [ка́·|з'н'i̯·у], [ма́·|с'т'i̯·у]); таким образом, в одном слоге оказывается сочетание из двух или трех неслоговых звуков с последующим гласным [у]. Это, конечно, способствует ослаблению [i̯]. К этому следует добавить, что гласный [у] после мягких согласных имеет [и]-образный приступ, произносится как бы [ⁱу] (какое-нибудь *нюхать* произносится приблизительно так: [н'ⁱу́хъm'], см. § 11). В связи со всем сказанным [и]-образный приступ и ослабленный [i̯] оказываются мало различимыми, а в беглой речи могут и совпадать, в особенности если конечный слог слова является не непосредственно заударным, т. е. в случаях типа *областью, певучестью, удачливостью, застенчивостью* и т. д. Конечные слоги в словах *певучестью* и *гостю* практически не отличаются друг от друга: [п'и ᵉву́·ч'ə̯с'т'·у] [1], [го́·с'т'·у] (конечный слог в обоих случаях произносится приблизительно так: [с'т'ⁱу]).

Звук [i̯] практически может отсутствовать в падежных формах прилагательных типа *извозчичий, беличий, заячий, помещичий, полковничий, разбойничий*, т. е. в формах типа *извозчичьего, в беличьей, в заячьем, птичьего, к помещичьему, в разбойничьих* и т. д., после мягкого согласного [ч'] перед редуцированным [ə] или [и]. Обычным является произношение [изво́·ш':ич'əвъ], [в-б'е́л'ич'ьi̯], [в-за́·i̯ч'əм], [пт'и́ч'əвъ], [к-плм'е́ш':ич'əму], [в-рлзбо́·i̯н'ич'их] и т. д. Только в очень отчетливом произношении некоторых слов звучит [i̯]: [в-б'е́л'ич'i̯əi̯], [рлзбо́·i̯н'ич'i̯их] и т. д. Ослабление и утрата [i̯] возможны у прилагательных на *-ий, -ья, -ье* также и после других согласных: ср. [лл'е́н'əвъ], [т'ўл'е́н'əвъ] при [лл'е́н'i̯əвъ], [т'ўл'е́н'i̯əвъ] в отчетливом произношении. Перед гласным [у] в вин. пад. ед. ч. у этих прилагательных [i̯] обычно сохраняется: [в-б'е́л'ич'i̯·у], [в-рлзбо́·i̯н'ич'i̯·у].

Очень ослабленное произношение звука [i̯], а в беглой речи и отсутствие его наблюдается между заударными гласными, из которых конечный гласный является грамматическим окончанием. Особенно типичны тут существительные на *-ие, -ия, -ий* в разных падежах: ср. [ус'и́л'иə] — в отчетливом произношении [ус'и́л'иi̯ə] или [ус'и́л'иi̯ъ] (*усилие*); [из'д'е́л'иъ] — в отчетливой речи [из'д'е́л'иi̯ъ] (*изделия*), [г-зда́·н'иъм] — в отчетливой речи [г-зда́·н'иi̯ъм] (*к зданиям*), [длв'е́р'иу] — в отчетливой речи [длв'е́р'иi̯у] — (*доверию*), [пла́въn'иə], [пла́въn'иъ], [пла́въn'иу] — в отчетливой речи [пла́въn'иi̯ə] или [пла́въn'иi̯ъ], [пла́въn'иi̯·у] (*плавание*); [пр'е́м'иъ], [с-пр'е́м'иəi̯], [пр'е́м'иу] — в отчетливой речи [пр'е́м'иi̯ъ], [с-пр'е́м'иi̯əi̯], [пр'е́м'иi̯у] (*премия*); [сту́·д'иъ], [сту́·д'иəi̯], [сту́·д'иу], в отчетливой речи [сту́·д'иi̯ъ], [сту́·д'иi̯əi̯], [сту́·д'иi̯·у] (*студия*); [млт'е́р'иъ], [с-млт'е́р'иəi̯], [млт'е́р'иу] — в отчетливой речи [млт'е́р'иi̯ъ], [с-млт'е́р'иi̯əi̯], [млт'е́р'иi̯у] (*материя*); [ра́·д'иъ], [ра́·д'иу], [с-ра́·д'иəм] — в отчетливом произношении [ра́·д'иi̯ъ], [ра́·д'иi̯·у],

---

[1] Знаком ⁀ мы здесь отметили утрату голоса гласным, чтобы подчеркнуть ослабленность заударных слогов слова.

[с-ра́·д'иі̯әм] или [с-ра́·д'иі̯ъм] (*радий*). Ослабление звука [і̯] и его возможная утрата в этих и подобных случаях связаны с его нахождением в составе ослабленного (редуцированного) заударного слога. В связи с этим образование [і̯] становится особенно вялым, неэнергичным, характеризующимся недостаточно высоким подъемом языка, не [и]-обра́зной, а, в сущности, [е]-обра́зной артикуляцией (в этих случаях, скорее, произносится не [и] неслоговое, а [е] неслоговое), которая представляет переходную артикуляцию от предшествующего [и] к следующему гласному и акустически маловыразительна. Важное значение имеет также качество следующего гласного: чем ближе последний к [и], тем скорее перед ним [і̯] не произносится. Напротив, перед гласным, далеким от [и], например перед [у], звук [і̯] чаще сохраняется. Ср. [ко́·і̯къ] — [ко́·эк], [дво́·эк], [ч'а́эк], [л'ин'е́эк], [склм'е́эк] (следует помнить, что знаком [э] обозначается редуцированный, неэнергично артикулируемый гласный переднего образования, очень близкий к [и]), но [зна́·і̯·у], [к-ма́·і̯·у], [к ч'а́і̯·у].

ЗВОНКИЕ И ГЛУХИЕ СОГЛАСНЫЕ

§ 36. Звонкие согласные на конце слова

1. На месте звонких согласных на конце слова произносятся соответствующие глухие. Таким образом, на месте букв *б, в, г, д, ж, з* на конце слова соответственно произносится [п], [ф], [к], [т], [ш], [с]. В связи с этим такие пары слов, как *плод* и *плот, молод* и *молот, глаз* и *глас, труб* (род. пад. множ. ч.) и *труп, луг* и *лук, стог* и *сток, порог* и *порок, проезд* и *проест, груздь* и *грусть, серб* и *серп*, произносятся одинаково с глухим согласным на конце: пло[т], мо́ло[т], гла[с], тру[п[, лу[к], сто[к], поро́[к], прое́[ст], гру[с'т'], сер[п].

Примеры с глухими согласными в произношении на месте звонких на конце слова:

на месте *б* — хле[п], бо[п], сру[п], гро[п], клу[п], ду[п], ко́ро[п], Гле[п], по́гре[п], озно́[п], спо́со[п], микро́[п], гри[п], уха́[п], гардеро́[п]; гер[п], гор[п], ям[п], тром[п], стол[п], гру[п], сла[п]; озя́[п], трущо́[п], глы[п], шу[п], ры[п], тум[п], вер[п] (род. пад. множ. ч.); дро[п'], го́лу[п'], зы[п'], ря[п'], про́ру[п'], вглу[п'];

на месте *д* — скла[т], а[т], мё[т], сле[т], пара́[т], са[т], поса́[т], отря́[т], ря[т], вхо[т], го́ро[т], вы́па[т], наро́[т], вре[т], уро́[т], докла́[т], ра[т], гор[т], лор[т], аванга́р[т], наза́[т], вперё[т]; бесе́[т], подво́[т], поро́[т], коло́[т], я́го[т], мор[т] (род. пад. множ. ч.); медве́[т'], ло́ша[т'], лебе́[т'], ме[т'] (*медь*), пря[т'] (*прядь*), о́чере[т'], пло́ща[т'], и́згоро[т'], жер[т'] (*жердь*), ся[т'] (*сядь*);

на месте *ж* — му[ш], сто́ро[ш], но[ш], гара́[ш], бага́[ш], экипа́[ш], фура́[ш], мане́[ш], тира́[ш], чертё[ш], пля[ш] (*пляж*), стри[ш] (*стриж*), чи[ш] (*чиж*), ё[ш] (*ёж*), мор[ш] (*морж*); лу[ш], ко[ш], кра[ш], покла[ш], пропа́[ш], неве́[ш] (род. пад. множ. ч. от *лужа, кожа, кража, поклажа, пропажа, невежа*); ро[ш] *(рожь)*, ло[ш] *(ложь)*, бла[ш] *(блажь)*, дро[ш] *(дрожь)*, молодё[ш], отре́[ш] *(отрежь)*, нама́[ш] *(намажь)*;

на месте *з* — моро́[с], гру[с], лаба́[с], во[с], ту[с], сою[с], нака́[с], та[с] *(таз)*, гла[с] *(глаз)*, курьё[с], си́нте[с], разре́[с], эски́[с], обо́[с], совхо́[с], арбу́[с]; слё[с], ба[с], ко[с], ро[с], фра[с], грё[с], гипо́те[с], му[с] (род. пад. множ. ч. от *слеза, база, коза, роза, фраза, грёза, гипотеза, муза*); сле[с], завя́[с], загры́[с], сле[с'] *(слезь)*, гря[с'] *(грязь)*, бя[с'] *(бязь)*, кня[с'] *(князь)*, свя[с'], вро[с'], скво[с'], бли[с'].

Особое внимание следует уделить тому, чтобы на месте *г* и *в* на конце слова произносили [к] и [ф] (подробнее об этом см. ниже, п. 2 и 3):

на месте *г*: сне[к], пиро́[к], сапо́[к];
на месте *в*: уло́[ф], здоро́[ф], клю[ф].

При наличии на конце слова двух звонких согласных оглушаются оба согласных звука: по́е[ст] *(поезд)*, дро[ст] *(дрозд)*, звё[ст] *(звёзд)*, боро́[ст] *(борозд)*, гора́[ст] *(горазд)*, дря[ск] *(дрязг)*, ля[ск] *(лязг)*, ви[ск] *(визг)*, мо[ск] *(мозг)*, гво[с'т'] *(гвоздь)*, гро[с'т'] *(гроздь)*, гру[с'т'] *(груздь)*, и[сп] *(изб)*, наде́[шт] *(надежд)*, неве́[шт] *(невежд)*, оде́[шт] *(одежд)*, ну[шт] *(нужд)*, тя[шп] *(тяжб)*, слу[шп] *(служб)*, во[шт'] *(вождь)*.

П р и м е ч а н и е. Конец слова *дождь* в современном русском языке произносится неодинаково. Это связано с тем, какой звук произносят в этом слове на месте сочетания *жд* перед гласными. В соответствии со старыми московскими нормами на конце этого слова произносится [ш':]: до[ш':], ср. перед гласным: до[ж':а́]; при наличии перед гласным [ж'д'ж'] на конце слова при оглушении произносят до[ш'ч']; наконец, при наличии перед гласным сочетания [жд] (т. е. при укреплении в этом слове буквенного произношения) на конце слова при оглушении соответственно произносится [шт']: до[шт']. О произношении этого слова см. также ниже, § 62.

При наличии в конце слова перед звонким согласным одного из согласных [р] или [л] эти согласные, как и конечный звонкий, оглушаются (полностью или частично). Согласные [р] и [л] в этом положении обычно произносятся так же, как и перед соответствующим глухим, т. е. становятся глухими или полуглухими. Ср. *серб* и *серп*: [с'ерп]; *корд* и *корт*: [корт]; *столб* и *столп*: [столп] (знак ⌢ под буквой р͡ или л͡ обозначает глухость или полуглухость [р] или [л]).

Примеры: ска[рп] *(скарб)*, го[рп] *(горб)*, ге[рп] *(герб)*; акко́[рт], ломба́[рт], аванга́[рт], миллиа́[рт], го[рт] *(горд)*; тра́в̑е[р̑с]; ка́ве[р̑с], му[р̑с] (род. пад. множ. ч. от *каверза, мурза*); мо[р̑к] *(морг)*, то[р̑к], хиру́[р̑к], четве́[р̑к], и́зве[р̑к], восто́[р̑к], комсо́[р̑к], ко[рш] *(корж)*, мо[рш] *(морж)*, сто[л̑п] *(столб)*, до[л̑к] *(долг)*, по[л̑с] *(полз)*.

Ср. глухие и полуглухие [р] и [л] перед конечным глухим согласным: спи[р̑т], бо[рт], по[рт], мо[рс], во[рс], то[рс], ку[рс], пи[рс]; па[р̑к], фа[рш]; по[л̑к], шё[л̑к], то[л̑к], бо[л̑т].

При изложении правила о произношении глухих согласных на конце слова на месте звонких особо следует выделить случаи с *г* и *в*. Это объясняется тем, что по отношению к этим звукам особенно часто отмечается нарушение норм литературного языка под влиянием родного диалекта или языка говорящего. Разберем случаи с *г* и *в* раздельно.

2. На месте *г* на конце слова, как уже было указано выше, в русском литературном языке произносится [к]: сне[к], плу[к], ша[к], пиро[к], сапо[к], бере[к], сло[к], ро[к], дру[к], фла[к], вра[к], овра́[к], рыча́[к], набе[к], шлан[к], флан[к], подло[к], биоло[к], поро[к], вокру[к], вдру[к], доро[к] (род. пад. множ. ч. от *дорога*), продро[к], помо[к] (от *помогу*), лё[к], ля[к], сберё[к], стерё[к], остри[к], зап[р'·о́к] (*запряг*), де́не[к] (от *деньги*); ду[к], но[к] (род. пад. множ. ч. от *дуга, нога*).

Представители южнорусских говоров, имея вообще [г] фрикативный, (т. е. [γ]), на конце слова при оглушении на его месте произносят звук [х]: пиро́[х], сапо́[х], сне[х], дру[х]. Нередко, даже усвоив основные нормы литературного произношения, в частности, усвоив взрывное образование [г] перед гласными, они все же на конце слова упорно продолжают произносить [х] вместо принятого в литературном языке [к], т. е. правильно произносят: [г]усь, [г]о́род, сапо[г]а́, пиро[г]а́, дру́[г]а, при неправильном сапо́[х], пиро́[х], дру[х], де́не[х] и т. д. Произношение [х] на месте *г* на конце слова, в особенности в отдельных словах, например в слове ша[х], встречается и в некоторых севернорусских говорах.

Звук [х] на месте *г* на конце слова в литературном языке произносится лишь в одном слове *бог*: бо[х]. Это объясняется тем, что в этом слове, церковном по своему значению, с давних пор в литературном языке установилось произношение фрикативного [г]: бо[γ]а, бо[γ]у. Лишь в последнее время звук [γ] в этом слове уступил звуку [г]: бо́[г]а, бо́[г]у. Однако взрывное [г] появилось в этом слове лишь перед гласным; на конце слова по старой норме продолжают и теперь произносить [х].

Звук [х] на месте *г* на конце слова может произноситься также в род. пад. множ. ч. от слова *благо*: бла[х]. Это также связано с тем, что в соответствии со старыми нормами литературного языка в этом слове, как церковном по происхождению, мог произноситься фрикативный [г], т. е. [γ]. Однако нормой для современного литературного языка уже является произношение бла[к].

О произношении слов *бог* и *благо* см. выше, § 28, а.

Ввиду всего сказанного произношение согласного на месте *г* на конце слова требует особого к себе внимания.

3. На месте буквы *в* на конце слова, как уже было указано выше, в русском литературном языке произносится [ф]: ро[ф], кро[ф], бо́ро[ф], клю[ф], поры́[ф], ло[ф], но́ро[ф], нра[ф], зали́[ф], проли́[ф], ле[ф], бура́[ф], соста́[ф], вы́зо[ф], о́стро[ф], не[рф], резе́[рф], здоро́[ф], трусли́[ф], счастли́[ф], спеси́[ф], болтли́[ф], дове́рчи[ф], насто́йчи[ф], он пра[ф]; сло[ф], сли[ф], тра[ф], брит[ф],

поч[ф], коро́[ф], дро[ф], столо́[ф], домо́[ф], плодо́[ф], пирого́[ф], краё[ф] (род. пад. множ. ч.); узна́[ф], приня́[ф], призна́[ф], уви́де[ф], сказа́[ф], наре́за[ф], поду́ма[ф]; кро[ф'] (*кровь*), любо́[ф'] бро[ф'] (*бровь*), морко́[ф'], це́рко[ф'], че[р'ф'] (*червь*), ве[т'ф'] (*ветвь*), о́бу[ф'] (*обувь*), я[ф'] (*явь*), вно[ф'] (*вновь*), вкри[ф'] (*вкривь*), впла[ф'] (*вплавь*), пра[ф'] (*правь*), ста[ф'] (*ставь*), не дыря́[ф'], не шепеля́[ф'], не слюня́[ф'], уба́[ф'] (*убавь*), оста́[ф'] (*оставь*), пригото́[ф'], напра́[ф'].

Эта норма нарушается представителями ряда говоров (чаще южнорусских), а также украинцами или белорусами, произносящими вместо [ф] в этом положении [у] неслоговой ([у̯]) или губно-губной (иначе — билабиальный) [в], т. е. [w]: здоро́[у̯] или здоро́[w], нары́[у̯] или нары́[w], коро́[у̯] или коро́[w], столо́[у̯] или столо́[w]. Следует твердо помнить, что на месте *в* на конце слова должен произноситься глухой согласный, и притом губно-зубной, а не губно-губной, т. е. нижняя губа должна приближаться к верхним зубам, а не к верхней губе; иными словами, верхняя губа не должна принимать участия в образовании этого звука.

4. Вместо звонкого согласного на конце слова произносится соответствующий глухой не только тогда, когда конец слова является в то же время концом фразы или части фразы, отделенной от следующей части паузой, но во многих случаях также и при слитном произношении данного слова с последующим, т. е. при отсутствии между ними паузы [1]. При этом глухой согласный вместо звонкого в конце данного слова обычно произносится не только перед глухим согласным следующего слова (например, хле́[п-х]оро́ший), но и в тех случаях, когда следующее слово начинается с гласного звука или одного из сонорных согласных — [р], [л], [м], [н], [j] ([i̯]), а также [в].

Перед гласными: медве́[т'-у]би́т; скла́[т-л]ткры́т; го́ро[т-а́]страхань; ло́ша[т'-л]пя́ть останови́лась; по́гре[п-л]пя́ть оста́вили откры́тым; гри[п-э́]тот хоро́ший; озя́[п-о́]чень; го́лу[п'-у]лете́л; пиро́[к-у]да́лся; бе́ре[к-л]пя́ть показа́лся; де́не[к-у]-меня́ нет; продро́[к-о]н о́чень; не мо́[к-о]н зайти́; стерё[к-л]ндре́й ста́до; опя́ть моро́[с-у]да́рил; зале́[с-л]пя́ть на кры́шу; гря́[с'-у]жа́сная; гру́[с-л]тпра́вили; лаба́[с-л]ткры́т; сле́[с'-л]тту́да; ро́[ш-у]роди́лась; сто́ро[ш-у]шёл, отре́[ш-л]ндре́ю хле́ба; бла́[ш-э́]ту брось; гара́[ш-л]ткры́т; дро́[ф-л]пя́ть навезли́; уло́[ф-о́]чень большо́й; сло́[ф-е́]тих я не зна́ю; на гря́дке морко́[ф'-л]дна́; коро́[ф-у]на́с мно́го; уви́де[ф-а́]нну; кро́[ф'-и]дёт.

Примеры на сочетания согласных в конце слова: звё[ст-е́]тих; пое́[ст-л]пя́ть опозда́л; дро́[ст-у]лете́л.

Перед сонорными: [р] — сне́[к-р]аста́ял; медве́[т'-р]ычи́т; клу́[п-р]або́тает; морко́[ф'-р]асте́т; наре́[ш-р]ы́бу; завхо́[с-р]азреши́л; [л] — дру́[к-л']юби́мый; до́ро[к-л'и] хлеб; отря́[т-л]ы́жников; не озя́[п-л'и];

---

[1] Сказанное не относится к односложным предлогам, оканчивающимся на согласный: *под, над, об, из* и др.

го́лу[п'-л']ети́т; здоро́[ф-л'и] ты; кро[ф'-л'jо́]тся; не загры́[с-л'и] волк, расска́[с-л']еско́ва; наре́[ш-л']имо́н; [м] — де́не[к-м]а́ло; скла́[т-м]ашйн; дро́[ф-м]а́ло; хле[п-м]оло́тят; ро[ш-м]оло́тят; приве́[с-м]ы́ло; нама́[ш-м]а́слом; [н] — лё[к-н]а́взничь, де́не[к-н']е на́до; доро́[к-н']ет; вперё[т-н]а́до; нары́[ф-н]а ноге́; гри[п-н]ашли́; но́[ш-н]а столе́.

Перед [j] ([i̯]): сло́[ф-j·а] не расслы́шал; дро́[ф-j·а] наруби́л мно́го; лё[к-j·а́]ша спать; озя́[п-j·а] что́-то; расска́[с-jи^e]го мне понра́вился; ро́[ш-i̯ə]рова́я давно́ поспе́ла.

Перед [в]: ду́[п-в]ы́рос; сру́[п-в]ы́везли; стерё[к-в]ам ста́до, дру́[к-в]аш; пара́[т-в]о́йск; ро́[ш-в]ысо́кая; не ле́[с'-в]ого́нь, вле́[с-в] окно́.

При стечении на стыке слов двух [в] первый из них обычно оглушается, и вместо него произносится [ф]: здоро́[ф-в]аш сын? ро́[ф-в]ы́копали; домо́[ф-в]ы́строили мно́го; любо́[ф'-в']е́ры; сло́[ф-в]а́ших я не слыха́л.

Примеры на сочетания согласных в конце слова: наде́[шт-н]а́ших не оправда́л; и́[сп-в]а́ших не ви́дел; ля́[ск-м]ашйн; гро́[с'т'-в'и]ногра́да.

5. Предлоги *близ* (произносится бли[с']), *сквозь, против, напротив, вокруг,* а также частицы *ведь, уж* произносятся с глухими согласными на конце не только перед глухими согласными следующего слова, но также и перед гласными, сонорными согласными [р], [л], [м], [н], [j], ([i̯]) и, кроме того, перед [в]. Таким образом, произносится не только бли[с'-с']ела́; напроти[ф-ш]ко́лы; вокру́[к-п]руда́; ве[т'-т]а́м он; у[ш-т]ы́ сде́лай это́, но также бли[с'-о́·]зера; проти[ф-о́]кон; напроти[ф-у́]лицы; вокру́[к-о́]зера; ве[т'-о́]н уже́ прие́хал; у[ш-л]ни́-то зна́ют, что де́лать; бли[с'-р']ски; скво[с'-л']е́с; проти[ф-л]а́вки; проти[ф-м]оего́ до́ма; вокру́[к-н]а́шей шко́лы; ве[т'-м]ы не зна́ли э́того; бли[с'-в]оды́; у[ш-н']е вы́ ли это сде́лали? вокру́[к-j·о́]лки; ве[т'-j·а́] это зна́ю; у[ш-j·а́]-то это сде́лаю и т. д.

6. Особо следует отметить произношение имен и отчеств в тех случаях, когда имя кончается звонким согласным: на месте звонкого согласного произносится глухой не только перед глухим согласным, с которого начинается отчество, но также и перед гласным, сонорным согласным — [р], [л], [м], [н], [j], ([i̯]), а также перед [в]. Примеры:

глухой согласный перед глухим — Гле́[п]-Серге́евич, Ле́[ф]-Петро́вич, Оле́[к]-Константи́нович;

глухой согласный перед гласным — Гле́[п-ы]ва́нович, Ле́[ф]-Анто́нович, Любо́[ф']-Алексе́евна, Про́[ф-ы]ва́нович, Оле́[к]-Алекса́ндрович, Леони́[т-ы]ва́нович;

глухой согласный перед сонорными и [в] — Гле́[п]-Миро́нович, Ле́[ф]-Миха́йлович, Оле́[к]-Рома́нович, Леони́[т]-Ла́заревич, Любо́[ф']-Никитична.

Леони́[т-jу́]рьевич, Любо́[ф'-j·а́]ковлевна, Гле́[п]-Васи́льевич, Оле́[к]-Влади́мирович, Леони́[т]-Вита́льевич.

При сочетании двух [в] (на конце имени и в начале отчества) на месте первого [в] произносится [ф]: Ле́[ф]-Влади́мирович, Про́[ф]-Васи́льевич, Любо́[ф']-Васи́льевна. Так же произносятся имена с фамилиями: Гле́[п]-Успе́нский, Леони́[т]-Андре́ев.

§ 37. Звонкие и глухие согласные перед согласными

1. На месте букв звонких согласных *(б, д, ж, з, в, г)* перед глухими произносятся соответствующие глухие согласные ([п], [т], [ш], [с], [ф], [к]):

на месте *б* — тру́[п]ка, ско́[п]ка, голу́[п]ка, улы́[п]ка, гре[п]ца́, зу[п]ца́, жере[п]ца́, хле́[п]ца, зя́[п]кий, ро́[п]кий, ги́[п]кий, зы́[п]кий, озя́[п]ший, грё[п]ший, зу[п]ча́тый, гу́[п]чатый, тру́[п]чатый, о[п]теса́ть, о[п]суди́ть, о[п]корна́ть;

на месте *д* — ло́[т]ка, скла́[т]ка, ка́[т]ка, ре́[т]кий, жи́[т]кий, хо́[т]кий, га́[т]кий, сла́[т]кий, на́[т]пись, на[т]куси́ть, по[т]писа́ть; по[т]ши́ть, па́[т]ший; сво́[т]чатый, скла́[т]чина; последние слова точнее произносятся сво́[ᵀч']атый, скла́[ᵀч']ина;

на месте *ж* — кни́[ш]ка, бума́[ш]ка, ло́[ш]ка, ро́[ш]ки да но́[ш]ки, босоно́[ш]ка, стри́[ш]ка, сторо́[ш]ка, утю́[ш]ка, заде́[рш]ка, нама́[ш]те *(намажьте)*, ре́[ш]те *(режьте)*;

на месте *з* — перево́[с]ка, ска́[с]ка, сма́[с]ка, блу́[с]ка, гла́[с]ки, ни́[с]кий, у́[с]кий, ре́[с]кий, бли́[с]кий, вя́[с]кий, ме́[рс]кий, де́[рс]кий, ско́ль[с]кий, распо́[лссъ] *(расползся)*, гры́[ссъ] *(грызся)*, ле́[с']те *(лезьте)*, ле[с'т'] *(лезть)*, гры[с'т'] *(грызть)*;

на месте *в* — тра́[ф]ка, ла́[ф]ка, коро́[ф]ка, кана́[ф]ка, да́[ф]ка, сноро́[ф]ка, зави́[ф]ка, пу́го[ф]ка, упако́[ф]ка, пла́[ф]кий, ло́[ф]кий, ко́[ф]кий, о[ф]ца́, о[ф]са́, пло[ф]ца́, ло[ф]ца́, пла́[ф]ки, да́[ф]ший, за́[ф]тра, [ф]чера́, [ф]торо́й, [ф]кус, [ф]толкну́ть, [ф]писа́ть, [ф]перёд;

на месте *г* — разлё[к]ся, остри́[к]ся, берё[к]ся, берё[к]ший, остри́[к]ший, стерё[к]ший.

Отклонения от описанной нормы чаще всего наблюдаются для двух последних случаев: для [в] и [г] перед глухими согласными. Однако примеров на [г] в середине слов перед глухими согласными в русском языке очень мало (надо следить, чтобы не произносили остри́[х]ся, сберё[х]ший вместо остри́[к]ся, сберё[к]ший). В противоположность этому примеров на [в] в этом положении очень много. Поэтому произношению согласного на месте буквы *в* перед глухим согласным должно быть уделено особое внимание.

По говорам на месте буквы *в* в этом положении произносится [у] неслоговой ([ў]) или губно-губной (билабиальный) ([w]); тра́[ў]ка или тра́[w]ка, ла́[ў]ка или ла́[w]ка, кана́[ў]ка или кана́[w]ка, попра́[ў]ка или попра́[w]ка. Такое произношение свойственно часто также русской речи украинцев и белорусов, так как оно характерно для украинского и белорусского языков. Поэтому здесь (как и выше, см. § 36, п. 3) необходимо следить, чтобы произносился глухой согласный, и притом губно-зубной, т. е. такой, при произношении которого верхняя губа не принимает участия и который образуется путем приближения нижней губы к верхним зубам.

Следует отметить, что в русском языке часто встречается *в* в начале слова перед согласным. В этих случаях по общему правилу на месте *в* перед глухим согласным произносится звук [ф], а перед остальными согласными — [в]: ср. [ф]се, [ф]сегó, [ф]торóй, [ф]схóдит, [ф]скипи́т, но [в]зять, [в]мéсте, [в]нук, [в]довá. Так же произнóсится предлог *в* в сочетании со следующим словом: [ф]-шкóле, [ф]-кармáне, но [в]-дóме, [в]-мóре, [в]-рекé.

Нужно поправлять как неправильное встречающееся по говорам произношение на месте буквы *в* в начале слова перед согласным звука [у] или близкого к нему: [у]сё, [у]сегó, [у]схóдит, [у]скипи́т, [у]-шкóле, а также [у]зя́ть, [у]мéсте, [у]нýк, [у]довá, [у]-дóме. Близкое к этому произношение характерно также для русской речи украинцев и белорусов.

2. На месте букв глухих согласных перед звонкими (кроме *в*) произносятся соответствующие звонкие.

Примеры: прó[з']ба, ко[з']ба, [з']дéлал, [з]горéл, [з']бéгал, [з]-горы́, моло[д']бá, о[д]гадáть, о[д]бежáть, о[д]-брáта, [г]-женé, тá[г]же; во[г]зáл, э[г]зáмен, ане[г]дóт, па[г]гáуз, фу[д]бóл.

ТВЕРДЫЕ И МЯГКИЕ СОГЛАСНЫЕ

§ 38. Общие замечания

Одной из самых характерных особенностей звуковой системы русского языка является различение твердых и мягких согласных. Бо́льшая часть согласных употребляется в русском языке как в твердом, так и в мягком виде. В речи русских эта норма редко нарушается, так как в большей части русских говоров твердые и мягкие согласные представлены почти в одних и тех же условиях. Однако она нередко с трудом дается нерусским — представителям как народов Советского Союза, так и зарубежных. Поэтому при изучении русского языка нерусскими необходимо особенно серьезное внимание уделить произношению мягких согласных в противоположность твердым. Следует указать, что твердые и мягкие согласные в русском языке служат для различения слов. Поэтому их усвоение приобретает особенно важное значение. Ср. произношение твердых и мягких согласных на конце слов *брат* и *брать, мол* и *моль, пыл* и *пыль, кров* и *кровь, жар* и *жарь, слез* и *слезь, одет* и *одеть*: бра[т] и бра[т'], мо[л] и мо[л'], пы[л] и пы[л'], кро[ф] и кро[ф'], жа[р] и жа[р'], сле[с] и сле[с'], одé[т] и одé[т']; ср. также произношение твердых и мягких согласных перед некоторыми одними и теми же гласными или согласными в таких словах, как *вал* и *вял, лук* и *люк, томный* и *тёмный, редко* и *редька, горка* и *горько*: [ва]л и [в'·а]л, [лу]к и [л'·у]к, [тó]мный и [т'·ó]мный, рé[ткъ] и рé[т'къ], гó[рк] и гó[р'къ].

Чтобы правильно произносить мягкие согласные русского языка, надо знать, как они образуются в отличие от твердых согласных. При образовании мягкого согласного язык занимает положение, близкое к тому, в котором он бывает при произношении [и] или [j], т. е. средняя часть спинки языка высоко поднимается к соответствующей части нёба. Твердые согласные образуются без этой дополнительной „йотовой" артикуляции: средняя часть спинки языка при произношении твердых согласных бывает опущена. Это можно легко заметить, произнося твердые и мягкие пары согласных [т] и [т'], [с] и [с'], [н] и [н'], [п] и [п'] и др.

Мягкие и твердые согласные в русском языке различаются (т. е. мягкие согласные в отличие от твердых произносятся) в следующих положениях:

1. На конце слова и перед некоторыми согласными. В этих положениях мягкость согласных (кроме шипящих [ш], [ж], произносящихся всегда твердо, и [ч'], [ш':], произносящихся всегда мягко) обозначается буквой ь. Например, слова *печать, гусь, сталь, огонь, фонарь; банька, из ларька, просьба, молотьба* произносятся: печá[т'], гу[с'], стá[л'], огó[н'], фонá[р']; бá[н']ка, из ла[р']кá, прó[з']ба, моло[д']бá.

Твердый и мягкий [л] различаются перед всеми согласными (кроме [j]). Ср. во[лн]á и во[л'н]á, мо[лч]и́ и мá[л'ч]ик, па[л'т]ó и жё[лт]ый, мо[л'б]á и кó[лб]а.

Примечание. Буква ь после шипящих (*ш, ж, ч, щ*) никакого указания на произношение предшествующего согласного в себе не заключает, так как звуки [ш] и [ж] произносятся всегда твердо, а звуки [ч'] и [ш':] (последний произносится на месте *щ*) — всегда мягко. Ср. слова: *нож* и *рожь, наш* и *дашь, плащ* и *вещь, плющ* и *расплющ* (повел. накл.), *плач* (сущ.) и *плачь* (повел. накл.), которые произносятся с одинаковыми согласными на конце вне зависимости от того, пишется на конце буква ь или нет: но[ш] и ро[ш], на[ш] и да[ш], пла[ш':] и ве[ш':], плю[ш':] и расплю[ш':], пла[ч'].

2. Перед гласными [а], [у], [о]. В этом положении мягкость согласных (также кроме шипящих) обозначается соответственно буквами *я, ю, ё*. Например, слова *мял, тянут, люди, тюк, нёс, вёсла, зёрна* произносятся [м'·á]л, [т'·á]нут, [л'ў]ди, [т'·у]к, [н'·о]с, [в'·ó]сла, [з'·ó]рна.

Мягко произносятся согласные также перед безударными гласными, обозначаемыми буквами *я, ю, е*. Например: [т'и^е]ни́ (*тяни*), [л'ў]би́ть (*любить*), [т'ў]ле́нь (*тюлень*), [т'и^е]лёнок (*телёнок*).

Следует иметь в виду, что в русском языке все согласные (кроме твердых шипящих [ш], [ж], а также [ц]) перед гласным на месте *и* произносятся мягко. Например, [в'и́]лка, [м'ил], [п'ил], [с'и́]нька, [з'и́]мний, [т'и́]на, [д'и́]кий, [к'ит], [г'и́]ря, [х'и́]трый, ло[в'и́], кор[м'и́], ку[п'и́], но[с'и́], ве[з'и́], пла[т'и́], кла[д'и́], ру[к'и́], но[г'и́], до[х'и́], [б'и]лéт, [л'и]ствá, [м'и]гáть, [с'и]жý, [р'и]сýнок, по[г'и]бáть, [х'и]три́ть, [к'и]дáть.

На конце слова перед окончанием, а также в середине слова (кроме части слов иноязычного происхождения) все согласные (кроме твердых шипящих [ш], [ж], а также [ц]) произносятся мягко перед гласным на месте *е*: те[б'é], на тру[б'é], на сто[л'é], к же[н'é], на но[г'е], на ру[к'é], а также на рабó[т'ə], в клу[б'ə], в дó[м'ə]; [м'ел], [б'é]лый, [т'é]сно, [д'é]ло, [с'é]ла, [з'é]ркало, ба[г'éт], па-

[к'éт], а также [бé'р'əк], [б'əри*е*гá], [л'и*е*]тáть, [в'и*е*]злá, [с'и*е*]дóй, [г'и*е*]рóй *(берег, берегá, летáть, везлá, седóй, герóй)*. О возможности произношения твердых согласных перед гласным на месте буквы *е* в словах иноязычного происхождения см. § 100—104.

3. Мягкие согласные в русском языке произносятся также в результате смягчения твердых согласных перед мягкими. Например: тé[ст]о — в тé[с'т']е, вмé[ст]о — вмé[с'т']е, пу́[ст]о — пу́[с'т']ит, е[зд]á — é[з'д']ить, у[зд]á — у[з'д']éчка, ба[сн]опи́сец — бá[с'н'ъ] *(бáсня)*, пе[сн]опéние — пé[с'н'ъ] *(пéсня)*, полé[зн]о — полé[з'н']ее, трé[сн]ут — трé[с'н']ет. В этих случаях мягкость согласного на письме не обозначается. Ср. те же слова в правописании: *тесто — в тесте, вместо — вместе, пусто — пусти, езда — ездить, узда — уздечка, баснописец — басня, песнопение — песня, полезно — полезнее, треснут — треснет*. О смягчении согласных перед мягкими согласными см. ниже, § 46 и следующие.

§ 39. Мягкие губные согласные на конце слова

По отношению к мягкости согласных на конце слова особое внимание надо обратить на произношение мягких губных (т. е. на слова, в конце которых пишется *-мь, -бь, -пь, -вь, -фь*). В литературном языке губные в этих случаях произносятся мягко. Такие слова, как *цепь, степь, топь, сыпь, насыпь, выпь, крепь, поступь, накипь; голубь, дробь, рябь, прорубь, зыбь, хлябь, скорбь, вглубь; семь, восемь, темь, озимь, оземь, впрямь; обувь, бровь, кровь, морковь, любовь, церковь, ветвь, явь, вплавь, вновь, вкривь, червь, верфь* произносятся: це[п'], сте[п'], то[п'], сы[п'], нáсы[п'], вы[п'], кре[п'], пóсту[п'], нáки[п']; гóлу[п'], дро[п'], ря[п'], прóру[п'], зы[п'], хля[п'], скó[рп'], вглу[п']; се[м'], вóсе[м'], те[м'], óзи[м'], óзе[м'], впря[м']; óбу[ф'], брó[ф'], крó[ф'], моркó[ф'], любó[ф'], цéрко[ф'], вé[т'ф'], я[ф'], впла[ф'], внó[ф'], вкри[ф'], чер[ф'], вер[ф']. Следует обратить специальное внимание на формы повелительного наклонения с мягким губным согласным на конце: *насы́пь, приголу́бь, остáвь, застáвь, добáвь, отбáвь, приготóвь, поздрáвь, попрáвь, слáвь, экономь, познакомь* и т. д.: насы́[п'], приголу́[п'], остá[ф'], застá[ф'], добá[ф'], отбá[ф'], приготó[ф'], поздрá[ф'], попрá[ф'], сла[ф'], экономь[м'], познакó[м'].

Эта норма нередко нарушается представителями ряда говоров, в которых на конце слова вместо мягких губных произносятся твердые, а на месте *-вь* — [у] неслоговое ([ў]) или [в] губно-губное ([w]): се[м] вместо се[м'], гóлу[п] вместо [гóлу[п'], кро[ф], кро[ў] или кро[w] вместо кро[ф'] и т. д. Такое произношение характерно также для русской речи украинцев и белорусов, а также представителей некоторых других народов.

Особенно часто в литературный язык проникает неправильное произношение числительных *семь* и *восемь* с твердыми губными на конце вместо мягких: се[м] вместо се[м'], вóсе[м] вместо вóсе[м']. При этом если твердое произношение губного в слове *восемь* оказывается не слишком заметным, так как оно приходится на заударный слог с редуцированным гласным [ə] на месте *е*, то такое же произношение губного в слове *семь* после ударного [е] является совершенно нетерпимым, так как оно отражается на недопустимом в этом слове открытом произношении ударного гласного [е] вместо закрытого или узкого [ê], нормального для положения перед мягким согласным. Итак, должно произноситься [с'êм'], но ни в коем случае не [с'ем]. Твердое произношение губных на конце слова, не чуждое ленинградскому произношению, ни в коем случае не может быть рекомендовано.

Следует отметить, что в формах повелительного наклонения мягкие губные должны произноситься не только в единственном числе, где они находятся на конце слова, но также и во множественном числе перед окончанием -*те*. Ср. насы́[п'] и насы́[п']те, насу́[п'] и насу́[п']те, угро́[п'] и угро́[п']те, приголу́[п'] и приголу́[п']те, оста́[ф'] и оста́[ф']те, пригото́[ф'] и пригото́[ф']те, сла́[ф'] и сла́[ф']те, не лука́[ф'] и не лука́[ф']те, бура́[ф'] и бура́[ф']те, пла[ф'] и пла́[ф']те, познако́[м'] и познако́[м']те, эконо́[м'] и эконо́[м']те, потра́[ф'] и потра́[ф']те. Довольно распространенное произношение с твердыми губными перед окончанием -*те* (насы́[п]те, пригото́[ф]те, познако́[м]те) не может считаться правильным. Губной должен произноситься мягко и в форме повелительного наклонения перед частицей -*ся*: не го́р[п'с'ъ], сла́[ф'с'ъ], попра́[ф'с'ъ], пригото́[ф'с'ъ], познако́[м'с'ъ], образу́[м'с'ъ], ла́ко[м'с'ъ].

Далее следует отметить, что мягкое [м] произносится не только на конце числительных *семь* и *восемь*, но также и производных от них сложных числительных се́[м']десят и во́се[м']десят. Произношение этих числительных с твердым [м] (в особенности се́[м]десят) нельзя считать орфоэпическим. Напротив, числительные *семьсот* и *восемьсот* произносятся обычно с твердым [м]: се[м]со́т, восе[м]со́т, если они не имеют второго ударения, т. е. если не произносится сѐ[м'с]о́т, во̀се[м'с]о́т. Произношение этих числительных с двумя ударениями характерно для просторечия.

§ 40. Мягкие согласные перед [а], [у], [о]

Мягкость согласных перед гласными [а], [у], [о] обозначается буквами *я, ю, ё*. Например, слова *вял, сяду, клюква, лёг* произносятся: [в'·а]л, [с'·а́]ду, к[л'·у́]ква, [л'·о]г. (Другие примеры см. выше.)

По отношению к произношению мягких согласных перед гласными [а], [у], [о] следует выделить случаи с мягкими губными, т. е. слова типа *мясо, мягкий, мятый, мякиш, дымя, имя, семя, пятый, пятна, вопя, любя, завял, привязан, вязнуть, ребята; бюст, бюро, пюпитр, пюре; пёс, пёк, бёдра, вёл, вёдра, овёс, мёд, замёрз, подмёл*. Их следует произносить: [м'·а́]со, [м'·а́]гкий, [м'·а́]тый, [м'·а́]киш, ды[м'·а́], и́[м'ъ], се́[м'ъ], [п'·а́]тый, [п'·а́]тна, во[п'·а́], лю[б'·а́], за[в'·а́]л, при.[в'·а́]зан, [в'·а́]знуть, ре[б'·а́]та; [б'·у]ст, [б'·у́]ро, [п'ӱ]пи́тр, [п'ӱ]ре́; [п'·о]с, [п'·о]к, [б'·о́]дра, [в'·о́]л, [в'·о́]дра, о[в'·о́]с, [м'·о]д, за[м'·о́]рз, под[м'·о́]л.

Эта норма нередко нарушается в русской речи уроженцев Украины, а также Белоруссии: на месте сочетания „мягкий губной согласный + [а], [у] или [о]" нередко можно услышать сочетание „твердый губной согласный + [j] + гласный [а], [у] или [о]": [mjá]со, [mjá]гкий, и́[mjъ], [пjá]тый, [вjá]лый, ре[бjá]та, о[вjó]с, [mjо]д, за[mjó]рз, [бjу]ст. При таком произношении дополнительная артикуляция мягкости („йотовая артикуляция" — высокое поднятие спинки средней части языка к нёбу) не сопровождает основную артикуляцию губного согласного, а выделяется из этой последней в особую отдельную артикуляцию, следующую по времени за артикуляцией губного согласного. Поэтому для усвоения артикуляции мягких губных перед [а], [у], [о] необходимо, чтобы с самого начала произнесения губных средняя часть языка была высоко поднята к нёбу — так, как это нужно для [и] или [j].

Следует отметить, что при наличии такого произношения написания *пё, бё, вё, мё* и *пьё, бьё, вьё, мьё*, а также *пя, бя, вя, мя* и *пья, бья, вья, мья* или *пю, бю, вю, мю* и *пью, бью, вью, мью* произносятся одинаково, а именно со звуком [j] между губным и гласным: ср. *пьяный* и *пятый; пьёт* и *Пётр* — [пjá]ный и [пjá]тый, [пjо]т и [пjо]тр. Благодаря такому совпадению в процессе усвоения сочетаний „мягкий губной согласный + гласный [а], [у] или [о]" возможно произношение этих последних сочетаний и вместо сочетаний „мягкий губной + [j] + гласный [а], [у] или [о]".

Ср. произношение слов *пьяный, пьют, бьют, пьёт, бьёт, тряпьё, тряпья, тряпью* и т. д. как [п'·á]ный, [п'·у]т, [б'·у]т, [п'·о]т, [б'·о]т, тря[п'·ó], тря[п'·á], тря[п'·ý] вместо правильного [п'já]ный, [п'jу]т, [б'jу]т, [п'jо]т, [б'jо]т, тря[п'jó], тря[п'já], тря[п'jý].

Необходимо следить за строгим различением в произношении этих написаний (например, *пё* и *пьё, мя* и *мья, пю* и *пью*) и иметь в виду, что [j] произносится только в тех случаях, когда между буквой губного согласного и буквой *ё* или *я*, или *ю* имеется *ь*. При этом надо указать, что в обоих случаях губные произносятся мягко.

§ 41. Мягкие согласные перед [и], [е]

Перед буквой *и*, а также обычно перед *е* в пределах слова все согласные (кроме твердых шипящих и *ц*) произносятся мягко: [т'и́]на, [д'и]ск, [с'и́]то, [з'и]ма́, [п'и]л, [б'и]л, [в'и]л, [ф'и́]лин, [м'ир], [н'и́]тка, [р'ис], [л'и́]па, [к'и́с'т'], [г'и́]ря, [х'и́]трый, [т'е́]сто, [д'е́]ло, [д'е́]сять, [с'е́]но, [з'е́]лень, [п'е́]ли, [б'е́]лый, [м'е́]сто, [н'е́]бо, [р'е́]бус, [л'е́]то, [к'е́]пка, [г'е́]тры, [х'е́]рес; [в'е́]сел, а также [д'и]-ка́рь, [т'и]ра́н, [с'и]ла́ч, [з'и]ма́, [н'и]чего́, [р'и]сова́ть, [л'и]цо́ и [с'иᵉ]ло́, [д'иᵉ]ла́, [д'иᵉр'е́]вня, [з'иᵉ]рно́, [з'иᵉ]лёный, [р'иᵉ]ка́, по-

[б'и^е]лён и т. д. на месте *село, дела, деревня, зерно, зелёный, река, поб елён* и т. д.

Примечание. О произношении твердых согласных перед [е] в словах иноязычного происхождения см. ниже соответствующий раздел (§ 100—104).

Эта норма сравнительно редко нарушается в речи русских. Однако ее нарушение типично для русской речи украинцев, которые произносят перед [и] и [е] твердые согласные: [си]то, [зи]ма́, [пи]л (близко к [сы]то, [зы]ма́, [пы]л), [дэрэ́]вня, [дэ́]сять, [зэ]мля́, [сэ́]рдце и т. д. Произношение твердых (или не вполне мягких) согласных перед [и] и [е] часто встречается в русской речи представителей многих других народов. Поэтому на произношение согласных перед *и* и *е* в необходимых случаях надо обратить специальное внимание.

§ 42. Мягкий звук [р]

В русском языке различаются звуки [р] и [р'] (твердый и мягкий [р]), которые могут различать значения слов. Ср., например, *рад* и *ряд, ров* и *рёв, удар* и *ударь, варка* и *Варька* и т. д. (произносится [ра]д и [р'·а]д, [ро]в и [р'·о]в, уда́[р] и уда́[р'], ва́[р]ка и Ва́[р']ка и т. д.). Эта норма нередко нарушается в русской речи белорусов, так как в белорусском литературном языке и значительной части диалектов благодаря отвердению мягкого [р] представлен только твердый [р]. Поэтому в нем пары слов, подобные вышеприведенным, не различаются в произношении: произносится [ра]д в соответствии с [ра]д и [р'·а]д, [ро]в в соответствии с [ро]в и [р'·о]в, уда́[р] в соответствии с уда́[р] и уда́[р'] и т. д. Уроженцы Белоруссии могут сказать ку[ру́], [ру́]мка, гово[ру́], т[ра́]пка, бе[ро́]за, [рэ́]зать, ку[ры́]л, гово[ры́]л, ста[ры́]к, пе́ка[р] и т. д. вместо ку[р'·у́], [р'·у́]мка, гово[р'·у́], т[р'·а́]пка, бе[р'·о́]за, [р'·е́]зать, ку[р'и́]л, гово[р'и́]л, ста[р'и́]к, пе́ка[р'] и т. д.

При работе над этим навыком следует иметь в виду, что переход от системы с одним [р] (твердым) к системе с двумя [р] (твердым и мягким) представляет собой довольно сложный процесс. Ввиду того что твердому [р] родного языка в ряде случаев в русском языке соответствует мягкий [р] (ср., например, т[ра́]вка и т[р'·а́]пка), в процессе усвоения последнего он может появиться и в таких словах, в которых не только в белорусском, но также и в русском языке произносится твердый [р]: может появиться произношение ста[р'·а́]ться вместо ста[ра́]ться, [р'·а́]ки вместо [ра́]ки, к[р'·а́]сный вместо к[ра́]сный, [р'·а́]мка вместо [ра́]мка и т. д.

В положении перед гласным может выделиться отдельная йотовая артикуляция: в этом случае вместо мягкого [р] произносится сочетание твердого [р] с последующим [j]: по[рjá]док, [рja]д, бу́[рja].

Нередко при усвоении мягкого [р] перед гласными на месте *я, ё, ю*, а также на конце слова все же продолжают произносить твердое [р] перед *и* и *е* (звуки [и] и [е] после твердого [р] отодвигаются назад, и вместо них звучит [ы] и [э]). Такое произношение, характерное для русской речи уроженцев Белоруссии и Украины, особенно часто закрепляется в словах с приставками *при-* и *пере-*: п[ры]каза́л, п[ры]каза́ние, п[ры]веду́, п[ры]купи́л, пе[рэ]вёл, пе[рэ]ста́нь, пе[рэ]плету́ и т. д. Нужно произносить п[р'и]веду́, пе[р'и^е]вёл и т. д.

В отдельных случаях в литературном языке отмечается колебание между твердым и мягким [р]: ср. к[ры́]нка и к[р'и́]нка; ср. ск[ры]пе́ть с твердым [р], употреблявшееся в литературном языке еще в XIX в., рядом с ск[р'и]пе́ть. Современному литературному языку свойственно произношение ск[р'и]пе́ть, к[р'и]ча́ть, г[р'и]б, х[р'и]пе́ть с мягким [р]. Произношение этих слов с твердым [р] в наше время уже носит диалектный характер: с[кры]п, к[ры]к, г[ры]б и т. д.

Однако произносительные варианты к[ры́]нка и к[р'и́]нка в равной мере являются литературными. Мягкий [р] произносится также в словах: кап[р'и́]зный, [пр'и]нц], [пр'ин]це́сса, [р'иск], [р'и]скова́ть; произношение этих слов с твердым [р] (кап[ры́]зный, [прынц], [прын]це́сса, [рыск], [ры]скова́ть) свойственно внелитературному городскому просторечию.

Как остаток украинского произношения, в котором не различаются сочетания „мягкий согласный+[и]" и „твердый согласный+[ы]", в том числе не различаются сочетания [р'и] и [ры] (случаи типа [р'и]ск и [ры́]скать), нередко встречается неправильное произношение с [р'и] вместо [ры]: [р'и́]ба, [р'и́]нок, ко[р'и́]то, за[р'и́]ть; во-вто[р'и́]х, кото́[р'и]х, кото́[р'и]м, до́б[р'их], ста́[р'и]м и т. д. В соответствии с написанием *ры* в русском языке всегда должно произноситься [ры].

§ 43. Мягкие [т] и [д]

В русском литературном языке мягкие [т] и [д] произносятся с очень слабым свистящим фрикативным элементом, который практически говорящими обычно не ощущается: [т']и́хо, [т'ӓ]нем, [т'·о́]мный, чита́[т'], [т'ӧт']ъ (*тётя*), и[д']и́[т']е, [д']е́[т']и, [д']ень, [д'ӓд']ъ (*дядя*).

В отдельных русских говорах при произнесении [т'] и [д'] фрикативный элемент бывает представлен заметно сильнее: вместо [т'] и [д'] тогда появляется [т'ᶜ'] и [д'ᶻ'] или даже [ц'] и [д͡з']. Такое произношение иногда проникает и в литературный язык. Это явление сильно развито в белорусском языке — как в литературном, так и в значительной части говоров: вместо [т'] и [д'] там произносятся мягкие аффрикаты [ц'] и [д͡з'] (это явление носит название цеканья и дзеканья): [ц']и́хо, [ц'ӓ]нем, [ц'·о́]мный, чита́[ц'], [ц'ӧц']ъ, и[д͡з']и́й, [д͡з']е́[ц']и, [д͡з']ень, [д͡з'ӓд͡з']ъ. Естественно, что цеканье и дзеканье отражаются в русской речи белорусов.

Появление аффрикат [ц'], [д͡з'] вместо [т'], [д'] связано с тем, что размыкание передней части спинки языка, сомкнутой с зубной частью нёба, происходит недостаточно энергично — таким образом, что между смыканием и размыканием органы речи на какую-то долю времени образуют узкую щель, сближение, благодаря чему и образуется фрикативный элемент ([с'] или [з']). Для образования звуков [т'], [д'] русского литературного языка лицами, произносящими вместо них [ц'] и [д͡з'], надо стараться избежать этой промежуточной работы органов речи.

СОЧЕТАНИЯ КОНЕЧНОГО ТВЕРДОГО СОГЛАСНОГО ПРЕДЫДУЩЕГО СЛОВА С НАЧАЛЬНЫМ ГЛАСНЫМ НА МЕСТЕ БУКВЫ *И* ИЛИ *Э* СЛЕДУЮЩЕГО СЛОВА

§ 44. Буква *и* в начале слова

На месте буквы *и* в начале слова при тесном слиянии в произношении этого слова с предшествующим словом, кончающимся на твердый согласный, произносится [ы], причем сохраняется твердость предшествующего согласного: бра́[т-ы]дёт, о[н-ы]гра́ет, о[н-ы]ме́ет, о[н-ы́]щет, ды́[м-ы]дёт, в речно́[м-ы́]ле, ма́льчи[к-ы]гра́ет, челове́[к-ы]дёт, сне́[к-ы]дёт; ко́[т-ы] по́вар, бра́[т-ы] сестра́, Пётр[р-ы]ва́нович, Ива́[н-ы]ва́нович, сме́[х-ы] го́ре. При наличии малейшей паузы между словами в тех же случаях в начале следующего слова произносится [и].

Особенно часто встречается сочетание твердого согласного предыдущего слова с начальным *и* следующего слога в сочетаниях с предлогами: и[з-ы]збы́, по[д-ы]збо́й, [в-ы]збе́, и[з-ы́]скры, [с-ы]гло́й, по[д-ы́]гом, и[з-ы]гры́, [с-ы]гры́, [с-ы]гро́й, [в-ы]гре́, на[д-ы́]вой, [с-ы]ва́ном, о[т-ы]нвали́да, [к-ы]нвали́ду, [к-ы]збе́, [к-ы]ва́ну, [к-ы]ри́не, [к-ы]нститу́ту, [к-ы]гре́, [к-ы́]гу, бе[з-ы]де́й, о[т-ы]де́й, [в-ы]ндустриализа́ции, [в-ы]нститу́т, и[з-ы]институ́та, о[т-ы]нститу́та, [к-ы]нститу́ту

Таким образом, *Виталию* и *в Италию, Кире* и *к Ире* произносятся неодинаково: [в'и]та́лию и [в-ы]та́лию, [к'и́]ре и [к-ы́]ре.

Следует обратить внимание на то, чтобы не произносили: [в'-и]збе́, и[з'-и́]скры, [в'-и]нститу́т, и[з'-и]нститу́та, о[т'-и]ва́на, [к'-и]збе́, [к'-и]гре́, [к'-и]нститу́ту, [к'-и]нвали́ду, ма́льчи[к'-и]гра́ет, сне́[к'-и]дёт, сме́[х'-и]го́ре. Такое произношение не может считаться орфоэпическим, хотя оно и довольно распространено, особенно в сочетаниях с предлогом.

Нередко при правильном произношении с [ы] после всех согласных, кроме *к, г, х,* после этих последних согласных произносят гласный [и] со смягчением предшествующего [к], [г] или [х], т. е. произносят [в-ы]збе́, [с-ы]ва́ном, и[з-ы]нститу́та, о[т-ы]гры́, но [к'-и]збе́, [к'-и]ва́ну, [к'-и]гре́, [к'-и]нститу́ту, сне́[к'-и]дёт, сме́[х'-и]го́ре. Случаев для такого произношения особенно много при сочетании предлога *к* со следующим словом, начинающимся с *и* (примеры см. выше).

§ 45. Буква э в начале слова

На месте буквы *э* в начале слова при тесном слиянии в произношении этого слова с предшествующим, кончающимся на твердый согласный, произносится звук [э], заметно отодвинутый назад, причем сохраняется твердость предшествующего согласного. Такие случаи особенно часто бывают при сочетании предлога, оканчивающегося на твердый согласный, со следующим словом, начинающимся с *э*. Следует произносить: [с-э́]того, [в-э́]том, по[д-э́]тот, на[д-э́]посом, во[т-э́]тот, во[н-э́]мма (*вон Эмма*), во[т-э́]такий, бра[т-э́]льзы (*брат Эльзы*), о[т-э́]льзы (*от Эльзы*), [к-э́]тому, [к-э́]посу, [в-э́]кспорте, о[т-э́]кскурса, [к-э́]кскурсу, [с-э́]ммой, и[з-э́]кскурса.

Необходимо обратить внимание на то, чтобы не произносили: [в'-é]том, во[т'-é]тот, и[з'-и^е]кстра́кта, о[т'-э]леме́нта и т. д. Нередко при сохранении твердости всех согласных, кроме задненёбных, эти последние произносятся неправильно со смягчением: [в-э́]том, во[т-э́]тот и т. д., но [к'-é]тому, [к'-é]тому, [к'-é]посу, [к'-é]кспорту, [к'-é]кскурсу и т. д.

СМЯГЧЕНИЕ СОГЛАСНЫХ ПЕРЕД МЯГКИМИ СОГЛАСНЫМИ

§ 46. Общие замечания

Твердые согласные перед мягкими согласными могут смягчаться. Смягчение согласных зависит от того, какие это согласные и перед какими мягкими согласными они находятся. Оно зависит также от того, в какой части слова находится сочетание согласных — внутри корня, на стыке корня и суффикса или на стыке приставки и корня, а также на стыке предлога и следующего слова. Смягчение более полно проводится внутри корня или на стыке корня и суффикса, менее полно на стыке приставки и корня, еще менее развито оно, а во многих случаях и отсутствует, на стыке предлога и следующего слова. Наконец, оно зависит от того, к какому стилю речи относится то или другое слово: в словах обиходно-бытового характера смягчение проводится полнее, чем в словах книжных, в особенности иноязычного происхождения, где оно может вовсе отсутствовать.

Смягчение согласных перед мягким согласным в старом московском произношении было проведено значительно более последовательно и полно, чем в современном русском языке. Во многих случаях старое московское произношение в отношении смягчения согласных перед мягкими согласными перестало быть нормой современного русского литературного произношения и приобрело разговорно-бытовой характер (или сохранилось в просторечии), а в некоторых случаях стало архаизмом.

Следует иметь в виду, кроме того, что степень смягчения согласных перед мягкими согласными может быть весьма различной: кроме твердых или мягких согласных, могут произноситься согласные с той или иной степенью мягкости, т. е. не вполне твердые или не вполне мягкие (полумягкие или полутвердые), в отношении которых трудно решить — относятся ли они к твердым или к мягким. Поэтому весьма сложный вопрос о смягчении согласных перед мягкими согласными в этой книге, преследующей практические цели, приходится излагать упрощенно, опуская некоторые детали и более сложные явления.

§ 47. Губные согласные перед мягкими губными

Приставка-предлог *в* перед мягкими губными [в'], [ф'], [м'] произносится мягко:
[в'в']: [в'в'·о]л, [в'в']ести́, [в'в']ерх, [в'в'·а́]зываться, [в'-в']ине́;
[ф'ф']: [ф'-ф']игу́ре, [ф'-ф']е́ске, [ф'-ф']и́льме;
[в'м']: [в'м']е́сте, [в'м'а́]тина, [в'-м']и́ре, [в'-м']е́ру, [в'-м']ину́ту; то же сочетание произносится в словах ре[в'м'·а́], ли[в'м'·а́].

Та же приставка-предлог *в* перед мягкими губными [п] и [б] может произноситься как мягко (точнее, с некоторой степенью смягчения), по старой московской норме или близко к ней, так и твердо:
[ф'п'] и [фп']: [ф'п']ерёд, [ф'п']иса́ть, [ф'-п']е́нии, [ф'п']ервы́е и [фп']ерёд, [фп']иса́ть, [ф-п']е́нии, [фп']ервы́е;
[в'б'] и [вб']: [в'б']ить, [в'б']ежа́ть, [в'-б']е́ге и [вб']ить, [вб']ежа́ть, [в-б']е́ге.

Согласный [м] смягчается перед [м']: в га́[мм']е, к Э[мм']е.

В сочетаниях [фм'], [мп'], [мб'] первый согласный может смягчаться в той или иной степени в соответствии со старой московской нормой, но может также произноситься твердо: в ри[ф'м']е, в ла́[м'п']е, на ту́[м'б']е, на да́[м'б']е, в бо́[м'б']е, к ра́[м'п']е, бо[мб']и́ть, и[м'б']и́рь, а[м'б']и́ция — и рядом: ла́[мп']е, на ту́[мб']е, на да́[мб']е, к ра́[мп']е.

Произношение с твердым губным согласным перед мягким губным, в настоящее время широко развитое, во многих случаях, видимо, объясняется другими формами тех же слов, в которых твердые губные находятся перед твердыми губными, так как оно особенно часто встречается в случаях типа в ри́[фм']е (ср. рядом: ри́[фм]а), на ла́[мп']е (ср. рядом: ла́[мп]а), в бо́[мб']е (ср. рядом: бо́[мб]а), при сохранении мягкости в случаях типа и[м'б']и́рь, а[м'б']и́ция.

Сочетание [бв] на стыке приставки *об* и корня в современном русском языке обычно произносится с твердым [б]: о[бв'·о́]л, о[бв'и́]ть, о[бв'·а́]зан, о[бв']ести́. То же сочетание вне морфологического стыка должно произноситься мягко: лю[б'в']и́.

Сочетание [бм], как известно, произносится с одним смыканием, затвором в начале сочетания и одним общим размыканием в конце его. При стечении твердого согласного [б] приставки с мягким [м'] корня затвор в современном русском языке бывает твердым (т. е. без поднятия средней части спинки языка): о[б͡м'е]н, о[б͡м'ер']ил, о[б͡м'·а]к.

Произношение в указанных положениях сочетания [б'в'] (с мягким [б]), сочетания [б͡'м'] (с мягким затвором вначале) в соответствии со старыми московскими нормами характеризует несколько сниженный просторечный стиль; в настоящее время оно малоупотребительно и не может быть рекомендовано: о[б'в'·о]л, о[б͡'м'·а]к, о[б͡'м']ен.

На стыке предлога и следующего слова при сочетании согласного [б] с мягкими губными [в'], [б'], [п'], [м'] первый согласный не смягчается — произносится сочетание [бв'], или согласные с долгим твердым затвором [ᵇб', ᵖп'], или сочетание [ᵇм'] с твердым затвором: о[б-в']ерх, о[б-в']ершину; о[ᵇб']ерег, о[ᵖп']ень, о[ᵖп']ечь, о[ᵇм']ире. Мягкое произношение этих сочетаний по старым московским нормам приобрело в настоящее время несколько просторечный характер.

§ 48. Зубные согласные перед мягкими губными

1. Зубные согласные [т], [д], [с], [з] перед мягкими губными [п], [б], [м], [в], [ф] могут произноситься мягко. Степень смягчения в индивидуальной речи бывает весьма различной. Более последовательно это смягчение проводится внутри корня, а также на стыке нечленимой в современном языке приставки и корня. Так, рекомендуется произносить:

[т'в']: че[т'в']ерть, че[т'в']еро, [т'в']ерь, [т'в'·о́р]дый, бо[т'в']инья, ве[т'в']и, Ма[т'в']ей, омер[т'в']ить, бри[т'в']енный, жа[т'в']енный, моли[т'в']енный;

[д'в']: [д'в']е, ме[д'в']едь, [д'в']ерь, за[д'в']ижка, [д'в']ину, [з'д'в']иг, по[д'в']инь;

[т'м']: за[т'м']ить, за[т'м']ение, за[т'м']евать, но [тм']ин;

[д'м']: Лю[д'м']ила, [д'м']итрий, но ка́[дм']ий;

[з'в']: [з'в']ерь, [з'в']енеть, [з'в'·а]кнуть, ле́[з'в']ие, ра́[з'в']е, й[з'в']есть, [з'в']езда́, тре́[з'в']енник, [jа́з'в']енный;

[з'б']: и[з'б'·о́]нка, и[з'б']е́, и[з'б'иᵉ]но́й, ро́[з'б']иф, *(ростбиф)*;

[з'м']: [з'м']ей, [з'м']ея, ни[з'м']енный;

[с'в']: [с'в']ет, [с'в']ежий, [с'в']еча, [с'в'·о́]кла, [с'в'·о́]кор, [с'в']екровь, [с'в']еркать, [с'в']ерлить, [с'в']ерчок, [с'в']ерстник, [с'в']едущий, [с'в']ист, [с'в']инец, [с'в']ирепый, [с'в']ита, [с'в']ищ, [с'в']идетель, [с'в']инья, [с'в'иᵉ]той, [с'в'·а]зь, ко́[с'в']енный;

[с'ф']: [с'ф']ера, атмо[с'ф']ера, [с'ф']инкс;

[с'п']: [с'п']инка, [с'п']ина, [с'п']ица, [с'п']ичка, [с'п']ирт, [с'п']ец, [с'п']ешка, [с'п']ешить, [с'п']елый, [с'п'и] *(спи)*, Ка́[с'п']ий, го́[с'п']италь;

[с'м']: [с'м']етáна, [с'м']éта, [с'м']ерч, [с'м']есь, [с'м']ерть, [с'м']ердéть, [с'м']éжный, [с'м']екáлка, [с'м']éлый, [с'м']и́рный, ко[с'м']éтика.

Описанное смягчение более последовательно проводится в тех случаях, когда зубной согласный при любом изменении слова находится перед мягким губным. В некоторых из таких слов мягкое произношение надо считать единственно правильным. Таковы, например, слова в[е́т'в']и, ч[е́т'в']ерть, л[е́з'в']ие. При твердости согласного ([т], [з]) предшествующий ударный гласный звучал бы как [е] открытый, что является нетерпимым для литературного произношения этих слов[1]. Однако в языке современной молодежи встречается твердое произношение зубных согласных перед мягким зубным даже в этих словах, не говоря уже о других, например: [тв'·о́]рдый, Лю[дм']и́ла, Ма[тв']е́й, бо[тв']инья, [зм']ей, [зв']ерь, ро́[зб']иф. С твердым [т] обычно произносят сейчас слова *затмение*, *затмить*: за[тм']е́ние, за[тм']и́ть. Совсем не последовательно проводится смягчение в тех случаях, когда при разных изменениях слова зубной согласный оказывается не только перед мягким губным, но также и перед твердым. См. *ботва — в ботве, Литва — в Литве, битва — в битве, мордва — мордве, два — две*. В таких случаях рядом со старым московским произношением в бо[т'в']е́, в Ли[т'в']е́, в би́[т'в']е, к мор[д'в']е́, [д'в']е в современном языке очень широко распространено произношение без смягчения или со слабым смягчением, т. е. с твердым или полумягким зубным перед мягким губным: в бо[тв']е́, в Ли[тв']е́, в би́[тв']е, к мор[дв']е́. Такое произношение следует считать правильным. Впрочем, для слова *две* орфоэпическим все же надо считать произношение с мягким [д]: [д'в']е.

Смягчения зубных согласных перед мягкими губными обычно не происходит в словах иноязычного происхождения: пор[тв']е́йн, пор[тф']éль, ка́[дм']ий, [тм'ин], в при́[зм']е. Произношение со смягчением зубных в таких словах имеет оттенок просторечия: пор[т'в']е́йн, пор[т'ф']éль.

2. Сложно обстоит дело с произношением зубных согласных перед мягкими губными на стыке приставки и корня.

Приставка *с-*, не образующая слога, перед мягкими губными произносится мягко: [с'п']или́л, [с'п']иса́л, [с'п']ел, [з'б']ил, [з'б']е́гал, [с'в']ерну́л, [с'в'·о́]ртывал, [с'в']е́сил, [с'м']е́рил, [с'м']ени́л, [с'м']ири́лся.

Согласные [з] — [с] в приставках *раз- (роз-), из-, низ-, без-, чрез-* также лучше произносить мягко: и[з'б']и́л, ра[з'б']и́л, и[с'п']о́к, ра[с'п']и́л, ро́[с'п']ись, во[с'п']и́танный, обе[с'п']е́чить, и[з'в'·о́]л, и[з'в']ини́ть, и[з'в']е́стие, и[з'в']еща́ть, во[з'в']ести́ть, во[з'в']ели́чить, ни[з'в']ести́, ра[з'в']и́тие, ни[з'в'·о́]л, и[з'м']е́на, и[з'м']е́рил, и[з'м'·а́]л, ра[з'м']е́р, и[з'м']ене́ние, во[з'м']ести́ть, чре[з'м']е́рно.

---

[1] Отметим, что после безударных гласных в тех же сочетаниях полная мягкость [т], [з] не так обязательна, как в случаях после ударного [е]: [в'éт'в'и] при обычном [в'иет'в'е́и̯], [ч'éт'в'ьр'т'] при возможном [ч'иет'в'·о́ртъи̯].

Твердые согласные [з], [с] в конце приставки перед мягким губным хотя и не чужды некоторым диалектам (ср. произношение во[зм']и́), но в основном характеризуют собственно литературное произношение, мало свойственное обычной разговорной народной речи: ра[зб']и́л, во[сп']и́тан, и[зв'·о́]л, ра[зв']и́тие. Такое произношение закрепилось в словах книжного происхождения, и в них оно соответствует современным нормам произношения. Например: во[зв']ели́чить, во[зв']ести́, чре[зм']е́рно, во[сп']ита́ть, ра[зв']енча́ть, ни[зв']е́ргнуть, бе[зм']е́рный.

Согласные *д* и *т* в приставках *под-*, *над-*, *пред-*, *от-* перед мягкими губными в современном русском языке произносятся обычно твердо: по[дб']и́л, по[дб']ежа́л, по[тп']иса́л, на́[тп']ись, пре[тп']иса́л, о[дб']и́л, о[тп']или́л, по[дв']инти́л, по[дв']е́сил, по[дв'·о́]л, по[дв'·а́]зывать, пре[дв']и́деть, пре[дв']е́стник, о[тв'·о́]л, о[тв']е́тить, о[тв']ести́, о[тв']ерну́ть, о[тв']инти́ть, о[тв'·а́]зывать, по[дм']е́тить, по[дм']ести́, по[дм'·о́]л, о[тм']е́тить, пре[дм']е́стие. Старому московскому произношению и в этих случаях было свойственно смягчение зубных в той или иной степени перед мягкими губными: о[д'б']и́л, по[т'п']и́шет, по[д'в'·о́]л, пре[д'в']е́стник, о[т'м']е́тил, по[д'м'·о́]л и т. д. Такое произношение в настоящее время приобрело характер просторечного.

3. На стыке предлога, кончающегося зубным согласным, и следующего слова, начинающегося с мягкого губного, смягчение представлено еще у́же, чем на стыке приставки и корня.

Предлог *с*, не образующий слога, правда, чаще произносится мягко в этом положении: [с'-п']е́сней, [с'-п']и́ра, [с'-п']ёной, [с'-п']е́нием, [з'-б']е́рега, [з'-б']ельём, [з'-б']ичо́м, [с'-в']еща́ми, [с'-в']едро́м, [с'-в']ино́м, [с'-в']и́шней, [с'-в']етчино́й, [с'-м'·о́]дом, [с'-м']етло́й, [с'-м']и́ром, [с'-м']и́ской, [с'-м']е́сяц (впрочем, и здесь смягчение может быть неполным).

Однако предлоги на [з] — [с], образующие слог (*без, из, через*), перед мягкими губными произносятся как с мягким согласным на конце, так и с твердым согласным, причем последнее произношение в настоящее время преобладает и не может считаться неправильным. Ср. и[с'-п']е́сни и и[с-п']е́сни, бе[с'-п']и́ва и бе[с-п']и́ва, и[з'-в']ерёвки и и[з-в']ерёвки, бе[з'-в']и́лки и бе[з-в']и́лки, и[з'-м']е́льницы и и[з-м']е́льницы, бе[з'-м']е́ста и бе[з-м']е́ста, чере[з'-м']е́сяц и чере[з-м']е́сяц, чере[з'-м']ину́ту и чере[з-м']ину́ту, и[з'-б']есе́ды и и[з-б']есе́ды.

Предлоги же на [т] и [д] перед мягкими губными в современном русском языке произносятся с твердым согласным: о[т-п']и́ва, о[т-п']е́пла, о[д-б']е́рега, о[д-б']елья́, о[д-б']еды́, о[т-в']е́тра, о[т-в']ина́, о[т-в']еще́й, о[т-м'·о́]да, о[т-м']и́лости, о[т-м']и́ски, о[т-м']е́ста, по[т-п']е́плом, на[т-п']е́рвым, пере[т-п']е́нием, пере[д-б']и́твой, пере[д-б']есе́дой), на[д-б']е́регом, пере[д-в']есно́й, пере[д-м']и́ской, на[д-м']и́ром, пере[д-м']и́ром. Произношение мягких [т] и [д] в подобных случаях, свойственное старому московскому произношению, в настоящее время характеризует просторечный, сниженный стиль: о[т'-п']и́ва, о[т'-м'·о́]да, пере[д'-б']и́твой, на[д'-б']е́регом, пере[д'-в']есно́й, на[д'-в']и́шней.

4. Зубной согласный [н] перед мягкими губными согласными [в] и [ф] в современном русском языке чаще не смягчается: ко[нв']éйер, ко[нв']éрт, ко[нв']éнция, ко[нв']éрсия, на ка[нв']é, ко[нф']éта, ко[нф']еттú, ко[нф']еренция. Реже встречается произношение со смягчением [н], которое было нормой для старого московского произношения: ко[н'в']éйер, ко[н'в']éрт, ко[н'ф']éта, ко[н'ф']еттú. Твёрдое [н] произносится перед [м']: сó[нм']ище.

§ 49. Зубные согласные перед мягкими зубными

Зубные согласные [т], [д], [с], [з] и [н] перед мягкими зубными (т. е. перед [т'], [д'], [с'], [з'], [н'], [л'], а также [ч'], [ш':]) произносятся мягко в сочетаниях, находящихся в пределах одной морфемы — внутри корня или суффикса, а также на стыке корня и суффикса. Однако на стыке приставки и корня или предлога и следующего слова первый зубной согласный перед мягким зубным в разных сочетаниях произносится неодинаково в отношении твёрдости или мягкости.

Согласные [3] и [С] перед мягкими зубными

1. Согласные [с] и [з] перед мягкими зубными [т'], [д'], [с'], [з'], [н'], [л'] внутри слова, не на стыке приставки и корня, рекомендуется произносить мягко:
[с'т']: [с'т']енá, [с'т']их, [с'т']епь, [с'т'·óкла, си[с'т']éма, не[с'т']úй, ве[с'т']úй, пу[с'т']úть, го[с'т']úть, ма[с'т']úтый, вмé[с'т']е, ве[с'т']ибюль, холо[с'т'·á]к, ко[с'т'·ý]м, шеле[с'т']úт, казуú[с'т']ика, кла[с'т'], ле[с'т'], го[с'т'], ма[с'т'], че[с'т'], ме[с'т'], ше[с'т'], пу[с'т'];
[з'д']: [з'д']есь, ве[з'д']é, гвó[з'д']и, гру[з'д']и, громо[з'д']úть, гне[з'д']úться, у[з'д']éчка, вы́зве[з'д']ило, к зве[з'д']é;
[с'с']: в мá[с'с']е, на трá[с'с']е, в кá[с'с']е;
[с'н']: [ба·с'н']ъ (басня), [п'éс'н']ъ (песня), [с'н']ег, [с'н']я́ть, [с'н']úмок, бру[с'н']úка, ле[с'н']úк, мя[с'н']úк, грáду[с'н']ик, воскрé[с'н']ик, со[с'н']·á]к, у[с'н']úй, во[с'н']é;
[з'н']: ка[з'н']úть, дра[з'н']úть, загря[з'н']úть, ма[з'н'·á], гры[з'-н'·á], во[з'н'·á], ре[з'н'·á], рá[з'н']ица, собла[з'н']úть, во[з'н']úца, ку[з'н']éчик, бере[з'н'·á]к, ку[з'н']éц, безобрá[з'н']ик, безукорú[з'-н']енный, кля́у[з'н']ик, ка[з'н'], боя́[з'н'], болé[з'н'], ро[з'н'];
[с'л']: [с'л']ед, [с'л']ýдá, [с'л']ýни, [с'л'·ó]зы, гý[с'л']и, мы́[с'л']и, брá[с'л']éт, пó[с'л']е, напо[с'л']éдок, я́[с'л']и, чи́[с'л']енность, мá[с'л']еница, ма[с'л']úны, мý[с'л']úн, спа[с'л']úй, не[с'л']и, опá[с'л']ивый, умá[с'л']ивать, оки[с'л']éние, ó[с'л']ик;
[з'л']:[з'л']ить, [з'л']ýщий, кó[з'л']ик, ко[з'л'·á]тина, вó[з'л']е. Впрочем, это правило в речи младшего поколения не проводится последовательно. Наряду с рекомендуемым распространено также произношение с твёрдыми [с], [з] перед мягкими зубными, например перед [н'] в начале слова и в особенности перед [л']: [сн']имок, [зл']ить, [сл']ед, пó[сл']е. Так же как и внутри корня, ведут себя

113

согласные [з] и [с] перед суффиксом [л]—[л'] в форме прошедшего времени глагола: [л'ĕз'л'и], исч[ĕз'л'и], [гры́з'л'и], а также не-[с'л'и́], ве[з'л'и́], тря[с'л'и́], па[с'л'и́].

2. Приставка с- перед мягким зубным согласным корня произносится мягко: [с'с']ечь, [с'с']елит; [с'т']и́снуть, [с'т'ӓ]нет, [с'т']ере́ть, [с'т']ира́ть; [з'д']елать, [з'д']ержанный, [з'д']ира́ть; [с'н'·ос], [с'н']и́зу [с'н']ести́; [с'л']ить, [с'л']и́шком, [с'л']ечь, [с'л']ив, [с'л']ичи́ть.

Согласные [с]—[з] в приставках раз- (а также роз-), из-, воз-, низ-, чрез- перед мягкими зубными могут произноситься мягко по старой норме, но также и твердо. Это зависит от того, перед каким зубным согласным находятся [с]—[з], в каком слоге (непосредственно перед ударным или в других предударных), в какого рода словах (в словах разговорного языка или в книжных словах).

Согласные [с]—[з] этих приставок перед [с'] или [з'] корня произносятся мягко с наибольшей последовательностью.

сс: и[с'с'·а́]кнуть, ра[с'с']е́ять, ра[с'с']е́сться, бе[с'с']и́льный, бе[с'с']ерде́чный, во[с'с']ия́ть, ра[с'с']едла́ть, чере[с'с']еде́льник;

зз: и[з'з'·а́]бнуть, ра[з'з'·а́]ва, ра[з'з']ева́лся, бе[з'з']еме́льный.

Согласные [с]—[з] приставок перед другими зубными согласными:

ст: ра[с'т'·а́]нутый, ра[с'т'·о́т], ра[с'т']еря́нный, ра[с'т'·а́]жка, ра[с'т']е́чься, ра[с'т']и́рка, ро́[с'т']епель, ра[с'т']ира́ть, ра[с'т'иᵉ]ну́ть;

зд: ра[з'д']е́льно, ра[з'д']е́л, ра[з'д'·о́]ргать, ра[з'д']е́тый, бе[з'д']е́тный, бе[з'д']е́ятельный, бе[з'д']е́льник, и[з'д']ева́ться, ра[з'д']ели́ть, во[з'д']ержа́ться.

В словах книжных по своему характеру, а также не непосредственно перед ударным слогом согласный [с]—[з] приставки перед мягкими зубными [с], [з], [т], [д] может произноситься и без смягчения: во[сс']ия́ть, во[зд']ержа́ться, во[зд']е́ть, во[зд']ева́ть.

зн: ра[з'н'·о́]с, во[з'н'·о́]сся, во[з'н']и́кнуть, во[з'н']енави́деть, ра[з'н']е́житься, ра[з'н']и́занный, и[з'н']е́житься, ра[з'н'·а́]ть, ра[з'н']ести́, ра[з'н']има́ть;

зл: ро́[з'л']ив, ра[з'л'·о́]т, ра[з'л']е́чься, ра[з'л']и́в, ра[з'л']ивно́й, ра[з'л']и́занный, ра[з'л']и́чие, ра[з'л']ича́ть, ра[з'л']ете́ться, и[з'л']е́ниваться, и[з'л']е́чивать, и[з'л']и́ть, и[з'л']и́шек, и[з'л']ия́ние, бе[з'л']е́сный.

Перед [н'] и [л'] отсутствие смягчения наблюдается чаще, чем перед [т'] и [д']. Поэтому произношение во[зн']енави́деть, и[зн']емога́ть, ра[зл']ете́ться, ра[зл']ича́ть и т. д. следует в настоящее время считать правильным.

3. Предлог *с* перед мягким зубным согласным следующего слова произносится мягко: [с'-с']естро́й, [з'-з']и́мы, [с'-т'·о́]ткой, [з'-д'·ӓ]дей, [с'-н']и́ми, [с'-л']е́та.

Согласные [с]—[з] в предлогах *из*, *без* перед мягкими [с] и [з] произносятся мягко: и[с'-с']ела́, и[з'-з']е́лени, и[з'-з']емли́. Конечный согласный предлога *через* перед мягкими [с] и [з] может произноситься твердо, и обязательно твердо, если предлог имеет на себе хотя бы слабое ударение: чѐре[с-с']ени, чѐре[з-з']е́ркало.

Перед [т'] и [д'] следующего слова те же согласные могут произноситься как мягко, согласно старой норме, так и твердо: и[с'-т']éста, бе[з'-д']éла, бе[з'-н']и́х, но также и и[с-т']éста, бе[з-д']éла, бе[з-н']и́х.

Перед [л'] и [н'] конечный согласный предлогов *из, без* чаще произносится твердо: бе[з-л']éса, бе[з-н']и́тки. Также твердо обычно произносится конечный согласный предлога *через* перед [т'], [д'], [л'], [н']: чере[с-т']ирé, чере[з-д']éнь, чере[з-л']éс, чере[з-н']и́з [1].

Таким образом, твердое произношение согласного предлогов на -з перед мягкими зубными следующего слова представляет собой новую норму современного русского языка, сменившую собою старую норму со смягчением.

Согласные [т], [д] перед мягкими зубными [т], [д], [с], [з]

4. Сочетание согласных [т] или [д] с одним из последующих звуков — [т'], [д'], [с'], [з'] известно главным образом на стыке приставки и корня или на стыке предлога и следующего за ним слова.

На стыке приставки и корня [т] и [д] обычно смягчаются, но могут произноситься и без смягчения.

При сочетании двух одинаковых взрывных согласных ([тт], [дд]) образуется согласный с долгим затвором, как бы с некоторой задержкой, паузой перед взрывом. При смягчении первого согласного перед мягким согласным уже́ и затвор бывает мягкий (т. е. с высоко поднятой средней частью спинки языка). При отсутствии же смягчения затвор бывает твердым, а лишь взрыв мягким, т. е. средняя часть языка бывает опущена в момент затвора, но поднимается к нёбу в момент взрыва, размыкания сомкнутых органов речи.

При сочетании [тт'] и [дд'] орфоэпическим следует считать произношение с мягким затвором: о[ᵀт']есни́ть, по[ᵀт']ира́ть, о[ᴅд']éлать, по[ᴅд']ержа́ть, по[ᴅд']éть. Ср. произношение с твердым затвором: по[ᵀт']ира́ть, по[ᴅд']ержа́ть.

5. В сочетаниях [тс] и [дз] первый согласный произносится как мягко, в соответствии со старой московской нормой, так и твердо, причем твердое произношение в настоящее время встречается значительно чаще мягкого и должно быть признано соответствующим нормам литературного языка. Согласные [т] и [д] в положении перед [с] и [з] могут произноситься с легким фрикативным элементом, т. е. как звуки, близкие к типу [ц] и [z] (иначе [d͡з]). Ср.: по[цс']ёл, по[цс']éял, о[цс']идéл, пре[цс']едáтель, о[цс']éчь, о[цс']éять, по[цс']éчь, по[цс']-и́живать; на[zз']ирáтель, по[zз']éмный, о[zз']имовáл, на[zз'в'·ó]здный при встречающемся еще произношении по[ц'с']ёл, по[ц'с']éял; на[z'з']ирáтель, по[z'з']éмный.

---

[1] Предлог *через* может иметь (обычно в просторечии) слабое, побочное ударение. В этом случае в конце его произносится [с] на месте *з* перед сонорными, а также перед гласными: чѐре[с-л'éс], чѐре[с-н'и́]з (а также чѐре[с-л]кнó).

Согласные [т], [д] перед [н']

6. Сочетания [дн], [тн], как известно, образуют единую артикуляцию с одним затвором в начале артикуляции для двух согласных и одним размыканием в конце ее. При переходе от [т] или [д] к [н] нёбная занавеска опускается, и воздух проходит через полость носа.

Сочетания [д], [т] с последующим мягким [н] в пределах слова обычно бывают или на стыке корня с суффиксом, или на стыке приставки и корня. В первом случае эта артикуляция мягка не только в конечный момент своей деятельности, но и в начальный. Во втором случае возможно двоякое произношение — как мягкое, так и неоднородное: твердое в начале (при смыкании органов речи) и мягкое в конце (при их размыкании).

Примеры с [д] и [т] перед [н'] на стыке корня и суффикса: за[д͡н']ик, дека[д͡н']ик, запа[д͡н']ик, вса[д͡н']ик, поса[д͡н']ик, лоша[д͡н']ик, прово[д͡н']ик, ле[д͡н']ик, насле[д͡н']ик, пере[д͡н']ик, посре[д͡н']ик, во[д͡н']ик, сво[д͡н']ик, ежего[д͡н']ик, него[д͡н']ик, яго[д͡н']ик, наро[д͡н']ик, огоро[д͡н']ик, уря[д͡н']ик, гри[д͡н']ица, испо[д͡н']ица, гру[д͡н']ица, пере[д͡н']ий, сре[д͡н']ий, сосе[д͡н']ий, нового[д͡н']ий, бу[д͡н']ий; ва[т͡н']ик, сала[т͡н']ик, ра[т͡н']ик, печа[т͡н']ик, хлопча[т͡н']ик, сове[т͡н']ик, цве[т͡н']ик, ле[т͡н']ик, сплё-[т͡н']ик, си[т͡н']ик, золо[т͡н']ик, рабо[т͡н']ик, суббо[т͡н']ик, ско-[т͡н']ик, пло[т͡н']ик, охо[т͡н']ик, голубя[т͡н']ик, стервя[т͡н']ик, теля[т͡н']ик, памя[т͡н']ик, куря[т͡н']ик, деся[т͡н']ик, порося[т͡н']ик, гуся[т͡н']ик, сала[т͡н']ица, раке[т͡н']ица, жи[т͡н']ица, но[т͡н']ица, пя[т͡н']ица, ле[т͡н']ий, суббо[т͡н']ий. В этих случаях средняя часть спинки языка поднимается к соответствующей части нёба уже при начальной фазе произнесения [т] или [д] (т. е. при смыкании передней части языка с задней стенкой передних зубов и примыкающей к ним части нёба, деснам), поэтому все сочетание является мягким.

Ср. бра[т͡н']ий, за[д͡н']ий, прошлого[д͡н']ий, во[д͡н']ик, по[т͡н']ик, блу[д͡н']ица, пу[т͡н']ик.

Мягкость описываемой артикуляции, между прочим, явствует из качества предшествующего гласного: например, в слове *братний* произносится [а] не такое, как в *брат*, а такое, как в *братик*, в слове *прошлогодний* — [о] не такое, как в *год*, а такое, как в *годик*, и т. д. Особенно это заметно в случаях, когда предшествующий гласный находится в положении после мягкого согласного, т. е. когда этот гласный оказывается в положении между мягкими согласными. Ср. голу[б'ӓт͡н']а, бор[зӓт͡н']ик, веро[jӓт͡н']ее, [п'ӓт͡н']ица (ср. [а] в [п'·ӓт]ый и [п'ӓт]); нас[л'ёд͡н']ик, [м'ёд͡н']ик, [л'ёд͡н']ик, испо[в'ёд͡н']ик, пред[м'ёт͡н']ик, ка[р'ёт͡н']ик (ср. [е] в ка[р'ёт]а и ка[р'ёт']е).

Отметим часто встречающиеся случаи *одни*, *дни*, а также другие формы этих слов с сочетанием [д͡н'], произносящимся с мягким затвором: [лд͡н'и́й], [лд͡н'и́х], [лд͡н'и́м]; [д͡н'и], [д͡н'êj], [д͡н'·ом], [д͡н'·ам]; ср. также на [д͡н']е (*на дне*).

Те же сочетания на стыке приставки и корня могут произноситься не только с мягким затвором, в соответствии со старой московской нормой, но также и с твердым затвором: о[т͡н'·о́]с, о[т͡н']и́мет, о[т͡н'а́]ть, по[д͡н'·о́]с, по[д͡н']и́мет, по[д͡н']ебе́сье, по[д͡н']ево́льный — и рядом: о[тн'·о́]с, о[тн']и́мет, о[тн'а́]ть, по[дн'·о́]с, по[дн']и́мет, по[дн']ебе́сье, по[дн']ево́льный. На стыке предлога и следующего слова эти сочетания особенно часто произносятся с твердым или полутвердым затвором: по[д-н']изо́м, по[д-н']е́бом, по[д-н']и́вой, пере[д-н']и́вой, по[д-н']и́шей, о[т-н']егодова́ния, о[т-н']евро́за. Произношение этих сочетаний с мягким затвором на стыке предлога и следующего слова (кроме отдельных случаев, например с местоимениями о[т͡'-н']его́, на[д͡'-н']и́ми) встречается значительно реже и все более заметно становится отживающей особенностью старого московского произношения (ср. по[д͡'-н']е́бом, о[т͡'-н']еве́сты).

Следует предостеречь от довольно распространенного, но тем не менее неправильного произношения сочетания [дн] — раздельно, с двумя размыканиями (отдельно для [д] и для [н]), между которыми слышится слабый гласный элемент типа [ъ]: [дᵊн']и, [дᵊн'·а], о[дᵊн']й, о[дᵊн]а́.

Согласные [т], [д] перед [л']

7. Сочетания [тл], [дл], как известно, также образуют единую артикуляцию с одним затвором в начале артикуляции для двух согласных и одним размыканием в конце ее. При переходе от [л] или [д] к [л] бока спинки языка (или один бок, чаще левый) опускаются, и воздух проходит по образовавшимся желобкам через рот.

В сочетаниях [т] и [д] с последующим [л'] произношение с мягким затвором менее распространено, чем в сочетаниях тех же согласных с последующим [н']. В одних случаях нормой следует считать мягкий затвор, например *петли, медленно*. Мягкий затвор здесь явствует из того, что предшествующий ему ударенный гласный [е] произносится закрыто: [п'е́т͡'л']и, [м'е́д͡'л']енно. Произношение [п'етл']и и [м'едл']енно следует отвергнуть не столько из-за твердого затвора, сколько из-за открытости ударного гласного, открытости [е], являющейся следствием твердого затвора. В словах *подле, подленький* с ударным [о] перед [дл'] мягкий или полумягкий затвор распространен довольно широко, что отражается, между прочим, на качестве предшествующего гласного, но рядом возможно произношение с твердым затвором: п[о́·д͡'л']е, п[о́·д͡'л']енький и п[о́дл']е, п[о́дл']енький. В других случаях, в особенности если сочетание [т] или [д] с [л'] следует после безударного гласного, оно чаще произносится с твердым или полумягким затвором: по[т͡л']и́вый, бо[д͡л']и́вый, в се[д͡л']е́ и по[т͡л']и́вый, бо[д͡л']и́вый, в се[д͡л']е́ (о точке над буквой согласного см. примечание на стр. 122).

На стыке приставки и корня или предлога и следующего слова сочетания [т͡л'], [д͡л'] обычно произносятся с твердым затвором: о[т͡л']и́чно, о[т͡л']ежа́лся, по[д͡л']ежа́щее, по[д͡л']и́за, прина[д͡л']ежи́т, о[т-л']и́вня, по[д-л']и́пой, на[д-л']е́сом, пере[д-л']е́стницей.

В начале слова сочетания [т͡л'] и [д͡л'] произносятся с твердым или полутвердым затвором: [т͡л'·а], [т͡л']еть, [д͡л'·а], [д͡л']и́нный.

Следует предостеречь от неправильного, но довольно часто встречающегося раздельного произношения согласных сочетаний [дл], [тл] — с двумя размыканиями (отдельно для [д] или [т] и для [л']) и с слабым гласным элементом типа [ъ] между ними: [дъл']и́нный, [дъл'·а], [тъл']е́ет и т. д.

Согласные [т], [д] перед [ч']

8. Согласные [т] и [д] перед [ч'] смягчаются и, сливаясь с [ч'], образуют один звук [ч'] с долгим мягким затвором: звук [ч'] произносится как бы с некоторой задержкой, с паузой перед взрывом — [т'ч']: [л'ӧт'ч'ик] (*лётчик*), [рлз'в'е́т'ч'ик] (*разведчик*). Мягкость затвора, нужного для [т], заметна, между прочим, по отражению ее на качестве предшествующего ударного гласного: в словах *лётчик* и *разведчик* произносятся соответственно гласный [о] и гласный [е] такого качества, которое свойственно положению между мягкими согласными (а не положению после мягкого перед твердым). Ср. гласные в словах [л'ӧт'ч'ик] и [л'·от]; [в-л'ӧт'ə]; [рлз'в'е́т'ч'ик] и [в'е́дът'], [в'е́д'мъ].

тч: каба́[т'ч']ик, захва́[т'ч']ик, разда́[т'ч']ик, прока́[т'ч']ик, аппара́[т'ч']ик, отве́[т'ч']ик, газе́[т'ч']ик, раке́[т'ч']ик, пике́[т'ч']ик, лё[т'ч']ик, переплё[т'ч']ик, парке́[т'ч']ик, пулемё[т'ч']ик, разме́[т'ч']ик, буфе́[т'ч']ик, счё[т'ч']ик, учё[т'ч']ик, си́[т'ч']ик, зени[т'ч']ик, солда́[т'ч']ина, бра́[т'ч']ина, ве[т'ч']ина́, неме́[т'ч']ина, о́[т'ч']ина, во́[т'ч']ина, рекру́[т'ч']ина, гле́[т'ч']ер; кле́[т'ч'ə]тый, се[т'ч'ə]тый, реше́[т'ч'ə]тый, ни́[т'ч'ə]тый, ресни[т'ч'ə]тый;

дч: отга́[т'ч']ик, вкла́[т'ч']ик, докла́[т'ч']ик, лебё[т'ч']ик, разве́[т'ч']ик, бесе́[т'ч']ик, оби́[т'ч']ик, завб́[т'ч']ик, моло́[т'ч']ик, обхо́[т'ч']ик, подря́[т'ч']ик, водопрово́[т'ч']ик; скла́[т'ч']ина, моло[т'ч']и́на, свб[т'ч'ə]тый, ду[т'ч'ə]тый, па́[т'ч']ерица.

В большей части приведенных только что примеров сочетания *тч* и *дч* находились на стыке корня и суффикса. Произношение этих сочетаний на стыке приставки и корня не отличается от их произношения на стыке корня и суффикса. Ср. докла́[т'ч']ик и по[т'ч']и́стить.

тч: [лт'ч'·о́т] (*отчёт*), ·о́[т'ч'ə]ство, о[т'ч']о́тливый, о[т'ч']а́яться, о[т'ч']исле́ние, о[т'ч']а́ливать, о[т'ч']ужде́ние, [лт'ч'а̌с'т'и] (*отчасти*); *дч*: по[т'ч']и́стка, по[т'ч']ища́ть, по[т'ч']еркну́ть, по[т'ч']ини́ть, по[т'ч']и́тывать, на[т'ч']ре́вный (и на[тч']ре́вный).

На стыке предлога и следующего слова чаще произносится [т'ч'] при возможном произношении [тч'] (с твердым затвором). Ср. [лт'ч'е́с'т'и] и [лт'ч'е́с'т'и] (*от чести*), [лт'ч'·у́ствъ] и [лт'ч'·у́ствъ] (*от чувства*), [нлт'ч'·у́ствъм] и [нлт'ч'·у́ствъм] (*над чувством*), [път'-ч'əса́м'и] и [пътч'əса́м'и] (*под часами*).

Согласный [н] перед мягкими зубными

9. Согласный [н] перед [н'] произносится мягко: к А́[н'н']е, в ва́[н'н']е, да́[н'н']ик, посла́[н'н']ик, карма́[н'н']ик, избра́[н'н']ик, охра́[н'н']ик, стра́[н'н']ик, де[н'н']и́к, изме́[н'н']ик, мали́[н'н']ик, оси́[н'н']ик, во́тчи[н'н']ик, ваго́[н'н']ик, до́[н'н']ик, сезо́[н'н']ик, ко́[н'-н']ик, зако́[н'н']ик, сторо́[н'н']ик, со́[н'н']ик.

Согласный [н] перед [т'] и [д'] произносится мягко. Например: [н'т']: ба́[н'т']ик, ка́[н'т']ик, ме́[н'т']ик, фу́[н'т']ик, ви́[н'т']ик, зо́[н'т']ик, ве́[н'т']иль, и[н'т']и́мный, а[н'т']и́чный, ка[н'т']иле́на, ко[н'т']е́кст, ремо[н'т']и́ровать, мо[н'т']и́ровать, в ремо́[н'т']е, в дикта́[н'т']е, в деся́[н'т']е, о лейтена́[н'т']е; слова с *анти-*: а[н'т']и-цикло́н, а[н'т']ите́зис и др.; дилета[н'т']и́зм, педа[н'т']и́зм, рома[н'-т']и́зм, консона[н'т']и́зм, да[н'т']и́ст, экспера[н'т']и́зм;

[н'д']: ба[н'д']и́т, И[н'д']ия, и[н'д']е́ец, и[н'д']е́йка, и[н'д']у́к], стипе́[н'д']ия, латифу́[н'д']ия, зо[н'д']и́ровать, фро[н'д']и́ровать, и[н'д']иви́д, и[н'д']ивидуа́льный, ка[н'д']ида́т, бло[н'д']и́н, в ба́[н'д']е, в фо́[н'д']е, в леге́[н'д']е, в пропага́[н'д']е, в аре́[н'д']е, в гирля[н'д']е.

Согласный [н] перед [с'] и [з'] в большей части случаев также произносится мягко:

[н'с']: пе́[н'с']ия, вака́[н'с']ия, экспа́[н'с']ия, ко[н'с']и́лиум, ко[н'-с']е́рвы, ава[н'с']и́ровать, фина[н'с']и́ровать, бала[н'с']и́ровать, ано[н'-с']и́ровать, в сеа́[н'с']е, в ано́[н'с']е, в тра́[н'с']е, в ревера́[н'с']е, в диссона́[н'с']е;

[н'з']: прете́[н'з']ия, лице́[н'з']ия, реце́[н'з']ия, во[н'з']и́ть: бе[н'-з']и́н, тра[н'з']и́т, но также во[нз]и́ть, бе[нз]и́н, тра[нз]и́т.

Произношение слов *пенсия, претензия, рецензия, лицензия* с мягким [н] явствует из качества предшествующего гласного — [ê] (после мягких согласных [п'] и [т'] в первых двух словах) и [э̂] (после твердого [ц] в двух последних словах). Именно [ê], а не [е] (после мягких согласных) и [э̂], а не [э] (после твердых согласных) произносится перед мягкими согласными: [п'ếн'с'иџ], [пр'иет'ếн'з'иџ], [р'иецэ́̂н'з'иџ], [л'ицэ́̂н'з'иџ] (произношение [п'енс'иџ], [р'иецэнз'иџ]) следует считать неправильным).

В ряде слов (главным образом иноязычного происхождения) более обычным следует считать твердый [н] перед [с'] или [з'], в то время как мягкий [н], свойственный старым московским нормам, все более приобретает характер устарелого произношения; ср. ко[нс]ервато́рия, ко[нс']ерватория и ко[н'с']ерватория. Твердое [н] в этом положении особенно часто слышится в конце предударных слогов, например: ко[нс]ервативный, ко[нс']ервировать, экспа[нс]ионистский, во[нз']ить, бе[нз']ин, тра[нз]итивный.

10. Согласный [н] перед [л] произносится обычно твердо: со[нл']ивый, чва[нл']ивый, бра[нл']ивый. Возможно также полумягкое произношение [н] перед [л']: со[н̇л']ивый[1] и т. д.

11. Согласный [н] смягчается перед [ч'] и [ш':] (последний обозначается буквой щ):

[н'ч']: кля[н'ч']ить, ня[н'ч']ить, ко[н'ч']ить, исто[н'ч']ить, бре[н'ч']ать, ве[н'ч']ать, ко[н'ч']ать, уто[н'ч']ать, ко[н'ч']ина, уто[н'ч']о́нный, око[н'ч']ательно, обма[н'ч']ивый, изме[н'ч']ивый, засте[н'ч']ивый, укло[н'ч']ивый, кала[н'ч']а́, го[н'ч']арный, клее[н'ч']атый, бреве[н'ч']атый, коле[н'ч']атый, гребе[н'ч']атый, ступе[н'ч']атый, полови[н'ч']атый, бли[н'ч']атый, пласти[н'ч']атый, перепо[н'ч']атый, фесто[н'ч']атый, взви[н'ч']ивать, разве[н'ч']ивать, дива[н'ч']ик, карма[н'ч']ик, одува[н'ч']ик, балага[н'ч']ик, чемода[н'ч']ик, тушка[н'ч']ик, сарафа[н'ч']ик, бубе[н'ч']ик, ве[н'ч']ик, пте[н'ч']ик, мизи[н'ч']ик, ко[н'ч']ик, по[н'ч']ик, тало[н'ч']ик, кувши[н'ч']ик, щелку[н'ч']ик, графи[н'ч']ик, буто[н'ч']ик, младе[н'ч']еский, студе[н'ч']еский, повста[н'ч']еский, студе[н'ч']ество, пораже[н'ч']ество, приспособле[н'ч']ество, примире[н'ч']ество, упроще[н'ч']ество;

[н'ш':]: чека[н'ш':]ик, ба[н'ш':]ик, обма[н'ш':]ик, шарма[н'ш':]ик, подё[н'ш':]ик, баке[н'ш':]ик, каме[н'ш':]ик, сме[н'ш':]ик, марте[н'ш':]ик, оце[н'ш':]ик, зеле[н'ш':]ик, зачи[н'ш':]ик, бето[н'ш':]ик, кессо[н'ш':]ик, го[н'ш':]ик, суко[н'ш':]ик, волы[н'ш':]ик, жестя[н'ш':]ик, цыга[н'ш':]ина, партиза[н'ш':]ина, гетма[н'ш':]ина, иностра[н'ш':]ина, дереве[н'ш':]ина, подё[н'ш':]ина, обыдё[н'ш':]ина, вое[н'ш':]ина, кере[н'ш':]ина, разн[н'ш':]ина.

Следует предостеречь от нередко встречающегося неправильного произношения слова *женщина* с твердым [н]. Такое произношение восходит к диалектной речи. Следует произносить же́[н'ш':]ина.

§ 50. Согласный [р] перед мягкими губными и зубными

Согласный [р] перед мягкими губными и зубными в значительном большинстве случаев в современном языке произносится без смягчения, твердо, реже со слабой степенью смягчения, т. е. полумягко:

Перед мягкими губными:

1. [рп']: ко[рп']е́ть, ко[рп']и́т, са[рп']и́нки, ко́[рп']ия или ко[р̇п']е́ть, ко[р̇п']и́т и т. д.;

[рб']: оско[рб']и́л, го[рб']ится, о[рб']и́та, ка[рб']и́д, ту[рб']и́на, ве[рб']е́на или оско[р̇б']и́л, го[р̇б']ится и т. д.;

---

[1] Точка над буквой согласного обозначает здесь и ниже полумягкость.

[рм']: ко[рм']и́ть, а[рм']е́йский, а́[рм']ия, ве[рм']ише́ль, ге[рм']ети́ческий, на ко[рм']е́ или ко[р̣м']и́ть, а[р̣м']е́йский и т. д.;
[рв']: со[рв']и́, в про́[рв']е, да[рв']ини́ст, сте[рв']е́ц или со[р̣в']и́, в про́[р̣в']е и т. д.;
[рф']: мо́[рф']ий, в то́[рф']е, ша́[рф']ик, в шу́[рф']е или мо́[р̣ф]ий и т. д.

Перед мягкими зубными:

2. [рт']: па́[рт']ия, по́[рт']ит, ка[рт']и́на, со[рт']ирова́ть, а[рт']и́ст, ве́[рт']ится, бо́[рт']ик, а[рт']е́ль, ка[рт']е́чь или па́[р̣т']ия, по́[р̣т']ит, ка[р̣т']и́на и т. д.;
[рд']: го[рд']и́тся, га[рд']еро́б, гва[рд']е́йский, се́[рд']ится, отве[рд']е́л, [рд']е́ет, о́[рд']ен, о́[рд']ер или го[р̣д']и́тся, га[р̣д']еро́б, гва[р̣д']е́йский, се́[р̣д']ится и т. д.;
[рс']: фо[рс']и́ровать, фо[рс']и́ть, ко[рс']ет, в мо́[рс']е, в то́[рс']е, А[рс']е́ний, во[рс']и́нка или фо[р̣с']и́ровать, фо[р̣с']и́ть, ко[р̣с']е́т и т. д.;
[рз']: ко[рз']и́на, бо[рз']а́]тник, ве[рз']и́ла, оме[рз']и́тельно, Му́[рз']ик или ко[р̣з']и́на, бо[р̣з']а́]тник и т. д.;
[рн']: ка[рн']и́з, га[рн']иту́р, га[рн']изо́н, уда́[рн']ик, сбо́[рн']ик, вто́[рн']ик, па[рн']и́к, сопе́[рн']ик, шку́[рн']ик, затво́[рн']ик, культу́[рн']ик, сопе́[рн']ичество, культу́[рн']ичество, пека́[рн'ъ], солева́[рн'ъ], пивова́[рн'ъ], мылова́[рн'ъ], пса́[рн'ъ], овча́[рн'ъ], четве[рн'·а́], живоде́[рн'ъ], сте[рн'·а́], шесте[рн'·а́], пяте[рн'·а́], просви́[рн'ъ], дво́[рн'ъ], го[рн']и́ст, ко́[рн']и, со[рн'·а́]к, наве[рн'иᵉ]ка́, дё[рн']ет, че[рн']и́ла, губе́[рн']ия, озо[рн']и́к, ковы́[рн']и́ или ка[р̣н']и́з, га[р̣н']и́р и т. д.;
[рл']: сте[рл'·а́]дка, ка́[рл']ик или сте[р̣л'·а́]дка, ка́[р̣л']ик, у́ме[р̣л']и и т. д.;
[рч']: то[рч']и́т, смо[рч']о́к, све[рч']о́к, ко[рч']а́га, ла́[рч']ик, пе́[рч']ик, огу[рч']и́к, футля́[рч']ик, самова́[рч']ик, во[рч']и́т, го[рч']и́ца, тво́[рч']еский, ста́[рч']еский, комме́[рч']еский, крохобо́[рч']еский, ого[рч']а́ть или то[р̣ч']и́т, смо[р̣ч']о́к и т. д.

Мягкость согласного [р] в сочетаниях с мягкими губными и зубными, которая была свойственна старому московскому произношению, не может уже считаться нормой для современного литературного языка: она встречается все реже и реже, притом по преимуществу в речи представителей старшего поколения: ко[р'п']е́ть, сго[р'б']ился, ко[р'м']и́ть, а́[р'м']ия, со[р'в']и́; ка[р'т']и́на, па́[р'т']ия, го[р'д']и́тся, о́[р'д']ен, во[р'с']и́нка, ка[р'н']и́з, ко́[р'н']и, ко[р'з']и́на, ко́[р'ч']ится.

3. Однако есть некоторое количество случаев, в которых мягкость согласного [р] перед мягкими губными и зубными если не обязательна, то чаще встречается и предпочтительна. Это обычно не специфически книжные, литературные слова, а слова обиходно-бытового языка, имеющие при этом под ударением перед [р] гласный [е]. Мягкость [р] в этих случаях очевидна из качества гласного [е], который, как и перед другими мягкими согласными, произносится

закрыто (т. е. как [ê]). Ср. произношение мягкого [р] перед мягкими губными в таких случаях, как *Пермь, верфь, червь, черви, первенец* и др.: [п'êр'м'], [ф-п'иᵉр'м'и́], [в'êр'ф'], [из-в'êр'ф'и], [ч'êр'ф'], [ч'êр'в'и], [п'êр'в']енец.

Мягкий [р] нередко произносится также перед мягкими зубными при наличии перед ним ударного [е]: ср. [ч'êр'т'и], [с'м'êр'т'], [с'м'êр'ч'], [с'êр'д'итцъ] и [в'êр'с'иɘ] при возможном также литературном произношении [с'м'ерч'], [с'м'ерт'], [с'éрд'итцъ], [в'éрс'иɘ].

Можно отметить также, что некоторая степень смягчения согласного [р] нередко наблюдается в тех случаях, в которых сочетание [р] с последующим мягким губным или зубным согласным находится между гласными переднего образования, т. е. [и] и [е]: ср. устаревающее произношение пé[р'с']ик, ме[р'с']и́, ки[р'п']и́ч, виночé[р'п']ий, оме[р'з']и́тельно, те[р'п']éть и др. при обычном и рекомендуемом пé[рс']ик, ме[рс']и́, ки[рп']и́ч, виночé[рп']ий, оме[рз']и́тельно, те[рп']éть. Встречающееся произношение с твердым [р]: пé[рс']ик, ме[рс']и, ки[рп']и́ч и др. не рекомендуется.

В слове *скорбь* предпочтительно произношение с мягким согласным на месте *р*, хотя допустимо также произношение с твердым согласным: [скор'п'] при допустимом [скорп'].

4. Сочетание [рш':] (т. е. [р] перед звуком, обозначаемым буквой *щ*) в современном русском языке обычно произносится без смягчения [р]: сбó[рш':]ик, набó[рш':]ик, заговó[рш':]ик, прáпо[рш':]ик, мýсо[рш':]ик, контó[рш':]ик, натý[рш':]ик, халтý[рш':]ик, натý[рш':]ица, татá[рш':]ина, литератý[рш':]ина, боя́[рш':]ина, халтý[рш':]ина, смó[рш':]иться. Произношение с мягким [р] перед [ш':], свойственное старым московским нормам, все больше приобретает устарелый характер.

Конечное сочетание [рш':] в слове *борщ* рекомендуется произносить с большей или меньшей степенью мягкости [р]: [бóр'ш':] или [бóрш':].

П р и м е ч а н и е. Если перед [рш':] находится согласный [т], то [р] становится глухим и притом никогда не произносится мягко: надсмó[трш':ик].

§ 51. Согласные [ж], [ш] перед мягкими согласными

Согласные [ж], [ш] в русском литературном языке произносятся всегда твердо. Они не смягчаются также перед следующими мягкими согласными. Особое внимание надо уделить сочетаниям [жд'], [жн'], [жл'] и [шн'], [шл'], так как в индивидуальном произношении встречается смягчение шипящего, которое следует признать неправильным с точки зрения норм современного русского языка.

[жд']: прé[жд']е, хо[жд']éние, местонахо[жд']éние, возбу[жд']éние, ро[жд']éние, убе[жд']éние, повре[жд']éние, учре[жд']éние, награ[жд']éние, во[жд']éние, су[жд']éние, охла[жд']éние, охла[жд'·ó]н, побе[жд'·ó]н, убе[жд'·ó]н, повре[жд'·ó]н, осу[жд'·ó]н, оса[жд'·ó]н, подо[жд'·ó]м, [жд']и;

[жн']: худо́[жн']ик, сапо́[жн']ик, безбо́[жн']ик, лы́[жн']ик, пиро́[жн']ик, бага́[жн']ик, картё[жн']ик, бума́[жн']ик, вале́[жн']ик, ночле́[жн']ик, сме́[жн']ик, чертё[жн']ик, зало́[жн']ик, подоро́[жн']ик, творо́[жн']ик, трено́[жн']ик, булы́[жн']ик, упра[жн']е́ние, пре́[жн']ий, бли́[жн']ий, тамо́[жн'ъ], лы[жн'·а́], вла[жн']е́ть, опоро[жн']и́ть, усло[жн']и́ть, увла[жн']и́ть, скря[жн']ичать, сутя[жн']ичать, ва́[жн']ичать, бродя́[жн']ичать, небре́[жн']ичать, не́[жн']ичать, заму́[жн']яя;

[жл']: ве́[жл']ивый, услу́[жл']ивый, бере[жл']и́вый;

[шн']: ли́[шн']ий, вне́[шн']яя, ве́[шн']ий, зде́[шн']ий, ква[шн'·а́], кле[шн'·а́], ба́[шн'ъ], па́[шн'ъ], чере́[шн'ъ], скворе́[шн'ъ], ви́[шн'ъ], ба́ры[шн'ъ], коню́[шн'ъ], нау́[шн']ичать, малоду́[шн']ичать, бары́[шн']ичать;

[шл']: промы́[шл']енный, ка́[шл'ə]ть, по́[шл']енький, опо́[шл']ить, при[шл']и́, [шл'·ус] *(шлюз)*, [шл'·о́]пать, [шл'·а́пъ] *(шляпа)*, [шл'·у́пкъ] *(шлюпка)*.

Произношение с мягкими [ж], [ш] перед мягкими [д], [и,] [л] следует считать неправильным: пре́[ж'д']е, ро[ж'д']е́ние, худо́[ж'н']ик, пре́[ж'н']ий, ве́[ж'л']ивый, ли́[ш'н']ий, ка́[ш'л']ять.

§ 52. Мягкость групп согласных перед мягкими согласными

1. Перед мягким [в] в сочетании *-ств-* группа [ст] смягчается. Это обычно случаи с суффиксом *-ств-*. Отметим прежде всего случаи, когда сочетание [ств] следует после гласного: ка́че[с'т'в']енный, оте́че[с'т'в']енный, вели́че[с'т'в']енный, могу́ще[с'т'в']енный, ли́[с'т'в']енный, худо́же[с'т'в']енный, неве́же[с'т'в']енный, муже́[с'т'в']енный, дру́же[с'т'в']енный. Сюда можно отнести, кроме того, слово *искусственный,* так как двойное [с] перед двумя согласными в пределах одного слога в русском языке не произносится, а также слова *бесчувствие* и *бесчувственный,* так как согласный [в] в этом слове перед сочетанием *-ств-* не произносится: иску́[с'т'в']енный, бесчу́[с'т'в']ие, бесчу́[с'т'в']енный.

Особое внимание надо обратить на произношение слов, в которых перед сочетанием *-ств-* находится ударный [е]: в этих случаях ударный гласный обязательно произносится закрыто (как [ê] после мягких согласных и как [э̂] после твердых), что свидетельствует о мягкости последующих согласных [с'т']. Например, в словах *естественный, вещественный, существенный, общественный, рождественский, божественный, тождественный, торжественный, тожественный* произносится: е[с'т'е́с'т'в']енный, ве[ш':е́с'т'в']енный, су[ш'е́с'т'в']енный, об[ш':е́с'т'в']енный, рож[д'е́с'т'в']енский, бо[ж̂е́с'т'в']енный, тож[д'е́с'т'в']енный, тор[ж̂е́с'т'в']енный, то[ж̂е́с'т'в']енный. Произношение в подобных случаях [е] открытого (после твердых согласных [э]) с последующим твердым согласным, нередко встречающееся (ес[т'е́ств]енный, ве[ш':е́ств]енный), является неправильным.

Перед мягким [в] в группе *-ств-* сочетание [ст] смягчается также после [j] (орфографическое *й*) и после [л'] (орфографическое *ль*): де́й[с'т'в']енный, уби́й[с'т'в']енный, двой[с'т'в']енный, свой[с'т'в']енный, трой[с'т'в']енный, хозя́й[с'т'в']енный, нача́ль-[с'т'в']енный, прави́тель[с'т'в']енный, обстоя́тель[с'т'в']енный, наси́ль[с'т'в']енный, продово́ль[с'т'в']енный.

В тех случаях, когда в разных формах одного и того же слова группа [ст] суффикса -*ств*- оказывается не только перед [в], но и перед [в'], смягчения группы может и не быть (имеются в виду такие случаи, как *в листве — листва, в пастве — паства*). Рядом с произношением в ли[с'т'в']é, в па́[с'т'в']е по описанной выше общей норме возможно в ли[ств']é и, особенно, в па́[ств']е. Впрочем, если суффикс -*ств*- с мягким [в] оказывается после [j] (*й*) или [л'], то группа [ст] перед [в'] обычно произносится мягко: в уби́й[с'т'в']е, в устро́й[с'т'в']е, в бу́й[с'т'в']е, в зазна́й[с'т'в']е, в строи́тель[с'т'в']е, хотя рядом имеются формы уби́й[ств]о, устро́й[ств]о, строи́тель[ств]о и т. д. с твердым [в].

Менее полно проводится смягчение согласных [ст] перед [в'] в тех случаях, когда сочетание -*ств*- следует после согласных [в], [м]. Отметим прежде всего, что согласные [в], [м] не смягчаются в современном литературном языке. Группа [ст] перед [в'] смягчается, но возможно также произношение с твердым [с] при следующем мягком [т']. Первое произношение следует считать предпочтительным: нра́[фс'т'в']енный, де́[фс'т'в']енный, я́[фс'т'в']еный, преé[мс'т'в']енный, ве́до[мс'т'в']енный, пото́[мс'т'в']енный, у́[мс'т'в']енный; ср. также произношение нра́[фст'в']енный, пото́[мст'в']енный. Однако встречающееся произношение с твердым [ст] перед [в'] (т. е. не только с твердым [с], но также с твердым [т]) менее предпочтительно: нра́[фств']енный, пото́[мств']енный.

Особенно непоследовательно смягчение [ст] перед [в'] в тех случаях, когда в разных формах одного и того же слова группа [ст] суффикса -*ств*- оказывается не только перед мягким [в], но также и перед [в] твердым. Ср. пото́м[ств]о — в пото́м[с'т'в']е, пото́м[ст'в']е или даже пото́м[ств']е, ца́р[ств]о — о ца́р[с'т'в']е, ца́р[ст'в']е или даже ца́р[ств']е (последнее произношение с твердым [т] менее предпочтительно).

2. Согласный [н] перед суффиксом -*ств*- с мягким [в] по старым московским нормам смягчался (таким образом, перед [в'] смягчалась не только группа [ст], то также и [н]): еди́[н'с'т'в']енный. Такое произношение в настоящее время следует считать устаревшим: [н] обычно произносится твердо; что же касается группы [ст], то она произносится мягко: еди́[нс'т'в']енный, таи́[нс'т'в']енный, вой[нс'т'в']енный, кощу́[нс'т'в']енный, простра́[нс'т'в']енный, но ж[э́н-с'т'в']енный. Произношение с твердым [т] (еди́[нств]енный) не рекомендуется. Особое внимание надо обратить на произношение слова *женственный*: ударное [э] в нем должно звучать закрыто; как [э́], что свидетельствует о мягкости последующего [н]. Произношение ж[энств']енный с твердым [н] не рекомендуется.

В тех случаях, когда в разных формах одного и того же слова согласный [н] корня с последующим сочетанием [ст] суффикса -*ств*-

оказывается не только перед [в'], но также и перед [в], смягчения [н] обычно не бывает (имеются в виду такие случаи, как *большинство — в большинстве* и т. д.): обычно произносится в больши[нств']é, в меньши[нств']é, в старши[нств']é.

3. Если перед суффиксом -ств- с мягким [в] имеется согласный [т] или [д], то смягчается все сочетание *тств, дств*, причем согласные [тс]([дс]) сливаются в один звук [ц']: [с'л'éц'тв']ие, [с'л'éц'т'в']енный, [б'éц'т'в']ие, [б'éц'т'в']енный, на[с'л'éц'т'в']енность, соот[в'éц'т'в']ие, соот[в'éц'т'в']енный, прису́[ц'т'в']ие, прису́[ц'т'в']енный, пос[р'éц'т'в']енный, беспре[п'äц'т'в']енный, произво́[ц'т'в']енный, при[в'éц'т'в']ие, при[в'éц'т'в']енный, от[в'éц'т'в']енный, пре[п'äц'т'в']ие, напу́[ц'т'в']ие, отсу́[ц'т'в']ие, ро́[ц'т'в']енник. Впрочем, нередко встречается и произношение твердого [ц] перед [тв'] или даже [т'в'], в особенности в слове ро́[цт'в']енник, а также отсу́[цт'в']ие, напу́[цт'в']ие. Однако в тех случаях, когда перед [ц'] (орфографическим *тс* или *дс*) находится ударный [е] (типа *следствие*), ударный [е] должен произноситься закрыто (т. е. как [ê]), а это свидетельствует о том, что последующий согласный должен быть мягким — [ц'].

Мы рассмотрели произношение слов, в которых согласный [в] в суффиксе -ств- является всегда мягким. В тех же случаях, когда в разных формах слова согласный [т] (или [д]) корня и последующее сочетание [ст] суффикса -ств- находятся то перед [в], то перед [в'], смягчения [ц] (на месте *тс* или *дс*) перед [тв'] обычно не бывает (имеются в виду слова типа *родство — в родстве, детство — в детстве*): в ро[цт'в']é, в насле́[цт'в']е, в де́[цт'в']е, в сре́[цт'в']е, в садово́[цт'в']е. Такое произношение следует считать соответствующим орфоэпическим нормам современного русского языка вместо старого со смягчением.

Выше было отмечено, что при мягком произношении сочетаний *тст, дст* перед [в'] звуки [т'с'] (из [т'с'] и [д'с']) сливаются в аффрикате [ц']: отсу́[ц'т'в']ие, сле́[ц'т'в']ие. Рядом с таким произношением встречается и произношение с утратой взрыва в начале сочетания, т. е. без согласного на месте начального *т*: отсу́[с'т'в']ие, сле́[с'т'в']ие. Такое произношение не следует рекомендовать.

4. Перед суффиксом -ств- с мягким [в] согласный [р] корня в современном русском языке не смягчается: госуда́[рс'т'в']енный, да́[рс'т'в']енный, ца́[рс'т'в']енный, благода́[рс'т'в']енный, лека́[рс'т'в']енный, неду́[рс'т'в']енный. Допускается также произношение с твердым [с], однако при мягкости [т]: госуда́[рст'в']енный. Произношение с двумя твердыми согласными [ст] перед [в'] не рекомендуется: госуда́[рств']енный.

В случаях типа *государство — в государстве, царство — в царстве, барство — о барстве* смягчение группы [ст] наблюдается реже, однако следует рекомендовать все же произношение с мягким [т'] (при мягкости или твердости [с']): в госуда́[рс'т'в']е или в госуда́[рст'в']е.

Произношение мягкого [р] перед *ств*, в соответствии со старыми московскими нормами, в настоящее время встречается редко и является архаическим или просторечным: госуда[р'с'т'в']енный, ца[р'-с'т'в']енный, ца[р'с'т']вие небесное и т. д.

Согласный [р] перед сочетанием [сн] с мягким [н] может смягчаться: напе́[р'с'н']ик, напе́[р'с'н']ица. Однако в настоящее время чаще слышится твердое [р]: напе́[рс'н']ик, напе́[рс'н']ица. Такое произношение следует считать свойственным нормам современного русского языка.

Согласный [р] перед сочетанием [зн] с мягким]н'] обычно не смягчается: мё[рз'н']ет.

Согласный [р] перед сочетанием [ст] с мягким [т] в современном русском языке обычно не смягчается: напе[рс'т'·а́]нка, в ве[рс'т']е́, ше́[рс'т'и], ше́[рс'т'и^е]нóй, го́[рс'т']и. Однако, хотя и реже, встречается произношение со смягчением [р] согласно старым московским нормам (особенно в словах ше[р'с'т'], го[р'с'т']).

§ 53. Согласный [г] перед мягким [к]

Сочетание [гк], как указано в § 67, изменяется в [хк]. В словах *легкий* и *мягкий* согласный [г], оказываясь в формах множ. ч., а также твор. пад. ед. ч. перед мягким [к] смягчается, на месте [г] произносится [х']: [л'ӧх'к']ие, [л'ӧх'к']ими, [м'а́х'к']ие, [м'а́х'к']их и т. д. Так же может произноситься и форма им. пад. ед. ч. мужск. р. тех же слов, если согласный [к] перед окончанием произносится мягко (см. § 86, п. 4): [лöх'к']ий, [м'а́х'к']ий.

§ 54. Губные согласные перед мягкими задненёбными

Губные перед мягкими задненёбными (обычно перед [к]) в современном русском литературном произношении не смягчаются. Произносится: ла́[пк']и, тя́[пк']и, тря́[пк']и, клё[пк']и, ша́[пк']и, та́[пк']и, то́[пк']ие, тру́[пк']и, гу́[пк']и, шу́[пк']и, ю[пк']и, ду[пк']и́, гри[пк']и́, тра́[фк']и, кана́[фк']и, ла́[фк']и, коро́[фк']и, борода́[фк']и, ста́[фк']и, Лё[фк']ин, ло́[фк']ие; не́[мк']и, ко[мк']и́, да́[мк']и, ло́[мк']ие.

Перед другими задненёбными примеров почти нет. Можно указать: сё[мг']и, Са[мг']и́н.

Старому московскому произношению было свойственно смягчение губных перед мягкими задненёбными: ла́[п'к']и, т[р'а́п'к']и, тру́[п'к']и, [jу́п'к'], тра́[ф'к']и, ла́[ф'к']и, [н'е́м'к']и, гро́[м'к']ие, сё[м'г']и и т. д. Такое произношение встречается и в настоящее время, но его нельзя считать принадлежностью современного литературного языка. С другой стороны, оно широко употребительно в московском просторечии и приобрело просторечную окраску.

§ 55. Согласные перед [j] ([i])

1. Все согласные, кроме *ш* и *ж*, перед так называемым разделительным *ь* (в устной речи перед [j]) произносятся мягко. Например, слова *пью, пьёшь, пьём, пьют; бью, бьёшь, бьют; семья*,

семью, семьи; скамья; воробья, воробью; муравья, муравьём; сыновья; тряпьё, бабьё, дубьё, хламьё, живьём, вьюк, вьюга, пьян, судья, зятья, колосья, жильё, сырьё, коньяк, вороньё произносятся: [п'jў], [п'j·ош], [п'j·ом], [п'j·ут]; [б'j·у], [б'j·ош], [б'j·ут]; се[м'j·а́], се[м'j·у́], се[м'jи́]; ска[м'j·а́]; воро[б'j·а́], воро[бj·у́]; мура[в'j·а́], мура[в'j·о́м]; сыно[в'j·а]; тря[п'j·о́], ба[б'j·о́], ду[б'j·о́], хла[м'j·о́], жи[в'j·о́м], [в'j·ук], [в'j·у́]га, [п'j·ан], су[д'j·а́], зя[т'j·а́], коло́[с'jъ], жи[л'j·о́], сы[р'j·о́], ко[н'j·а́]к, воро[н'j·о́.].

Особое внимание надо обратить на мягкое произношение губных перед разделительным *ь*, так как в ряде говоров губные в этом положении произносятся твердо, а под влиянием таких говоров твердое произношение губных проникает и в литературный язык. Произношение [пjў], [бjў], [вj·у́]га, се[мj·а́] не может считаться правильным.

2. Перед так называемым разделительным *ъ* (в устной речи перед [j] или [i̯], обычно на стыке приставки и корня) смягчается приставка *с-*, не образующая слога: [с'jел], [с'jе́]здил, [с'jе́]хались, [с'j·о́]мка. Обычно смягчается перед [j] также приставка *в-*, как и *с-*, не образующая слога: [в'jе]зд, [в'jе́]хать, [в'i̯и^е]зжа́ть, [в'jе́]лся, [в'i̯и^е]да́ться, [в'jӑв'jе.

Чаще смягчается также согласный [з] приставки *из-*: и[з'jӑ]ть, и[з'j·а́]н, и[з'i̯и^е]ви́тельное, и[з'i̯и^е]сня́ться, [из'jе́з'д'ил].

Согласный [з] приставки *раз-* употребляется как со смягчением в соответствии со старыми московскими нормами, так и без смягчения (или с неполным смягчением): ра[з'jе́]хались, ра[з'jе́]ло, ра[з'jи^е]сни́ть, ра[з'i̯и^е]рённый и ра[зjе́]хались, ра[зjе́]ло, ра[зjи^е]сни́ть, ра[зi̯и^е]рённый.

Согласные [т], [д], [б] приставок *от-*, *под-*, *над-*, *перед-*, *об-* перед [j] в современном русском языке не смягчаются: о[тjе́]хал, о[тjе́]лся, о[тi̯и^е]да́ться, о[тj·а́]вленный; по[дjе́]хал, по[дjе́]л, пре[дj·а́]влен, пре[дi̯и^е]ви́ть, по[дjо́]м; о[бjе́]хал, о[бjе́]лся, о[бi̯и^е]да́ться, о[бj·а́]влен, о[бj·о́]м. Произношение этих приставок с мягкими согласными [т], [д], [б] в соответствии со старыми московскими нормами в настоящее время приобретает все больше и больше характерный просторечный оттенок: о[т'jе́]хал, по[д'jе́]хал, о[б'jе́]хал. В словах о[бjе́]кт, су[бjе́]кт также произносится твердое [б].

3. На стыке предлога, кончающегося твердым согласным, и следующего слова, начинающегося с [j] (или [i̯]), в одних случаях произносится мягкий согласный, в других, чаще, твердый. Предлог *с*, не образующий слога, перед [j] произносится как [с']: [с'-j·у́]га, [с'-j·а́]коря, [с'-jе́]ли. Предлоги *из, без* в этом положении могут произноситься как с мягким [з'], так и с твердым: [из'-j·а́]мы, [из'-jӑ]сеня, бе[з'-j·у́]мора и [из-j·а́]мы и др. Произношение с твердым [з] характеризует книжный стиль речи, а также слова, специфически литературные по своему характеру, слова иноязычного происхождения, в прошлом отсутствовавшие в живом народном языке: бе[з-jӱ]рисди́кции, и[з-i̯ə]кобинцев (*из якобинцев*). Конечный согласный предлога *через* произносится так же, как и у предлогов *из, без*: чере[з'-jӑ]му,

чере[з'-j·ý]мор и чере[з-j· á]му, чере[з-j·ý]мор. Однако если предлог *через* имеет свое (хотя обычно и ослабленное) ударение, то конечный согласный произносится твердо (и, кроме того, оглушается, т. е. произносится в виде [с]): чёре[с-j·á]му, чёре[с-j·ý]жный берег.

На конце предлогов *от, под, над, перед* перед [j] следующего слова произносятся твердые согласные [т], [д]: о[т-j·ó]лки, о[т-j·ý]мора, о[т-j·ý]ры, по[д-j·ó]лкой, на[д-j·ó]лкой, пере[д-j·á]мой. Произношение с мягкими [т], [д], в прошлом свойственное московским нормам, в настоящее время приобрело характер произношения устарелого или просторечного. Поэтому произношение о[т'-j·ó]лки, пере[д'-j·á]мой и т. д. рекомендовано быть не может.

ДВОЙНЫЕ СОГЛАСНЫЕ

§ 56. Двойные согласные между гласными

1. При стечении между гласными двух одинаковых согласных или согласных, отличающихся друг от друга глухостью — звонкостью, на стыке морфологических частей слова, а также на стыке слов произносится двойной согласный.

Образование двойного согласного может быть различным в зависимости от того, является ли он взрывным, который представляет собой звук мгновенный и не может быть протянут, или невзрывным (фрикативным, сонорным), который может быть продлен. Если сочетаются согласные фрикативные или сонорные (т. е. такие, которые можно тянуть, продлевать), то двойной согласный вместе с тем является и долгим, т. е. образуется путем продления. Примеры: [рʌс:áдъ] (*рассада*), [б'эз:ʌбóтнъi̯] (*беззаботный*), [дáн:ъi̯] (*данный*). Если же сочетаются согласные взрывные, являющиеся мгновенными, такими, которые не могут протягиваться, то двойной звук образуется с долгим затвором, т. е. с некоторой выдержкой, как бы паузой перед взрывом, перед размыканием органов речи. Примеры: [лᵈд·áт'] (*отдать*),]лᵀтʌш':и́т'] (*оттащить*). Эта выдержка или пауза обозначена здесь соответствующей маленькой буквой слева над основной буквой согласного. В фонетической транскрипции можно не делать этого различия, и в обоих случаях двойное образование согласного можно обозначать двумя точками после буквы согласного, т. е. транскрибировать не только [рʌс:áдъ], но и [ʌт:áш':ит]. Именно так обозначаются двойные согласные в приведенных ниже примерах:

зз и *сз:* [ръз:ʌдóр'ил] (*раздадорил*), [б'эз:ʌбóтнъi̯] (*беззаботный*), [из':áбнут'] (*иззябнуть*), [з:á·д'и] (*сзади*);

сс и *зс:* [рʌс:óл] (*рассол*), [рʌс:óхсъ] (*рассохся*), [б'иᵉс:ó·в'эснъi̯] (*бессовестный*), [въс:лздá·т'] (*воссоздать*), [ис':иᵉлá] или [исс'иᵉлá] (т. е. с твердым началом и мягким продолжением двойного [с]) (*из села*);

тт и *дт:* [ʌт:ʌскá·т'] (*оттаскать*), [ʌт:óргнут'] (*отторгнуть*), [ʌт':и́снут'] (*оттиснуть*), [път:ʌлкнý·т'] (*подтолкнуть*), [ʌт:ʌвó] (*оттого* и *от того*), [ʌт':éх] (*от тех*);

дд и *тд*: [плд:а́·т'] (*поддать*), [плд':е́лкъ] (*подделка*), [лд:у́шынъ] (*отдушина*), [лд':е́л] (*отдел*), [плд:о́мъм] (*под домом*);

бб и *пб*: [лб:о́рт] (*об борт*), [лб':е́р'эк] (*об берег*) или [лᵇб':е́р'эк] (т. е. с твердым затвором и мягким взрывом), [гр'·о́б:ы] (*грёб бы*), [лс'л'е́б:ы] (*ослеп бы*);

бп: [о́п:ъл] (*об пол*), [лп':е́ч'] (*об печь*) или [лᵖп'е́ч'] (т. е. с твердым затвором и мягким взрывом);

вв: [в:ос] (*ввоз*), [в:ыс'] (*ввысь*), [в':о̀л] (*ввёл*), [в':ерх] (*вверх*), [в:а́·т'ə] (*в вате*), [в':ин'е́] (*в вине*);

вф: [ф:о́рм'ə] (*в форме*), [ф':йрм'ə] (*в фирме*), [ф:акту́·р'ə] (*в фактуре*), [ф':игу́·р'ə] (*в фигуре*);

нн: [ко́н:ы̂ɪ̯] (*конный*), [лко́н:ы̂ɪ̯] (*оконный*), [цэ̂н:ы̂ɪ̯] (*ценный*), [влjе́н:ы̂ɪ̯] (*военный*), [пъстлро́·н':əɪ̯] (*посторонний*);

лл: [гул':и́вы̂ɪ̯] (*гулливый*).

В русском языке имеется тенденция к упрощению двойных согласных, которая, однако, не осуществляется на морфологических стыках. При сочетании на стыках морфем одинаковых согласных, отличающихся твердостью-мягкостью, необходимо произносить двойной согласный. Встречающийся в индивидуальном произношении, а также в русском произношении украинцев и уроженцев Украины на морфологических стыках согласный нормальной длительности (или без удлинения выдержки) следует считать неправильным. Таким образом, правильно произношение: [да́н:ы̂ɪ̯] (*данный*), [лт:а́ш':ит] (*оттащит*), [цэ̂н:ы̂ɪ̯] (*ценный*), [стлр'и́н:ы̂ɪ̯] (*старинный*), [н'эслмн'е́н:ъ] (*несомненно*), и неправильно: [да́ны̂ɪ̯], [лта́ш':ит], [цэ̂ны̂ɪ̯], [стлр'и́ны̂ɪ̯], [н'эслмн'е́нъ].

2. Если отсутствуют морфологические стыки, то при написании с двумя одинаковыми согласными в одних случаях в соответствии с правописанием произносится двойной согласный, а в других — и притом в значительно большей части — вопреки правописанию произносится согласный нормальной длительности (или с затвором без удлиненной выдержки), т. е. так, как если бы была написана одна согласная буква.

Две одинаковые буквы согласных, кроме случаев, разобранных выше (в п. 1), пишутся главным образом в словах иноязычного происхождения, причем с точки зрения морфологического членения этих слов в русском языке они обычно находятся не на стыке значимых частей слова (морфем). Произношение двойного согласного или согласного нормальной длительности (для взрывных — без удлиненной выдержки) в этих словах не регулируется какими-либо правилами фонетического или грамматического характера, а зависит от ряда обстоятельств (о них см. ниже). В некоторых случаях имеется двоякое произношение — с двойным согласным и без него.

Замечено, что произношение двойного согласного прочно сохраняется в ряде общеупотребительных слов в положении непосредственно после ударного гласного: ср. *доллар* [до́л:ър], *масса* [ма́с:ъ], *касса* [ка́с:ъ], *гамма* [га́м:ъ], *сумма* [су́м:ъ], *группа* [гру́п:ъ], *ванна* [ва́н:ъ], *тонна* [то́н:ъ], *финны* [ф'и́н:ы], *панна* [па́н:ъ]. Однако употребление двойного согласного не определяется в полной мере указанным фонетическим положением, так как тот же двойной согласный произносится и в других положениях. Так, например, рядом с *масса* [ма́с:ъ] с двойным согласным могут произноситься слова *массовик* [мъс:лв'и́к], *массовка* [млс:о́фкъ], а также *ассимиляция, диссимиляция, ассонанс, шоссе* и др. с двойным согласным после предударных гласных. Двойной согласный [л] произносится не только в слове *доллар* [до́л:ър] (после ударного гласного), но и в слове *мулла* [мул:а́] (после предударного гласного), не только в *эллин* [э́л':ин] (после ударного гласного), но и в словах *Эллада* [ел:а́дъ], *эллинист* [ел':ин'и́ст], [ел':ин'и́зм] (после предударных гласных). Двойной согласный [н] произносится не только в словах *ванна* [ва́н:ъ], *бонна* [бо́н:ъ], *тонна* [то́н:ъ] (после ударного гласного), но и в словах *анналы* [ан:а́лы], *аннотация* [ан:ата́цыѣ].

Для сохранения или, напротив, утраты в произношении двойного согласного не на стыке морфем имеет, видимо, известное значение наличие или отсутствие в русском языке данного двойного согласного на стыке морфем. Так, например, двойной [р] на стыке морфем в русском языке отсутствует. Возможно, с этим связано то, что не на стыке морфем вопреки написанию оно никогда не произносится: ср. *терраса* [т'иерáсъ], *корректор* [клр'е́ктър], *суррогат* [сурлга́т] и др. Двойной [л] также практически не встречается в русском языке на стыке морфем (отметим единичное *гулливый* [гул':и́въѣ]), в связи с чем лишь в редких случаях оно сохраняется в произношении не на стыке морфем. Напротив, двойные согласные [н] и [с] широко известны в русском языке на стыке морфем. Возможно, что отчасти в связи с этим двойные [н] и [с] не на стыке морфем чаще сохраняются в произношении, чем другие.

В русском языке, как уже было отмечено, действует тенденция к упрощению двойных согласных, которая особенно сильно проявляется не на стыке морфем в словах иноязычного происхождения, тенденция к произношению в этих случаях согласного нормальной длительности (или с нормальным затвором, без удлиненной выдержки). Эта тенденция более полно осуществляется для тех двойных согласных, которые не встречаются в русских словах на стыке морфем, и, напротив, в той или иной мере задерживается для тех, которые встречаются также на стыке морфем, так как на стыке морфем, как известно (см. выше), произношение двойных согласных между гласными сохраняется.

Вне зависимости от положения двойного согласного по отношению к ударению (имеются в виду согласные не на стыке морфем в словах иноязычного происхождения) произношение двойного согласного чаще сохраняется в словах, носящих книжный характер или относящихся к специальным отраслям знания, к терминологии. Ср. *аллопат* [ал:лпа́т], *аллоскоп* [ал:лско́п], *газелла* [глзэ́л:ъ], *эллин* [э́л':ин], *эллинизм* [ел':ин'и́зм], *ассимиляция* [лс':им'ил'а́цыѣ], *ассонанс* [лс:лна́нс], *брависсимо* [брлв'и́с:имъ], *вассал* [влс:а́л], *диссимиляция* [д'ис':им'ил''а́цыѣ], *диссонанс* [д'ис:лна́нс], *инкассо* [инка́с:о], *пассат* [пʌс:а́т], *пассеизм* [пʌс:эи́зм], *пассив* [пʌс':и́ф], *пианиссимо* [п'�334ʌн'и́с':имъ], *аммоний* [ʌм:о́·н'иі̯], *аммонал* [ʌм:ʌна́л], *имманентный* [им:ан'е́нтнъі̯], *иммунитет* [им:ун'ит'е́т], *иммортель* [им:ʌртэ́л'], *брутто* [бру́т:ъ], *нетто* [нэ́т:ъ], *гетто* [г'е́т:ъ], *диффамация* [д'иф:ама́цыі̯ъ], *мокко* [мо́к:ъ], *сирокко* [с'иро́к:ъ], *экк. р* [э̇к':əр].

Во многих общеупотребительных словах иноязычного происхождения произношение двойных согласных характеризует нарочито книжный стиль, не соответствующий их общенародности, например: *бассейн* [бʌс'е́і̯н], *классовый* [кла́с:ъвъі̯], *профессор* [прʌф'е́с:ър] или [профэ́с:ър], *аттестат* [ʌт':иᵉста́т], *иллюзия* [ил':у̇з'иі̯ъ], *коллега* [кʌл':е́гъ] или даже [кол':е́гъ]. Можно рекомендовать избегать такого произношения приведенных слов и произносить их без двойных согласных: [бʌс'е́і̯н], [кла́съвъі̯], [прʌф'е́с:ър], [ʌт'иᵉста́т], [ил'у̇з'иі̯ъ], [кʌл'е́гъ].

Приведем материал по отдельным орфографическим сочетаниям двойных согласных, начиная с более употребительных. Чтобы не загромождать его фонетической транскрипцией, после каждого слова в скобках указывается наличие, отсутствие или допустимость (в последнем случае пометой „доп.") произношения соответствующего двойного согласного. Например, *аллопат* [л:], *баллон* [л], *аллея* [л'], *силлогизм* (доп. [л]).

лл: аллего́рия [л'], аллегре́тто [л'], алле́я [л'], аллитера́ция (доп. [л':]), аллопа́т (доп. [л]), аллоско́п (доп. [л]), аллю́р [л'], апелля́ция [л'], апелляцио́нный [л'], балла́да [л], балла́ст [л], балли́стика [л'], балло́н [л], баллоти́ровать [л'], баллотиро́вка [л], белладо́нна [л], беллетри́стика [л'], биллио́н [л'], бруцеллёз [л'], бюллете́нь [л'], газе́лла [л:], галлици́зм [л'], галлома́н [л:], галло́н [л], галлюцина́ция [л'], голла́ндский [л], до́ллар [л:], иди́ллия [л'], иллю́зия [л'], иллюзо́рный [л'], иллюмина́ция [л'], иллюстра́ция [л'], интелле́кт [л'], интеллектуа́льный [л'], интерпелля́ция [л'], капилля́р [л'], капилля́рный [л'], колле́га [л'], коллегиа́льный [л'], колле́жский [л'], коллекти́в [л'], коллективиза́ция [л'], колле́ктор [л'], колле́кция [л'], колли́зия [л'], колло́дий [л], коллоида́льный [л], колло́идный [л], колло́квиум [л], кристаллиза́ция [л'], кристалли́ческий [л'], металлу́рг [л], металли́ческий [л'], миллиарде́р [л'], миллигра́мм [л'], миллиме́тр [л'], миллио́н [л'], моллю́ск [л'], мулла́ [л:], нове́лла [л:], новелли́ст [л'], нуллифика́ция [л'], паралле́ль [л'], параллелепи́пед [л'], парцелля́рный [л'], силлаби́ческий (доп. [л]), силлоги́зм (доп. [л]), стелла́ж [л], филлоксе́ра [л], э́ллин [л':], эллини́зм [л':], эллини́ст [л':], э́ллипс [л'], элли́псис [л'], эллипти́ческий [л'].

сс: агре́ссия [с'], агресси́вный [с'], агре́ссор [с], ассамбле́я [с], ассениза́тор [с'], ассигнова́ние [с'], ассигнова́ть [с'], ассимиля́ция [с':], ассисте́нт [с'], ассона́нс [с:], ассортиме́нт [с], ассоциа́ция [с], бассе́йн [с'], биссектри́са (доп. [с']), брави́ссимо [с':], васса́л [с:], васса́льный [с:], глисса́ндо [с], гли́ссер (доп. [с']), депре́ссия [с'], депресси́вный [с'], диску́ссия [с'], дискуссио́нный [с'], дрессиро́вка [с'], дрессирова́ть [с'], импрессиони́зм [с'], инка́ссо [с:], ка́сса [с:], ка́ссовый [с:], касса́ция [с], кассе́та [с'], касси́р [с':], касси́ровать (доп. [с']), кессо́н [с], кессо́нный [с], кла́ссик [с'], классици́зм [с'], класси́ческий [с'], классифика́ция [с'], кла́ссовый [с], комисса́р [с], комиссионе́р [с'], комиссио́нный [с'], коми́ссия [с'], компре́ссор [с], концессионе́р [с'], концессио́нный [с'], конце́ссия [с'], массажи́стка [с], ма́сса [с:], масси́в [с':], масси́вный [с':], массови́к [с:], массо́вка [с:], ма́ссовый [с:], миссионе́р [с'], ми́ссия [с'], ми́ссис [с:'], пасса́жи́р [с], пасса́т [с:], пассеи́зм [с:], пасси́в [с':], па́ссия (доп. [с']), пессими́зм [с':], пиани́ссимо [с':], плиссе́ [с], плиссиро́вка [с'], пре́сса (доп. [с]), прессова́льный [с], прессо́ванный [с], прессо́вка [с], прогресси́вный [с'], прогре́ссия [с'], профе́ссия [с'], профе́ссор [с], профессу́ра [с], проце́ссия [с'], процессуа́льный [с], режиссёр [с'], режисси́ровать [с'], режиссу́ра [с], реннеса́нс [с], репре́ссия [с'], репресси́ровать [с'], репресса́лии [с], рессо́ра [с], тесситу́ра [с'], тра́сса (доп. [с]), трасси́рованный [с'], шоссе́ [с:], шоссе́йный [с:], экспресси́вный [с'], экспрессиони́зм [с'], экспре́ссия [с'], эмисса́р [с], эмиссио́нный [с'], эми́ссия [с'], эссе́нция [с'].

рр: баррика́да [р'], баражи́ровать [р], барра́ж [р], геморро́й [р], корректи́в [р'], корре́ктный [р'], корре́ктор [р'], корректу́ра [р'], коррелятивный [р'], корреляцио́нный [р'], корреля́ция [р'], корреспонде́нт [р'], корро́зия [р], коррози́йный [р], коррупи́ровать [р], корру́пция [р], суррога́т [р], терра́са [р], террако́та [р], террито́рия [р'], терро́р [р], террори́ст [р], терроризи́ровать [р].

Как видно из примеров, на месте двойного написания *рр* всегда произносится согласный нормальной длительности.

Среди ряда слов, сохраняющих произношение двойного [м], выделяются такие, в которых *мм* встречается на стыке морфем, иноязычных по происхождению, однако в какой-то мере сохраняющих морфологическую членимость в русском литературном языке: *иммaтериальный* (ср. *материальный*), *иммигрант* (ср. *эмигрант*, *миграция*). Эти слова, таким образом, могут быть подведены под категорию слов с двойным согласным на стыке морфем.

мм: аммиа́к [м'], аммона́л (доп. [м]), аммо́ний (доп. [м]), асимметри́чный [м'], асимметри́я [м'], грамма́тика [м], граммофо́н [м], гуммиара́бик [м'], гу́мма [м:], имманентный [м:], иммaтериа́льный [м:], имморте́ль [м:], иммуните́т [м:], картогра́мма [м:], коммента́рий [м'], коммента́тор [м'], комменти́ровать [м'], коммерса́нт [м'], комме́рция [м'], комме́рческий [м'], коммивояжёр [м'], комму́на (доп. [м:]), коммуна́льный (доп. [м]), коммуна́р (доп. [м]), коммуни́зм (доп. [м]), коммуника́ция (доп. [м]), коммуни́ст (доп. [м]), коммута́тор [м], коммута́ция (доп. [м]), ле́мма [м:], програ́мма [м:], симмента́льский [м'], симметри́чный [м'], симметри́я [м'], су́мма [м:], сумма́рный [м:], сумми́ровать [м:], телегра́мма [м:], радиогра́мма [м:].

пп: аппара́т [п], аппе́ндикс [п'], апперце́пция [п'], аппети́т [п'], гру́ппа (доп. [п:]), группе́тто [п:], группирова́ть [п'], группово́д (доп. [п]), группово́й [п], группови́щина [п], иппoдро́м [п], оппози́ция [п], оппозиционе́р [п], оппозицио́нный [п], оппоне́нт [п], оппони́ровать [п], оппортуни́ст [п], оппортунисти́ческий [п], тру́ппа (доп. [п:]).

тт: атташе́ [т], аттеста́т [т'], атти́ческий [т':], бру́тто [т:], венде́тта [т], ге́тто [т:], гуттапе́рча [т], гуттапе́рчевый [т], готтенто́т [т'], котте́дж [т], либре́тто [т], либретти́ст [т'], не́тто [т:], се́ттер [сэ́тэр].

кк: акко́рд [к], аккумуля́тор [к], аккура́тный [к], баро́кко (доп. [к]), жакка́рдовый [к], мо́кко [к:], оккульти́зм [к], окку́льтный [к], оккупацио́нный [к], оккупа́ция [к], оккупи́ровать [к], сиро́кко (доп. [к]), э́ккер [к':].

фф: аффе́кт [ф'], аффекта́ция [ф'], а́ффикс [ф'], диффама́ция [ф:], дифференциа́ция [ф'], дифференци́ровать [ф'], диффу́зный [ф], эффе́кт [ф'], эффекти́вность [ф'], эффекти́вный [ф'].

П р и м е ч а н и е. Отметим случаи, когда в словах иноязычного происхождения не на стыке ясно различимых морфем пишется сочетание *вф*, которому в произношении соответствует двойной согласный [ф]: эвфеми́зм [еф':им'и́зм], эвфони́я [еф:он'и́iъ].

нн: анна́лы [н:], анне́ксия [н'], аннота́ция [н:], аннули́ровать [н], бо́нна [н:], ва́нна [н:], гу́нны [н:], канниба́л [н'], коло́нна (доп. [н:]), колонна́да [н], колонновожа́тый [н], мадо́нна [н:], ма́нна [н:], па́нна [н:], панно́ [н:], спи́ннинг [н'], те́ннис [н'], то́нна [н:], фи́нны (доп. [н]).

Мы привели наиболее часто встречающиеся орфографические сочетания двойных согласных. Другие сочетания встречаются редко, например *бб*: абба́т [лб:а́т], babbit [блб'и́т]; *вв*: равви́н, обычно произносится [рлв'и́н]; *чч*: пиччика́то, обычно произносится [п'ич'ика́т]; *каприччио*, в тщательном произношении [клпр'и́ч:ио], в разговорном [клпр'и́ч'иъ]; *цц*: интерме́ццо, обычно произносится [интэрм'е́ц:о]; *пала́ццо*, в тщательном произношении [плла́ц:о].

3. Из предыдущего изложения видно, что при стечении двух одинаковых согласных на стыке морфем произносится двойной согласный, а не на стыке — имеется тенденция к утрате долготы (или длительности выдержки), которая в значительной части случаев осуществляется, в связи с чем произносится согласный нормальной длительности (или с нормальной выдержкой затвора). Однако, кроме случаев, где есть морфологический стык или он отсутствует, в русском языке имеются случаи, в которых вообще есть морфологический стык, но он по тем или иным причинам утрачивается, слабо ощущается или уже вовсе утрачен. Естественно, что в таких случаях наблюдается колебание в произношении, а если стык совсем утрачен, то произносится согласный нормальной длительности (или с нормальной выдержкой), так же как при отсутствии стыка. Например, слово *одиннадцать* произошло от „один на десяте", т. е. здесь имеется морфологический стык, который, однако, слабо выделяется (этот стык поддерживается лишь числительными *двенадцать* и *тринадцать*), в связи с чем в этом слове не произносится двойного согласного [н]: [лд'и́нц:ът']. Не произносится двойного согласного и в слове *гривенник* ([гр'и́в'эн'ик] — это связано, видимо, с отсутствием в современном русском языке слова *гривенный*), а также *ставленник*, *лиственница*. Может не произноситься двойной согласный в сло-

вах *вольноотпущенник, ремесленник, помазанник, воспитанник,* что, возможно, объясняется воздействием на эти слова отглагольных существительных с суффиксом *-ик* (*ученик, мученик, путаник* и др.), в результате чего стирается старый морфологический стык. Может не произноситься двойной [н] в словах *утренник, племянник.*

Двойной [н] обычно не произносится в первой части сложных слов, например в таких словах: *законнорождённый* (в первом случае), *машинно-тракторный, каменноугольный.* В первой части этих сложных слов морфологический стык затемняется, стирается в связи с тем, что самостоятельное слово с двойным [н] на стыке морфем становится частью слова, как бы морфемой сложного слова. Это обстоятельство, а также то, что имеются близкие образования, в которых первая часть не осложнена вторым, суффиксальным [н], способствует утрате в произношении двойного согласного (ср. *законнорождённый* и *законодательный, каменноугольный* и *каменоломный, машинно-тракторный* и *машиностроительный*). При наличии на первой части сложного слова побочного ударения (примеры см. выше) может произноситься все же двойной согласный [н] в соответствии с написанием.

§ 57. Двойные согласные на конце слова

В русском языке действует тенденция к утрате долготы согласного (или продления выдержки) на конце слова. Не произносятся на конце слова двойные взрывные согласные: *ватт* [т], *кокк* [к], *стафилококк* [к], *стрептококк* [к] (при отсутствии двойного [к] и между гласными: *стафилококка* [к], *стрептококки* [к']), *групп* [п], *трупп* [п] (род. пад. множ. ч. от слов *группа, труппа*, которые в положении между гласными могут сохранять двойной согласный [п]). Обычно не произносятся на конце слова двойные шумные фрикативные согласные: ср. *кросс* [с], *класс* [с], *конгресс* [с], *компромисс* [с], *прогресс* [с], *процесс* [с], *мисс* [с]. Впрочем, при изменяемости этих слов между гласными также произносится[с]: ср. *кросса* [с], *класса* [с], *конгресса* [с], *прогрессом* [с] и т. д. В форме же род. пад. множ. ч. *касс, масс* (от *касса, массса*) двойной согласный, по крайней мере в тщательной речи, сохраняется, что объясняется воздействием других падежных форм, где в положении между гласными произносится [с:]: ср. *касс* [с:] при *касса* [с:], *кассу* [с:]; *масс* [с:] при *масса* [с:], *массу* [с:].

Двойные согласные сонорные [м], [н], [л] на конце слова вообще могут произноситься. Однако они произносятся далеко не во всех случаях. Так, слово *грамм* произносится без двойного согласного на конце слова, как и перед гласным: *грамм* [м], *грамма* [м], *килограмм* [м], *килограмма* [м]. Слово *программа* обычно произносится с двойным [м], но на конце слова в форме род. пад. множ. ч. чаще произносится без двойного согласного: ср. *программа* [м:] и *программ* [м] и [м:]. Форма род. пад. множ. ч. *сумм* обычно удерживает двойной согласный под воздействием других форм, где двойной согласный произносится между гласными: ср. *сумм* [м:] и *сумма* [м:]. Двойной согласный [н] обычно не произносится на конце слова *финн, гунн* при сохранении его в положении между гласными: *финн* [н], но *финны* [н:], *гунн* [н], но *гунны* [н:]; то же можно сказать о форме род. пад. множ. ч. *тонн: пять тонн* [н], но *тонна* [н:]. В форме род. пад. множ. ч. *мадонн* двойной согласный удерживается только в тщательном произношении: *мадонн* [н:], при [н] в разговорной речи; ср. *мадонна*: между гласными обычно долгий [н]. В формах род. пад. множ. ч. *бонн, ванн* двойной согласный [н] обычно сохраняется: *бонн* [н:], *ванн* [н:]. Двойной согласный [л] на конце слова чаще не произносится: *металл* [л] при *металла* [л], *металлу* [л]; *балл* [л] при *балла, баллу* [л] и [л:]; *атолл* [л] при *атолла* [л] и [л:]; *галл* [л] при *галла* [л:]; *холл* [л] при *холла* [л] и [л:]. В форме род. пад. множ. ч. *вилл* двойной согласный сохраняется под воздействием других падежных форм: *вилл* [л:] и *вилла* [л:], *виллу* [л:]. Впрочем, твердой нормы произношения двойных согласных [м], [н], [л] на конце слова нет. В отличие от взрывных согласных, сонорные могут произноситься на конце как двойные. Но общая тенденция к утрате двойных согласных действительна и для сонорных. Последние нередко сохраняют двойной характер согласных под воздействием других форм тех же слов, где двойной согласный находится перед гласным. Например, произносится [бон:], [ф'ин:] под воздействием [бон:ъ], [ф'ин:ы].

§ 58. Двойные согласные в начале слова перед гласным

В начале слова перед гласным двойные согласные обычно представлены на стыке морфем и потому сохраняются в произношении (ср. *ввод* [в:от], *ссылать* [с:ылат'] и др.). В тех немногих случаях, когда морфологический стык отсутствует или ощущается слабо, двойной согласный может не произноситься. Так, при написании *ссора, ссориться* обычно произносится не [с:], а [с]; то же и между гласными в этом корне: *поссориться*. Слова *ссутулиться, ссутуленный* также могут произноситься без двойного согласного, в отличие от слов *ссуда, ссудить, ссылка* и др., где двойной согласный сохраняется в произношении.

§ 59. Двойные согласные после гласного перед согласным

Двойные согласные после гласного перед согласным обычно не произносятся, за исключением тех случаев, когда отдельные согласные, образующие сочетание двойного согласного, относятся к разным морфемам.

1. Двойной согласный после гласного перед согласным в словах иноязычного происхождения не на стыке ясно различимых морфем не произносится. Ср. *аппликация* [лпл'икацыъ], *аппретура* [лпрэтуръ], *аттракцион* [лтрлкцыон], *сеттльмент* [сэтл'м'ент], *аффриката*

[ʌфр'икáтъ], *аккредитив* [ʌкр'эд'ит'иф], *акклиматизация* [ʌкл'имът'изáцыі̯].

Двойной согласный не произносится также в производных словах иноязычного происхождения перед исконными русскими суффиксами -к-, -н-: *группка* [грýпкъ], *труппка* (небольшая труппа) [трýпкъ], *балльный* [бáл'нъі̯], *классный* [клáснъі̯], *программный* [прʌгрáмнъі̯], *программка* [прʌгрáмкъ].

2. Двойные согласные на стыке приставки и корня в положении после гласного перед согласным произносятся в тех случаях, когда входящие в его состав согласные распределяются между предыдущим и последующим слогами. Например, *расспорились* произносится [рʌс/спó·р'ил'ис']. Практически здесь речь идет о произношении двойных согласных[с:], [з:] и [ш:] на месте орфографических сочетаний *сс, зз, сш*.

ззв: беззвёздный [б'иᵉз'/з'в'·óзнъі̯], воззвание [вʌз/звá·н'иі̯ə], раззвонить[ръз/звʌн'и́·т'], беззвучный [б'иᵉз/звý·ч'нъі̯];

ззн: раззнакомились [ръз/знʌкó·м'ил'ис'];

ззр: воззрился [вʌз/зр'и́лсъ];

ссв: бессвязный [б'иᵉс'/с'в'·áзнъі̯], иссверлить [ис'/с'в'иᵉрл'и́т'];

ссл: бесследный [б'иᵉс'/с'л'éднъі̯], бесславный [б'иᵉс/слáвнъі̯], бессловесный [б'əс/слʌв'éснъі̯], исследовать [ис'/с'л'éдъвът'], исслюнявить [ис'/с'л'ӳн'а́в'ит'], восславить [вʌс/слá·в'ит'], расследовать [рʌс/с'л'éдъвът'], расслышать [рʌс/слы́шът'], расслабленный [рʌс/слáбл'əн:ъі̯], расслоение [ръс/слʌjе́н'иі̯ə];

ссм: бессмертный [б'иᵉс'/с'м'éртнъі̯], бессмыслица [б'иᵉс/смы́·сл'ицъ], рассмешить [ръс'/с'м'иᵉшы́·т'];

ссн: бесснежный [б'иᵉс'/с'н'éжнъі̯];

ссп: бесспорный [б'иᵉс/спóрнъі̯];

сср: бессрочный [б'иᵉс/сро·ч'нъі̯], рассрочить [рʌс/сро·ч'ит'], рассредоточить [ръс/ср'əдʌтó·ч'ит'];

сст: бесстыдство [б'иᵉс/сты́цтвъ], бесстыдный [б'иᵉс/сты́днъі̯], исстегать [ис'/с'т'иᵉгá·т'];

сшв: расшвырять [ръш/швыр'·а́·т'];

сшн: расшнуровать [ръш/шнурлвá·т'].

В некоторых случаях слова с разобранными сочетаниями произносятся иначе: одинаковые согласные, начинающие собой сочетание, упрощаются, произносится один согласный, который отходит к следующему слогу. Это бывает обычно в тех случаях, когда морфологическое членение слова оказывается не вполне ощутимым, недостаточно ярким, а также когда слово бывает особенно употребительным или относится к просторечию. Это бывает также и в других словах, но в беглой речи. Примеры: *восстание* [вʌстá·н'иі̯ə], *восстановление* [въстʌнʌвл'éн'иі̯ə], *расстегай* [ръс'т'иᵉгá·і̯], *расстёгивать* [рʌс'т'·óгъвът'], *расставаться* [ръстʌвáц:ъ], *расстался* [рʌстáлсъ], *расстановка* [ръстʌнóфкъ], *расстояние* [ръстʌjа́н'иі̯ə], *расстелить* [ръс'т'иᵉл'и́т'], *расстилать* [ръс'т'илá·т'], *бесстыжий* [б'иᵉсты́жъі̯].

бесстыдник [б'и^ʼе^сты̂д'ник]. Некоторые из этих слов в очень отчетливом произношении могут сохранять двойной согласный: [влс/ста́·н'иi̯ə].

Двойной согласный обычно упрощается перед двумя согласными, причем все сочетание отходит к следующему слогу: *расстройство* [рл/стро́i̯ствъ], *расстраивать* [рл/стра́ивът'], *расстрелять* [ръ/стр'и^е^- л'а́т'], *расстреливать* [рл/стр'е́л'ивът'], *расспросить* [ръ/спрлс'и́т'], *расспрашивать* [рл/спра́шъвът], *расспросы* [рл/спро́сы]. Лишь в очень отчетливой, чеканной речи двойной согласный может сохраняться, причем один из одинаковых согласных отходит к предыдущему слогу: *бесстрастный* [б'и^е^с/стра́снъi̯], *бесструнный* [б'и^е^с/стру́н:ъi̯].

П р и м е ч а н и е. Согласный [ш':], обозначаемый буквой *щ*, по времени, которое употребляется для его произношения, не отличается от двойных согласных. Поэтому сочетание [с] с последующим [ш':] — орфографическое *сщ* произносится в целом по тем же правилам, что и рассмотренные только что *ззв*, *ссл* и др. При отчетливом морфологическом членении согласный на месте *с* отходит к предыдущему слогу, а при отсутствии или нечеткости стыка отходит, напротив, к последующему слогу и упрощается, растворяется в [ш':]: рлш́|ш':о́лкът'] (*расщёлкать*), [ръш'|ш':и^е^м'и́т'] (*расщемить*), [ръш'|ш':и^е^- п'и́т'] (*расщепить*), [рлш'|ш':и́пъвът'] (*расщипывать*), [иш'|ш':и́пън:ъi̯] (*исщипанный*); ср. произношение [рл|ш':е́п] (*расщеп*), [рл|ш':е́л'инъ] (*расщелина*) при меньшей четкости морфологического стыка, а также в беглой речи.

3. Двойной согласный после гласного перед согласным на стыке корня и суффикса вообще встречается реже, чем на стыке приставки и корня.

В ряде случаев только происхождение слова и отражающая его орфография свидетельствуют о наличии в прошлом двойного согласного: ср., например, *искусство* [иску́ствъ], *искусственный* [иску́·с'- т'в'əн:ъi̯]. Двойной согласный не произносится также в словах *русский, белорусский, французский*: [ру́с]кий, [б'əлру́с]кий, [фрлнцу́с]- кий. Однако в тех случаях, где требуется, чтобы звуковой облик непроизводной основы сохранился по возможности без изменений, двойной согласный сохраняется, причем первый из одинаковых согласных отходит к предыдущему слогу: ср. [ру́|с]кий — *русский* (принадлежащий к русской нации) и [ру́с|с]кий — *рузский* (относящийся к Рузе).

Произношение с двойным согласным отмечается чаще всего тогда, когда непроизводная основа является иноязычной или когда слово не относится к числу общеупотребительных. Ср. на месте *сс*: *пелопоннесский* [п'əлплнэ́с|с]кий, *лесбосский* [л'и^е^збо́с|с]кий, *этрусский* [этру́с|с]кий, *зулусский* [зулу́с|с]кий, *сиракузский* [с'ирлку́с|с]кий, *канзасский* [клнза́с|с]кий, *парнасский* [плрна́с|с]кий, *прусский* [пру́с|с]- кий, *хакасский* [хлка́с|с]кий, *эскимосский* [эск'имо́с|с]кий, *индусский* [инду́с|с]кий, *дамасский* [длма́с|с]кий, *папуасский* [пъпуа́с|с]кий, *тунгусский* [тунгу́с|с]кий; на месте *зс*: *андалузский* [лдллу́с|с]кий, *силезский* [с'ил'е́с|с]кий, *хунхузский* [хунху́с|с]кий, *ревизский* [р'и^е^в'и́с|с]кий.

Однако в некоторых случаях такое произношение отмечено и в словах общеупотребительных: *матросский* [млтро́с|с]кий, *арзамасский* [лрзлма́с|с]кий, *черкесский* [ч'и︎е︎рк'ес|с]кий, *полесский* [плл'е́с|с]кий, *одесский* [лд'е́с|с]кий, *залесский* [злл'е́с|с]кий, *абхазский* [лпха́с|с]кий, *киргизский* [к'ирг'и́с|с]кий.

Для того чтобы ощутить различие в произношении между наличием двойного [с], начало и конец которого распределяются между разными слогами, и отсутствием двойного согласного, полезно сравнить произношение таких слов, как *матросской, абхазской, киргизской* и *матроской, абхазкой, киргизкой* (от *матроска, абхазка, киргизка*): [млтро́с|с]кой и [млтро́|с]кой, [лпха́с|с]кой и [лпха́|с]кой, [к'ирг'и́с|с]кой и [к'ирг'и́с|]кой.

СОЧЕТАНИЯ СОГЛАСНЫХ

§ 60. Сочетания *сш, зш*

На месте сочетаний *сш* и *зш* произносится двойной твердый *ш* — [ш:]: ра[ш:ы́]тый, ра[ш:ы́]рил, бе[ш:]у́мный, возро́[ш:]ий, вле́[ш:]ий, бе[ш:]а́пки (*без шапки*), [ш:]у́мом (*с шумом*).

П р и м е ч а н и е. В слове *сумасшедший* сочетание *сш* не имеет долготы: сума[ш]е́дший; то же в слове *масштаб*: ма[ш]та́б (где *сш* находится перед согласным).

Двойной характер [ш:] может несколько ослабнуть после согласного ([р], [л]), однако в литературном произношении он не должен утратиться. Поэтому орфоэпическим является произношение замер[ш:]ий (*замёрзший*), упол[ш:]ий (*уползший*) со слогоразделом в середине двойного [ш]: замёр[ш|ш]ый. Ср. произношение слов *вымерзший* и *вымерший*: вы́ме[рш|ш]ый, вы́ме[р|ш]ий. Утрата долготы согласным [ш:] иногда имеет место в просторечном произношении и рекомендована быть не может.

§ 61. Сочетания *сч, зч, здч, жч, стч*

Сочетания *сч* или *зч* на стыке корня и суффикса *-чик* произносятся так же, как буква *щ*, т. е. обычно как долгий мягкий [ш]: разно́[ш':]ик, подно́[ш':]ик, подпи́[ш':]ик, перепи́[ш':]ик, раскра́[ш':]ик, разве́[ш':]ик; изво́[ш':]ик, ре́[ш':]ик, прика́[ш':]ик, ука́[ш':]ик, зака́[ш':]ик, обра́[ш':]ик, расска́[ш':]ик, сма́[ш':]ик, обо́[ш':]ик, гру́[ш':]ик. Так же произносятся эти сочетания на стыке корня и суффикса *-чивый*: навя́[ш':]ивый, зано́[ш':]ивый. Рядом с этим, как и на месте буквы *щ* (см. § 29), возможно менее предпочтительное произношение [ш'ч'].

Так же произносится сочетание *сч* в тех случаях, когда приставка не выделяется достаточно ярко: [ш':]а́стье (*счастье*), [ш':и︎е︎]стли́вый (*счастливый*), [ш':]ита́ть (*считать*), [ш':]от (*счет*), [ш':ь]тово́д (*счетовод*), и[ш':]е́з (*исчез*). Впрочем, в этих случаях, в особенности в слове *исчез*, [ш'ч'] произносится все же чаще, чем на стыке корня и суффикса. Слово *чересчур* чаще произносится с [ш'ч']: чере[ш'ч']у́р.

На стыке корня и суффикса -чат-на месте сочетания *сч* (орфографически *сч* или *щ*) обычно произносится [ш'ч']: бру[ш'ч']а́тый, до[ш'ч']а́тый (пишется *брусчатый, дощатый*); то же произносится в слове *веснушчатый*: весну́[ш'ч']атый. Слова *песчанка, песчаный*, а также *вощанка* (где *щ* пишется вместо *сч*) могут произноситься как пе[ш':]а́нка, пе[ш':]а́ный, во[ш':]а́нка. Как видно из предыдущего, [ш':] и [ш'ч'] в рассмотренных случаях не разграничены сколько-нибудь строго.

Сочетание *сч* на стыке ясно выделяемой приставки и корня обычно произносится как [ш'ч']: и[ш'ч']ерка́л, и[ш'ч']а́хнуть, и[ш'ч']ерпа́л, и[ш'ч']и́слить; ра[ш'ч'][ерти́ть, ра[ш'ч']и́слить, ра[ш'ч']ирика́лся, ра[ш'ч']и́стить, ра[ш'ч']еса́ть, ра[ш'ч']иха́ться; бе[ш'ч']ести́ть, бе[ш'ч']е́стный, бе[ш'ч']и́сленный, бе[ш'ч']у́вственный, бе[ш'ч']елове́чный.

Так же обычно произносится сочетание *здч* в слове *бороздчатый*: боро́[ш'ч']атый.

При сочетании на стыке приставки и корня *с* с последующим *сч* произносится долгий мягкий шипящий [ш], причем слогораздел проходит посредине этого звука: ра[ш'|ш']и́тывать (*рассчитывать*).

Сочетания *с+ч* и *з+ч* на стыке предлога и следующего слова следует произносить как [ш'ч']: и[ш'-ч']асти, и[ш'-ч']у́вства, и[ш'ч'·о́]рного, бе[ш'-ч']у́вств, [ш'-ч']е́стью, [ш'-ч']у́вством (*из части, из чувства, из чёрного, без чувств, с честью, с чувством*).

Слова *сейчас* и *тысяча* в разговорной речи, в беглом стиле произношения могут утратить безударный гласный звук (см. § 22). В этом случае оказывается сочетание согласных *сч*, которое произносится как [ш'ч'] или [ш':]: [ш'ч']ас, ты́[ш'ч']а, ты́[ш'ч']у или [ш':]ас, ты́[ш':]а, ты́[ш':]у.

Сочетание *жч* (ср. *мужчина, перебежчик, резче*) произносится как [ш':]: му[ш':]и́на, перебе́[ш':]ик, ре́[ш':]е. Сочетание *стч* в словах *жёстче, хлёстче, хрустче* обычно произносится как [ш':]: жё[ш':]е, хлё[ш':]е, (или хле́[ш':]е) хру́[ш':]е, как и сочетание *здч* в слове *громоздче*: громо́[ш':]е.

§ 62. Сочетания *зж* и *жж*

Сочетание *зж* на стыке приставки и корня произносится как двойной твердый *ж* — [ж:], например: ра[ж:]о́г, бе[ж:]а́лостный, и[ж:]а́рил, и[ж:]о́га, ра[ж:ы]ре́л, [ж:о]г, (*разжёг, безжалостный, изжарил, изжога, разжирел, сжег*). То же произносится на стыке предлога и следующего слова:бе [ж:]ены́, [ж:]ено́й, и[ж:]а́ра, бе[ж:ы́]ра, и[ж:ы́]ра (*без жены, с женой, из жара, без жира, из жира*).

Сочетание *зж* не на стыке приставки и корня (или предлога и следующего слова), а внутри корня, а также сочетание *жж*, употребляющееся всегда внутри корня, в соответствии со старыми московскими нормами произносится как двойной мягкий *ж* — [ж':]. Такое произношение сохранило характер нормы и до настоящего времени, во всяком случае в строгом стиле: его придерживается театр.

Примеры на [ж':] на месте орфографического сочетания *зж* внутри корня: ви[ж':]а́ть, брю[ж':]а́ть, дребе[ж':]а́ть, бре́[ж':]ит, бры́[ж':]ет, размо[ж':]и́ть, размо[ж':]у́, во[ж':]а́ться, е́[ж':]у, пое[ж':]а́й, по́[ж':]е, загромо[ж':]у́ (от *загромоздить*).

Примеры на [ж':] на месте орфографического сочетания *жж*: во́[ж':]и, дро́[ж':]и, со[ж':о́]нный, [ж':о́]нный, [ж':˙о]т, жу[ж':]а́ть. жу[ж':]и́т, мо[ж':]еве́льник. В слове *можжевельник* допустимо также произношение с твердым двойным [ж] — [ж:].

Примечание. В соответствии с теми же старыми московскими нормами двойной мягкий [ж] (на конце слова мягкий [ш]) произносился также на месте орфографического сочетания *жд* в слове *дождь* и производных от него до[ш':], до[ж':]а́, до́[ж':]ик, до[ж':]ево́й, до́[ж':]ичек. Перед согласными двойной характер мягкого [ж] может ослабнуть, а в беглой речи, возможно, даже утратиться совсем: ср. д[лж':ли]вый, точнее д[лж͡ж']ли́вый или д[лж']ли́вый.

В индивидуальной речи встречается произношение этого звука со слабым взрывным элементом в середине — [жд͡ж']: пое[ж'д͡ж']а́й, дро́[ж'д͡ж']и. Такое произношение не может считаться орфоэпическим.

Лишь в одном случае двойной мягкий [ж] может произноситься на месте орфографического сочетания *зж* на стыке приставки и корня — в книжном слове *возжённый*. Это объясняется тем, что вместо *зж* в этом слове должно было бы писаться *зжж* (ср. *жжёный*, *разожжённый* и т. д.): приставка кончается на *з*, а корень начинается с *жж* — ср. *жженый* (в произношении — со звуком [ж':]). Иными словами, здесь [ж':] произносится на месте *жж*.

В настоящее время вместо мягкого двойного [ж] все шире и шире начинает употребляться твердый двойной [ж]: во́[ж:]ы, дро́[ж:]ы, жу[ж:]а́ть, е́[ж:]у, по́[ж:]е. Такое произношение вытесняет собой звук [ж'], соответствующий старым московским нормам, и не может считаться сейчас неправильным. В связи с этим для современного состояния литературного языка мягкий двойной [ж] все в большей степени становится характерной чертой лишь старого московского произношения, а основным постепенно становится [ж:] (твердый). Впрочем, сцена стремится придерживаться старой нормы с мягким двойным [ж], которую и надо считать образцовой.

Следует отметить, что, кроме мягкого произношения двойного [ж] ([ж:]) в слове *дождь* и производных от него, на месте орфографического сочетания *жд*, в соответствии с укрепившимся в русской орфографии книжным написанием, многие нередко произносят [жд']: до́[жд']ик, до[жд'˙а́] и т. д. Произношение до́[ж:ы]к с твердым двойным [ж] является диалектным.

§ 63. Сочетания *тс*, *дс* и *тьс*

На месте сочетания *тс* между гласными на стыке личного окончания 3-го лица и возвратной частицы *-ся* произносится двойной согласный [ц], т. е. [ц] с долгим затвором: несё[ᵗцъ], несу́[ᵗцъ], бой[ᵗцъ], боя́[ᵗцъ], берё[ᵗцъ], беру́[ᵗцъ], про́си[ᵗцъ], про́ся[ᵗцъ]. То же произносится на месте орфографического сочетания *тьс* в инфинитиве: бра́[ᵗцъ], собира́[ᵗцъ], ви́де[ᵗцъ], верте́[ᵗцъ], боя́[ᵗцъ] *(браться, собираться, видеться, вертеться, бояться).*

На месте тех же сочетаний на стыке приставки и корня или предлога и следующего слова произносятся два звука. При этом в разговорной речи звук [т] перед [с] произносится с заметным фрикативным элементом, т. е. близко к [ц]: о[цс]ади́л, по[цс]ади́л, о[цс]ы́пал, по[цс]ы́пал, о[цс]о́х, по[цс]о́х, о[цс]ыре́л, о[цс]оса́л, по[цс]у́нул, по[ц-с]ара́ем, по[ц-с']тено́й. При более отчетливой речи фрикативный элемент может быть мало заметен, в связи с чем произносится [тс]: о[тс]ади́л, по[тс]ади́л и т. д.[1]

На месте сочетаний *тс, дс* после гласного перед согласным на стыке корня и суффикса в разговорной речи произносится [ц]:

тс или *дс* перед *к*: сове́[цк]кий, бра́[цк]ий, солда́[цк]ий, де́[цк]ий, фло́[цк]ий, азиа́[цк]ий, яку́[цк]ий, чуко́[цк]ий *(советский, братский, солдатский, детский, флотский, азиатский, якутский, чукотский);* заво[цк]о́й, горо[цк]о́й, лю[цк]о́й, слобо[цк]о́й, госпо́[цк]ий, уро́[цк]ий, *(заводской, городской, людской, слободской, господский, уродский);*

тс или *дс* перед *тв*: де́[цтвъ], бога́[цтвъ], бра́[цтвъ], коке́[цтвъ], пира́[цтвъ], любопы́[цтвъ] *(детство, богатство, братство, кокетство, пиратство, любопытство);* схо́[цтвъ], насле́[цтвъ], благоро́[цтвъ], садово́[цтвъ], сре́[цтвъ], руково́[цтвъ], уро́[цтвъ], туне́я[цтвъ] *(сходство, наследство, благородство, садоводство, средство, руководство, уродство, тунеядство);* напу́[цтъвът'], любопы́[цтъвът'], соотве́[цтъвът'] отсу́[цтъвът'] *(напутствовать, любопытствовать, соответствовать, отсутствовать);* бе́[цтъвът'], госпо́[цтъвът'], усе́р[цтъвът'], злора́[цтъвът'] *(бедствовать, господствовать, усердствовать, злорадствовать).* Как видно из примеров, в глаголах на -*тствовать* и -*дствовать* в разговорной речи обычно не произносится первый [в].

При более отчетливом произношении в некоторых случаях может выступать [цс]: сове́[цскъ], сре́[цствъ], насле́[цствъ].

В сочетаниях -*тск*, -*дск* на конце слова на месте *тс* или *дс* обычно произносится [ц]: Бра́[цк], Кислово́[цк], Железново́[цк], Петрозаво́[цк]. В косвенных падежах этих слов перед гласным окончания может звучать как [цк], так и [цск] (последнее в более отчетливой речи): в Бра́[цк'ə] и в Бра́[цск'ə], в Кислово́[цк'ə] и в Кислово́[цск'ə].

---

[1] Точнее, здесь произносится [пъᵗцслд'и́л] и т. д.: предшествующий слог кончается затвором, нужным для [т] (обозначаем его маленьким *т* сверху), а следующий начинается с аффрикаты [ц].

§ 64. Сочетания *тц, дц*

На месте сочетаний *тц, дц* произносится аффриката [ц] с долгим затвором: о[ᵗц]á, брá[ᵗц]а *(братца)*, сѝ[ᵗц]а *(ситца)*, тибé[ᵗц]ы, краснофлó[ᵗц]ы, билé[ᵗц]а *(билетца от билетец)*, сюжé[ᵗц]а *(сюжетца от сюжетец)*, о[ᵗц]éпит, по[ᵗц]éпит *(подцепит)*, о[ᵗц]едѝть, молó[ᵗц]ы́, *(молодцы)*, канá[ᵗц]ы *(канадцы)*, домочá[ᵗц]ы *(домочадцы)*, колó[ᵗц]ы *(колодцы)*, иногорó[ᵗц]ы *(иногородцы)*, вы́хо[ᵗц]ы *(выходцы)*, тунея́[ᵗц]ы, полковó[ᵗц]ы, инохó[ᵗц]ы *(иноходцы)*, прохлá[ᵗц]а, двá[ᵗц]ать *(двадцать)*, трѝ[ᵗц]ать, двá[ᵗц]áтый *(двадцатый)*, трѝ[ᵗц]áтый. То же в другой транскрипции: брá[ц:]а, о[ц:]éпит, двá[ц:]ать и т. д. Обратите внимание на одинаковое произношение слов *братца* и *браться* (о сочетании *тьс* см. § 63): [брáᵗцъ].

Нередко встречающееся произношение числительных *двадцать, тридцать* и производных от них без долгого затвора ([двáцът'], [двʌцáтъį]) не рекомендуется.

§ 65. Сочетание *чн*

Согласно нормам старого московского произношения в словах живого разговорного языка, в словах, многие из которых проникли в литературный язык из просторечия, на месте сочетания *чн* произносилось [шн]: коне́[шн]о, ску́[шн]о, наро́[шн]о, яѝ[шн]ый, пустя́[шн]ый, слѝво[шн]ый, огуре́[шн]ый, я́бло[шн]ый, калá[шн]ый, кулá[шн]ый, табá[шн]ый, башмá[шн]ый, со́лне[шн]ый, бу́дни[шн]ый, кирпѝ[шн]ый, земляни́[шн]ый, клубни́[шн]ый, черни́[шн]ый, цвето́[шн]ый, убы́то[шн]ый, поря́до[шн]ый, про́воло[шн]ый, во́йло[шн]ый, верёво[шн]ый, гре́[шн']евый, башмá[шн']ик, калá[шн']ик, копéе[шн']ик, двóе[шн']ик, трóе[шн']ик, балалáе[шн']ик, лáво[шн']ик, прáче[шн]ая, лóдо[шн']ик, табá[шн']ик, собá[шн']ик, скáзо[шн']ик и т. д.

Однако в тех случаях, когда сохранение *ч* в сочетании *чн* поддерживается родственными образованиями со звуком [ч], написанию *чн* и по старым московским нормам соответствовало в произношении [ч'н]: ср. дá[ч'н]ый при *дача*, удá[ч'н]ый при *удача*, свé[ч'н]óй при *свеча*, ре́[ч'н]óй при *речка*, пе́[ч'н]óй при *печь*, но[ч'н]óй при *ночь*, мело́[ч'н]óй при *мелочь*, встре́[ч'н]ый при *встреча*, заплé[ч'н]ый при *плечо*, на[ч'н]ý при *начать*, ка[ч'н]ý при *качать* и т. д.

Всегда как [ч'н] сочетание *чн* произносилось в словах книжного происхождения: беспе́[ч'н]ый, тó[ч'н]ый, коне́[ч'н]ый, наконе́[ч'н]ик, поро́[ч'н]ый, восто́[ч'н]ый, áл[ч'н]ый, сро́[ч'н]ый, прозрá[ч'н]ый, лѝ[ч'н]ый, отлѝ[ч'н]о, вé[ч'н]ый, мрá[ч'н]ый, антѝ[ч'н]ый, цинѝ[ч'н]ый, безóбла[ч'н]ый, развéдо[ч'н]ый, единѝ[ч'н]ый и т. д.

Ср. также тó[ч'н]ость, вé[ч'н]ость, звý[ч'н]ость, тý[ч'н]ость, ошѝбо[ч'н]ость, молó[ч'н]ость.

Употребление [шн] на месте *чн* в старом московском произношении укрепилось как черта, свойственная значительной части русских диалектов, в особенности южнорусских. В дальнейшем под влиянием ряда факторов — правописания, значительного количества слов литературного языка, в которых на месте *чн* произносится [ч'н], а также под влиянием других диалектов, где также на месте *чн* произносилось [ч'н], — произношение [шн] в литературном языке постепенно стало вытесняться произношением [ч'н].

В современном литературном произношении [шн] обязательно лишь в немногих словах, в ряде других слов оно допустимо рядом с [ч'н]. В остальных же случаях произносится [ч'н]. В настоящее время произношение [шн] вместо *чн* по старым московским нормам во многих случаях приобрело просторечную, сниженную стилистическую окраску, а для ряда слов характеризует диалектную речь. Следует отметить, что в словах нового происхождения, в особенности в словах, появившихся в советскую эпоху, произносится только [ч'н]: ср. многостано[ч'н]ый, пото[ч'н]ый метод, маскиро́во[ч'н]ый халат, съёмо[ч'н]ый аппарат, ле́нто[ч'н]ая пила, поса́до[ч'н]ая площадка, дѐревообд'е́ло[ч'н]ый, марионе́то[ч'н]ый, геологоразве́до[ч'н]ый и т. д. Это свидетельствует о реликтовом, остаточном характере старой нормы, о ее отмирании в современном литературном языке.

То, что некогда [шн] произносилось значительно шире, чем теперь, видно из укрепления [шн] не только в произношении, но и на письме в таких случаях, когда смысловые связи с непроизводным словом, имевшим в своем составе [ч], ослабли или утратились. Ср., например, дото́[шн]ый, дото́[ш]ен (как в произношении, так и на письме) вместо этимологического *доточный, доточен*. Ср. фамилии *Сабашников, Калашников, Свешников, Оловянишников, Шапошников, Рукавишников, Прянишников* с сочетанием *шн* в произношении и на письме вместо этимологического *чн*. Ср. *Столешников* переулок (в Москве) с *шн* вместо *чн* [1]. Связь между произношением сочетания [шн] и живым разговорным, народным языком и до сих пор сказывается в том, что [шн] вместо *чн* произносится (и даже иногда пишется) в сравнительно новых для литературного языка словах некнижного происхождения, идущих из живого разговорного языка: ср. *двурушный, двурушник, лотошник* (от *лоток*), *городошник* (от *городки*).

В современном русском литературном языке на месте орфографического *чн* произносится [шн] в следующих случаях: коне́[шн]о, ску́[шн]о, яи́[шн]ый, яи́[шн']ица, пустя́[шн]ый, скворе́[шн']ик, пра́че[шн]ая, горчи́[шн]ый, горя́че[шн]ый, пе́ре[шн']ица (ср. в выражении *чёртова перечница*), а также в женских отчествах на *-ична*: Са́вви[шн]а, Ники́ти[шн]а, Кузьми́ни[шн]а, Фоми́ни[шн]а, Луки́ни[шн]а, Ильи́ни[шн]а.

В ряде случаев произношение [шн] допустимо рядом с произношением [ч'н], например: бу́ло[шн]ая и бу́ло[ч'н]ая, сли́во[шн]ое и сли́во[ч'н]ое, я́[шн']евая (каша) и я́[ч'н']евая, моло[шн]ый и моло́[ч'н]ый, копе́е[шн]ый и копе́е[ч'н]ый, подсо́лне[шн]ый и подсо́лне[ч'н]ый, поря́до[шн]ый и поря́до[ч'н]ый, була́во[шн]ый и була́во[ч'н]ый,

---

[1] Это слово образовано от *столец* (др.-русск. *стольць* — уменьшительное от *столъ*) с чередованием *ц* и *ч*: др.-русск. *стольць — стольчьныи*, как *коньць — коньчьныи*.

ша́по[шн]ый и ша́по[ч'н]ый, копе́е[шн']ик и копе́е[ч'н']ик, подсве́[шн']ик и подсве́[ч'н']ик, стре́ло[шн']ик и стре́ло[ч'н']ик, ша́по[шн']ик и ша́по[ч'н']ик, ла́во[шн']ик и ла́во[ч'н']ик. При этом в одних словах чаще употребляется [шн] (взя́то[шн']ик и взя́то[ч'н']ик, я́бло[шн]ый и я́бло[ч'н]ый, соба́[шн']ик и соба́[ч'н']ик), в других — [ч'н]. Например, в слове *горчичник* чаще произнесут [шн], так как связи этого слова со словом *горчица* не являются особенно яркими: *горчичник* — это прежде всего медицинский препарат. Иногда неодинаково произносятся различные производные слова от одного и того же непроизводного: например, при возможности произношения прилагательного *молочный* с [шн] и [ч'н] (моло́[шн]ая каша и моло́[ч'н]ая каша) существительное *молочница* (женщина, доставляющая молоко для продажи) произносится предпочтительно и чаще с [шн]: моло́[шн']ица. Напротив, книжное слово *моло́чность* (способность давать то или иное количество молока) произносится только с [ч'н]: моло́[ч'н]ость. Бывают также случаи, когда одно и то же слово в разных сочетаниях слов может произноситься неодинаково. Так, например, в сочетании *молочная каша*, как только что было отмечено, возможно произношение [шн], в сочетании же *молочная железа*, носящем не бытовой, а научный характер, произносится только [ч'н]. Обязательно [шн] в слове кала́[шн]ый в выражении *с суконным рылом в калачный ряд*. Обычно [шн] в слове ша́по[шн]ый в выражении *шапочное знакомство*.

Следует иметь в виду, что произношение с сочетанием [шн] идёт резко на убыль и сейчас сохранилось как обязательное лишь в немногих словах. Поэтому в тех случаях, когда допустимо произношение как [шн], так и [ч'н], последнее следует считать правильным, и его не следует заменять сочетанием [шн].

При работе над этим произносительным навыком надо иметь в виду два обстоятельства: в соответствии с правописанием многие грамотные люди написание *чн* всегда произносят как [ч'н], в том числе и в таких случаях, в которых необходимо произносить [шн]. С другой стороны, под влиянием просторечия и многих местных говоров, в которых [шн] на месте *чн* распространено шире, чем в литературном языке, у лиц, не овладевших в достаточной мере литературным языком, может явиться произношение [шн] в таких словах, в которых в литературном языке принято произносить [ч'н]: но[шн]о́й, ре[шн]о́й, да́[шн']ик вместо но[ч'н]о́й, ре[ч'н]о́й, да́[ч'н']ик. Необходимо бороться с ошибочным произношением как в тех, так и в других случаях. Само собой разумеется, что необходимо бороться также с произношением [сн] на месте *чн* в отдельных словах, распространенном в некоторых говорах: моло́[сн]ый, пшени́[сн]ый, я́[сн]ая каша.

Таким образом, в произношении орфографического *чн* в современном русском языке существуют значительные колебания: в ряде случаев произносят [ч'н] и [шн]. На почве этого колебания возникает стилистическая дифференциация. Произношение с [шн] (кроме слов, в которых [шн] обязательно или допустимо рядом с [ч'н]), свойственное разговорному стилю, постепенно становится признаком выходящего за пределы литературного языка просторечного, сниженного стиля: таба́[шн]ый, кала́[шн]ый, башма́[шн']ик, во́йло[шн]ый, верёво[шн]ый, цвето́[шн']ик, винто́во[шн]ый, убы́то[шн]ый и т. д. В отдельных случаях, кроме того, возникает также дифференциация смысловая; ср., например, серде́[ч'н]ый и серде́[шн]ый — серде́[ч'н]ые болезни и друг серде́[шн]ый.

Как видно из изложенного, вопрос о произношении на месте орфографического сочетания *чн* звуков [шн] или [ч'н] решается в словарном порядке. В этой связи надо заметить, что в „Толковом словаре" под редакцией Д. Н. Ушакова, где даны наиболее полные указания на произношение, данный вопрос решается на основе норм старого московского произношения: в этом словаре показано произношение [шн] для весьма большого количества слов, которые в современном русском языке уже произносятся с [ч'н]. Более правильно отражает современное состояние произношения [шн] или [ч'н] на месте *чн* „Русское литературное произношение и ударение. Словарь-справочник" под редакцией Р. И. Аванесова и С. И. Ожегова (1959).

§ 66. Сочетание *чт*

Сочетание *чт* в слове *что* и производных от него произносится как [шт]. Таковы слова *что, ни за что, не за что, чтобы, что-то, кое-что, что-нибудь,* которые произносятся [шт]о, ни за [шт]о́, не́ за [шт]о, [шт]о́бы, [шт]о́-то, ко́е-[шт]о, [шт]о́-нибудь. Однако в слове *нечто* книжного происхождения произносится [ч'т]: не́[ч'т]о. Слово *ничто* произносится с [шт], но также и с [ч'т]: ни[шт]о́ и ни[ч'т]о́.

Во всех других словах орфографическое *чт* произносится всегда как [ч'т]: про[ч'т]у́, по[ч'т']и́ть, по́[ч'т]а, ма́[ч'т]а, ме[ч'т]а́, уни[ч'т]о́жить. Следует иметь в виду, что в последнем слове под влиянием местных диалектов встречается неправильное произношение со [ст] вместо [ч'т]: уни[ст]о́жить.

§ 67. Сочетание *г* или *к* с последующими взрывными согласными или аффрикатами

При сочетании взрывных согласных [г] или [к] с последующими взрывными согласными ([к], [г], [т], [д], [п], [б]) или аффрикатами ([ч], [ц]), образование которых имеет вначале взрывной элемент, в одних случаях в результате диссимиляции вместо [г] или [к] произносится фрикативный звук [γ] или [х], в других — [г] или [к] сохраняют свое взрывное образование.

Сочетания *гк, гч* произносятся как [хк], [хч']: мя́[хк]ий, мя[хк]оте́лый, мя[хк]осерде́чный, лё[хк]ий, ле[хк]ово́й, ле[хк]омы́слие, налегке́[хк]е́; мя́[хч']е, ле́[хч']е, обле[хч']и́ть, смя[хч']и́ть, обле[хч']а́ть, смя[хч']а́ть.

То же произносится в словах книжного происхождения: мя[хч']а́йший, ле[хч']а́йший. Однако в слове *тягчайший*, книжный характер которого особенно ярко ощущается, произносится [кч]: тя[кч']а́йший.

На месте сочетания *гд* в словах *когда, тогда, иногда, всегда* и производных от них по нормам старого московского произношения могло произноситься [γд]: ко[γд]а́, то[γд]а́, ино[γд]а́, все[γд]а́, (см. выше, § 28). Однако в современном произношении [гд] обычно сохраняется. Первые два слова в беглом разговорном стиле языка могут произноситься без [г]: [кл̥да́], [тл̥да́]. Произношение [тл̥гда́], [кл̥гда́], [фси̯е̯гда́] следует считать нормой для современного литературного языка.

В других сочетаниях [к] или [г] с последующими взрывными согласными звуками [к] и [г] сохраняют свое взрывное образование: на месте *к* и *г* произносится перед глухой согласной [к], а перед звонкой — [г].

[кт]: [кт]о, [к-т']ебе́, [к-т]ому́, до́[кт]ор, тра́[кт]ор, дире́[кт]ор, та́[к-т]о; но́[кт']и, ко́[кт']и;

[гд]: [гд']е, Ма́[гд]а, ане[гд]о́т, [г-д]о́му, [г-д']е́реву, [г-д]оро́ге;

[кп]: тор[кп]ре́д *(торгпред)*, [к-п]о́лю, [к-п']я́тнице, [к-п]а́пе, [к-п]аровозу;

[гб]: лё[г-б]ы, смо[г-б]ы, [г-б]ольни́це, [г-б']е́регу, [г-б]о́ю, [г-б]ара́ку, ка́[г-б]ы, та́[г-б]ы;

[кк]: ни[к-к]ому́, [к-к]оро́ве, [к-к]арти́не;

[гг]: ле[гг]о́рн, [г-г]о́роду, [г-г]о́стью, [г-г]оре́, [г-г]олове́.

Взрывные согласные, как известно, являются мгновенными и не могут длиться больше или меньше. Поэтому в двух последних случаях, т. е. на месте *кк* и *гг*, произносятся не долгие [к] и [г], а [к] и [г] с долгим затвором, т. е. как бы с паузой перед взрывом: [н'и́ᵏкл̥му́], [ᴦго́ръду].

Группа *кт* во многих говорах произносится как [хт]: [хт]о, [х-т]ому́, до́[хт]ор, дире́[хт]ор. Такое произношение для некоторых случаев было не чуждо и старым московским нормам ([хт]о, [х-т]ому́). По говорам и в других сочетаниях представлена диссимиляция взрывных [к], [г] при последующей взрывной согласной или аффрикате: [γ-д]о́му, [х-п]о́лю, [γ-б]е́регу, ни-[х-к]ому́, [х-к]оро́ве, [γ-г]о́роду. Однако в литературном языке такое произношение не принято, и от него поэтому следует освобождаться как от произношения неправильного.

§ 68. Сочетания *дз, тз*

В сочетаниях *дз* и *тз* на месте букв *д* и *т* в беглой речи произносится звонкая аффриката [z] (т. е. звук [ц], но произносимый с голосом — [d͡z]): по[zз]адо́брить, на[zз']ира́тель, о[z-з]а́висти. Это объясняется тем, что взрывной согласный [д] перед фрикативным [з] приобретает в конечной фазе своей длительности фрикативный элемент. В более отчетливой речи этот фрикативный элемент бывает меньшим и даже практически может быть незаметен, т. е. произносится по[дз]адо́брить, на[дз']ира́тель и т. д.

§ 69. Сочетания *тш, дш* и *дж, тж*

В сочетаниях *тш, дш* на месте букв *т* и *д* в беглой речи произносится звук [т] с некоторым фрикативным шипящим элементом, т. е. по существу твердая аффриката [ч]: приве́[чш]ий *(приведший)*, обве[чш]а́лый, мла́[чш]ий, по[ч-ш]у́бой. В сочетаниях *дж, тж* на месте *д* (или *т*) произносится аффриката [дж] ([ž]): о́[žж]ил, по[žж]а́рый. Такое произношение объясняется ассимиляцией взрывного согласного [т] или [д] последующему фрикативному согласному [ш] или [ж]. В более отчетливой речи этой ассимиляции может не быть, в связи с чем [т] и [д] могут и не развить в конечной фазе своей длительности фрикативный элемент: приве́[тш]ий, о́[джы]л.

П р и м е ч а н и е. Тот же звук (т. е. твердая аффриката [ч]) произносится в словах *лучший, улучшение, улучшить* на месте буквы *ч* в сочетании *чш*. Иначе говоря, эти слова произносятся так, как если бы было написано *тш*: лу́[чш]ий, улу[чш]е́ние, улу́[чшы]ть. Так же может произноситься сравнительная степень *лучше*: лу́[чш]е. Однако в разговорной речи обычно на месте *чш* в этом слове произносится аффриката [ч'] с долгим затвором: лу́[т'ч']е.

§ 70. Сочетания *тч, дч*

На месте сочетаний *тч, дч* произносится мягкая аффриката [ч'] с долгим затвором: лё[т'ч']ик, переплё[т'ч']ик, подря́[т'ч']ик, укла́-[т'ч']ик, моло[т'ч']и́на, во́[т'ч']ина, скла́[т'ч']ина, солда́[т'ч']ина, рекру́[т'ч']ина, обществове́[т'ч']еский, искусствове́[т'ч']еский, краеве́[т'ч']еский, полево́[т'ч']еский, садово́[т'ч']еский, зо́[т'ч']ество, старообря́[т'ч']ество, о́[т'ч']ество, о[т'ч']ётливый, о[т'ч']а́янный, опроме́[т'ч']ивый, нахо́[т'ч']ивый, ве[т'ч']ина́, па́[т'ч']ерица. То же может произноситься на стыке приставки и корня: по[т'ч']еркну́ть, по[т'ч']и́стить, о[т'ч']и́слить, о[т'ч']а́лить. Однако в этих случаях может также произноситься мягкая аффриката [ч'], но с предшествующим твердым затвором: по[тч']еркну́ть, по[тч']и́стить, о[тч']и́слить, о[тч']а́лить. Такое произношение в словах с неполным выделением приставки характеризует книжный стиль произношения: о[тч']ётливый, о[тч']а́янный.

СОЧЕТАНИЯ С НЕПРОИЗНОСИМЫМИ СОГЛАСНЫМИ

При стечении между гласными нескольких согласных в некоторых сочетаниях один из согласных не произносится. Особенно много таких непроизносимых согласных в беглой разговорной речи. Ниже отмечаются наиболее типичные сочетания с непроизносимыми согласными, а также такие сочетания, пропуск согласных в которых, будучи неправильным для литературного языка, нередко наблюдается в просторечном произношении и в говорах.

§ 71. Сочетание *стн*

В сочетании *стн* звук [т] не произносится. Ср. произношение слов *частник, участник, вестник, прелестник, завистник, ненавистник, пакостник, крепостник, скоростник, тростник, крестник, капустник:* ча́[с'н']ик, уча́[с'н']ик, ве́[с'н']ик, преле́[с'н']ик, зави́[с'н']ик, ненави́[с'н']ик, па́ко[с'н']ик, крепо[с'н']и́к, скоро[с'н']и́к, тро[с'н']и́к, кре́[с'н']ик, капу́[с'н']ик; произношение слов *честный, известный, местный, грустный, радостный, бескорыстный, тягостный, пакостный, костный, постный, беспристрастный, лестный, устный, частный, властный, ненастный, страстный, несчастный, добросовестный, яростный, злостный, жалостный, разношёрстный, должностной, скоростной, челюстной, возрастной, съестной:* че́[сн]ый, изве́[сн]ый, ме́[сн]ый, гру́[сн]ый, ра́до[сн]ый, бескоры́[сн]ый, тя́го[сн]ый, па́ко[сн]ый, ко́[сн]ый, по́[сн]ый, беспристра́[сн]ый, ле́[сн]ый, у́[сн]ый, ча́[сн]ый, вла́[сн]ый, нена́[сн]ый, стра́[сн]ый, несча́[сн]ый, добросо́ве[сн]ый, я́ро[сн]ый, зло́[сн]ый, жа́ло[сн]ый, разношёр[сн]ый, должно[сн]о́й, скоро[сн]о́й, челю[сн]о́й, возра[сн]о́й, съе[сн]о́й; *честность, бескорыстность:* че́[сн]ость, бескоры́[сн]ость; *совестно, шестнадцать:* со́ве[сн]ъ, ше[сн]а́дцать; *прихвастнуть, свистнуть, хлестнуть, хрястнуть, взгрустнулось:* прихва[сн]у́ть, сви́[сн]уть, хле[сн]у́ть, хря́[сн]уть, взгру́[сн]у́лось.

Таким образом, слова *косный* и *костный, свиснуть* (от *свисать*) и *свистнуть* (от *свистеть*) произносятся одинаково: [ко́снъі], [с'в'и́снут'].

Примечание. В очень отчетливом произношении в отдельных словах может сохраниться затвор, нужный для произношения [т], при этом, видимо, согласный [с] отходит к предыдущему слогу, а сочетанием [тн] начинается следующий слог. Ср. [вла́|снъі] и [влас|ᵗнъі] (*властный*), [хва|сну́т'] и [хвас|ᵗну́т'] (*хвастнуть*). (Вертикальной чертой здесь обозначен слогораздел.)

§ 72. Сочетание *здн*

В сочетании *здн* звук [д] не произносится: ср. произношение слов: *поздно, праздный, уездный, звёздный, поздний, праздник, наездник:* по́[зн]о, пра́[зн]ый, уе́[зн]ый, звё[зн]ый, по́[з'н']ий, пра́[з'н']ик, нае́[з'н']ик.

Однако в словах книжного происхождения, сохраняющих свою принадлежность к высокому стилю, рядом с таким произношением, характерным для беглой разговорной речи, представлено произношение с наличием [д] (вернее, с наличием затвора при приподнятой и прижатой к стенке зева нёбной занавеске). Слова *бездна, безмездный, безвозмездный* могут произноситься бе́[зᵈн]а, безме́[зᵈн]ый, безвозме́[зᵈн]ый.

Такое произношение отличается от ранее описанного произношения с полной утратой [д], видимо, также изменением места слогораздела: оно характеризуется закрытостью предшествующего слога, кончающегося на [з]: [б'éз|ᵈнъ], [б'иᵉзм'éзᵈнъ̣і] — вертикальной чертой здесь указывается слогораздел; ср. с этим место слогораздела при произношении сочетания *здн* без *д:* [пó|знъ], [прá|з'н'ик], [нʌjê|з'н'ик].

§ 73. Сочетание *стл*

В сочетании *стл* звук [т] может не произноситься. Без [т] произносятся слова *счастливый, завистливый, совестливый, жалостливый, участливый, пакостливый, корыстливый, завистливость, совестливость, участливость, хвастливость, жалостливость:* сча[с'л']и́вый, зави́[с'л']ивый, сóве[с'л']ивый, жáло[с'л']ивый, учá[с'л']ивый, пáко[с'л']ивый, корьí[с'л']ивый, зави́[с'л']ивость, сóве[с'л']ивость, учá[с'л']ивость, хвá[с'л']ивость, жáло[с'л']ивость. Без [т] может произноситься также слово *хвастливый:* хва[с'л']и́вый рядом с произношением хва[с'ᵀл']и́вый, свойственным отчетливой речи.

В словах *костлявый, костлявость, постлать* обычно [т] (вернее, затвор, нужный для [т]) сохраняется: ко[с'ᵀл'·á]вый, ко[с'ᵀл'·á]вость, по[сᵀл]áть. Произношение ко[с'л'·á]вый, по[сл]áть, свойственное старым московским нормам, в настоящее время характеризует просторечно-диалектную речь. Следует отметить, что при сохранении [т] предшествующий согласный [с] может быть твердым: хва[сᵀл'и́]вый, ко[сᵀл'á]вый (наряду с хва[с'ᵀл']и́вый, ко[с'ᵀл'á]вый).

§ 74. Сочетания *стк* и *здк*

Для современного состояния русского литературного языка, по крайней мере в отчетливом произношении в сочетании *стк (здк),* нет непроизносимых согласных: произносится [стк]. Однако в отделе непроизносимых согласных нельзя не упомянуть это сочетание, так как, в соответствии со старыми московскими нормами, во многих словах в этом сочетании звук [т] не произносился, да и сейчас такое произношение широко известно в разговорной речи: невé[ск]а, жё[ск]о, борó[ск]а *(бороздка),* поé[ск]а *(поездка),* громó[ск']ий *(громоздкий).*

Для современного литературного языка считаем предпочтительным произношением [стк]: невé[стк]а, повé[стк]а, отрó[стк']и, жё[стк]о, шёр[стк]а, хлé[стк]ий, методи́[стк]а, машини́[стк]а, велосипеди́[стк]а, медали́[стк]а, альпини́[стк]а, дарвини́[стк]а, борó[стк]а, громó[стк]ий.

§ 75. Сочетание *стск*

В сочетании *стск* между гласными звук [т] обычно не произносится; при этом образуется двойной согласный из двух звуков [с], один из которых замыкает собой предшествующий слог, а другой начинает собой следующий: ср. большеви́[с|ск]ий, маркси́[с|с]кий; по-большеви́[с|ск']и *(большевистский, марксистский, по-большевистски).* Так же с сочетанием [с|ск] произносятся другие слова на

-стский: *максималистский, империалистский, меньшевистский, пропагандистский, милитаристский, туристский, федералистский, филателистский, ревизионистский, пуристский, расистский* и др.

§ 76. Сочетания *стц, здц*

На месте сочетаний *стц, здц* между гласными произносится [сц] (т. е. [т] или [д] оказываются непроизносимыми): [исцá] (*истца* от *истец*), хво[сцá] (*хвостца* от *хвостец*), кре[сцá] (*крестца* от *крестец*), крепо[сцá] (*крепостца* от *крепость*), под [усцы́] (*под уздцы*).

§ 77. Сочетания *ндц, нтц*

На месте сочетаний *ндц, нтц* между гласными произносится [нц] (т. е. [д] или [т] оказываются непроизносимыми): голлá[нцы] (*голландцы*), флама[нцы] (*фламандцы*), ирлá[нцы] (*ирландцы*), шотлá[нцы] (*шотландцы*), нормá[нцы] (*норманндцы*), бургý[нцы] (*бургундцы*); брабá[нцы] (*брабантцы* от *брабáнтец*); талá[нцъ] (*талантца* от *талантец*), диктá[нцъ] (*диктантца* от *диктантец*), момé[нцъ] (*моментца* от *моментец*), брильá[нцъ] (*брильянтца* от *брильянтец*), докумé[нца] (*документца* от *документец*).

§ 78. Сочетания *ндск* и *нтск*

Сочетание *ндск* между гласными обычно произносится без согласного на месте *д* — [нск]. Слова *голландский, ирландский, исландский, шотландский, фламандский, финляндский, Аландские* (острова) обычно произносятся: голлá[нск]ий, ирлá[нск]ий, ислá[нск]ий, шотлá[нск]ий, фламá[нск]ий, финля́[нск]ий, Алá[нск']ие.

П р и м е ч а н и е. В географических названиях, относящихся к зарубежным странам, на месте согласного *д* в сочетании *ндск* может произноситься [ц]: ютлá[нцск]ий бой, Зó[нцск']ие острова.

Сочетание *нтск* между гласными только в отдельных наиболее употребительных в разговорном языке словах может произноситься без [т] — [нск], например гигá[нск]ий. Обычно же на месте *т* произносится [ц] — [нцск]: командá[нцск]ий, эмигрá[нцск]ий, докторá[нцск]ий, дилетá[нцск]ий, сектá[нцск]ий, брабá[нцск]ий, Нá[нцск]ий эдикт, ташкé[нцск]ий. В некоторых случаях наблюдается двоякое произношение, без [ц] и с [ц] — [нск] и [нцск]: гигá[нск]ий и гигá[нцск]ий, доцé[нск]ий и доцé[нцск]ий, ассистé[нск]ий и ассистé[нцск]ий. Произношение без согласного на месте *т* характеризует в большей степени разговорную речь. Слово *парламентский* обычно произносится без согласного на месте *т*. Это объясняется тем, что сочетание *нтск* находится не после ударного слога, как в других словах, а после заударного слога: парламé[нск]ий.

Различие между произношением сочетаний *ндск* и *нтск* (ср. *Голландия* — *голландский, комендант* — *комендантский*), а именно то, что на месте *д* согласный не произносится, а на месте *т* произносится, объясняется тем, что звонкие согласные, каким является [д], в своем образовании являются вообще более ослабленными сравнительно с соответствующими глухими, каким является [т]. Именно поэтому [д] скорее становится непроизносимым, чем [т].

§ 79. Сочетания *ндк* и *нтк*

В сочетаниях *ндк* и *нтк* согласный на месте *т* и *д* не произносится в отдельных словах, заимствованных по происхождению, но давно, еще до Великой Октябрьской социалистической революции, широко освоенных разговорной речью: гуверна́[нк]а *(гувернантка),* голла́[нк]а *(голландка — печь).* Однако слово *голландка* — жительница Голландии — произносится с согласным [т] на месте *д:* голла́[нтк]а. Обычно на месте сочетаний *ндк* и *нтк* в современном языке произносится [нтк]: на месте *ндк* — голла́[нтк]а, ирла́[нтк]а, исла́[нтк]а, шотла́[нтк]а, флама́[нтк]а, норма́[нтк]а; на месте *нтк* — официа́[нтк]а, аспира́[нтк]а, лабора́[нтк]а, квартира́[нтк]а, дилета́-[нтк]а, студе́[нтк]а, клие́[нтк]а, пацие́[нтк]а, ассисте́[нтк]а.

§ 80. Сочетание *вств*

В сочетании *вств* первый звук [в] не произносится в следующих двух основах: *чувств-* и *здравств-*: чу́[ств]о, чу́[ств]овать, бесчу́-[с'т'в']ие, сочу́[с'т'в']ие, бесчу́[с'т'в']енный, чу[с'т'в']и́тельный и т. д.; здра́[ств]уй, здра́[ств]уйте [1], здра́[ств]ует и т. д. Кроме того, [в] в сочетании *вств* не произносится после *л* (т. е. в сочетании *лвств*): безмо́[лст]вовать.

В других случаях на месте *в* в сочетании *вств,* как и всегда перед глухим согласным, произносится [ф]: нра́[фс'т'в']енный, де́-[фс'т'в']енный, бало[фств]о́, кумо[фств]о́, воро[фств]о́, свато[фств]о́, хвасто[фств]о́.

Сохраняется в произношении также [ф] в сочетании *фств:* ше́-[фств]овать (ср. ше́[ств]овать с сочетанием *ств).*

§ 81. Сочетания *рдц, рдч* и *лнц*

В сочетаниях *рдц* и *рдч* звук [д] не произносится. Но эти сочетания представлены едва ли не в одном корне: се́[рц]е, се[рц]еви́на, се[рч']и́шко *(сердце, сердцевина, сердчишко).* Отметим слово *серчать,* которое пишется с сочетанием *рч* вместо *рдч* (ср. *сердиться).*

В сочетании *лнц* не произносится звук [л]. Это сочетание представлено в слове *солнце:* со́[нц]е.

§ 82. Сочетания *вск, жск, шск*

В сочетаниях *вск, жск, шск* по общему правилу на месте *в* и *ж* перед глухим согласным произносятся звуки [ф] и [ш], а на

---

[1] В просторечии это слово звучит как [здра́с'т'ə].

месте *ш* произносится [ш]: моско́[фск]ий, сара́то[фск]ий, ки́е[фск]ий; калу́[шск]ий, во́л[шск]ий, ветлу́[шск]ий, ри́[шск]ий, норве́[шск]ий, варя́[шск]ий; чува́[шск]ий, латы́[шск]ий, че́[шск]ий. Просторечное и диалектное произношение моско́[ск]ий, сара́то[ск]ий, во́л[ск]ий и др. не принято литературным языком и должно считаться неправильным.

§ 83. Сочетания *стъ, здъ* и *ст, зд* на конце слова

В сочетаниях *-стъ, -здъ* и *-ст, -зд* на конце слов обязательно произносится звук [т'] или [т]: ко[с'т'], го[с'т'], пу[с'т'], ве[с'т'], тро[с'т'], гро[с'т'] *(гроздь),* гру[с'т'] *(грусть и груздь),* шер[с'т'], гор[с'т'], ле[с'т'], се[с'т'], пря[с'т']; мо[ст], ли[ст], по[ст], хво[ст], дро[ст] *(дрозд),* гора́[ст] *(горазд).* На это надо обращать внимание, так как во многих говорах и в просторечии конечное [т] после [с], особенно часто мягкое, отсутствует: ко[с'], го[с'], се[с'], пря[с']. По говорам известно также произношение мо[с], хво[с], ли[с], гора́[с] вместо мо[ст], хво[ст], ли[ст], гора́[ст].

§ 84. Согласные в сочетаниях *стья, стью, стье*

Согласный [т'] в сочетаниях *стья, стью, стье* не является непроизносимым. Например, слова *крестьянин, листья, частью, лестью, костью, листьев* произносятся: кре[с'т'jа̌]нин, ли́[с'т'jъ], ча́[с'т'jу], ле́[с'т'j·у], ко́[с'т'j·у], ли́[с'т'jъф]. На это надо обратить внимание, так как по говорам, а также частично и в городском просторечии распространено произношение этого сочетания без [т']: кре[с'jа̌]нин, ли́[с'jъ] и т. д.

ПРОИЗНОШЕНИЕ ОТДЕЛЬНЫХ ГРАММАТИЧЕСКИХ ФОРМ

§ 85. Именительный падеж множественного числа существительных с безударным окончанием *-а, -ья*

В соответствии с безударным окончанием *-а* в им. пад. множ. ч. существительных произносится по общему правилу звук [ъ]: воро́т[ъ], пя́тн[ъ], о́кн[ъ], сёл[ъ], вёдр[ъ], вёсл[ъ], сёдл[ъ], су́кн[ъ] и т. д. Нередко встречающееся произношение этих слов в им. пад. множ. ч. с гласным [ы] (в окончании воро́т[ы], о́кн[ы], сёл[ы] и т. д.) не может считаться в настоящее время литературным, оно носит просторечную окраску, хотя не чуждо было литературному языку в прошлом (употреблялось, например, у Грибоедова, Пушкина и других писателей). Сказанное относится и к словам на *-енок (-онок)*: теля́т[ъ], реба́т[ъ], утя́т[ъ], котя́т[ъ], жереба́т[ъ], галча́т[ъ], медвежа́т[ъ], гуся́т[ъ], цыпля́т[ъ]. И в этих случаях произношение с [ы] в окончании (реба́т[ы]) имеет просторечный характер.

Существительные, у которых в им. пад. множ. ч. пишется *-ья*, при ударении на основе произносятся с [jъ] на месте орфографического сочетания *-ья:* пе́[р'į̌ъ], дере́[в'į̌ъ], зве́[н'į̌ъ], ко́[л'į̌ъ], бра́[т'į̌ъ], пру́[т'į̌ъ], ли́[с'т'į̌ъ], коло́[с'į̌ъ], кло́[ч'į̌ъ], су́[ч'į̌ъ], крю́[ч'į̌ъ] и т. д. Нередко встречающееся произношение этих форм с [и] на конце (пе́[р'į̌и], кры́[л'į̌и], су́[ч'į̌и]) носит просторечно-диалектный характер и потому не может считаться литературным.

§ 86. Именительный падеж единственного числа мужского рода прилагательных (безударное окончание *-ый, -ий*)

1. Окончание *-ый* в им. пад. ед. ч. мужского р. прилагательных и причастий произносится так, как если бы было написано *-ой*. Таким образом, слова *старый, новый, добрый, умный, упрямый, грубый, сытый, закрытый, порванный* произносятся так же, как и формы косвенных падежей женского рода *к старой, новой, доброй, умной, об упрямой, грубой, сытой, перед закрытой, в порванной,* а именно с [ъ] в окончании: ста́р[ъį̌], но́в[ъį̌], до́бр[ъį̌], у́мн[ъį̌], упря́м[ъį̌], гру́б[ъį̌], сы́т[ъį̌], закры́т[ъį̌], по́рванн[ъį̌]. В таких примерах, как *старый дом* и *к старой избе, новый костюм* и *в новой рубахе,* прилагательные произносятся одинаково.

Под влиянием правописания в настоящее время широко распространилось произношение [ыį̌]: ста́р[ыį̌], но́в[ыį̌] и т. д. Такое произношение сейчас употребляется наравне с произношением [ъį̌] и является вполне литературным. Однако в связи с возможной редукцией гласного [ы] в заударном слоге (ср. произношение [па́сънък] — *пасынок* с [ъ] на месте *ы* в этом положении или расска́[зъвът'] — *рассказывать;* о произношении глаголов на *-ывать* см. ниже, § 95), а также в связи с тем, что редуцированный [ъ] перед [į̌] приближается по своему образованию к [ы], произношения ста́р[ыį̌] и ста́р[ъį̌] практически мало отличаются одно от другого.

Представители севернорусских окающих говоров в заударном слоге часто произносят [о]. Они могут сказать: ста́р[оį̌] дом, у́мн[оį̌] человек, до́бр[оį̌] конь. Представители других говоров, прежде всего акающих, склонны в заударном слоге в этом окончании произносить [а]: дом-то ста́р[аį̌], человек он у́мн[аį̌]. Надо добиться, чтобы заударный гласный не был лабиализован, чтобы подъем языка при его произношении был выше, чем подъем языка при [а], чтобы при этом он был редуцирован, т. е. произносился очень кратко.

2. Окончание *-ий* прилагательных и причастий после мягких согласных произносится так, как если бы было написано *-ей*. Таким образом, слова *синий, поздний, летний, зимний, осенний, карий, летучий, горячий, лежачий, горящий, знающий* произносятся так же, как и формы косвенных падежей женского рода *к синей, поздней, летней, зимней, осенней, карей, летучей, горячей, лежачей, горящей, знающей,* а именно с [əį̌] в окончании: си́[н'н'əį̌], по́[з'н'əį̌], ле́[т͡н'əį̌], зи́м[н'əį̌], осе́[н':əį̌], ка́[р'еį̌], лету́[ч'əį̌], горя́[ч'əį̌], лежа́[ч'əį̌], го-

ря́[ш':əi̯], зна́ю[ш':əi̯]. В таких примерах, как *синий костюм* и *в синей рубахе, горячий суп* и *к горячей печке*, прилагательные произносятся одинаково.

Под влиянием правописания в настоящее время широко распространено и произношение [иi̯]: си́[н'иi̯], по́[з'н'иi̯], горя́[ч'иi̯] и т. д. Такое произношение представляет сейчас равноправный вариант в литературном языке рядом с произношением [əi̯]. Однако надо иметь в виду, что в заударном слоге, подвергаясь редукции, гласный [и] в разговорной речи обычно совпадает с [ə]: ср. слова *вы́пить* и *на́ пять*, в которых [ə] в заударном слоге произносится не только на месте *и*, но также и на месте *я*: [вы́п'əт'], [на́-п'əт']. Поэтому произносительные варианты [с'и́н'иi̯] и [с'и́н'əi̯] практически почти не отличаются друг от друга.

Представители севернорусских говоров часто в этом окончании произносят [е]: си́[н'еi̯] цвет, ле́[тн'еi̯] дом, осе́[н':еi̯] дождь и т. д. Представители южнорусских говоров могут произнести си́[н'аi̯], горя́[ч'аi̯] и т. д. Надо добиться, чтобы в этом окончании звучал гласный, по подъему языка средний между [е] и [и] и притом редуцированный, т. е. произносимый очень кратко.

3. Окончание *-ий* прилагательных и причастий после твердых шипящих [ш], [ж] произносится так же, как если было бы написано *-ей*. Таким образом, слова *хороший, высший, сильнейший, похожий, рыжий, узнавший, видевший* произносятся так же, как и формы косвенных падежей женского рода *к хорошей, высшей, сильнейшей, похожей, рыжей, узнавшей, видевшей*, а именно с [ъ] в окончании: хоро́ш[ъi̯], похо́ж[ъi̯], узна́вш[ъi̯], и т. д. В таких примерах, как *хороший* и *в хорошей избе, рыжий кот* и *к рыжей кошке*, прилагательные произносятся одинаково.

Под влиянием правописания в настоящее время широко распространено произношение [ыi̯] (с [ы] вместо [и] ввиду твердости шипящего согласного): хоро́ш[ыi̯], похо́ж[ыi̯], узна́вш[ыi̯]. Такое произношение в настоящее время является едва ли не господствующим и должно быть признано в качестве равноправного варианта рядом с произношением [ъi̯]. Однако произносительные варианты с [ыi̯] и [ъi̯] практически мало отличаются друг от друга в связи с редукцией гласного [ы] в заударном слоге, а также приближением артикуляции гласного [ъ] перед [i̯] к [ы] (см. аналогичное явление выше, п. 1 и 2).

В севернорусских (с полным оканьем) говорах возможно произношение хоро́ш[оi̯], похо́ж[оi̯], в других говорах, прежде всего акающих,— хоро́ш[аi̯], похо́ж[аi̯].

4. Окончание *-ий* после задненёбных [к], [г], [х] в им. пад. ед. ч. прилагательных в соответствии со старыми орфоэпическими нормами произносилось так, как если бы вместо *-ий* было написано *-ой*. Таким образом, прилагательные на *-кий, -гий, -хий*, например *широкий, узкий, тонкий, строгий, упругий, пологий, тихий, ветхий*, согласно этим нормам произносятся так же, как формы косвенных падежей женского рода, в которых пишется *-ой*: широ́[къi̯], у́з[къi̯], то́н[къi̯],

стро́[гъ̯i̯], упру́[гъ̯i̯], поло́[гъ̯i̯], ти́[хъ̯i̯], ве́т[хъ̯i̯]. Прилагательные в таких примерах, как *широкий двор* и *на широкой площади, долгий вечер* и *после долгой зимы, ветхий дом* и *к ветхой избушке,* произносились одинаково: широ́[къ̯i̯], до́л[гъ̯i̯], ве́т[хъ̯i̯].

Прилагательных с основой на [г] и [х] сравнительно немного, но их очень много с основой на [к]. Приведем наиболее часто встречающиеся слова с основой на [г] и [х]: пе́[гъ̯i̯], до́л[гъ̯i̯], убо́[гъ̯i̯], поло́[гъ̯i̯], стро́[гъ̯i̯], упру́[гъ̯i̯]; сложные прилагательные и прилагательные с приставкой *без-,* имеющие во второй части *-ногий, -рогий,* например длиннoно́[гъ̯i̯], безро́[гъ̯i̯]; ти́[хъ̯i̯], ве́т[хъ̯i̯]; сложные прилагательные и прилагательные с приставкой *без-,* имеющие во второй части *-верхий, -ухий, -брюхий,* например островер[хъ̯i̯], длинноу́[хъ̯i̯], толстобрю́[хъ̯i̯].

Прилагательных с основой на [к] много в связи со значительной употребительностью суффиксов *-к-, -ок-, -ск-, -овск-, -ическ-* и др. Примеры с [к] не в суффиксах: э́та[къ̯i̯], вся́[къ̯i̯], -ди́[къ̯i̯], вели́[къ̯i̯], сложные прилагательные и прилагательные с приставкой *без-,* имеющие во второй части *-бокий, -рукий, -щекий, -окий, -ликий,* например однобо́[къ̯i̯], однору́[къ̯i̯], краснощё[къ̯i̯], черноо́[къ̯i̯], безли́[къ̯i̯].

Примеры с [к] в суффиксах: гро́м]къ̯i̯], ло́м[къ̯i̯], зво́н[къ̯i̯], гу́л[къ̯i̯], высо́[къ̯i̯], то́п[къ̯i̯], ни́з[къ̯i̯], зо́р[къ̯i̯], ма́р[къ̯i̯], пы́л[къ̯i̯], те́рп[къ̯i̯], зя́б[къ̯i̯], ём[къ̯i̯], ко́л[къ̯i̯], ре́з[къ̯i̯], мя́г[къ̯i̯], политичес[къ̯i̯], тво́рчес[къ̯i̯], техни́чес[къ̯i̯], солда́тс[къ̯i̯], примо́рс[къ̯i̯], во́инс[къ̯i̯], металли́чес[къ̯i̯], неме́ц[къ̯i̯], францу́зс[къ̯i̯]. Так же произносятся в соответствии со старыми нормами фамилии на *-ский:* Черныше́вс[къ̯i̯], Бели́нс[къ̯i̯], Одо́евс[къ̯i̯], Марли́нс[къ̯i̯], Достое́вс[къ̯i̯], Помя́ло́вс[къ̯i̯], Остро́вс[къ̯i̯], Станисла́вс[къ̯i̯], Жуко́вс[къ̯i̯], Зава́дс[къ̯i̯], Маяко́вс[къ̯i̯], Черняхо́вс[къ̯i̯], Малино́вс[къ̯i̯].

Такое произношение, как уже указывалось, было нормой для старого московского произношения. Оно известно и в наше время. Однако оно теперь рекомендуется только в строгом стиле произношения — в сценической речи. Под влиянием правописания в нашей обиходно-бытовой, производственной и общественной практике господствующим стало произношение [к'иi̯], [г'иi̯], [х'иi̯] с мягкими [к], [г], [х]: высо́[к'иi̯], у́з[к'иi̯], то́н[к'иi̯], зво́н[к'иi̯], до́л[г'иi̯], стро́[г'иi̯], ти́[х'иi̯]. Именно это произношение, свойственное в настоящее время нейтральному стилю в его свободной разновидности, и следует считать орфоэпическим. Произношение звон[къ̯i̯], стро[гъ̯i̯], ти[хъ̯i̯] приобрело ту или иную стилистическую окраску, сниженную, просторечную (например, в речи старшего поколения коренного московского простого люда) или архаизированную (например, в речи представителей старшего поколения московской интеллигенции).

При стремлении усвоить описанную норму сценического произношения нужно следить прежде всего за тем, чтобы согласные [к], [г], [х] произносились твердо, тогда гласный звук после них будет звучать как [ъ] (примеры см. выше) или близкий к нему [ы]: высо́[кыi̯], у́з[кыi̯], то́н[кыi̯], зво́н[кыi̯], до́л[гыi̯], ти́[хыi̯]. Произношение подобных прилагательных с [кы], [гы], [хы] в современном литературном языке широко развито и может считаться орфоэпическим наряду с произношением [къi̯], [гъi̯], [хъi̯], тем более что различия между [ы] и [ъ] в заударных слогах в связи с редукцией гласных весьма незначительны (об этом см. выше в этом параграфе).

Севернорусским (с полным оканьем) говорам часто свойственно произношение с [о]: высо́[кои̯], стро́[гои̯], ти́[хои̯], акающим говорам — произношение с [а]: высо́[каи̯], стро́[гаи̯], ти́[хаи̯].

§ 87. Родительный падеж единственного числа мужского и среднего рода на -ого, -его

На месте буквы *г* в окончаниях род. пад. ед. ч. мужск. и средн. р. -ого, -его произносится звук [в]. Например, слова *большого, больного, слепого, старого, богатого, синего, горячего, этого, того, кого, чего, своего, всего* и др. произносятся: больш[о́въ], больн[о́въ], слеп[о́въ], ста́р[ъвъ], бога́т[ъвъ], си́[н'эвъ], горя́[ч'эвъ], э́т[ъвъ], [тлво́], [клво́], [ч'и‌е‌во́], сво[иво́], все[во́]; другие примеры: втор[о́въ], пя́т[ъвъ]; зна́вш[ъвъ], зна́ю[ш':эвъ] (*знающего*), оста́вш[ъвъ]ся (*оставшегося*), сомнева́ю[ш':эвъ]ся (*сомневающегося*).

Слова *сегодня, сегодняшний*, в состав которых входит местоименная форма *сего*, произносятся со звуком [в] на месте буквы *г*: се[в]о́дня, се[в]о́дняшний. Со звуком [в] произносится также слово *итого*, являющееся по своему происхождению местоименной формой: ито[во́].

В части южнорусских говоров на месте буквы *г* в окончании -ого, -его, как и во всех других случаях, произносится звук [γ] (об этом звуке см. выше, § 28): больн[о́γа], [каγо́] и др. То же произносится и в сравнительно немногих севернорусских говорах. В последних чаще всего, как и в литературном языке, произносится [в], но наряду с этим встречается и произношение без согласного между гласными, т. е. больн[о́о], ста́р[оо], к[о́о], т[о́о]. В немногих севернорусских говорах на месте буквы *г* произносится звук [г]: больн[о́го], ста́р[ого]. Звук [г] на месте буквы *г* в этом окончании нередко произносят младшие школьники при чтении по буквам. Нужно следить, чтобы не произносили в этой форме [г] или [γ]. Одновременно нужно обращать внимание на то, чтобы звук [в] между гласными произносился достаточно отчетливо.

§ 88. Именительный падеж множественного числа прилагательных на -ые, -ие

Окончания -ые, -ие в им. пад. множ. ч. прилагательных и причастий произносятся как [ыи], [ии]. Например, *слепые щенята, новые дома, старые книги, хорошие дети, летние дни, карие глаза, какие книги, другие дела, раскрытые окна, узнавшие, читающие* произносятся: слеп[ы́и] щенята, но́в[ыи] дома, ста́р[ыи] книги, хоро́ш[ыи] дети, ле́[т‌'н'ии] дни, ка́[р'ии] глаза, ка[к'и́и] книги, дру[г'и́и] дела, раскры́т[ыи] окна, узна́вш[ыи], чита́ю[ш':ии]. Ранее распространенное произношение ста́р[ыḭа], си́н[иḭа] в настоящее время можно считать устаревшим. Впрочем, при очень отчетливом произношении, а также на конце фразы, перед паузой, может звучать [ыḭъ]: ста́р[ыḭъ].

Это окончание по говорам произносится по-разному: ста́р[ыḭо], ста́р[ыḭа], ста́р[ые], ста́р[ы]; ле́тн[иḭо], ле́тн[иḭа], ле́тн[ие], ле́тн[ии], ле́тн[и]. В южнорусских говорах распространено безударное окончание *-аи:* ста́р[аи], у́мн[аи]. Нужно добиваться, чтобы это окончание произносилось в два слога (без стяжения — *стары, летни*) и чтобы на конце его звучал гласный, близкий к [и].

§ 89. Окончания *-ое, -ая* прилагательных

В окончаниях *-ое, -ая* прилагательных и местоимений на месте буквы *е* или *я* произносится обычно [ḭъ]. Например: больн[а́·ḭъ], больш[а́·ḭъ], прям[а́·ḭъ], слеп[а́·ḭъ], так[о́·ḭъ], друг[о́·ḭъ]. Прилагательные женск. и средн. р. с безударными окончаниями *-ая, -ое* произносятся одинаково: *старая* и *старое, новая* и *новое, добрая* и *доброе, красная* и *красное* произносятся ста́р[ъḭъ], но́в[ъḭъ], до́бр[ъḭъ], кра́сн[ъḭъ]. Таким образом, прилагательные в сочетаниях *добрая женщина* и *доброе дело* произносятся одинаково.

В севернорусских говорах часто в этих формах между гласными звук [ḭ] не произносится, причем в результате дальнейшей ассимиляции гласных и стяжения окончания *-ая, -ое* могут произноситься в один слог. Ср. при двусложном произношении окончания: прям[а́а] дорога, больн[а́а] дочь, больш[о́о] или больш[о́э] горе, сух[о́э] дерево. Нередко лица, родной говор которых является севернорусским, усвоив литературный язык, эти формы произносят все же без [ḭ]: прям[а́а] дорога, сух[а́а] ветка, прям[о́э] движение, сух[о́э] дерево. Произношение этих окончаний в один слог, со стяжением, представляет собой явление чисто диалектное: прям[а́] дорога, ста́р[а] изба, но́в[о] платье и т. д. Необходимо добиться произношения этих окончаний не только в два слога, без стяжения, но также обязательно со звуком [ḭ] между гласными.

§ 90. Окончание *-ую* прилагательных

В окончании *-ую* на месте буквы *ю*, как и в других случаях после гласного, произносится [ḭу]: больн[у́·ḭ·у], прям[у́·ḭ·у], больш[у́·ḭ·у], слеп[у́·ḭ·у], сух[у́·ḭ·у]; до́бр[у·ḭ·у], ста́р[у·ḭ·у], но́в[у·ḭ·у], ве́рн[у·ḭу].

Во многих русских говорах звук [ḭ] между гласными может утратиться, в связи с чем два смежных гласных [у] могут стянуться в один: на прям[у́] дорогу, в ста́р[у] избу, но́в[у] рубаху.

Необходимо обратить особое внимание на то, чтобы в безударном окончании *-ую* на месте буквы *у* произносился звук [у] (ста́р[у·ḭ·у], но́в[у·ḭ·у]), так как нередко можно услышать в этой форме на месте безударного [у] редуцированный звук [ъ]: ста́р[ъḭ·у] книгу, но́в[ъḭ·у] кофту, добр[ъ̣҅·у] женщину, кисл[ъ̣҅·у] капусту. Такое произношение формы вин. пад. ед. ч. женск. р. прилагательных широко известно в ряде говоров и проникает также в литературный язык. Аналогичное замечание надо сделать об окончании -юю[1], т. е. о мягкой разновидности формы вин. пад. ед. ч. женск. р. прилагательных: на месте первой буквы ю должен произноситься звук [ў] с мягкостью предшествующего согласного: си[н'ў̣҅ў], лет[н'ў̣҅ў], горя́[ч'ў̣҅ў], ни[ш'':ў̣҅ў]. Это приходится особо отметить, так как в литературный язык проникают широкоупотребительные в диалектах формы, в которых на месте первой буквы ю произносится нелабиализованный звук, близкий к [и]: си[н'и̣҅·у] рубаху, в лет[н'и̣҅·у] пору, горя́[ч'и̣҅·у] пищу.

При наличии указанных отклонений от литературного произношения (ста́р[ъ̣҅·у] книгу, си[н'и̣҅·у] птицу) формы вин. пад. ед. ч. (с окончанием -ую, -юю) и твор. пад. ед. ч. (с окончанием -ою, -ею) совпадают в произношении. Ср. форму твор. пад. за ста́р[ъ̣҅·у] книгой, за си[н'и̣҅·у] птицей. Относительно окончания -ую с ударением на у надо иметь в виду, что представители многих южнорусских говоров часто произносят в конце слова на месте буквы ю сочетание [i̯а] со звуком типа [а]: больн[у́i̯а], слеп[у́i̯а], молод[у́i̯а], так[у́i̯а]. Поэтому надо следить, чтобы на конце этого окончания звучал гласный [у]: больн[у́·i̯·у], слеп[у́·i̯·у], молод[у́·i̯·у], так[у́·i̯·у].

§ 91. Безударные окончания 3-го лица множественного числа глаголов 2-го спряжения

Безударное окончание 3-го лица множ. ч. глаголов 2-го спряжения -ат, -ят по старой московской норме произносилось так, как если бы было написано -ут, -ют: 1) ды́[шу]т, слы́[шу]т, ре́[жу]т, поло́[жу]т, зна́[ч'·у]т, у́[ч'·у]т, полу́[ч'·у]т, ко́н[ч'·у]т, мо́[ч'·у]т, та́[ш'':·у]т, сто́[i̯·у]т, беспоко́[i̯·у]т, успоко́[i̯·у]т; 2) го́[н'·у]т, похоро́[н'·у]т, заме́[н'·у]т, ку́[р'·у]т, ва́[р'·у]т, щу́[р'·у]т, хва́[л'·у]т, пи́[л'·у]т, мо́[л'·у]т; 3) но́[с'·у]т, бро́[с'·у]т, кра́[с'·у]т, ме́[с'·у]т, ко́[с'·у]т, во́[з'·у]т, ла́[з'·у]т, по́р[т'·у]т, моло́[т'·у]т, пла́[т'·у]т, пу́с[т'·у]т, ве́р[т'·у]т, ви́[д'·у]т, во́[д'·у]т, хо́[д'·у]т, су́[д'·у]т, то́[п'·у]т, ку́[п'·у]т, те́р[п'·у]т, торо́[п'·у]т, лю́[б'·у]т, погу́[б'·у]т, ло́[в'·у]т, ста́[в'·у]т, гото́[в'·у]т, ко́р[м'·у]т.

Так же произносилось это окончание, когда за ним следовала частица -ся: слы́[шу]тся, де́р[жу]тся, дослу́[жу]тся, та́[ш'':·у]тся, стро́[i̯·у]тся, ва́[р'·у]тся, мо́[л'·у]тся, осме́[л'·у]тся, про́[с'·у]тся, во́[з'·у]тся, по́р[т'·у]тся, ви́[д'·у]тся, се́р[д'·у]тся, го́р[б'·у]тся, я́[в'·у]тся, ко́р[м'·у]тся.

Произношение [у] на месте а (я) было употребительно и в причастиях настоящего времени на -ащий, -ящий с ударением на основе:

---

[1] А также об окончании -ую после ч и щ, которые обозначают мягкие звуки.

слы́[шу·]щий, зна́[ч'ў]щий, ле́[ч'ў]щий, сто́[į̆ў]щий, стро́[į̆ў]щий, беспоко́[į̆ў]щий, кра́[с'ў]щий, по́р[т'ў]щий, ви́[д'ў]щий, гото́[в'ў]щий, пра́[в'ў]щий. То же в причастиях на -ащий, -ящий, с частицей -ся: слы́[шу·]щийся, те́[шу·]щийся, стро́[į̆ў]щийся, беспоко́[į̆ў]щийся, та́[ш·:ў]щийся, по́р[т'ў]щийся.

Однако описанная особенность уже не свойственна современному состоянию русского литературного произношения: она сохраняется, и то непоследовательно, только в устах представителей самого старшего поколения. Произношение форм 3-го лица множ. ч. глаголов 2-го спряжения последовательно с [у] вместо [а] для современного русского языка либо представляет собой сознательную стилизацию под старое московское произношение, либо характеризует просторечный, нелитературный язык.

Господствующим для современного русского литературного языка является произношение приведенных форм с редуцированным гласным [ъ], который произносится не только после твердых согласных (*ш, ж*), но также и после мягких согласных и [į̆]: слы́[шъ]т, ды́[шъ]т, де́р[жъ]т, поло́[жъ]т, зна́[ч'ъ]т, ў[ч'ъ]т, полу́[ч'ъ]т, ко́н[ч'ъ]т, та́[ш·:]т, сто́[į̆ъ]т, стро́[į̆ъ]т, беспоко́[į̆ъ]т; го́[н'ъ]т, похоро́[н'ъ]т, заме́[н'ъ]т, ку́[р'ъ]т, ва́[р'ъ]т, хва́[л'ъ]т, мо́[л'ъ]т; но́[с'ъ]т, про́[с'ъ]т, кра́[с'ъ]т, ме́[с'ъ]т, ко́[с'ъ]т, во́[з'ъ]т, по́р[т'ъ]т, моло́[т'ъ]т, пла́[т'ъ]т, ве́р[т'ъ]т, ви́[д'ъ]т, хо́[д'ъ]т, су́[д'ъ]т, пу́с[т'ъ]т, то́[п'ъ]т, ку́[п'ъ]т, те́р[п'ъ]т, торб[п'ъ]т, лю́[б'ъ]т, погу́[б'ъ]т, ло́[в'ъ]т, ста́[в'ъ]т, гото́[в'ъ]т, ко́р[м'ъ]т.

При этом следует заметить, что редуцированный звук в этой форме должен быть более или менее открытого образования и отодвинутый назад, т. е. типа [ъ], а не [э]. Это объясняется тем, что звук [э] весьма близок к [и] и потому при произношении [э] формы 3-го лица ед. и множ. ч. практически не различались бы: ср. зна́[ч'и]т, зна́[ч'э]т и зна́[ч'ъ]т; стро́[и]т, стро́[э]т и стро́[į̆ъ]т.

Однако наблюдения показывают, что замена старого московского произношения с -*ут, -ют* произношением, соответствующим написанию -*ат, -ят*, происходит неодновременно во всех глаголах: произношение [ут] более упорно держится в глаголах, относящихся к просторечию, чем в глаголах книжного, собственно литературного языка. Ср. возможное произношение околпа́[ч'·у]т в два счета, присоба́[ч'·у]т, кля́[н'ч'·у]т, та́[ш·:'у]т; вы́тара[ш·:ў]т глаза, но обнару́[жъ]т, обезору́[жъ]т, мы́с[л'ъ]т. Далее, старое московское произношение вообще устойчивее держится в форме 3-го лица множ. ч., чем в причастиях, так как причастие — категория по преимуществу книжного, литературного языка, и оно мало свойственно собственно разговорному языку. В глаголе гласный [у] важен как показатель множественного числа: наличие вместо [у] редуцированного переднего образования [э], как было указано выше, может привести к неразличению форм 3-го лица множ. и ед. ч. Ср. зна́[ч'и]т, зна́[ч'э]т, зна́[ч'ъ]т, зна́[ч'·у]т: форма зна́[ч'и]т — несомненно 3-е лицо ед. ч.; форма зна́[ч'·у]т — несомненно 3-е лицо множ. ч. То же можно сказать о форме зна́[ч'ъ]т. Что касается произношения с [э], т. е.

с гласным, близким к [и], то оно ближе к произношению 3-го лица ед. ч. (зна́[ч'и]т), чем к одному из двух видов формы 3-го лица множ. ч. Поэтому, вместо старого произношения 3-го лица множ. ч. с гласным [у], новым и соответствующим современной норме является произношение с [ъ]. Напротив, в причастиях качество гласного перед -*щий* не имеет существенного значения, так как категория причастия выражается не только им, но и таким ярким признаком как *щ*, а также последующим окончанием. Поэтому даже у носителей старого московского произношения рядом с произношением гласного [у] в форме 3-го лица множ. ч. глаголов можно услышать в причастиях редуцированный звук: слы́[шу]т, но слы́[шъ]щий, стро́[i̯у]т, но стро́[i̯ə]щий, по́р[т'·у]т, но по́р[т'ə]щийся. В словах и оборотах, восходящих к книжному, литературному языку, а также языку административному, канцелярскому, в причастиях не произносился [у], например: слу́[жъ]щий, по незави́[с'ə]щим обстоятельствам, пра́[в'ə]щий класс. Напротив, в оборотах просторечно-разговорного характера [у] держится даже у лиц, в других случаях произносящих редуцированный гласный, например: не сто́[i̯ӱ]щий парень, не сто́[i̯ӱ]щее дело, они все еще стро́[i̯·у]тся.

Наконец, надо указать еще на одно обстоятельство, существенное для произношения [у] или редуцированного гласного в разбираемых формах,— качество предшествующего согласного. Звук [у] крепче всего держался после шипящих [ш], [ж], [ч'], [ш':], а также после [j]: слы́[шу]т, поло́[жу]т, та́[ш'·у]т, стро́[i̯·у]т (см. в начале настоящего параграфа примеры группы 1). Довольно упорно [у] держался также после [р'], [л'], [н']: ва́[р'·у]т, мо́[л'·у]т, го́[н'·у]т (см. в начале настоящего параграфа примеры группы 2). Напротив, после остальных согласных звук [у] уступал место редуцированному раньше всего. Сюда относятся глаголы типа *носят, возят, портят, видят, купят, любят, оставят, кормят* (см. там же примеры группы 3). Это объясняется двумя причинами: 1) сочетания [шу], [жу], [ч'·у], [ш'·у], [i̯·у], а также [р'·у], [л'·у], [н'·у] широко известны русскому языку; напротив, сочетания [с'·у], [з'·у], [т'·у], [д'·у], [п'·у], [б'·у], [в'·у], [м'·у] менее свойственны ему, употребляются в значительно более ограниченных рамках; 2) сочетания [шу], [жу], [ч'·у], [ш'·у], [i̯·у] широко известны на стыке основы и окончания 3-го лица множ. ч. глаголов 1-го спряжения (ср. па́[шу]т, ма́[шу]т, ре́[жу]т, ма́[жу]т, пла́[ч'·у]т, то́п[ч'·у]т, хле́[ш'·у]т, сви́[ш'·у]т, ро́[i̯·у]т, мо́[i̯·у]т); сочетания [р'·у], [л'·у] также известны в глаголах 1-го спряжения (ср. ко́[л'·у]т, ме́[л'·у]т, по́[р'·у]т бо́[р'·у]тся). Напротив, сочетания [с'·у], [з'·у], [т'·у], [д'·у], [п'·у], [б'·у], [в'·у], [м'·у] в 3-м лице множ. ч. глаголов 1-го спряжения не встречаются. Отсюда понятно, что под воздействием глаголов 1-го спряжения и при обычности в них сочетаний [шу], [жу], [ч'·у], [i̯·у] и др. окончание [ут] раньше всего появилось у глаголов 2-го спряжения с основой на *ш, ж, ч, j* и др. и упорнее всего держалось именно в них, в особенности если соответствующие глаголы относились к разговорному просторечному стилю языка.

Произношение безударных окончаний 3-го лица множ. ч. глаголов 2-го спряжения как [ут] характеризует многие говоры русского языка, и прежде всего южнорусские и среднерусские, а также частью некоторые севернорусские, в противоположность большей части севернорусских говоров, в которых произносится [ат] или [ът] (в отличие от [ут] — окончания глаголов 1-го спряжения). Однако отход от произношения [ут] в глаголах 2-го спряжения в литературном языке следует объяснить не столько воздействием севернорусских говоров, сколько влиянием нашего правописания, различающего на письме формы глаголов 1-го и 2-го спряжения.

Таким образом, из изложенного выше следует, что нормой современного русского литературного произношения для безударных окончаний 3-го лица множ. ч. глаголов 2-го спряжения является [ът]. Только в сценическом произношении имеется стремление (проводимое очень непоследовательно) к старой московской норме ([ут]), которое необходимо лишь в репертуаре старого бытового характера (например, в пьесах Грибоедова, Островского).

§ 92. Сочетания гласных с *е* или *ю* во второй части в личных формах глаголов

1. В сочетаниях *ае, ее, ое, уе* личных форм глаголов 1-го спряжения во 2-м и 3-м лице ед. ч. и 1-м и 2-м лице множ. ч. на месте заударного *е* при отчетливом произношении слышится [i̯ə], а при более беглом, обычном разговорном произношении — [и]. Следует иметь в виду, что гласный [и] в заударном слоге бывает ослаблен, с неэнергичной артикуляцией. Приведем примеры.

На месте сочетания *ае:* быв[а́·i̯ə]т, зн[а́·i̯ə]т, брос[а́·i̯ə]т, хвор[а́·i̯ə]т; работ[ъi̯ə]т, дел[ъi̯ə]т, дум[ъi̯ə]т; зн[а́·i̯ə]шь, дел[ъi̯ə]шь, зн[а́·i̯ə]м, дел[ъi̯ə]м, зн[а́·i̯ə]те, дел[ъi̯ə]те. Или: быв[а́·и]т, зн[а́·и]т, хвор[а́·и]т, брос[а́·и]т, работ[ъи]т, дел[ъи]т, дум[ъи]т и т. д.

На месте сочетания *ее:* посп[е́i̯ə]т, ум[е́i̯ə]т, бол[е́i̯ə]т, стар[е́i̯ə]т, созр[е́i̯ə]т, им[е́i̯ə]т, жир[е́i̯ə]т; ум[е́i̯ə]шь, ум[е́i̯ə]м, ум[е́i̯ə]те. Или: посп[е́и]т, ум[е́и]т, бол[е́и]т, стар[е́и]т, созр[е́и]т, им[е́и]т, жир[е́и]т и т. д.

На месте сочетания *ое:* м[о́·i̯ə]т, кр[о́·i̯ə]т, в[о́·i̯ə]т; м[о́·i̯ə]шь, м[о́·i̯ə]м, м[о́·i̯ə]те. Или: м[о́·и]т, кр[о́·и]т, в[о́·и]т и т. д.

На месте сочетания *уе:* тоск[у́·i̯ə]т, волн[у́·i̯ə]т, во[ю́i̯ə]т *(воюет)*, след[у́·i̯ə]т, существ[у́·i̯ə]т, организ[у́·i̯ə]т, организ[у́·i̯ə]шь, организ[у́·i̯ə]м, организ[у́·i̯ə]те. Или: тоск[у́·и]т, волн[у́·и]т, след[у́·и]т, существ[у́·и]т, организ[у́·и]т и т. д.

При этом произношение этих форм с [i̯ə] свойственно главным образом отчетливому стилю речи, а с [и] — разговорной, беглой речи.

Представители севернорусских говоров имеют склонность к ослаблению, а затем и утрате звука [i̯] между гласными в этих сочетаниях, с последующей (в некоторых сочетаниях) ассимиляцией второго гласного первому и далее — стяжением двух гласных в один.

Ср. такие произношения, как: зн[а́э]т, ду́м[аэ]т; зн[а́а]т, ду́м[аа]т; зн[а́]т, ду́м[а]т, ум[е́э]т, посп[е́э]т; ум[е́]т, посп[е́]т; м[бэ]т, кр[бэ]т, тоск[у́э]т, организ[у́э]т.

Поэтому, прививая литературное произношение лицам, для которых родным является севернорусский диалект, нужно прежде всего особое внимание обратить на то, чтобы гласный на месте *е* был нелабиализованным (т. е. не типа [о]), передним по своему образованию и достаточно высоким по подъему языка, т. е. чтобы он был близок к [и]. Это важно потому, что представители севернорусских говоров, усваивая [i̯] между гласными, на место буквы *е* в разбираемых формах часто произносят [i̯о]: зн[а́·i̯о]т, рабо́т[аi̯о]т, ум[е́i̯о]т или ум[иi̯о]т, мо́[i̯о]т, тоску́[i̯о]т.

В особенности же важно это потому, что очень часто лица, в других отношениях вполне владеющие литературным языком (уроженцы территории распространения севернорусских диалектов), на десятилетия, а часто и на всю жизнь сохраняют произношение звука [э] в заударном слоге на месте буквы *е* в этих формах: зн[а́э]т, рабо́т[аэ]т, де́л[аэ]т, ум[е́э]т, м[бэ]т, организ[у́э]т и т. д.

Чтобы привить литературное произношение этих форм, в таких случаях нужно тренироваться в произношении их с сочетанием [i̯и] на месте буквы *е*: зн[а́·i̯и]т, рабо́т[ъi̯и]т и т. д. Привычка произносить в данном положении более открытые звуки на месте буквы *е* не даст возможности появиться здесь звуку [и], и образуется более ослабленный, близкий к [и] звук, т. е. [э] с предшествующим слабым „йотовым" призвуком: [i̯].

2. В сочетаниях *аю*, *ею*, *ою*, *ую* личных форм глаголов 1-го лица ед. ч. и 3-го лица мн. ч. на месте буквы *ю*, как и всегда после гласных, произносится сочетание [i̯·у]: рабо́т[ъi̯·у], ду́м[ъi̯·у]; де́л[ъi̯·у]; рабо́т[ъi̯·у]т, ду́м[ъi̯·у]т, де́л[ъi̯·у]т, обе́д[ъi̯·у]т; ум[е́i̯·у]т, созр[е́i̯·у]т, посп[е́i̯·у]т; м[о́·i̯·у]т, кр[о́·i̯·у]т, тоск[у́·i̯·у]т, волн[у́·i̯·у]т, организ[у́·i̯·у]т.

В ряде говоров звук [i̯] между гласными может утратиться, а в заударном сочетании *аю* после утраты [i̯] может произойти ассимиляция первого гласного второму и затем — стяжение двух гласных в один: ду́м[ау]т, рабо́т[ау]т или ду́м[ъу]т, рабо́т[ъу]т; ду́м[у]т, рабо́т[у]т. Поэтому необходимо следить, чтобы между гласными произносился [j].

§ 93. Возвратные частицы *-сь*, *-ся*

Возвратная частица *-сь* после гласных, в личных формах глагола и в форме прошедшего времени произносится двояко: чаще мягко ([с']), реже — по старой московской норме — твердо ([с]). После гласных, обозначаемых буквами *у (ю)* и *а*: бою́[с'], беру́[с'], гоню́[с'], прошу́[с'], ви́жу[с'], остаю́[с'], де́лаю[с'], собира́ю[с']; взяла́[с'], заспала́[с'], брала́[с'], собира́ла[с'], боя́ла[с']; но также и бою́[с], прошу́[с], ви́жу[с], взяла́[с], брала́[с], собира́ла[с]. После гласных переднего образования, обозначаемых буквами *и* и *е*, возвратная частица -сь особенно редко произносится твердо. В этом положении в настоящее время обычно звучит [с'] и редко — [с]; ср. бери́[с'], проси́[с'], возьми́[с'], взяли́[с']; бери́те[с'], проси́те[с'], возьми́те[с']; берёте[с'], собира́ете[с'] и бери́[с], бери́те[с], берёте[с].

В формах деепричастия -сь также обычно произносится мягко: собира́я[с'], де́лая[с'], остава́я[с'], ви́дя[с'], беря́[с']: стуча́[с']. Следует иметь в виду, что по старой московской норме и в деепричастиях частица -сь произносилась твердо, кроме случаев с ударением на последнем слоге — на гласной перед -сь: собира́я[с], де́лая[с], остава́я[с], ви́дя[с], но бои́[с'], беря́[с'], стуча́[с'].

Частица -ся, употребляющаяся после согласных и й [j], в разных глагольных формах произносится различно в зависимости от качества предшествующей согласной.

В форме 3-го лица ед. и множ. ч., имеющей на конце -тся, а также в инфинитиве на -ться, в результате слияния согласной [т] или [т'] с последующим [с] произносится твердое [ц] с долгим затвором. Например, в 3-м лице глаголов: несё[ᵀцъ], берё[ᵀцъ], собира́е[ᵀцъ], стреми́[ᵀцъ], несу́[ᵀцъ], беру́[ᵀцъ], собира́ю[ᵀцъ], стремя́[ᵀцъ]; в инфинитиве: бра́[ᵀцъ], верте́[ᵀцъ], учи́[ᵀцъ].

Надо обратить внимание на то, что написания -тся в 3-м лице глаголов и -ться в инфинитиве произносятся одинаково; поэтому слова, входящие в такие пары форм, как *стреми́тся* и *стреми́ться*, *ложи́тся* и *ложи́ться*, *накали́тся* и *накали́ться*, *зли́тся* и *зли́ться*, *столкну́тся* и *столкну́ться*, в произношении не отличаются друг от друга: стреми́[ᵀцъ], ложи́[ᵀцъ], накали́[ᵀцъ], зли́[ᵀцъ], столкну́[ᵀцъ].

В форме 2-го лица ед. ч. (на -шься) сочетание [шс] не сливается в однородное звучание, причем предпочтительно твердое произношение [с]: несё[шсъ], берё[шсъ], мо́е[шсъ], стреми́[шсъ], ви́ди[шсъ] или несё[шс'ъ], мо́е[шс'ъ], стреми́[шс'ъ], ви́ди[шс'ъ]. Произношение с двойным [с], твердым или мягким (бой[ссъ], ви́ди[ссъ] или бой[с'с'ъ], ви́ди[с'с'ъ]), является нелитературным, основанным на особенностях различных местных говоров; чисто диалектным является произношение с гласным [и] на конце: бой[с'с'и], ви́ди[с'с'и].

Так же произносится и форма повелительного наклонения после *ш (ж)*, т. е. формы на *-шься, -жься*: уте[шсъ], ма́[шсъ], ре́[шсъ] или уте́[шс'ъ], ма́[шс'ъ], ре́[шс'ъ].

В форме 1-го лица множ. ч. в частице -ся после [м] согласный [с] может произноситься как твердо, так и мягко: берё[мсъ], несё[мсъ], стара́е[мсъ], собира́е[мсъ], ви́ди[мсъ], го́ни[мсъ], про́си[мсъ] — и рядом: берё[мс'ъ], несё[мс'ъ], стара́е[мс'ъ], собира́е[мс'ъ], ви́ди[мс'ъ], го́ни[мс'ъ], про́си[мс'ъ].

В форме прошедшего времени мужск. р. после суффикса -л в частице -ся предпочтительно произношение с твердым [с]: взя́[лсъ] и взя[лса́], бра́[лсъ] и бра[лса́], боя́[лсъ], собира[лсъ], стреми́[лсъ], забы́[лсъ].

В форме прошедшего времени мужск. р. после согласного звука основы в частице -ся предпочтительно произношение твердого [с].

Твердо произносится [с] после *с* и *з:* нё[ссъ], [спа́ссъ], тря́[ссъ], разле́[ссъ], гры́[ссъ], распо́л[ссъ] (*разлезся, грызся, расползся*). Встречается и произношение нё[сс'ъ], спа́[сс'ъ], тря́[сс'ъ], и даже нё[с'с'ъ], спа́[с'с'ъ], последнее, однако, нельзя считать правильным. После других согласных основы в частице *-ся* также предпочтительно [с] твердое, но возможно и [с] мягкое: ср. отрё[ксъ], берё[ксъ], улё[ксъ], обжё[ксъ], задо́[хсъ], уши́[псъ], упё[рсъ] и т. д. и встречающееся также произношение отрё[кс'ъ], берё[кс'ъ], задо́[хс'ъ], уши́[пс'ъ], упё[рс'ъ].

Напротив, в тех формах, в которых частица *-ся* следует после мягкого согласного и [j], точнее [i̯], согласный [с] произносится обычно мягко. Такова форма повелительного наклонения: дви́[н'с'ъ], оста́[н'с'ъ], забо́[т'с'ъ], сжа́[л'с'ъ], па́[р'с'ъ], не тра́[т'с'ъ], отплю́[н'с'ъ], бо́[i̯с'ъ], стро́[i̯с'ъ], ро́[i̯с'ъ], сме́[i̯с'ъ], не упря́[м'с'ъ], познако́[м'с'ъ], отпра́[ф'с'ъ], не пла́[ч'с'ъ]. Ср. встречающееся еще произношение с твердым [с] по старым московским нормам: тро́[н'съ], оста́[н'съ], сжа́[л'съ], стро́[i̯съ], сме́[i̯съ] и т. д., которое теперь уже нельзя считать нормой.

В причастиях согласный [с] в частице *-ся* как после гласных, так и после согласных и [j] — [i̯] произносится мягко: собира́вши[i̯с'ъ], бра́вши[i̯с'ъ], взя́вшего[с'ъ], оста́вшему[с'ъ], собира́ющи[i̯с'ъ], собира́ющими[с'ъ], собира́ющих[с'ъ]. По старой московской норме и в этой форме согласный [с] произносился твердо.

В форме инфинитива на *-чься* после [ч'] нередко звучит [с] твердое, причем сочетание [чс] не сливается в один однородный звук: бере́[ч'съ], уле́[ч'съ], завле́[ч'съ], испе́[ч'съ]; но рядом с этим широко известно и [с] мягкое: бере́[ч'с'ъ], уле́[ч'с'ъ], завле́[ч'с'ъ], испе́[ч'с'ъ].

Следует обратить внимание на инфинитив *стричься*, который произносится с сочетанием [ч'с]: стри́[ч'съ]. Произношение в этой форме на месте *чьс* звука [ц] с долгим затвором, свойственное просторечию, видимо, появилось под влиянием часто употребляющегося рядом инфинитива *бриться*, где [ц] с долгим затвором обычно (см. выше о произношении инфинитива на *ться*): бри́[ᵗцъ] и стри́[ᵗцъ]. Если произношение стри́[ᵗцъ] является просторечным (т. е. выходит за пределы литературного языка), но подобное произношение других глаголов (например, уле́[ц:ъ], испе́[ц:ъ]) является уже чисто диалектным.

Таким образом, в современном русском языке по сравнению со старыми московскими нормами все более и более укрепляется мягкое произношение [с] в возвратной частице *-сь, -ся*, причем в некоторых формах оно стало уже преобладающим. Распространение мягкого произношения [с] в этой частице объясняется прежде всего влиянием правописания, т. е. написанием буквы *ь* в частице *-сь* и буквы *я* в частице *-ся*, а также частично тех говоров, в которых произносится [с'] и [с'а]. В настоящее время последовательно старой нормы с твердым [с] стремится придерживаться лишь сценическое произношение.

§ 94. Глагольные формы *-сться, -зться* и *-стся*

В неопределенной форме на *-сться, -зться* (например, *красться, грызться*) и форме 3-го лица ед. ч. на *-стся* (например, *наестся*) в конце произносится [сцъ]. Примеры (в неопределенной форме): кра́[сцъ] (*красться*), укла́[сцъ] (*укласться*), попа́[сцъ] (*попасться*), рассе́[сцъ] (*рассесться*), нае́[сцъ] (*наесться*), расче́[сцъ] (*расчесться*), покля́[сцъ] (*поклясться*), впря́[сцъ] (*впрясться*); гры́[сцъ] (*грызться*), разлё[сцъ] (*разлезться*); в форме 3-го лица ед. ч.. да́[сць] (*дастся*), нае́[сцъ] (*наестся*), созда́[сцъ] (*создастся*), сда́[сцъ] (*сдастся*).

§ 95. Глаголы на *-ивать, -ывать*

Глаголы на *-ивать* после *к, г, х* по старой московской норме произносились так, как если бы вместо *ки, ги, хи* было написано *ко, го, хо*, т. е. с редуцированным гласным [ъ] в заударном слоге на месте *о*. Например, в слове *вытаскивать* слог *ки* произносился так же, как слог *ко* в слове *выковать*: выта́с[къвът'], вы́[къвът'].

Таким образом, слова *постукивать, оплакивать, подталкивать, вытаскивать, выволакивать, отскакивать, поддакивать; натягивать, отпугивать, выпрыгивать, задёргивать, затрагивать, вздрагивать; размахивать, спихивать, вспархивать, встряхивать, распахивать, вспахивать* произносились: посту́[къ]вать, опла́[къ]вать, подта́л[къ]вать, выта́с[къ]вать, вывола́[къ]вать, отска́[къ]вать, подда́[къ]вать; натя[гъ]вать, отпу́[гъ]вать, выпры́[гъ]вать, задёр[гъ]вать, затра́[гъ]вать, вздра́[гъ]вать; разма́[хъ]вать, спи́[хъ]вать, вспа́р[хъ]вать, встря[хъ]вать, распа́[хъ]вать, вспа́[хъ]вать. Однако в настоящее время рядом с этим произношением, еще встречающимся в современном русском литературном языке, значительно более широко развито произношение на месте *ки, ги, хи* в этих глаголах сочетаний [к'и], [г'и], [х'и], с мягкими [к'], [г'], [х']. Такое произношение укрепилось главным образом ввиду его соответствия правописанию: посту́[к'и]вать, натя́[г'и]вать, разма́[х'и]вать и т. д. Это произношение и следует считать свойственным современному литературному языку. Старое произношение посту́[къ]вать, натя́[гъ]вать, разма́[хъ]вать частично сохраняется лишь в сценической речи.

После мягких согласных, имеющих твердые пары, и после мягких шипящих ([ч'], [ш':]) в суффиксе *-ива-* произносится гласный [ə], мало отличающийся от гласного [и] в заударном слоге. Ср. в глаголах *расхваливать, разговаривать, заманивать, скрещивать, выплачивать*: расхва́[л'əвът'], разгова́[р'əвът'], зама́[н'əвът'], скре́[ш':əвът'], выпла́[ч'əвът'] или расхва́[л'ивът'], разгова́[р'ивът').

В суффиксе *-ива- (-ыва-)* на месте буквы *и* (после твердых шипящих *ш, ж*) и буквы *ы* (после твердых парных согласных) произносится [ъ]. Ср. в глаголах *рассказывать, свёртывать, накладывать, поскрипывать, выкапывать, расспрашивать, выпроваживать*: расска́[зъвът'], свёр[тъвът'], накла́[дъвът'], поскри́[пъвът'], выка́[пъвът'], расспра́[шъвът'], выпрова́[жъвът']. Лишь в очень тщательной отчетливой речи возможно произношение гласного [ы].

ПРОИЗНОШЕНИЕ СЛОВ ИНОЯЗЫЧНОГО ПРОИСХОЖДЕНИЯ

§ 96. Общие замечания

В русском литературном языке, как и во всяком литературном языке — языке науки, техники, культуры, художественной литературы, языке общественной и политической жизни, — имеется известное количество слов иноязычного происхождения (нередко неточно называемых „иностранными словами"). Значительная часть таких слов по своему произношению ничем не отличается от слов исконно русских. Однако некоторые из них — слова из разных областей техники, науки, культуры, политики, и в особенности иностранные собственные имена, — выделяются среди других слов русского литературного языка своим произношением, нарушая, таким образом, выше описанные правила. Далее описываются важнейшие особенности произношения слов иноязычного происхождения.

§ 97. Сочетания *дж* и *дз*

В словах иноязычного происхождения нередко представлено сочетание [дж], соответствующее фонеме [ž] других языков. Звук [ž] представляет собой аффрикату [ч], но произносимую с голосом; ср. в русском языке, например, в сочетании *дочь бы, Учгиз:* до[ž'] бы, у[ž']гиз. Однако в русском языке сочетание [дж] не сливается в одну артикуляцию аффрикаты [ž], а произносится так же, как то же сочетание в исконно русских словах на стыке приставки и корня (или на стыке предлога и следующего слова), а именно как [žж] (в разговорной речи). Так, например, слова *джем, джемпер, джут, джигит, джентльмен, паранджа, арпеджио, джин, лоджия, из колледжа, в коттедже* произносятся: [žж]ем, [žж]е́мпер, [žж]ут, [žж]иги́т, [žжэ]нтльме́н, паран[žж]а́, арпе́[žж]ио, [žж]ин, ло́[žж]ия, из колле́[žж]а, в котте́[žж]е. Ср. такое же произношение на указанных выше стыках в словах исконно русских: по[žж]ида́л, б[žж]ил, о[ž-ж]ены́ — *поджидал, отжил, от жены.*

В единичных случаях представлено сочетание *дз*, соответствующее фонеме [z] других языков. Звук [z] представляет собой аффрикату [ц], но произносимую голосом: ср. в русском языке, например, в сочетании *отец бы* (оте́[z]-бы) или в фамилии *Гинцбург* (Ги́н[z]бург). Однако в русском языке сочетание *дз* не сливается в одну артикуляцию аффрикаты [z], а произносится так же, как произносится соответствующее сочетание в исконно русских словах на стыке приставки и предлога (или предлога и следующего за ним слова), а именно как [zз]. Так произносится, например, слово *муэдзин:* муэ[zз']и́н. Ср. произношение того же сочетания на указанных выше стыках: на[zз']ира́тель, по[zз']е́ркалом. Ср. также: [zз']ержинский (*Дзержинский*).

§ 98. Звук [h]

В отдельных словах иноязычного происхождения произносится звук [h] — придыхательный или, точнее, фарингальный звук. Пишется в этих случаях буква *г*. Таково слово *габитус*, которое произносится [há]битус, или слово *бюстгальтер*, в котором возможно произношение [h] наряду с [г]. С этим звуком могут произноситься некоторые из иностранных собственных имен, например *Гейне:* [háįнэ].

§ 99. Произношение [о] в безударных слогах

В ряде слов иноязычного происхождения на месте буквы *о* в 1-м предударном слоге предпочтительно произношение гласного [о], чем нарушается изложенное выше правило произношения безударных гласных (см. § 15, п. 1). Например, [о] произносится в следующих словах: а[о]ртáльный, б[о]á, б[о]мóнд, б[о]нмó, б[о]нтóн, б[о]рдó, д[о]сьé, [о]тéль, эксп[о]зé. Гласный [о] может произноситься также в словах к[о]ктéйль, м[о]дéль, м[о]дéрн, м[о]нáда, [о]áзис, п[о]эт, п[о]эзия, п[о]эма, т[о]ннéль, ф[о]рпóст, ф[о]йе, ш[о]ссé (при допустимости произношения с[ʌ]).

Во 2-м предударном слоге на месте букв *о* и *а* в некоторых словах иноязычного происхождения произносятся звуки [о] и [а], причем отсутствует характерная в этом положении для слов исконно русских редукция гласных (этим нарушаются изложенные выше правила, см. § 15, п. 2). Звуки [а] и [о] во 2-м предударном слоге в соответствии с буквами *а* и *о* могут произноситься, например, в таких словах: к[о]нс[о]мé, м[о]дерáтор, б[о]нвивáн, б[о]лерó, фр[о]нтиспúс, п[а]рвеню́.

Безударные [о] и [а] нередко сохраняются в иностранных собственных именах: ср. Б[о]длéр, Фл[о]бéр, З[о]ля́, В[о]льтéр, Т[о]рéз, Т[о]льятти, Д[о]лóрес Ибаррýри, Ж[о]рéс, Ш[о]пéн, [о]н[о]рé де Бальзáк, М[о]пассáн, Р[о]дéн, Р[а]блé.

В отдельных случаях гласный [о] на месте буквы *о* может произноситься также и в заударных слогах, например: какá[о], рáди[о], ариóз[о], адáжи[о], трú[о], каприччи[о], вéт[о], крéд[о].

Корневой гласный [о] в 1-м предударном слоге удерживается скорее, чем во 2-м предударном. Это видно, например, на произношении слов *зоóлог* и *зоолóгия*: в первом случае произносится з[о]óлог рядом с з[ʌ]óлог; во втором случае всегда произносится [лʌ] — [зʌʌ]лóгия.

В ряде случаев возможно двоякое произношение безударного гласного на месте *о* — с безударным гласным [о] как в 1-м, так и во 2-м предударных слогах или с гласным [ʌ] в 1-м предударном слоге и [ъ] во 2-м по общей норме безударного вокализма русского языка: б[о]тфóрты и б[ʌ]тфóрты, ф[о]нéтика и ф[ʌ]нéтика, с[о]нéт и с[ʌ]нéт, н[о]ктю́рн и н[ʌ]ктю́рн, н[о]вéлла и н[ʌ]вéлла, ф[о]нетúческий и ф[ъ]нетúческий, в[о]калúзм и в[ъ]калúзм, п[о]этúческий и п[ъ]этический, м[о]дернизм и м[ъ]дернизм, п[о]этесса и п[ъ]этесса. Эти произносительные варианты стилистически нетождественны: произношение с безударным гласным [о] характеризует собой высокий „академический", специфически книжный стиль, в то время как звук [а] в 1-м предударном слоге и [ъ] во 2-м свойственны обычному, нормальному нейтральному стилю.

Однако надо помнить, что различение звуков [о] и [а] в безударных слогах касается весьма ограниченного слоя лексики. Это большей частью или слова, в основном относящиеся к дореволюционному времени и в настоящее время выходящие из употребления (*бонмо, бонтон, бомонд, бонвиван*), или слова, относящиеся к той или иной специальности, например дипломатии (*досье, коммюнике, экспозе*), искусству (*поэт, сонет, модерн, модерато, болеро, рококо*), науке (*монада*) и т. д. В огромном же большинстве слов иноязычного происхождения, прочно освоенных нашим литературным языком и вошедших в общенародный язык, *о* и *а* в безударных слогах произносятся по общим правилам, описанным выше в § 15, п. 1 и 2. Ср., например, к[лл]ператив, к[лл]нерация, к[лл]птирован, кл[л]ака, к[л]нспект, к[л]мпресс, к[л]нкретно, к[л]рректно, к[ъ]нферансье, к[ъ]нифоль, к[ъ]ммунизм, [л]дек[л]лон, р[л]ман, ар[л]мат, б[л]кал, с[л]ната, к[л]стюм, дем[л]кратия, пр[л]фессор, пр[л]грамма, пр[л]жектор), р[л]зетка, к[л]нсервы, к[ъ]нсерватория, б[л]ксер, б[ъ]н[ъ]партизм, б[л]стон, б[л]таника, в[ъ]лейбол, г[ъ]ризонт, г[л]рмоны, д[л]тация, д[л]цент, к[л]сметика, к[л]рсет, к[ъ]см[л]графия, к[ъ]валер, к[ъ]бинет, к[ъ]см[ъ]п[ъ]литизм, к[л]тировать, л[л]мбард, л[ъ]-к[ъ]м[л]тив, л[л]ийяльный, м[ъ]н[ъ]п[л]лист, м[ъ]н[л]полия, н[ъ]минальный, н[л]рмальный, пр[л]гресс, р[л]татор, р[л]яль, с[л]фистика, т[л]ксический, т[л]нический; т[ъ]п[ъ]графический, ф[л]рсировать, ф[ъ]рмулировать, х[л]рей, хл[ъ]р[л]форм и многие другие слова. Произношение подобных слов с гласным [о] в предударных слогах на месте буквы *о* не должно рекомендоваться как претенциозно-книжное, подчеркнуто „образованное": к[о]нцертный р[о]яль, пр[о]-грамма, с[о]ната, ар[о]мат, р[о]ман, б[о]кал, к[о]стюм, пр[о]гресс, к[о]нкретно. Такое произношение, свойственное в дооктябрьскую эпоху языку по преимуществу дворянской интеллигенции, в наше время может считаться уже вышедшим из употребления.

СОГЛАСНЫЕ ПЕРЕД ГЛАСНЫМ НА МЕСТЕ *Е*

§ 100. Общие замечания

В некоторых словах иноязычного происхождения многие согласные, которые вообще перед [е], обозначающимся буквой *е*, могут быть как твердыми, так и мягкими, произносятся твердо. При твердом произношении согласного следующий за ним гласный [е] утрачивает свое [и]-образное начало, становится однородным в своей начальной фазе и дальнейшем протяжении, одновременно немного отодвигаясь назад:

[стэк], [клшнэ̀] (отодвижка назад, однако, здесь несколько меньшая, чем после [ш], [ж], [ц]; ср. [шэф], [жэст], [цэп]).

Следует отметить, что не все согласные в равной мере оказываются способными к твердому произношению перед [е]. В этом отношении выделяются следующие группы согласных: 1) задненёбные [к], [г], [х]; 2) согласный на месте *л*; 3) губные [п], [б], [м], [в], [ф]; 4) зубные [т], [д], [н], [с], [з] и согласный [р].

§ 101. Задненёбные согласные

Задненёбные в словах иноязычного происхождения, как и во всяких других словах, перед [е] смягчаются. Ср. произношение таких слов, как па[к'е́т], кро[к'е́т], [к'е́]гли, [к'е́кс], пи[к'е́]; ба[г'е́т], [г'е́]незис, [г'е́]тры, [г'е́р]цог, ме[г'е́]ра; [шх'е́ры], [сх'е́]ма, тра[х'е́]я.

§ 102. Согласный на месте *л*

Согласный [л] также в словах иноязычного происхождения, как и во всяких других словах, перед [е] обычно смягчается: ср. произношение слов ске[л'е́т], ба[л'е́т], ва[л'е́т] и пять [л'е́т]; мо[л'е́]кула и [л'е́]карь и т. д. Однако в некоторых словах иноязычного происхождения, главным образом относящихся к сфере культуры, искусства, науки, техники, в книжном стиле перед ударным [е] может произноситься так называемое среднее, или „европейское" [л], которое обозначим буквой [l]. Акустически этот звук производит впечатление звука, среднего между [л'] и [л]: он не является таким мягким, как [л'], но вместе с тем не является и твердым. Этот звук близок к звуку [l] в немецком и французском языках. При произношении среднего, „европейского" [l] средняя часть спинки языка не поднимается к соответствующей части нёба, как это бывает при произношении мягкого [л]—[л']. Однако при произношении [l] задняя часть спинки языка также не поднимается к задней части нёба, как это бывает при произношении твердого [л]. Таким образом, среднее, „европейское" [l] образуется при плоской спинке языка, без поднятия средней ее части (т. е. без [и]-обра́зной артикуляции), а также без поднятия ее задней части (т. е. без артикуляции языка, близкой к артикуляции гласных [о] или [у]). Например: суф[lé], [кlерк], канти[lé]на, [lен], [lé]нный (термины, относящиеся к феодальному обществу), ва[lé]нтный, [lé]мма, ко[lé]га (коллега), [lé]ндлóрд, кабрио[lé]т, трио[lé]т, флажо[lé]т, бур[lé]ск, дефи[lé], фи[lé], же[lé], ре[lé], суф[lé], Па-де-Ка[lé] (Па-де-Кале), до греческих ка[lé]нд, Раб[lé], Капу[lé]тти, Бод[lé]р. Ср. различие между [l] и [л'], например, в словах [кlе́гъ] (коллега) и [клл'е́къ], [lен], [lе́м:ъ] и [l'е́нъ] (Лена). Различие это следует признать очень невыразительным, а в связи с этим—непоследовательно проводимым, в безударных слогах практически отсутствующим. Ср. слова *лета́льный* (смертельный), *лега́то, летарги́я* и *лета́ть, летопи́сец*, где на месте буквы *л* произносится, в общем, один и тот же звук. Это объясняется тем, что перед неэнергично артикулируемым безударным гласным на месте *е* мягкость согласного вообще бывает несколько меньшей, чем перед гласным ударным. Поэтому сравнительно небольшое различие, существующее между [l] и [л'], перед безударным гласным на месте *е* скрадывается, становится еще меньшим и может утратиться вовсе. Отметим, что если предударные слоги в словах *летальный* и *летать* и могут иметь какое-то отличие в произношении, то оно относится не столько к согласному на месте *л*, сколько к гласному на месте *е*, который в слове иноязычного происхождения может сохраняться в качестве [е]. Ср. [л'е]та́льный и [л'и^е]та́ть (см. об этом § 105).

В связи с невыразительностью различия между [l] и [л'] нет необходимости требовать обязательного произношения согласного [l] в приведенных заимствованных словах и других словах, подобных им.

§ 103. Губные согласные

На месте букв губных согласных (*п, б, м, в, ф*) перед буквой *е* наряду с обычным произношением мягких губных (ср. [п'ел], [б'élъ̣i], [м'éстъ], [в'éръ], [ф'éi̯ъ]) в некоторых словах книжного происхождения, обозначающих понятия культуры, искусства, науки, техники, могут произноситься твердые губные. При этом гласный [е] теряет свое [и]-образное начало, становится однородным в своем начале и дальнейшем протяжении, так что конечная фаза произношения гласного [е] лишь очень немного отличается от произношения того же гласного после мягких согласных. Обозначим этот гласный, как и отодвинутое несколько назад [е], буквой э. Ср. слова *бег* и *бек* (помещик-феодал у тюркских народов): [б'ек] (произносится [б'^иек]) и [бэк] (произносится без [и]-образного начала). Ср. также одинаково пишущиеся слова *метр* — учитель, мастер, и *метр* — мера длины: первое произносится [мэтр], а второе [м'етр] (точнее [м'^иетр], с [и]-образным приступом).

Приведем примеры, в которых под ударением произносятся твердые губные перед ударным [е]. Обозначим этот гласный, как и отодвинутое несколько назад [е], буквой э.

бе (произносится [бэ́]): *араве́ски, асбе́ст, бебе́, бек, бе́льканто, бербе́рский, бе́та; Альбе́рт, Бе́лла, Бе́рта, Изабе́лла, Флобе́р;*

пе (произносится [пэ́]): *ампе́р, аспе́кт, канапе́, капе́лла, пе́ленг, пенс, пе́ри, пропе́ллер, проспе́рити, спе́рма; Гуго Капе́т, Пе́р-Лаше́з, Шопе́н;*

ве (произносится [вэ́]): *ве́ктор, ве́стго́ты, ве́то, инве́стор, карабе́лла, кве́стор, корве́т, нордве́ст;*

фе (произносится [фэ́]): *а̀утодафе́, галифе́, дефе́кт, кафе́, перфе́кт, Феб, Фе́дра;*

ме (произносится [мэ́]): *бизнесме́н, буриме́, бушме́н, конгрессме́н, консоме́, ме́лос, меме́нто, ме́нтор, ме́сса, ме́ццо, резюме́, реноме́, ферме́нт, цикламе́н; Андроме́да, Герме́с, Ка́рмен, Мериме́, Сме́тана.*

В двух случаях для обозначения твердости губного согласного перед гласным [е] пишется буква э: *мэр, пэр.* Ср. в произношении [мэр] и [м'ер] (род. пад. множ. ч. от *мера*), [пэр] и первый слог в слове *первый* — [п'ервъĭ].

В ряде случаев в литературном языке допустимо двоякое произношение — с твердым и мягким губным. Ср. но[вэ́]лла и но[в'е́]лла, спортс[мэ́н] и спортс[м'е́н], [дэфэ́кт] и [д'и^еф'éкт]. В огромном количестве случаев в словах иноязычного происхождения перед [е] губные произносятся мягко, как и в словах исконно русских. Ср. [в'е́]ксель, [в'е́]нзель, [в'е́]рсия, [м'е́]дик, ко[м'е́]га, компли[м'е́]нт.

Отметим, что разграничение твердых и мягких губных достаточно отчетливо только перед ударным [е] (примеры см. выше). Что же касается положения перед соответствующим безударным гласным, то здесь твердые и мягкие губные практически не разграничены. Это объясняется тем, что перед безударным гласным на месте *е* губные смягчаются очень слабо даже в словах исконно русских, в связи с чем различие в произношении губных в словах иноязычного происхождения, относящихся к сфере культуры, науки, техники, в исконно русских словах бытового значения практически сводится на нет. Ср., например, произношение безударных слогов на месте *бе* в словах *бекáр* и *бегá, бедá*; на месте *ме* в словах *метáлл* и *метáть*; на месте *ве* в словах *велюр* и *велю́, венóзный* и *венóк*, где губные перед гласным на месте *е* практически не различаются. В обоих случаях губные здесь обозначаются со знаком мягкости. И если оказывается иной раз в произношении таких слов различие, то оно касается не столько степени мягкости губного, сколько качества предударного гласного на месте *е*: [и]-обрáзный гласный в исконно русских словах, в то время как в словах иноязычного происхождения может произноситься звук, приближающийся к [е]. Ср. [б'екáр] или [б'е^икáр] и [б'и^егá]; [в'е^ил'ýр] и [в'и^ел'ý] или [в'ил'ý].

§ 104. Зубные согласные

Случаи произношения твердых согласных перед [е] в словах иноязычного происхождения падают главным образом на зубные согласные (кроме [л], о котором см. выше, § 102) и [р], а именно на согласные [т], [д], [с], [з], [н], [р]. При этом зубные согласные и [р] могут произноситься твердо не только перед ударным [е], но также и перед безударным гласным на месте *е*. Поэтому ниже приводятся примеры с названными твердыми согласными как перед ударными, так и перед безударными гласными. Особенно много случаев с твердыми согласными [т] и [д] перед [е].

Приведем типичные случаи для каждого из перечисленных выше согласных.

1. Твердый [т] перед ударным [е] всегда или обычно произносится, например, в словах: адюль[тэ́]р, ан[тэ́]нна, анти[тэ́]за, бифш-[тэ́]кс, бре[тэ́]лька, варье[тэ́], викон[тэ́]сса, воль[тэ́]ровский, ган-[тэ́]ль, ге[тэ́]ра, гор[тэ́]нзия, гро[тэ́]ск, деколь[тэ́], дие[тэ́]тика, изо-[тэ́]ра, изо[тэ́]рма, иммор[тэ́]ль, ка[тэ́]тер, кафе[тэ́]рий, кок[тэ́]йль, конс[тэ́]бль, кон[тэ́]йнер, кор[тэ́]ж, кор[тэ́]сы, ко[тэ́]дж (*коттедж*),

кронш[тэ́]йн, ла[тэ́]нтный, мар[тэ́]н, мета[тэ́]за, мѐтрдо[тэ́]ль, метрополи[тэ́]н, ми[тэ́]нки, о[тэ́]ль, пар[тэ́]р, пас[тэ́]ль, пас[тэ́]ровский, па[тэ́]тика, поэ[тэ́]сса, по[тэ́]нция, про[тэ́]з, психос[тэ́]ник, ру[тэ́]ний, соли[тэ́]р (брильянт), син[тэ́]тика, [стэк], [стэнт] (*стенд*), таран[тэ́]лла, [тэ́]за, [тэ́]зис, [тэ́]мбр, [тэмп], [тэ́]ндер, [тэ́]ннис, [тэнт], [тэ́]рмос, [тэ́]рмы, [тэ́]рция, [тэ̀татэ́т] (*тет-а-тет*), то[тэ́м], фаланс[тэ́р], фила[тэ́]лия, хризан[тэ́]ма, ша[тэ́н], [штэ́]йгер, [штэ́]мпель, [штэ́]псель, экс[тэ́]рн, эс[тэ́т], эс[тэ́]тика. В производных словах от приведенных слог *те*, оказываясь в безударном положении, сохраняет твердость согласного [т] перед соответствующим безударным гласным — [э] или [эи]. Ср. анти[тэ́]за и анти[тэи]ти́ческий, воль[тэ́]ровский и воль[тэи]риа́нский, ге[тэ́]ра и ге[тэи]ри́зм, дие[тэ́]тика и дие[тэи]ти́ческий, па[тэ́]тика и [патэи]ти́ческий, про[тэ́]з и про[тэи]зи́ровать, [тэ́]ннис и [тэи]ннисист, то[тэ́м] и то[тэи]ми́зм, экс[тэ́]рн и экс[тэ]рна́т, эс[тэ́]т, эс[тэ́]тика и эс[тэи]ти́зм, эс[тэи]ти́ческий. Другие примеры с твердым [т] перед безударным гласным на месте [е]: ада́п[тэ]р, аль[тэ]рнати́ва, анда́н[тэ], апос[тэи]рио́ри, ас[тэи]ни́я, а[тэи]и́зм, а[тэи]лье́, ас[тэ]ро́иды, ау[тэ]нти́чный, бюстга́ль[тэ]р, бу[тэ]рбро́д, ва[тэ]рпа́с, вун[дэ]ркинд, ге[тэ]роге́нный, ин[тэ]гра́л, ин[тэ]рни́ровать, ин[тэ]рвью́, ин[тэ]рпрети́ровать, и[тэ]ративный, ин[тэ]нси́вно, моно[тэи]и́зм, пан[тэ]о́н, пас[тэи]риза́ция, по[тэ]нциа́л, пре[тэ]нцио́зный, про[тэ]же́, секре[тэ́р], сен[тэ́]нция, [стэ]нокарди́я (доп. [с'т'э]нокарди́я), [стэ]тоско́п, [тэи]йн, [тэ]оло́гия, [тэ]осо́фия, [тэ]ррор (доп. [т'е́]ро́р]), [тэ]рракотовый, [тэи]сситу́ра, [тэ]тракорд, фор[тэ]пья́но, экс[тэ]нсивный, экс[тэи]рьер.

В иноязычных собственных именах: Воль[тэ́]р, С[тэ]рн, Пас[тэ́]р, Мон[тэ]скье́, Гё[тэ].

2. Твердый [д] перед ударным [е] всегда или обычно произносится, например, в словах: а[дэ́]пт, бая[дэ́]рка, бе[дэ́]кер, бельве[дэ́]р, вен[дэ́]тта, гео[дэ́]зия, дебарка[дэ́]р, дэбет (в бухгалтерии), [дэ́]ка, [дэ́]льта, [дэ́]мос, [дэ́]мпинг, [дэ́]мпфер, [дэ́]нди, [дэ́]рби, диа[дэ́]ма, дрома[дэ́]р, ка[дэ́]нция, миллиар[дэ́]р, мо[дэ́]ль, мо[дэ́]рн, молиб[дэ́]н, мор[дэ́]нт, пан[дэ́]кты, по[дэ́]ста, пропе[дэ́]втика, родо[дэ́]ндрон, спон[дэ́]й, спар[дэ́]к, [тэндэ́]нция, трока[дэ́]ро, фило[дэ́]ндрон, фрика[дэ́]лька, цита[дэ́]ль, ше[дэ́]вр, э[дэ́]м, эпи[дэ́]рма. В словах, производных от приведенных, слог *де*, оказываясь в безударном положении, сохраняет твердость согласного перед соответствующим безударным гласным [э] или [эи]. Ср. гео[дэ́]зия и гео[дэи]зи́ческий, [дэ́]рби и [дэ]рби́ст, мо[дэ́]рн и мо[дэ]рниза́ция, пропе[дэ́]втика и пропе[дэ]вти́ческий. Ср. также [дэ́]рвиш и то же слово в устарелом произношении с ударением на конечном слоге: [дэ]рви́ш. Другие примеры с твердым [д] перед безударным гласным на месте *е*: а[дэ]ква́тный, а[дэ]но́ид, бру[дэ]рша́фт, вун[дэ]ркинд, газго́ль[дэ]р, грей[дэ]р, [дэ]густа́ция, [дэ]дукти́вный, [дэ]ду́кция, [дэи]зи[дэ]ра́ты, [дэ]и́зм, [дэ]кольте́, [дэтэ́]ктор, [дэтэ́]ктив, [дэ]баркаде́р, [дэ]калитр, [дэ]ко́кт, [дэ]ндроло́гия, [дэ]када́нс, [дэ]во́н, [дэ]рматоло́гия, [де]ко́рум, [дэ]ма́рш, [дэ]моѓра́фия, [дэ]-фа́кто, [дэ]филе́, [дэ]циме́тр, [дэ]-ю́ре и[дэ]нти́чный, ко́[дэ]кс, ко[дэ]и́н, кон[дэ]нса́тор,

кон[дэ]нсáция, кор[дэ]балéт, ма[дэ]муазéль, мо[дэ]рáтор, о[дэ]óн, пан[дэⁿ]мия, ран[дэ]вý, [тэндэ]нциóзный, [тэндэр], филь[дэ]кóсовый, филь[дэ]пéрсовый, э[дэⁿ]львéйс.

Твердое [д] обычно произносится в словах, начинающихся с приставок *де-* и *дез-*, например [дэ]газáция, [дэ]градáция, [дэ]дýкция, [дэ]квалификáция, [дэ]маскирóвка, [дэ]милитаризáция, [дэ]формáция, [дэ]картелизáция, [дэ]централизáция, [дэ]зинтегрáция, [дэ]зинформáция, [дэ]зориентáция. Впрочем, в отдельных наиболее употребительных словах произносится [д'], например [д'ə]мобилизáция, [д'ə]зинфекция.

В иноязычных собственных именах: Альфонс До[дэ́], [дэ]кáрт *(Декарт)*, [дэ]камерóн *(Декамерон)*, Мирзá-за[дэ́], Ро[дэ́]н, Ро[дэ́]зия.

3. Твердый [н] перед ударным [е] всегда или обычно произносится, например, в словах: ге[нэ́]тика, биоге[нэ́]з, этноге[нэ́]з, герме[нэ́]втика, каш[нэ́], ки[нэ́]тика, кой[нэ́], мати[нэ́], мули[нэ́], [нэ́]тто, пенс[нэ́], поло[нэ́]з, портмо[нэ́], ритур[нэ́]ль, союза[нэ́], ту[нэ́]ль (туннель), тур[нэ́], тур[нэ́]пс, феше[нэ́]бельный, хаба[нэ́]ра. Твердое [н] в ряде слов произносится также перед безударным гласным на месте *е* (т. е. перед гласным [ə] или [эⁿ]): а[нэ]стезия, биз[нэ]с, вáльдш[нэ]п, гáрш[нэ]п, ин[нэ]рвáция, кон[тэ̣нэр], ме[нэ]стрéль, гé[нэⁿ]зис, [нэ]офит, [нэ̣]йрохирургия, ци[нэ]рáрия. Отметим, что твердое [н] предпочтительно в сложных словах, начинающихся с *нео-*: [нэ̀о]дарвинизм, [нэ̀о]классицизм, [нэ̀о]реализм, [нэ̀о]романтизм, [нэ̀о]-кантианство; в собственных именах [нэⁿ]йгáуз *(Нейгауз)*, [нэ́]йман *(Нейман)*, [нэ]пáл *(Непал)*. В некоторых словах рядом с твердым [н] может произноситься и мягкий: со[нэ́]т и со[н'é]т, ки[нэ́]ма и ки[н'é]ма, фо[нэ́]ма и фо[н'é]ма, а[нэ́]ксия и а[н'é]ксия *(аннексия)*.

4. Твердый [с] перед ударным гласным [е] всегда или обычно произносится, например, в словах: аб[сэ́]нт, анти[сэ́]птика, а[сэ́]птика, диспан[сэ́]р, ко[сэ́]канс, лек[сэ́]ма, [нэсэсэ́р] *(несессер)*, палимп[сэ́]ст, пли[сэ́] *(плиссе)*, [сэ́]канс, [сэ́]кста, [сэ́]пия, [сэ́]псис, [сэ́]птима, [сэ́]рвис, [сэ́тэр] *(сеттер)*, фрика[сэ́] *(фрикассе)*, шо[с:э́], шо[с:э́]йный, эко[сэ́]з. Твердое [с] в ряде слов произносится также перед безударным гласным на месте *е* (т. е. перед [ə] или [эⁿ]): нóн[сэ]нс, па[с:эⁿ]изм, [сэ]кстаккóрд, [сэ]нсимонизм, [сэ]нсóрный, [сэ]нсуалист, [сэ]рвáнт, [сэ]рвитýт. В собственных именах: Гоб[сэ́]к, Мар[сэ́]ль, Пер[сэ́]й, [сэ]дáн *(Седан)*. В некоторых случаях возможно двоякое произношение с твердым [с] или мягким, например: [сэ]рвант и [с'иᵉ]рвант, [сэ]нтиментализм и [с'ь]нтиментализм, [сэнтэ́]нция и [с'иᵉнтэ]нция.

5. Твердый [з] перед ударным гласным [е] всегда или обычно произносится, например, в словах: ба[зэ́]дова болезнь, бе[зэ́], га[зэ́]лла, га[зэ́]ль, ку[зэ́]н, шимпан[зэ́], эк[зэ́]ма, экспо[зэ́], эмфи[зэ́]ма; Би[зэ́]. Перед безударным гласным на месте *е*: [зэ]рó, мóр[зэ], сю[зэрэ́н], эк[зэ]мплáр, эк[зэ]рсис.

6. Твердый [р] всегда или обычно произносится в словах: аб[рэ́]к, амб[рэ́], каба[рэ́], ка[рэ́], к[рэ́]до, к[рэ́]йцер, кю[рэ́], па[рэ́]з, пле-

[рэ́]зы, пю[рэ́], [рэ́]гби, [рэ́]квием, сю[зэрэ́]н, сю[зэрэ́]нный, ти[рэ́], т[рэ́]д-юнио́н, т[рэ́]моло, [трэн], у[рэ́]тра, ф[рэ́]йлина. В безуда́рном слоге перед гласным на месте *е*: [рэле́] *(реле)*, ф[рэ"]йди́зм, кура́-[рэ], де-ю́[рэ]. В собственных именах: Со[рэ́]нто *(Сорренто)*, То[рэ́]з, Жо[рэ́]с, Марсе́ль П[рэ]во́, Ква[рэ́]нги. Твердый [р] может произноситься в словах с приставкой *ре-*: [рэ]дуплика́ция, [рэ]милитариза́ция, [рэ]эвакуа́ция, [рэ]патриа́ция.

П р и м е ч а н и е. Твердый согласный перед буквой *е* произносится в некоторых сложносокращенных словах, например в словах *эсер, эсдек*, а также в соответствии с написанием в слове *нэп*: [эсэ́р], [эздэ́к], [нэп].

7. Однако надо иметь в виду, что в подавляющем количестве слов иноязычного происхождения, прочно вошедших в общий литературный язык, перед гласным на месте *е* произносятся мягкие согласные. Подобных слов так много, что нет никакой возможности привести даже наиболее часто встречающиеся. Поэтому ограничимся лишь немногими примерами, в которых исключительно или по преимуществу произносятся мягкие согласные перед [е]:

[т'е]: ар[т'е́]рия, бюлле[т'е́н'], [т'е́]ма, [т'и^e]ма́тика, [т'е́]нор, [т'е́]рмин, [т'е́]хника, карто[т'е́]ка, ка́[т'ə]т, бак[т'е́]рия, па[т'е́]нт, па[т'и^e]фо́н, пре[т'е́]нзия, кар[т'е́]ль, ка[т'и^e]го́рия, ка[т'и^e]хи́зис, ка́[т'ə]р, компе[т'е́]нтный, паш[т'е́т], пари[т'е́]т, рари[т'е́]т, факуль[т'е́]т, [т'и^e]о́рия, [т'и^e]рмо́метр, секс[т'е́]т, квар[т'е́]т, квин[т'е́]т;

[д'е]: [д'и^e]бю́т, [д'и^e]ви́з, [д'и^e]кре́т, [д'е́]мон, [д'и^e]са́нт, [д'е́]спот, [д'ə]мокра́тия, [д'ə]монстра́ция, [д'и^e]ка́н, рези[д'е́]нция, [д'ə]зинфе́кция, [д'ə]клама́ция, [д'ə]клара́ция, [д'ə]кора́ция, [д'ə]лега́т, [д'и^e]пе́ша, [д'ə]пута́т, прези[д'е́]нт, инци[д'е́]нт;

[н'е]: брю[н'е́]т, клар[н'е́]т, компо[н'е́]нт, марио[н'е́]тка, марио[н'е́]точный, милицио[н'е́]р, [н'ə]вралги́я, [н'и^e]ври́т, [н'ə]вропа́т, [н'ə]гати́в, [н'и^e]йтра́льный, [н'ə]кроло́г, [н'ə]оли́т, [н'ə]ологи́зм, [н'и^e]о́новый, [н'е́]рвы, [н'и^e]фри́т, пио[н'е́]р, фа[н'е́]ра;

[с'е]: ба[с'е́]йн, ка[с'е́]та, [с'и^e]а́нс, [с'е́]кция, [с'и^e]ку́нда, [с'ə]рена́да, [с'и^e]ме́стр, [с'и^e]ле́кция, [с'е́]ктор, [с'и^e]кре́т, [с'е́]йф, [с'е́]кта, [с'и^e]на́т, [с'е́]рия, [с'е́]ссия;

[з'е]: му[з'е́]й, га[з'е́]та, ре[з'е́]рв, ка[з'и^e]ма́т, про[з'е́]ктор, [з'е́]бра, [з'и^e]ни́т, [з'и^e]фи́р, марки[з'е́]т;

[р'е]: аква[р'е́]ль, ба[р'и^e]льеф, бе[р'е́]т, конк[р'е́]тный, комп[р'е́]сс, кор[р'е́]ктор, кор[р'и^e]кту́ра, кор[р'ə]спонде́нция, ко[р'и^e]ля́ция, [кр'ен], [кр'еп], к[р'ə]мато́рий, [р'и^e]ма́рка, [р'и^e]при́за, [р'и^e]ли́гия, [р'ə]абилита́ция, [р'ə]зона́нс, [р'ə]зюме́, [р'ə]зульта́т, [р'ə]золю́ция, [р'и^e]да́ктор, [р'ə]жиссёр, [р'и^e]кла́ма, [р'е́]ктор, [р'и^e]ко́рд, [р'е́]нта.

Особенно следует предостеречь от произношения твердых согласных перед [е] в таких словах, как *тема, техника, текст, картотека, Одесса, демон, музей, газета, пионер, брюнет, кассета, бассейн, конкретный, корректный, крен, креп, профессор, эффект, аффект, фанера, беж*. Произношение этих и подобных слов с твердым согласным перед [е]: [тэ́]ма, [тэ́]хника, [тэ́]кст, карто[тэ́]ка, О[дэ́]сса, [дэ́]мон, му[зэ́]й, га[зэ́]та, пио[нэ́]р, брю[нэ́]т, ка[с:э́]та, ба[с:э́]йн, конк[рэ́]тный, ко[р:э́]ктный, [крэн], [крэп], про[фэ́]ссор, э[ф:э́]кт, а[ф:э́]кт, фа[нэ́]ра, [бэ]ж — не может быть рекомендовано как претенциозно-книжное, на нарочито иностранный лад.

ГЛАСНЫЕ НА МЕСТЕ Е, Э

§ 105. Произношение гласных на месте *е* в безударных слогах

В словах иноязычного происхождения с твердым согласным перед гласным на месте *е* в безударном слоге произносится гласный [э] (перед мягким согласным [э^и]), а не редуцированный звук; ср.: [дэ]те́ктор, [дэ]ду́кция, [дэ]пре́ссия, а[нэстэ^и]зи́я, [рэ]патриа́ция, а[тэ^и]лье́, [дэ]во́н.

В словах же с мягким согласным перед гласным на месте буквы *е* в безударном положении согласно общему правилу (см. § 19) звучит [и^е] (в 1-м предударном слоге) или [ə] (в других предударных слогах): [т'и^е]ма́тика, [т'ə]мати́ческий, [р'и^е]ма́рка, [р'ə]вматизм, [т'и^е]хни́ческий, [д'ə]мократи́ческий, ка[т'и^е]го́рия, па[т'и^е]фо́н, [н'ə]йтрализа́ция, [д'ə]пута́т, [с'əр'и^е]на́да, [с'и^е]ри́йный и т. д.

Однако в некоторых словах, сохраняющих свой книжнолитературный характер, и в словах с мягким согласным перед безударным гласным на месте *е* может сохраниться более или менее четкий гласный [е] (с некоторой склонностью к [и], однако без изменения в [и^е] в 1-м предударном слоге и в [ə] в других безударных). Так могут произноситься, например, слова: *апперце́пция, бельэта́ж, пента́метр, аллегре́тто, лега́то, гете́ра, гетери́зм, геноци́д.*

§ 106. Произношение гласного на месте *э* в начале слова

Многие слова иноязычного происхождения начинаются с буквы *э*. На месте буквы *э* в начале слова и после гласных под ударением произносится звук [е] — нелабиализованный гласный переднего ряда среднего подъема: [е́хъ], [е́]кстра, [е́]пос, [е́]ллипс, по[е́]т, по[е́]зия, силу[е́]т, мену[е́]т.

В словах иноязычного происхождения на месте буквы *э* не только под ударением, но также обычно и в безударных слогах в начале слова и после гласных произносится более или менее ясный звук [э]. Этот звук может несколько склоняться к [и], но не должен произноситься как [и] или [и^е]: [е]ве́нк, [е]вакуа́ция, [е]волю́ция, [е]вристика, [е]вфеми́зм, [е]вфони́я, [е]ги́да, [е]гои́зм, [еэ́м] (*еде́м*), [е]ди́кт, [е]зо́повский язык, [е]ква́тор, [е]квивале́нт, [е]квилибри́ст, [е]кзальта́ция, [е]кза́мен, [е]кза́рх, [е]кзе́ма, [е]кземпля́р, [е]кзеку́ция, [е]кзо́тика, [е]кипа́ж, [е]кипиро́вка, [е]клекти́зм, [е]коно́мика, [е]косе́з, [е]кра́н, [е]кскава́тор, [е]кску́рсия, [е]кспа́нсия, [е]кспе́рт, [е]ксперимéнт, [е]кспертиза, [е]кспонáт, [е]кспозé, [е]кстáз, [е]кстрáкт, [е]ксцéсс, [е]кю́, [е]левáтор, [е]лектромонтёр, [е]лемéнт, [е]ли́та, [е]мáль, [е]мбáрго, [э]мбрио́н, [е]мигрáнт, [е]ми́р, [е]ми́ссия, [е]мо́ция, [е]мпи́рик, [е]му́льсия, [е]ндокарди́т, [е]нéргия, [е]нкли́тика, [е]нтузиáзм, [е]нциклопéдия, [е]пигрáмма, [е]пи́граф, [е]пизо́д, [е]пило́г, [е]пи́тет, [е]попéя, [е]по́ха, [е]рзáц, [е]руди́ция, [е]скáдра, [е]скадро́н, [е]скадри́лья, [е]скалáтор, [е]скáрп, [е]ски́з, [е]ссéнция, [е]стафéта, [е]стéтика, [е]стрáда, [е]тáп, [е]тикéт, [е]талóн, [е]тноло́гия, [е]тю́д, [е]фи́р, [е]ффéкт, [е]шафо́т, [е]шелóн; по[е]тéсса, по[е]ти́ческий, ду[е]ля́нт, му[е]дзи́н.

Надо следить, чтобы в начале слова в безударных слогах на месте буквы *е* произносился гласный типа [е], а не [и], или близкий к нему гласный [и^e]. Произношение слов иноязычного происхождения с начальным [и] в безударном слоге имеет просторечную окраску, и его следует избегать в литературном языке. Ср. произношение [и]тáж, [и]крáн, [и]по́ха, [и]конóмика и т. д. при правильном [э]тáж, [е]крáн, [е]по́ха, [е]конóмика и т. д.

О НЕКОТОРЫХ ОСОБЕННОСТЯХ ПРОИЗНОШЕНИЯ ИМЕН И ОТЧЕСТВ

§ 107. Общие замечания

Имена и отчества, которые в качестве обращения употребляются по преимуществу в устной разговорной речи, заключают в себе некоторые произносительные особенности, по своему происхождению восходящие к разговорному беглому просторечию. Многие из этих произносительных особенностей из разговорного просторечия перешли в общий литературный язык и в настоящее время употребляются во всех стилях устной речи, в том числе и в речи публичной.

Некоторые из этих произносительных особенностей отражаются на письме: ср. *Елена* и *Алёна, Ирина* и *Арина, Анастасúя* и *Настáсья, Екатерина* и *Катерина, Елизавета* и *Лизавета, Евдокия* и *Авдотья, Марúя* и *Мáрья, Георгий* и *Егор.*

Другие произносительные особенности на письме не отражаются (кроме особых случаев в языке художественных произведений, когда автор намеренно воспроизводит устную речь, например, у Грибоедова, А. Островского, Маяковского и др.). Они и будут рассмотрены в настоящей главе.

В связи с тем что описываемые произносительные особенности имен и отчеств не отражаются на письме, нерусские, изучающие русский язык, часто воспроизводят их в своей устной речи в соответствии с написанием. Например, произносят Андр[éје]вна, Алекс[éје]вич'] и т. д. Отклонения от литературного произношения имен и отчеств встречаются и в речи русских,—читающих по написанному или представителей разных диалектов.

Поэтому при обучении русскому произношению следует обратить специальное внимание на произношение имен и отчеств.

Вопрос о произношении имен и отчеств совсем не изучен в лингвистической литературе. Поэтому ниже мы ограничимся описанием лишь некоторых наиболее типичных особенностей.

§ 108. Женские отчества [1]

1. Наиболее употребительные женские отчества от имен на *-ей* произносятся со стяжением — одним гласным [é] на месте сочетания *ее:* Андр[é]вна, Матв[é]вна, Тимоф[é]вна, Алекс[é]вна, Серг[é]вна, Моис[с'é]вна. Произношение этих отчеств без стяжения, со звуками [éə], не может быть рекомендовано даже в публичной речи, в которой вообще в большей мере допускаются книжные элементы. Однако женские отчества с тем же сочетанием от более редких имен могут произноситься без стяжения — со звуками [éə] (близко к [éи]) на месте сочетания *ее:* Корн[éə]вна, Патрик[éə]вна, Евстигн[éə]вна, Фадд[éə]вна, Дороф[ф'éə]вна, Ев[с'éə]вна, Ели[с'éə]вна, Федо[с'éə]вна. Впрочем, деление имен на более и менее употребительные очень условно и субъективно, так как во многом зависит от личного опыта говорящего. Поэтому в ряде имен возможно произношение как со стяжением, так и без стяжения, например, Ев[с'é]вна и Ев[с'éə]вна, Елис[é]вна и Елис[éə]вна. В таких случаях стяженное произношение в большей степени характеризует разговорную речь, а произношение без стяжения — книжный стиль.

2. Женское отчество *Николаевна* произносится со стяжением — со звуком [á] на месте сочетания *ае* во всех стилях речи: Никол[á]вна.

Менее употребительные отчества с тем же сочетанием *ае* произносятся без стяжения: Ермол[áə]вна.

3. В женских отчествах от имен на *-в* безударное сочетание *ов* никогда не произносится: Вячесла́[вн]а, Владисла́[вн]а, Святосла́[вн]а, Яросла́[вн]а, Бронисла́[вн]а, Изясла́[вн]а, Мечисла́[вн]а.

4. Обычно не произносится безударный слог на месте *ов*, следующий непосредственно за ударным слогом, в женских отчествах от имен на *-н*, а также *-м:* Анто́[нн]а, Богда́[нн]а, Валериа́[нн]а, Демья́[нн]а, Ива́[нн]а, Парфё[нн]а, Плато́[нн]а, Родио́[нн]а [1], Рома́[нн]а, Самсо́[нн]а, Семё[нн]а, Софро́[нн]а, Спиридо́[нн]а, Степа́[нн]а (в женском отчестве от имени на *-н* сочетание *ов*, находящееся после заударного слога, является произносимым: ср. Ти́хон — Ти́хо[нъвн]а и Ива́н — Ива́[нн]а); Абра́[мн]а, Аки́[мн]а, Ефи́[мн]а, Макси́[мн]а, Трофи́[мн]а

---

[1] Имеется в виду употребление женских отчеств (как и ниже мужских) вместе с именами.

[2] Выше уже было упомянуто, что характер произношения отчества во многом зависит от личного опыта говорящего. Одно дело — бытовое общение, другое — литературная сфера. Поэтому при бытовом произношении Родио́[нн]а по отношению к няне А. С. Пушкина будет уместнее произношение Арина Родио́[нъв]на.

(если сочетание *ов* находится после заударного слога, сочетание *ов* может быть произносимым: Гера́си[мъвн]а). В более редких женских отчествах от имен на -*м* сочетание *ов* после ударного слога может произноситься: Вади́[мъвн]а.

5. В женских отчествах от имен на твердые согласные -*р*, -*л*, -*с*, -*т*, -*д* встречается произношение как с сочетанием *ов* в заударном слоге, так и без него: Влади́мир[н]а и Влади́мир[ъвн]а, Фёдор[н]а и Фёдор[ъвн]а, Про́хор[н]а и Про́хор[ъвн]а, Ники́фор[н]а и Ники́фор[ъвн]а, Ви́ктор[н]а и Ви́ктор[ъвн]а, Авени́р[н]а и Авени́р[ъвн]а, Его́р[н]а и Его́р[ъвн]а, Эмануи́л[н]а и Эмануи́л[ъвн]а, Самойл[н]а и Само́йл[ъвн]а, Мануи́л[н]а и Мануи́л[ъвн]а, Леони́д[н]а и Леони́д[ъвн]а, Давы́д[н]а и Давы́д[ъвн]а, Федо́[тн]а и Федо́т[ъвн]а, Бори́[сн]а и Бори́с[ъвн]а. В этих и подобных случаях произношение без -*ов*- характеризует в большей степени разговорную речь, нередко просторечие, а произношение с -*ов*-—собственно книжно-литературную.

6. В женском отчестве *Александровна* непроизносимым обычно является не только безударное сочетание *ов*, но также и предшествующие согласные *др*: Алекса́[нн]а.

7. Женское отчество *Михайловна* произносится с сочетанием [а́л] на место орфографического *айлов*: Мих[а́л]на.

8. В женском отчестве *Павловна* непроизносимым обычно является не только сочетание *ов*, но также и *в* перед *л*: Па́[лн]а.

9. В женских отчествах от имен на губные -*п* и -*б* и задненёбные (-*к*, -*г*, -*х*) сочетание *ов* обычно произносится: Ка́р[пъвн]а, О́си[пъвн]а, Анти́[пъвн]а, Фили́[пъвн]а, Гле́[бъвн]а, Иса́[къвн]а, Ма́р[къвн]а, Оле́[гъвн]а,Ариста́р[хъвн]а.

10. Более употребительные женские отчества от имен на -*ий* (например, *Василий—Васильевна, Григорий—Григорьевна*) обычно произносятся без *ев* и без [j] на месте разделительного *ь*: Васи́[л'н]а, Анато́[л'н]а, Саве́[л'н]а, Григо́[р'н]а, Ю́[р'н]а, Порфи́[р'н]а, Арсе́[н'н]а, Евге́[н'н]а, Игна́[т'н]а, Арка́[д'н]а, Афана́[с'н]а, Федо́[с'н]а. При более старательной, отчетливой речи *ев* может произноситься: Григо́[р'әвн]а, Виси́[л'әвн]а и т. д. Произношение таких отчеств с [j] перед *ев* характеризует отчетливое произношение в книжном стиле: Васи́[л'jәвн]а, Григо́[р'jәвн]а.

Менее употребительные женские отчества от имен на -*ий* могут сохранить и в разговорном стиле сочетание *ев* (Проко́[ф'әвна]а, Мерку́[р'әвн]а, Вале́[р'әвн]а, Корне́[л'әвн]а, Пафну́[т'әвн]а, Генна́[д'әвн]а), а при очень тщательном произношении—также и предшествующий [j] (Проко́[ф'jәвн]а, Мерку́[р'jәвн]а). Впрочем, в обычном употреблении эти имена чаще произносятся без [j] и последующего сочетания *ев*: Проко́[ф'н]а, Мерку́[р'н]а и т. д.

При наличии в мужском имени перед -*ий* двух согласных сочетание *ев* в произношении может сохраняться: Дми́т[р'әвн]а, Деме́[н'т'әвн]а, Вике́[н'т'әвн]а, Инноке́[н'т'әвн]а, Геор[г'әвн]а. Однако и в этом случае в обычном употреблении сочетание *ев* чаще является непроизносимым: Дми́[т'н]а (с непроизносимым [р]), Деме́[н'т'н]а, Вике́[н'т'н]а, Инноке́[н'т'н]а. Впрочем, женское отчество от *Георгий* чаще сохраняет сочетание *ев* (в положении после [г]): Гео́р[г'эвн]а. Только в очень небрежном беглом произношении звучит Гео́[р'н]а.

Следует иметь в виду, что сделанные выше замечания о произношении женских имен и отчеств относятся к тем случаям, когда отчество употребляется вместе с именем (например, *Анна Андреевна, Марья Антоновна*). В крестьянском и мещанском обиходе с давних пор было принято обращение к пожилым женщинам при помощи одного лишь отчества, без имени, отчасти сохранившееся до сих пор в просторечии. При таком употреблении стяжение гласных и непроизносимые элементы сохраняются лишь в случаях, предусмотренных выше в пп. 1 и 2 (Андр[е́]вна, Никол[а́]вна), а также в п. 3 после согласного *в* (Владисла́[в]на), в остальных же случаях они не имеют места. Ср. Анна Степа́[нн]а, но Степа́[нъвн]а, Софья Плато́[нн]а, но Плато́[нъвн]а, Марья Макси́[мн]а, но Макси́[мъвн]а, Александра Па́[лн]а́, но Па́[влъвн]а и т. д.

§ 109. Мужские отчества

1. В мужских отчествах от имен на твердый согласный на месте безударного суффикса *-ович* произносится [ыч'] или [ъч']: после *н*: Анто́[ныч'], Богда́[ныч'], Валерья́[ныч'], Демья́[ныч'], Ива́[ныч'], Константи́[ныч'], Плато́[ныч'], Родио́[ныч'], Самсо́[ныч'], Семё[ныч'], Софро́[ныч'], Спиридо́[ныч'], Степа́[ныч'], Ти́хо[ныч']; после *р*: Фёдо[рыч'], Про́хо[рыч'], Ники́фо[рыч'], Его́[рыч'], Влади́ми[рыч']; после *л*: Эмануи́[лыч'], Само́й[лыч'], Мануи́[лыч']; после *м*: Абра́[мыч'], Аки́[мыч'], Вади́[мыч'], Гера́си[мыч'], Ефи́[мыч'], Макси́[мыч'], Трофи́[мыч']; после *т, д, с*: Федо́[тыч'], Ипполи́[тыч'], Давы́[дыч'], Леони́[дыч'], Все́воло[дыч'], Бори́[сыч'], Дени́[сыч']; после губных *п* и *б*: Оси́[пыч'], Анти́[пыч'], Ка́р[пыч'], Фили́[пыч'], Гле́[быч']; после задненёбных *к, г, х*: Иса́[кыч'], Мар[кыч'], Оле́[гыч'], Ариста́р[хыч'].

Вместо *Осипович* произносится Оси́[пыч'], а в беглом просторечии [о́с'п'ич']; вместо *Борисович* произносится Бори́[сыч'], а в беглом просторечии [бар'и́ш'ч'].

Вместо *Михайлович* произносится Мих[а́лыч'].

Вместо *Павлович* в устной речи звучит обычно [па́лыч'], реже — [па́влыч'].

Вместо *Александрович* в устной речи обычно звучит Алекса́[ныч'], реже Алекса́[ндрыч']. В беглом просторечии это отчество в сочетании с отдельными именами произносится как [са́ныч'] (ср. [са́нса́ныч'], т. е. *Александр Александрович,* Алексе́й-[са́ныч']).

От имени *Яков* образуется мужское отчество *Яковлевич,* в котором обычно не произносится не только безударное суффиксальное *ев*, но также и *ов* в предыдущем слоге: [jа́кл'ич']. Только в очень тщательном произношении *ов* сохраняется (*ев* остается непроизносимым): [já къвл'ич'].

2. В мужских отчествах от имен на -*ей* и -*ай* на месте безударного суффикса -*евич* произносится [ич']: Анд[р'е́ич'], Алек[с'е́ич'], Доро[ф'е́ич'], Ев[с'е́ич'], Ели[с'е́ич'], Кор[н'е́ич'], Мат[в'е́ич'], Мои[с'е́ич'], Патри[к'е́ич'], Сер[г'е́ич'], Тимо[ф'е́ич'], Фа[д'е́ич'], Федо[с'е́ич'], Нико[лáич'], Ермо[лáич'].

3. В мужских отчествах от имен на безударное сочетание -*ий* на месте суффикса -*евич* и предшествующего звука [j], обозначаемого на письме разделительным знаком *ь*, обычно произносится [ич']: Васи́[л'ич'], Анатó[л'ич'], Саве[л'ич'], Корнé[л'ич'], Арсé[н'ич'], Евгé[н'ич'], Ю[р'ич'], Порфи́[р'ич'], Григó[р'ич'], Валé[р'ич'], Меркý[р'ич'], Игнá[т'ич'], Пафнý[т'ич'], Аркá[д'ич'], Геннá[д'ич'], Афанá[с'ич'], Феодó[с'ич']. При более тщательном произношении перед [ич'] может звучать [j]: Васи́[л'jич'], Игнá[т'jич'], Григó[р'jич']. Звук [j] чаще произносится при употреблении отчества без имени: например, Савé[л'jич'] (ср. с выше сделанным замечанием об особенностях произношения женских отчеств без имени).

При наличии в мужском имени перед сочетанием -*ий* двух согласных (например, *Дементий, Викентий, Иннокентий*) в образованном от него отчестве [j] обычно не произносится: Демé[н'т'ич'], Викé[н'т'ич'], Иннокé[н'т'ич']. На [ич'] образуются также отчества от имен *Дмитрий, Георгий*: Дми́т[р'ич'], Геб[р'г'ич'].

§ 110. Женские имена

1. Женские имена с безударным окончанием -*а* при употреблении их вместе с отчествами в им., род., вин. и твор. пад. в обычной разговорной речи могут не изменяться и произноситься так, как произносится им. пад. ед. ч. с [ъ] на месте окончания -*а*. Ср. им. пад. [áн:ъ-н'кллáвнъ], [в'éръ-влс'и́л'нъ]; род. пад. [у-áн:ъ-н'икллáвны], [у-в'éръ-влс'и́л'ны]; вин. пад. видел [áн:ъ-н'икллáвну], [в'éръ-влс'и́л'л'ну]; твор. пад. [с-áн:ъ-н'икллáвнъi], [с-в'éръ-влс'и́л'нъi]. Только в очень отчетливой речи в конце имени перед отчеством могут звучать в род. пад. [ы], в вин.— [у]: [у-áн:ы-н'икллáвны], видел [áн:у-н'икллáвну]. В дат. и предл. пад. на месте безударного окончания -*е* по общим правилам звучит [ə]: [к-á·н':ə-н'икллáвн'ь], [к-в'éр'ə-влс'и́л'н'ə]; [лб-á·н':ə-н'икллáвн'ə], [л-в'éр'ə-влс'и́л'н'ə]. Так произносятся падежные формы, например, от имен *Александра, Алла, Антонина, Анна, Варвара, Вера, Галина, Екатерина, Елена, Елизавета, Зинаида, Ирина, Клара, Капитолина, Людмила, Марфа, Надежда, Нина, Ольга, Татьяна* и др. в сочетании с отчествами.

2. Женские имена с безударным -*ия* на конце при употреблении их вместе с отчествами в обычной разговорной речи могут не изменяться по падежам, а произноситься так, как произносится им. пад. ед. ч.,— с гласным [ə] на месте -*ия*: ср. им. пад. [л'и́д'ə-

н'икла́вн], род. пад. [у-л'и́д'ə-н'икла́вны], дат. пад. [к-л'и́д'ə-н'икла́вн'ə], вин. пад. видел [л'и́д'ə-н'икла́вну], твор. пад. [с-л'и́д'ə-н'икла́внъį], предл. пад. [л-л'и́д'ə-н'икла́вн'ə].

Еще более редуцированно (сокращенно, упрощенно) произносится окончание имен типа *Лидия* во всех падежах перед отчеством, начинающимся с гласного (ср. [л'и́д'ə-лнто́н:ъ] и др.). Только при очень отчетливом произношении некоторые падежные формы могут различаться (например, вин. пад. может иметь окончание, произносимое как [·у]: [л'и́д'и·у-н'икла́вну]. Так же как от имени *Лидия*, образуются падежные формы он имен *Агния, Афанасия, Виктория, Ксения, Наталия, Сильвия, Юлия* и др. при их употреблении вместе с отчествами.

3. Женские имена на *-ья* с ударением на основе при употреблении их вместе с отчествами произносятся так же, как имена с безударными *-ия* на конце, т. е. в обычной разговорной речи могут не изменяться по падежам, а произноситься так, как произносится им. пад. ед. ч.,— с гласным [ə] на месте *-ья*. Ср. им. пад. [со́·ф'ə-влд'и́м'ирнъ], род. пад. [у-со́·ф'ə-влд'и́м'ирны], дат. пад. [к-со́·ф'ə-влд'и́м'ирн'ə], вин. пад. видел [со́·ф'ə-влд'и́м'ирну], твор. пад. [с-со́·ф'ə-влд'и́м'ирнъį], предл. пад. [л-со́·ф'ə-влд'и́м'ирн'ə]. Еще более редуцированно (сокращенно, упрощенно) произносится конец имен типа *Софья* во всех падежах перед отчеством, начинающимся с гласного (ср. [со́·ф'ə-лндр'е́внъ] и др.). Только при очень отчетливом произношении некоторые падежные формы могут различаться (например, вин. пад. может иметь окончание, произносимое как [у]: [со́·ф'·у-влд'и́м'ирну]). Так же, как от имени *Софья*, образуются падежные формы от имен *Анисья, Дарья, Марья, Настасья* и др. при их употреблении с отчествами, а также от имен *Зоя, Майя* и др. на безударный *-я* после разных гласных и *й*. Ср. [зо́·į̯ə-влс'и́л'нъ], [у-зо́·į̯ə-влс'и́л'ны], [г-зо́·į̯ə-влс'и́л'н'ə], [зо́·į̯ə-влс'и́л'ну], [з-зо́·į̯ə-влс'и́л'нъį], [л-зо́·į̯ə-влс'и́л'н'ə] (отметим, что в разговорной речи имя *Зоя* перед отчеством может произноситься не только как [зо́·į̯ə], но и [зо́·ə] или [зо́·и]).

§ 111. Мужские имена

1. Мужские имена на согласный и *й* с ударением на основе при употреблении их вместе с отчествами в устной речи обычно не изменяются по падежам: изменяются по падежам лишь отчества, хотя на письме передается и изменение имен. Например, произносится: к Ива́[н-ы]вановичу, от Степа́[н]-Григорьевича, от Федо[т]-Петровича, к Викто[р]-Владимировичу, от Мих[а́л]-Николаевича, от Серге́[į]-Петровича, к Алексе́[į]-Николаевичу, к Афана́си[į]-Матвеевичу, с Тимофе́[į]-Петровичем, от Абра́[м]-Борисовича, к Гле́[п]-Ва-

сильевичу, с Иоси[ф]-Карповичем, от Макси[м]-Владимировича, к Геннади[j]-Николаевичу, от Корне[j]-Ивановича и т. д.

Если мужское имя имеет ударение на окончании, то вместе с отчеством должно обязательно изменяться по падежам также имя. Произносится: Льв[у́]-Ивановичу, от Петр[а́]-Николаевича, за Льв[о́м]-Петровичем, за Петр[о́м]-Прокофьевичем. Неизменяемость таких имен при употреблении их с отчествами характерна для внелитературного произношения, просторечия; иными словами, произношение к Ле́[ф-ы]вановичу, за Ле́[ф-п']етровичем, от Пё[т-п']етровича, к Пёт[р-ы]вановичу является неправильным.

2. Некоторые мужские имена, сочетаясь с отчествами, произносятся иначе, чем в отдельном употреблении. Ср., например, Мих[айл], но Мих[а́л]-Николаевич, Мих[а́л]-Викторович. Или в одиночном употреблении произносятся Па́[в'əл], но перед отчеством, начинающимся с согласного звука,— П[ал]-Владимирович (или реже П[авл]), П[а́л]-Петрович, П[а́л]-Никитич, П[а́л]-Прокофьевич; перед отчеством, начинающимся с гласного, чаще звучит Па́[в'əл] или Па[вл]: Па́[в'əл]-Александрович, Па́[вл-ы]ванович.

Имя *Александр* при сочетании с отчеством, начинающимся с согласного звука, обычно произносится без конечных согласных *др*: Алекса́[н-н]николаевич, Алекса́[н-п]етрович, Алекса́[н-м]атвеевич. Так же оно может произноситься при сочетании с отчеством *Александрович*, если последнее произносится как [са́ныч'], а также при сочетании с отчеством *Алексеевич*: Алекса́[н-са́ныч'], Алекса́[н-ъл'и᷉екс'е́ич'] или Алекса́[н-л'и᷉екс'е́ич']. Вообще же при сочетании с отчествами, начинающимися с гласного звука, сочетание *др* в конце имени *Александр* чаще сохраняется. Ср., например, Алекса́[ндр-ы]ва́нович, Алекса́[ндр-а]нто́нович рядом с произношением Алекса́[н-ы]ва́нович, Алекса́[н]-Анто́нович, свойственным беглой речи.

О НЕКОТОРЫХ ТЕНДЕНЦИЯХ В РАЗВИТИИ РУССКОГО ЛИТЕРАТУРНОГО ПРОИЗНОШЕНИЯ

§ 112. Изменения в произношении и их отношение к фонетической системе

В предыдущем изложении было показано, что произносительная система современного русского литературного языка, сложившаяся еще до Великой Октябрьской социалистической революции, в своих основных и определяющих чертах сохранилась до нашего времени, хотя в ней произошло и немало частных изменений.

Сохранилась в основном прежде всего фонетическая система языка: состав фонем, различающихся в каждом данном положении, фонетически обусловленные чередования звуков, т. е. именно то, что определяет собой звуковую систему языка. Состав гласных в ударном слоге, произношение безударных гласных в своих важнейших особенностях, состав парных глухих и звонких согласных, их оглушение и озвончение в определенных условиях, состав парных твердых и мягких согласных, произношение большей части сочетаний согласных — все эти явления, определяющие звуковую систему языка, в равной мере свойственны русскому литературному языку как наших дней, так и дооктябрьской эпохи.

Рассмотрим, в каких же элементах русского литературного произношения мы находим колебания, что отмирает и уступает место новому в произношении, что возникает вновь. Колебания, утрата старых произносительных норм и укрепление новых мало затрагивают основу произношения — фонетическую систему. Они касаются в значительной своей части произношения отдельных слов и групп слов, а также произношения отдельных грамматических форм. Так, например, окончательно укрепляется произношение твердого [р] в случаях типа *верх, четверг, верба, первый, серп*. Почти совсем исчезло произношение фрикативного, длительного звука на месте *г* даже в отдельных словах церковного происхождения, таких, как *благодарю, благо, благодать, бога*. Произношение этих слов со звуком [γ] частично сохранилось лишь в речи части представителей самого старшего поколения и может считаться утратившимся из числа норм современного русского произношения (это не касается формы им. пад. ед. ч. слова *бог*, где на конце в оглушенном виде произносится фрикативный, длительный звук [х]: [бох]). Особенно широко распространяется произношение формы им. пад. ед. ч. прилагательных с основой на задненёбный согласный с [к'], [г'], [х']: широ́[к'иі], стро́[г'иі], ти́[х'иі]. Укрепилось произношение [к'], [г'], [х'] в глаголах на *-ивать* после задненёбных: выта́с[к'и]вать, натя́[г'и]вать, разма́[х'и]вать, при старой норме выта́с[къ]вать, натя́[гъ]вать, разма́[хъ]вать. Укрепляется произношение гласного [ъ] в безударном окончании 3-го лица множ. ч. глаголов 2-го спряжения типа ды́[шъ]т, у́[ч'ъ]т, стро́[į̈ъ]т, ку́[р'ъ]т, хо́[д'ъ]т, но́[с'ъ]т (при старой норме с гласным [у], т. е. с окончанием глаголов 1-го спряжения: ды́[шу]т, у́[ч'·у]т, стро́[į̈·у]т, ку́[р'·у]т, хо́[д'·у]т, но́[с'·у]т). Значительно усилились позиции мягкого произношения [с] в частицах *-сь, -ся* возвратных глаголов: беру́[с'], мо́ю[с'], взяла́[с'], при старой норме беру́[с], мо́ю[с], взяла[с] и т. д. (Впрочем, в определенных положениях и сейчас предпочтительней твердый [с], например в случаях типа *нёсся, разлезся, боялся*: [н'·о́с:ъ], [рлзл'е́с:ъ], [блј·а́лсъ].)

Следует отметить, что все эти изменения не затрагивают фонетической системы как таковой. В одних случаях они касаются реликтовых, остаточных явлений, не имеющих опоры в современном русском языке. Такова, например, смена произношения ве[р']х, четве́[р'к], пе́[р']вый на ве[р]х, четве́[рк], пе́[р]вый, где мягкость [р] исторически была обусловлена положением [р] после древнерусского гласного на месте буквы *ь*, изменившегося затем в [е]. В другом случае имеет место утрата стилистически ограниченной факультативной фонемы [γ] (фрикативного [г]), чуждой литературному языку, употреблявшейся лишь в узком кругу церковной по происхождению лексики и находившейся, таким образом, за пределами фонетической системы в собственном смысле. Многочисленные случаи изменения произношения отдельных грамматических форм также не нарушают фонетической системы, так как последней в равной мере свойственны звуки как старого произносительного варианта, так и нового. Например, фонетической системе русского языка одинаково свойственны сочетания [к'и] и [къ]: па́л[к'и] и па́л[къ]й, а также пы́л[к'и]х, пы́л[к'и]м и другие формы множ. ч. с сочетанием [к'и]; или пы́л[къ]й в косвенных падежах ед. ч. женск. р. и рядом в им. пад. ед. ч. мужск. р. пыл-[къ]й, по старой норме, или более распространенное теперь произношение пы́л[к'и]й. В заударном слоге после шипящих и мягких согласных фонетическая система русского языка допускает как редуцированные звуки [э], [ъ], так и [у]: на́[ч'э]т или на́[ч'ъ]т и пла́[ч'·у]т; за́[н'ъ]т и по́[р'·у]т и т. д. Поэтому произношение формы 3-го лица множ. ч. глаголов 2-го спряжения по новой или старой норме (ко́[н'ч'ъ]т и ко́[н'ч'·у]т, ва́[р'ъ]т и ва́[р'·у]т) в равной мере укладывается или „вписывается" в фонетическую систему, отвечая ее закономерностям. На конце слова фонетическая система русского языка допускает произношение как [с], так и [с']: гу[с'], не тру[с'], бро[с'] и у[с], тру[с], ро[с]. Поэтому произношение возвратной частицы -сь по старой или новой норме (смею́[с] и смею́[с'], удало́[с] и удало́[с']) в одинаковой мере не противоречит фонетической системе. Ввиду всего сказанного переход от старого произносительного варианта к новому в приведенных и подобных им случаях ни в какой мере не изменяет фонетической системы языка, а характеризует лишь звуковой состав отдельных формальных элементов слова, тех или других грамматических форм.

Лишь в сравнительно немногих случаях новые произносительные варианты затрагивают в той или иной степени отдельные элементы фонетической системы. Так, например, русский литературный язык издавна имел в качестве особой фонемы долгий мягкий шипящий фрикативный согласный [ж':]. Этот звук, имевший свою особую историю, употреблялся в ограниченном числе слов (см. выше § 62): ви[ж':]а́ть, брю[ж':]а́ть, е́[ж':]у, жу[ж':]а́ть и др. Этот звук, как долгий, стоял и стоит особняком в системе согласных русского языка, так как все остальные согласные не были долгими: долгота согласных в русском языке появляется обычно в результате слияния двух одинаковых или близких согласных, например, *длина — дли́нный:* дли[н]а́ — дли́[н:]ый, ср. *плата — пла́тный; шить — сшить:* [шы]ть — [ш:ы]ть, ср. *лить — слить*. Звук [ж':] в отличие от других согласных не имел и не имеет для себя особой буквы в алфавите — он обозначается сочетанием букв *жж (жужжа́ть)* или *зж (визжа́ть),* причем *зж* на стыке приставки и корня имеет другое звуковое значение (ср. слова *разжёг, изжа́рил,* в которых произносится твердое долгое [ж]: ра[ж:о́]г, и[ж:]а́рил).

Употребление фонемы [ж':] лишь в ограниченном кругу слов, ее обособленное место в системе согласных русского языка, отсутствие для нее особой буквы в алфавите и наличие у сочетания *зж*, которым обычно обозначается [ж':], другого, более обычного, „нормального" звукового значения — все это делает данное звено фонетической системы русского языка неустойчивым. Только принимая во внимание все эти факты, а также то обстоятельство, что твердый долгий [ж:] вместо мягкого широко известен в народных говорах, можно понять, почему твердый долгий [ж:] успешно вытесняет мягкий и за последние десятилетия укрепился в свободной разновидности нейтрального стиля произношения наряду с мягким.

Утрата [ж':] как особой фонемы и ее замена двойным твердым [ж], освобождая фонетическую систему языка от одного из ее наиболее слабых, частных, обособленных звеньев, органически не связанных с системой согласных в целом, делает последнюю более выдержанной и последовательной.

Иначе сложилась судьба парного к звонкому [ж':] — глухого долгого мягкого шипящего [ш':]. Прежде всего отметим, что этот звук употребляется в значительно большем количестве случаев, и притом не только в корнях слов (как, например, *щука, ищу, щи, тощий, счёт, счастье:* [ш':]у́ка, и[ш':]у́, [ш'и:], то́[ш':]ий, [ш':'от], [ш':]а́стье), но также в суффиксах (ср. *носильщик, банщик, жилище, женщина:* носи́ль[ш':]ик, ба́[н'ш':]ик, жили́[ш':]е, же́[н'ш':]ина), на стыке корня и суффикса (*разносчик, грузчик, мужчина:* разно́[ш':]ик, гру́[ш':]ик, му[ш':]и́на), в суффиксах действительных причастий настоящего времени (*несущий, приходящий:* несу́[ш':]ий, приходя́-[ш':]ий). Таким образом, частотность фонемы [ш':] значительно выше частотности соответствующей звонкой фонемы [ж':].

Фонема [ш':], как и [ж':], в системе согласных русского языка занимает обособленное место: в отличие от других долгих согласных, являющихся двойными, т. е. появившихся в результате слияния двух рядом находящихся одинаковых или близких по образованию согласных, звук [ш':] (как и [ж':]) нечленим. При слиянии согласных в русском языке появляется [ш:], т. е. долгий твердый согласный; ср. [ш:ыт'], т. е. *сшить,* но не [ш':]. Хотя для этого звука и имеется особая буква (*щ*), но он часто произносится также на месте написаний *зч, сч* (ср. *извозчик, разносчик*), а также *жч, зач, стч* (ср. *мужчина, перебежчик, громоздче, жёстче* — му[ш':]и́на, перебе́[ш':]ик, громо́[ш':]е, жё[ш':]е).

Фонема [ш':] в произношении отличается от сочетания фонем [с] + [ч] на стыке предлога *с* и следующего за ним слова, а также на стыке ясно членимых морфем — приставки и корня. Ср. *счастье*[1] и *с частью:* произносится [ш':]а́стье и [ш'-ч']а́стью; ср. также [ш'ч'ем] (*с чем*), бе[ш'-ч']у́вств (*без чувств*), бе[ш'ч']и́сленный, ра[ш'-ч']иха́лся.

Значительная частотность фонемы [ш':], а также, возможно, ее отталкивание от сочетания [с] + [ч] на стыке предлога и следую-

---

[1] В слове *счастье* в прошлом имелась приставка, чем объясняется его написание. Приставка эта в настоящее время не выделяется.

щего слова или приставки и корня сделали ее, несмотря на ее обособленность в фонетической системе, очень устойчивой. Она успешно выдерживает „конкуренцию" со стороны произносительного варианта [ш'ч'], свойственного старым „петербургским" нормам, а также встречающегося в части русских диалектов. Звук [ш':] и для нашего времени сохраняет свое значение нормы современного литературного произношения.

Одно из заметных изменений фонетической системы связано с произношением слов иноязычного происхождения. Последним, как было показано в соответствующем месте книги (см. § 100—104), нередко свойственна твердость парного по твердости-мягкости согласного перед [е]. Ср. *тембр, террарий, демос, дериват, секста* и т. д. (произносится: [тэ]мбр, [тэ]ррáрий, [дэ́]мос, [дэ]ривáт, [сэ́]кста). Пока такие слова представляли собой обособленную группу слов, относящуюся к определенным областям науки, техники, искусства, и были известны, главным образом, соответствующим специалистам, они находились как бы за пределами общего литературного языка, образуя своего рода особую подсистему слов иноязычного происхождения, имеющую свои произносительные особенности. Однако многие из таких слов давно вошли во всеобщее употребление, стали общенародными и тем самым вошли в общий литературный язык. Таковы, например, слова *темп, тендер, теннис, термос, сеттер, ателье, кашне, кафе, дельта* и многие другие (произносится: [тэмп], [тэ́ндэр], [тэ́н'ис], [тэ́]рмос, [сэ́тэр], а[тэ]льé, каш[нэ́], [кафэ́], [дэ́]льта). Это привело к довольно существенному изменению фонетической системы: если ранее перед [е] мягкие-твердые согласные не различались (в этом положении мог произноситься только мягкий согласный), то после приобретения многими заимствованными словами с твердым парным согласным перед [е] общенародного характера твердые и мягкие парные согласные в этом положении стали различаться. Ср. [плс'т'éл'] и [плстэ́л'] (*постель* и *пастель*), [т'é]рмин и [тэ́]рмос, [тэ́н'ис] и [т'éн'и] (*теннис* и *тени*), [сэ́]ттер и [с'éт'и], каш[нэ́] и в мош[н'é].

Вносит изменение в фонетическую систему также укрепление гласного [ʌ] (вместо [ы^э]) после твердых шипящих в 1-м предударном слоге (ж[ʌ]рá, ш[ʌ]гáть, при старой норме ж[ы^э]рá, ш[ы^э]гáть). Однако этот процесс еще не дошел до своего завершения в современном языке: в отдельных случаях произношение [ы^э] является еще нормой (например, лош[ы^э]дéй, к сож[ы^э]лéнию, см. выше § 17). Эта замена гласных исторически объясняется тем, что согласные [ш], [ж] в прошлом были мягкими и после них произносились в безударных слогах те же гласные, что и после других мягких (ср. [т'и^е]нýть). Но затем шипящие отвердели, а гласный после них остался тот же, лишь с некоторой передвижкой артикуляции назад, т. е. гласный [и^е] изменился в [ы^э]. При замене [ы^э] на [ʌ] оказывается, что после твердых шипящих звучит тот же гласный, что и после остальных твердых согласных (ср. [шʌ]гáть и [дʌ]вáть и т. д.).

Поэтому и эта замена делает фонетическую систему более последовательной и цельной.

Усилились позиции икающего произношения: [р'ика́], [р'ибо́j̇], [р'иву́т] (*река, рябой, ревут*).

Одним из наиболее заметных изменений, связанных с фонетической системой, является сокращение ассимилятивной мягкости согласных перед мягкими согласными (см. выше § 46—55). В ряде сочетаний смягчение согласного перед мягким согласным представляет норму не только для прошлого, но и для современного состояния русского языка. Ср., например, пу[с'т'], é[з'д']ить, ка[з'н']и́ть, у[с'н']и́, пé[с'н']ъ, бá[н'т']ик, ба[н'д']и́т, кó[н'ч']ить и т. д. Во многих сочетаниях отмечается колебание, т. е. имеет место произношение как со смягчением, так и без него: ра[з'jé]хались и ра[зjé]хались, бе[з'-д']éла и бе[з-д']éла. Особенно выделяется согласный [р], твердое произношение которого перед рядом мягких стало обычным и основным, т. е. характеризующим современную норму: ср. ко[рп']éть, на ко[рм']é, го[рд']и́ться, то[рч']áть, á[рм']ия, пá[рт']ия и др. Одни и те же сочетания нередко произносятся неодинаково в зависимости от того, в какой части слова они находятся (внутри корня и на стыке с суффиксом, на стыке приставки и корня и т. д.); например, внутри корня (*бьём*) перед [j] предпочтительно мягкое произношение губного [б], но встречается и твердое: [б'j·ом] и [бj·ом]. На стыке слабо выделяемой приставки и корня (*объём*) встречается как твердое, так и мягкое произношение губного, причем твердое произношение уже свойственно нейтральному стилю произношения, во всяком случае его свободной разновидности. На стыке четко выделяемой приставки и корня, а также на стыке предлога и следующего слова нормой является уже только твердое произношение губного [б]: о[бj]éхал, о[бjá]вит, о[б-j·ó]лку. Таким образом, при указанных выше четких морфологических стыках твердость [б] перед [j] является нормой, а мягкость перешла за пределы литературного языка в просторечие.

Следует иметь в виду, что для наличия или отсутствия ассимилятивной мягкости существенны не только фонетические условия и морфологическая структура слова, но также принадлежность слова к тому или иному слою лексики, а также индивидуальная судьба отдельных слов.

Так, например, в словах иноязычного происхождения, в словах, обозначающих специфические понятия науки и техники и принадлежащих только книжному языку, ассимилятивная мягкость многих согласных обычно отсутствует. Ср. слова ко[нв']éнция, кá[дм']ий, да[рв']ини́ст и др., которые обычно произносятся без смягчения. Ср. по[ртвэ́]йн или по[ртв'é]йн при просторечном [плр'т'в'é]йн; ср. также [плртф'éл'] при просторечном [плр'т'ф'éл'].

В предыдущих разделах книги были указаны также особенности произношения отдельных слов, например орфоэпическое произношение [в'éт'в'и] при возможной твердости [т] в том же сочетании в других словах (ср.: [тв'·ó]рдый или [т'в'·ó]рдый; см. § 48, п. 1).

Рассмотрим, в какой степени изменилась фонетическая система современного русского языка в связи с сокращением ассимилятивной мягкости согласных. При рассмотрении этого вопроса следует помнить, что парные твердые и мягкие согласные (например, [т] и [т'], [р] и [р']) образуют в русском языке особые самостоятельные фонемы и что как при наличии ассимилятивной мягкости, так и при ее отсутствии твердые и мягкие согласные перед данным мягким согласным не различались в прошлом и не различаются теперь. Например, раньше произносили кó[р'н']и с мягким [р] перед [н'], но отсутствовало рядом сочетание твердого [р] перед [н'] (т. е. сочетание [рн]); теперь обычно говорят кó[рн]и с твердым [р] перед [н'], но отсутствует сочетание мягкого [р'] перед [н'] (т. е. [р'н']). Другой пример: раньше произносили Лю[д'м']и́ла, теперь наряду с этим часто произносят Лю[дм']и́ла, но [д'] и [д] как самостоятельные звуки (фонемы) не различались перед [м'] ни в прошлом, ни теперь. Твердость и мягкость согласных перед определенными согласными не использовалась и не используется для различения звуковой оболочки разных слов и форм. Это значит, что, несмотря на наличие изменения — сокращение случаев ассимилятивной мягкости согласных, фонетическая система сама по себе заметного изменения не претерпела.

Примечание. Правда, наблюдаются одни случаи, когда ассимилятивная мягкость обычно сохраняется, и другие случаи, когда она утрачивается. Например, она обычно сохраняется в слове *разве*, но может утрачиваться в слове *развеял*: [рá·з'в'ьл] и [рлзв'éiьл]. Создается впечатление, что мягкость-твердость [з'] и [з] в этом положении (в данном случае перед [в']) различается, самостоятельна. Однако эта различаемость не носит системного характера, она не определяет собой данный элемент, данное звено фонетической системы. В случае *развеял* нередко встречается и мягкий [з], а в случае *разве*, хотя и реже, но все же встречается и твердый [з]. Далее: если даже известная последовательность в произношении этих слов имеется у того или иного определенного лица, то у разных лиц, в устах разных представителей общества не в одних и тех же случаях может звучать [з'] или [з] перед мягким [в']. Это означает, что в современной произносительной системе мягкость-твердость парных по этому признаку согласных в определенных положениях недифференцированна, безразлична, не имеет различительной силы, сохраняя, однако, свою стилистическую роль.

§ 113. Принципы отбора произносительных вариантов в качестве нормы

Все предыдущее изложение привело нас к выводу о том, что произносительная система языка изменяется медленно, постепенно накапливая черты нового качества, постепенно утрачивая черты старого качества; она совершенствуется, становится более последовательной и цельной. Особенно медленно развивается фонетическая система, являющаяся ядром, основой произношения.

Вместе с тем мы не должны закрывать глаза на живые языковые процессы. Они требуют к себе пристального внимания лингвистов-практиков. В живом языке есть много явлений, в том числе произносительных, имеющих различную — местную, стилистическую или социальную — окраску.

Литературный язык требует строгого отбора. Это относится ко всем его сторонам, и в том числе к его произносительной стороне. Культура литературного языка заключается в сохранении всего того, что достигнуто им в течение веков, и в приумножении его достоинств — в дальнейшем его совершенствовании и обогащении. Такие задачи ставит перед собой и произносительная культура.

Поэтому из всей массы встречающихся в обществе произносительных вариантов лишь немногие могут претендовать на вхождение в состав норм литературного языка. Должны быть решительно отброшены произносительные жаргонизмы (например, элементы старого дворянского жаргона [cör] вместо [сэр], [конкрэ́]тно, [ко]нцэ́рт, частично сохранившиеся и теперь в претенциозном произношении).

Должно быть отброшено все носящее в той или иной степени местную окраску, появившееся на почве особенностей местных диалектов или других языков, в том числе родственных, например: произношение [мълъко́], [слъвър'·а́], появившееся на почве окающих говоров при переходе к аканью; произношение се[м], любб[ф], кро[ф] вместо се[м'], любо́[ф'], кро[ф'], широко известное по диалектам и проникшее в просторечие (например, в Ленинграде); произношение [р'и́]ба, во-вто[р'и́]х, кото́[р'и·]х в языке выходцев с Украины и Белоруссии, появившееся в связи с тем, что в украинском и белорусском языках не различаются слоги [р'и] и [ры].

Из литературного языка в собственном смысле должно быть отброшено все носящее просторечный характер, например: пл[о́·]тишь, запл[о́·]чено вместо пл[а́·]тишь, запл[а́·]чено; *выдь* вместо *выйди*, хотя форму *выдь* употреблял еще Некрасов, а формы *выду, выдешь, выдь* постоянно встречаются в пьесах А. Н. Островского, где подчеркивается просторечный характер речи соответствующих персонажей. Просторечным является также: по[ца]лу́й вместо по[цы^э]лу́й, ск[ры]пе́ть вместо ск[р'и]пе́ть, хотя произношение по[ца]лу́й, ск[ры]пе́ть встречалось в русском литературном языке XIX в.

Лишь явления, улучшающие произносительную систему, т. е. делающие ее более последовательной, и доказавшие свою жизненность, могут претендовать на то, чтобы войти в состав норм литературного языка. Так, например, можно думать, что долгий твердый шипящий согласный [ж] — [ж:], успешно заменяющий собой реликтовую, остаточную фонему [ж':], совершенно обособленную и изолированную в системе согласных, употребляющуюся в немногих случаях, со временем может укрепиться во всех стилях литературного произношения (хотя для настоящего времени предпочтительно мягкое двойное [ж], т. е. [ж':]). Можно думать, что ассимилятивное смягчение губных перед [к'] и другими мягкими задненёбными, свойственное старому московскому произношению и еще встречающееся сейчас, окончательно исчезнет из литературного языка, т. е. что произношение тра́[ф'к']и, ша́[п'к']и, не́[м'к']и окончательно уступит свое место произношению тра́[фк']и, ша́[пк']и, не́[мк']и. Это также сделает звуковую систему русского литературного языка более последовательной, так как ассимилятивная мягкость согласных перед мягкими согласными, вообще заметно убывающая в русском языке, совсем несвойственна губным согласным; перед всеми остальными мягкими согласными губные произносятся твердо — ло́[мт']ик, ко́[пч']ик, [вз'ал], [бл']изко и т. д.

§ 114. Произношение и правописание

Весьма важными являются соотношения между литературным произношением и правописанием. Они приобретают особенно большое значение в нашу эпоху всеобщей грамотности и расцвета культуры многомиллионных масс советского народа.

Русское правописание, являющееся — несмотря на некоторые недостатки — одним из лучших в мире, строится во всех своих основных чертах на принципе, который обычно принято не совсем точно называть морфологическим. При написаниях, основанных на морфологическом принципе, между звуками языка и буквами письма существуют определенные закономерные отношения, благодаря которым осуществляется единство написания каждой морфемы. Например, буква *о* обозначает звук [о] под ударением, звук [л] в 1-м предударном слоге и звук [ъ] в остальных безударных слогах; буква *д* обозначает звук [д] перед гласным и звук [т] на конце слова и т. д. Благодаря этому одна и та же морфема, например -*вод-*, пишется всегда одинаково: ср. *во́ды, вода́, на́ воду, вод, водово́з*, хотя произносится [во́д]ы, [вла]а́, [на́-въду], [вот], [въд]ово́з.

Все же те элементы литературного произношения и правописания, между которыми отсутствуют указанные выше закономерные соотношения, требуют в конечном счете регламентации, чтобы восстановить их. Восстановление закономерных соотношений между произношением и правописанием может быть достигнуто изменением либо произношения, либо правописания. Ввиду значительной трудности внесения существенных изменений в наше правописание, так как это нарушило бы орфографические традиции и связано было бы с необходимостью переучивать массы пишущих, чтобы они овладели новыми правилами, восстановление закономерных соотношений между написанием и произношением большей частью идет по пути укрепления новых произносительных вариантов, соответствующих написанию. Таковы произносительные варианты бою́[с'], взяла́[с'] вместо бою́[с], взяла́[с]; то́н[к'и]й, ти́[х'и]й вместо то́н[къ]й, ти́[хъ]й; моло́[ч'н]ый вместо моло́[шн]ый; го́[н'ъ]т, но́[с'ъ]т вместо го́[н'у]т, [но́[с'у]т и т. д. Новые варианты активно поддерживаются принятыми в нашей орфографии написаниями.

Как было показано выше, эти и подобные произносительные варианты не меняют фонетической системы языка. Вместе с тем они восстанавливают закономерные соотношения между произношением и написанием, которые характерны для нашей орфографии в целом. Например, по нормам русского письма сочетание *сь* на конце слова должно обозначать звук [с'], а не [с] (ср. *гусь*), сочетание *ки* должно обозначать слог [к'и], а не [къ] (ср. *палки*), сочетание *чн* должно обозначать [ч'н], а не [шн] (ср. *начну*), сочетание *ня* в заударном слоге должно обозначать [н'э] или [н'ъ], а не [н'у] (ср. *гонят*) и т. д. Поэтому бо́льшая часть этих новых произносительных вариантов имеет основания для окончательного укрепления в литературном языке в качестве его норм. В целом сближение произношения с правописанием в тех случаях, когда между ними ранее не было закономерных соотношений, следует считать процессом целесообразным и прогрессивным.

СПРАВОЧНЫЙ ОТДЕЛ

Звуки и буквы

Произношение отдельных звуков и их сочетаний в слове в этой книге описывалось обычно исходя из принятых в русской орфографии написаний. Поэтому каждый ознакомившийся с предыдущей частью этой книги мог убедиться, что произносительные элементы языка — звуки — находятся в сложных отношениях к графическим элементам — буквам, при помощи которых они обозначаются на письме.

Нередко один и тот же звук обозначается на письме разными буквами. Например, слова *поджог* (существительное) и *поджёг* (глагол) произносятся одинаково; в частности, в ударном слоге после [ж] произносится один и тот же гласный [о], который обозначается в первом слове буквой *о*, во втором — буквой *ё*. Каждая из следующих пар слов *пары́* (от *пар*) и *поры́* (от *пора́*), *умоли́ть* (униженно просить) и *умали́ть* (сделать маленьким, уменьшить) произносится одинаково. В частности, в 1-м предударном слоге всех этих слов произносится гласный [л], однако обозначается этот гласный в одном слове каждой пары буквой *а*, а в другом — буквой *о*. Одинаково произносятся и пары слов *серп* и *серб* (со звуком [п] на конце), *глас* и *глаз* (со звуком [с] на конце), *рот* и *род* (со звуком [т] на конце), *док* и *дог* (со звуком [к] на конце), хотя на конце каждого слова этих пар пишутся разные буквы: *п* и *б*, *с* и *з*, *т* и *д*, *к* и *г*.

С другой стороны, нередко одна и та же буква служит для обозначения разных звуков. Например, буква *а* в слове *дам* обозначает гласный [а], а в слове *выдам* — гласный [ъ]: ср. [дам], [вы́дъм]. Одна и та же буква *о* в слове *золото* в первом случае (в ударном слоге) обозначает гласный [о], а в двух следующих (в заударных слогах) — звук [ъ]: ср. [зо́лътъ]. В слове *позолочен* та же буква в первом случае (2-й предударный слог) обозначает гласный [ъ], во втором (1-й предударный слог) — гласный [л], в третьем (ударный слог) — гласный [о]: ср. [пъзлло́·ч'эн]. В слове *золотить* произносится в первом случае (2-й предударный слог) гласный [ъ], во втором (1-й предударный слог) — гласный [л].

[зълʌт'и́т]. Буква *я* в каждом из слов *ряд, ряды, рядовой* соответственно обозначает гласные [·а], [иᵉ], [ə]: [р'·ат], [р'иᵉды], [р'əдʌво́·i̯]. Из этих же примеров можно убедиться в том, что буква *д* в словах *ряд* и *ряды* соответственно обозначает звуки [т] и [д]. Буква *с* в словах *сон, стен, сзади, сделал, нёсший, сжал* обозначает звуки [с], [с'], [з], [з'], [ш], [ж]: ср. [сон], [с'т'ен], [з:а́·д'и], [з'д'е́лъл], [н'·о́ш:ы̯i̯],[ж:ал].

Если бы в русском письме каждая буква всегда обозначала один и тот же звук и каждый звук всегда обозначался одной и той же буквой, то не было бы необходимости ниже давать две таблицы — „От буквы к звуку" и „От звука к букве", так как они практически совпадали бы: достаточно было бы читать слева направо или справа налево, чтобы иметь в качестве исходных величин буквы или звуки. Однако буквы русского письма и звуки русского языка, как уже говорилось, находятся между собой в сложных отношениях. Исходные величины той и другой таблицы (т. е. буквы в одной таблице и звуки в другой) не находятся в отношениях простого параллелизма, соответствия. И тут дело не только в том, что одна и та же буква может обозначать разные звуки, а один и тот же звук может обозначаться разными буквами: они, эти исходные величины, и количественно не совпадают, не говоря о том, что качественно относятся к единицам разных уровней. Букв значительно меньше, так как буквы, как правило, соответствуют только основным звукам, иначе — сильным фонемам. Звуков, даже в пределах отраженных в принятой в этой книге довольно простой транскрипции, значительно больше, так как они относятся не только к основным звуковым единицам — фонемам, но также и к их разного рода позиционным изменениям.

Ввиду всего сказанного помещенные ниже таблицы „От буквы к звуку" и „От звука к букве" не повторяют друг друга: они с разных точек зрения характеризуют произнесенное и написанное русское слово. Вместе взятые, они дают относительно полное представление о взаимоотношениях звуков и букв, элементов русского произношения и русского письма. Они полезны при изучении русского произношения, при наведении разного рода справок, при повторении изученного и т. д. В то же время они дают материал для уяснения природы русского правописания.

РУССКАЯ ГРАФИКА И РУССКИЙ УДАРНЫЙ ВОКАЛИЗМ

Как известно, основное содержание исторического развития фонетической системы русского языка, если говорить о нем в самом общем плане, заключается в раздвоении многих согласных[1] по принципу мягкости — твердости, т. е. в появлении двух согласных на месте одного основного согласного (фонемы) старшей поры и в связанном с этим процессе объединения двух основных гласных (фонем) старшей поры в одном основном гласном (фонеме), а также в утрате в определенных условиях древнерусских гласных, обозначавшихся буквами ъ и ь. Это привело к резкому увеличению смыслоразличительной роли согласных и такому же резкому уменьшению смыслоразличительной роли гласных.

Между тем русская графика оставалась той же, а если и изменялась, то очень медленно и по преимуществу в частностях. Принципиальное изменение звуковой системы при сохранении в основном старой графики не могло означать ничего другого, как не менее принципиальное изменение функций элементов этой графики. Оно привело к качественному изменению отношений элементов графики к элементам звуковой системы. В самом деле, новая „молодая" категория парных твердых — мягких согласных у нас обходится одной буквой для каждой пары (например, [л] и [л'] обозначаются одной буквой *л*: ср. *лápa* и *лúпа*), а ставшие было избыточными некоторые буквы гласных стали обозначать мягкость предшествующего согласного (ср. *быль* и *был*, *брать* и *брат*, где мягкость обозначена буквой *ь*; *мял* и *мал*, *вёл* и *вол*, *люк* и *лук*, где мягкость обозначена буквами *я*, *ё*, *ю*) или твердость предшествующего согласного (ср. *мыл*, *быт* при *мил*, *бит*, где твердость обозначена буквой *ы*).

Это привело к одной из характернейших особенностей русской графики — к элементам слогового (иначе — силлабического) письма, которые мы ниже вкратце рассмотрим.

Современная русская графика состоит из 33 букв. Расположенные в определенном порядке, они образуют русский алфавит. Вот он:

а б в г д е ё ж з и й к л м н о п р с т у ф х ц ч ш щ ъ ы ь э ю я

---

[1] Имеются в виду основные согласные, иначе — фонемы.

Как видно из описания русского произношения, букв у нас гораздо меньше, чем звуков. Если бы каждая из всех произносимых в определенных фонетических условиях (иначе п о з и ц и я х) звуков обозначалась особой буквой, то букв понадобилось бы гораздо больше. Письмо превратилось бы в фонетическую транскрипцию, которую трудно было бы не только быстро читать, но и быстро писать. Русская графика приспособлена — и в целом, надо сказать, неплохо — для передачи основных звуков русского языка (иначе называемых ф о н е м а м и), независимых от фонетических условий, позиций. Буквы русского алфавита обозначают такие независимые от позиций основные звуки (фонемы), обычно оставляя в стороне все позиционно обусловленные звуки, все видоизменения основных звуков (фонем). Это значительно облегчает как письмо, так и чтение.

Одни из перечисленных букв обозначают согласные. К ним относятся *б, в, г, д, ж, з, к, л, м, н, п, р, с, т, ф, х, ц, ч, ш, щ*. К ним можно отнести и букву *й*, которою обозначается [i̯], разновидность основного звука [j]. Другие буквы обозначают гласные. К ним относятся *а, и, о, у, э, ы*, а также *е, ё, ю, я*. Из данного выше описания русского литературного произношения можно было увидеть, что буквы *е, ё, ю, я* могут обозначать также звук [j] — [i̯] с последующим соответствующим гласным (ср. *ем, ёлка, юмор, якорь* произносятся [jем], [j·о́]лка, [jу́]мор, [j·а́]корь). Буквы *ё, ю, я*, кроме того, могут обозначать мягкость предшествующего парного по мягкости — твердости согласного (ср. *нёс* и *нос, люк* и *лук, вял* и *вал* произносятся [н··ос] и [нос], [л··ук] и [лук], [в·ал] и [вал]). Этого нельзя сказать о букве *е*, так как перед звуком, обозначенным буквой *е*, может произноситься как мягкий согласный (чаще), так и твердый (ср. *стен, тело, тема* и *стек, стенд, тембр* произносятся [с'т'ен], [т'е́лъ], [т'е́мъ] и [стэк], [стэнт], [тэмбр]).

Для некоторых из основных согласных звуков (фонем) в русском алфавите нет одной специальной буквы или вовсе отсутствует специальная буква. Мы видели уже, что звук [j] — [i̯] может обозначаться буквой *й* (ср. *рай, дуй, лей, дуйте, лейка* произносятся [ра·i̯], [ду·i̯], [л'е́i̯], [ду́·i̯т'ə], [л'е́i̯къ]), но это обычно на конце слова и перед согласным. Перед гласными этот звук обозначается буквами гласных. Ср. *як, ем, юг* (произносится [j·ак], [jем], [jук]). Перед гласными мягкость предшествующих согласных, как мы только что видели, „по совместительству" обозначается буквами гласных. Для основного звука (фонемы) [ш':] имеется буква *щ* (ср. *щука, роща* произносятся [щ':у́къ], [ро́·ш':ъ]), но тот же звук может обозначаться также сочетанием *сч* (ср. *счёт, счастье* произносятся [ш':от], [ш':а́с'т'i̯ə]). Для основного звука [ж':] вообще отсутствует особая буква. Он обозначается сочетанием *жж* (ср. *вожжи, жужжать* произносятся [во́·ж':и], [жуж':а́т']) и сочетанием *зж* внутри одной морфемы (ср. *езжу* произносится [jе́ж':у̇]).

В русской графике существуют еще две буквы ъ и ь со своими своеобразными функциями. Более разнообразны функции ь. Буква ь прежде всего указывает на мягкость предшествующей парной по твердости — мягкости согласной (ср. *моль, брать, правь, жарь, Варька, банька* произносятся [мо·л'], [бра·т'], [пра·ф'], [жа·р'], [ва́·р'къ], [ба́·н'къ]. Сопоставьте их со словами *мол, брат, прав, жар, варка, банка*). Существует мнение, что буква *ь* имеет также морфологическую функцую. После букв непарных по мягкости — твердости согласных *ч, ш, ж, щ*, например, в словах *тушь, брешь, глушь, рожь, вещь, горечь, дичь ь* указывает на женский род; в словах *режь, утешь, плачь* указывает на форму повелительного наклонения; в словах *сплошь, настежь, вскачь* указывает на наречие. Но такое мнение неосновательно. Это видно уже из приведенных примеров: как один и тот же знак (*ь*) в одной и той же системе письма может одновременно иметь несколько значений: указывать в одних случаях на женский род, в других — на повелительное наклонение, в третьих — на наречие (ср. *рожь, режь, настежь*)? Представляется более убедительным, что употребление буквы *ь* после букв *ш, ж, ч, щ* в различных категориях указывает на то, что она не имеет морфологического значения. Далее встает вопрос: а нужно ли вообще указанное грамматическое различение? Разве мешает чтению и пониманию отсутствие такого различения в словах *зверь* (мужск. р.) и *дверь* (женск. р.)? Почему же нужно различать слова *кличь* (повел. накл.) и *клич* (сущ.), *плачь* (повел. накл.) и *плач* (сущ.), *рожь* (им. пад. ед. ч., сущ.) и *рож* (род. пад. множ. ч., сущ. *рожа*) и т. д.? Почему наречия *настежь* и *замуж* должны отличаться в своих написаниях: с *ь* в первом и без *ь* во втором? Отмечают, что написание *мажь*—*мажьте* создает единство в написании повелительной формы ед. и множ. ч. Но такое единство было бы сохранено при написании *маж*—*мажте*. Далее, указывают на то, что при таком написании отдаляются друг от друга формы повелительного наклонения от основ на непарные по мягкости — твердости согласные, с одной стороны, и от основ на парные согласные, с другой. Ср. *утешь*—*утешьте, мажь*—*мажьте* и *двинь*—*двиньте, лезь*—*лезьте, верь*—*верьте*. Но для чего нужно тут единство? Разве мешает чтению и пониманию то, что имена существительные мужского рода на шипящие не имеют на конце *ь*, а на парные мягкие имеют? Ср. *нож, мятеж, меч, врач, чуваш, душ, плющ, свищ* и *зверь, конь, голубь, табель* и др. Таким образом, приходится признать, что буква *ь* после букв шипящих пишется по традиции и в настоящее время не имеет не только фонетического значения, но и морфологических функций.

Важной функцией буквы *ь* является ее употребление в качестве разделительного знака. Последний пишется после буквы согласных перед буквами гласных *е, ё, я, ю* и указывает на то, что эти буквы гласных должны читаться так, как они читаются в начале слова, т. е. со звуком [j] в начале. Например, *пьяный, льет, вьюга, солью* произносятся [пj·а́нъj], [л'j·от], [в'jу́гъ], [со́·л'jу]. Есть основания считать, что буква *ь*, кроме того, обозначает звук [j] в положении после буквы согласного перед *и* и *о* (ср. *чьй, соловый* произносятся [ч'jи], [сълав'jи] или *медальон, гильотина, миньон, лосьон* произносятся меда[л'j·о́н], ги[л'j]л]ти́на, ми[н'j·о́н], ло[с'j·о́н]). Такой вывод делается на основании того, что буквы *и* и *о* в начале слова произносятся без [j] [1]).

Что касается буквы *ъ*, то она имеет одну функцию — разделительного знака и пишется после приставок (в том числе иноязычных) и после первой части сложных слов: *сверх-, двух-, трех-, четырёх-* (ср. *разъезд, объезд, объект, подъезд, объятый, предъюбилейный, сверхъестественный, четырёхъярусный* произносятся [рлз'jе́ст], [лбjе́ст], [лбjе́кт], [плдjе́ст], [лбjатъ̣і], пре[дjў]билейный, свер[хjиᵉ]ственный, четырё[хj·а́]русный).

Как уже было сказано, существенной особенностью русской графики является наличие в ней очень важных элементов слогового (иначе — силлабического) письма. Мы уже видели, что буквы *е, ё, я, ю* могут обозначать не только соответствующие гласные, но и слоги [je], [jo], [ja], [jy]. Однако этим слоговой (силлабический) элемент в русском письме не ограничивается. Написание согласных в русской графике тесно связано с написанием гласных.

Рассмотрим эту взаимозависимость подробнее. Русский ударный вокализм состоит из пяти основных гласных (фонем): [и], [е], [а], [о], [у]. Пяти основным гласным русского языка соответствуют десять букв: по две буквы на каждый основной гласный. Именно этим, как будет показано ниже, достигается применяемый в определенных рамках слоговой (силлабический) принцип русской графики. Русский консонантизм, как известно, характеризуется большим количеством парных твердых и мягких согласных. Однако русская графика располагает одной буквой для каждой пары основных согласных (фонем), например для [п] и [п'] буквой *п*, для [р] и [р'] буквой *р* и т. д. Таким образом, для 24 согласных, образующих 12 пар твердых — мягких согласных, имеется всего 12 букв [2].

Вопрос о трактовке элементов слогового (силлабического) письма неотделим от вопроса, буквами какого основного звука (фонемы) — твердого или мягкого — являются буквы парных твердых — мягких согласных *п, б, в, ф, м, т, д, с, з, р, л, н*. Будем исходить из того, что каждая из этих букв сама по себе обозначает соответствующий твердый согласный. Ср. их твердость в изолированном произношении, в названиях букв [бэ], [тэ], [эс], [эр] и т. д., а также на конце слов *суп, лиф, сам, брат, насос, сор, мол, сон*.

Таким образом, в русской графике в два раза больше букв для гласных, чем имеется основных гласных (фонем) и в два раза меньше букв для парных твердых — мягких согласных, чем имеется соответствующих согласных фонем (10 букв для 5 основных гласных и 12 букв для 24 основных парных по твердости — мягкости согласных). Твердость или мягкость предшествующего согласного оказы-

---

[1] Отметим, что эта точка зрения не общепринята.
[2] Кроме парных по твердости — мягкости согласных мягкими перед гласными — главным образом в словах иноязычного происхождения — могут быть задненёбные [к], [г], [х], для которых также имеется по одной букве.

вается тесно связанной с употреблением той или другой буквы данного основного гласного. Благодаря этому сочетания „согласный + гласный", которые обозначаются двумя буквами, в ряде случаев не соответствуют в полной мере каждой из входящих в состав сочетания основных звуков (фонем), а лишь вместе взятые передают характер сочетания в целом, лишь вместе взятые могут быть правильно прочитаны. Это означает, что мягкость или твердость согласного может быть обозначена не самой буквой согласного, а буквой последующего гласного. Это означает также, что в таких случаях сочетания буквы согласного с последующей буквой гласного представляет собой некий цельный графический элемент.

Идеальная модель русской графики для гласных имеет следующий вид:

а	у	о	э	ы
я	ю	ё	е	и

Каждая из вертикальных пар букв обозначает один основной гласный (фонему), который может реализоваться — даже в пределах ударного слога — в весьма различных звуках в зависимости от соседства с разными согласными, в особенности от твердости — мягкости предшествующего согласного. Ср. [а] и [а·], [·а], [ä]; [о] и [о·], [·о], [ö]]; [у] и [·у], [у·], [ÿ]; особенно сильно отличаются варианты основного гласного [и]. Ср. *лик* и *лыко* ([л'ик] и [лы́къ]). В идеальной модели системы русской графики буквы верхней строки должны бы употребляться после парных твердых согласных, а буквы нижней строки — после парных мягких. Однако реально буквы, входящие в каждую пару по вертикали, неравноправны. Одни из них не маркированы, лишены указания на твердость или мягкость предшествующего согласного. Другие, напротив, маркированы и имеют такое указание. При этом в связи со сложностью истории русской фонетической системы немаркированность или маркированность гласной буквы не совпадает с верхней или нижней строкой идеальной модели.

Буквы *а, у, о* не маркированы, они лишены указания на твердость или мягкость предшествующих согласных. Поэтому они употребляются в начале слова, где предшествующая согласная отсутствует, обозначая соответственно гласные [а], [у], [о]. Ср. *ад, ум, он*. Напротив, буквы *я, ю, ё* маркированы: это буквы основных гласных [а], [у], [о] в положении после согласных парных по твердости — мягкости, указывающие на мягкость предшествующего согласного. Ср. *мял, люк, вёл* ([м'·ал], [л'·ук], [в'·ол]). В связи с этим немаркированные буквы *а, у, о* употребляются после твердых парных согласных. Однако они сами не заключают в себе указания на твердость или мягкость предшествующих согласных. Именно поэтому они употребляются и после согласных недифференцированных по твердости — мягкости (внепарных по этому признаку) вне зависимости от того, являются ли они реально твердыми или мягкими. Ср. слоги *ша, жа, шу, жу* и *ча, ща, чу, щу* ([ша], [жа], [шу], [жу] и [ч'а], [ш':а], [ч'у], [ш':у]), где буквы *а* и *у* пишутся как после внепарных твердых, так и после внепарных мягких, не обозначая сами по себе ни твердости, ни мягкости[1].

Особо, и при том весьма своеобразно и противоречиво, обстоит дело с парой букв *ы* и *и*. Есть основания считать букву *и* немаркированной, поскольку именно она употребляется в начале слова (ср. *ах, ох, ух* и *их*), после согласных внепарных по твердости — мягкости вне зависимости от реальной твердости или мягкости (ср. *ши, жи* рядом с *ша, жа, шу, жу*). Однако если исходить из того, что каждая из букв парных по мягкости — твердости согласных сама по себе обозначает твердый согласный, то придется признать, что в слогах *ти, ни, си, ви* и т. д. буква *и* маркирована и указывает на мягкость предшествующего согласного, т. е. в качестве единицы чтения выступает слог, так как мягкость [т'] обозначена буквой *и*. Иначе говоря, употребление буквы *и* не маркировано в начале слова и маркировано после букв парных согласных по мягкости — твердости.

Но дело на этом не кончается. Как трактовать употребление буквы *ы* после букв парных согласных по мягкости — твердости, т. е. слоги *ты, ны, сы, вы, мы* и т. д.? Несомненно, буква *ы* несет в себе указание на твердость предшествующей согласной, т. е. маркирована. Однако если буква предшествующей согласной сама по себе обозначает твердый парный согласный, то силлабемы здесь не получается: каждая буква обозначает присущие ей качества, сочетания типа *ты, вы* не выступают в качестве цельной единицы чтения.

Сложно обстоит также с парными *э* и *е*. С одной стороны, немаркированным членом пары как будто можно считать букву *э*, так как именно она употребляется в начале слова для обозначения основного звука (фонемы) [е] (буква *е* в начале слова обозначает сочетание [je]). С другой стороны, в положении после согласных парных по твердости — мягкости она, несомненно, маркирована, так как указывает на твердость предшествующего согласного. Ср. *сэр* и *сер* (к *серый*) ([сэр] и [с'ер]) или *мэр* и *мер* (к *мера*) ([мэр] и [м'ер]). Считать положение обратным, т. е. что в случае типа *сер* ([с'ер]) буква *е* указывает на мягкость предшествующего согласного, а буква *э* употребляется безотносительно к предшествующей твердости или мягкости, мы не можем, так как буква *е* употребляется как после мягких, так и после твердых парных согласных, в то время как буква *э* употребляется только после твердых парных согласных. Ср. *постель* и *пастель* (произносятся [пʌс'т'ел'] и [пʌстэл']). Ср. также *Тэн* ([тэн]). Принимая во внимание, что после парных по

---

[1] Исходя из сказанного следовало бы ожидать последовательно написаний *шо, жо, чо, що*. Однако эти написания в русской орфографии употребляются наряду с написаниями *шё, жё, чё, щё*.

твердости — мягкости согласных буква э употребляется в единичных словах и что после согласных, недифференцированных по этому признаку (внепарных), употребляется только е (ср. *шест, жест, чек, щебень* и т. д.), основной буквой в этой паре следует считать е, а маркированной — букву э.

Таким образом, в сочетании буквы парного твердого — мягкого согласного с последующим [е] буква э маркирована, однако не образует силлабемы, так как буква согласного и сама по себе читается как твердый согласный звук. В сочетании же парного твердого — мягкого согласного с последующей е (т. е. в слогах *те, се, де, ре* и т. д.) отсутствует информация о твердости или мягкости предшествующего согласного, который реально может быть как мягким, так и твердым. Чтение здесь конвенционально, основано на языковом узусе, на знании слова. Естественно, что если чтение первого элемента сочетания произвольно, то и все сочетание не образует единой силлабемы. Однако справедливость требует отметить, что в отношении частотности мягкость здесь доминирует: случаев с твердым парным согласным перед [е] значительно меньше. Поэтому русский человек слоги *те, де, ре* и др. скорее всего прочитает как [т'е], [д'е], [р'е], хотя наряду со словами *тело, дело, ребус* и т. д. есть слова *тент, дека, ре* (с [тэ], [дэ], [рэ]).

Приведем помещенную выше схему, выделив курсивом маркированные буквы:

а	у	о	*э*	*ы*
я	*ю*	*ё*	е	и

Немаркированные буквы характеризуются тем, что они употребляются после недифференцированных по мягкости — твердости согласных вне зависимости от их реальной твердости или мягкости. Ср. *ша, шу, шо, ше, ши.*

Теперь рассмотрим употребление букв гласных после разных по отношению к категории мягкости — твердости согласных.

После парных по мягкости — твердости согласных:

после парных твердых   после парных мягких

1   2

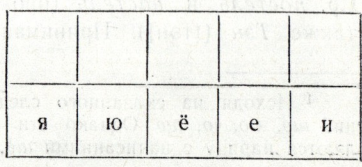

Примеры: *дам, дум, дом, дым; дека, тест, мэр, пэр, сэр* ([дэкъ], [тэст], [мэр], [пэр], [сэр]); *тяга, тюк, тёк, тесто, тик* ([т'·а́гъ], [т'·ук], [т'·ок], [т'éстъ], [т'ик]).

Сопоставляя эти две таблицы, мы не можем не обратить внимания на то, что четвертая клетка нижнего ряда заполнена в обеих таблицах (буква *е*). Это означает, что перед соответствующим гласным может произноситься как твердый, так и мягкий согласный. Ср. *тест* и *тесто* ([тэст] и [т'éстъ]); *дельта* и *дельно* ([дэ́л'тъ] и [д'éл'нъ]). Иначе говоря, такой существенный признак, как различение твердости — мягкости согласных перед [е] оказывается в русском письме необозначенным, что едва ли представляет собой положительную черту русской графики[1].

В начале слова:

а	у	о	э
			и

Примеры: *ад, ум, он, эх, их*. Естественно, что в начале слова выступают немаркированные буквы гласных (кроме буквы *э*, так как буква *е* в начале слова обозначает [jе]). Относительно немаркированности или маркированности буквы *и* см. выше.

После заднеязычных ([к], [г], [х]):

а	у	о	
		е	и

Примеры: *как, кум, ком, кем, кит; гам, гул, гол, герб, гид; хам, худ, ход, хек, хил*. Отметим, что перед [е] и [и] согласные [к], [г], [х] позиционно мягки, т. е. выступают в своих мягких вариантах.

Однако нельзя не учесть, что картина употребления букв гласных после заднеязычных на деле сложнее, в связи с тем что в литературный язык проникло и укрепилось в нем довольно большое количество слов иноязычного происхождения с мягкими заднеязычными перед [а], [о], [у]. Правда, для разных заднеязычных и перед разными гласными количество таких слов неодинаково: на некоторые положения примеры трудно или даже практически невозможно по-

---

[1] Впрочем, избежать этого недостатка очень трудно, так как различение мягкости — твердости согласных перед [е] проводится в языке очень нечетко: имеется много колебаний, губные заметно различают мягкость — твердость перед [е] только в ударном слоге и т. д.

добрать, хотя в принципе они и возможны. Больше случаев для [к']: *кяхта; ликёр, паникёр, хроникёр* и др., а также в русском слове *ткёт; педикюр, маникюр*; для [г'] — *легюм* (сюда можно добавить случаи с предударными гласными после [г'] — *гюрза́, гяу́р*); можно отметить также внелитературное, просторечное *жгёт*. Примеры с [х'] перед [а], [о], [у] автору неизвестны, хотя они и возможны, например, в иноязычных собственных именах. Если учесть сказанное, то схема употребления гласных букв после заднеязычных примет следующий вид:

а	о	у		
(я)	(ё)	(ю)	е	и

Скобки, в которые заключены маркированные буквы, означают, что случаи с мягкими заднеязычными перед [а], [о], [у] относятся к ограниченному кругу слов, главным образом иноязычного происхождения.

После шипящих ([ш], [ж], [ч'], [ш':], [ж':]):

а	у	о		
		ё	е	и

Примеры: *шар, жал, чан, пищал, жужжал; шум, жук, чум, щука, вижу; шест, жест, чех, щепка; шил, жил, чин, щи; размножить; шов, жох, чохом, трущоба; шёлк, жёлтый, чёлн, щёк* (род. пад. множ. ч.), *жжёт*.

Конечно, все гласные в зависимости от твердости или мягкости предшествующего шипящего произносятся неодинаково. Ср. [шар] и [ч'·ан], пе[ч'ӓл]; [шум] и [ч'·ум], [ч'ӱт']; [жох] и [ч'·о́хъм]; [шест] и [ч'ес'т']; [шолк] и [ч'·олн]. Особенно сильно отличается в своей реализации основной гласный [и], который после твердого шипящего произносится как [ы]. Ср. [шыл] и [ч'ин]. Отметим, что все гласные (кроме [о] после шипящих вне зависимости от их твердости или мягкости) обозначаются одной буквой — немаркированной (ввиду отсутствия дифференциации шипящих по признаку мягкость—твердость). Что же касается основного гласного (фонемы) [о], то он, как это видно из таблицы, обозначается двумя способами — при помощи немаркированной буквы *о* и при помощи маркированной буквы *ё*, „специальностью" которой вообще является указание на мягкость предшествующей парной твердой — мягкой согласной. Существуют правила, регулирующие употребление букв *о* и *ё* в корнях, суффиксах и флексиях разных частей речи.

Перейдем к положению после [ц]:

а	у	о		ы
			е	и

Примеры: *царь, концá; цýгом, концý; лицо, овцой, концов, облицовка, танцор; целый, центр, на конце; цирк, цинк, циркуль, цифра, публицист, нацист, католицизм, критицизм; цыц, на цыпочках; огурцы́, концы́, бледнолицых, сестрицын*.

Как известно, основной звук (фонема) [ц] не имеет мягкой пары, поэтому естественно, что гласные после нее должны быть обозначены немаркированными буквами. Поэтому естественно после *ц* употребляются буквы *а, у, о, е*. Однако основной гласный (фонема) [и] совершенно неоправданно обозначается как немаркированной буквой *и*, естественной после *ц*, так и маркированной буквой *ы*, „специальность" которой указывать на твердость предшествующей согласной. Нетрудно понять, что это указание излишне, так как фонема [ц] в русском языке всегда твердая. Существуют определенные правила, регулирующие употребление *ы* и *и* после *ц*, которые излагать здесь нет необходимости.

Единое написание после *ц* буквы *и* сделало бы единообразным обозначение основного гласного [и] после [ц] и одновременно было бы достигнуто единообразие в обозначении этого гласного после всех основных согласных (фонем) непарных по твердости — мягкости согласных (ср. последовательное употребление буквы *и* после *ш, ж, ч, щ*).

РУССКАЯ ОРФОГРАФИЯ

При изучении звуковой стороны языка надо различать сильную и слабые позиции. Сильная позиция — это та, в которой различается наибольшее количество звуков. Они являются основными звуками языка, фонемами, точнее — сильными фонемами. Слабые позиции — это те, в которых различается меньшее количество звуков, так как происходит совпадение (иначе — нейтрализация) двух или нескольких основных звуков (сильных фонем) в одном. Каждый из звуков слабой позиции является заместителем двух или нескольких основных звуков — сильных фонем. Так, например, для гласных сильной позицией является положение в ударном слоге, где могут различаться пять гласных. Ср., например, после твердых согласных [мал], [мол], [мул], [мыл], [мэр] или [сап], [соп], [суп], [сы́път'], [сэ́пс'ис]; после мягких согласных [л'у̇б'·а́], [б'·о́др], [б'·уст], [б'ит], [б'ес]. Слабой позицией для гласных является положение в безударных слогах, где различается меньшее их количество. Так, например, в 1-м предударном слоге после твердых согласных различаются три гласных: [у], [ы], [ʌ]. После мягких согласных также различаются всего три гласных звука: [у̇], [и], [иᵉ]. При этом гласный [ʌ] является заместителем основных гласных [о] и [а] после твердых согласных, а гласный [иᵉ] — заместителем основных гласных [е], [о] и [а] после мягких согласных. Ср., например, [суро́к], [сыро́к] и [сʌро́к] или [пл'у̇сна́], [пл'ита́] и [пл'иᵉска́'т], [пл'иᵉту́], [пл'иᵉса́т]. Нетрудно заметить, что звук [иᵉ] в предударном слоге после мягких согласных является заместителем трех основных гласных, т. е. фонем [е], [а], [о]. Ср. под ударением в тех же корнях: [пл'еск], [пл'ол] или [пл'о́тшъi], [пл'·а́ск]. Таким же образом звук [ʌ] в предударном слоге после твердых согласных является заместителем двух ударных гласных (фонем) [о] и [а]. Ср. [сʌма́] при [сом] и [сам], [вʌлы́] при [вал] и [вол] и т. д. В других безударных слогах на месте основных звуков (фонем) [о] и [а] после твердых согласных выступает звук [ъ], а после мягких согласных в том же слоге на месте основных звуков (фонем) [о], [е], [а] выступает звук [ə]. Ср. [во́ды], [вʌда́], [въд'иᵉно́i̯], [кра́снъi̯], [кърсна́], [кръснʌва́тъi̯] и [м'а́съ], [м'и‌ᵉсно́i̯], [м·эс·н·ика́], [л'ес], [л'и‌ᵉсно́i̯], [л'эс·н·ика́], [и́з-л'эсу], [н'о́с], [н'и‌ᵉсла́], [вы́н·эслъ].

Для парных звонких и глухих согласных сильной позицией является положение перед гласными, сонорными согласными (согласными на месте *р, л, м, н*), а также перед [в], [в'] и [j]. В этом положении различается звонкость и глухость, т. е. могут употребляться как звонкие, так и глухие. Ср. [борт] и [порт], [вон] и [фон], [зат] и [сат] (*зад* и *сад*), [зут] и [сут] (*зуд* и *суд*), [был] и [пыл], [сло·i̯] и [зло·i̯], [с'м'е̂i̯] и [з'м'е̂i], [рлзры́·т'] и [сры·т'], [рлз'-н'а́т'] и [с'н'а́т'], [сво·i̯] и [зно·i̯], [б'jу] и [п'jу], [дуп] (*дуб*) и [туп], [дом] и [том], [ба́шнъ] и [па́шнъ], [д'в'е̂р'] и [т'в'е̂р']. Слабой позицией для парных звонких и глухих согласных является положение на конце слова, а также положение перед глухим согласным или звонким шумным согласным. В этих положениях также происходит совпадение (нейтрализация) каждой пары звонких и глухих согласных в одном звуке — глухом на конце слова и перед глухим согласным и звонким перед звонким шумным согласным. Ср., например, [пллты́], [плллды́] и [плот] (=*плот* и *плод*), [луга́], [лу́къ] (*лу́ка*, род. пад. ед. ч.) и [лук] (=*луг* и *лук*), [млгла́], [мо́клъ] (*могла́*, *мо́кла*) и [мок] (=*мог* и *мок*), [тру́бы], [тру́пы] и [труп] (=*труб*, род. пад. множ. ч. и *труп*), [ро́дъ] и [рта] (*рода*, *рта*) и [рот] (=*род* и *рот*), [ле́злъ] и [л'е́съ] (*лезла* и *леса́*, род. пад. ед. ч.) и [л'ес] (=*лез* и *лес*) и т. д. Ср. также [клс'и́т'] и [р'е́зът'] и [клз'ба́], [р'и‌ᵉз'ба́] (перед звонким [б] произносится звонкий [з'] как на месте звонкого, так и на месте глухого).

Для парных мягких — твердых согласных сильной позицией является, например, положение на конце слова, а также перед гласными. Ср. на конце слова: [мол] и [мол'] (*мол* и *моль*), [брат] и [брат'] (*брат* и *брать*), [ноф] и [ноф'] (*нов* и *новь*); перед гласными: [мал] и [м'ал], [мол] и [м'·ол] или [ток] и [т'·ок], [мыл] и [м'ил], [тук] и [т'·ук], [мэр] и [м'ер]. Твердые и мягкие согласные различаются также перед некоторыми твердыми согласными (губными и заднеязычными). Ср. [т'ӱрма́] и [хурма́], [в'и‌ᵉс'ма́] и [блсма́ч'], [ч'и‌ᵉлма́] (*чалма*) и [па́л'мъ], [ба́·н'къ] и [ба́нкъ], [зо́р'къ] и [зо́ркъ] (*зорька* и *зорко*) и т. д. Перед некоторыми другими согласными парные мягкие — твердые не различаются: произносится только твердый перед твердыми и только мягкий перед мягкими. Ср. [бант] и [ба́·н'т'ик] (перед твердым [т] произносится твердый [н], а перед мягким [т'] — мягкий [н']), [ба́ндъ] и [в-ба́н'д'ə] (перед твердым [д] произносится твердый [н], а перед мягким [д'] — мягкий [н']), [изба́] и [в-ы·з'б'е́] (перед твердым [б] произносится твердый [з], а перед мягким [б'] — мягкий [з']). Ср. также [два] и [д'в'е], [узда́] и [уз'д'е], [влскре́с·н'ик] и [влскр'е́снъi] и т. д.

Основное правило русской орфографии заключается в том, что каждая значимая часть слова (иначе — морфема) — корень, приставка, суффикс, окончание — пишется в соответствии с тем, как произносится каждый данный звук в сильной позиции — в позиции максимального различения, в которой выступают основные звуки — фонемы. Это означает, что буква является не знаком какого-то реально произносимого звука, как такового, а лишь основного звука, звука в сильной позиции — фонемы.

Именно поэтому, когда слышим [вʌлы́], мы можем записать *волы* и *валы* (в зависимости от того, о чем идет речь и произносится ли в сильном положении [о] или [а]: [вол] или [вал]); когда слышим [пълʌска́·т'], мы можем записать *поласкать* (если здесь корень тот же, что в слове *ласка*) или *полоскать* (если здесь корень тот же, что в слове *полощет*). Точно так же случаи [умʌл'и́т'], [ръзр'иⁿд'и́т']. Мы запишем *умолить* (ср. *мо́лишь*), если имеется значение „упросить", и *умалить* (ср. *ма́ленький*), если налицо значение „уменьшить"; напишем *разрядить* (если здесь тот же корень, что в словах *разряд*, *заряд*) или *разредить* (если здесь тот же корень, что в слове *редкий*). Таким образом, слова *вода* и *водяной* ([вʌда́], [въд'иⁿно́·į]) пишутся с буквой *о*, так как в этом корне в сильной позиции (т. е. под ударением) звучит [о]: ср. [во́ды]. В словах [р'иⁿды́], [р'иⁿдʌво́·į] пишется *я*, так как под ударением в том же корне звучит [а] после мягкого согласного (ср. [р'·ат]), который в соответствии с русской графикой обозначается буквой *я*: ср. *ряд*. В приставках слов [пʌдда́·т'], [пъддава́·т'] или [ʌдда́·т'], [ʌддава́·т'] пишется *о* (*поддать*, *поддавать*, *отдать*, *отдавать*), так как в той же приставке в сильной позиции (т. е. под ударением) звучит [о]: ср. [по́дън:ʌį], [о́дън]. В суффиксе слова [б'иⁿр'·о́зъвъį] пишется *о* (*березовый*), так как в том же суффиксе в сильной позиции (т. е. под ударением) звучит [о]: ср. [дубо́въį]. В окончании слова [сту́лъм] пишется *о* (*стулом*), так как в том же окончании в сильной позиции (т. е. под ударением) звучит [о]: ср. [стʌло́м]. В окончании слова [нʌ-сту́л'ъ] пишется *е*, так как в том же окончании под ударением звучит [е]: [нъ-стʌл'е́].

Примеры из области звонких — глухих согласных. Звучания [мо́лът] или [глас] пишутся с буквами *д* и *з*, если в них корни те же, что в словах *молодой*, *глаза* (т. е. если в сильной позиции выступают фонемы [д] и [з]); они же пишутся с буквой *т* и *с*, если в них корень тот же, что в словах *молоток*, *гла́са* („гласа народа"), т. е. если в сильной позиции выступают основные звуки (фонемы) [т] и [с]. В словах [кʌз'ба́] и [р'иⁿз'ба́] на месте [з'] пишется в первом слове *с*, во втором *з* (*косьба*, *резьба*), так как в сильной позиции (в данном случае перед гласным) в первом случае звучит глухая согласная фонема, а во втором звонкая: [кʌс'и́т], [р'е́зът']. На конце приставок [ʌдда́·т'] и [пʌдда́·т'] на месте [д] пишется в первом случае *т*, а во втором *д*, так как в сильной позиции (например, перед сонорными) звучит [т] в первом слове и [д] во втором: ср. [ʌтр'е́зът'], [ʌтно͡с'ит] и [пʌдр'е́зът'], [пʌдно͡с'ит].

Несколько примеров из области мягких — твердых согласных. В словах [из'б'е́] и [р'иⁿз'б'е́] на месте [з'] в первом случае пишется *з*, а во втором *зь* (*избе*, *резьбе*), так как в сильной позиции (в данном случае перед б) мягкость — твердость, [з] различается: [изба́], [р'ие́з'ба́]. В словах [ба́·н'т'ик], [гр'ие́з'н'йт'] на месте [н'] и [з'] пишутся н и з, т. е. мягкость не обозначается, так как она неразрывно связана с мягкостью или твердостью следующего согласного, иначе говоря, несамостоятельна, позиционна: ср. [ба́нтъ], [гр'·а́знъі̥].

Итак, буква является знаком основного звука — сильной фонемы, а не каждого произносимого звука. Одна и та же буква обозначает как сильную фонему, которая выступает в сильной позиции, так и ее заместителей в слабых позициях. Такое письмо называется фонемным. Каждая морфема в слове вне зависимости от ее реального произношения в разных позиционных условиях пишется одинаково[1], что способствует быстрому чтению и пониманию. В связи с единством написания морфемы при фонемном письме последнее нередко называют морфологическим.

Сформулированное основное правило русской орфографии — ее фонемный характер — применяется в правописании безударных гласных, звонких и глухих согласных, твердых и мягких согласных — конечно, во всех этих случаях с учетом особенностей русской графики, о которой было сказано выше. Это общее правило охватывает значительную часть всех написаний. Согласно этому правилу мы пишем с буквой о слова *дом, домой, на дом,* хотя произносим разные гласные — [о], [ʌ], [ъ]: [дом], [дʌмо́ј], [на́-дъм]; пишем с буквой а слова *дал, дала́, не́ дали,* хотя произносим разные гласные — [а], [ʌ], [ъ]: [дал], [дʌла́], [н'е́-дъл'и]; пишем *взял, взяла́* с буквой я, хотя произносим разные гласные — ['а] и [ие]: [вз'·ал], [вз'ие ла́]; *лес, леса́* — с буквой е, хотя произносим разные гласные — [е] и [ие]; пишем окончание *-ом,* хотя произносим то [о́м] (в ударном слоге), то [ъм] (в заударном слоге): ср. [стʌло́м], [са́дъм]; пишем окончание *-е,* хотя произносим то [е] (в ударном слоге), то [ə] (в заударном слоге): ср. [ф-с'ие л'е́], [в-до́·м'ə].

То же правило применяется в правописании звонких и глухих согласных: пишется та буква, которая соответствует произношению в сильной позиции, в которой могут произноситься как звонкие, так и глухие согласные. Например, звуки [т] и [д] в равной мере могут обозначаться буквой т или д в зависимости от того, какой согласный произносится в сильной позиции. Ср. *редок* и *редко* (произносится [р'е́дък], [р'е́ткъ]) и *меток* и *метко* (произносится [м'е́тък], [м'е́ткъ]).

---

[1] Конечно, речь идет о том, что на письме не обозначаются **позиционно обусловленные** изменения фонем, а не о традиционных исторических чередованиях фонем, в настоящее время позиционно не обусловленных. Последние образуют варианты морфемы, существенные в словообразовании и словоизменении. Например, в случаях *до́рог, доро́же, дорого́й* не обозначаются звуки [ʌ] и [ъ], которые позиционно обусловлены и произносятся в безударных слогах на месте [о] ударного слога, но обозначается чередование фонем [г] с [ж], позиционно не обусловленное и связанное в наших примерах с образованием формы сравнительной степени. Ср. также *пеку* — *печёшь, чех* — *чешский* и т. д.

Каждое из звучаний [д'е́ткъ], [ду́шкъ], [но́шкъ], [ма́скъ] может быть по-разному написано: *детка* (ср. *деток*) и *дедка* (ср. *деда, дедушка*), *душка* (ср. *душа*) и *дужка* (ср. *дужек*; уменьш. к *дуга*), *мазка* (ср. *мазать*) и *маска* (ср. *масок*), *ножка* (ср. *ножек*, уменьш. к *нога*) и *ношка* (ср. *ноша*, уменьш. к *ноша*) и т. д.; *хлеб, хлебца* ([хл'еп], [хл'е́пцъ]) пишется с буквой *б*, так как в сильной позиции выступает [б] (ср. [хл'е́бъ], [хл'е́бнъi̯]); *просьба* ([про́з'бъ]) пишется с буквой *с*, так как в сильной позиции выступает глухой согласный [с']: [прос'и́т'].

Наконец, то же правило применяется в правописании мягких — твердых согласных: на письме обозначается самостоятельная мягкость или твердость, независимая от позиции. Пишется *резьбе*, но *избе*, хотя произносится одинаково ([р'иᵉз'б'е́], [из'б'е́]) с мягким [з'] перед [б'], так как в первом случае мягкость [з] самостоятельна: ср. [р'иᵉз'б'а́], где перед твердым [б] произносятся мягкий [з], и [изба], где мягкости [з] нет, если нет мягкости [б]. По этой же причине пишется *бантик* и *бант* ([ба́'н'г'ик], [бант]): мягкость или твердость [н] зависит от мягкости или твердости следующего согласного [т], поэтому может быть не обозначена (ср. типичную ошибку „баньтик").

Из сказанного можно сделать вывод, что буквы алфавита могут иметь, кроме одного первичного значения, одно или несколько вторичных значений. Первичное значение — это то, которому соответствует произношение данного звука в сильной позиции, вторичные — те, которые соответствуют произношению в слабой позиции. Так, например, первичное значение буквы *о* (после твердых согласных) звук [о], вторичные — [ʌ], [ъ], первичное значение буквы *а* (после твердых согласных) звук [а], вторичные — те же [ʌ] и [ъ]. Ср. *во́ды, вода́, водяно́й* ([во́ды], [вʌда́], [въд'иᵉно́i̯]) и *тра́вы, трава́, травяно́й* ([тра́вы], [трʌва́], [тръв'иᵉно́i̯]). Буква *я* (после мягких согласных) имеет первичное значение ['а] или [ӓ] и вторичные значения [иᵉ] и [ə]. Ср. *пя́тый, пять* и *пятак, впятером* ([п'·а́тъi̯], [п'ӓт'] и [п'иᵉта́к], [ф-п'ət'иᵉро́м]). Буква *в* имеет первичное значение [в] и вторичные значения [ф], [в'], [ф']. Ср. *вол, врос* и *втоптал, вбит, люби́, впи́тывать* ([вол], [врос] и [фтʌпта́л], [в'б'ит], [л'у́б'в'и], [ф'п'и́тъвът']). Буква *з* имеет первичное значение [з] и вторичные значения [с], [з'], [с'], [ж], [ш]. Ср. *ре́зать* и *ре́зка, избёнка, лезть, разжёг, низший* ([р'е́зът'] и [р'е́скъ], [из'б'о́нкъ], [л'ес'т'], [рʌжжо́к], [н'и́шшъi̯]).

Правило фонемного письма, простое и целесообразное, можно сформулировать так: в слабой позиции пишется буква того звука, который произносится в сильной позиции, иначе, слабая позиция проверяется по сильной. Слово *столы́* пишется с буквой *о*, потому что в сильной позиции произносится [о]: *стол*; слово *тяну* пишется с *я*, потому что в сильной позиции произносится ['а]: [т'·а́нут] (*тя́нут*); в слове *хлебца* пишется *б*, потому что в сильной позиции произносится [б]: *хлеба*; в слове *бросьте* пишется *ь*, потому что в сильной ной позиции произносится мягкий согласный [с']: [брос'] (*брось*) и т. д.

Однако далеко не всегда можно проверить слабую позицию сильной, так как в разных формах словообразования и словоизменения не всегда имеется чередование слабой и сильной позиций. Возьмите, например, слова *собáка, топóр* и *сарáй, барáк*. Написание предударного гласного [л] при помощи буквы *о* или *а* не противоречит фонемному письму. Но отдать предпочтение тому или другому написанию нет возможности, так как в любых формах словообразования и словоизменения ударение в основах этих слов сохраняется на одном месте. Поэтому обозначение гласного предударного слога в первой паре слов буквой *о*, а во второй паре слов буквой *а* обязано истории этих слов, их этимологии, а не выводится из современных отношений. Последние свидетельствуют лишь о том, что в словах [слбáкъ], [тлпóр] и [слрáj], [блрáк] предударный гласный может быть обозначен буквой *о* или *а*; представляется выбор из двух букв, но из современных отношений не вытекает, в каких словах следует писать *о*, а в каких — *а*. Слова *легавый* и *снежок* принято писать с буквой *е* для обозначения предударного гласного, но в слове *легавый* его нельзя проверить, а так как предударный гласный [и^е] может обозначаться как буквой *е*, так и буквой *я*, рационально объяснить (исходя из современных звуковых отношений), почему в нем пишется буква *е*, нельзя. Наконец, имеются случаи, когда проверка может натолкнуться на ошибку. Ср. *пловец* (с буквой *о*) и *плавучий* (с буквой *а*) при наличии в ударном слоге только [а]: *плавать*.

Отсутствие возможности проверки звука слабой позиции звуком сильной позиции относится и к согласным. Так, например, нельзя проверить написание первого согласного в сочетаниях [ск], [зг], [ст], [зд], входящих в одну морфему: *искать, лязгать, стол, здоров* (с точки зрения современных отношений, первый элемент сочетания в любом из слов можно с равным основанием обозначить как при помощи буквы *с*, так и при помощи буквы *з*). Впрочем, написания этих сочетаний особой трудности не представляют, так как, находясь в пределах одной морфемы, они обладают общей глухостью или общей звонкостью и соответственно обозначаются на письме двумя буквами для глухих согласных или двумя буквами для звонких. Непроверяемым является и конечный [т] в окончании 3-го лица глаголов и конечный [ш] в окончании 2-го лица ед. ч. глаголов: *идут, горит, несёшь* ([идýт], [глр'и́т], [н'и^{е}с'·о́ш]). Впрочем, эти написания, встречаясь в определенных грамматических формах, легко усваиваются и трудностей не представляют. Сложнее случаи, когда сочетания в пределах одной морфемы, обладая общей глухостью или общей звонкостью, обозначаются на письме буквами, неодинаковыми по глухости — звонкости. Ср. *вокзал, экзамен, экзема* (произносится [гз]), *анекдот* (произносится [гд]), *футбол* (произносится [дб]), *Афганистан* (произносится [вг]), *Кавказ* (произносится [фк]), *космонавт* (прознсится [фт]), *абстрактный* (произносится [пс]) и др. Было бы меньше затруднений, если бы подобные нечленимые в современном языке сочетания в соответствии с их звонкостью или глухостью передавались буквами только звонких или только глухих согласных.

Следует упомянуть и о таких случаях, когда один и тот же непроверяемый звук пишется двумя способами и сигнализирует в произносимом языке о двух разных словах-омонимах. Ср. *компа́ния* и *кампа́ния* (с гласным [л] в 1-м предударном слоге): в первом случае — „группа лиц", „общество", во втором — „мероприятия для осуществления какой-либо общественно-политической, культурной или хозяйственной задачи". Ср. также *копчик* и *кобчик* (с согласным [п] в обоих случаях): *копчик* — „нижняя конечная часть позвоночника" и *кобчик* — название одной из хищных птиц.

Большую трудность для усвоения русской орфографии представляет то, что наряду с основным принципом фонемного письма в ней — хотя и в ограниченной области — применяется прямо противоположный принцип фонетического письма, согласно которому на письме обозначается тот звук, который реально произносится. Так пишутся, как известно, приставки на -з. В то время как приставки на другие согласные (например, *под-, над-, от-*) пишутся всегда одинаково, приставки на -з перед звонкими шумными пишутся с буквой *з*, а перед глухими — с буквой *с*. Ср. *отпирать, отбирать* ([лтп'ира́т'], [лдб'ира́т']), *подпирать, подбирать* ([пътп'ира́т'], [пъдб'ира́т']), но *разбирать* и *распирать, избивать* и *исписать* и др.

Много трудностей заключают в себе написания некоторых окончаний, например безударных личных окончаний глаголов (ср. формы *колешь* и *пилишь, колет* и *пилит, колем* и *пилим,* у которых окончания практически произносятся одинаково), некоторых падежных окончаний (ср. *рай — о рае,* но *гравий — о гравии, Василий — о Василии; ту́я — в туе,* но *армия — в армии; Наталья — к Наталье,* но *Наталия — к Наталии* и т. д.), а также суффиксов (например, *Жиздра — жиздринский,* но *Пенза — пензенский, ветреный* и *ветряной, раненый* и *раненный*) и т. д. Но все это выходит за пределы кратких вступительных замечаний к таблицам.

Русская графика и русское правописание есть исторически сложившееся в течение многих веков великое культурное достояние. В целом русское правописание отлично выполняет свою роль. Это не противоречит тому, что в нем, как во всяком веками складывавшемся явлении, есть отдельные звенья, частности, в прошлом вполне оправданные и соответствовавшие языку, а теперь устаревшие и нуждающиеся, по мнению многих, в изменении. Однако надо помнить, что даже малейшее изменение русского правописания не может производиться отдельным лицом, даже самым компетентным. Это дело высших правительственных органов, общественных организаций, Академии Наук СССР, а также министерств просвещения, образования, культуры.

Поэтому следует иметь в виду, что замечания по поводу отмеченных выше недостатков нашего правописания отражают лишь мнение автора. Они, как и помещенные ниже таблицы, направлены на то, чтобы читатель сам (а может быть, и по-своему) осмыслил сложные отношения между устной речью и письмом. Из них никаких п р а к т и ч е с к и х выводов делать не следует.

ПРАВИЛА ЧТЕНИЯ

Помещенная ниже таблица „От буквы к звуку" заключает в себе правила чтения русского написанного слова с обозначенным ударением. Они охватывают чтение отдельного, по преимуществу самостоятельного слова с уже известным местом ударения. Помещенные ниже правила чтения не касаются произношения сочетаний слов, в частности сочетаний несамостоятельных слов (предлогов, союзов, частиц) с самостоятельными словами. В одних случаях, например если речь идет о сочетании предлога с самостоятельным словом, правила чтения сочетаний слов не отличаются от правил чтения отдельного слова (ср. *на стол* и *настольный, на строении* и *настроение* произносятся [нʌ-сто́л] и [нʌсто́·л'ньḭ], [нъ-стрʌĵе́н'ии] и [нъстрʌĵе́н'иḭъ]). В других случаях имеются более или менее заметные различия в произношении слова и сочетания слов. Таково, например, наличие в 1-м предударном слоге гласного [ъ] при сочетании некоторых союзов и частиц с самостоятельными словами, в то время как в пределах слова этот гласный нормально выступает во 2-м или 3-м предударном слоге (ср. [во́ды], [вʌда́], [въд'иеноֹ́ḭ]). Например, в следующих сочетаниях *я знаю, что брат этого бы не сделал; так брат это сделал! Вот так так!* произносится [штъ-бра́т], [тък-бра́т], [во́т-тък-та́к]. Такова возможность оглушения или озвончения согласных на стыке слов (в особенности если одно из слов несамостоятельное). Ср. *лишь бы, тишь бы да гладь, хоть бы ты, засох бы, хлеб ли* произносится [л'и́ж-бы], [т'и́ж-бы], [хъд'-бы-ты́], [зʌсо́ҕ-бы], [хл'е́п-л'и]. Многие из этих и подобных особенностей произношения сочетаний слов на их стыке рассмотрены в книге, но их не следует искать в наших правилах чтения. Последние касаются, как это было уже отмечено, только чтения отдельного слова с уже известным местом ударения.

Необходимо сделать и другое предварительное замечание. Ниже даются правила чтения, основанные на закономерных отношениях между буквами русского письма с соответствующими звуками, как элементами произносительного языка. Как было уже отмечено, буквы имеют свои первичные и вторичные звуковые значения. Например, первичным значением буквы *о* является звук [о], произносящийся в ударном слоге. Ударному гласному [о] после твердых согласных в 1-м предударном слоге соответствует гласный [ʌ], в других безударных — гласный [ъ]. Ср. *ворон, ворона* произносятся [во́рън], [вʌро́нъ]. Гласные [ʌ] и [ъ] являются одними из вторичных звуковых значений буквы *о*. Но одновременно они являются и вторичными звуковыми значениями буквы *а*, первичным значением которой является гласный [а] в ударном слоге. Ср. *пар, пары́, пароход* произносятся [пар], [пʌры́], [пърʌхо́т]. Таким образом, гласный [ʌ] в 1-м предударном слоге и гласный [ъ] в других безударных слогах, согласно правилам русской графики, могут обозначаться как буквой *о*, так и буквой *а*. Ср. *топор, собака* и *сарай, баран* произносятся [тʌпо́р], [сʌба́къ] и [сʌра́·i̯], [бʌра́н]; *таксировка, токсиколог* произносятся [тъкс'иро́фкъ], [тъкс'ико́лък]. Русская орфография устанавливает то или иное написание каждого слова. Первичным звуковым значением буквы *с* является звук [с], который произносится, например, перед [л], [н], [м], [в] (ср. [сло́въ], [сноп], [смʌла́], [сво́·i̯]). Вторичными значениями буквы *с* являются: например, перед]т'] — звук [с'], перед [д'] — звук [з'], перед [ш] — звук [ш], перед [ж] — звук [ж], перед [ч] — звук [ш']. Ср. в словах *стенка, сделка, сшито, сжил, счистить* на месте начальной буквы *с*: [с'т'е́нкъ], [з'д'е́лкъ], [ш:ы́тъ], [ж:ыл], [ш'ч'и́с'т'ит']. Именно подобные закономерные отношения между буквами русского письма и обозначаемыми ими звуками и описываются ниже, в таблице правил чтения.

Однако в русском письме есть и такие написания отдельных слов и грамматических форм, которые произносятся вопреки закономерно вытекающим из этих написаний звучаниям. Например, буква *ч* перед буквой *т* закономерно обозначает звук [ч']: ср. [по́ч'тъ], [ма́ч'тъ], [м'иеч'та́], [ч'ту], [ч'т'и], [н'е́ч'тъ]. Однако в слове *что* в соответствии с буквой *ч* произносится [ш]: [што]. Та же буква *ч* перед *н* закономерно обозначает звук [ч']: ср. [п'иеч'но́·i̯], [р'иеч'но́·i̯], [т'ип'и́ч'нъi̯], [в'е́ч'нъi̯], [нʌч'ну́], [сро́·ч'нъi̯] и т. д. Однако в слове *конечно* (и в некоторых других) в соответствии с буквой *ч* произносится согласный [ш]: [кʌн'е́шнъ]. Буква *с* перед *я* закономерно обозначает мягкий согласный [с']. Ср. *прося́, нося́, лося, гу́ся, сся́дется* произносятся [прʌс'·а́], [нʌс'·а́], [ло́·с'ъ], [гу́с'ъ], [с':а́д'ьтцъ]. Если в формах *вросся, снесся* произносится твердый [с] в соответствии с буквой *с* перед *я* ([вро́с:ъ], [с'н'·о́с:ъ]), то это происходит вопреки закономерным отношениям букв русского письма и обозначаемыми ими звуками. Точно так же буква *в* перед буквой *о* закономерно обозначает согласный [в]: ср. [сло́въ], [пра́въ], [бра́въ] и т. д. Между тем в окончании *-ого (-его)* звук [в] произносится в соответствии с буквой *г*. Ср. *другого* произносится [друго́въ]. Звук [в] здесь произносится не на основе закономерных правил чтения русского написания слова, а вопреки им. Буква *я* в соответствии с ударным гласным обозначает того или иного качества гласный [а]. Ср. *спрячь, прял* произносятся [спр'·а́ч'], [пр'·ал]. Однако в словах *запрячь* и *запряг* на месте буквы *я* вопреки закономерным правилам чтения читается соответственно [ê] и [·о]: [зʌпр'е́ч'], [зʌпр'·о́к].

Таким образом, в русском письме имеется определенное количество написаний, произношение которых не вытекает из них. Иначе говоря, русскому письму свойственны некоторые элементы конвенциональной (условной) орфографии. Чтобы правильно прочесть такие написания, недостаточно знать правила чтения, звуковое значение каждой буквы в каждом данном положении, а надо знать принятое в языке произношение данного слова или данной морфемы (например, окончания -*ого*, частицы -*ся*).

Исходным положением при построении таблицы чтения является: на месте одной и той же буквы в одном и том же положении не могут произноситься разные звуки. Но орфография любого языка, издавна имеющего письмо, представляет собой историческое явление: в ней наслаиваются элементы, восходящие к разным эпохам; она не всегда следует за изменениями, происходящими в устном языке, отставая от них. Именно поэтому с течением времени накапливаются написания, не отвечающие современной системе языка, и случаи, когда одному и тому же написанию в одном и том же положении в устном языке соответствует разное произношение. Если такие случаи наблюдаются, то одно из чтений данного написания, отвечающее общей системе письма в ее отношении к фонетической системе языка, принимается за закономерно соответствующее написанию, а другое — за конвенциональное написание, т. е. написание, не соответствующее принятому чтению.

В ниже помещенной таблице даются правила чтения, находящиеся в закономерных отношениях с фонетической системой языка и потому вытекающие из написаний слова. За разъяснениями по поводу чтения элементов конвенциональной орфографии следует обращаться к соответствующим местам самой книги.

Таблица «От буквы к звуку»

Буква	Положение	Звук	Примеры	Примечания
1	2	3	4	5
а	В начале слова или после букв согласных (кроме *ч* и *щ*, а также *зж* в пределах одной морфемы и *жж*) и после букв гласных; в ударном слоге перед твердым согласным или на конце слова	[а]	*áгнец, áтлас, áлчный; бак, вáта, брат, шар, жáдный, зáпах, нáсморк, пáсмурно, рáдость, сáбля, тáлый, хáта, кáрта; порá; лиáна, пиáно, какáо*	

1	2	3	4	5
а	В начале слова или после букв согласных (кроме ч и щ, а также зж в пределах одной морфемы и сочетания жж) и после букв гласных, в ударном слоге перед мягким согласным (включая [j] — [i̯])	[а·]	áленький, áзимут, альт, áрия; брáтец, пасть, лáстик, бáтя, шáрить, жáрить, дать, дай, знáю	
	После ч и щ в ударном слоге; перед твердым согласным или на конце слова	[·а]	чан, чáша, свечá; пощáда, сообщá; плащóм, свечáм	
	После сочетания букв жж, а также сочетания букв зж в одной морфеме (не на стыке приставки и корня!); перед твердым согласным или на конце слова	[·а]	дрожжáм, жужжáт; наезжáл, брюзжáл; вожжá, жужжá, брюзжá	
	После ч и щ в ударном слоге, перед мягким согласным (включая [j] — [i̯])	[ä]	часть, печáль, свечáми; пищáть, о пощáде, щáми; чай, прощáйте	
	После сочетания букв жж, а также сочетания букв зж в одной морфеме (не на стыке приставки и корня); перед мягкими согласными (включая [j] — [i̯])	[ä]	дрожжáми, жужжáть; наезжáли, брюзжáли, поезжáй	

1	2	3	4	5
а	В начале слова в предударных слогах	[ʌ]	алма́з, актри́са, алле́я, аку́стика; алфави́т, агроно́м, альпини́ст, агрономи́ческий	
	После буквы а в предударных слогах (на месте аа)	[ʌʌ]	зааплоди́ровать, заасфальти́ровать	произно́сится: [зʌʌплʌд'и́рървът'], [зʌʌсфʌлл'т'и́рървът']; см. § 23
	После буквы о в предударных слогах (на месте оа)	[ʌ]	по-америка́нски, по-арме́йски	произно́сится [пʌʌм'эр'ика́нск'и], [пʌʌрм'э́йск'и], см. § 23
	Перед буквой о в предударных слогах (на месте ао)	[ʌ]	наобу́м, наоткрыва́ли	произно́сится: [нʌʌбу́м], см. § 23
	После букв согласных (кроме ч и щ) в 1-м предударном слоге	[ʌ]	бамбу́к, ваго́н, вакци́на, гало́п, давно́, жара́, жабо́, зало́г, каза́к, казни́ть, малы́ш, наго́й, пате́нт, рабо́та, сапо́г, тапёр, халу́па, шала́ш, цара́пать	
	После букв согласных (кроме ч и щ) в других безударных слогах (кроме 1-го предударного)	[ъ]	баклажа́н, василёк, гастроно́м, дальнови́дный, капита́л, магази́н, пастила́, раздава́ть, жардинье́рка, шантажи́ровать; за́пах, о́браз, ва́рварство, вы́валить, вы́таскать	
	После ч и щ в 1-м предударном слоге	[иᵉ]	чаба́н, чади́ть, часо́к; вощано́й, щади́ть, щаве́ль	

1	2	3	4	5
а	После ч и щ в других безударных слогах (кроме 1-го предударного)	[ь]	часовóй, очаровáть, частотá; тýчам, тýчами; рóщам, рóщами, плóщадь	В заударном слоге в падежных окончаниях, в особенности перед твердыми согласными, может звучать также [ъ]: тý[ч'ъм], рó[ш':ъм], в тý[ч'ъх] (см. § 20, п. 2)
б	Перед буквами гласных *а, о, у, ы* (в иноязычных собственных именах также перед *э*)	[б]	бак, барáн, бок, бородá, бук, бурáк, бык, бычóк, Бэ́кон	
	Перед буквами *я, ё, ю, и*	[б']	бязь, любя́, гребёт, бюст, бить, бирюзá	
	Перед буквой гласного *е*; в ударном слоге	[б'] и [б]	бéрег, бес, бéлый, любéзный (произносится [б']); бебé, бербéры, бéфстрóганов, бèри-бéри, Флобéр (произносится [б])	О произношении [б'] или [б] перед гласным на месте *е* см. § 103
	Перед буквой гласного *е*; в безударных слогах	[б']	бедá, берегá, беговóй; бедлáм, бебé, бербéры, бекáр	См. § 103
	На конце слова	[п]	зуб, зоб, сруб, ушúб, арáб, столб, серб	
	Вместе с буквой *ь* на конце слова	[п']	дробь, вглубь, прóрубь, гóлубь, зябь, зыбь, скорбь, приспосóбь	Мягкость [п] обозначена буквой *ь*

1	2	3	4	5
б	Вместе с буквой ь, за которой следует частица -те или -ся	[п']	приспосо́бьте, приголу́бьте, не зло́ббьтесь, не коро́ббьтесь, не го́рбьтесь; не зло́ббься, не коро́ббься, приспосо́бься	На месте бь перед частицами -те и -ся произносится [п'] как на конце слова. Ср. приспосо́бь
	Перед буквой ь в раздели́тельном значении	[б']	бью, бьёт; бабьё, бабья́, дубьё, сна́добье; зя́бью, ря́бью, ско́рбью (твор. пад. ед. ч.)	См. § 55, п. 1
	Перед буквой ъ как раздели́тельным знаком	[б]	объём, объе́хать, объяви́ть, объе́кт, субъе́кт	См. § 55, п. 2
	После буквы гласного; перед буквой б, за которой следует буква а	[б]	абба́т	См. § 56, п. 2
	Перед буквой б, за которой следует одна из букв: и, е	ø[1]	бабби́т, бабби́тный, бабби́товый, ро́ббер	См. § 56, п. 2
	Перед буквами звонких согласных и сонорных	[б]	обгоре́ть, обде́лать, обжа́рить, ло́бзик, блин; обви́ть, обмя́к, обма́н, обме́н; обно́вка, обнести́, обре́зать	О произношении сочетаний на месте бм и бв см. § 47
	Перед буквами глухих согласных	[п]	тру́бка, обтеса́ть, обсуди́ть, обсева́ть, обточи́ть, обтя́жка, обхо́д, голубцы́, столбцы́, грёбший, обши́ть, гардеро́бчик, гардеро́бщик, о́бщество	

---

[1] Знак ø употребляется для обозначения нуля (отсутствия) звука.

1	2	3	4	5
в	Перед буквами *а, у, о, ы*	[в]	вал, валу́н, ворс, вороно́й, вуз, вулка́н, выть, вызыва́ть	Буква э после в не встречается
	Перед буквами *я, ё, ю, и*	[в']	вя́лый, вя́леный, вяза́ть, свёкла, вёл, червю́ (дат. пад. ед. ч.), вино́, винт	
	Перед буквой гласного *е* в ударном слоге	[в'] и [в]	ве́ра, ве́рить, ве́село ([в'е́ра], [в'е́р'ит'], [в'е́с'ълъ]); кве́стор ([кве́стър]), Ве́ртер, Ве́кслер	О произношении [в'] или [в] перед гласными на месте *е* см. § 103
	Перед буквой гласного *е*; в безударных слогах	[в']	весёлый, вероя́тно, ведо́мый; вегета́ция, велю́р	См. § 103
	На конце слова	[ф]	о́стров, ку́зов, созы́в, взрыв, лев, рёв, прили́в, клюв	
	Вместе с буквой *ь* на конце слова	[ф']	кровь, о́бувь, вплавь, оста́вь, пригото́вь	Мягкость [ф] обозначена буквой *ь*
	Вместе с буквой *ь*, за которой следует частица *-те* или *-ся*	[ф']	пригото́вьте, оста́вьте, уба́вьте, сла́вьте; пригото́вься, сла́вься, отпра́вься	На месте *вь* перед частицами *-те* и *-ся* произносится [ф'] как на конце слова. Ср. пригото́вь
	Перед буквой *ь* в разделительном значении	[в']	вью́га, вьёт, соловья́, соловью́; кро́вью	См. § 55, п. 2
	Перед буквой *ъ* как разделительным знаком	[в'] или [в]	въе́хать, въявь, въе́дливый, въеда́ться	
	На стыке приставки с корнем; перед буквой *в*, за которой следует одна из букв: *а, о, ы*	[в]	вва́литься, вводи́ть, ввоз, ввысь	См. § 56, п. 1

1	2	3	4	5
в	Перед буквой в, за которой следует одна из букв: ё, е, и, я	[в'] и ∅	ввёл, вве́рить, введе́ние, ввить, вви́нченный, ввя́знуть	См. § 56, п. 1. Не на стыке с приставкой сочетание вв встречается редко (в заимствованных словах) и на его месте произносится обычно [в]: Са́вва, Са́ввич, равви́н
	Перед буквами глухих согласных к, т, с, х, ц, ч, ш, щ	[ф]	вкус, вкати́ть, втащи́ть, второ́й, вти́снуть, всади́ть, всели́ть, вход, овца́, ло́вчий, взя́вший, ростовщи́к	
	Перед буквами звонких согласных г, д, з, ж	[в]	вгляде́ться, вдали́, вдеть, взять, вжи́ться	
	Перед буквами сонорных н, р, л	[в]	внук, внять; враг, вре́мя, вре́зать, вла́га, влить	
	Перед буквами б и м, на месте которых произносятся твердые согласные	[в]	вблизи́, вбок, вброд; вма́зать, ревмати́зм	
	Перед буквой п, на месте которой произносится твердый согласный	[ф]	впусти́ть, впрок, вполне́	
	Перед буквами б и м, на месте которых произносятся мягкие согласные	[в] или [в']	вбить, вбира́ть, вме́сте, вмиг, мени́ть	См. § 47
	Перед буквой п, на месте которой произносится мягкий согласный	[ф] или [ф']	впи́тывать, впёртый, впи́сывать, вписа́ть	См. § 47

1	2	3	4	5
г	Перед буквами *а, о, у*	[г]	*газ, гавóт, гóрод, городскóй, гусь, густóй*	Перед буквами *э* и *ы* буква *г* не употребляется
	Перед буквами *и, е*	[г']	*гúбель, гимнáстика, генéзис, гектáр, герóй, ногú, ногé*	
	Перед буквами *я, ю*	[г']	*гяýр, гюрзá, легюм*	Для положения перед *ё* можно указать на просторечное *жгёт* (в лит. произношении [ж':ʹот])
	Перед буквами звонких согласных	[г]	*когдá, тогдá, Гжатск*	Перед буквами многих звонких согласных буква *г* не встречается
	Перед буквами сонорных согласных и буквой *в*	[г]	*моглá, игрá, гнуть, пигмéй, гвоздь*	
	На конце слова	[к]	*бéрег, снег, утюг, ожóг, визг*	
	Перед буквами глухих согласных (кроме *к* и *ч*)	[к]	*лéгший, берёгший, улёгся, берёгся, нóгти, гаáгцы* (жители города Гааги)	Не перед всеми буквами глухих согласных встречается буква *г*
	Перед буквой *ч* и буквой *к*, на месте которой произносится [к]	[х]	*мягче, легче, мягко, легкó, смягчúть, облегчúть*	В словах книжного характера *отягчúть, отягчённый, тягчáйший* и других однокоренных на месте *г* произносится [к]. См. § 67

1	2	3	4	5
г	Перед буквой к, на месте которой произносится [к']	[х']	мя́гкие, лёгкие	См. § 53
д	Перед буквами гласных *а, о, у, ы, э*	[д]	дать, давно́, дом, домо́й, ду́мать, душе́вный, ды́ня, дымово́й, Ула́н-Удэ́	Буква э после д употребляется в отдельных нерусских собственных именах
	Перед буквами гласных *я, ё, ю, и*	[д']	дя́тел, дя́дя, дёрн, дёшево, дюра́ль, дюше́с, ди́ктор, удиви́ть	
	Перед буквой *е*	[д'] и [д]	де́вять, де́ти, дете́й, де́рево, дереве́нский, дежу́рный, деклара́ция, на воде́ (произносится [д']); де́льта, де́нди, дендра́рий, де́рби, депре́ссия, дете́ктор, моде́ль (произносится [д])	О произношении [д'] или [д] перед гласным на месте *е* см. § 104, п. 2
	На конце слова	[т]	яд, за́пад, сад, обе́д, лёд, вид, плод, сосу́д, стыд, снаря́д, этю́д, отъе́зд, зонд, акко́рд	
	Вместе с буквой *ь* на конце слова	[т']	ло́шадь, пло́щадь, и́споведь, о́чередь, и́згородь, грудь, прядь, сельдь, груздь	Мягкость [т'] обозначена буквой *ь*
	Вместе с буквой *ь*, за которой следует частица *-те* или частица *-ся* в форме повелительного наклонения	[т']	нала́дьте, погла́дьте, прину́дьте, облагоро́дьте; ула́дься, не хорово́дься, умилосе́рдься, облагоро́дься	В сочетании с *-те* произносится мягкий [т] с долгим затвором: [т'т']; перед частицей *-ся* произносится мягкий [т] с элементом аффрикаты [ц'] в конце, т. е. близко к [ц']

1	2	3	4	5
д	Вместе с буквой ь, за которой следует буква к	[т']	*рéдька, дя́дька, Фéдька*	Мягкость [т'] обозначена буквой ь
	Вместе с буквой ь, за которой следует буква м	[д']	*вéдьма*	Мягкость [д'] обозначена буквой ь
	Перед буквой ь в разделительном значении	[д']	*дья́кон, дья́вол, половóдье, отрóдье; грýдью, пря́дью, чéлядью* (твор. пад. ед. ч.)	См. § 55, п. 1
	Вместе с буквой ь, за которой следует б	[д']	*свáдьба, судьбá, усáдьба, городьбá*	
	Перед буквой ъ как разделительным знаком	[д]	*подъём, подъéзд, подъя́тый, подъязы́чный, надъязы́чный*	См. § 55, п. 2. В словах *адъю́нкт, адъютáнт*, где приставка не выделяется, произносится [д'] (во втором слове [j] не произносится: [лд'ӱтáнт])
	После буквы гласного; в словах иноязычного происхождения перед буквой д, на месте которой произносится твердый согласный [д] с последующим гласным	[д]	*аддýктор, аддýкция*	Произносится звук [д] с долгим затвором: [ᵈд]

1	2	3	4	5
д	На стыке приставки и корня; после буквы гласного; перед буквой д, за которой следует одна из букв *а, о, у*	[д]	*поддáть, поддáкивать, поддóн, поддувáло, наддáть*	
	На стыке приставки и корня после буквы гласного перед буквой д, за которой следует одна из букв *ё, е, и*	[д']	*поддёрнуть, поддúрка, поддéржка, поддéрживать, наддирáть*	Произносится мягкий [д] с долгим мягким затвором: [д'д']. Возможно также произношение с твердым затвором [ᵈд']; [плᵈд'éржкъ], но предпочтительно [плᵈд'éржкъ]. См. § 49, п. 4
	Перед буквами *р, м*	[д]	*драть, друг, дразнúть, дрыхнуть; подрисовáть, подрéзать; подмáзать, подмéтить, подмигнýть, подмётка*	О произношении согласного на месте *д* перед мягким [м] см. § 48. п. 2
	Перед буквами *н, л,* когда на их месте произносится твердый согласный	[д]	*дно; жáдный, склáдный, бéдный, мéдный, обúдный, гóдный, трýдный, роднóй, ненаглядный, пóдлый, заядлый, осéдлый, седлó, повúдло*	Эти сочетания произносятся с одним общим для обоих звуков затвором

223

1	2	3	4	5
д	Перед буквами н, л, когда на их месте произносится мягкий согласный	[д'] и [д]	дни; подняли, исподний, бедненький, передний, задний, поднимать, поднести, подле, подленький, въедливый, подлец; в седле, подливать, подлечиться	О произношении сочетаний [дн'], [дл'] см. § 49, п. 6 и 7. После ударного гласного сочетание произносится с мягким затвором [д͡н'], [д͡л']. Ср. [по́·д͡'н'ьл'и], [по́·д͡'л'ьн'къ̣ɪ], [в'jе́·д͡'л'ивъ̣ɪ]. В других положениях и на стыке приставки и корня сочетание произносится с твердым затвором: [д͡н'], [д͡л']. Ср. [пъд͡л'ива́·т'], [пъд͡л'е́ц]
	На стыке приставки и корня перед буквой в	[д]	подвода, подвалить, подвыпить, надводный; подвергнуть, подвёртывать, подвинтить, надвёрнутый	О произношении согласного на месте д перед мягким [в] см. § 48, п. 2
	В пределах одной морфемы перед буквой в, на месте которой произносится мягкий согласный	[д']	дверь, двинуть, медведь, подвиг, две	См. § 48, п. 1
	Перед буквой в, на месте которой произносится твердый согласный	[д]	двадцать, двор, двух, едва, мордва	

1	2	3	4	5
д	Перед буквой ч	[т']	*скла́дчина, молодчи́на, подча́с, подчёркивать, подчи́стка, подчини́ть*	О произношении согласных на месте *дч* см. § 70. На месте *д* перед *ч* обычно бывает мягкий затвор. Однако на стыке приставки с корнем может произноситься также менее предпочтительное сочетание с твердым затвором [ᵀч']: [пъᵀч'ин'и́т']
	На стыке приставки и корня перед буквой *т*, на месте которой произносится мягкий согласный	[т']	*подтёк, подте́кст, подтёсывать, подти́рка*	Произносится [т'] с долгим затвором: [плᵀ'·т'·о́к]. Менее предпочтительно произношение с твердым затвором в начале: [плᵀт'·о́к]. См. § 49, п. 4
	Перед буквой *с* на стыке приставки с корнем	[т]	*подсади́ть, подсу́нуть, надсе́чь*	Точнее произносится [пъᵀцслд'и́т'], т. е. налицо затвор для [т], а потом сочетание [цс]. О произношении этого сочетания в других морфологических категориях см. § 63

1	2	3	4	5
д	Перед буквой *ш* на стыке с приставкой	[т]	*подшить, подшибить*	Точнее произносится [плᵀчшы́т'], т. е. налицо затвор для [т], а потом сочетание [чш] с твердым [ч] в начале. См. § 69
	Перед буквой *щ* на стыке с приставкой	[т]	*подщипа́ть*	Точнее произносится [пъᵀч'ш'ипа́т'] или [пъᵀш':ипа́т'], т. е. налицо затвор для [т], а потом сочетание [ч'ш'] или [ш':]
	Перед буквой *ц*	затвор для [т]	*подцепи́ть, молодцы́*	На месте *дц* произносится [ц] с долгим затвором: [пъᵀцыᵉп'и́т'], т. е. с затвором для [т]. См. § 64
	Перед буквами остальных глухих согласных	[т]	*подки́нуть, подпусти́ть, подфа́рник, подходи́ть, подтолкну́ть*	
	На стыке приставки и корня перед буквой *д*, на месте которой произносится мягкий согласный [д]	[д']	*подде́лка, подде́ть, поддёвка, поддира́ть, наддира́ть*	Произносится [д'] с долгим затвором [ᵈ'д']: [плᵈ'д'е́лкъ]. Менее предпочтительно произношение с твердым затвором в начале: [плᵈд'е́лкъ], см. § 49, п. 4

1	2	3	4	5
д	На стыке приставки и корня перед буквами ж и з	[д]	*поджа́рить, поджа́ть; подзыва́ть, надзо́р, подзе́мный, надзира́ть*	О произношении согласного на месте *д* перед [ж] и [з] (или [з']) см. § 68 и 69
	На стыке приставки и корня перед остальными буквами звонких согласных	[д]	*подби́ть, подгоня́ть, подго́рный, подгиба́ть, подгуля́ть, подда́ть, поддо́н*	
е	В начале слова; в ударном слоге перед твердым согласным	[је]	*ел, ест, е́хать*	См. § 14
	В начале слова; в ударном слоге перед мягким согласным	[јê]	*ель, есть, е́здит*	См. § 14
	После буквы гласного (кроме *и*); в ударном слоге перед твердым согласным; на конце слова	[је]	*поёл, заёст, уе́хать, бое́ц, в толчее́*	См. § 14
	После буквы гласного (кроме *и*); в ударном слоге перед мягким согласным	[јê]	*пое́ли, пое́сть, зае́здить, уе́дет*	См. § 14
	После буквы *и*; в ударном слоге перед твердым согласным	[е]	*авие́тка, дие́та, дие́з, гигие́на, клие́нт*	Произносится: [д'ие́ть] и т. д., а не [д'ије́ть]. См. § 14
	После буквы *и*; в ударном слоге перед мягким согласным	[ê]	*в дие́те, в дие́зе, в гигие́не*	Произносится: [в-д'иêт'ъ] и т. д., а не [в-д'ијêт'ь]. См. § 14

1	2	3	4	5
е	После буквы *и* в ударном слоге на конце слова	[je]	*бытиé, житиé, питиé, сиé*	Встречается в нескольких словах книжно-церковного происхождения. См. § 14
	После буквы *е* в ударном слоге перед твердым согласным	[e]	*реéстр*	Произносится [р'еéстр] или [р'и^{e}éстр]
	После букв *ъ* и *ь* в разделительном значении; в ударном слоге; перед твердым согласным или в конце слова	[je]	*съéл, подъéхал, отъéзд; о соловьé, муравьéд, Корбюзьé, крупьé, колье́, Тьер*	См. § 14
	После букв *ъ* и *ь* в разделительной функции; в ударном слоге перед мягким согласным	[jê]	*съéли, съéздили, об отъéзде; о Тьéре*	См. § 14
	В начале слова, в 1-м предударном слоге	[ḭи^e]	*елóвый, едá, едúн*	См. § 19
	В начале слова; в других предударных слогах (кроме 1-го предударного)	[ḭь]	*европéйский, единúца, ежевúка, ерундá*	В разговорной речи звук [ḭ] может быть очень ослаблен, вплоть до утраты. См. § 19
	После буквы гласного, в 1-м предударном слоге	[ḭи^e]	*воевáл, боевóй, наедáться, уезжáй*	В разговорной речи звук [ḭ] может отсутствовать
	После буквы гласного, в других предударных слогах (кроме 1-го предударного)	[ḭь]	*уединúться*	Звук [ḭ] может отсутствовать

1	2	3	4	5
е	В заударном слоге; после буквы гласного, не в падежном окончании	[i̯ь]	рбем, мбем, рбет, мбет, рбете, мбете (личные формы глагола); ббек, стбек (краткая форма прилагательных), мáек, чáек (род. пад. множ. ч.), армéец, индéец	Звук [i̯] может быть ослаблен и даже утрачен: [ро́i̯ьм] или [ро́ьм]
	В заударном слоге; после буквы гласного, в падежных формах	[i̯ъ] или [i̯ь]	ббем, рбем, гербем, сарáем, чáем, музéем, буём (твор. пад. ед. ч.)	Наряду с [i̯ъ] в этом окончании может произноситься сочетание [i̯ь]; звук [i̯] может быть ослаблен, вплоть до полной утраты: [ч'а́i̯ъм] и [ч'а́i̯ьм], а также [ч'а́ъм]
	После буквы ь в разделительной функции в заударном слоге; перед твердым согласным или на конце слова	[jъ] или [jь]	здорбвье, безлю́дье, весéлье, раздýмье, повéрье, затúшье, поднóжье, здорбвьем, безлю́дьем, весéльем и т. д.	
	В ударном слоге; после букв согласных, на месте которых произносятся мягкие согласные звуки; перед твердым согласным или на конце слова; в отдельных случаях также перед гласными (кроме [е], [и])	[е]	бес, пéна, вес, мéсто, сéно, зéркало, дéло, лес, нéбо, рéнта, тéло, фéска; кедр, герб; чек, щéдрый; на трубé, на столé, на дворé, в темнотé, в рукé, на ногé, в сохé; нéуч, Рéутово	См. § 14

1	2	3	4	5
е	В ударном слоге; после букв согласных, на месте которых произносятся мягкие согласные; перед мягким согласным	[ê]	смесь, мель, сéльский, вéсело, сéмеро, артéль, свирéль, фéя, дéльный, лéпет, фланéль; в ракéте, честь, щéбень	См. § 14
	В 1-м предударном слоге; после букв согласных, на месте которых произносятся мягкие согласные звуки, а также перед гласными (кроме [е], [и])	[иᵉ]	бедá, веслó, лесóк, мешóк, педáль, седóй, теплó, девя́тый, земля́, небéсный, репéй, фелю́га; керáмика, гербáрий; чесáть, щепá; неу́мный, сеáнс	См. § 19, п. 1
	В других предударных слогах (кроме 1-го предударного); после буквы согласного, на месте которой произносятся мягкие согласные звуки	[ь]	беловáтый, лесовóз, механи́зм, землемéр, веселéй, деревéнский, нерести́лище, пéрвенствующий, ренегáт, сеновáл, телегрáф, темнотá, фельетóн; кероси́н, герои́зм, херуви́м; черносли́в, щебетáть, щелочнóй	См. § 19, п. 2
	В заударных слогах, после буквы согласного, на месте которой произносится мягкий согласный звук; не в падежных окончаниях	[ь]	хлéбец, сéвер, кáтер, канáдец, кóлер, óзеро, и́мени, трéнер, вы́нес, пéрец, би́сер, ши́фер, вы́теснить; парикмáхер, тáнкер, флю́гер; вы́честь, вы́щелочить; сви́щем, кли́чет, éдем (личные формы глагола), ки́ньте	См. § 20, п. 1

1	2	3	4	5
е	В заударном слоге, после буквы согласного, на месте которой произносится мягкий согласный звук; в падежных окончаниях	[ъ] или [ь]	голубем, медведем, камнем, князем, зверем, плачем, овощем (твор. пад. ед. ч.); в прежнем, синем, дремучем, будущем (предл. пад. ед. ч.), в туче, в куче	См. § 20, п. 4
	В ударном слоге после букв ж, ш, ц; перед твердым согласным или на конце слова	[э]	шенкель, жест, шест, целый	
	В ударном слоге после букв ж, ш, ц; перед мягким согласным	[э̂]	шесть, шельма, цель, шей, шея	
	В ударном слоге после букв других согласных (кроме ш, ж, ц), на месте которых произносится твердый согласный; перед твердым согласным и на конце слова	[э]	тарантелла, адепт, сепсис, мюзет, реквием, турнепс, месса, варьете, турне, безе, пюре, канапе, консоме	См. § 14
	В ударном слоге после букв других согласных (кроме ш, ж, ц), на месте которых произносится твердый согласный; перед мягким согласным	[э̂]	отель, дельта, Тельман, газель, сепия	См. § 14

1	2	3	4	5
е	В безударных слогах; после букв других согласных (кроме *ш, ж, ц*), на месте которых произносятся твердые согласные звуки (в словах иноязычного происхождения)	[э] или [э^н]	*детéктор, дегустáция, зерó, анестезúя, анáмнез, сервáнт; вендéтта, менестрéль*	См. § 105
	В 1-м предударном слоге, после букв твердых шипящих *ш, ж* и после буквы *ц*	[ы^э]	*женá, жестóк, к женé; шестóй, шестú; ценá, цедúть*	См. § 18
	В других предударных слогах (кроме 1-го предударного слога) после букв твердых шипящих *ш, ж* и буквы *ц*	[ъ^ы]	*желобóк, шерстянóй, шепоткóм, целовáть; женихá, вшестерóм, целикóм, целинá*	См. § 18
	В заударных слогах после букв твердых шипящих *ш, ж*, в личных окончаниях глагола	[ъ^ы] или [ъ]	*скáжем, мáжешь, мáшем, пляшет*	
	В заударных слогах после букв твердых шипящих *ш, ж* и буквы *ц*; в падежных окончаниях перед твердым согласным	[ъ]	*со стáжем, с мýжем, с массáжем; пýншем, мáршем, сúтцем* (твор. пад. ед. ч.); *в нáшем, в дюжем, в рыжем; прохóжем, круглолúцем; в бывшем, в ближáйшем* (предл. пад. ед. ч.), *нáшего, рыжего, круглолúцего* (род. пад. ед. ч.)	См. § 21

1	2	3	4	5
е	В заударных слогах после букв твердых шипящих *ш, ж* и буквы *ц* в падежных окончаниях и в форме сравнительной степени; на конце слова	[ы^э]	в ко́же, в но́ше, на у́лице, в си́тце, ти́ше, ре́же	См. § 21
	В заударных слогах после букв твердых согласных *ш, ж, ц*; в корнях слов перед твердым согласным	[ъ]	вы́шедший, вы́жег, вы́цежу, ка́рцер	
	В заударных слогах после букв твердых согласных *ш, ж, ц*; в корнях слов перед мягким согласным	[ъ^ы]	вы́жечь, вы́цедим, на́ шесть	
ё	В начале слова или после буквы гласного в ударном слоге; перед твердым согласным	[jˑo]	ёж, ёлка, ёмкость; маёвка, неуёмный, поёт, гниёт, плюём	
	После разделительных *ъ* и *ь* в ударном слоге; перед твердым согласным или на конце слова	[jˑo]	подъём, объём, съёмка; муравьём, ружьём, бьём, пьёшь; бельё, жнивьё, сырьё	
	После разделительных *ъ* и *ь* в ударном слоге; перед мягким согласным	[jö]	на подъёме, бьёте, пьёте, в верхнем бьёфе	

1	2	3	4	5
ё	После букв согласных парных по твердости — мягкости; в ударном слоге, перед твердым согласным	[˙о]	гребёт, вёл, дёсны, озёра, лёд, мёд, нёбо, пёс, рёв, сёмга, тёс, фён	См. § 13
	После буквы к; в ударном слоге	[˙о]	ликёр, паникёр, хроникёр, ткёт	
	После букв мягких шипящих ч, щ, а также после сочетания жж перед согласным в ударном слоге	[˙о]	чёрный, чёлка, чёрт, печёнка, кочёвка; щёлка, щёлок, щётка, течёт, перекочёвывать, учёный, упрощённый; жжёнка	
	После букв согласных парных по твердости — мягкости; перед мягким согласным в ударном слоге	[ö]	весёленький, на нёбе, пёсик, гребёте, несёте	
	После буквы к перед мягким согласным; в ударном слоге	[ö]	в ликёре, ткёте	
	После букв ч, щ, а также после сочетания жж перед мягким согласным; в ударном слоге	[ö]	учёнее, упрощённее, щёки; сожжёте	
	После букв твердых шипящих (ш, ж) перед твердым согласным; в ударном слоге	[о]	шёлк, шёпот, шёл; затушёвывать, дешёвка, отрешённый, жёлтый, жёрнов, сжёг, лжёт, стажёр, напряжённый	

1	2	3	4	5
ё	После букв твердых шипящих *(ш и ж)* перед мягким согласным; в ударном слоге	[о·]	дешёвенький, лжёте	
ж	Перед буквами гласных	[ж]	жаль, жох, жёлтый, жест, жук, жил, ножи́; жале́ть, жена́, живо́т	Перед ю буква ж употребляется в словах жюри́, супжюлье́н. См. § 31, примечание
	Перед разделительным ь	[ж]	ружьё, медве́жья	
	Перед буквами сонорных согласных *л, р, м, н* и буквой *в*	[ж]	ве́жливый, жре́бий, жму́рки, жну, жни, ва́жный, жва́чка	
	Перед буквами звонких согласных (но не перед буквой *ж*)	[ж]	ложби́на, дру́жба, жгут, жги, ждать, наде́жда, нужда́	Буква ж встречается не перед всеми буквами звонких согласных
	На конце слова	[ш]	нож, стаж, бага́ж, морж, свеж; рож, кож (род. пад. множ. ч.)	
	Перед буквой ь на конце слова	[ш]	рожь, ложь, у́пряжь, молодёжь, режь, поне́жь (повел. форма), на́стежь (наречие)	Здесь буква ь не имеет ни фонетической, ни морфологической функции. См. примечание на стр. 277
	Перед буквой ь, за которой следует частица -ся или частица -те	[ш]	ре́жься, ма́жься; ре́жьте, ма́жьте	Здесь также буква ь не имеет ни фонетической, ни морфологической функции. См. примечание на стр. 278

1	2	3	4	5
ж	Перед буквами глухих согласных (но не перед ч)	[ш]	*ло́жка, фура́жка, пря́жки, неу́жто*	Буква ж перед большей частью букв глухих согласных не встречается
	Перед буквой ж вместе с нею (т. е. на месте жж)	[ж':] и [ж:]	*во́жжи, дро́жжи, жужжа́ть*	См. § 62
	Перед буквой ч вместе с нею (т. е. на месте жч)	[ш':]	*перебе́жчик, мужчи́на*	См. § 61
з	Перед буквами *а, о, у, ы*	[з]	*зал, за́пах, зо́на, зона́льный, зуб, зубно́й, зы́бкий, называ́ть*	Буква э после з не встречается
	Перед буквами *я, ё, ю, и*	[з']	*зя́бнуть, прозяба́ть; зёрна, позёмка, позёр; зю́зя, изю́м, изю́бр; зи́мний, зима́*	
	Перед буквой *е*	[з'] и [з]	*зе́бра, зе́лень, зе́ркало, земля́, зени́т, зерни́стый* (произносится [з']); *зе́бу, Зевс, зеро́, сюзере́н, зет* (произносится [з])	О произношении [з'] или [з] перед гласным на месте *е* см. § 104, п. 5
	На конце слова	[с]	*глаз, о́браз, си́нтез, курьёз, ана́лиз, вы́воз, колхо́з, вуз, сою́з, вяз*	
	Вместе с буквой ь на конце слова	[с']	*мазь, резь, сквозь, связь, князь, не лазь, не напрока́зь, уни́зь, проморо́зь, сузь* (форма повел. накл.)	Мягкость [с'] обозначена буквой ь
	Вместе с буквой ь, за которой следует частица -*те* или частица -*ся* в форме повелительного наклонения	[с']	*не ла́зьте, не напрока́зьте, не уни́зьте, не проморо́зьте, су́зьте; не обезобра́зься, прибли́зься, не конфу́зься*	

1	2	3	4	5
з	Вместе с буквой ь, за которой следует буква к	[с']	ку́зька, зю́зька (от зю́зя)	Мягкость [с] обозначена буквой ь
	Вместе с буквой ь, за которой следует буква б или м	[з']	резьба́, Вя́зьма, Кля́зьма	Мягкость [з] обозначена буквой ь
	Перед буквой з, на месте которой произносится твердый [з]; на стыке приставки и корня	[з]	раззадо́рить, безза-бо́тный, из-за него́	
	Перед буквой з, на месте которой произносится мягкий согласный; на стыке приставки и корня	[з']	раззева́лся	См. § 49, п. 1
	Перед буквой ь в разделительном значении	[з']	друзья́, подгла́зье; вя́зью, ре́зью, свя́зью, гря́зью (твор. пад. ед. ч.)	
	Перед буквой ъ как разделительным знаком	[з'] или [з]	изъе́здить, изъявле́-ние, изъя́н, изъя́тый, изъясни́ть, безъя́дер-ный, безъязы́чный, разъеда́ть, разъе́хать-ся, разъе́зд, разъярён-ный, разъясни́ть; дизъ-ю́нкция	См. § 55, п. 2
	Перед буквой р	[з]	зря, зреть, зри́мый, при́зрак, зря́чий	
	Перед буквой г	[з]	зги, бры́зги, бры́з-гать, изги́б, разгиба́ть, возгорди́ться, изга́дить	
	Перед буквой к	[с]	ска́зка, сма́зка, же-ле́зка, во́зка, погру́зка, ска́зки, сма́зки, ни́зкий, вя́зкий; мазка́, возка́,	

1	2	3	4	5
з			огры́зка (род. пад. ед. ч.), ползко́м	
	Перед буквой ж на стыке приставки и корня	[ж]	изжа́рить, изжи́ть, изжо́га, разжéчь, разжева́ть, разжи́ться, возжéчь, безжа́лостный	См. § 62
	Перед буквой ж в той же морфеме (т. е. внутри корня); вместе с буквой ж (т. е. на месте зж)	[ж':] и [ж:]	визжа́ть, éзжу, дребезжа́ть, бры́зжет	См. § 62
	Перед буквой ш	[ш]	гры́зший, лéзший, замёрзший	См. § 60
	Перед буквой ц	[с]	грязца́; образца́, резца́, кавка́зца (род. пад. ед. ч.)	
	Перед буквой т, на месте которой произносится мягкий согласный [т']	[с']	лезть, грызть	
	Перед частицей -ся	[с]	разлéзся, гры́зся	Произносится: [рʌзл'éс:ъ], [гры́с:ъ]
	Перед буквами в, б, м, на месте которых произносятся твердые звонкие согласные	[з]	я́зва, трéзвый, звать, звук, извая́ние, безво́дный, возвы́сить; изба́, изба́вить, возбуди́ть; при́зма, кли́зма, изму́чить, разма́зать	
	Перед буквами в, б, м, на месте которых произносятся мягкие согласные; не на стыке приставки и корня	[з']	звёзды, зверь, зверéть, звя́кнуть, звенó, язви́тельный, трéзвенник; избёнка; змей, безмéн, ни́зменный	См. § 48, п. 1

1	2	3	4	5
з	Перед буквами *в, б, м*, на месте которых произносятся мягкие согласные; на стыке приставки и корня	[з'] или [з]	возвёл, возвести, извинить, известить, изверг; безверие, безвестный, безвинный, избить, избирать, избегнуть, избежать, избитый, безбедный, безбилетный; измена, измерить, измельчить, измять, неизменный, безмерный, безмятежный, возмездие, возместить	См. § 48, п. 2
	Перед буквами *д, н, л*, когда на месте их произносятся твердые согласные	[з]	здание, езда, здоров; издать, раздуть, вздуть, бездарный; знать, казна, зной, разносить, изнурить; злой, козлы, разложить, разлучить, изломать	
	Перед буквами *д, н, л*, когда они обозначают мягкие согласные; не на стыке приставки и корня	[з']	ездить, вызвездило, здесь, уздечка; возня, грызня, резня, сквозняк, узник, колхозник; злить, злющий, козлятина, возле	См. § 49, п. 1
	Перед буквами *д, н, л*, когда они обозначают мягкие согласные; на стыке приставки и корня	[з'] или [з]	издёргать, издёрживать, издержка, воздействие, возделать, безделье, безденежье, раздеть, раздёргать, раздирать; изнеженный, изнемогать, разнёсший, разнежиться, возникнуть, вознёсшийся; излениваться, излить, излечиться, излишний, безлесье, безличный, безлюдье, возлюбить, возлияние	См. § 49, п. 2

1	2	3	4	5
з	На стыке корня и суффикса, начинающегося с *ч*; на месте сочетания *зч*	[ш':]	*заказчик, извозчик*	См. § 61
	Перед буквой *з*, когда она обозначает мягкий согласный	[з'] или [з]	*безземе́лье, иззя́бший, иззелени́ть, разя́ва, раззева́ться, беззвёздный*	
и	В начале слова или после букв гласных; в слоге перед твердым согласным или на конце слова; в ударных и безударных слогах	[и]	*и́скра, и́го, и́гры; за́йка, по́йлка, пой, бой, заика́ться, по́иск, сара́и*	
	После букв согласных (кроме *ш, ж, ц*); перед твердым согласным или на конце слова; в ударном и безударном слогах	[и]	*ли́па, би́тва, миг, си́то, диск, пи́ка, ви́ка, ни́кнуть, ки́слый, хи́трый, сги́нуть; гони́, пеки́; ли́чность, рису́нок, тихо́нько, кида́ть, вы́бит, вы́лит, ко́ни*	То же произносится после сочетания *зж*, находящегося в пределах одной морфемы, и после сочетания *жж*, если на месте этих сочетаний произносятся мягкие согласные: [бр'ӱж':и́т] (*брюзжит*), [жуж':и́т] (*жужжит*), [н'ь бр'ӱж':и́] и т. д., см. § 62
	В начале слова или после букв гласных; перед	[й̆]	*и́звесть, и́щут, И́ндия, и́мя, и́стина; пойть, по́йщут*	

1	2	3	4	5
и	мягким согласным в ударном слоге			
	После букв согласных (кроме *ш, ж, ц*); перед мягкими согласными; в ударном слоге	[и̂]	*лить, синь, дичь, пить, миля, кинь, гиря*	То же произносится в случаях типа *размозжить*. См. предыдущее примечание и § 62
	После букв *ш, ж, ц* в ударном и безударном слогах перед твердым согласным	[ы]	*шил, шик, жито, нажива, цирк, циркуль, цифра; наживать, зашивать, цинга, вышивка, ножик*	
	После букв *ш, ж, ц* в ударном слоге перед мягким согласным	[ы·]	*шить, шильце, жить, жизнь, Цильман, Циля*	
й	На конце слова после буквы гласного	[i̯]	*чей, чай, мой, дуй, май*	
	Перед буквой согласного после буквы гласного	[i̯]	*чайка, чайник, майдан, пойду, пойма, гейша, кайма, айва, кайло, флейта, тайна, шайба*	
	Перед буквами *о, а, е* после буквы гласного (*о, а*); в ударном слоге	[j]	*майор, район, майолика, койот, Майами, Кайана, кайен, кайенский*	Сочетания *йа, йо, йе* употребляются в отдельных словах иноязычного происхождения
	Перед буквой *о* после буквы *а*; в предударном слоге	[i̯]	*майорат, майонез*	

1	2	3	4	5
й	В начале слова перед буквами *о*, *е*; в ударном слоге	[j]	*йод, йот, йо́дистый*	В одном случае буква *й* употребляется в начале слова перед буквой *е*, обозначая звук [i̯]: *Йе́мен, йе́менский*
	В начале слова перед буквой *о*; в предударном слоге	[i̯]	*йота́ция, йоркши́рский*	
к	Перед буквами *а*, *о*, *у*	[к]	*ка́дка, каба́н, конь, кора́, я́корь, ку́кла, аку́ла, кула́к, фо́кус*	Перед буквами *э* и *ы* буква *к* в исконно русских словах не употребляется. Употребляется в междометии *кыш-кыш!* и в заимствованных словах: *кыпча́ки, акы́н, сакэ́* и др.
	Перед буквами *и*, *е*	[к']	*ки́па, кипе́ть, кисе́ль, на́кипь, ке́пка, кессо́н, кероси́н, ни́кель*	
	Перед буквами *ё*, *я*, *ю*	[к']	*ткёт, ликёр, кюве́т, Кю́хля, Кюхельбе́кер, Кя́хта*	
	После буквы гласного; перед буквой *к*, за которой следует буква гласного *а*, *о*, *у*	ø или [к]	*акко́рд, аккура́тный* (на месте *кк* произносится [к]); *мокко* (на месте *кк* может произноситься двойной согласный, т. е. с долгим затвором [к:])	
	После буквы гласного, перед буквой *к*, за которой следует буква *и* или *е*	ø	*стрептоко́кки*	Произносится: стрептоко́[к'и]

1	2	3	4	5
к	Перед буквами других глухих согласных	[к]	кто, такт, пу́нкта, кля́кса, лекпо́м, вакци́на, никчёмный, ве́кша, кхме́ры	Не перед все́ми буквами глухих встречается буква к
	Перед буквами сонорных согласных и буквой в	[к]	краб, мо́крый, клуб, пекла́, кнут, окно́, кни́га, ла́кмусовый, кво́рум, брю́ква, квит	
	На конце слова	[к]	ток, век, бара́к, куша́к	
	Перед буквами звонких согласных	[г]	анекдо́т, экза́мен, вокза́л, экза́рх, экзе́ма, экзо́т	
	Перед разделительным ь	[к']	Лукья́н, кья́нти, Рейкья́вик	
л	Перед буквами гласных а, у, о, ы	[л]	ла́вка, ларёк, лук, лука́вый, лом, молоко́, малова́т, лы́ко, стола́, столо́м, столы́, столу́	Буква э после л не встречается
	Перед буквами гласных и, я, ю, ё, е	[л']	ли́па, лиса́; ля́гу, маляри́я; клю́ква, люби́ть; лён, лёг; легла́, леса́, полево́й	
	На конце слова после буквы гласного	[л]	стол, вол, выл, мил, пришёл	
	На конце слова после буквы глухого согласного	[л]	цикл, мотоци́кл, смысл, росл, чахл, пухл, блёкл, дряхл (краткая форма прилагательных)	На конце слова после глухих согласных [л] оглушается: произносится [л̥]. После звонких согласных в случаях типа дрябл, жезл наблюдается частичное оглушение [л]
	Перед буквой согласного	[л]	волна́, волк, болта́ть, балда́, по́лзать,	

1	2	3	4	5
л	После буквы гласного; вместе с буквой ь на конце слова или перед буквой согласного	[л']	ко́лба, толпа́, молва́, волхвы́, напо́лнить, ползи́, мо́лвить моль, соль, быль; пальто́, большо́й, по́льза, са́льдо, культя́, больни́ца, ка́лька, кольцо́, мольба́, фо́льга, ольха́, уво́льте, уво́лься	Мягкость согласного [л] обозначена буквой ь
	После буквы глухого согласного вместе с буквой ь на конце слова	[л']	вопль, мысль, во́доросль, бино́кль, спекта́кль; рубль, кора́бль, жура́вль, кегль	На конце слова после глухих согласных [л'] оглушается, произносится [л̭']: [вопл̭'], [мыс'л̭']. Частичное оглушение [л'] на конце слова наблюдается после звонких согласных (в случаях типа *рубль*)
	В начале слова вместе с ь перед буквой, на месте которой произносится [с']	[л]'	льстить	Звук [л'] перед [с'] оглушается. Произносится: [л̭'с'т'и́т']
	Перед разделительной буквой ь	[л']	лью, вы́лью, пы́лью, со́лью, калья́н, италья́нец, бельево́й	
	После буквы гласного; перед буквой л, за которой следует одна из букв: *а, у, о, ы*	∅ или [л]	балла́ст, голла́ндский, колло́квиум, металлу́рг, ба́ллы (на месте лл произносится [л]); мулла́, муллы́, газе́лла (на месте лл произносится [л:])	См. § 56, п. 2
	Перед буквой л, за которой следует одна из букв: *и, е, ё, я, ю*	∅	колли́зия, капилля́р, моллю́ск, бруцеллёз металли́ческий, коллекти́в, алле́я	См. § 56, п. 2

1	2	3	4	5
м	Перед буквами гласных *а, у, о, ы, э*	[м]	*мал, мала́, мул, мол, молоко́, мыл, мылова́р, мэр*	Буква *э* после *м* пишется в единичных словах
	Перед буквами гласных *я, ю, ё, и*	[м']	*мял, мятёж, мюри́д, мёл, мёд, мил, умили́ть*	
	Перед буквой гласного *е*; в ударном слоге	[м'] и [м]	*метр* (мера длины), *ме́сто, ме́ра, ме́рить, смесь* ([м'етр], [м'е́стъ], [м'е́ръ], [м'е̂р'ит'], [с'м'е̂с']); *метр* (учитель), *месса, реноме* [(мэтр), [мэ́с:ъ], [рэномэ́])	О произношении [м'] или [м] перед гласным на месте *е* см. § 103
	Перед буквой гласного *е*; в безударных слогах	[м']	*меда́ль, меду́за, межа́, мешо́к, медова́р, медве́дь*	См. § 103
	На конце слова после гласных	[м]	*дом, сам, пото́м, шум, изю́м, грим*	
	Вместе с буквой *ь* на конце слова	[м']	*семь, впрямь, темь, во́семь, познако́мь, эконо́мь, Пермь*	Мягкость [м] обозначена буквой *ь*
	После буквы гласного; вместе с буквой *ь*, за которой следует частица *-те* или *-ся* в повелительном наклонении	[м']	*познако́мьте, вы́прямьте, эконо́мьте, не упря́мьтесь, не упря́мься, познако́мься*	На месте [м] перед частицами *-те* и *-ся* произносится [м'], как на конце слова. Ср. *познако́мь*
	Перед буквой *ь* в разделительном значении	[м']	*скамья́, скамью́, семья́, семьи́, семьёй; ко́мья, о́зимью*	См. § 55, п. 1
	После буквы гласного перед буквой *м*, за которой следует одна из букв гласных *а, у, о, ы*	∅ или [м]	*грамма́тика, граммофо́н, два гра́мма* (на месте *мм* произносится [м]); *су́мма, су́ммы, су́мму; иммане́нтный* (произносится [м:])	См. § 56, п. 2

1	2	3	4	5
м	Перед буквой м, за которой следует одна из букв гласных *е, и*	∅ или [м']	комментáтор, коммивояжёр, симметрúчный (на месте мм произносится [м']); суммúровать (произносится [м':])	См. § 56, п. 2
	Перед буквами согласных (кроме букв согласных губных *п, б, в, ф*)	[м]	тамгá, сёмга, сёмги, тамгé, Лóмжа (назв. города), слямзить, нéмка, нéмки, млеть, мнóго, мнéние, мрак, умрёт, комсомóл, на почтáмте, любúмцы, самшúт, отмщéние	
	Перед буквами губных согласных *п, б, в, ф*, за которыми следует одна из букв гласных *а, о, у, ы*	[м]	лáмпа, пóмпа, дáмба, плóмба, лáмпой, дáмбу, плóмбы; лúмфа, нúмфа, нúмфы, нúмфой, нúмфу	
	Перед буквами губных согласных *п, б, в, ф*, за которыми следует одна из букв гласных *и, е*	[м] или [м']	на лáмпе, рáмпе; в пóмпе, плóмбе, к нúмфе, в лúмфе; пломбúр, амбúция, ампúр, импéрия	См. § 47
	На конце слова после букв согласных	[м]	сонм, корм, форм, холм, марксúзм; ритм, рифм, драхм (род. пад. множ. ч.), микрокóсм	Имеется тенденция к оглушению [м] на конце слова, в особенности после глухих согласных: [р'итм̂], [р'ифм̂] и т. д.
	В начале слова перед буквами глухих согласных *ч, ц, ш, с, х*	[м]	мчáться, Мценск, мшúстый, мстúть, мхи	Произносится [мч̂·áᵗцъ], [мцэ̌нск], [мшы́стьı], [мс̂'т'ûт'], [мх'и]

1	2	3	4	5
н	Перед буквами гласных *а, о, у, ы, э*	[н]	*нам, начáть, ночь, новизнá, нýдный, нуждá, ныть, нырять, нэп, нэпман*	
	Перед буквами гласных *я, ю, ё, и*	[н']	*няня, занятá, нюхать, нюáнс, нéбо, принёс, нитка, никотúн*	
	Перед буквой *е*	[н'] и [н]	*негр, нéвод, невéста, невóля, недостáча* (произносится [н']); *кашнé, турнé, нéтто, несессéр, неодарвинúзм* (произносится [н])	О произношении [н'] или [н] перед гласным на месте *е* см. § 104, п. 3
	На конце слова	[н]	*сон, сын, план, клён, обмáн, клин, вьюн, сафьян*	
	На конце слова после буквы согласного *м, л, р*	[н]	*гимн, чёлн, горн, дёрн, тёрн*	На конце слова после сонорных согласных [м], [л], [р] звук [н] может частично или полностью оглушаться: [г'имн̯], [ч'˙олн̯], [горн̯], [д'˙орн̯], [т'˙орн̯]
	Вместе с буквой *ь* на конце слова	[н']	*лань, конь, пень, линь, плюнь, воспрянь, дрянь, óкунь, пéчень*	Мягкость согласного [н] обозначена буквой *ь*
	Вместе с буквой *ь* на конце слова после букв согласных *р, з, н*	[н']	*чернь, жизнь, казнь, боязнь, песнь*	Мягкость согласного [н] обозначена буквой *ь*. На конце слова после согласных, особенно глухих звук [н'] полностью или частично оглушается: [ч'ерн̯'], [жы·'з'н̯'], [бʌ·jáз'н̯'], [п'êс'н̯']

1	2	3	4	5
н	Вместе с буквой ь, за которой следует буква согласного	[н']	пенькá, сúнька, конькú, шáньга, деньгá, бороньбá; дýньте, отплю́нься; рáньше, мéньше	Мягкость согласного [н] обозначена буквой ь
	Перед буквой ь в разделительном значении	[н']	конья́к, манья́к, шифонье́рка, вранье́, о́сенью, жúзнью (твор. пад. ед. ч.)	В непосредственно заударном слоге (о́сенью) и после согласного звук [i̯] очень ослаблен: [о́·с'-ьн'i̯у], [жы́·з'-н'i̯у]. См. § 35
	Перед буквой ъ в разделительном значении	[н'] или [н]	конъюнктýра, инъе́кция	
	После буквы гласного; не на стыке морфем, перед буквой н, за которой следует одна из букв гласных а, о, у, ы	ø или [н]	колоннáда, аннáлы, аннулúровать (на месте нн произносится [н]); вáнна, бóнна, пáнна (на месте нн произносится [н:])	См. § 56, п. 2
	После буквы гласного; не на стыке морфем; перед буквой н, за которой следует одна из букв: е, и	ø	тéннис, каннибáл (на месте нн произносится [н'])	См. § 56, п. 2
	На стыке корня и суффикса перед буквой н, за которой следует одна из букв гласных а, о, у, ы	[н]	длúнный, длиннá, длúнное, длúнную, стрýнный, ды́нный, бульóнный, граммофóнный	В этих случаях на месте нн произносится [н:]: [стрýн:-ъi̯], [ды́н:ъi̯] и т. д.

1	2	3	4	5
н	На стыке корня и суффикса перед буквой *н*, за которой следует одна из букв: *и* или *е*	[н':]	*длиннее, данник, охранник, карманник*	В этих случаях на месте *нн* произносится [н':]: [дл'ин':-е̂i̯ь], [да́·н':ик] и т. д. Впрочем, в слове *длиннющий* произносится [н']: [дл'ин'ӱш'ыi̯]. Ср. *злющий*
	Перед буквами согласных *т, д,* когда за ними следует буква одного из гласных *и, е, ё, я, ю*	[н']	*бантик, интерес, монтёр, лентяй, пентюх; бандит, индеец, индюк*	Если следующий согласный (на месте *т* или *д*) произносится твердо, то и предшествующий согласный (на месте *н*) также произносится твердо. Ср. *контейнер, конденсировать* (произносится [нт], [нд])
	Перед буквами согласных *с, з, в, ф,* когда за ними следует буква одного из гласных *и, е*	[н'] и [н]	*вакансия, пенсия, романсик, консерватория, авансировать, претензия, рецензия, вонзить, транзит, бензин; конверт, конфета, конфетти, конвейер, конвенция*	См. § 49, п. 9
	Перед буквами *ч, щ*	[н']	*кончать, кончить, бренчать, стаканчик, каланча, обманчивый, обманщик, гонщик, казёнщина*	
	Перед буквами согласных *т, д, с, з, в, ф,* когда за ними	[н]	*контакт, контузия; банда, бандура; романс, анонс; вонзать, бронза; канва, конф-*	

1	2	3	4	5
н	следует буква одного из гласных *а, о, у, ы*, а также перед буквами остальных согласных (кроме *г* и *щ*)		*лйкт; нрав, сонмище; сонлйвый; санки, танго, манго, звонко; концы, ханша, ханжа*	
о	В начале слова; после букв гласных или после букв согласных, на месте которых произносятся твердые согласные; в ударном слоге перед твердым согласным и на конце слова	[о]	*он, остров, обувь, орден; шпион, аорта; бок, вол, дом, обжора, шорох, зонт, лом, мост, нос, пост, рост, сон, том, фон, гонки, колос, холм, цокать; окно, село, то*	
	В начале слова; после букв гласного или после букв согласных, на месте которых произносятся твердые согласные; в ударном слоге перед мягким согласным (включая [j] — [i̯])	[о·]	*ось, озеро, осень, оттепель; аорист, на виоле; тронь, пончик, боль, топь, бровь, вонь, конь, голь, бойня, к бою, бой*	
	После *ч* и *щ* в ударном слоге; перед твердым согласным или на конце слова	[·о]	*чопорный, трущоба; плечо, плечом; плащом; общо, горячо; парчовый, холщовый*	
	После *ч* и *щ*, а также после *жж* в ударном слоге перед мягким согласным	[ö]	*на Печоре; в трущобе; свечой, пращой, вожжой*	На месте *жж* может произноситься и твердый согласный (см. § 62); тог-

1	2	3	4	5
о				да следующий гласный будет звучать как [о·]: [вlж:о́·j]
	После ь или й в ударном слоге перед твердым согласным	[·о]	почтальо́н, райо́н	
	После ь или й в ударном слоге перед мягким согласным	[ö]	о почтальо́не, в райо́не	
	В начале слова в предударных слогах	[л]	овца́, оса́, ого́нь, огло́бля, оси́на, оди́н, окро́шка, октя́брь, опе́ка, орёл; огнево́й, опеку́н, ордина́тор, опресни́ть, октябри́ны, острова́, одного́	
	После букв согласных, произносящихся твердо, на месте сочетания оо в предударных слогах	[лл]	вообрази́ть, вооружи́ть, координа́ты, коопти́ровать, поощре́ние	Произносится: [вллбрлз'и́т'], [кллрд'ина́ты] и т. д., см. § 23
	После буквы а на месте сочетания ао в предударных слогах	[л]	наоткрыва́ли	Произносится: [нллткрыва́·л'и]; см. § 23
	Перед буквой а на месте сочетания оа в предударных слогах	[л]	по-америка́нски, по-арме́йски	Произносится: [пллм'ьр'ика́нск'и] [пллрм'е́jск'и]; см. § 23
	После букв согласных, на месте которых произносится твердый согласный,	[л]	вода́, нога́, горо́х, соба́ка, моло́ть, боле́ть, комар́, гости́ть, пора́, ходо́к, жонглёр, жоке́й, шотла́ндец,	

1	2	3	4	5
о	а также после букв гласных в 1-ом предударном слоге	[ъ]	шофёр; сообщество, зоблог; миокард, наобум	
	После букв согласных, на месте которых произносится твердый согласный, а также после гласных в других безударных слогах (кроме 1-го предударного слога)	[ъ]	голова, водовоз, хорошо, посадить, подвозить, позолотить, золотой, молодой, шоколад; на голову, голову, за ногу, на ночь, золото, дорого, молот; соучастник, поучение	
п	Перед буквами а, о, у, ы, э	[п]	пар, парад, порт, пора, пушка, пугать, пыль, пэр	Буква э после п пишется в единичных словах.
	Перед буквами я, ё, ю, и	[п']	пятый, пяток, пёрышко, спёртый, пюре, пир, пилить	
	Перед буквой е; в ударном слоге	[п'] или [п]	пел, песня, персик, перья (произносится [п']); канапе, пери, Шопен (произносится [п])	О произношении [п'] или [п] перед гласным на месте е см. § 103
	Перед буквой е; в безударных слогах	[п']	передать, напевать, пехота, пехотинец; педаль, педагог, пенаты, пепсин	См. § 103
	На конце слова	[п]	суп, клоп, этап, склеп, шип, эстамп, выступ, нэп, тяп-ляп	
	Вместе с буквой ь на конце слова	[п']	сыпь, степь, поступь, топь	Мягкость [п] обозначена буквой ь
	Вместе с буквой ь, за которой следует частица -те или -ся	[п']	потупьте, насупьте, не прошляпьте; насупься, потупься	На месте пь перед частицами -те и -ся произносится

1	2	3	4	5
п				[п'], как на конце слова. Ср. *не прошляпь*
	Перед буквой *ь* в разделительном значении	[п']	*пья́ный, пьёт, пью, копьё, ко́пья, крупье́, отре́пье, це́пью, сте́пью, о́щупью* (твор. пад. ед. ч.)	См. § 55, п. 1
	После буквы гласного; перед буквой *п*, за которой следует одна из букв: *а, у, о, ы*	ø или [п]	*аппара́т, ипподро́м, оппозиционе́р, оппортуни́ст, оппоне́нт, группо́вщина* (на месте *пп* произносится [п]); *гру́ппа, тру́ппа* (на месте *пп* может произноситься [п:])	См. § 56, п. 2
	После буквы гласного; перед буквой *п*, за которой следует одна из гласных *е, и*	ø	*аппе́ндикс, аппети́т, апперце́пция, группирова́ть*	См. § 56, п. 2
	Перед буквами других согласных (глухих и сонорных)	[п]	*хлопково́д, пси́хика, пти́ца, лапта́, пфе́нниг, пхать, купца́, пчела́, хло́пчик, купчи́на, лапша́, сце́пщик, пло́хо, плю́шка, нэ́пман, копна́, копни́ть, преть, про́со*	Буква *п* не встречается в пределах слова перед буквами звонких согласных
р	Перед буквами *а, о, у, ы*	[р]	*ра́ма, расска́з, рост, рома́н, рука́, ры́нок, наро́д, Румы́ния*	Буква э после буквы *р* не встречается
	Перед буквами *я, ю, ё, и*	[р']	*ряд, рябо́й, рю́мка, рюкза́к, рёв, морёный, рис, рису́нок, буря*	
	Перед буквой *е*	[р'] и [р]	*кре́сло, ре́бус, ре́нта, реве́ть, рези́на,* (произносится [р']), *пюре́, кабаре́, кре́до,*	Твердый согласный перед буквой *е* произносится в не-

1	2	3	4	5
р		[р]	реле́, редуплика́ция, Торе́з (произносится [р])	которых словах иноязычного происхождения. См. § 104
	На конце слова после букв гласных	[р]	пар, пир, но́мер, костёр, барье́р, сор, шнур, аллю́р, футля́р	
	На конце слова после букв согласных	[р̂]	акр, фиа́кр, теа́тр, метр, фетр, центр, семе́стр, орке́стр, шифр; зубр, бобр, кали́бр, мавр, лавр, манёвр, тигр, венгр, сидр, кадр, цили́ндр, скафа́ндр, жанр	На конце слова после глухих согласных [р] оглушается: произносится [р̂]. После звонких согласных возможно частичное оглушение
	В начале слова перед буквой глухого согласного	[р̂]	ртуть, рта	Произносится: [рту́т'], [рта̂]
	После буквы гласного вместе с буквой ь на конце слова или перед буквой согласного	[р']	янва́рь, корь, лазу́рь, богаты́рь, дверь, ширь; тюрьма́, зо́рька, серьга́, борьба́; жа́рьте, жа́рься	Мягкость согласного [р'] обозначается буквой ь
	После буквы согласного вместе с буквой ь на конце слова или перед буквой глухого согласного	[р']	вепрь, внутрь, вихрь; ноя́брь, дека́брь, сентя́брь, ноя́брьский, дека́брьский, сентя́брьский	Произносится [в'епр'], [внутр'], [в'ихр̂'], а также возможно [нʌj·а́бр'], [нʌj·а́бр'скъi̯]. См. § 55, п. 1
	Перед буквой ь в разделительном значении	[р']	рья́ный, бурья́н, ко́рью, карье́р, зверьё	

1	2	3	4	5
р	Не на стыке морфем, после буквы гласного перед буквой *р*, на месте которой произносится твердый [р]	ø	суррогáт, террóр, террáса, коррóзия, коррýпция	См. § 56, п. 2
	Не на стыке морфем, после буквы гласного перед буквой *р*, на месте которой произносится мягкий [р']	ø	корреспондéнт, корректýра, территóрия, баррикáда, корреля́ция	См. § 56, п. 2
	Перед буквами согласных, в том числе когда они обозначают мягкие согласные звуки (кроме буквы *р*)	[р]	нéрпа, тóрба, спервá, áрфа, фóрма, кáрта, мóрда, торс, Мóрзе, вéрно, тёрла, торгóвля, порхáть, мерцáть, торшéр; кóрпия, на арбé, сорвú, арфúстка, фóрменный, картúна, сурдúнка, форсúть, омерзúтельно, áрмия, верní, ýмерли, торчáть, мóрщиться, фонáрщик	О произношении согласной на месте *р* перед буквами согласных, обозначающих мягкие губные и зубные согласные, см. § 50
с	Перед буквами *а, о, у, ы, э*	[с]	сáло, садúть, сóда, сóрока, суд, сы́пать, насы́пать, сэр, сэконóмить	Буква *э* после *с* пишется в единичных словах
	Перед буквами *я, ё, ю, и*	[с']	ся́ду, посягнýть, сёмга, осётр, сюртýк, сюрпрúз, сю́ита, сúла, симфóния	
	Перед буквой *е*	[с'] и [с]	сéрый, сéльский, сестрá, сéктор, прóседь (произносится [с']); сéкста, асéптика, лексéма, нóнсенс, Сен-Сáнс (произносится [с])	О произношении [с'] или [с] перед гласным на месте *е* см. § 104, п. 4

1	2	3	4	5
с	На конце слова	[с]	нос, насо́с, принёс, я́рус, по́яс, те́зис	
	Вместе с буквой ь на конце слова	[с']	весь, смесь, о́кись, ру́копись, аво́сь, гусь, ввысь	Мягкость [с] обозначена буквой ь
	Вместе с буквой ь, за которой следует частица -те или частица -ся в форме повелительного наклонения	[с']	бро́сьте, заква́сьте, окра́сьте, не тру́сьте; укра́сься, све́сься	Старая московская норма с твердым [с] в частице -ся в этой форме не выдерживается: современной нормой следует считать мягкий [с] в этой форме.
	Вместе с буквой ь, за которой следует буква б	[з']	про́сьба, косьба́	Мягкость [з] обозначена буквой ь
	Перед буквой с, на месте которой произносится твердый согласный [с]; на стыке приставки и корня	[с]	ссади́ть, рассади́ть, ссуди́ть, сса́дина, рассуди́ть, иссуши́ть, воссозда́ть, рассы́пать	
	Перед буквой с, на месте которой произносится мягкий согласный [с']; на стыке приставки с- и корня	[с']	ссесть, ссели́ть, ссечь	См. § 49, п. 2
	Перед буквой с, на месте которой произносится мягкий согласный [с']; на стыке приставки (кроме с-) и корня	[с']	рассерди́ться, рассерди́лся, расседла́ть, рассе́ять, расса́живаться, и́ссиня-чёрный, иссе́чь, бесси́льный, бессемя́нка	Не непосредственно после ударного гласного или перед ударным гласным может произноситься также [с]: [ръс-с'и⁀е͡дла́·т']. См. § 49, п. 2

1	2	3	4	5
с	Не на стыке морфем, после буквы гласного перед буквой с, на месте которой произносится твердый согласный [с]	ø или [с]	кассáция, компрéссор, массажúстка, пассажúр, прессóванный, режиссýра, комиссáр (на месте сс произносится [с]); ассонáнс, кáсса, мáсса, массовúк (на месте сс произносится [с:])	См. § 56, п. 2
	Не на стыке морфем; после буквы гласного перед буквой с, на месте которой произносится мягкий согласный [с']; в словах иноязычного происхождения	ø или [с']	ассигновáние, дрессировáть, классúческий, комúссия, комиссионéр, концéссия, экспрéссия, экспрессúвный (на месте сс произносится [с']); ассимиляция, кассúр, мúссис, пессимúзм (на месте сс произносится [с':])	См. § 56, п. 2
	Перед буквой ь, за которой следует буква к или м	[с']	мóська, авóська, Вáська; восьмóй, тесьмá, весьмá, письмó	Мягкость [с] обозначена буквой ь
	Перед буквой ь в разделительном значении	[с']	пасьянс, досьé, Полéсье, поднебéсье; смéсью, óсью, вы́сью (твор. пад. ед. ч.)	
	Перед буквой ъ как разделительным знаком	[с']	съезд, съесть, съедóбный, съёживаться, съёмки, съехúдничать, съябедничать	
	Перед буквой р	[с]	срам, срок, сруб, срéдний, срез, срисовáть, срядúть	
	Перед буквами глухих согласных к, х, ц	[с]	скóро, скот, скит, скупúть, скúнуть; сходúть, слúнуть, схúма; сцéна, сцáпать, сцедúть, мясцó, косцá (род. пад. ед. ч.)	

1	2	3	4	5
с	Перед буквой ш	[ш]	сшить, сшибить, нёсший	
	На стыке ясно выделяемой приставки и корня перед буквой ч	[ш']	считывать, счистить, счёрпывать, исчеркать, исчертить, исчислить, исчерна-синий; расчертить, расчалить, расчесать	На месте сч произносится [ш'ч']: [ш'ч'и́тъвът']. При отсутствии морфологического стыка или неясности морфологического членения на месте сч произносится [ш':]. Например: расчёт. Произносится [рлш':о́т]. См. § 61
	Перед буквами т, н, л, на месте которых произносятся мягкие согласные; не на стыке морфем, кроме стыка приставки с- и корня	[с']	стенка, степь, стих, стеречь, истец; стихло, стиснуть, стеснить; лесть, месть, кость; снег, сниться, снимок, сняться; песнь; снёс; ослик, слёзы, слива, слесарь, слюда, слюни, маслята; слечь, слезть	См. § 49, п. 1 В начале слова может произноситься также [с]: [ст'их], [сн'ек], [сл'и́въ]
	Перед буквой т, на месте которой произносится мягкий согласный; на стыке приставки (кроме с-) и корня	[с'] или [с]	растяну́ть, растя́нутый, растира́ть, растя́па, исте́чь, истере́ть, ро́степель	Согласный [с'] обычно произносится непосредственно после или перед ударным слогом: [ро́·с'т'ьп'ьл'], [рлс'т'·а́нутъ̣]. В других положениях наряду с [с'] произносится также [с]: [ръс'т'ие ну́т'] и [ръст'ие ну́т']. См. § 49, п. 2

1	2	3	4	5
с	Перед буквами *б, д,* на месте которых произносится твердый согласный; на стыке с приставкой *с-*	[з]	*сба́вить, сбыть, сба́грить, сдать, сдо́хнуть, сдо́брить, сду́ру*	
	В начале слова при отсутствии ясно выделяемой приставки перед *ч*; на месте *сч*	[ш':]	*сча́стье, счёт, счастли́вый*	Произносится: [ш':ӑс'т'і̥ь], [ш':"от]. См. § 61
	На стыке корня и суффикса, начинающегося с *ч*, на месте сочетания *сч*	[ш':]	*разно́счик, бруснча́тка*	Произносится: [рлзно́ш':ик], [бруш':"а́ткъ]. См. § 61
	На стыке приставки и корня перед буквой *щ*; на месте *сщ*	[ш']	*расще́лина, расщёлкать, расщеп, расщеми́ть, расщепи́ть, исщипа́ть*	На месте *сщ* произносится [ш'ш':] со слогоразделом после первого элемента сочетания: [рлш'/ш':-е́л'инъ]
	Перед буквой *ж*	[ж]	*сжать, сжима́ть, сжига́ть, сжечь*	
	Перед буквами *г, з*	[з]	*сгуби́ть, сгоре́ть, сгон, сгиб, сгрести́, сгла́дить; сза́ди, сзыва́ть*	
	Перед буквами согласных *т, н, л,* когда на их месте произносятся твердые согласные	[с]	*стол, столкну́ть, ста́скивать, стук, стык; востре́бовать, расстро́ить, истреби́ть; сноп, снотво́рный, сно́ва, снаря́д, сноси́ть; сло́во, сла́ва, слух, сло́пать, сла́зить*	

1	2	3	4	5
с	Перед буквами *б, д,* на месте которых произносится мягкий согласный; на стыке с приставкой *с-*	[з']	сби́ть, сби́тень, сбе́гать, сбѐркни́жка, сде́лать, сде́льный, сдёргать, сде́рживать, сде́рживание, сдира́ть, сди́рка	См. § 48, п. 2
	Перед буквами *в, ф, п, м,* на месте которых произносятся твердые согласные	[с]	свой, сват; сфабрикова́ть, расфасо́вка, расфуфы́ренный, бесфо́рменный; о́спа, спать, распа́рить, распу́тать, беспу́тный, испыта́ть, испо́лнить; смак, сма́льта, сму́та	
	Перед буквами *в, ф, п, м,* на месте которых произносятся мягкие согласные; не на стыке морфем, кроме стыка приставки *с-* и корня	[с']	сви́нство, свет, связь, све́рить, свёртывать, свя́зывать, свя́тость; сфе́ра, сфинкс; спи́нка, спи, спи́ца, спесь, спирт, спеши́ть, спеть, списа́ть; смех, сме́та, смерть, сми́рно, смири́ть	См. § 48, п. 1 В начале слова возможно также твёрдое произношение [с]: [св'äс'], [сп'ирт], [см'ех]
	Перед буквой *п,* на месте которой произносится мягкий согласный; на стыке приставки (кроме *с-*) и корня	[с']	воспи́танный, воспе́ть, исписа́ть, испёк, испе́чь	Возможно также произношение [с], в особенности в словах книжного происхождения. См. § 48, п. 2
т	Перед буквами *а, о, у, ы, э*	[т]	там, тако́й, том, толко́вый, ту́мба, тыл, тылово́й, Тэн	Буква э после *т* употребляется в отдельных нерусских собственных именах
	Перед буквами *я, ё, ю, и*	[т']	тя́га, тяну́ть, вы́тянуть, тёплый, тю́бик, тюфя́к, ти́на, карти́на	

1	2	3	4	5
т	Перед буквой *е*	[т'] и [т]	тéсто, тéхника, патéнт, тéрмин, телескóп, в комитéте, на высотé (произносится [т']); мартéн, шатéн, тент, тéрмос, тесситýра, интенсúвно, интенсификáция (произносится [т])	О произношении [т'] или [т] перед гласным на месте *е* см. § 104, п. 1
	На конце слова	[т]	пот, делегáт, свет, бант, порт, турúст, альт, сыт, богáт	
	Вместе с буквой *ь* на конце слова	[т']	гать, пять, начáть, дуть, петь, кость, грусть	Мягкость [т] обозначена буквой *ь*
	Вместе с буквой *ь*, за которой следует частица *-те* или частица *-ся* в форме повелительного наклонения	[т']	отмéтьте, трáтьте, пя́тьте, не пóртьте; отмéться, трáться, пя́ться, охóться, насы́ться	В сочетании с *-те* произносится мягкий [т] с долгим затвором [т'т']; перед частицей *-ся* произносится мягкий [т] с элементом аффрикаты [ц'] в конце, т. е. близко к [ц']: [трá т'ц'с'ъ]. О произношении неопределенной формы и формы 3-го л. ед. и множ. ч. глаголов — на месте *-ться* и *-тся* § 63
	Вместе с буквой *ь*, за которой следует буква *к* или *м*	[т']	бáтька, тя́тька, тьма	Мягкость [т'] обозначена буквой *ь*

1	2	3	4	5
т	Перед буквой ь в разделительном значении	[т']	*статья́, галиматья́, литьё, чутьё, рантье́; статью́, статьи́; ра́тью, крова́тью* (твор. пад. ед. ч.)	См. § 55
	Перед буквой ъ как разделительным знаком	[т]	*отъе́зд, отъеда́ться, отъя́вленный*	См. § 55
	Не на стыке морфем, после буквы гласного; перед буквой т, на месте которой произносится твердый согласный [т] с последующим гласным	∅ или [т]	*атташе́, гуттапе́рча, гуттура́льный, опере́тта, канцоне́тта, се́ттер, котте́дж* (на месте *тт* произносится [т]); *ге́тто, бру́тто, не́тто* (на месте *тт* может произноситься согласный [т] с долгим затвором [ᵗт])	См. § 56, п. 2
	Не на стыке морфем, после буквы гласного; перед буквой т, на месте которой произносится мягкий согласный [т'] с последующим гласным	∅ или [т']	*аттеста́т, готтенто́т, либретти́ст* (на месте *тт* произносится [т']); *атти́ческий, А́ттика* (на месте *тт* произносится [т'] с долгим затвором [ᵗ'т'])	См. § 56, п. 2
	На стыке приставки и корня перед буквой т, на месте которой произносится твердый согласный [т]	[т]	*оттащи́ть, отта́ивать, отто́ргнуть, оттопы́рить, оттушёванный, оттыка́ть*	Произносится звук [т] с долгим затвором [ᵗт]

1	2	3	4	5
т	На стыке приставки и корня перед буквой т, на месте которой произносится мягкий согласный [т']	[т']	óттиск, óттепель, оттёсывать, оттёртый, оттеснúть, оттесáть, оття́гивать, оттяну́ть	Возможно произношение с твердым затвором в начале: [ᵀт'], когда сочетание тт находится не после ударного гласного, т. е. произносится [о·ᵀт'иск], но возможно [лᵀт'-óртъ̆]. См. § 49, п. 4
	Перед буквами р, м	[т]	труд, три, тряхну́ть, отрéзать; áстма, в áстме, отмéрить, отмахну́ться; оттрубúть, оттрёпанный, оттрясти́	В случаях типа оттрубúть произносится звук [т] с долгим затвором: [лᵀтруб'ит']
	Перед буквами н, л, когда за ними следует одна из букв: а, о, у, ы	[т]	пóтный, му́тный, прия́тный, относúть; у́тлый, свéтлый, отложúть, отлыну́ть, отлупúть, дотлá	О сочетаниях [т͡н], [т͡л] см. § 49, п. 6 и 7. Эти сочетания произносятся с одним общим для обоих звуков затвором
	Перед буквами н, л, когда за ними следует одна из букв: е, ё, и, я, ю	[т'] и [т]	óтняли, пóтненький, прия́тнее, лéтний, суббóтний, брáтний, отнéкиваться, отнимáть, отнёс, отню́дь; пéтли, тля, тлéет, забóтливый, отчётливый, кокéтливый, неповорóтливый; хлопотлúвый	О произношении сочетаний [т͡н'] и [т͡л'] см. § 49, п. 6 и 7. После ударного гласного сочетание произносится с мягким затвором: [т'н'], [т'л']. Ср. [о·т'н'ьл'и], [л'éт'н'иǐ]; [п'éт͡'л'и], [клк'é-

263

1	2	3	4	5
т				т͡л'ивъi]. В других положениях и на стыке приставки и корня сочетание произносится с твердым затвором: [т͡н'], [т͡л']. Ср. [лт͡н'има́·т'], [хлъпл-т͡л'ивъi]
	На стыке приставки и корня перед буквой *в*	[т]	отво́д, отва́дить, отвыка́ть, отвёртка, отвинти́л, отвяза́ть	
	Перед буквой *в*, на месте которой произносится твердый согласный	[т]	тварь, тво́рчество, твой, творо́г, плотва́	
	В пределах одной морфемы (корня или суффикса), в составе суффикса перед буквой *в*, на месте которой всегда произносится мягкий согласный	[т']	твёрдый, твердь, ве́тви, ветви́стый, ли́ственный, есте́ственный, сво́йственный, Матве́й	В этом положении в части слов допусти́м и твердый [т]. См. § 48, п. 1
	Перед буквой *ч*	[т']	о́тчий, о́тчество, во́тчина, солда́тчина, отчёт, отча́сти, отча́янный, отчуждённый, отчека́нить	См. § 70
	Перед буквой *ц*	затвор для [т]	отцепи́ть, отца́	См. § 64
	Перед буквами глухих согласных *к, п, ф, х*	[т]	отки́нуть, отпусти́ть, отформова́ть, отхо́д	

1	2	3	4	5
т	На стыке с приставкой перед буквой *с*, на месте которой произносится твердый согласный	[т]	*отсадил, отсохнуть, отстрел*	См. § 63
	На стыке с приставкой перед буквой *ш*	[т]	*отшил*	См. § 69
	На стыке приставки и корня перед буквой *д*, на месте которой произносится твердый согласный	[д]	*отда́ть, отдави́ть, о́тдых, отду́шина*	Произносится звук [д] с долгим затвором: [ᵈд]
	На стыке приставки и корня перед буквой *д*, на месте которой произносится мягкий согласный [д]	[д']	*отде́лать, отдели́ть, отдёрнуть, отдира́ть*	См. § 49, п. 4
	На стыке приставки и корня перед буквами звонких согласных *б, г*	[д]	*отби́ть, отбо́й, отгоня́ть, отга́дка, отгу́л, отгуде́ть, отгры́зть*	
	На стыке с приставкой перед буквой звонкого согласного *з* с последующим гласным	[д]	*о́тзыв, отзимова́л*	См. § 68
	На стыке с приставкой перед буквой звонкого согласного *ж* с последующим гласным	[д]	*о́тжил, отжа́л*	См. § 69

1	2	3	4	5
у	В начале слова и после букв гласных, после букв согласных, на месте которых произносятся твердые согласные; в ударном и безударных слогах перед твердым согласным или на конце слова	[у]	у́тро, у́хо, у́гол; пау́к, нау́ка, гуа́шь; пух, му́сор, ту́мба, шу́ба, жук, кенгуру́, табу́; уда́р, уто́пия, уда́ча; вы́думка, вы́пуск, ки́ну, сы́ну	
	В начале слова, после букв гласных и после букв согласных, обозначающих твердые согласные; в ударных и безударных слогах перед мягким согласным, включая [j] — [i̯]	[у·]	у́лей, у́стье, путь, муть, жуть, карау́лить; уди́ть, мути́ть, пусти́, шути́ть; науте́к; по́ступь, про́рубь, вы́рубил, вы́пустил; дуй, ду́ю	
у	После букв ч и щ, а также после сочетания зж в пределах одной морфемы и после сочетания жж; в ударном слоге перед твердым согласным и на конце слова	[·у]	чу́дный, чуб, чу́ткий, щу́ка, плачу́, рукоплещу́, вожжу́, визжу́	

1	2	3	4	5
у	После букв *ч* и *щ*; в ударном слоге перед мягким согласным и в безударных слогах, включая [j] — [i̯]	[ӱ]	чу́ть-чу́ть, щу́риться; чу́ю; чуда́к, чудакова́тый, чугу́н, щурёнок; о́щупью	
ф	Перед буквами *а, у о, ы, э*	[ф]	факт, фальшь, фуро́р, фуфа́йка, фо́рум, форси́т, фы́ркать, фырча́ть, Фэ́рбенкс	Буква *э* после ф пишется в отдельных иностранных собственных именах
	Перед буквами *я, ю, ё, и*	[ф']	тюфя́к, тюфяка́, фюзеля́ж, фён, фи́рма, фити́ль	
	Перед буквой *е*, в. ударном слоге	[ф'] и [ф]	ферзь, фе́рма, фе́ска ([ф'êр'с'], [ф'ермъ], [ф'éскъ]); кафе́, аутодафе́ ([клфэ́], [а̂утодлфэ́]), Феб, Фе́дра, [Фэп], [Фэ́дръ]	О произношении [ф'] или [ф] перед гласным на месте *е* см. § 103
	Перед буквой *е* в безударных слогах	[ф']	февра́ль, федера́ция, ферга́нцы, ферме́нт	См. § 103
	На конце слова	[ф]	шеф, штраф, торф, филосо́ф	
	Вместе с буквой *ь* на конце слова	[ф']	верфь, потра́фь, не дре́йфь	Мягкость [ф] обозначена буквой *ь*
	Вместе с буквой *ь*, за которой следует частица -*те* или -*ся*	[ф']	потра́фьте, не дре́йфьте; не проштра́фься	На месте *фь* перед частицами -*те* и -*ся* произносится [ф'], как на конце слова. Ср. *потра́фь*
	Перед буквой *ь* в разделительном значении	[ф']	сафья́н, ве́рфью	Произносится [слф'j·а́н], а также [в'е́р'-

1	2	3	4	5
ф				ф'i·у] с ослабленным звуком [i]. См. § 55, 35.
	После буквы гласного перед буквой ф, за которой следует одна из букв гласных а, у, о, ы	ø и (редко) [ф]	*диффу́зный* (на месте фф произносится [ф]), *диффама́ция* (на месте фф произносится [ф:])	См. § 56, п. 2.
	После буквы гласного перед буквой ф, за которой следует одна из букв гласных е, и	ø	*аффе́кт, эффекти́вный, дифференциа́ция, а́ффикс, су́ффикс*	См. § 56, п. 2. В этом положении на месте букв фф произносится [ф']
	Перед буквой г	[в]	*афга́нцы*	Произносится [лвга́нцы]. Пример единичный
	Перед буквами согласных (кроме г)[1]	[ф]	*фрак, флаг, фля́га, штрафно́й, ри́фма, ко́фта, кафта́н, фтор, антропосо́фка, ли́фчик; в рифме*	Буква ф обычно не встречается перед буквами звонких согласных (ср. единичное *Афганистан*), а также перед буквами ряда других согласных
х	Перед буквами а, о, у	[х]	*ха́та, хала́т, хо́лод, хорохо́риться, ху́тор, худо́жник*	Перед буквами э и ы, а также я, ю, ё буква х не употребляется, если не считать иностранных географических

[1] На месте сочетания *фм*, если далее следует буква *е*, может произноситься [ф'м'] с мягким [ф]: [р'иф'мэ]. См. § 47.

1	2	3	4	5
х				и личных имен. Ср. Хуанхэ, Хёльц и т. д.
	Перед буквами *и, е*	[х']	хи́трый, хихи́кать, хиру́рг, хе́дер, херуви́м; в эпо́хе, эпо́хи	
	Перед буквами сонорных согласных и *в*	[х]	хлам, храм, хны́кать, хмы́кать, хвост	
	Перед буквами глухих согласных	[х]	усо́хся, засо́хший, казáхский, тахтá, пи́хта	Перед буквами бо́льшей части глухих согласных, а также перед буквами звонких согласных буква *х* не встречается
	На конце слова	[х]	слух, успе́х, о́тдых, во-вторы́х, засо́х	
ц	Перед буквами гласных	[ц]	цáп-царáп, цо́коль, борцо́м, це́дра, цеди́ть, пáльцем, цукáт, цыгáн, цирк, ци́фра, пáнцирь, купцы́, круглоли́цый, сестри́цын	Перед буквами *э, ё*, а также *ю* и *я* буква *ц* вообще не употребляется, если не считать иностранных географических и личных имен. Ср. Цюрих, Свенця́ны; Ця́вловский, Коцюби́нский, Цюру́па, где может произноситься [ц']
	На конце слова	[ц]	матрáц, певе́ц, ме́сяц, принц	

1	2	3	4	5
ц	Перед буквами глухих согласных	[ц]	клёцки, лáцкан, половéцкий, турéцкий, Цфасман	Перед бóльшей частью букв глухих согласных ц не встречается
	Перед буквами сонорных согласных и буквой *в*	[ц]	Цна (река), Вацлав; цвет, цвелá	О произношении [ц] см. § 30, примечание 1 и 2
	Перед буквами других звонких согласных	[дз]	Гинцбург (произносится [дзб]), Лао Цзы	Встречается в отдельных иностранных собственных именах
ч	Перед буквами гласных	[ч']	чáсто, частúть, чýвство, чудúть, чóхом, плечóм, чёрный, чернь, ученúк, чúстый, очищáть	Перед буквами я, ю, ы, э буква ч не употребляется, если не считать иностранных личных и географических имен. Ср. Чюрлёнис, Чюмина, Чэндý
	Перед разделительным *ь*	[ч']	чья, нóчью, ничья́, вóлчья	
	Перед буквами сонорных согласных и *в*	[ч']	чрéво, член, ночлéг, начнý, чмóкать, чвáнство	
	Перед буквами глухих согласных	[ч']	очкó, пúчкать, пóчта, мáчта, начхáть	Перед многими буквами глухих согласных буква ч не встречается

1	2	3	4	5
ч	Перед буквой ь, за которой следует частица -ся или -те	[ч']	улечься, стричься; беречься, не плачьте	О произношении форм на -чься см. § 93
	На конце слова	[ч']	врач, палач, луч; встреч, удач (род. пад. множ. ч.); жгуч, летуч, горяч	
	Перед буквой ь на конце слова	[ч']	дочь, мелочь; помочь, лечь, остричь, не плачь; вскачь, прочь	Здесь буква ь не имеет фонетических или морфологических функций. См. примечание на стр. 277
	Перед буквой парного звонкого согласного	[д͡ж']	алчба, Кучборская	Перед большей частью букв звонких согласных буква ч не встречается
ш	Перед буквами гласных	[ш]	шаг, шаги, шёл, шёлк, шок, шест, шестой, шум, шил, шалаши	Перед буквами я, ы, э буква ш не употребляется. Перед ю буква ш употребляется в словах пшют, парашют, брошюра. Об их произношении см. § 31, примечание
	Перед разделительным ь	[ш]	шью, удушье, затишье	
	Перед буквами сонорных согласных л, р, м, н и буквой в	[ш]	шла, шли, шрам, плашмя, шмыгать, шнур, кашне, клешня, швабра, швырнуть	
	На конце слова	[ш]	грош, глупыш, душ, марш	

1	2	3	4	5
ш	Перед буквой ь на конце слова	[ш]	мышь, глушь, тушь; утешь, éдешь, сплошь	Здесь буква ь не имеет фонетических или морфологических функций. См. примечание на стр. 277
	Перед буквой ь, за которой следует частица -ся или частица -те	[ш]	утéшься, утéшьте, умывáешься, брéешься	О произношении форм на -шься см. § 93
	Перед буквами глухих согласных (кроме буквы ч)	[ш]	шкаф, старýшка, шпóры, штамп, штáты, шхýна, мы́шца, латы́шский	Буква ш встречается не перед всеми буквами глухих согласных
	Перед буквой парных звонких согласных	[ж]	волшба	Перед большей частью букв звонких согласных буква ш не встречается
	Перед буквой ч	[ш']	веснýшчатый, кубы́шчатый	На месте шч произносится [ш'ч']
щ	Перед буквами гласных	[ш':]	пощáда, щавéль, щёголь, щель, щеголя́ть, щýка, плащóм, плющóм, товáрищем	Перед буквами я, ю, ы, э буква щ не употребляется
	Перед разделительным ь	[ш':]	вéщью, мóщью	
	Перед буквами сонорных согласных и буквой в	[ш':]	изощря́ться, хи́щный, мóщный, умерщвля́ть	Перед большей частью букв согласных буква щ не встречается. Долгота [ш':] в этом положении может утрачиваться, см. § 29

1	2	3	4	5
щ	После согласных (обычно в суффиксе -щик)	[ш':] или [ш']	гардеро́бщик, зимо́вщик, общи́на, сме́нщик, тра́льщик	Подробнее см. § 29
	На конце слова	[ш':]	плющ, свищ, плащ, товарищ	
	Перед буквой ь на конце слова	[ш':]	вещь, мощь, не́мощь, расплю́щь	Буква ь на конце слова после щ не имеет фонетических или морфологических функций. См. примечание на стр. 278
ъ	Перед одной из букв: я, ю, ё, е; после буквы согласного приставки, в том числе после приставок иноязычного происхождения (обычно латинских), часть которых в современном языке не выделяется, а также после первой части сложного слова, кончающегося твердым согласным	—	съезд, съе́хаться, съя́бедничать; разъе́зд, разъеда́ть, разъярённый; безъя́дерный; изъявле́ние; въе́хать, въявь; отъя́вленный, отъе́зд, отъюли́ть; надъязы́чный; подъёмный, подъярёмный; объяви́ть, объе́хать, объём; предъюбиле́йный; объе́кт, субъе́кт; инъе́кция, конъекту́ра; панъевропе́йский, дизъю́нкция, интеръекцио́нный; контръя́рус; межъевропе́йский, трехъя́русный, сверхъесте́ственный	Является разделительным знаком: указывает на то, что следующая за ъ буква гласного (я, ю, ё, е) читается так, как она читается в начале слова или после гласного, т. е. со звуком [j] (или [i]) перед гласным. О звуковом значении буквы согласного, предшествующей букве ъ, см. в разделах о соответствующих буквах согласных
ы	После букв согласных, парных по твердости-мягкости; перед	[ы]	бык, быт, мыт, сыр, зы́бкий, привы́к, фы́ркать, вспы́хнуть, дым; пары, столбы́, столы́;	Перед [л] образование гласного [ы] заметно оттянуто

1	2	3	4	5
ы	твердыми согласными и на конце слова; в ударном слоге		*трýбы, водьí, осьí* (род. пад. ед. ч.), *пыл, был, ныл*	назад и напряженно: [тыл], [был], [мыл] (на это указывает знак ⊣ под буквой *ы*)
	После букв согласных, парных по твердости-мягкости; перед мягкими согласными; в ударном слоге	[ы·]	*быль, быть, зарьíть, пузьíрь, брысь, льíсина, мьíлить, стьíнет, засьíпь, подьíмет*	
	После букв согласных, парных по твердости-мягкости; в предударных слогах	[ы]	*побывáть, пытáлся, подымáть, смывáть, мыловáр; пузырьí, быльíнка, дымьíть, отсырéл*	В безударных слогах гласный [ы] в большей или меньшей степени редуцируется
	После согласных, парных по твердости-мягкости; в заударных неконечных слогах; перед твердым согласным	[ъ]	*пáсынок, óпытный, пóбыл, вьíмыто, дóбыто, привя́зывал, накáзывал, опрáвдывал, вытáптывал*	В очень отчетливой речи здесь возможно произношение гласного типа [ы]
	После буквы *ц* в корнях отдельных слов и в падежных окончаниях; перед твердым согласным или на конце слова; в ударном и предударных слогах	[ы]	*цыц, цьíкать, цьíпка, на цьíпочках; огурцьí, молодцьí, скворцьí, подлецьí; цыгáн, цыплёнок*	В большей части корней и перед суффиксами пишется *и*: *цирк, цúркуль, нацúзм, нацúст*
	После буквы *ц* в падежных окончаниях, притяжательном суффиксе -*ин(-ын)*; в заударных слогах	[ы]	*пáльцы, комсомóльцы; у синúцы, кýрицы, теплúцы, рукавúцы; бледнолúцый, бледнолúцых, бледнолúцым, бледнолúцыми; сестрúцын, лисúцын*	В заударном слоге гласный [ы] по своему качеству приближается к [ъ]. Ср. *к бледнолúцым* и *о*

1	2	3	4	5
ы				бледнолицем и бледнолицыми и лицами (твор. пад. множ. ч.), где в обоих случаях произносится гласный, близкий к [ъ]
ь	На конце слова; после буквы согласного, парного по твердости — мягкости	—	сыпь, степь, поступь, дробь, голубь, приспособь; верфь, потрафь, кровь, обувь, вновь, приготовь; семь, впрямь, познакомь; гать, пять, петь, дуть; лошадь, грудь, уладь; весь, гусь, брось; князь, мазь, не лазь; лань, пень, окунь, дунь; январь, корь, расширь; моль, пыль	Имеет дополнительную звуковую функцию: вместе с буквой предшествующего согласного обозначает соответствующий мягкий согласный звук
	Перед буквой согласного; после буквы согласного, парного по твердости мягкости (кроме губных)	—	редька, тятька, авоська, зюзька, зорька, пенька, тюлька; резьба, просьба, ходьба, молотьба, бороньба, борьба, мольба; Клязьма, тюрьма, письмо, возьму, пальма, тьма; раньше, меньше, большой, пальцы, ольха; сальдо, пальто; польза; игольчатый, не засальте, не печальтесь, не печалься, проверьте, проверься	О функции ь в глагольных формах с частицами -те и -ся см. в 5-й графе на стр. 278—280
	Перед одной из букв: я, ю, ё, е; после буквы	—	пьяный, пью, пьёт, копьё, цепью; бью, бьёт, бабье, зябью;	Является разделительным знаком; указы-

1	2	3	4	5
ь	согласного, парного по твердости — мягкости		сафья́н, ве́рфью; вью́га, вьёт, кро́вью; семья́, скамью́, ко́мья, о́зимью; статья́, статьёй, ра́тью; дья́кон, медве́дье, гру́дью; пасья́нс, досье́, сме́сью; друзья́, вя́зью; конья́к, шифонье́рка, о́сенью; рья́ный, зверьё, карье́р, лью, калья́н, бельево́й	вает на то, что следующая за ь буква гласного (я, ю, е, ё) читается так, как она читается в начале слова или после гласного, т. е. с начальным [j] или [i̯].
	Перед одной из букв: я, ю, ё, е; после буквы к (в отдельных случаях)	—	Лукья́н	Является разделительным знаком. Согласный на месте к в этом положении произносится мягко: [Лук'j·а́н]. Примеров на положение перед ю, е, ё практически нет
	Перед одной из букв: я, ю, ё, е; после других букв согласных, внепарных по твердости-мягкости (ш, ж, ч, щ) [1]	—	шью, шьёт, уду́шье; ружьё, ру́жья, медве́жья; чья, чьё, чьей, чью, дурачьё; ти́шью, ро́жью, но́чью, ве́щью, мо́щью	Является разделительным знаком. Указывает на то, что следующая за ь буква гласного (я, ю, ё, е) читается так, как она читается в начале слова или после гласного, т. е. с начальным [j] или [i̯].
	Перед буквой и; после буквы согласного, пар-	[j] [2]	се́мьи, ры́бьи, вдо́вьи; попадьи́, статьи́; ры́сьи, ли́сьи, ко́зьи,	

[1] Согласные на месте ш, ж, ч, щ, внепарные по твердости — мягкости, в этом положении произносятся так, как и во всех других: [ш], [ж] — твердо, [ч'], [ш':].— мягко.
[2] Исходим из того, что буква и в начале слова и после гласных обозначает гласный [и], а не сочетание [ји]. Ср. и́го, по́иск, мои́: [и́гъ], [по́иск],

1	2	3	4	5
ь	ного по твердости — мягкости		свиньи, у́льи, оле́ньи, ку́рьи (на курьих ножках)	
	Перед буквой *и*; после букв согласных, внепарных по твердости — мягкости (ш, ж, ч)	[j]	мы́шьи, говя́жьи, медве́жьи, пти́чьи, чьи	См. примечания 1 и 2 на стр. 276. Буква *ь* в этом положении обозначает звук [j]. Согласные на месте *ш, ж, ч* произносятся как и в других положениях: [ш] и [ж] — твердо, [ч'] — мягко
	Перед буквой *о*; после некоторых букв согласных, парных по твердости — мягкости	[j]	бульо́н, каньо́н, компаньо́н, батальо́н, почтальо́н, Авиньо́н, карманьо́ла, лосьо́н	Так как буква *о* в начале слова обозначает гласный [о], а не сочетание [jо], то приходится считать, что в приведенных словах иноязычного происхождения буква *ь* обозначает звук [j].
	На конце слова; после одной из букв: *ш, ж, ч* и *щ*	—	мышь, глушь, тишь, едешь, моешь, утешь; рожь, ложь, молодёжь, наре́жь, нама́жь; дочь, дичь, ме́лочь, вещь, стричь, стере́чь, не пла́чь, не му́чь	Буква *ь* после *ш, ж, ч* не имеет никакой функции — ни дополнительной звуковой, ни морфологической.

[мли́]. Произношение форм *их, им* и др. как [jих], [jим] следует квалифицировать как устаревшее.

(Однако форма *бой* может произноситься как [бли́] и как [бljи́] — последнее в отчетливом произношении.) Если исходить из того, что буква *и* в начале слова и после гласных обозначает гласный [и], а не сочетание [jи], то следует признать, что буква *ь* после буквы согласного перед буквой *и* обозначает звук [j]. Согласные, парные по твердости-мягкости, перед [j] (на месте *ь*) произносятся мягко: [с'е́м'jи], [ко́·з'jи], [лл'е́н'jи] и т. д.

1	2	3	4	5
ь	Перед буквой согласного частиц -те и -ся; после ш, ж, ч (в глагольных формах)	—	уте́шьте, утишьте, облапо́шьте; уте́шься, утишься; бре́ешься, кру́тишься; наре́жьте, нама́жьте; не поре́жься, поне́жься; не пла́чьте; стри́чься, остере́чься	Буква ь после ш, ж, ч не имеет никакой функции — ни звуковой, ни морфологической[1]. Однако употребление буквы ь в формах множ. ч. перед частицами -те, -ся создает единство в написании единственного и множественного числа. Ср. утешь — утешьте, режь — режьте, плачь — плачьте, крутишь — крутишься. Впрочем, такое единство могло бы существовать и без ь; ср. реж — режте, крутиш — крутися.

---

[1] Звуковой функции буква ь не имеет, так как тот же согласный произносится на конце слова и при отсутствии буквы ь. Ср. *манеж, шабаш, плач* (существительное) и *манежь, шабашь, плачь* (форма повелительного наклонения от *манежить, шабашить, плакать*); морфологической функции она не имеет, так как буква ь после ч, ш, ж может употребляться в разных формах (ср. *печь* — сущ., *печь* — неопред. форма глагола; *плачь* — форма повел. накл., *плач* — сущ. мужск. рода; *тишь* — сущ., *утишь* — форма повел. накл., *едешь* — форма 2-го л. ед. ч. и т. д.). К этому следует добавить, что буква ь и после букв согласных, парных по твердости-мягкости, также не имеет морфологической функции, а указывает на мягкость согласного. Ср. *жар, жарь*, рядом с *тварь, гарь* и т. д. Ср. также слова *зверь* (мужск. р.) и *дверь* (женск. р.).

1	2	3	4	5
ь	Перед буквой согласного частиц -те и -ся; после букв с, з, т, д, н (в форме повелительного наклонения)	—	бро́сьте, раскра́сьте, взве́сьте; взве́сься, обезопа́сься, возвы́сься; ле́зьте, не конфу́зьте, прибли́зьте; не конфу́зься, прибли́зься, не обморо́зься; отме́тьте, конопа́тьте, не тра́тьте; отме́ться, не тра́ться, встре́ться; ула́дьте, погла́дьте, ся́дьте, прину́дьте; ула́дься, пригла́дься, уся́дься; ду́ньте, плю́ньте, гля́ньте, вы́ньте, отплю́нься	Буква ь здесь имеет важную морфологическую функцию: она обеспечивает единство написания форм повелительного наклонения с частицами -те и -ся с теми же формами без этих частиц, имеющими к тому же на конце согласный звук с самостоятельной мягкостью, обозначаемого буквой ь (ср. отбро́сь и о́тброс; брось — бро́сьте, прибли́зь — прибли́зьте; отме́ть — отме́ться, плюнь — отплю́нься). Если частица -ся в форме повелительного наклонения произносится с твердым [с], то следует признать, что буква ь вместе с предшествующей буквой согласного обозначает мягкий согласный: [вз'в'е́с'съ], [пр'ибл'и́с'съ], [н'и⁰тра́·т'съ], [ус'-

1	2	3	4	5
ь	Перед буквой согласного частиц -те и -ся; после букв губных согласных м, п, б, в, ф	—	*познако́мьте, познако́мься; сы́пьте, сы́пься, поту́пься; приспосо́бьте, приспосо́бься; пригото́вьте, пригото́вься; потра́фьте, не проштра́фься*	ät'съ], [лтпл'ӱн'съ]. Имеет дополнительную звуковую функцию: вместе с буквой предшествующего согласного обозначает соответствующий мягкий согласный звук: [пъзнлко́'м'т'ь]; [пъзнлко́'м'с'ъ] или [пъзнлко́'м'съ]. Следует отметить, что мягкость губных в формах без частиц -те и -ся самостоятельна и существенна. Ср. *готовь* и *готов*, *знакомь* и *знаком*. Употребление буквы ь в формах множ. ч. перед частицами -те и -ся обеспечивает единство их написания в формах без частиц и с частицами: *готовь — готовьте; готовь — готовься*. Функция обозначения буквой ь мягкости предшествующего согласно-

1	2	3	4	5
ь				говидна из того, что согласные [м], [п], [б], [в], [ф] перед мягкими [т'] и [с'] вообще не смягчаются. Ср. *в почтамте, птица, обтереть, втиснуться, нефти; псина, обсечь, всё*
э	В начале слова; в ударном слоге перед твердым согласным	[е]	*э́тот, э́хо, э́пос, э́ра*	
	В начале слова; в ударном слоге перед мягким согласным	[ê]	*э́ти, э́тика, э́ллипс* [е́л'ипс], *э́льф, э́пика, эй*	
	После букв гласных (обычно *о, у, а*); в ударном слоге перед твердым согласным	[е]	*поэ́т, дуэ́т, силуэ́т, менуэ́т, пируэ́т, маэ́стро*	
	После букв гласных; в ударном слоге перед мягким согласным	[ê]	*поэ́зия, поэ́тика, дуэ́тик*	
	В начале слова; в предударных слогах	[е]	*экстра́кт, эква́тор, экра́н, экраниза́ция, эконо́мика, эта́ж, этажёрка; эди́кт, эпи́тет, эмигра́нт, элеме́нт*	Начальный гласный, не в 1-м предударном слоге и в особенности перед мягким согласным может быть склонен к [и], т. е. произно-

1	2	3	4	5
э	После букв гласных в 1-м предударном слоге	[еи]	фуэте́, аэро́лог, поэти́ческий, фаэто́н	ситься как [еи]. Но это не должен быть [и]-обра́зный звук, а звук типа [е]. См. § 106 В словах, проникших в разговорный язык, может произноситься звук, близкий к [и] — [иe]: по[иe]ти́ческий. Слово *фаэто́н*, в прошлом входившее в разговорный язык, произносилось с [i̯]: [флi̯то́н]. Теперь обычно: [фъиeто́н].
	После букв гласных во 2-м предударном слоге (или одновременно после ударения)	[i̯]	аэропла́н, аэропо́рт, аэроста́т, аэродро́м, аэрона́вт, Аэрофло́т	Произносится: [лi̯рлпла́н] и т. д.
	После букв гласных в заударном слоге	[е]	брандма́уэр, лю́эс	В заударном слоге гласные обычно редуцируются. Однако гласный, обозначаемый буквой э, в положении после гласного в иноязычных по происхождению словах должен сохранить качество, близкое к [е]

1	2	3	4	5
э	После букв, парных по твердости-мягкости согласных, которые в этих словах произносятся твердо; в ударном слоге перед твердым согласным	[э]	пэр, мэр, сэр; Улан-Удэ́, Бэ́кон, Тэн	Буква э после парных по твердости-мягкости согласных пишется в немногих нарицательных именах иноземного происхождения и иностранных собственных именах
	После букв, парных по твердости-мягкости согласных, которые в этих словах произносятся твердо; в ударном слоге перед мягким согласным	[э̂]	о пэ́ре, мэ́ре, сэ́ре; о Тэ́не	См. предыдущее примечание
	После твердых согласных приставок, если следующая часть слова начинается буквой э; в предударных слогах	[эы] или [ыэ]	сэконо́мит, отэкзаменова́ть	
ю	В начале слова; в ударном слоге перед твердым согласным	[j·у]	юг, ю́мор, ю́ноша, ю́ркий	
	В начале слова; в ударном слоге перед мягким согласным; в безударных слогах	[jÿ]	на ю́ге; Ю́ля, юри́ст, юбиле́й, ювели́р, юли́ть, юмори́ст, юро́дивый	
	После букв гласных; в ударном слоге перед твердым согласным или на конце слова	[j·у]	каю́та, каю́р, пою́т, даю́, сию́ мину́ту	

1	2	3	4	5
ю	После букв гласных; в ударном слоге перед мягким согласным; в безударных слогах	[jў]	в каюте, июнь, поющий; паюсная икра, мо́ют, се́ют	В безударном слоге [j] может ослабляться до [i̯] и даже совсем утратиться: ср. [мо́ўт], [с'е́ўт]
	После букв согласных, парных по твердости-мягкости, которые в этом положении произносятся мягко; в ударном слоге перед твердым согласным или на конце слова	[·у]	люстра, лютый, нюхать, рюмка, тюрки, бюст, маникюр; молю́, гоню́, варю́	
	После букв согласных, парных по твердости-мягкости, которые в этом положении произносятся мягко; в ударном слоге перед мягким согласным; в безударных слогах	[ў]	лютик, тюря, нюни, пилюли, бюстик; тюлень, тюфяк, тюрьма́, сюсюкать, сюрту́к, сюже́т, кюре́, о маникюре	Буква ю в единичных случаях встречается после букв ш, ж, ц: пшют, парашют, брошюра, жюри, Жюльен, Цюрих. См. § 31
я	В начале слова; в ударном слоге, перед твердым согласным или на конце слова	[j·а]	я́корь, я́хта, я́рость, я, я́сно	
	После буквы гласного; в ударном слоге перед твердым согласным или на конце слова	[j·а]	мая́к, пая́ц, стоя́л, стоя́нка, моя́, толчея́	

1	2	3	4	5
я	После букв ъ и ь в разделительной функции; в ударном слоге перед твердым согласным или на конце слова	[j·a]	объя́т, соловья́, Улья́на	
	В начале слова; в ударном слоге; перед мягким согласным	[jä]	я́сень, я́лик, я́щерица	
	После буквы гласного; в ударном слоге; перед мягким согласным (в том числе перед [j] — [i̯]), а также перед [и]	[jä]	пая́ть, стоя́ли, поя́вится; я́йца, я́ицкий	Произносится [пʌjä́т'], [jä́ицкъi̯]
	После букв ъ и ь в разделительной функции; в ударном слоге перед мягким согласным	[jä]	объя́тие, соловья́ми, к Улья́не	
	В начале слова или после буквы гласных; в 1-м предударном слоге	[i̯иᵉ]	язы́к, ядро́, ярмо́, яйцо́, явля́ться, яви́лся, ячме́нь; проявлю́, поясню́	
	В начале слова или после буквы гласных в других предударных слогах (кроме 1-го предударного)	[i̯ь]	ястребо́к, ятага́н, языка́стый, яровой, яровиза́ция, языкове́д, поядови́тее	

1	2	3	4	5
я	После букв гласных; в заударных слогах — не на конце слова и не в падежных окончаниях	[i̯ь]	се́ять, чу́ять, та́ять, ла́ять, по́яс, в по́ясе, за́яц, вы́явить, вы́яснить, рассе́ян, собира́ясь, признава́ясь, де́лаясь	В этом положении, в особенности перед мягким согласным, [i̯] может не произноситься. Ср. [с'е́i̯ьт'] и [с'е́ит'], [за́·i̯ьц] и [за́ьц]
	После букв гласных; в заударных слогах — на конце слова	[i̯ъ]	а́рмия, сту́дия, коме́дия; реше́ния, зна́ния, назва́ния; зна́я, уме́я, ду́мая, де́лая; пряма́я, дорога́я	Во многих из этих случаев звук [i̯] может ослабляться вплоть до утраты
	После букв гласных; в заударных слогах — в падежных окончаниях	[i̯ъ] или [i̯ь]	к сара́ям, в сара́ях, за сара́ями; к геро́ям, с геро́ями; к музе́ям, о музе́ях, с музе́ями; к обы́чаям, в обы́чаях, с обы́чаями; к реше́ниям, о реше́ниях, с реше́ниями; к сту́диям, в сту́диях, сту́диями; к коме́диям, в коме́диях, с коме́диями	В слоге не непосредственно после ударного, а также в положении перед мягким согласным [м] звук [i̯] может ослабнуть до нуля, причем вместо [ъ] может произноситься [ь]: [лбы́ч'ььм'и], [клм'е́д'ььм'и]. Звук [i̯] может не произноситься также непосредственно после заударного гласного, в особенности после [и]: [нлсту́д'иъх], [к-р'и^еш'э́н'иъм]

1	2	3	4	5
я	После буквы ь в разделительной функции, в заударном слоге перед твердым согласным или на конце слова	[jъ]	бра́тьям, ли́стьям, поло́зьям; бра́тья, ли́стья, поло́зья	Произносится: [бра́·т'іъм] и т. д.
	После буквы ь в разделительной функции в заударном слоге перед мягким согласным	[jъ] или [jь]	бра́тьями, ли́стьями, поло́зьями	Произносится:[бра́·т'і̭ъм'и] или [бра́·т'-і̭ьм'и] и т. д.
	После букв согласных, парных по твердости-мягкости, а также после к; в ударном слоге перед согласным или на конце слова	[·а]	ля́мка, неря́ха, тя́пка, глядя́т, ся́ду, зя́бнет, пя́тый, вя́лый, Кяхта́; любя́, гудя́, неся́, везя́, ловя́	
	После букв согласных, парных по твердости-мягкости; в ударном слоге перед мягким согласным, в том числе перед [j] — [i̭]	[ä]	вя́леный, пять, ся́дьте, зябь, мя́ли, отправля́ли, ря́сина, ня́ня, линя́ет, меня́й, лентя́й	
	После букв согласных, парных по твердости — мягкости; в 1-м предударном слоге	[иᵉ]	пято́к, взяла́, рябо́й, присяга́ть, кляла́сь, увяда́ть, приняла́	
	После букв согласных, парных по твердости — мягкости; в других предударных слогах (кроме 1-го предударного)	[ь]	пятачо́к, рябова́тый, лягушо́нок, рядово́й, аляпова́тый	

1	2	3	4	5
я	После букв согласных, парных по твердости — мягкости; в заударных слогах перед мягким согласным	[ь]	*де́сять, вы́линять, па́мять, на́ пять, вы́пятить, вы́рядить, вы́тяни; о́кунями, ка́плями, бу́рями*	В форме твор. пад. множ. ч. в очень отчетливом произношении может звучать [ъ]: [о́кун'ъм'и] и др. Обычно же произносится: [о́·кун'ьм'и] и др.
	После букв согласных, парных по твердости — мягкости; в заударных слогах перед твердым согласным или на конце слова	[ъ]	*при́нят, за́нят, при́няты, за́няты; бу́рям, ка́плям; в бу́рях, ка́плях; бу́ря, ка́пля; учителя́, слесаря́, о́куня; пла́мя, бре́мя; вы́йдя; про́сят, во́зят, ку́пят, лю́бят, пла́тят, бро́дят, ло́вят*	Не в грамматических окончаниях и в особенности не в конечном слоге слова, а также в быстрой речи вместо [ъ] может произноситься [ь]: [пр'и́н'ьты], [за́·н'ьт]

ПРАВИЛА НАПИСАНИЯ

Помещенная ниже таблица «От звука к букве» заключает в себе правила написания р у с с к о г о о т д е л ь н о г о п р о и з н е с е н н о г о с л о в а, иначе, правила обозначения звуков произнесенного слова в русском письме. Эти правила не следует смешивать с правилами русской орфографии. Последние устанавливают общепринятое и потому признанное правильным (иначе — соответствующим нормам русской орфографии) написание конкретных слов и их грамматических форм в русском языке. Правила же обозначения звуков указывают только на то, как м о г у т обозначаться на письме средствами русской графики (т. е. при помощи букв русского алфавита) звуки русского языка в определенных позициях в слове. Правда, некоторые звуки в определенных положениях могут обозначаться только одним способом: например, звук [о] в ударном слоге после твердых согласных, парных с мягкими, может обозначаться только при помощи буквы *о* (ср. *дом, лом, пол*); или каждый из звуков [с], [з], [п], [б] в начале слова перед [л] может обозначаться только одной, «своей» буквой *с, з, п, б* (ср. *слой, злой, плох, блох*). Однако больше таких случаев, когда один и тот же звук в одном и том же положении может обозначаться двумя и больше способами. Например, гласный 1-го предударного слога [ʌ] или гласный 2-го предударного слога [ъ] в положении после твердых парных согласных может обозначаться как буквой *о*, так и буквой *а*. Ср. [дрʌва́] и [трʌва́] (пишется *дрова*, но *трава*); [пърʌшо́к], [пърʌф'и́н], [пърʌз'и́т], [нърʌд'и́т'] — пишется *порошок, парафин, поразит* (глаг.) и *паразит* (существ.), *народить*. С точки зрения правил обозначения звуков русского языка средствами русской графики наряду с общепринятыми написаниями только что приведенных слов вполне возможны также написания *драва* и *трова, парашок, корашок, парошок; порофин, парофин, порафин; поразит, парозит, порозид* и т. д.; *нарадить, нородить, норадидь* и т. д. Об этом свидетельствует то, что все эти написания в соответствии с правилами чтения русского написанного слова будут произноситься одинаково, и притом правильно. Однако русская орфография в каждом данном случае устанавливает одно-единственное написание, которое считается правильным. Известно, что перед глухими согласными в русском языке могут произноситься только глухие согласные, а перед звонкими — только звонкие, например: [во́скъ] и [но́скъ], [шу́пкъ] и [ша́пкъ], [гр'и^{е}пца́] и [ч'и^{е}пца́], [зда́·н'иѣ] и [зда́·т'], [клз'ба́] и [р'и^{е}з'ба́]. Однако правила орфографии требуют в одних случаях написания буквы звонкого согласного, в других — буквы глухого согласного: *возка* (но так же произносящееся слово *воска* — род. пад. ед. ч. от *воск* пишется с буквой *с*), *носка; шубка, шапка; гребца, чепца; здание, сдать; косьба, резьба*. Написания *воска* (дров) и *нозка, шупка* и *шабка, грепца* и *чебца, сдание* и *здал, козьба* и *ресьба* вполне возможны с точки зрения правил обозначения звуков русского языка средствами русской графики (так как все они читаются правильно, т. е. так же, как читаются принятые орфографией написания), но они не допускаются правилами русской орфографии. В русской орфографии приняты написания **в***торой* (ряд) и **ф***тористый* (натр), а*некдот* и *когда*, **ап**теч*ный* и **об**теч*ь*. Однако русская графика позволяет обозначать глухой согласный перед глухим и звонкий согласный перед звонким, а также глухой согласный на конце слова буквой как звонкого согласного, так и глухого; гласный [л] 1-го предударного слога после твердых согласных и тот же гласный предударных слогов в начале слова может обозначаться как буквой *а*, так и буквой *о*, гласный [и^{е}] 1-го предударного слога после мягких согласных — как буквой *е*, так и буквой *я*. Поэтому с точки зрения правил обозначения звуков русского языка средствами русской графики вполне возможны наряду с орфографически правильным написанием — написания *фтарой, втористый, онягдод, какда, обтечный, аптечь*: эти написания согласно правилам чтения будут произноситься правильно, так же как читаются принятые нашей орфографией написания.

Таблица «От звука к букве» показывает, как каждый звук русского языка в том или ином положении может обозначаться на письме средствами русской графики. Таблица показывает, что один и тот же звук русского языка нередко может обозначаться разными буквами. Кроме того, один и тот же звук может обозначаться также разными способами. Ср. обозначение основных звуков (фонем) [ж':], [ш':], [j], обозначение мягкости и т. д. В иллюстрациях по мере необходимости приводятся принятые русской орфографией написания.

О многообразии возможностей обозначения звуков русского языка на письме свидетельствует таблица «От звука к букве». Реальный же выбор того или иного написания для каждого слова и каждой его формы устанавливается правилами русской орфографии.

В таблице звуки располагаются в следующем порядке: гласные (стр. 291), сонорные зубные (стр. 314), губные (стр. 321), зубные шумные (стр. 331), задненебные (стр. 344), шипящие и [ц] (стр. 346), звук [j] — [й] (стр. 351).

Таблица «От звука к букве»

Звук	Положение	Буква	Примеры	Примечание
1	2	3	4	5

Гласные

Звук	Положение	Буква	Примеры	Примечание
[у]	В ударном слоге; в начале слова или после твердого согласного; перед твердым согласным или на конце слова	у	угол, ум; бук, пук, вуз, муж, тумба, дуб, суд, зуб, русый, лук, нужно, худ, кум, густо, шум, жук, цугом; фу, пасу, какаду	
	В ударном слоге; после гласного; перед твердым согласным или на конце слова	у	наука, паук, недоумок, переулок, мяукать, заутреня, ау	
	В безударном слоге; в начале слова или после твердого согласного; перед твердым согласным или на конце слова	у	указ, удав, указать; пускать, пусковой, мука, нужда, луна, луноход, тупой, государь, купать, губа, худой; выкупать, выступ, фартук, техникум; к дому	
	В безударном слоге; после гласного; перед твердым согласным или на конце слова	у	паука, наугольник, наугад; аут, раут, неук	Произносится: [пъука́], [нъуга́т], [а́ут] и т. д.
[у·]	В ударном слоге; в начале слова или после твердого согласного; перед мягким согласным	у	улица, усики, Уля; пусть, муть, суть, куль, нуль, судьи, пуля, дуля, клубень	Произносится: [у́·л'ицъ], [у́·л'ъ], [пу́·л'ъ] и т. д.

1	2	3	4	5
[у·]	В ударном слоге; после гласного; перед мягким согласным	у	научит, баульчик	Произносится: [нлу́·ч'ит], [бʌу́·л'ч'ик]
	В безударном слоге; в начале слова или после твердого согласного; перед мягким согласным	у	улитка, улика, усище, унять, увянуть, пустить, куститься, хулить, пустяк, на луне, прилуниться, улетать, утихать, путевой, сулема, выпустить, выкурить	Произносится: [у·л'и́ткъ], [у·в'-·а́ну·т'], [пу·с'-т'·а́к] и т. д.
	В безударном слоге; после гласного; перед мягким согласным	у	заучить, поудить, пауки, поувяли, выучить, выудить	Произносится: [зъу·ч'и́т'], [пъу·в'ӓл'и] и т. д.
[·у]	В ударном слоге; после мягких шипящих [ч'], [ш':], [ж':]; перед твердым согласным или на конце слова	у	чудо, чувство, щука, щупать, визжу, вожжу, лечу, кручу, пущу, свищу	Произносится: [ч'·у́дъ], [ч'·у́ствъ], [вʌж':·у́], [ш':·у́къ], [л'иеч'·у́], [с'в'иш':·у́] и т. д.
	В ударном слоге; после мягких согласных, парных по твердости-мягкости, а также после [к'], [г']; перед твердым согласным или на конце слова	ю	бюст, гипюр, тюк, дюны, всюду, сюсюкать, изюм, рюмка, люк, нюхать, маникюр, педикюр, легюм, Огюст, меню, ревю, вовсю	Произносится: [б'·уст], [д'·у́ны], [р'·у́мкъ], [мън'ик'·у́р] и т. д.

1	2	3	4	5
[·у]	В ударном слоге; после звука [j]; перед твердым согласным или на конце слова	ю	юг, юмор; пою, дают; вьюга, бьют, льют, чью, ружью, вьюн; дизъюнкция	Произносится: [j·ук], [пʌj·ý], [в'j·ýгъ], [д'из'-j·ýнкцыįъ]. Буква ю одновременно обозначает звук [j] перед гласным
[ÿ]	В ударном слоге; после мягких шипящих [ч'], [ш':]; перед мягкими согласными, а также перед [j] — [į]	у	чýчело, чýть-чýть, щýриться; чую, плюй	Произносится: [ч'ÿ́ч'ьлъ], [ч'ÿт'-ч·ÿт'], [ш':ÿр'иᵀцъ], [ч'ÿįу], [плʼÿį]
	В ударном слоге; после мягких согласных, парных по твердости-мягкости, а также после [к']; перед мягкими согласными	ю	бюстик, нюня, пилюли, бирюльки, висюльки, тюбики, в маникюре, в легюме, гюйс	Произносится: [б'ÿ́с'т'ик], [п'ил'ÿ́л'и], [в-мън'ик'ÿ́р'ь] и т. д.
	В безударных слогах; после мягких шипящих [ч'], [ш':], [ж:']	у	чудúть, ощущáть, чудáк, чугýн, чудакóватый, плáчут, плáчу, éзжу	Произносится: [ч'ÿд'ит'], [ʌш':ÿ-ш':ӓт'], [ч'ÿдъклвáтъį], [jéж':ÿ], [плá·ч'ÿт]
	В безударных слогах; после мягких согласных, парных по твердости-мягкости, а также после [к'] и [г']	ю	тюлéнь, тюфя́к, тюфячóк, мюрúд, любúть, людоéд, любознáтельный, рюкзáк, пюрé, нюáнс, дюрáль, пóлюс, вы́нюхать; кюрé, кюрасó, гюрзá	Произносится: [т'ÿл'éн'], [т'ÿф'иечʼóк], [к'ÿрʌсó] и т. д.

1	2	3	4	5
[ӱ]	В ударном и безударном слогах; после звука [j]; перед мягким согласным	ю	Юля, юлить, юнец, юбилей	Произносится: [jӱл'ъ], [į ӱл'и́т], [į ӱн'е́ц], [į ӱб'ил'е́i]. Буква ю одновременно обозначает звук [j] или [į] перед гласным
[и]	В ударном слоге; перед твердым согласным и на конце слова; в начале слова и после гласных	и	ил, и́гры, и́скра; заи́скивать, бой, мой	Произносится: [ил], [заи́скъвът'], [бли́] (или [блjи́]), [мли́]
	В ударном и заударном слогах; после [j]; перед твердым согласным и на конце слова	и	чьи, воробьи́, мураве́й, чьим; воро́ньи	Произносится: [ч'jи], [върлб'jи́]; [влро́·н'jи] и др.
	В безударных слогах; в начале слова и после гласных	и	игра́ть, игла́, инде́йка, поиска́ть, испуга́ть, вы́искать, по́иск	Произносится: [игра́·т'], [ин'д'е́йкъ], [пъиска́·т'], [вы́искът'], [испуга́·т'] и т. д.
	В ударном слоге; после мягких согласных, в том числе после [к'], [г'], [х']; перед твердым согласным и на конце слова	и	писк, бинт, винт, графи́т, мир, тип, сиг, зи́мний, рис, ли́па, чин, щит, ки́слый, хи́трый, ги́бнуть; купи́, лови́, труби́, клади́, бери́, пеки́, беги́, мочи́, точи́, визжи́	Произносится: [б'инт], [грлф'и́т], [з'и́мн'ъį], [к'и́слъį], [лвв'и́] и т. д.
	В безударных слогах; после мягких согласных, в том числе после [к'], [г'], [х']	и	зима́, зимова́ть, пирова́ть, мири́ть, пища́ть, щипа́ть, счита́ть, очища́ть, кипе́ть, погиба́ть, хитри́ть, вы́литый, за́пись, вы́кинуть, вы́кинь, вы́щипать	Произносится: [з'има́], [ш':ипа́т'], [к'ип'е́т], [за́·п'ис'] и т. д.

1	2	3	4	5
[и̂]	В ударном слоге; перед мягким согласным; в начале слова и после гласных	и	И́ндия, и́стина, поищет, дойти́, пойти́, пойли́, пойстине	Произносится: [и̂н'д'иц̣ъ], [и̂с'т'инъ], [пли̂ш':ьт], [дли̂т']
	В ударном слоге; после мягких согласных, в том числе после [к'], [г'], [х']; перед мягким согласным, а также перед [j] — [ị]	и	линь, синь, Ми́тя, спи́те, си́ний, ли́сий, размозжи́ть, кинь, сгинь, похи́тит, чи́стить, тащи́ть, па́па Пий	Произносится: [л'и̂н'], [м'и̂т'ъ], [л'и̂с'ьị], [зг'и̂н'] и т. д.
[ы]	В ударном слоге; после твердых шипящих [ш] и [ж]; перед твердым согласным или на конце слова	и	ши́на, шип, жил, жир; ножи́, лежи́, маши́	Произносится: [шы́нъ], [жыр], [нлжы́], [млшы́] и т. д.
	В безударных слогах; после твердых шипящих [ш] и [ж]	и	широ́к, широка́, шипы́, жиро́к, живо́т, не́жил, са́жи, ка́ши (род. пад. ед. ч.), вы́шит, ту́жит	Произносится: [шыро́к], [жыво́т], [са́жы] и т. д.
	В ударном и предударном слогах; после твердого согласного [ц]; перед твердым согласным (не в окончаниях и не в суффиксе -ин (-ын)	и	цирк, ци́фра, цикл, медици́на, публици́ст, цирка́ч, церковно́й, цинга́, цино́вка	Произносится: [цырк], [цырка́ч'] и т. д.
	В ударном слоге; после твердого согласного [ц]; в окончаниях, а также в корнях отдельных слов	ы	о́вцы, огурцы́, концы́, цыц, цы́кать, цы́пка, на цы́почках	

1	2	3	4	5
[ы]	В предударном слоге; в корнях отдельных слов	ы	цыга́н, цыплёнок	
	В заударных слогах; после твердого согласного [ц] в окончаниях и суффиксе -ин (-ын)	ы	о́вцы, пти́цы, па́льцы, комсомо́льцы, ку́ций, бледноли́цый, сестри́цын	
	В ударном слоге после твердых согласных, парных по твердости-мягкости; перед твердым согласным и на конце слова	ы	пыл, мыл, тыл, сыт, быт, фы́ркать, тын, дым, зы́бкий, ры́нок, лы́жи; колы́, сады́, малы́, верны́	
	В предударных слогах после твердых согласных, парных по твердости-мягкости	ы	мыта́рить, привыка́ть, фырча́ть, сыта́, зыбу́чий, дымо́к, рыбаки́, отыгра́ть, обыска́ть, сыгра́ть	
	В заударном конечном слоге после твердых согласных, парных по твердости-мягкости; перед твердым согласным и на конце слова	ы	вы́мыт, о́пыт; ду́мы, сте́ны	
[ы·]	В ударном слоге; после твердых шипящих [ш] и [ж]; перед мягким согласным	и	ширь, жить, скажи́те, маши́те, в маши́не	Произносится: [шы·р'], [в-ма-шы́·н'ь]

1	2	3	4	5
[ы·]	В ударном слоге после твердого гласного [ц]; перед мягким согласным	и	цибик, циник	Произносится: [цы́·н'ик]
	В ударном и безударных слогах; после твердых согласных, парных по твердости-мягкости; перед мягким согласным	и	пыль, быль, зыбь, мы́лить, вы́ли, ны́ли, сыпь, рыть, вы́летит, осты́нет, ды́ня, пыли́ть, ныря́ть; о́сыпь	Произносится: [пы·л'и́т'] и т. д.
[e]	В ударном слоге; в начале слова и после гласных (кроме [и]); перед твердым согласным	э	э́тот, э́пос, э́хо; поэ́т, маэ́стро, статуэ́тка, силуэ́т	Произносится: [э́тът], [поэ́т] или [плэ́т], [мӑэ́стръ], [стътуэ́ткъ]
	В ударном слоге; после гласного [и]; перед твердым согласным	e	гие́на, дие́з, гигие́на, дие́та, авие́тка	Произносится: [г'ие́нъ], [г'иг'ие́нъ] и т. д.
	В ударном слоге; после мягких согласных, в том числе после [к'], [г'], [х']; перед твердым согласным или на конце слова	e	бе́лый, пел, ве́сточка, ме́л, те́сто, де́ло, газе́та, се́тка, ре́зать, ле́нта, че́стный, ще́пка, ке́сарь, герб, ге́тры, ке́пка, хе́тты; на трубе́, на корме́, на траве́, в широте́, в коре́, на сосне́, в чалме́, на скале́, на плече́, в плаще́, на руке́, в сохе́	Произносится: [б'е́лъĭ], [в'е́стъч'къ], [т'е́стъ], [г'е́рп], [нъ-пл'ие́ч'е́], [нъ-рук'е́] и т. д.
	В ударном слоге; после [j]; перед твердым согласным (звук [j] находится в начале слова или после гласного)	e	ел, е́хал, надое́ст, пое́ду, пое́хал	В этом положении буква е обозначает, кроме гласного, предшествующий гласному звук [j]: [jел], [jе́хъл], [нъдлjе́л] и т. д.

1	2	3	4	5
[е]	В ударном слоге; после [j] перед твердым согласным или на конце слова (звук [j] находится после согласного); не на стыке приставки и корня	е	пье́ксы, пье́са, Люсье́н, Пьер, Тьер, Корбюзье́, бьеф; о воробье́, о соловье́, в ружье́, в ручье́	Произносится: [п'jе́ксы], [л-в-рлб'jе́] и т. д. Буква е после разделительного ь обозначает [j] с последующим гласным [е]
	В ударном слоге; после [j] перед твердым согласным (звук [j] находится после согласного); на стыке приставки и корня (в том числе в словах иноязычного происхождения с не всегда выделяемой приставкой)	е	съел, подъе́хал, объе́кт, субъе́кт, инъе́кция	Произносится: [с'jел], [плдjе́хъл], [лбjе́кт] и т. д. Буква е после разделительного ъ обозначает [j] с последующим гласным [е]
[е] или [еи]	В предударных слогах; в начале слова и после гласных (кроме [и])	э	экра́н, экраниза́ция, эта́ж, экза́мен, экзеку́ция, эфеме́рный, эфи́р, эфирон́ос, эллини́зм; поэтиза́ция, менуэтообра́зный	Произносится: [екра́н], [ета́ш], [еф'и́р] или [еиф'и́р] и т. д.
[ê]	В ударном слоге, в начале слова или после гласных (кроме [и]); перед мягким согласным	э	э́ти, э́тих, э́тика, э́ллин; поэ́зия, поэ́тика, в менуэ́те, в силуэ́те	Произносится: [е́т'и], [е́т'икъ], [поэ́з'иц] и т. д.
	В ударном слоге; после гласного [и]; перед мягким согласным	е	в дие́те, в дие́зе, в гигие́не	Произносится: [в-д'ие́т'ь], [в-д'ие́з'ь], [в-г'иг'ие́н'ь]

298

1	2	3	4	5
[ê]	В ударном слоге; после мягких согласных, в том числе после [к'], [г'], [х']; перед мягким согласным	е	сéльский, мель, петь, бéленький, весть, тесть, десть, сесть, зéлень, лесть, резь, нéрест, белéть, свистéть, висéть, честь, щель, возжéй, кéлья, кéльты, кéпи, гéний, хéрес	Произносится: [с'éл'скъ̣і], [з'é-л'ьн'], [к'éп'и], [х'éр'ьс] и т. д.
	В ударном слоге; после [j]; перед мягким согласным (звук [j] находится в начале слова или после гласного)	е	ель, есть, éсли, éдет, поéли, заéдем, заéздили	В этом положении буква е обозначает, кроме гласного, предшествующий гласному звук [j]: [jêл'], [плjéл'и], [злjéз'-д'ил'и] и т. д.
	В ударном слоге; после [j]; перед мягким согласным (звук [j] находится после согласного); не на стыке приставки и корня	е	о пьéсе, о Люсьéне, о курьéре	Произносится: [л-п'jéс'ь], [л-л'-ÿс'jéн'ь] [л-кур'-jéр'ь]. Буква е после разделительного ь обозначает [j] с последующим гласным, в данном случае — перед мягким согласным — [ê]
	В ударном слоге; после [j]; перед мягким согласным (звук [j] находится после согласного); на стыке приставки и корня	е	съéли, подъéдем, разъéдемся	Произносится: [с'jéл'и], [плдjé-д'ьм]. Буква е после разделительного ъ обозначает [j] с последующим гласным, в данном случае — перед мягким согласным — [ê]

1	2	3	4	5
[э]	В ударном слоге; после твердых согласных, парных по твердости-мягкости; перед твердым согласным	э	пэр, сэр, мэр, Бэ́кон, Тэн, Ула́н-Удэ́	Произносится: [пэр], [сэр] и т. д. Буква э пишется в отдельных нарицательных и в собственных именах иноязычного происхождения
	В ударном слоге; после твердых согласных, парных по твердости-мягкости; перед твердым согласным и на конце слова	е	стек, де́мпинг, экспре́сс, каравелла, ме́сса, де́мос, ште́псель; пюре́, кафе́, кашне́, пенсне́, тент	Произносится: [стэк], [клшнэ́], [п'ỹрэ́], [клфэ́] и т. д. Произносится в части слов иноязычного происхождения
	В ударном слоге; после твердых шипящих [ш] и [ж], а также после [ц]; перед твердым согласным и на конце слова	е	шест, ше́пчет; жест, же́нский, цеп, це́нный, в шалаше́, на ноже́, на конце́	Произносится: [шэст], [жэ́нскъ̣], [цэ́н:ъ̣], [ф-шълашэ́] и т. д.
[э]	В безударных слогах; после твердых согласных [т], [д], [с], [з], [р], [н]	е	несессе́р, депре́ссия, дента́льный, сексуа́льный, зерб, Тере́за	Произносится: [нэсэсэ́р], [дэпрэ́с'иịъ], [Тэрэ́зъ] и т. д. Произносится в части слов иноязычного происхождения
[ə̂]	В ударном слоге; после твердых согласных, парных по твердости-мягкости; перед мягкими согласными	э	о пэ́ре, о сэ́ре, о Тэ́не	Произносится: [л-пэ̂р'ь], [л-тэ̂н'ь] и т. д. Произносится в части слов иноязычного происхождения

1	2	3	4	5
[э̂]	В ударном слоге; после твердых согласных, парных по твердости-мягкости; перед мягким согласным	е	де́льта, моде́ль, оте́ль, пасте́ль, кокте́йль, гене́тика, в ме́ссе, бе́би, к Тере́зе	Произносится: [дэ̂л'тъ], [отэ̂л'], [в-мэ̂с':е] и т. д. Произносится в части слов иноязычного происхождения
	В ударном слоге; после твердых шипящих [ш] и [ж], а также после [ц]; перед мягким согласным	е	шесть, ше́лест, же́рех, жесть, заце́пит, цепь	Произносится: [шэ̂с'т'], [жэ̂р'ьх], [злцэ̂п'ит] и т. д.
[о]	В ударном слоге; в начале слова или после твердых согласных; перед твердым согласным или на конце слова	о	он, о́ко, о́хра; пол, бок, вор, фон, мост, ток, дом, сом, зо́на, ром, ло́кон, нос, холм; шо́рох, жох; грошо́вый, руба́шо́нка, ножо́м, рожо́к, ежо́вый, окно́, давно́, хорошо́	
	В ударном слоге; после гласного; перед твердым согласным, в том числе [j]	о	нао́тмашь, прио́кский	
[о·]	В ударном слоге; в начале слова или после твердых согласных; перед мягким согласным	о	ось, о́зеро, моль, гость, кость, конь, водо́й, ного́й, душо́й, межо́й	
	В ударном слоге; после гласного, перед мягким согласным	о	нао́щупь, забо́чный	

1	2	3	4	6
[·о]	В ударном слоге; после мягких шипящих [ч'], [ш':]; перед твердым согласным или на конце слова	о	чо́порный, чо́хом, парчо́вый, клячо́нка, плечо́м, трущо́ба, трещо́тка, плащо́м, борщо́к, холщо́вый; горячо́, плечо́, общо́	Произносится: [ч'·о́пърнъį], [пл'и^еч'·о́], [трущ':·о́бъ], [влж':·о́į] и т. д.
	В ударном слоге; после [j]; перед твердым согласным	о	йод, йот, майо́р, райо́н	В этом положении звук [j] перед [о] обозначается буквой й в немногих словах иноязычного происхождения
	В ударном слоге; после [ч'], [ш':], [ж':] перед твердым согласным	ё	чёрт, щётка, жжёт	Произносится: [ч'·о́рт], [ш':·о́ткъ], [ж':·о́т]
	В ударном слоге; после мягких согласных, парных по твердости-мягкости, а также после [к']; перед твердым согласным	ё	пёс, бёдра, зовёт, Фёкла, мёд, тёплый, дёсны, сёмга, грызёт, рёв, лён, нёс, ткёт, ликёр, паникёр	Произносится: [п'·ос], [б'·о́дръ], [с'·о́мгъ], [тк'·от], [л'ик'·ор]
	В ударном слоге: после [j]; перед твердым согласным или на конце слова	ё	ёлка, ёмкий, поёт, куёт, твоё, своё; бьёт, вьёт, льёт, пьёт; чьё, ружьё, шьёт; корьё, житьё, мытьё, объём, подъём, съёмка	В начале слова, после буквы гласного и после разделительных ь и ъ буква ё обозначает, кроме гласного, предшествующий гласному звук [j]: [j·о́лкъ], [п'j·от], [л'j·от], [руж'j·о́], [пʌдj·ом] и т. д.

1	2	3	4	5
[ö]	В ударном слоге; после мягких шипящих [ч'], [ш':], [ж':]; перед мягким согласным	о	на Печо́ре, в трущо́бе; свечо́й, пращо́й, вожжо́й	Произносится: [нъ-п'и‌ᵉч'ӧр'ь], [ф-трўш':ӧб'ь], [прлш':ӧi̯], [вл-ж':ӧi̯]
	В ударном слоге; после [j] перед мягким согласным	о	йо́дистый, в райо́не, майо́лика	Произносится: [jӧд'истъi̯], [майӧл'икъ]. Звук [j] перед [ö] обозначается буквой й в немногих словах иноязычного происхождения
	В ударном слоге; после мягких согласных, парных по твердости-мягкости, а также после мягких шипящих [ч'], [ш':], [ж':] и [к']; перед мягкими согласными	ё	пёсик, тётя, Лёня, весёленький, везёте, мнёте, ведёте, гребёте, землёй, щёки, отчётчик, печёте, жжёте, ткёте	Произносится: [п'ӧс'ик], [в'и‌ᵉз'ӧт'ь], [ш':ӧк'и], [ж':ӧт'ь], [тк'ӧт'ь] и т. д.
	В ударном слоге; после [j]; перед мягким согласным	ё	поёте, суёте, бьёте, льёте, в подъёме	Произносится: [плjӧт'ь], [б'jӧт'ь] и т. д.
[a]	В ударном слоге; в начале слова или после твердого согласного; перед твердым согласным или на конце слова	а	а́рка, а́лый; бак, вал, дам, зал, лань, мак, нас, рак, сан, так, факт, гад, кант, ха́та, ца́пка, жар, шар; труба́, вода́, рука́, душа́, нога́, оса́	
	В ударном слоге; после гласного; перед твердым согласным или на конце слова	а	поа́хать, боа́, буржуа́, муа́р	

1	2	3	4	5
[а·]	В ударном слоге; в начале слова или после твердого согласного; перед мягким согласным	а	альт, áленький, даль, дань, эмáль, феврáль, рань, сталь, рвань, кефáль, ткань, лохáнь, дать	
[·а]	В ударном слоге; после мягких шипящих [ч'], [ш':] и [ж':]; перед твердым согласным или на конце слова	а	чан, чáсто, пощáда, досчáтый, жужжáт, визжáл; врачá, плащá (род. пад. ед. ч.), возжá	Произносится: [ч'·ан], [плш':·áдъ], [в'иж':·áл], [врлч'·á], [плаш':·á] и т. д.
	В ударном слоге; после [j]; перед твердым согласным или на конце слова	я	яма, якорь, стоял, буян, смеялся, бурьян, кальян, альянс, сафьян; воробья, соловья, чья, ружья, мужья, объявлен, изъян, моя	В начале слова, после буквы гласного и после разделительных ь и ъ буква я обозначает, кроме гласного, предшествующий гласному звук [j]: [j·áмъ], [буj·áн], [ч'j·а], [лл'j·áнс], [мл j·á] и т. д.
	В ударном слоге; после мягких согласных, парных по твердости-мягкости; перед твердым согласным или на конце слова	я	вял, зябну, лямка, мял, пятка, ряд, сяду, графят, хотят, пленят, грубят; голубям, гусям, дверям; любя, придя, неся	Произносится [в'·ал], [п'·áткъ], [хлт'·áт], [л'у̇б'·á] и т. д.
[ä]	В ударном слоге; после мягких шипящих [ч'], [ш':], [ж':] перед мягким согласным, в том числе перед [j] — [i̯]	а	часть, печáть, пищáль, счáстье, визжáть, дрожжáми, чай, прощáй, поезжáй	Произносится [ч'äс'т'], [п'иш':·äл'], [дрлж':·äм'и], [ч'äi̯], [прлш':·äi̯], [пъi̯иж':-äi̯]

1	2	3	4	5
[ä]	В ударном слоге; после мягких согласных, парных по твердости-мягкости; перед согласными, в том числе перед [j] — [i̯]	я	бязь, вя́лить, дя́дя, зябь, гуля́ть, мять, ня́ня, пять, рябь, сядь, тя́тя, голубя́ми, червя́ми, зверя́ми, сетя́ми; приня́ть, завя́ть, лентя́й, дя́дя Митя́й	Произносится: [б'äс'], [д'äд'ъ], [з'в'иеp'äм'и], [зЛв'äт'], [д'äд'м'ит'äi̯]
	В ударном слоге; после [j]; перед мягким согласным, в том числе перед [j] — [i̯]	я	я́лик, стоя́ли, ярь, явь, соловья́ми, изъя́нец, мужья́ми, я́йца	В начале слова, после буквы гласного и после разделительных ь и ъ буква я обозначает, кроме гласного, предшествующий гласному звук [j]: [jäл'ик], [стΛjäл'и], [из'jäн'ьц], [jäi̯цъ] и т. д.
[Λ]	В начале слова; в предударных слогах	о	оса́, окно́, оди́н, оле́нь, орёл, обда́ть, опира́ться, около́ток, организова́ть, окулиро́вка	Произносится: [Λса́], [Λл'ён'] и т. д.
	После твердых согласных, парных по твердости-мягкости, и после [к], [г], [х]	о	пока́, поле́но, боли́т, воро́на, моло́ть фонта́н, тома́т, добря́к, сова́, зола́, рома́н, лови́ть; нога́; кора́, коро́ва, гора́, хоте́ть	Произносится: [пΛка́], [пΛл'е́нъ], [вΛро́нъ] и т. д.
	После твердых шипящих [ж], [ш]; в 1-м предударном слоге	о	жоке́й, жолнёр, жонглёр, шофёр, шотла́ндец, шоссе́	Произносится: [жΛк'е́i̯], [шΛф'о́р] и т. д. Буква о в этом положении пишется в отдельных словах иноязычного происхождения

1	2	3	4	5
[ʌ]	После звука [i̯], следующего за гласным; в 1-м предударном слоге	о	майонéз, майорáт	Произносится: [мъi̯лнэ́с], [мъi̯лрáт]. Однако слово райони́ровать чаще произносится [ръi̯ие́н'и́ръвът']. В этом положении звук [j] перед гласным на месте буквы *о* произносится в немногих словах иноязычного происхождения
	В начале слова; в предударных слогах	а	авáнс, авáрия, акти́в, активи́ст, агронóм, акадéмия, акварели́ст, аккомпанемéнт	Произносится: [лвáнс], [лкт'и́ф], [лкт'ив'и́ст] и т. д.
	После твердых согласных; в 1-м предударном слоге	а	падéж, балéт, вали́ть, фактýра, мали́на, табýн, давáть, салóн, залóг, рабóта, ладóнь, награ́да; кали́бр, гамáк, халвá; шалýн, жарá, вожакá, царáпать	Произносится: [плд'éш], [тлбýн], [шллýн], [цлрáпът'] и т. д.
[иᵉ]	После мягких согласных, в том числе мягких заднеязычных [к'], [г'], [х']; в 1-м предударном слоге	е	педа́ль, белóк, венóк, фелю́га, меня́ть, тесáть, держáть секрéт, земля́, ремóнт, лекáрство, нектáр, чесáть, чертá, щепá, расщепи́ть; керáмика, кефи́р, герóй, генéтика, кахети́нский	Произносится: [п'иᵉда́·л'], [т'иᵉса́·т'], [ч'иᵉртá], [к'иᵉра́·м'икъ] и т. д.
	После звука [i̯]; в 1-м предударном слоге	е	едá, ездá, еди́н, елéйный, поезжáй, воевáть, проезднóй, разъ-	Буквой *е* здесь обозначается как предударный

1	2	3	4	5
[и^е]			езднóй, объезжáть, въезжáть	гласный [и^е], так и предшествующий ему звук [i̯]. Произносится [i̯и^едá], [i̯и^-д'йн] и т. д. В беглой речи звук [i̯] может отсутствовать: [пъиж':ä̇i̯]
	После мягких согласных, парных по твердости-мягкости в 1-м предударном слоге	я	пятáк, пятú, увядáть, мяснóй, тяжёлый, водянóй, присягáть, прозябáть, нарядúть, лягнýть, принятá, рябóй	Произносится: [п'и^етáк], [п'и^-т'й] и т. д.
	После звука [i̯]; в 1-м предударном слоге	я	являться, ягнёнок, янтáрь, прояснúлось, появúлся, поясá; предъявлять, объяснúть	Буквой я обозначается как предударный гласный [и^е], так и предшествующий ему звук [i̯]. Произносится: [i̯и^евл'·á^тцъ], [i̯и^егн'·óнък] и т. д. В беглой речи после гласных звук [i̯] может отсутствовать: [пъивúлсъ]
	После мягких шипящих [ч'], [ш':]; в предударном слоге	а	часы́, чадúть, щадúть, щавéль, площадéй	Произносится: [ч'и^сы́], [ш':и^-д'йт'] и т. д.
[ы^э]	После твердых шипящих [ш], [ж] и согласного [ц]	е	шестóй, шестú, шептáть, шершáвый; женá, женúть, жестóкий, жерёбая; ценá, оценúть, цепéй, оцепúть, цедúть	Произносится: [шы^эстó·i̯], [шы^-с'т'й], [жы^энá], [жы^эн'йт'], [цы^энá], [ʌцы^эн'йт']

1	2	3	4	5
[ъ]	после твердых согласных, парных по твердости-мягкости, а также после [к], [г], [х]; в предударных слогах (кроме 1-го предударного) и в заударных слогах	о	*богаты́рь, покати́л, ворова́ть, фотогра́фия, молоти́ть, дорожи́ть, тормоши́ть, золоти́ть, солони́на, рогово́й, лобово́й, норови́ть, колоти́ть, холода́, городи́ть; хо́бот, шёпот, о́вод, вы́мочить, вы́дох, вы́пот, вы́полоскать, вы́зов, но́ров, вы́лов, вы́корчевать, вы́гон, вы́ход; не́бо, о́коло, мя́со, по́здно, не́кто; ли́хо, ту́го, кре́пко; мя́сом, са́лом, ста́рому, в ти́хом*	Произносится: [бъгАты́·р'], [къЛАт'и́т'], [вы́хът], [ту́гъ], [са́лъм] и т. д.
	После [ш] и [ц]; в предударных слогах (кроме 1-го предударного)	о	*шокола́д, шовини́зм, шовинисти́ческий, цокота́ть*	Произносится: [шъклла́т] и т. д. Буква *о* в этом положении употребляется в единичных словах иноязычного происхождения
	В предударных слогах (кроме 1-го предударного) и в заударных слогах; после твердых согласных, парных по твердости-мягкости, а также после [к], [г], [х] и после [ц]	а	*балагу́р, павильо́н, вагоне́тка, фасова́ть, маскара́д, дармое́д, таранта́с, задава́ть, садану́ть, радика́л, расколо́ть, накида́ть, лабора́нт; карава́н, галере́я, хара́ктерный, царедво́рец; за́пад, ко́мпас, по́вар, вы́лаз, про́мах, гео́граф, при́став, вы́катить; слу́хам, му́кам, пти́цам (дат. пад. множ. ч.); мя́са, ри́са, до́ма, клу́ба, слу́ха, си́тца (род.*	Произносится: [бълАгу́р], [лъбЛра́нт], [кърЛва́н]; [по́въР], [слу́хъм], [кЛро́въ], [стЛру́хъ], [пт'и́цъ] и т. д.

1	2	3	4	5
[ъ]			пад. ед. ч.); корóва, берёза, минóга, старýха, птúца (им. пад. ед. ч.)	
	После твердых шипящих [ш] и [ж]; в предударных слогах (кроме 1-го предударного) и в заударных слогах	а	шаловлúв, шарлатáн, шантажúст, шаровáры; жандармéрия, жардиньéрка, жаровóй; вы́жал, вы́шагать; по кры́шам, лýжам; за кры́шами, лýжами; кры́ша, лýжа; слы́шат, тýжат; слы́ша, лёжа (деепричастия)	Произносится: [шълавл'úф], [жърд'ин'jéркъ]; [вы́шъгът'], [плýжъм], [кры́шъ] и т. д.
	После твердых согласных; в заударном неконечном слоге	ы	пáсынок, óпыта, вы́сыпать, выпы́тывать, склáдывать, смáзывать	Произносится: [пáсънк], [óпътъ], [вы́съпът'], [склáдъвът'], [выпы́тъвът'], [рлскáзъвът'] и т. д. В очень старательном произношении может звучать [ы]
	После твердых шипящих [ш], [ж] и после [ц]; перед твердым согласным; в безударных слогах (кроме 1-го предударного)	е	шелковúца, шелушúться, шерстянóй, шебаршúть, желтизнá, желатúн, желудёвый, ожесточённый, целовáть, целомýдренный; стóрожем, фáршем, сúтцем (твор. пад. ед. ч.)	Произносится: [шълклв'úцъ], [жълт'изнá], [цълавá·т'], [стóръжъм] и т. д.
	После мягких согласных; в заударных слогах; перед твердым согласным или на конце слова	я	кáпля, бýря, дя́дя, тётя; учúтеля, пéкаря, óкуня (род. пад. ед. ч.); кáплям, бýрям (дат. пад. множ. ч.); в кáплях, бýрях; вúдя, вы́йдя, вúдят, кýрят, кóсят	Произносится: [кáпл'ъ], [д'á·д'], [в-бý'р'ъх], [в'úд'ъ], [в'úд'ът] и т. д.

1	2	3	4	5
[ъ]	После [ч'], [ш':]; в заударных слогах; перед твердым согласным или на конце слова	а	ту́ча, ро́ща; пла́ча (род. пад. ед. ч.); ту́чам, ро́щам (дат. пад. множ. ч.); ту́чах, ро́щах; пла́ча (деепричастие), ле́чат, то́чат	Произносится: [ту́·ч'ъ], [пла́·ч'ъ], [ту́·ч'ъм], [л'е́ч'ът] и т. д.
	После звука [i̯] (или [j]); в заударных слогах. Звук [i̯] (или [j]) находится за гласным; перед твердым согласным или на конце слова	я	ста́я, сва́я, хво́я; геро́я, ма́я, сара́я (род. пад. ед. ч.); два ору́дия, для оби́лия, без зна́ния; к геро́ям, сара́ям, ста́туям; в геро́ях, сара́ях, ста́туях; зна́я, де́лая, чита́я, быва́я; стро́ят, сто́я	Буквой я здесь обозначается как гласный, так и предшествующий звук [i̯] (или [j]). Произносится: [ста́·i̯ъ], [к-сл-ра́·i̯ъм], [зна́·i̯ъ], [стро́i̯ът] и т. д.
	После звука [j] — [i̯] в заударных слогах ([j] — [i̯] находится за согласным)	я	го́стья, ворчу́нья; без варе́нья, из Заполя́рья, от сча́стья; к го́стьям, к соле́ньям; пла́тья, у́стья, ру́жья (им. пад. множ. ч.); к пла́тьям, у́стьям, ру́жьям; в пла́тьях, у́стьях, ру́жьях; рыбья, коро́вья, оле́нья, вра́жья, пти́чья (им. пад. ед. ч. женск. р.)	Произносится: [го́·с'т'i̯ъ], [биeс-пла́·т'i̯ъ], [к-ру́-жi̯ъм], [ры́·б'i̯ъ] и т. д.
	После мягких согласных; в заударных слогах (в окончании твор. пад. существительных мужск. и средн. родов)	е	ка́мнем, пе́карем, го́лубем, с го́стем, с пла́чем, о́вощем, го́рем, мо́рем	Наряду с [ъ] в этом положении может произноситься также [ь]: [ка́мн'ъм], [пла́ч'ъм] и [ка́мн'ьм], [с-пла́·ч'ьм] и т. д.
	После звука [i̯] (или [j]); в заударных слогах (в падежных окончаниях существительных). Звук [i̯] (или [j]) находится за гласным	е	за сара́ем, за геро́ем, зна́нием, за ча́ем	Буквой е здесь обозначается как гласный, так и предшествующий звук [i̯] (или [j]). Произносится: [зъ-сл-ра́·i̯ъм] и т. д.

1	2	3	4	5
[ъ]				В беглой речи вместо [i̯ъ] может произноситься [ь] (т. е. близко к [и]): [зъ-слра́ьм] и т. д.
	В том же положении; звук [i̯] (или [j]) находится за согласным	е	с варе́ньем, соле́ньем, пла́тьем, уве́чьем, удУ́шьем; коло́сьев, стУ́льев, дере́вьев, бра́тьев, сУ́чьев	После разделительного ь буква е обозначает [i̯] с последующим гласным [ъ], но также и [ь]
[ь]	После мягких согласных, в том числе после мягких [к'], [г'], [х']; в предударных слогах (кроме 1-го предударного)	е	пелена́, оберега́ть, верени́ца, методи́ст, телеско́п, делега́т, сеноко́с, зерново́й, ремесло́, ледоко́л, неруши́мый, черепо́к, щелево́й, кероси́н, геройзм, херуви́м	Произносится: [п'ьл'иеба́], [ч'ьр'иено́к], [к'ьрл-с'и́н] и т. д.
	После звука [i̯]; в предударных слогах (кроме 1-го предударного)	е	едини́ца, ежеви́ка, ерунда́, естество́, соедине́ние	В этом положении буква ь обозначает [i̯] с последующим гласным. Произносится: [i̯ьд'и-ни́цъ], [i̯ьжы-в'и́къ] и т. д. В быстрой речи [i̯] может ослабляться (вплоть до утраты в быстрой речи)
	После мягких согласных, парных по твердости-мягкости; в предударных слогах (кроме 1-го предударного)	я	впятеро́м, мятежа́, тяжело́, грязнова́тый, лягушо́нок	Произносится: [фп'ьт'иеро́м] и т. д.

1	2	3	4	5
[ь]	После звука [i̯]; в предударных слогах (кроме 1-го предударного)	я	яровóй, яровизáция, ястребóк, ясновúдец, якобúнец, ядовúтый	Буквой я здесь обозначается как гласный, так и предшествующий звук [i̯]. Произносится: [i̯ьрлвó·i̯] и т. д. В беглой речи [i̯] может ослабляться вплоть до утраты
	После мягких шипящих [ч'] и [ш':]; в предударном слоге (кроме 1-го предударного)	а	часовóй, очаровáть, осчастлúвить	Произносится: [ч'ьсллвó·i̯] и т. д.
	После мягких согласных, в том числе после мягких [к'], [г'], [х']; в заударных слогах	е	вы́бежал, вы́нес, вы́мету, вы́ведать; прóседь, прóлежни; соседéй, оленéй, медведéй; за бáней, кáплей; крестьяне; на стýле, в дóме, в бáне; о звéре; красúвей; лéзем, стáнем, кóлешь, кóлете, идúте, несúте; вы́честь; вы́чет; за тýчей, рóщей; в рóще, в кýче; богáче, чúще; плáчем, плáчешь; на стóлике, в оврáге, к зáсухе	Произносится: [вы́·б'ьжъл], [сл с'éд'ьi̯], [нл-стý·л'ь], [крлс'úв'ьi̯], [л'éз'ьм], [кó л'ьт'ь], [в-рó ш':ь], [к-зáсух'ь] и т. д.
	После звука [i̯]; в заударных слогах (звук [i̯] находится за гласным)	е	вы́ехал, пóезд, вы́емка, тýес, молотобóец; за свáей, элéгией, эпопéей; в мáе, в клéе, в апогéе; знóем, бывáем, дéлаешь	В этом положении буква е обозначает звук [i̯] с последующим гласным. Звук [i̯] перед [ь] может ослабляться вплоть до полной утраты:

1	2	3	4	5
[ь]				наряду с [вы́·i̯ь-хъл], [в-ма́·i̯ь], [зна́·i̯ьм] может произноситься: [вы́·ьхъл], [в-ма́·ь], [зна́·ьм]. Утрата [i̯] особенно часто наблюдается после гласных [и] и [е]: [ел'е́г'иь̯], [ф-кл'е́ь]
	После звука [i̯]; в заударных слогах (звук [i̯] находится за гласным)	я	*вы́яснить, вы́явить, ма́ялись, ла́ять, ка́яться, за́яц; с геро́ями, сара́ями, ста́туями*	Буквой *я* здесь обозначается как гласный, так и предшествующий звук [i̯]. Произносится: [вы́·i̯ьс'н'ит'] и т. д. Звук [i̯] может ослабляться вплоть до утраты: [ла́·ьт'], [за́·ьц]; [г'и^еро̯i̯ьм'и] или [г'и^ероьм'и] и др.
	После мягких согласных, парных по твердости-мягкости; в заударных слогах	я	*вы́тянуть, вы́пятить, вы́пялить, вы́трясти; ка́плями, бу́рями* (твор. пад. множ. ч.)	Произносится: [вы́·т'ьну·т'], [ка́пл'ьм'и], [бу́р'ьм'и] и т. д. По старшей норме в окончании твор. пад. множ. ч. произносится [ъ]: [ка́пл'ъм'и], [бу́р'ъм'и]

1	2	3	3	5
[ь]	После мягких шипящих [ч'], [ш':]; в заударных слогах; перед мягкими согласными	а	пло́щадь, не́рвничать, коке́тничать, ту́чами, ро́щами (твор. пад. множ. ч.)	Произносится: [пло́щ':ьт'], [н'е́рвн'ич'ьт'], [ту́ч'ьм'и], [ро́ш':ьм'и] и т. д. По старшей норме в окончании твор. пад. множ. ч. мог произноситься [ъ]: [ту́ч'ъм'и], [ро́ш':ъм'и].
[ъʰ]	После твёрдых шипящих [ш], [ж], перед мягким согласным; в предударных слогах (кроме 1-го предударного)	е	шелесте́ть, шельмова́ть, шестери́к, шевелю́ра; железня́к, жестяно́й, железа́, жеребе́ц, жестикуля́ция	Произносится: [шʰл'ие́с'т'е́т'], [шʰв'ие́л'·у́ръ], [жʰл'ие́з'н'·а́к] и т. д.
	После твёрдых шипящих [ш], [ж]; в заударном открытом слоге и в личных окончаниях глаголов I спряжения	е	в ка́ше, в но́ше, в гру́ше; в лу́же, в сту́же; ти́ше, да́льше, ре́же, доро́же; ска́жем, ма́шем; ма́жет, ля́жет	Произносится: [ф-ка́шъʰ], [т'и́шъʰ]; [ска́жъʰм], [ма́шъʰт]

Сонорные зубные

[р]	Перед гласными	р	ра́ма, расска́з, рост, рома́н, рука́, ры́нок, порыва́ть, пора́ пюре́, кабаре́, кре́до, реле́	Твёрдый [р] перед гласным [э], обозначаемым на письме буквой е, произносится в части слов иноязычного происхождения: [п'ÿрэ́] и т. д.

1	2	3	4	5
[р]	На конце слова после гласных	р	пар, пир, нóмер, костёр, барьéр, сор, шнур, аллюр, футляр	
	На конце слова после согласных	р	акр, теáтр, центр, зубр, мавр, тигр, сидр	Согласный [р] на конце слова после глухих согласных оглушается: [цэнтр̂] и др. После звонких согласных (в примерах типа зубр) он также склонен в той или иной мере к утрате голоса
	Перед согласными твердыми и мягкими	р	нéрпа, тóрба, спервá, áрфа, фóрма, кáрта, мóрда, тóрса, мóрзе, вéрно, тёрла, торгóвля, порхáть, нóрка, мерцáть, торшéр; куркú, торгú; кóрпия, на арбé, сорвú, арфúстка, фóрменный, картúна, сурдúнка, форсúть, омерзúтельно, áрмия, вернú, ýмерли, торчáть, мóрщиться	Перед мягкими губными и зубными предпочтительно произношение с полумягким [р]: [кóрпиц̶], [ар̶м'м'ṳ̌]. Свойственное старым московским нормам в этом положении мягкое произношение [р] устарело. Ср. [á·р'м'иц̶]

1	2	3	4	5
[р]	Между гласными; перед гласным на месте *а, о, у*	рр	суррогáт, террáса, террóр, коррóзия, коррýпция	Согласный [р] может обозначаться двойным р, встречающимся в словах иноязычного происхождения
[р']	Перед гласными	р	ряд, рядóк, рядовóй; рёв, ревý; арéст, арестовáть; рюмка, рюкзáк; старúк, старикá	Мягкость обозначается буквами гласных *я, ё, ю*, а также *и*. Перед гласным на месте буквы *е* может произноситься и твердый [р]. См. выше
	После гласного на конце слова или перед согласным	рь	янвáрь, корь, лазýрь, богатырь, дверь, ширь; тюрьмá, зóрька, жáрьте, шúрься	
	После согласного на конце слова или перед согласным	рь	ноябрь, декáбрь, сентябрь, вепрь, внýтрь, вихрь; ноябрьский, декáбрьский, сентябрьский	Согласный [р'] на конце слова после глухих согласных оглушается: [в'епр'], [внутр'] и т. д. После звонкого согласного (в примерах типа *декабрь*, а также *декабрьский*) он также склонен вместе с последним в той или иной мере к утрате голоса
	Перед [j]	р	рьяный, бурьян, зверьё, в статьé, Сарьян; кýрьи, тýрьи, дýрьи	

1	2	3	4	5
[р']	Между гласными; перед гласными на месте *и, е*	рр	*территóрия, баррикáда, корреляция, корréктор, корреспондéнт*	Согласный [р'] может обозначаться двойным *р*, встречающимся в словах иноязычного происхождения
[н]	Перед гласными	н	*нам, начáть, ночь, новизнá, нýдный, нуждá, ныть, нырять, нэп, нэпман, стенá, ворóна; турнé, кашнé, несессéр, неодарвинизм*	Твердый [н] перед гласным [э], обозначаемым буквой *е*, произносится в части слов иноязычного происхождения: [турнэ́] и т. д.
	На конце слова	н	*сон, сын, план, клён, обмéн, клин, вьюн, сафьян*	
	Перед твердыми согласными, а также мягкими согласными (кроме [н'], [т'], [д'], [ч'], [ш':])	н	*контáкт, контýзия, бáнда, бандýра, канвá, тáнго, ханжá, брóнза, звóнко, нрав, анóнс, хáнша, контéйнер, конденсáтор; сонливый, сóнмище, в жáнре, танкист, на канвé, конвéрт, консéрвы, консервативный, консерватóрия, авансировать, вонзить*	Произносится: [клнвá], [нъ-клнв'é], [лнóнс], [лванс'и́ръвът], [хáншъ], [вжáнр'ь], [вáн:ъ] и т. д. Старым московским нормам перед [в'], [с'], [з'] было свойственно мягкое произношение [н], не чуждое и сейчас разговорной речи: [клн'в'éрт], [лвáн'с'ик], [кън'с'и^ерватó·риц^ъ]

1	2	3	4	5
[н]	Между гласными перед суффиксальным или корневым [н]	н	длинный, струнный, граммофонный; иннервация, аннотация	Произносится: [дл'ин:ы̆й], [лн:лтацы̆ъ] и т. д.
	Между гласными не на стыке морфем перед [н] (или не на стыке ясно выделяемых морфем); перед гласными на месте *а, о, у, ы*	н	ванна, бонна, панна, ванны, ванной, ванну	Произносится: [ван:ъ] и т. д.
		нн	колоннада, аннулировать	Согласный [н] здесь обозначен двойным *н*, встречающимся в части слов иноязычного происхождения. Произносится: [кълнадъ] и т. д.
[н']	Перед гласными	н	няня, занята, нюхать, нюанс, небо, принёс, нитка, никотин	Мягкость [н] обозначена буквами гласных *я, ю, ё, и*
			небо, негр, невод, невеста, неволя, недостача	Перед [е] может произноситься также твердый [н]. См. выше
	На конце слова	нь	лань, конь, пень, линь, плюнь, воспрянь, дрянь, окунь, печень	
	На конце слова после согласного	нь	песнь; казнь, рознь, болезнь	Согласный [н'] на конце слова после глухого согласного [с'] оглушается: [п'éс'н']. После звонкого согласного [з'] (в примерах типа *жизнь*) он также склонен вместе с последним в той или иной мере к утрате голоса

1	2	3	4	5
[н']	После гласного перед согласными *к*, *г* и частицами *-те*, *-ся*	нь	*пенькá, сúнька, конькú, шáньга, деньгá, бороньбá, дýньте, отплюнься*	
	Перед [j]	н	*конья́к, манья́к, шифонье́рка, вранье́; óсенью, жúзнью* (твор. пад. ед. ч.); *барáньи, свúньи; инъе́кция, конъюнктивúт, конъюнктýра*	
	Между гласными; перед гласным на месте *и*	нн	*спúннинг, те́ннис, каннибáл*	Согласный [н'] обозначается двойным *н* в части слов иноязычного происхождения
	Перед суффиксом *-н-*, произносящимся мягко	н	*длинне́е, дáнник, охрáнник*	Произносится: [дл'ин':е́ѣ], [дá·н':ик] и т. д.
	Перед согласными [н'], [т'], [ч'], [ш':]	н	*бáнтик, интере́с, монтёр, лентя́й, пéнтюх; бандúт, индéец, индю́к, кóнчик, каланчá, барабáнщик, загóнщик*	Произносится: [бá·н'т'ик], [блн'д'и́т], [кó·н'ч'ик], [злгó·н'ш':ик]
[л]	Перед гласными	л	*лáвка, ларёк, лук, лукáвый, лом, ломáть, маловáт; столá, столóм, столы́, столý*	
	На конце слова (после гласного)	л	*стол, вал, выл, мил, пришёл*	

1	2	3	4	5
[л]	На конце слова после согласного	л	цикл, мотоци́кл, смысл; росл, чахл, пухл, блёкл (кр. форма прилаг.); жезл, безмо́згл, смугл, кругл, подл	После глухих согласных [л] на конце слова оглушается: [цыкл], [пухл], [бл'◌̭о́кл]. После звонкого согласного [л] (в примерах типа жезл, смугл и др.) он также склонен вместе с последним в той или иной степени к утрате голоса
	Между гласными; перед гласными на месте а, о, у	лл	балла́ст, голла́ндский, колло́квиум, металлу́рг	Согласный [л] здесь обозначен двойным л, встречающимся во многих словах иноязычного происхождения. Произносится: [бл̭а́ст] и т. д.
	Перед [л]	л	мулла́, муллы́, газе́лла	Произносится: [мул:а́] и др. Двойной звук [л] произносится в некоторых словах иноязычного происхождения
	Перед остальными согласными, твердыми или мягкими	л	волна́, волни́стый, волк, болта́ть, балда́, балде́, по́лзать, ползи́, ко́лба, толпа́, молва́, волхвы́; мо́лча, то́лща	
[л']	Перед гласными	л	ля́гу, маля́рик, маляри́я, лёг, полево́й, клю́ква, люби́ть, ли́па, лиса́; лес, легла́	Мягкость [л] обозначается буквами гласных я, ю, ё, и; звук [л'] обычно произносится также перед гласным на месте буквы е

1	2	3	4	5
[л']	После гласного на конце слова или перед согласным	ль	моль, соль, быль; по́лька, во́льно, большо́й, по́льза, пальто́, культя́, ма́льчик, позво́льте, уво́лься	
	После согласных на конце слова	ль	вопль, мысль, во́доросль, бино́кль, спекта́кль; ру́бль, кора́бль, жура́вль, кегль	После глухих согласных [л'] на конце слова оглушается: [вопл̥'] и др. После звонкого согласного [л'] (в примерах типа *рубль*) также склонен вместе с последним в той или иной степени к утрате голоса
	В начале слова перед [с']	ль	льстить	Здесь [л'] оглушается. Произносится [л̥']: [л̥'с'т'ит']
	Перед [j]	л	лью, вы́лью, пы́лью, со́лью, калья́н, италья́нец, бельево́й; собо́льи, ке́льи	
	Между гласными; перед гласными на месте и, е, ё, я, ю	лл	колли́зия, капилля́р, моллю́ск, аллю́р, алле́я, бруцеллёз, металли́ческий, коллекти́в	Согласный [л'] обозначается двойным л в части слов иноязычного происхождения

Губные

[м]	Перед гласными	м	мал, мала́, мул, мол, молоко́, мыл, мылова́р, мэр	

1	2	3	4	5
[м]			метр (учитель), мéсса, реномé	Твердый звук [м] произносится перед ударным [э] в некоторых словах иноязычного происхождения
	На конце слова после гласного	м	дом, сам, потóм, шум, грим, изю́м	
	На конце слова после глухого согласного	м	ритм, логари́фм, косм, драхм, лохм	На конце слова после глухого согласного звук [м] оглушается. Произносится: [р'итм] и т. д. В словах на -изм (типа марксизм) возможно частичное, а в очень беглой речи и полное оглушение конечного сочетания: [зм]
	Между гласными; перед гласными на месте а, о, у	мм	граммáтика, граммофóн, два грáмма, грáмму, грáммом	Согласный [м] здесь обозначен двойным м, встречающимся в части слов иноязычного происхождения. Произносится: [грлмá·т'икъ] и т. д.
	Перед согласным [м]	м	сýмма, гáмма, имманéнтный	На месте мм произносится [м:] в отдельных словах

1	2	3	4	5
[м]	Перед согласными (кроме мягких губных)	м	тамгá, сёмга, сёмги, Лóмжа (назв. города), слямзить, нéмка, нéмки, млеть, мнóго, мнéние, мрак, умрёт, комсомóл, на почтáмте, мхи, мчáться, любúмцы, мшúстый, самшúт, отмщéние, лáмпа, дáмба, лúмфа, нúмфа; на лáмпе, в пóмпе, к нúмфе, пломбúр, амбúция	По старой московской норме губные перед мягкими губными смягчались: [в-лá·м'п'ь], [к-н'úм'ф'ь], [лм'б'úцыɪ] и т. д. В настоящее время укрепилось твердое произношение (возможно также полумягкое произношение [м] в этом положении)
[м']	Перед гласными	м	мял, мятéж, мюрúд, мёл, мёд, мел, мил, умилúть	Мягкость [м] обозначена буквами я, ю, ё, и
			метр (мера длины), мéсто, мéра, мéрить, смесь	Перед ударным гласным [е] может произноситься также твердый [м]. См. выше, [м]
	Перед безударным гласным на месте е		медáль, медýза, межá, мешóк, медовáр, медвéдь	
	На конце слова	мь	семь, впрямь, темь, вóсемь, познакóмь, экономь	
	Перед [т'] или [с'] частица -те или -ся повелительного наклонения	мь	познакóмьте, выпрямьте, экономьте, не упрямьтесь, не упрямься, познакóмься	
	Перед [j]	м	скамья́, скамью, на скамьé, скамьёй, óзимью; кóмья, семья́, сéмьи, скамьй	

1	2	3	4	5
[м']	Между гласными: перед гласными на месте *и, е*	мм	комментáтор, коммивояжёр, симметрѝчный, аммиáк	Мягкий [м] обозначается двойным *м* в части слов иноязычного происхождения. Произносится: [към'и^{е}нтáтър] и т. д.
	Перед [м']	м	суммѝровать	Произносится: [сум':ѝрвьвт']
[б]	Перед гласными	б	бак, барáн, бок, бородá, бук, бурáк, бык, бычóк; бебé, бербéры, бèфстрóганов, бéри-бéри, Флобéр	Твердый [б] перед ударным гласным на месте *е* произносится в отдельных словах иноязычного происхождения, а также в иностранных собственных именах
	Перед [j] на стыке приставки и корня и в словах иноязычного происхождения	б	объём, объéхать, объявѝть, объезжáть, объéкт, субъéкт	
	Перед [б]	б	аббáт	Произносится: [ʌб:áт]
	Перед сонорными и звонкими согласными	б	блин, обмáн, обмя́к, обмéн, обнестѝ, обрéзать; обвѝть, любвѝ; обгорéть, обдéлать, обжáрить, лóбзик	Перед [в'] и [м'] согласный [б] может в той или иной степени смягчаться. Ср. старые нормы: [ʌб'в'ѝт'], [ʌб'м'·áк]

1	2	3	4	5
[б']	Перед гласными	б	бязь, бёдра, бёрдо, бюст, бить, бирюза́	Мягкость [б] обозначается буквами гласных я, ё, ю, а также и
			бе́рег, бес, бе́лый, любе́зный	Перед ударным гласным на месте буквы *е* может также произноситься твердый [б]. См. выше
			беда́, берега́, беговой, бедла́м, бебе́, берберы, бека́р	
	Перед [j]	б	бью, бьём; воробья́, о воробье́, воробый	Мягкость [б] в настоящее время не проводится последовательно. Широко встречается полумягкое, а также твердое (менее предпочтительное) произношение
	Между гласными; перед гласными на месте *и*	бб	бабби́т, бабби́тный, бабби́товый	Звук [б'] обозначается двойным б
[п]	Перед гласными	п	пар, пора́, порт, пара́д, пу́шка, пуга́ть, пыль, пэр	
			канапе́, пе́ри, Шопе́н, пенс	Твердый [п] перед ударным гласным на месте буквы *е* произносится в отдельных словах иноязычного происхождения и в иностранных собственных именах

1	2	3	4	5
[п]	На конце слова после гласного	п	*суп, клоп, этáп, склеп, шип, эстáмп, вы́ступ, нэп, тяп-ляп*	
		б	*зуб, зоб, сруб, ушúб, арáб, столб, серб*	
	На конце слова после сонорных [р], [л] и [м]	п	*карп, серп; залп, столп; темп, лáмп, штáмп*	После сонорных [р], [л], [м] конечный согласный на месте *б* оглушается; произносится: [с'ерп], [столп] (т. е. практически так же, как слова *серб* и *серп, столб* и *столп, штамб* и *штамп* не различаются). При этом в той или иной степени может оглушаться и предшествующий сонорный согласный
		б	*герб, горб, серб; столб, штамб*	
	Между гласными	пп	*аппарáт, ипподрóм, оппозиционéр, оппортунúст, оппонéнт, групповщúна*	Согласный [п] в части слов иноязычного происхождения обозначается двойным *п*: [ап:арáт] и т. д.
	Перед [п]	п	*грýппа, трýппа*	Произносится: [грýп:ъ], [трýп:ъ]
	Перед остальными глухими согласными		*хлопковóд, кнóпка, псúна, психúка, птúца, лаптá, пфéниг, купцы́, пчелá, хлóпчик, купчúна, лапшá, сцéпщик*	
	Перед сонорными согласными	п	*плóхо, плю́шка, нэ́пман, копнá, копнúть, преть, прóсо*	

1	2	3	4	5
	Перед глухими согласными	б	тру́бка, обтеса́ть, обсуди́ть, обсева́ть, обточи́ть, обтя́жка, обхо́д, голубцы́, гре́бший, обши́ть, гардеро́бчик, гардеро́бщик	Произносится: [тру́пкъ], [лпт'и͡ес́а·т'] и т. д.
[п']	Перед гласными	п	пя́тый, пято́к, пё́рышко, спё́ртый, пюре́, пир, пили́ть	Мягкость [п] обозначается буквами я, ё, ю, а также и
			пел, пе́сня, пе́рсик, пе́рья	Перед ударным гласным на месте буквы е может также произноситься твердый [п]: пенс и др. См. выше
			переда́ть, напева́ть, пехо́та, пехоти́нец; педа́ль, педаго́г, пена́ты, пепси́н	
	На конце слова	пь	сыпь, степь, по́ступь, топь	
		бь	дробь, вглубь, про́рубь, го́лубь, зябь, зыбь, скорбь, приспосо́бь	Произносится: [дроп'] и т. д.
	Перед [т'] и [с'] частиц -те и -ся в повелительном наклонении	пь	поту́пьте, насу́пьте, не прошля́пьте; насу́пься, поту́пься	
		бь	приспосо́бьте, не зло́бьтесь, не коро́бьтесь, не го́рбьтесь, не зло́бься, не коро́бься	Произносится: [пр'испосо́·п'с'ъ] и т. д.

1	2	3	4	5
[п']	Перед [j]	п	пьяный, пьянеть; пьёт, пью; копьё, копья; крупьé; отрéпье; цéпью, стéпью, óщупью (твор. пад. ед. ч.); холбпьи, кáрпьи (им. пад. множ. ч. к холопий, карпий)	Мягкость [б] в настоящее время не проводится последовательно. Широко встречается полумягкое произношение, а также твердое (менее предпочтительное произношение)
	Между гласными	пп	аппéндикс, аппетит, апперцéпция, группировáть	Перед гласными на месте букв е и и; на месте пп произносится [п']
[в]	Перед гласными; перед гласными на месте е, и	в	вал, валýн, ворс, воронóй, вуз, вулкáн, выть, выдавáть, товáр; квéстор, вéто, Вéрди	Перед ударным гласным на месте е твердый [в] произносится в отдельных словах иноязычного происхождения, а также в иностранных собственных именах
	Перед [в] на стыке приставки и корня	в	ввалиться, вводить, ввоз, ввысь	
	Перед звонкими согласными (кроме мягких губных) и сонорными	в	внять, враг, врéмя, привлéчь; вблизи, вглядéться, вдали, вдéлать, взаймный, взять, взимáть, вжиться	
	Перед звонким согласным [г]	ф	Афганистáн	

1	2	3	4	5
[в']	Перед гласными	в	вя́лый, вя́леный, вяза́ть, свёкла, вёл, вино́, винт	Мягкость [в] здесь обозначается буквами я, ё, и
			ве́ра, ве́рить, ве́село, весёлый, вероя́тно, ве́домый, вегета́ция, велю́р	Перед ударным гласным на месте е в немногих словах иноязычного происхождения может произноситься твердый [в]. См. выше
	Перед [j] не на стыке приставки и корня	в	вью́га, вьёт, соловья́, соловью́, о соловье́, соловьи́, муравьи́	
	Перед [j] на стыке приставки и корня	в	въе́хать, въе́дливый, въя́вь, въеда́ться, въезжа́ть	В этом положении, в отличие от более предпочтительных старых московских норм, с [в'] возможно также произношение [в]: [вjиᵉда́ᵗцъ], [вjиᵉж':а́т'], а также [вjéхът'] и т. д.
	Перед [в']	в	ввёл, вверх, введе́ние, ввиду́, ввинченный,ввя́знуть	Произносится: [в':ˑол] и др.
	Перед [б'] и [м']	в	вбить, вме́сте, вмя́тина, вбежа́ть, вмести́ть	Перед [б'] и [м'] может произноситься также [в]: [вб'и̂т'], [вм'éс'т'ь], [вм'а̂т'инъ]

1	2	3	4	5
[ф]	Перед гласными	ф	факт, фактура, фуфайка, форму, форсит, фыркать, фырчать кафе́, аутодафе́, галифе́, Феб, Фе́дра	Твердый [ф] перед ударным гласным на месте е произносится в части слов иноязычного происхождения
	На конце слова	ф	шеф, штраф, торф, филосо́ф	
		в	о́стров, ку́зов, созы́в, взрыв, лев, рёв, прили́в, клюв	
	Между гласными; перед гласными на месте у	фф	диффу́зный	Звук [ф] обозначается двойным ф. Произносится: [д'ифу́знъɪ̌]
	Перед [ф]	ф	диффама́ция	Произносится: [д'иф:лма́цыъ]
	Перед сонорными согласными	ф	фрак, флаг, фля́га, штрафни́к, ри́фма, в ри́фме	
	Перед глухими согласными	ф	ко́фта, в ко́фте, нефть, кафта́н, фто́ристый, ли́фчик	
		в	вкус, второ́й, Кавка́з, впусти́ть, вчита́ться, вшить, краса́вчик, зимо́вщик, космона́вт	
[ф']	Перед гласными	ф	тюфя́к, тюфяка́, фюзеля́ж, фён, фи́рма, фити́ль	Мягкость [ф] здесь обозначена буквами я, ю, ё, и

1	2	3	4	5
			ферзь, фе́рма, фе́ска февра́ль, федера́ция, ферме́нт, ферга́нцы	Перед уда́рным гласным на месте буквы *е* в словах иноязычного происхождения может также произноситься твердый [ф]. См. выше
	На конце слова	фь	верфь, потра́фь, не дре́йфь	
		вь	кровь, о́бувь, вплавь, оста́вь, пригото́вь, вновь	
	Перед [т'] или [с'] частиц *-те* и *-ся* в форме повелительного наклонения	фь	потра́фьте, не дре́йфьте; не проштра́фься	
		вь	пригото́вьте, оста́вьте, сла́вьте; пригото́вься, сла́вься, отпра́вься	
	Перед [j]	ф	сафья́н, ве́рфью, у Со́фьи, жира́фьи	
	Перед [п']	в	впи́шет, впятеро́м	Перед [п'] может произноситься также [ф]: [фп'и́шыᵉт]

Зубные шумные

1	2	3	4	5
[з]	Перед гласными	з	зал, за́пах, зо́на, зона́льный, зуб, зубно́й, зы́бкий, называ́ть, зе́бу, Зевс, зеро́, сюзере́н	Перед гласным на месте *е* твердый [з] произносится в отдельных словах иноязычного происхождения

1	2	3	4	5
[з]	Перед [р], [р']	з	при́зрак, зря, зря́чий, зри́мый	
	Перед твердым [в] и твердыми сонорными согласными [м], [н], [л]	з	я́зва, звать, звук, безво́дный, возвы́сить; при́зма, изму́чить, разма́зать; зной, знать, гря́зный; злой, разлу́ка, козла́, изломать	
	Перед твердыми звонкими согласными [б], [д], [з], [г]	з	изба́, изба́вить, возбуди́ть; зда́ние, езда́, здоро́в, изда́ть, разду́ть, безда́рный	
		с	сбор, сбыть, сбру́я, сдать, сдо́бный, сдо́хнуть, сдре́йфить	
		з	беззабо́тный, беззу́бый, раззоло́ченный	
		с	сза́ди, сзыва́ть	
		з	бры́згать, бры́зги, зги, изги́б, возгорди́ться, изга́дить	
		з	сгуби́ть, сгоре́ть, сгон, сгиб, сгрести́, сгла́дить	
[з']	Перед гласными	з	прозяба́ть, зя́бну, зёрна, позёмка, позёр, зю́зя, изю́м, изю́бр, зи́мний, зима́	Мягкость [з'] здесь обозначена буквами я, ю, ё, и
			зе́бра, зе́лень, зе́ркало, земля́, зени́т, зерни́стый	Перед гласным на месте е возможно также произношение твердого [з]. См. выше
	Перед [б] или [м]	зь	резьба́; Вя́зьма, Кля́зьма	
		сь	про́сьба, косьба́, письмо́	

1	2	3	4	5
[з']	Перед [j] не на стыке приставки и предлога	з	*друзья́, подгла́зье, вя́зью, ре́зью, свя́зью, гря́зью* (твор. пад. ед. ч.), *ко́зьи*	
	Перед [j] на стыке приставки и корня	з	*изъе́здить, изъявле́ние, безъя́дерный, разъеда́ть, разъе́хаться, разъярённый, дизъю́нкция*	В этом положении может также произноситься [з]: [ръзji͡е р'·о́н:ъi͡], [биезjа̋д'ьрнъi͡], [д'изj·у́нкцыi͡ъ]
	Перед [в'], [б'], [м'] не на стыке корня и приставки	з	*звёзды, зверь, звере́ть, звя́кнуть, звено́, язви́тельный, тре́звенник; избёнка, змей, безме́н, ни́зменный*	
	Перед [в'], [б'], [м'] на стыке приставки и корня	з	*возвёл, возвести́, изви́нить, извести́, и́зверг, безве́рие, безве́стный, безви́нный, изби́ть; избира́ть, избе́гнуть, изби́тый, безбе́дный; изме́на, изме́рить, измельчи́ть, измя́ть, неизме́нный, безме́рный, безмяте́жный, возме́здие*	В этом положении может произноситься также [з]: [влзв'·ол], [изм'ие л'ч'и́т'], [б'ьзм'ие т'ёжнъ], что менее предпочтительно
	Перед [д'], [н'], [л'] не на стыке приставки и корня	з	*е́здить, вы́звездило, здесь, узде́чка; возня́, грызня́, резня́, сквозня́к, у́зник, колхо́зник; злить, злю́щий, ко́злик, во́зле*	
	Перед [д'], [н'], [л'] на стыке приставки и корня		*издёргать, издёржка, воздействие, возде́лать, безде́лье; разде́ть, раздёргать, раздира́ть; изне́женный, изнемога́ть, разнёсший, возни́кнуть, излени́ться, излить, излечи́ться, изли́шний,*	В этом положении может произноситься также [з]:[изд'·о́ргът'], [влзд'е́лът'] [из л'иеч'и́тцъ] и т. д. что менее предпочтительно

1	2	3	4	5
[з']			*безлéсье, безли́чный, безлю́дье, возлюби́ть, возлия́ние*	
	Перед [б'] или [д']	с	*сби́ть, сби́тень, сберкни́жка; сде́лать, сде́льный, сдёрнуть, сдержáть, сдéрживание, сдирáть, сди́рка*	
	Перед [з']	с	*безземéльный, иззя́бший, иззеленúть, раззя́ва, раззевáться, беззвёздный*	
[с]	Перед гласными	с	*сáло, сади́ть, сóда, сорóка, суд, сы́пать, сэр, сэконóмить, сéкста, асéптика, лексéма, нóнсенс*	Перед гласным на месте *е* твердый [с] произносится в части слов иноязычного происхождения
	На конце слова	с	*нос, насóс, принёс, я́рус, пóяс, тéзис, торс*	
		з	*глаз, óбраз, си́нтез, курьёз, анáлиз, вы́воз, колхóз, вуз, сою́з, вяз, мёрз*	
	Между гласными	сс	*компрéссор, кассáция, массажи́стка, режиссýра, комиссáр*	Согласный [с] обозначен здесь двойным *с*. Произносится: [кʌмпр'éсър] и т. д.
	Перед [с]	с	*кáсса, мáсса, вассáл*	Произносится: [кáс:ъ]. В отдельных словах иноязычного происхождения
	Перед [с] на стыке с корнем	с	*ссади́ть, ссáдина, ссуди́ть, рассуди́ть, рассы́пать, воссоздáть*	

1	2	3	4	5
[с]	Перед твердыми губными согласными [в], [ф], [п], [м]	с	свой, сват, свалить; сфабриковать, расфасовка, расфуфыренный, оспа, спор, распарить, испытать; смак, смальта, смута, смолкнуть	
	Перед твердыми согласными [т], [н], [л]	с	стол, столкнуть, стук, стык, востребовать, истребить; сноп, снова, снаряд; слбео, слава, слух, слазить, сломать	
	Перед [р] и [р']	с	срок, срам, срыть, срезать, сряду	
	Перед согласными [к], [х], [ц]	с	скоро, скот, скат, скинуть, носка; сходить, схитрить, схлынуть, схима; сцена, сцапать, сцедить	
	Перед глухими согласными [к], [ц]	з	сказка, смазка, желёзка, возка; сказки, смазки, ползком; грязца; образца, резца, кавказца	Твердый [с] на месте з произносится также в слове ползти перед [т']
	Перед частицей -ся	с	снёсся, разросся	Предпочтительное произношение: [с'н'·óс:ъ], [рлзрóс:ъ]
		з	разлёзся, грызся	Предпочтительное произношение: [раз'-л'éс:ъ], [грыс:ъ]
[с']	Перед гласными	с	сяду, посягнуть, сёмга, осётр, сюртук, сюрприз, сюйта, сила, симфония	Мягкость [с] здесь обозначена буквами гласных я, ё, ю, и.

1	2	3	4	5
[с']		с	*се́рый, се́льский, сестра́, се́ктор, про́седь*	Перед гласным на месте *е* может произноситься также твердый согласный. См. выше
	На конце слова	сь	*весь, смесь, о́кись, ру́копись, аво́сь, гусь, ввысь*	
		зь	*мазь, резь, слизь, сквозь, связь, князь; не лазь, не напрока́зь; уни́зь, проморо́зь, сузь* (форма повел. накл.)	
	Перед [т'] или [с'] частица *-те* или *-ся* в форме повелительного наклонения	зь	*не ле́зьте, не напрока́зьте, не уни́зьте, не проморо́зьте, су́зьте; не обезобра́зьте, прибли́зься, не конфу́зься*	
		сь	*бро́сьте, заква́сьте, окра́сьте, не тру́сьте; укра́сься, све́сься, вы́бросься*	
	Перед [к]	зь	*Ку́зька, зю́зька* (от *зюзя*)	
	Перед [к] и [м]	сь	*мо́ська, аво́ська, Ва́ська, восьмо́й, тесьма́, весьма́*	
	Перед [j]	с	*колосья, Поле́сье, Касья́н; съел, съёмка*	
	Перед [т'] не на стыке приставки и корня, а также на стыке приставки *с-* и корня	с	*сте́нка, степь, стих, стере́чь; лесть, месть, кость; сти́снуть, стесни́ть, стяну́ть*	
		з	*лезть, грызть*	
	Перед [н'] и [л'] не на стыке приставки и корня и на стыке	с	*снег, сни́ться, сни́мок, сня́ться, снёс, песнь; о́слик, слёзы, сли́ва, сле́сарь, слюда́,*	В начале слова возможно менее предпочтительное также

1	2	3	4	5
[с']	приставки с- и корня		масля́та, слю́ни, слечь, слезть	твердое произношение [с]: [сн'ек], [сл'·о́зы], но [п'ес'н̥'] и др.
	Перед [с'], [т'] на стыке приставки (кроме приставки с-) и корня	с	рассерди́ться, рассерди́лся, расседла́ть, рассе́ять, расси́живаться, и́ссиня-чёрный, иссе́чь, беccи́льный, бессемя́нка	Не непосредственно после или перед ударным гласным на стыке приставки и корня может произноситься твердый [с]: [ръсс'и⁵дла́·т'], [ръст'и⁵ну́·т'], но [и́с':инъ], [ис':е́ч']
			растя́нутый, растяну́ть, растира́ть, растя́па, ро́степель, исте́чь	Возможно произношение с твердым [с]: [рлст'·а́нутъі̯] и т. д.
	Перед [в'], [ф'], [п'], [м'] не на стыке приставки и корня или на стыке приставки с- и корня	с	сви́нство, свет, свя́тость, связь, све́ргнуть, свёртывать, свя́зывать; сфе́ра, сфинкс; спи́нка, спи, спи́ца, спесь, спирт, спеши́ть, спеть, списа́ть; смех, сме́та, смерть, сми́рно, смири́ть	Менее предпочтительно часто встречающееся твердое произношение [с]:[св'ет], [св'ӓс'], [см'ех]
	Перед [п'] на стыке приставки (кроме приставки с-) и корня	с	воспи́танный, воспе́ть, исписа́ть, испёк, испе́чь	В этом положении может произноситься и твердый [т]: [влсп'и́тън:ъі̯]
[д]	Перед гласными	д	дать, давно́, дом, домо́й, ду́мать, душе́вный, ды́ня, дымово́й, Ула́н-Удэ́	Перед гласным на месте е твердый [с] произносится в части

1	2	3	4	5
[д]			*дéльта, дéрби, дентáльный, депрéссия, детéктор, модéль*	слов иноязычного происхождения
	Перед [j] на стыке приставки и корня	д	*подъём, подъéзд, подъя́тый, подъязы́чный*	
	Перед [д] не на стыке морфем в отдельных словах иноязычного происхождения	д	*аддýктор, аддýкция*	
	Перед сонорными [р], [р'], [м], [м'], а также перед [в]	д	*драть, друг, дры́хнуть, подрубúть, подрéзать, подрисовáть; подмáзать, подмéтить, подмигнýть, подмётка; два, двух, двор, подвáл, подвы́пить, мордвá, едвá*	
	Перед [н], [л]	д	*жáдный, бéдный, обúдный, гóдный, трýдный, роднóй; пóдлый, зая́длый, седлó*	
	Перед [н'] и [л'] не непосредственно после ударного гласного	д	*поднимáть, подлéц, в седлé, подлечúться*	
	Перед [в'] на стыке приставки и корня	д	*подвернýть, подвёртывать, подвинтúть, надвёрнутый*	
	Перед звонкими согласными (кроме [д'])	д	*подбрóсить, подбúть, подгоня́ть, подгибáть, поджáть, поджáрить, подзывáть, надзóр, подзéмный, надзирáть, поддáть, поддáкивать, поддóн, поддувáло*	
		т	*отбрóсить, отбúть, отгáдка, отгýл, отгры́зть, отжáть, óтзыв, отзимовáть, отдáть, отдýшина, óтдых*	

1	2	3	4	5
[д']	Перед гласными	д	дя́тел, дя́дя, дёрн, дёшево, дюра́ль, дюше́с, ди́ктор, удиви́ть	Мягкость [д] обозначена буквами я, ё, ю, и
		д	де́вять, де́ти, дете́й, де́рево, дереве́нский, дека́н, дежу́рный, деклара́ция, на воде́	Перед гласным на месте е в части слов иноязычного происхождения может произноситься твердый согласный [д]. См. выше
	Перед [б], [б'] и [м], [м']	дь	сва́дьба, сва́дьбе, ходьба́, ходьбе́; ве́дьма, ве́дьме	Произносится: [сва́·д'бъ], [в'е́д'-м'ь] и т. д.
	Перед [j] не на стыке приставки и корня	д	дья́кон, дья́вол, половодье, медведье́, гру́дью, пря́дью, че́лядью (твор. пад. ед. ч.), ладья́, в ладье́, ладью́; ладьи́, бадьи́, су́дьи	
	Перед [в'] и [м']	д	две, дверь, Дми́трий, Людми́ла	Произносится (в соответствии со старыми нормами): [д'в'е́], [д'в'е́р'], [Д'м'и́тр'иј], [Л'уд'м'и́лъ]. В настоящее время широко известно и твердое произношение [д]. Только [д] произносится в терминологической и специальной лексике. Ср. [ка́дм'иј]
	Перед [д'] на стыке приставки и корня	д	поддёрнуть, поддёвка, подде́ржка	Произносится: [плд·д'·о́рнут']
		т	отде́лать, отдели́ть, отдёрнуть, отдира́ть	Произносится: [лд·д'е́лът']

1	2	3	4	5
	Перед [н'] или [л'] непосредственно после ударного гласного	д	подняли, исподний, бедненький, передняя, задний; подле, подленький, въедливый	Произносится: [по́·д͡н'ьл'и]; см. § 49, п. 6
[т]	Перед гласными	т	там, такой, том, толковый, тумба, тыл, тыловой, Тэн мартен, шатен, тент, термос,есситура, интенсивно, интенсификация	Перед гласным на месте е твердый [т] произносится в части слов иноязычного происхождения. См. ниже
	На конце слова	т	пот, делегат, свет, бант, порт, турист, альт, сыт, богат	
		д	яд, запад, сад, обед, лёд, вид, плод, суд, стыд, снаряд, этюд, отъезд, зонд, аккорд	
	Перед [j] на стыке приставки и корня	т	отъезд, отъедаться, отъявленный	
	Между гласными	тт	атташе, гуттаперча, гуттуральный, оперетта, канцонетта, сеттер, коттедж	Звук [т] обозначен двойным т. Произносится: [лтлшэ́] и т. д.
	Перед [т] на стыке приставки и корня	т	оттащить, оттаивать, отторгнуть, оттопырить, оттушевать, оттыкать, оттрубить, оттрепать, оттрясти	Произносится: [т] с долгим затвором: [лᵀтлш':ит']
	Перед [т] при отсутствии морфологического стыка	т	гетто, брутто, нетто	Обычно произносится [т] с долгим затвором
	Перед сонорными [р], [р'], [м], [м'] и перед твердым согласным [в]	т	труд, тряхнуть, отрезать, астма, в астме, отмерить, наотмашь; тварь, творчество, твой, творог, отварить, отвод, отвыкать	

1	2	3	4	5
[т]	Перед [н] и [л]	т	пóтный, мýтный, приÿтный, относи́ть, ýтлый, свéтлый, отложи́ть, отлы́нуть, отлупи́ть, дотлá	
	Перед мягким [н'] или [л'] не непосредственно после ударного гласного	т	отнÿть, отнéкиваться, отнимáть, отнёс, тлéет, хлопотли́вый	О произношении сочетаний [т͡н'], [т͡л'] см. § 49, п. 6 и 7. Непосредственно после ударного гласного произносится [т'͡н'], [т'͡л'] : [ó·т'͡н'ъл]. См. ниже. В других положениях, в особенности на стыке приставки и корня, мягкий затвор [т] (т. е. [т'͡н'], [т'͡л']) только характеризует старые московские нормы. Ср. часто встречающееся произношение [лтн'имáт·т'], [хлъпл͡тл'и́въi] и др.
	Перед [в'] на стыке приставки и корня	т	отвёртка, отвинти́ть, отвязáть	
	Перед [в'] на стыке с окончанием	т	в Литвé, в ботвé, в жáтве, в листвé (ср. Литвá, ботвá)	В соответствии со старыми нормами здесь может произноситься также [т']
	Перед глухими согласными (кроме [ч'])	т	отки́нуть, отпусти́ть отсади́ть, отформовáть, отцеди́ть, отшиби́ть, отщепи́ть	

1	2	3	4	5
[т]		д	подки́нуть, подпусти́ть, подсади́ть, подходи́ть, подцепи́ть, подшиби́ть, подщипа́ть	
[т']	Перед гласными	т	тя́га, тяну́ть, вы́тянуть, тёплый, зятёк, тю́бик, тюфя́к, ти́на, карти́на те́сто, те́хника, пате́нт, те́рмин, телеско́п, в комите́те, на высоте́	Мягкость [т] обозначена буквами я, ё, ю, и Перед гласным на месте е может произноситься также твердый [т]. См. выше
	Перед буквой ь на конце слова	ть	гать, пять, нача́ть, дуть, петь, кость, грусть	
		дь	ло́шадь, пядь, пло́щадь, и́споведь, о́чередь, и́згородь, грудь, прядь, сельдь, груздь	
	Перед [т'] или [с'] частицы -те и -ся в форме повелительного наклонения	ть	отме́тьте, тра́тьте, пя́тьтесь, не по́ртьте, отме́ться, тра́ться, пя́ться, охо́ться, насы́ться	
		дь	обла́дьте, погла́дьте, прину́дьте, облагоро́дьте; ула́дься, не хоровбо́дься, умилосе́рдься, облагоро́дься	
	Перед [j] не на стыке приставки и корня	т	статья́, галиматья́, литьё, чутьё, рантье́; статью́, ра́тью, крова́тью (твор. пад. ед. ч.), статьи́, го́стьи (им. пад. множ. ч.)	
	Между гласными (перед гласными переднего образования); не на стыке ясно различимых морфем	тт	аттеста́т, готтенто́ты, либретти́ст	Согласный [т'] здесь обозначен двойным т. Произносится [лт'иеста́т] и др.

1	2	3	4	5
[т']	Перед [т'] между гласными не на стыке ясно различимых морфем	т	А́ттика, атти́ческий	Согласный [т'] с долгим затвором не на стыке морфем произносится в отдельных словах иноязычного происхождения: [а́т':-икъ]
	Перед [т'] на стыке приставки и корня	т	оттёсывать, оттёртый, оттесни́ть, оттеса́ть, о́ттиск, оття́гивать, оттяну́ть	
		д	подтёк, подте́кст, подтёсывать, подти́рка	
	Перед [н'] или [л'] непосредственно после ударного слога гласного	т	о́тняли, прия́тнее, ле́тний, суббо́тний, бра́тний; забо́тливый, отчётливый, неповоро́тливый, коке́тливый	Произносится: [о́·т͡н'ьл'и́], [пр'-ийа̀т͡н'ьі̇] и т. д.
	Перед [в'] в пределах одной морфемы (корня или суффикса)	т	твёрдый, твердь, ве́тви, ветви́стый, ли́ственный, есте́ственный, сво́йственный, Матве́й	В настоящее время распространено также твердое произношение [т]: [тв'·о́рдъі̇], [млтв'е́і̇] и др. О необходимости мягкого произношения [в] в некоторых случаях см. § 48, п. 1
	Перед [ч']	т	о́тчий, о́тчество, во́тчина, солда́тчина, отчёт, отча́сти, отча́янный, отчуждённый, отчека́нить	Произносится [ч'] с предшествующим мягким затвором: [о́·ᵀч'ьі̇]
		д	скла́дчина, молодчи́на, подча́с, подчёркивать, подчи́стка, подчини́ть	Произносится [ч'] с предшествующим мягким затвором: [скла́·ᵀч'инъ]

1	2	3	4	5

Задненёбные

1	2	3	4	5
[г]	Перед гласными	г	газ, гавот, город, городской, гусь, густой, выгон, выгул	
	Перед буквами звонких согласных	г	когда, тогда, Магда, регби, Гзак, Гжатск	
	Перед буквами звонких согласных	к	анекдот, вокзал, экзема, экзамен, экзарх, экзотика	
	Перед сонорными согласными и [в] или [в']	г	могла, могли, гриб, игра, гнуть, гнёт, пигмей, гвоздь, лингвист	
[г']	Перед гласными	г	гибель, гимн, гимнастика, гений, гектар, герой, гяур, гюрза, легюм; на ноге, в стоге	Отсутствие твердости [г] обозначено буквой и. Мягкость [г] обозначена буквами я, ю. Перед е произносится мягкий [г]
[к]	Перед гласными	к	кадка, кабан, конь, кора, якорь, кукла, акула, кулак, фокус	
	Между гласными	кк	аккорд, аккуратный	Звук [к] обозначен двойной буквой к. Произносится: [лкорт], [лкуратнъį]
	Перед [к]	к	мокко	Произносится: [мок:ъ]. Встречается в отдельных словах иноязычного происхождения
	Перед [ч']	г	тьгчайший, отягчить	Если на месте ч не произносится [х]:[л'·охкъį]. См. ниже о звуке [х]

1	2	3	4	5
[к]	Перед другими глухими	к	кто, такт, кля́кса, лекпо́м, вакци́на, никчёмный, ве́кша, пёкший, ира́кцы (жители Ирака)	
		г	лёгший, берёгший, стри́гший, но́гти, гаа́гцы (жители города Гааги)	
	Перед сонорными согласными и [в] или [в']	к	краб, криз, клуб, клин, кнут, окно́, ла́кмусовый, кво́рум, брю́ква, кви́ты	
	На конце слова	к	ток, век, срок, бара́к, куша́к	
	На конце слова	г	бе́рег, снег, утю́г, ожо́г, визг	
[к']	Перед гласными	к	ки́нуть, кино́, киль; ке́сарь, кедр, на руке́, в то́ке; ткёт, Кя́хта, маникю́р	Отсутствие твердости [к] обозначено буквой *и*. Мягкость [к] обозначена буквами *я, ю, ё*. Перед *е* произносится мягкий [к]
	Перед [j]	к	Лукья́н	Встречается в приведенном слове и в редких иноязычных словах
[х]	Перед гласными [а], [о], [у] и их безударными заменами	х	ха́та, хала́т, хо́лод, холо́дный, хорохо́риться, ху́тор, худо́жник	
	Перед глухими согласными	х	задо́хся, засо́хший, каза́хский, тахта́, пи́хта	Звук [х] употребляется не перед всеми глухими согласными

1	2	3	4	5
[х]	На конце слова	х	слух, успех, отдых, во-вторых, засох	
	Перед согласными [к] и [ч']	г	мягко, легко, мягче, легче	Это явление представлено в словах с данными двумя корнями. Произносится: [м'·а́хкъ] и т. д. См. § 67
[х']	Перед гласными переднего образования	х	хитрый, хихикать, хирург, хедер, херувим; в эпохе, эпохи	
	Перед согласным [к']	г	мягкие, лёгкие	Это явление представлено в словах с данными двумя корнями. Произносится: [м'ӓх'к'иџь] и т. д. См. § 53

Шипящие и [ц]

[ж]	Перед гласными	ж	жаль, жох, жёлтый, жест, жук, жил, ножи́, свежая, жалеть, жена, живот	
	Перед [j]	ж	ружьё, медвежья	
	Перед сонорными согласными и [в']	ж	вежливый, жребий, жмурки, жну, жни, важный, жвачка	
	Перед [ж] на стыке с приставкой	з с	разжать, разжиться сжать, сжить	Произносится: [рлж:а́·т'] и т. д.
	Перед остальными звонкими согласными	ж	ложбина, дружба, жгут, жги, ждать, надежда, нужда	Согласный [ж] встречается не перед всеми звонкими согласными
[ш]	Перед гласными	ш	шаг, шаги, шёл, шёлк, шест, шестой, шум, шил, шалаш	

1	2	3	4	5
[ш]	Перед [j]	ш	шью, шьёт, удушье, затишье	
	Перед сонорными согласными и [в], [в']	ш	шла, шли, шрам, плашмя, шмыгать, шнур, кашне, клешня, швабра, швырнуть, на подошве	
	На конце слова	ш	грош, глупыш, душ, марш, туш, душ (род. пад. множ. ч.)	
		ж	нож, стаж, багаж, морж, свеж; рож, кож (род. пад. множ. ч.)	
		шь	мышь, глушь, тушь; утешь; едешь	Буква ь здесь не имеет звуковой функции. Ср. мышь и камыш. Произносится: [мыш], [клмы́ш]
		жь	рожь, ложь, упряжь, молодёжь, понежь (повелительная форма), настежь	То же и здесь. Ср. понежь и манеж. Произносится: [плн'éш] и [млн'éш]
	Перед корневым [ш] после приставок на -с и перед суффиксом [ш]	с	сшить, расшит, нёсший, трясший	Произносится: [ш:ы·т'], [н'·óш:ъ̣і̣] и т. д.
	Перед суффиксом [ш]	з	лезший, вёзший	Произносится: [л'éш:ъ̣і̣] и т. д.
	Перед остальными глухими согласными	ш	шкаф, старушка, шпоры, штамп, штаты, шхуна, мышца, латышский, чашка, пташка, бабушка	Согласный [ш] встречается не перед всеми глухими согласными
		ж	ложка, фуражка, пряжка, неужто	

1	2	3	4	5
[ш]		шь	утéшься, утéшьте, умывáешься, брéешься	Буква ь после ш, ж перед частицей -ся не имеет звуковой функции
		жь	понéжься, понéжьте	
[ж':]	Перед гласными	жж	жужжáть, дрóжжи, вóжжи, можжевéльник, жжёный, жжёнка, жжёшь	В одном случае [ж':] произносится на месте жд перед согласным: дождливый [джж':л'и́въį].
	Перед гласными (не на стыке приставки с корнем)	зж	éзжу, приезжáть, брюзжáть, брéзжит, пóзже, загромозжу́	
[ш':]	Перед гласными	щ	пощáда, щавéль, щёголь, щель, щеголя́ть, щу́ка, плащóм, плющóм, товáрищем	
	Перед звуком [į]	щ	вéщью, мóщью	
	Перед сонорными согласными и [в]	щ	изощря́ться, ухищря́ться, хи́щный, мóщный, умерщвля́ть	Перед бóльшей частью согласных звук [ш':] не встречается
	На конце слова	щ	плющ, свищ, плащ, товáрищ; вещь	
		щь	нéмощь, пóмощь	
		сч	счáстье, счёт, считáть	При отсутствии стыка приставки с корнем
[ч']	Перед гласными	ч	часть, части́ца, чу́вство, чуди́ть, чóхом, плечóм, чёрный, чернь, учени́к, чи́стый, очищáть	

1	2	3	4	5
[ч']	Перед звуком [j]	ч	чью, ночью, ничья, волчья	
	Перед сонорными согласными, а также [в] и [в']	ч	чрево, член, ночлег, начну, чмокать, чванство, на почве	
	Перед буквами глухих согласных	ч	очко, пичкать, почта, мачта, начхать	Звук [ч'] встречается не перед всеми глухими согласными
		чь	улечься, стричься, беречься; не плачьте	Буква ь здесь не имеет никакого звукового значения; она объединяет формы без частиц -ся, -те и формы с этими частицами. Ср. лечь — улечься, не плачь — не плачьте
	На конце слова	ч	врач, палач, луч; встреч, удач (род. пад. множ. ч.), жгуч, летуч	
		чь	дочь, мелочь; помочь, остричь; не плачь, вскачь	Буква ь здесь не имеет звукового значения. Ср. плач (сущ.) и плачь (повелительное наклонение). Произносится в обоих случаях [плач']
[ш']	На стыке ясно выделяемой приставки и корня перед [ч']	с	считывать, счистить, счерпывать, исчеркать, исчертить, исчислить, исчерна-синий; расчертить, расчалить, расчесать	На месте сч произносится [ш'ч'] : [ш'ч'и́тьвът]

1	2	3	4	5
[ш']	На стыке приставки перед [ш':]	с	*расщéлина, расщéп, расщемúть, расщепúть, исщипáть*	Так как сама буква *щ* обозначает двойной мягкий [щ] (т. е. [ш':]), а находящаяся перед ней буква *с* здесь обозначает [ш'] и так как тройных по длительности согласных не бывает, то на месте всего сочетания *сщ* произносится двойной [ш'] — [ш':]: [рʌш':éл'инъ]
	В конце корня на [с] перед суффиксами, начинающимися с *ч*: -чик, -чив	с	*разнóсчик, подпúсчик, занóсчивый*	На месте *сч, зч, жч* произносится [ш':]: [рʌзнó·ш':ик], [грý·ш':ик], [п'ьр'ьб'éш':ик]
		з	*навя́зчивый, образчик, смáзчик, грýзчик, извóзчик*	
		ж	*перебéжчик, мужчúна*	
[ц]	Перед гласными	ц	*цап-царáп, цóколь, борцóм, цéдра, пáльцем, цукáт, цыгáн, купцы́, круглолúцый, сестрúцын, пáнцирь, цúфра, цирк*	
	На конце слова	ц	*матрáц, певéц, мéсяц, принц, бац*	
	Перед буквами глухих согласных	ц	*клёцки, лáцкан, половéцкий, турéцкий, Цфáсман*	Перед большей частью глухих согласных [ц] не встречается
	Перед сонорными и [в] или [в']	ц	*Цна (река), Вáцлав; цвет, цвелá*	Перед сонорными [ц] встречается в немно-

1	2	3	4	5
				гих иноязычных собственных именах и топонимах

Звук [j] — [i̯]

1	2	3	4	5
[j] — [i̯]	Перед ударным гласным; в начале слова или после гласного	я	яма, яд	Звук [j] — [i̯] перед гласными (ударными и безударными) в начале слова, после гласных и после разделительных ь и ъ обозначается буквами я, ю, ё, е, которые вместе с тем обозначают соответствующий гласный. Произносится: [j·а́мъ], [j·ат]
		ю	юг, стою́	Произносится: [j·ук], [стлj·у́]
		ё	ёлка, даём	Произносится: [j·о́лкъ], [даj·о́м]
		е	ель, ест, пое́хал	Произносится: [jе́л'], [jест], [плjе́хъл]
	Перед предударным гласным; в начале слова или после гласного (кроме [и])	я	яви́лся, ярово́й, поясни́м	Произносится: [i̯ие в'и́лсъ], [пъi̯ ие с'н'и́л]. Возможно ослабление, а после гласного даже утрата [i̯]: [пъис'н'и́л]
		ю	юли́ть, поюжне́е	Произносится: [jӱл'и́т'], [пъi̯ужн'е́i̯ь]
		е	ездо́к, ездока́, проезжа́ть	Произносится: [iие здо́к], [i̯ьзд-

1	2	3	4	5
[j] — [i̯]				ка́], [пръ̥и̯еж': ·а́т']. Возможно ослабление, а после гласного даже утрата [i̯]: [пръиж':·а́т']
	Перед заударным гласным; после гласного	я	ста́я, зна́я, ста́ям	Произносится: [ста́·i̯ъ], [зна́·i̯ъ], [ста́·i̯ъм]
		ю	ста́ю, зна́ю	Произносится: [ста́·i̯у], [зна́·i̯у]
		е	в ста́е, зна́ешь, за кра́ем	Произносится: [ф-ста́·i̯ь], [зна́·i̯ьш], [зл-кра́·i̯ъм]. Может произноситься также: [ф-ста́·ь], [ф-ста́и]; [зна́·ьш]; [зл-кра́·i̯ъм], [зл-кра́·ьм]
	После согласного перед ударным гласным (кроме [и])	(ь)я	пья́ный, рья́ный; воробья́, соловья́; тряпья́, вранья́, ружья́; скамья́, свинья́, чья	Произносится: [р'j'а́нъi̯], [сълв'j'а́], [склм'j'а́] и т. д.
		(ь)ю	воробью́, соловью́; тряпью́, вранью́, ружью́; скамью́, свинью́; лью, пью, шью, чью	Произносится: [върлб'j'у́], [врлн'j'у́], [ш'j'у] и т. д.
		(ь)ё	воробьём, соловьём; тряпьё, враньё, ружьё; льём, пьём, скамьёй, свиньёй, ручьём	Произносится: [върлб'j'о́м], [тр'иеп'j'о́], [руж'j'о́] и т. д.
		(ь)е	о воробье́, соловье́; в трепье́, вранье́, ружье́; на скамье́, о свинье́; о ручье́	Произносится: [л-върлб'j'é], [нъ-склм'j'é] и т. д.
	После согласного; перед ударным гласным [и]	ь	чьи, воробьи́, соловьи́	Произносится: [ч'jи], [върлб'jи́] и т. д.

1	2	3	4	5
[j] — [i̯]	После согласного; перед ударным гласным	(ъ)я	объя́вит, разъя́тый, объя́тый, съя́бедничать	Произносится: [лб'jӑв'ит] и т. д.
		(ъ)ю	ю́жный-разъю́жный	Произносится: [рлзj·у́жнъi̯] или [рлз'j·у́жнъi̯] и т. д.
		(ъ)е	объём, подъём, безъёмкостный, съёмный	Произносится: [лбj·о́м], [с'j·о́мнъi̯] и т. д.
		(ъ)е	съесть, разъе́хаться, объе́кт, инъе́кция	Произносится: [с'jếс'т'], [лбjе́кт] и т. д.
	После согласного; перед предударными гласными	(ь)я	пьяне́ть, пьянова́т	Произносится: [п'i̯ие̂н'ет'], [п'i̯ьнлва́т]
		(ь)е	бельево́й, сырьево́й	Произносится: [б'ьл'i̯ие̂во́i̯], [сыр'i̯ие̂во́·i̯]
	После согласного; перед заударным гласным (кроме [и])	(ь)я	во́лчья, лгу́нья; пове́рья (им. пад. множ. ч.)	Произносится: [во́лч'jъ], [лгу́н'jъ], [плв'е́р'jъ] или [во́лч'i̯ъ] и т. д.
		(ь)ю	во́лчью; лгу́нью; пове́рью	Произносится: [во́лч'jу], [лгу́н'jу] или [во́лч'i̯у] и т. д.
		(ь)е	во́лчье; о лгу́нье; пове́рьем	Произносится: [во́лч'jъ] или [во́лч'i̯ь], [л-лгу́н'i̯ь], [плв'е́р'jъм] или [плв'е́р'i̯ьм]
	После согласного; перед заударным гласным [и]	ь	во́лчьи, ли́сьи, лгу́ньи, ры́бьи, бара́ньи	Произносится: [во́лч'jи], [л'и́с'jи] и т. д.

1	2	3	4	5
[ј] — [i̯]	После гласного на конце слова	й	рай, май, чай, сарай; пей, шей, дай; больной, большой, старый, синий	Произносится: [раi̯], [блл'шб·i̯], [старъi̯] и т. д.
	После гласного перед согласным	й	чайка, лейка, война, кайло, гейша, айран, айва, кайма, пойдём, бойтесь, бойся	Произносится: [ч'а̇i̯къ], [пли̇д'-ом] и т. д.
	В начале слова или после гласного; перед ударным [·о] — [ö] (в отдельных словах иноязычного происхождения)	й	йод, йот, майор, район, йодистый, в районе, майолика, йог	Произносится: [ј·от], [јӧд'исты̇]
	В начале слова или после гласного; перед предударным гласным (на месте буквы о)	й	йотация, йоркширский, майонéз, майорáт, районирование	Произносится: [i̯лтацыi̯ъ], [мъi̯-лрат]. Но возможно [ръi̯иен'й-ръвън'иць]
	После согласных перед гласным [о]	ь	почтальон, павильон, бульон; компаньон, каньон, шиньон, карманьола; лосьон	Произносится: [пъчтлл'ј·он], [клн'ј·он], [лос'ј·он] и т. д.

ПРИЛОЖЕНИЕ

ОБРАЗЦЫ ТРАНСКРИБИРОВАННЫХ ТЕКСТОВ

Ниже дается для практических занятий и упражнений ряд образцов транскрибированных текстов. Необходимые сведения о фонетической транскрипции были изложены в § 7.

При наличии произносительных вариантов в транскрипции дается тот, который более соответствует стилю данного отрывка или чаще встречается в современном употреблении, а другие отмечаются в примечаниях. Чтобы избежать громоздкости примечаний, в последних указываются лишь наиболее существенные из возможных вариантов.

При транскрипции текстов не отмечается мелодика речи и интонация. Членение речи на ритмико-интонационные и синтаксические группы проводится лишь самое приблизительное ввиду неразработанности вопроса, а также ввиду отсутствия в самой книге соответствующего раздела, где бы излагался этот сложный вопрос. Отметим, что проблема ритмико-интонационного членения речи, сама по себе очень важная и интересная, не имеет существенного значения для книги, посвященной в основном произношению в пределах отдельного слова или так называемого фонетического слова (т. е. включая проклитики и энклитики).

Минимальная пауза или пауза факультативная, потенциальная обозначается пунктирной линией (/), небольшая пауза, отделяющая менее самостоятельные отрезки речи, обозначается одной линией (/), а более длительная пауза, отделяющая более самостоятельные отрезки речи, обозначается двумя линиями (//). В некоторых случаях — для обозначения достаточно законченных отрезков речи — употребляется знак, состоящий из трех линий (///). Нет сомнения в том, что каждым из этих знаков в нижеприводимых текстах отделяются друг от друга отрезки текста, нередко весьма различные в ритмико-интонационном и синтаксическом отношениях. Однако для целей данной книги, посвященной произношению в узком смысле слова (т. е. произношению отдельных звуков и их сочетаний в пределах фонетического слова), такое членение представляется достаточным.

СТИХОТВОРЕНИЕ А. С. ПУШКИНА «ЗИМНЕЕ УТРО»

з'и́мн'ьі̯ь у́трʌ

мʌро́с-ы-со́нцъ //д'е́н' ч'ӱд'е́снʌі̯ [1] //
і̯ьш': о́ ты-др'е́мл'ьш / дру́к пр'иᵉл'е́снʌі̯ [2] //
пара́ крʌса́·в'ицъ / прʌс'н'и́с' [3] //
ʌткро́·і̯ сʌмкну́ты н'е́гʌі̯ взо́ры /
нʌфстр'е́ч'ӱ с'е́в'ьрнʌі̯ ʌвро́ры //
з'в'иᵉздо́·і̯ӱ с'е́в'ьръ і̯и̯еᵉв'и́с' [3] ///

в'иеч'·о́р ты-по́мн'иш / в'j·у́гъ з'л'и́лʌс [4] //
нʌ-му́тнъм н'е́б'ь ┆ мгла́ нʌс'и́лʌс [4] //
луна́ / кʌг-бл'е́днʌі̯ п'иᵉтно́ /
сквос'-ту́·ч'и мра́·ч'ныи [5] жыᵊлт'е́лʌ //
и-ты́ п'иеч'а́л'нʌі̯ с'ид'е́лʌ //
ʌ-ны́·н'ч'ь / пъгл'иᵉд'и́й в-ʌкно́ //

пъд-гʌлубы́·м'и н'ьб'иᵉса́·м'и /
в'ьл'икʌл'е́пным'и кʌвра́·м'и /
бл'иᵉс'т'·а́ нʌ-со́нцыᵊ ┆ с'н'е́к-л'иᵉжы́т //
прʌзра́·ч'нʌі̯ [6] л'е́с ┆ ʌд'и́н ч'иᵉрн'е́ит [7] /
и-і̯е́л' сквос'-и́н'ьі̯ з'ьл'иᵉн'е́ит [8] /
и-р'е́ч'къ пъдʌ-л'до́м бл'иᵉс'т'и́т //

фс·а́-ко́мнътъ і̯и̯иᵉнта́рным бл'е́скъм /
лʌзъ́р'иᵉна́ // в'иᵉс'·о́лым тр'е́скъм /
тр'иᵉш':и́т зʌто́пл'ьн:ъі̯ п'е́ч' /
пр'иі̯·а́тн ду́мътʌ у-л'иᵉжа́нк'и //
но-зна́·иш [9] / нь-в'иᵉл'е́т'-л'и ф-са́нк'и /
кʌбы́лку бу́руі̯·у [10] зʌпр'е́ч' [11] //

скʌл'з'·а́ пʌ-у́тр'ьн':ьму [12] с'н'е́гу /
дру́к-м'и́лʌі̯ / пр'ьдʌд'и́мсʌ [13] б'е́гу /
н'ьт'ьр'п'иᵉл'и́вʌв [14] кʌн'·а́ //
и-нʌв'иᵉс'т'и́м пʌл'·а́ пусты́·и [15] /
л'иᵉса́ ┆ н'иᵉда́внъ сто́·л'-густы́·и [15]
и-б'е́р'ьк / м'и́лʌі̯ [16] дʌ'ь-м'ин'·а́ [17] ///

ПРИМЕЧАНИЯ

[1] Возможно произношение [ч'ӱд'е́сныі̯], с [ы] в безударном окончании (см. § 86, п. 1).
[2] Возможно произношение [пр'иᵉле́сныі̯], с [ы] в безударном окончании (см. § 86, п. 1). В этом и во всех других случаях на месте [е] 1-го предударного слога возможно произношение звука [и], характерное во многих случаях

для языка молодого поколения, но имеющее несколько разговорно-сниженную окраску. Последняя в лирическом стихотворении едва ли уместна. Поэтому варианты с [и] не указываются. Однако в слове *ещё* (второй стих), слабоударяемом, мало знаменательном, в предударном слоге обычно произносится [и]: [i̯иш'ːó] (ср. примечание 17).

[3] В соответствии со старыми московскими нормами произносилось [прлс'н'и́с], [i̯нᵉв'и́с], с твердым [с] на конце (см. § 93).

[4] В настоящее время наряду с [з'л'и́лъс], [нлс'и́лъс] широко распространено произношение с мягким [с] на конце—[з'л'и́лъс'], [нлс'и́лъс'] (см. § 93).

[5] В отчетливом произношении может звучать [мра́ч'ныi̯ь], с сочетанием [i̯ь] (см. § 88).

[6] Возможно произношение [прлзра́ч'ныi̯], с [ы] в безударном окончании (см. § 86, п. 1).

[7] В отчетливом произношении звучит [ч'иᵉрн'éi̯ьт], с сочетанием [i̯ь] после гласного в безударном личном окончании глагола 1-го спряжения. В соответствии со старыми московскими нормами согласный [р] перед мягким [н] смягчался: [ч'иᵉр'н'éит]. В настоящее время такое произношение встречается редко.

[8] В отчетливом произношении звучит [з'ьл'иᵉн'éi̯ьт], с сочетанием [i̯ь] в окончании (см. примечание 7). В этом слове в предударном слоге чаще произносят [и]: [з'ьл'ин'éит].

[9] Возможно произношение [зна́·i̯ьш], с сочетанием [i̯ь] в личном окончании (см. примечание 7).

Союз *но*, примыкая к слову *знаешь*, оказывается в слабоударном или безударном слоге, однако произносится с гласным [о], не изменяя его в [л] или [ъ].

[10] В вин. пад. ед. ч. женск. р. возможно произношение [бу́ръi̯·у], с [ъ] в окончании.

[11] Произношение [злпр'éч'], с гласным [е] под ударением, не соответствует принятому орфографическому написанию *запрячь*. У Пушкина в связи с рифмой [п'éч'] слово [злпр'éч'] написано с буквой *е*: *запречь.*

[12] В очень отчетливом произношении может звучать [пл-у́тр'ьн'ːъму], с двойным [н'] и гласным [ъ] (см. § 56 и 20).

[13] В настоящее время широко известно такое произношение: [пр'ьдлд'и́мсъ].

[14] В настоящее время широко известно полумягкое произношение твердого [р] перед мягкими губными, в данном случае [п]: [н'ьт'ьр·п'иел'и́ввъ].

[15] Возможно произношение [пусты́·i̯ь], [густы́·i̯ь] (см. примечание 5).

[16] Возможно произношение [м'и́лыi̯] (см. § 86, п. 1).

[17] В местоимении *меня*, нередко слабоударяемом (хотя в данном случае в стихотворении Пушкина оно имеет полновесное ударение), обычно в предударном слоге произносится [и].

ЗИМНЕЕ УТРО

Мороз и солнце; день чудесный!
Ещё ты дремлешь, друг прелестный —
Пора, красавица, проснись:
Открой сомкнуты негой взоры,
Навстречу северной Авроры
Звездою севера явись!

Вечор, ты помнишь, вьюга злилась,
На мутном небе мгла носилась;
Луна, как бледное пятно,
Сквозь тучи мрачные желтела,
И ты печальная сидела —
А нынче ... погляди в окно:

Под голубыми небесами
Великолепными коврами,
Блестя на солнце, снег лежит;
Прозрачный лес один чернеет,
И ель сквозь иней зеленеет,
И речка подо льдом блестит.

Вся комната янтарным блеском
Озарена. Весёлым треском
Трещит затопленная печь —
Приятно думать у лежанки.
Но знаешь: не велеть ли в санки
Кобылку бурую запречь?

Скользя по утреннему снегу,
Друг милый, предадимся бегу
Нетерпеливого коня,
И навестим поля пустые,
Леса, недавно столь густые,
И берег, милый для меня.

СТИХОТВОРЕНИЕ А. С. ПУШКИНА «К ЧААДАЕВУ»

к-ч'лдá·ịьву [1]

л'ўб'в'ѝ [2] / нлд'éжды / т'ѝхъị слáвы /
н'и⁰дóлгъ н'éжыл нàс лбмáн //
иш'ч'éз'л'и [3] j·ýныịь [4] злбáвы //
клк-сóн / клк-ýтр'ьн'ьị [5] тумáн ///
нò-в-нàс глр'ѝт ịьш'·:ò [6] жы⁰лá·н'ị̇ [7] //
плд-гн'·óтъм влá·с'т'и ръклвó·ị /
н'ьт'ьр'п'и⁰л'ѝвъị·у [8] душó·ị /
лт'ч'ѝзны вн'éмл'ьм [9] пр'изывá·н'ị̇ [7] ///
мы жд'·óм с-тлмл'éн'ị̇м [10] уплвá·н'ị̇ /
м'инýты вó·л'нъс'т'и с'в'и⁰тó·ị //
клг-жд'·óт л'·убóвни'к мълдó·ị /
м'инýту в'éрнъв с'в'идá·н'ị̇ ///
плкà свлбóдъị·у глр'ѝм /
плкà с'и⁰рцá дл'·а [11] ч'éс'т'и жы́вы //
мòị-дрýк/лт'ч'ѝз'н'ь пъс'в'и⁰т'ѝм /
душы́ пр'и⁰кра́сныịь [12] плры́вы ///
тлвá·р'иш'·: [13] / в'éр' / взлị́д'·óт лнá //
з'в'и⁰здá пл'и⁰н'ѝт'ьл'нъвъ ш'·:äс'т'ị̇ //
рлс'ị̇ṕ [14] фспр'ä́н'ьт лтл-снá //
и-нл-лблóмкъх съмлвлá·с'т'ị̇ /
нлп'ѝшут нáшы им'и⁰нá ///

ПРИМЕЧАНИЯ

[1] Фамилия *Чаадаев* может произноситься [ч'ʌлда́·i̯ьф] и [ч'ьлда́·i̯ьф], т. е. с однородными гласными во 2-м и 1-м заударных слогах (с двухвершинным [ʌ]) или с неоднородными гласными [ьʌ]. Первое, видимо, в большей степени свойственно книжному, высокому стилю, второе — разговорному. Кроме того, в заударном слоге наряду с произношением [i̯ь] в разговорном стиле возможно произношение [и]: [к-ч'ьлда́·иву].

[2] В предударном слоге между мягкими согласными гласный очень передвинут вперед: [ӱ]. В настоящее время распространено неполное смягчение [б] перед [в'] (и даже отсутствие смягчения, что не рекомендуется). Но и в этих случаях гласный [ӱ] остается заметно передвинутым вперед.

[3] Слово [иш'ч'е́з'л'и] может произноситься не только с сочетанием [ш'ч'], но также и с [ш':], так как стык приставки с корнем здесь не выделяется. Произношение с сочетанием [ш'ч'] в большей степени свойственно книжному, высокому стилю. Распространенное в настоящее время произношение без смягчения [з] перед [л'] ([иш'ч'е́зл'и]) не может быть рекомендовано. Отметим, что ударный гласный должен быть повышенного подъема, закрытый (т. е. [ê]), который нормально выступает перед мягким согласным.

[4] В разговорном стиле вместо [i̯·у́ныi̯ь] возможно произношение [i̯·у́ныи].

[5] Слово *утренний* нормально произносится без долгого согласного [н'].

[6] Слово *ещё* в начале речи и после паузы произносится [i̯ьш':·о́] или — в разговорном стиле — [иш':·о́]. После твердого согласного предшествующего слова при отсутствии паузы в разговорном стиле может произноситься [ыш':·о́]: [гʌр'и́т-ыш':·о́]. В книжном, высоком стиле сохраняется как [i̯ь] в начале слова *ещё*, так и твердый согласный в конце предыдущего слова: [гʌр'и́т-i̯ьш':·о̀].

[7] Слово *желанье*, как и *призыванье* (8-й стих), в им.-вин. пад. ед. ч. в настоящее время может произноситься и с [ь] на конце: [жыэла́·н'i̯ь], [пр'изыва́·н'i̯ь].

[8] Слово *нетерпеливою* в настоящее время чаще произносится без полного смягчения [р] перед [п']: [н'ит'иэрп'ил'и́въi̯·у].

[9] В заударных личных окончаниях глаголов 1-го спряжения после мягкого согласного может произноситься также [и]: [вн'е́мл'им], а также [фспр'а́н'ит] в 3-м от конца стихе. Такое произношение свойственно разговорному стилю.

[10] Наряду с рекомендуемым произношением [тʌмл'е́н'i̯ьм] возможно произношение [тʌмл'е́н'i̯ьм], свойственное разговорному стилю.

[11] Предлог *для* в первом предударном слоге произносится с [а]-обра́зным гласным, а не с [иэ], как должно было бы произноситься по общим правилам безударного вокализма русского литературного языка. Произношение с [иэ] свойственно просторечию: [д‿л'иэ-ва́с], [д‿л'иэ-му́жъ].

[12] В разговорном стиле вместо [пр'иэкра́сныi̯ь] возможно произношение [пр'иэкра́сныи].

[13] На конце слова *товарищ* долгота мягкого шипящего может утратиться при полном сохранении мягкости: [тʌва́·р'иш].

[14] Слово *Россия* произносится без долгого согласного [с'].

К ЧААДАЕВУ

Любви, надежды, тихой славы
Недолго нежил нас обман,
Исчезли юные забавы,
Как сон, как утренний туман;
Но в нас горит ещё желанье,
Под гнётом власти роковой
Нетерпеливою душой
Отчизны внемлем призыванье.
Мы ждём с томленьем упованья

Минуты вольности святой,
Как ждёт любовник молодой
Минуту верного свиданья.
Пока свободою горим,
Пока сердца для чести живы,
Мой друг, отчизне посвятим
Души прекрасные порывы!
Товарищ, верь: взойдёт она,
Звезда пленительного счастья,
Россия вспрянет ото сна,
И на обломках самовластья
Напишут наши имена!

СТИХОТВОРЕНИЕ А. С. ПУШКИНА «АНЧАР»

лн'ч'·áр *

ф-пусты́·н'ь ч'·а́хлы̣ и-скупо́-ы̣ //
нл-по́·ч'в'ь зно́·ы̣ъм [1] ръсклл'е́н:ъы̣ [2] //
лн'ч'·а́р / клг-гро́знъы̣ ч'ьслво́·ы̣ //
стли́т лд'и́н вл-фс'е́ы̣ фс'и ел'е́н:ъы̣ ///

пр'иро́дъ жа́ждуш:их с'т'и еп'е́ы̣ //
ы̣ьво́ [3] в-д'е́н' гн'е́въ пърлд'и́лъ //
и-з'е́л'ьн' м'·о́ртву·ы̣·у в'и ет'в'е́ы̣ [4] //
и-ко́рн'и [5] ы̣·а́дъм нъплы́лъ ///

ы̣·а́т ка́пл'ьт сквос'-ы̣ьво́ [6] клру́ //
к плу́·д'н'·у ръстлп'·а́с' [7] лд-зно́·ы̣·у //
и зъстыва́·ы̣ьт [8] в:ьч'и еру́ //
густо́·ы̣ прлзра́·ч'нъы̣·у смлло́·ы̣·у ///

к-н'ьму́-и-пт'и́цъ н'ь-л'и ет'и́т //
и-т'и́гр [9] н'иы̣д'·о́т [10] // л'иш-в'и́хър' [11] ч'·о́рнъы̣ //
нл-др'е́въ с'м'е́рт'и [12] нъб'и ежы́т //
и-мч'и́тъцъ про́·ч' ужэ́ тл'и етво́рнъы̣ ///

и-ы̣е́с'л'и [13] ту́·ч'ъ лрлс'и́т //
блужда́·ы̣ъ л'и́ст ы̣ьво́-др'и ему́-ч'ьы̣ //
с'-ы̣ьво́ [14] в'и ет'в'е́ы̣ [15] уш [16]-ы̣ьдлв'и́т //
с'т'и ека́·ы̣ьт [17] до́·ш': ф-п'и есо́к глр'у́ч'ьы̣ ///

но-ч'ьллв'е́къ [18] ч'ьллв'е́к //
пъсла́л к-лн'ч'·а́ру вла́сным взгл'·а́дъм //
и-то́т пъслу́шнъ ф-пу́·т' плт'е́к [19] /
и-к-у́тру възврлт'и́лсъ с'-ы̣·а́дъм [20] //

---

* [др'е́въ ы̣·а́дъ].

пр'ин'·о́с-он [21] с'м'е́ртну·i̯·у смллу́ //
дъ·в'е́т'ф' [22] с-ув'·а́тшым'и [23] л'иста́·м'и //
и-по́т пл-бл'е́днъму ч'и⁽е⁾лу́ //
струи́лсъ хла́дным'и ру·ч'jа̑м'и //

пр'ин'·о́с // и-лслл̂б'е́л // и-л'·о́к //
пл̂т-сво́дъм шъллша̑ нл-лы́·к'и //
и-у́·м'ьр б'е́днъi̯ ра́п у-но́к //
н'ьпъб'и⁽е⁾д'и́мъв влл̂ды́·к'и //

л-кн'а̑с' т'е́м j·а́дъм нъп'ита́л //
свл̂й пл̂слу́шл'ивыi̯ь [24] стр'е́лы //
и с'-н'и̑м'и г'и́б'ъл ръзлсла́л //
к-слс'е́дъм ф-ч'·у́жды̑ь [24] пр'и⁽е⁾д'е́лы ///

ПРИМЕЧАНИЯ

[1] Слово [зно́·i̯ъм] (твор. пад. ед. ч.) может произноситься [зно́·i̯ьм], а в беглой речи даже с утратой [i̯] между гласными: [зно́·ьм].

[2] Слово *раскаленной* здесь произносится — в соответствии с принятой в начале XIX в. нормой произношения слов книжного происхождения — с гласным [е] в ударном слоге; оно рифмуется со словом *вселенной*, имеющим ударное [е].

[3] Слово *его* в речи очень часто, как и в данном случае, имеет слабое ударение, в связи с чем в 1-м предударном слоге произносится обычно с гласным в наибольшей степени редуцированным [ь], а не с гласным [иᵉ] — менее редуцированным: [i̯ьво́].

[4] В чтении стихов А. С. Пушкина смягчение [т] перед [в'] не на стыке с приставкой нам представляется необходимым: [в'и⁽е⁾т'в'е́i̯]. В современном разговорном произношении это смягчение часто отсутствует или представлена полумягкость [в'итв'е́i̯] или [в'ит·в'е́i̯] (см. § 48).

[5] В старом московском произношении согласный [р] перед [н'] смягчался (см. § 50): [ко́·р'н'и]. В настоящее время это смягчение обычно отсутствует. Однако при произношении [ко́рн'и] не должно быть утрированно твердого [р] (такого, как, например, в слове *горн*).

[6] Слово *его* здесь имеет нормальное словесное ударение (ср. с примечанием 3), так как к нему примыкает в произношении слабоударяемый предлог *сквозь*. На конце предлога перед [i̯] следующего слова произносится [с'] на месте зь: [скво́с'-i̯ьво́].

[7] В деепричастии *растопясь* частица *сь* произносится мягко, так как она примыкает к ударному гласному: [ръстлп'а́с'] (см. § 93).

[8] В разговорной речи обычно произношение [зъстыва́·ит] с безударным окончанием [ит] после гласного на месте *-ет* (см. § 92).

[9] Слово *тигр* в связи с размером стихотворения требует односложного произношения: не [т'и́/гър], а [т'и́гр]. При этом возможна утрата голоса звуком [р] и согласным [г], который, однако, не полностью совпадает с [к], так как сохраняет свойственную согласному [г] более слабую смычку (утрата голоса обозначена знаком ∧ под буквами соответствующих согласных). Ср. со словом [в'и́хър'] в этом же стихе, которое в связи с необходимостью двусложного произношения написано Пушкиным с буквой *о: вихорь*.

[10] Слово [н'иi̯·до́т] явилось в результате сокращения [и] в [i̯] (ср. *не идёт*), т. е. гласный в отрицательной частице первоначально находился во 2-м предударном слоге. В связи с этим, а также в связи с положением перед [i̯] на месте *е* здесь обычно произношение [и].

¹¹ У Пушкина самим написанием слова *вихорь* (с буквой *о* после *х*) подчеркнута двусложность его, необходимая для стихотворного размера. Между тем слово *вихрь* (и без написания буквы *о*) может произноситься — и чаще произносится — в два слога ([в'и́хър']), хотя рядом существует также произношение в один слог: [в'и́хр']. В последнем случае конечный согласный [р'] после глухого согласного [х̑] утрачивает голос.

¹² В старом московском произношении согласный [р] перед [т'] смягчался (см. § 50, п. 2): [с'м'е́р'т'и]. В настоящее время это смягчение часто отсутствует. Однако при произношении [с'м'е́рт'и] не должна быть утрирована твердость [р] (ср. примечание 5). В настоящее время часто отсутствует также смягчение [с] перед [м'] в начале слова. Однако оно, как и мягкое [р] в слове *смерть*, представляется нам при произношении стихов А. С. Пушкина необходимым.

¹³ Союз *если* слабоударяемый. В настоящее время он часто произносится без смягчения [с] перед [л']. Однако оно нам представляется, в особенности при произношении стихов А. С. Пушкина, необходимым: [jе́с'л'и], а не [jе́сл'и].

¹⁴ О произношении слова *его* см. примечание 3. При наличии перед словом *его* предлога *с* последний в высоком стиле может произноситься твердо. В старом московском произношении, в особенности в обиходно-бытовой речи, предлог *с* в этом положении звучал мягко: [с'-i̯ьво́]; сейчас нередко твердое произношение (ср. примечание 20).

¹⁵ См. примечание 4.

¹⁶ Частица *уж* не только на конце речи, перед паузой, но и при тесном слиянии со следующим словом, начинающимся с [i̯], произносится с глухим согласным [ш] на месте *ж* (см. § 36, п. 5).

¹⁷ В разговорной речи обычно произношение [с'т'и⁶ка́·ит] с безударным окончанием [ит] после гласного на месте *-ет* (см § 92).

¹⁸ Союз *но*, примыкая к слову *человека*, оказывается в безударном слоге, однако произносится с гласным [о], не изменяя его в [ʌ] или [ъ].

¹⁹ Произношение слова [плт'е́к], с ударным гласным [е], определяется тем, что оно рифмуется со словом *человек* (ср. примечание 2).

²⁰ Сочетание *с ядом*, как нам кажется, требует произношения с мягким [с]: [с'-jáдъм] (ср. примечание 14 о произношении сочетания *с его*). В настоящее время предлог *с* перед словом, начинающимся с [j] — [i̯], часто произносится без смягчения.

²¹ Местоимение *он* в сочетании *принёс он* примыкает к предыдущему слову и не имеет собственного ударения. Однако, употребляясь в заударном слоге, *он* произносится с гласным [о], не изменяя его в [ʌ] или [ъ] (ср. примечание 18).

²² Союз *да* в 1-м предударном слоге произносится с гласным [ъ], а не [ʌ]. Слово *ветвь* должно произноситься со смягчением [т'] перед мягким губным согласным и с узким гласным [ê] под ударением: [в'êт'ф']. Распространенное сейчас произношение без смягчения [т] и с широким гласным [е] под ударением нам представляется неуместным, особенно при чтении стихов А. С. Пушкина (см. § 48).

²³ В беглом произношении на месте *д* перед [ш] может произноситься твердое [ч]: [с-ув'·а́чшым'и] (см. § 69).

²⁴ Возможно также произношение [плслу́шл'ивыи], [ф-ч·у́ждыи].

АНЧАР *

В пустыне чахлой и скупой,
На почве, зноем раскаленной,
Анчар, как грозный часовой,
Стоит, один во всей вселенной.

Природа жаждущих степей
Его в день гнева породила,

---

* Древо яда.

И зелень мёртвую ветвей
И корни ядом напоила.

Яд каплет сквозь его кору,
К полудню растопясь от зною,
И застывает ввечеру
Густой прозрачною смолою.

К нему и птица не летит
И тигр нейдёт: лишь вихорь чёрный
На древо смерти набежит
И мчится прочь уже тлетворный.

И если туча оросит,
Блуждая, лист его дремучий,
С его ветвей уж ядовит
Стекает дождь в песок горючий.

Но человека человек
Послал к анчару властным взглядом:
И тот послушно в путь потек
И к утру возвратился с ядом.

Принёс он смертную смолу
Да ветвь с увядшими листами,
И пот по бледному челу
Струился хладными ручьями;

Принёс — и ослабел и лёг
Под сводом шалаша на лыки,
И умер бедный раб у ног
Непобедимого владыки.

А князь тем ядом напитал
Свои послушливые стрелы
И с ними гибель разослал
К соседам в чуждые пределы.

А. С. ПУШКИН О РОДИНЕ

у-на́с јȇс'т' бла́гъ / зллóк фс'éх друг'и́х / у-на́с јȇс'т' нлд'éждъ и-мы́·с'л'¹ / л-в'е́л'и́към нъзнлч'éн'ии / на́шъвъ лт'éч'ьствъ //

ј·а́-длл'·о́к лт-тлво́ / штъбы-въсх'и́ш':·а́ᵀцъ фс'éм /што́-м'ин'·а́ лкружа́·і̇ьт² / но-кл'и̯енýс'³ ч'ȇс'т'ι̯·у⁴ / ј·а́-н'и-зл-што́ нл-с'в'éт'ь / н'ь-хлт'éл-бы / пръм'и̯ен'а́т' ро́д'ину /н'и-им'éт' другу́ι̯·у исто́р'иι̯·у / ч'ие́м-ысто́р'иι̯ъ мли́х пр'éткъф / клка̀ι̯ъ вы́пълъ на́м нлдо́·л'·у //

глрд'и́ᵀцъ⁵ сла́въι̯ свли́х пр'éткъф / н'ие́-то́·л'къ мо́жнъ / но-и-до́лжнъ // н'ь-увлжа́т' о́нъι̯ јȇс'т' плсты́днъι̯ мъллду́шыι̯ъ⁶ //

млсква́/длны́·н'ь це́нтр на́шъвъ пръс'в'и́еш':е́н'иι̯⁷ // в млскв'é ръд'и́л'и́·с'-и-влс'п'и́тывъл'ис'⁸ /пл-бо́·л'шыι̯ ч'а́с'т'и п'иса́·т'ьл'и къ́р'ие̂н꞉ы́·и ру́ск'ии /н'ие̂-вы́хъᵀцы /н'-ь-п'ьр'ие́мӧ̈т'·ч'ик'и / дл·л-ко́·их⁹ гд’е́ хърлшо́ / та̀м-ы-лт’е́ч’ьствъ/дл’л-ко́·их ⁹ фс·ъ̀-ра̀вно́ /б’е́гът͡-л’и-им пъд-арло́м фра̀нцу́ск’им / ил’и-ру́ск’им-и̯ьзыко́м ¹⁰ пазо́·р’ит’ фс’о́ ру́скъи̯ // бы́·л’и-бы то́·л’къ сы́ты ///

ПРИМЕЧАНИЯ

¹ На конце слова *мысль* после глухого согласного [с’] обычно произносится мягкий [л] глухой; глухость обозначена знаком ˷ под буквой. Вместе с тем этот [л’] образует побочную слоговость.
² Возможен вариант [лкружа́·ит].
³ В старом московском произношении было [кл’иᵉну́с].
⁴ В слове [ч’е́с’т’и̯·у] в положении после [с’т’] звук [и̯] может быть очень ослаблен и мало отличаться от [и]-обра́зного приступа, характерного для гласного [у] после мягких согласных. Ср. *костью* и *Костю*: [ко́·с’т’и̯·у] и [ко́·с’т’·у].
⁵ По нормам старого московского произношения было [р’д’]: [гар’д’и́т’цъ].
⁶ Возможен вариант [мъладу́шыь].
⁷ Возможен вариант [пръс’в’иᵉш’:е́н’иь].
⁸ По старым московским нормам было [ръд’ил’и́с-ы-влс’п’и́тъвъл’ис].
⁹ В беглой речи возможно произношение [дл’иᵉ-ко́·их], которое, однако, в этом тексте не может быть рекомендовано.
¹⁰ В беглой речи может произноситься [ру́ск’им-ызыко́м].

У нас есть благо, залог всех других: у нас есть надежда и мысль о великом назначении нашего отечества.
Я далёк от того, чтобы восхищаться всем, что меня окружает, но, клянусь честью, я ни за что на свете не хотел бы променять родину, ни иметь другую историю, чем история моих предков, какая выпала нам на долю.
Гордиться славой своих предков не только можно, но и должно, не уважать оной есть постыдное малодушие.
Москва доныне центр нашего просвещения: в Москве родились и воспитывались, по большей части, писатели коренные русские, не выходцы, не переметчики, для коих, где хорошо, там и отечество, для коих всё равно: бегать ли им под орлом французским или русским языком позорить всё русское,— были бы только сыты.

СТИХОТВОРЕНИЕ М. Ю. ЛЕРМОНТОВА „ПАРУС"

па́рус

б’иᵉл’е́и̯ьт ¹ па́рус / лд’ино́къи̯ ² /
ф-тума́·н’ь мо́·р’ъ / гълубо́м //
што́ и́ш’:ьт-он / ф-стран’е́ дал’·о́къи̯ /
што́ к’и́нул-он / ф-кра̀ју́ ра̀дно́м //

игра́·и̯·ут во́лны/ в’е́т’·ьр с’в’и́ш’:ьт /
и-ма́·ч’тъ / гн’·о́ᵀцъ и-скрып’и́т ³ /
увы́ / о̀н-ш’:а̃·с’т’иц̯ь ⁴ н’ь-и́ш’:ьт /
и-н’ь-лт-ш’:а̃·с’т’иц̯ь ⁴ / б’иᵉжы́т /

пад͡-н’и́м струј·а́ / с’в’иᵉтл’е́и̯ лазу́·р’и /
над͡-н’и́м / лу̀·ч’-со́нцъ зълато́·и̯ /
л-о́н м’иᵉт’е́жны̯ ⁵ / про́·с’ит бу́·р’и /
клг-бу́ᵀтъ ⁶ в-бу́·р’ъх је́с’т’ пако́·и̯ ///

ПРИМЕЧАНИЯ

[1] Возможен вариант [б'и⁴л'е́ит], без звука [į] между гласными.
[2] Возможно произношение [лд'ино́кыį] (см. § 86, п. 4). Широко распространенное в настоящее время произношение окончания им. пад. ед. ч. мужск. р., соответствующее написанию [лд'ино́·к'иį], здесь совершенно недопустимо, так как слово *одинокий* рифмуется со словом *далёкой* (*в стране далёкой*).
[3] Произношение [скрып'и́т] — устаревшее и приобрело диалектную окраску. В настоящее время распространено произношение [скр'ип'и́т] (см. § 42). В академических изданиях М. Ю. Лермонтова дается написание с *ы*, которое свидетельствует о его произношении [скрып'и́т].
[4] Возможен вариант [ш':ä̃с'т'иъ], с ослаблением звука [į] между гласными и даже его полной утратой.
[5] Возможно произношение [м'и⁴те́жныį] (см. § 86, п. 1).
[6] Возможно произношение [къг-бу́ᵗтъ]; произношение с [γ] — [къγ-бу́ᵗть] — устарелое.

ПАРУС

Белеет парус одинокий
В тумане моря голубом...
Что ищет он в стране далёкой?
Что кинул он в краю родном?

Играют волны, ветер свищет,
И мачта гнётся и скрыпит...

Увы! он счастия не ищет
И не от счастия бежит!

Под ним струя светлей лазури,
Над ним луч солнца золотой;
А он, мятежный, просит бури,
Как будто в бурях есть покой!

СТИХОТВОРЕНИЕ М. Ю. ЛЕРМОНТОВА „РОДИНА"

ро́·д'инъ

л'ўбл'·у́ лᵀ'ч'и́зну j·а́ / но-стра́н:ъ̨į·у л'ўбо́·в'į·у //
н'ь-пъб'и⁴д'и́т-ыį·о́¹ рлс'у́дък мо́·į //
н'и-сла́въ ку́пл'ьн:ъ̨įъ² кро́·в'į·у /
н'и-по́лнъį³ го́рдъвъ длв'е́·риįъ плко́·į /
н'и-т'·о́мнъį стър'ины́ злв'е́тныи⁴ пр'и⁴да́·н'įъ /
н'ь-шъⁱв'и⁴л'·а́т вл-мн'е́ лтра́днъвъ м'и⁴ч'та́·н'įъ ///

но-j·а́ л'ўбл'·у́ / зл-што́ н'и⁴-зна́·į·у са́м //
įи⁴j·о́ с'т'и⁴п'е́į хллодн̃ъ̨į̈ь млч'а́н'įь⁵ //
įи⁴jо̀ л'и⁴со́ф б'и⁴збр'е́жных кълыха́·н'įь⁵ //
рлз'л'и́вы⁶ р'е́к-įи⁴j·о́⁷ / плдо́бныį̈ь мл̃р'·а́м ///
прлс'·о́лъч'ным⁸ пут'·о́м / л'ўбл'·у́ склка́·т' ф-т'и⁴л'е́г'ь //
и-взо́ръм м'е́·д'·л'ьн:ым⁹ / прлнза́·į̈ъ но́·ч'и т'е́н //
фстр'и⁴ч'·а́т' пъ-стърлна́м / вздыха́·įъ л-нлч'л'е́г'ь //
дрлжа́·щ':ии¹⁰ лгн'и́ / п'и⁴ч'·а́л'ных д'ьр'и⁴в'е́н' ///
л'ўбл'·у́ дымо́к / спл̃л' о́н:ъ̨į жн'и́вы /
ф-с'т'и⁴п'и́ нлч'у́įįӱш':ь̨į¹¹ лбо́с //
и-нъ-хллм'·е́ / ср'·е̂т'-жо́лтъį¹² н'и́вы //
ч'и⁴ту́ б'и⁴л'е́·įįуш':их б'и⁴р'·о́с ///
с-лтра́·дъ̨į / мно́·г'им н'ьзнлко́мъį //

ја̀-в'ижу по́лнъі̯ь[13] гумно́ /
избу́[14] / пʌкры́ту·і̯·у[15] слʌмъі̯ /
с-р'иͤзны·м'и ста́вн'ьм'и[16] ʌкно́ ///
и-ф-пра́·з'н'ик / в'е̂́ч'ьръм рʌс'истым //
смʌтр'е̂́т' дʌ-по́лнъч'и гʌто́ф/
нʌ пл'·а́ску с-то́пън'і̯ъм[17] и-с'в'и́стъм /
пʌд-го́вър п'ј·а́ных мужыч'ко́ф ///

ПРИМЕЧАНИЯ

[1] В сочетании [н'ь-пъб'иͤд'и́т-ыј·о̀] в конце глагола закрытый слог: [н'ь-пъб'иͤд'и́т/ыј·о̀]. Однако при слитном произношении со следующей формой местоимения *её* в начале местоимения [і̯] может отсутствовать, и тогда гласный в начале местоимения звучит как [ы]. При очень отчетливом произношении возможен вариант с [і̯иͤ]: [н'ь-пъб'иͤд'и́т / і̯иͤј·о̀]. В данном случае представляются возможными оба произносительных варианта.

[2] В разговорном языке вместо двойного [н] может произноситься [н] нормальной длительности: [ку́пл'ьнъі̯ъ].

[3] Возможен вариант [по́лныі̯].

[4] Возможен вариант [зʌв'е́тныі̯ь].

[5] В форме им. пад. ед. ч. существительных на *-нье* возможно произношение [н'і̯]: [мʌлч'а̂́н'і̯ъ], [кълыха́·н'і̯ъ].

[6] В настоящее время широко распространено произношение без смягчения [з] перед [л']: [рʌзл'и́вы].

[7] Сочетание *рек её* в разговорной речи может произноситься также [р'е́кыі̯·о̀] (ср. примечание 1).

[8] По старым московским нормам в соответствии с сочетанием *чн* в этом слове могло произноситься [шн]: [прʌс'·о́лъшным].

[9] В настоящее время широко распространено произношение сочетания [дл'] с твердым затвором и, в связи с этим, с гласным [е], а не [е̂]: [м'е́дл'ьн:ым]. Однако такое произношение не может быть рекомендовано. Вместо двойного [н] может произноситься [н] нормальной длительности.

[10] Возможен вариант [дрʌжа́·ш':иі̯ь] (ср. примечание 4).

[11] Возможен вариант [нʌч'у̂́і̯уш':иі̯] (ср. примечание 3).

[12] На конце слабоударяемого предлога в сочетании *средь жёлтой нивы* в быстрой речи может произноситься звонкий согласный [д'].

[13] Возможен вариант [по́лнъі̯ъ] (в форме им. пад. ед. ч. средн. р., в особенности перед паузой).

[14] Ударение на окончании *(избу́)* — южновеликорусского происхождения. Предпочтительная литературная норма *(и́збу)* соответствует северновеликорусскому наречию.

[15] Возможен вариант [пʌкры́тъі̯·у] (в форме вин. пад. ед. ч. женск. р.).

[16] В очень отчетливой речи возможно произношение [ста́вн'ъм'и].

[17] Возможен вариант [с-то́пън'і̯ьм].

РОДИНА

Люблю отчизну я, но странною любовью!
Не победит её рассудок мой.
Ни слава, купленная кровью,
Ни полный гордого доверия покой,
Ни тёмной старины заветные преданья
Не шевелят во мне отрадного мечтанья.

Но я люблю — за что не знаю сам? —
Её степей холодное молчанье,
Её лесов безбрежных колыханье,

Разливы рек её подобные морям...
Просёлочным путём люблю скакать в телеге,
И, взором медленным пронзая ночи тень,
Встречать по сторонам, вздыхая о ночлеге,
Дрожащие огни печальных деревень;
Люблю дымок спалённой жнивы,
В степи ночующий обоз,
И на холме средь жёлтой нивы
Чету белеющих берёз.
С отрадой многим незнакомой
Я вижу полное гумно,
Избу, покрытую соломой,
С резными ставнями окно;
И в праздник, вечером росистым,
Смотреть до полночи готов
На пляску с топаньем и свистом
Под говор пьяных мужичков.

ОТРЫВОК ИЗ РАССКАЗА И. С. ТУРГЕНЕВА „ЛЕС И СТЕПЬ"

л'éс-ы-с'т'éп'

зна́·ит'ь [1] -л'и-вы-нъпр'им'éр / клко́·ѝ̬ [2] нъслажд'éн'иѝ̬ [3] / вы́ ѝ̬ихът' в'иесно́·ѝ̬ дъ-злр'и́ // вы́ выхо́·д'ит'ь нъ-крыл'цо́ // нл-т'·о́мнъ-с'éръм н'éб'ь / ко̀·ѝ̬-гд'é [4] м'ига́·ѝ̬ут з'в'о́зды // вла́жнъѝ̬ [5] в'ьт'иеро́к / и́зр'ьткъ нъб'ега́·ит [6] / л'·о́хкъѝ̬ вллно́·ѝ̬ // слы́шы т цъ з'д'éржън:ъѝ̬ / н'иеѝ̬·а́снъѝ̬ [7] шо́път но́·ч'и // д'иер'éв'ѝ̬ъ сла́бъ шум'·а́т / лбл'и́тыи [8] т'éн'·ѝ̬·у // во́т клладу́т кав'·о́р нъ-т'иел'éгу / ста́·в'ът [9] в но́·г'и ѝ̬а́ш':ик с:ъмлва́ръм // пр'ис'т'иéжны·и ѝ̬·о́жът цъ [10] / фы́ркъѝ̬·ут / и-ш'·ьгъ-л'иева́тъ п'ьр'ьступа́·ѝ̬·ут нлга́·м'и // па́р то́·л·къ-шт прлсну́ф-шыхс'ъ [11] / б'éлых гус'éѝ̬ / мо́лч'ъ и м'éд'·л'ьн:ъ [12] / п'ьр'ьб'ира́·ѝ̬ут цъ ч'ьр'ьз-длро́гу [13] // зъ-пл'иéт'н'·о́м / ф-сла́ду / м'и́рнъ плхра́·пъвъит [14] сто́ръш / ка́ждъѝ̬ [15] звýк / сло́внъ стли́т / в-зллстыфшъм во́здух'ъ / стли́т и-н'·ь-прлхо́·д'ит // во́т вы с'éл'и // ло́шъд'и ра́зъм тро́нул·ис' [16] // гро́мкъ зъстуч'·а́лъ т'иел'éгъ / вы ѝ̬éд'ът'ь // ѝ̬éд'ът'ь м'и́мъ цр̀р'кв'и [17] / з-глры́ нлпра́въ / ч'ьр'ьс-пллт'и́ну [18] // пру́т ѝ̬иедва́ нъч'ина́·ит [19] дым'и́т цъ // вам хо́лъднъ н'иемно́шкъ / вы́ зъкрыва́·ит'ь [20] л'ицо́ / въртн'ико́м шын'éл'и / вам др'éмл'ьт цъ // ло́шъд'и зву́·ч'нъ шл'·о́пъѝ̬·ут нлга́·м'и пл-лу́жъм // ку́·ч'ьр плс'в'и́ст·ъвъит [21] // но-во́т вы ът'иéхъл'и [22] в'иéрсты ч'иéты·р'ь / кра́ѝ̬ н'éбъ лл'éит [23] // в-б'иер'·о́зъх пръсыпа́·ѝ̬у̌т цъ / н'иело́фкъ п'ьр'иел'·о́твъѝ̬·ут га́лк'и // въ-рлб'·и́ѝ̬ ч'ир'и́къѝ̬ут о̀кълъ т'·о́мных ск'и́рт // с'в'иет·л'éит [24] во́здух / в'идн'éѝ̬ длро́гъ / ѝ̬иес'н'éит [25] н'éбъ / б'иел'éѝ̬у̌т ту́·ч'к'и / з'ьл'ин'éѝ̬ут пллл'·а́ // в-ы́збъх / кра́сным лгн'·о́м / гла́р'·а́т луч'и́ны // зъ-влро́тъми слышны́ за́спън:ыи [26] гллса́ /// л-м'·ьжду-т'éм [27] зл́р'·а́ ръзгла́·ит цъ [28] // во́т-уже́ зълаты́·и [29] по́лъсы прът'иену́·л·ис' [30] по́-н'ьбу / в-лвра́гъх клуб'·а́т цъ пл́ры́ / жа́въръ́нк'и зво́нкъ плѝ̬·у́т / пр'ьдрлс'в'éтнъѝ̬ в'éт'ьр плду́л / и-т'и́хъ фсплыва́·ит [31] блгро́въѝ̬ со́нцъ // с'в'ét та́к-ы-хлы́·н'ьт плтко́м // с'éрцъ в:ас фстр'·ьп'иéн'·о́т цъ клк-пт'и́цъ // с'в'иéжо́ / в'éс'ьл / л'·у́бъ // дъл'иеко́ [32] в'и͡днъ круго́м // во́н зл-ро́·ш':ь̣і̣ д'и⁼р'е́вн'ъ // во́н плда́·л'шы⁾ друга́·і̣ъ / з'-б'е́лъі̣ це̮̂р'къв'і̣·у ³³ // во́н б'и⁼р'·о́зъвъі̣ ³⁴ л'и⁼со́к нъ-глр'е́ // зл-н'и́м блло́т / куда́ вы је̂д'ът'ь // жыв'е́і̣ь ³⁵ ко́·н'и / жыв'е́і̣ь ³⁵ // кру́пнъі̣ ры̀·с'і̣·у ф'п'и⁼р'·о́т // в'и⁼рсты́ тр'и́ лста́лъс ³⁶ / н'и⁼бо́·л'шы⁾ /// со́нцъ бы́стръ пъдн'има́·и͡тцъ ³⁷ // н'е́бъ ч'и́стъ // плго́дъ бу́·д'ьт сла́внъі̣ъ // ста́дъ път'и⁼ну́лъс ³⁸ из-д'и⁼р'е́вн'и к-ва́м нлфстр'е́ч'·у // вы взлбра́·л'ис' ³⁹ на́-гъру́ // клко́·і̣ в'и́т // р'и⁼ска́ в'ј·о̀т͡цъ в'·о́рст на́-д'ьс'ът' / ту́склъ с'ин'е́і̣ сквò̀с' тума́н // зл-н'е́і̣ въд'и⁼н'и́ст з'и⁼л'·о́ный ⁴⁰ луга́ // зъ-луга́·м'и плло́·г'ии ⁴¹ хлл͡мы́ // вдлл'и́ ч'и͡б'исы / с-кр'и́към в'ј·у́т͡цъ нъд-блло́тъм // сквòс'-вла́жнъі̣ бл'е́ск / разл'и́тъі̣ ⁴² в:о́здух'ъ / ј·а́снъ выступа́·ит ⁴³ да́·л' // н'и⁼то́-штъ л'е́тъм // клк-во́·л'нъ ды́шыт гру́·т' // клг-бы́стръ д'в'и͡жу͡т͡цъ ч'л'е́ны // клк-кр'е́пн'ьт в'е̂с' ч'ьлв'е́к / лхва́·ч'ьн:ъі̣ ⁴⁴ с'в'е́жым дыха́·н'і̣ъм ⁴⁵ в'и⁼сны́ ///

ПРИМЕЧАНИЯ

¹ В отчетливом произношении может звучать [зна́·і̣ьт'ъ], с [і̣ь] на месте *е*.
² Возможен вариант [клко́·і̣ъ].
³ Возможен вариант [нъсллжд'е́н'иі̣ъ], который можно считать устаревшим.
⁴ Возможен вариант [ко́·і̣ь-гд'е́] или [ко̀·и-гд'е́]. Однако у Тургенева написано *кой-где*, а не *кое-где*.
⁵ Возможен вариант [вла́жныі̣] (см. § 86).
⁶ В отчетливой речи может произноситься [нъб'и⁼га́·і̣ьт].
⁷ Возможен вариант [н'и⁼ј·а́сныі̣].
⁸ В отчетливом произношении может звучать [лбл'и́тыі̣ь].
⁹ В старом московском произношении [ста́·в'·ут] (см. § 91). Такое произношение следует считать устаревшим и приобретшим к тому же просторечную окраску.
¹⁰ В старом московском произношении [ј·о́жу͡т͡цъ].
¹¹ В старом московском произношении было [прлсну́фшыхсъ].
¹² Широко распространенное сейчас произношение [м'е́д͡л'ьн:ъ] с твердым затвором для [д] и в связи с этим с широким, или открытым, гласным [е] не рекомендуется.
¹³ При возможном слабом (побочном) ударении на предлоге *через* в конце предлога произносится глухой согласный: [ч'ѐр'ьс-дъро́гу]. Впрочем, такое произношение свойственно просторечию и потому рекомендовано быть не может.
¹⁴ Возможен (в отчетливой речи) вариант [плхра́·пъвъі̣ьт].
¹⁵ Возможен вариант [ка́ждыі̣].
¹⁶ В старом московском произношении было [тро́нул'ис].
¹⁷ Вариант [це́рькв'и] (с твердым [р]) менее предпочтителен.
¹⁸ Возможно слабое (побочное) ударение на предлоге *через*: [ч'ѐр'ьс-пллт'и́ну].
¹⁹ Возможен вариант [нъч'ина́·і̣ьт].
²⁰ В отчетливой речи может произноситься [зъкрыва́·і̣т'ъ].
²¹ Возможен вариант [плс'в'и́ст̾ъвъі̣ьт].
²² В старом московском произношении [лт'је́хъл'и]. Такое произношение приобрело просторечную окраску.
²³ Возможен вариант [лл'е́і̣ьт].
²⁴ Возможен вариант [с'в'и⁼т'л'е́і̣ьт].

²⁵ Возможен вариант [iнᵉс'н'е́i̯ьт].
²⁶ Возможен вариант [за́спън:ыi̯ь].
²⁷ Возможно слабое (побочное) ударение на предлоге *между*: [л-м'е́жду-т'е́м].
²⁸ Возможен вариант [ръзгра́·i̯ьᵀцъ].
²⁹ Возможен вариант [зълаты́·i̯ь].
³⁰ По старым московским нормам [прът'иᵉну́·л'ис].
³¹ Возможен вариант [фсплыва́.i̯ьт].
³² Возможен вариант с ударением на 2-м слоге: [дал'·о́къ].
³³ См. выше, примечание 17.
³⁴ Возможен вариант [б'иᵉр'·о́зъвыi̯].
³⁵ Возможен вариант [жыв'е́i̯ъ].
³⁶ По старым московским нормам было [лста́лъс].
³⁷ Возможен вариант [пъд'н'има́·i̯ьтᵀцъ].
³⁸ По старым московским нормам было [път'иᵉну́лъс].
³⁹ В старом московском произношении было [взлбра́·л'ис].
⁴⁰ Возможен вариант [з'иᵉл'·о́ныi̯ь].
⁴¹ Возможен вариант [пало́·г'иi̯ь].
⁴² Возможен вариант [рлз'л'и́тыi̯]. Широко распространенное произношение без смягчения [з] перед [л'] ([рлзл'и́тыi̯]) менее предпочтительно.
⁴³ Возможен вариант [выступа́·i̯ьт].
⁴⁴ Возможен вариант [лхва́·ч'ьн:ыi̯].
⁴⁵ Возможен вариант [дыха́·н'i̯ьм], особенно характерный для быстрой речи.

ЛЕС И СТЕПЬ

— Знаете ли вы, например, какое наслаждение выехать весной до зари? Вы выходите на крыльцо... На тёмно-сером небе кой-где мигают звёзды; влажный ветерок изредка набегает лёгкой волной; слышится сдержанный, неясный шёпот ночи; деревья слабо шумят, облитые тенью. Вот кладут ковёр на телегу, ставят в ноги ящик с самоваром. Пристяжные ёжатся, фыркают и щеголевато переступают ногами; пара только что проснувшихся белых гусей молча и медленно перебираются через дорогу. За плетнём, в саду, мирно похрапывает сторож; каждый звук словно стоит в застывшем воздухе, стоит и не проходит. Вот вы сели; лошади разом тронулись, громко застучала телега... Вы едете — едете мимо церкви, с горы направо, через плотину... Пруд едва начинает дымиться. Вам холодно немножко, вы закрываете лицо воротником шинели; вам дремлется. Лошади звучно шлёпают ногами по лужам; кучер посвистывает. Но вот вы отъехали версты четыре... край неба алеет; в берёзах просыпаются, неловко перелётывают галки; воробьи чирикают около тёмных скирд. Светлеет воздух, видней дорога, яснеет небо, белеют тучки, зеленеют поля. В избах красным огнём горят лучины, за воротами слышны заспанные голоса. А между тем заря разгорается; вот уже золотые полосы протянулись по небу, в оврагах клубятся пары; жаворонки звонко поют, предрассветный ветер подул, — и тихо всплывает багровое солнце. Свет так и хлынет потоком; сердце в вас встрепенётся, как птица. Свежо, весело, любо! Далеко видно кругом. Вон за рощей деревня; вон подальше другая с белой церковью, вон берёзовый лесок на горе; за ним болото, куда вы едете... Живее, кони, живее! Крупной рысью вперёд!.. Версты три осталось, не больше. Солнце быстро поднимается: небо чисто... Погода будет славная. Стадо потянулось из деревни к вам навстречу. Вы взобрались на гору... Какой вид! Река вьётся верст на десять, тускло синея сквозь туман; за ней водянисто-зелёные луга, за лугами пологие холмы; вдали чибисы с криком вьются над болотом; сквозь влажный блеск, разлитый в воздухе, ясно выступает даль... не то что летом. Как вольно дышит грудь, как быстро движутся члены, как крепнет весь человек, охваченный свежим дыханием весны!..

ОТРЫВОК ИЗ ПОВЕСТИ Л. Н. ТОЛСТОГО „ХАДЖИ-МУРАТ"

јˈá възврлш'∶ˈáлсъ[1] длмóˌі̯ плл'ˈáм'и // былá сˈáмъˌі̯[2] с'ьр'иᵉд'ˈінъ
л'éтъ // лугá убрˈá·л'и / и-тóˑл'къ-штъ съб'ирáˑл'ис'[3] ⁞ клсˈи̯т рóш ///
је̊ˈст' пр'иᵉл'éснъˌі̯[4] плдбóр цв'иᵉтóф[5] éтъвъ вр'ˈéм'ьн'и гóдъ // крáсныи / б'éлыи / рóзъвыи / душы̊стыи / пушы̊стыи[6] кáшк'и //
нáглыи[6] мъргл̥р'и̯тк'и // млˈлóч'нъ б'éлыи[6] / с'-ј·áркъ-жóлтъˌі̯[7]
с'ьр'иᵉд'ˈінъˌі̯ / л'у̯̂б'иш-н'иᵉ-л'у̯̂б'иш / ссвлјéˌі̯[8] пр'éлъˌі̯ пр·áнъˌі̯
вóн'ˌі̯·у // жóлтъˌі̯ сур'éпкъ ссвлˈім[8] м'иᵉдóвым зáпъхъм //
выслкˑó стлјäˈшˑ'∶ии[9] л'илóвыи и-б'éлыи[6] т'у̯л'пáнъв'и̯дныи[6] къллкóˑл'-
ч'ик'и // плзуˈч'ии[9] глрóшк'и // жóлтыи / крáсныи / рóзъвыи /
л'илóвыи лкурáˑтныи[6] скъб'иóзы // ш'-ч'у̯̂т' рóзъвым пуˈхъм / и∶ч'у̯̂т'
слы̊шным / пр'иј·áˑтным зáпъхъм пъдлрóжн'ик // въс'ил'к'и̯ / ј·ˈáркъ-с'и̯н-
н'ии[9] нл-сóнцъ ы и-в-мóлъдъс'т'и / и-глубы̊·и[6] и-крлс'н'éˌі̯у̯̂шˑ'ии[9]
в'éч'ьръм и-плт-стáˑръс'т'[10] // и-н'éжный[6] / с'-м'индáˑл'ным зáпъхъм /
тлтᵀч'·áж∶ъы[11] в'áнушˑ'∶ии[9] / ц'в'иᵉтъ̊[5] пъв'илˈи̯к'и ///

ј·ˈá нлбрáл блл'шóˌі̯ бук'éт / рáзных ц'в'иᵉтóф[5] / и-шóл длмóˌі̯ /
клгдá[12] злм'éˑт'ил ф-клнáв'ь ч'у̯̂днъˌі̯[4] млл'и̯нъвъˌі̯[4] / ф-пóлнъм ц'в'иᵉ-
тý[5] / р'иᵉпéˌі̯ тлвó сòрт / клтóръˌі̯[4] у-нˈáс нъзывáˑˌі̯ᵉтъц[13] тлтáˑр'инъм
и-клтóръˌі̯[4] стрáˑт'л'нъ лкáшъвъˌі̯у̯т[14] / л-клгдá[12] он н'иᵉч'ˈáˌі̯ьн∶ъ[15]
скóшън / вы̊к'идъвъˌі̯у̯т[14] ис'∶éн плкóˑс'н'ик'и // штъбы̊[16]-н'ь-клло·т'
нъ-н'иᵉвó рýк // мн'éˑ вздýмълъс'[17] слрвáˑт' éтът р'иᵉпéˌі̯ / и-пъллжы̊·т'
ˌі̯ьвó[18] ф-с'ьр'иᵉд'и̯ну бук'éтъ // ј·ˈá с'л'éс[19] ф-клнáву / и-слгнáф
фп'и̯фшъвъс'ь[20] ф-с'ьр'иᵉд'и̯ну ц'в'иᵉткáˑ[5] / и-слáткъ и-в·áл заснýф-
шъвъ тáм млхнáтъвъ шм'и̯éл'·á / пр'ин'иᵉл·сáˑ[1] срывáˑт' ц'в'иᵉтóк[5] //
но-éт был óˑч'ьн' трýднъ / мáлъ тлвó штъ-с'т'éˑб'ъл'[21] кллóлсъ[22]
сл-фс'éх стлрóн // дáжъ[23] ч'ьр'ьс-пллтóк[24] / клтóрым ј·ˈá зъв'иᵉрнýл
рýку / он был тáк стрáшнъ кр'éпък / штъ ј·á б'и̯лсъ[22] с'-н'им[25] / м'инýт
п'áт' // пл-лднлму̊ ръзрывáˑˌі̯ъ вллóкнъ // клгдá[12] ј·ˈá нъклн'éц лтрвáл
ц'в'иᵉтóк[5] / с'т'éб'ъл' ужé был в'éс' в-лхмóˑт'ˌі̯ьх // дъ-и-ц'в'иᵉтóк[5]
ужé н'ь-клзáлсъ[22] / тáк с'в'éшˑы-крлс'и̯ф[26] // крóˑм'ь тлвó / он пъ-свлјéˌі̯
грýбъс'т'и и-лл'ьплвáтъс'т'и / н'ь-пътхлд'и̯л к-н'éжным ц'в'иᵉтáм[5] бу-
к'éтъ // ј·ˈá пъжы̊ᵉл'éл[27] / штъ-нлпрáˑснь[28] пъгуˈб'и̯л ц'в'иᵉтóк[5]
клтóръˌі̯[4] был хлрóш ф-свлјóм м'éˑс'т'ь / и-брóˑс'ил ˌі̯ьвó[29] // клкáˌі̯ъ
лднáкъ енéр'г'иˌі̯ъ и-с'и̯лъ жы̊·з'н'и // плдýмъл ј·ˈá / фспъм'инáˑˌі̯ъ т'éˑ
ус'и̯л'иˌі̯ъ / с-клтóрым'и[30] ј·ˈá лтрывáл ц'в'иᵉтóк[5] // кˈáк он ус'и̯л'н∶ъ
зъшˑ'∶ишˑ'∶áл и-дóръгъ прóдъл свлј·ý жы̊·з'н'[31] ///

длрóгъ г-дóму̊ шлá пърлвы̊м/тóˑл'къ-штъ фспáхън∶ым[32] ч'ьрнлз'·óм-
ным пóˑл'ьм[33] // ј·ˈá шóл нъизвлл̊óк/пл-пы̊·л'нъˌі̯/ч'ьрнлз'óмнъˌі̯ длрóˑг'ь //
фспáхън∶ъˌі̯ь[32] пóˑл'[34] / был плм'éшˑ'ич'ˌі̯ь / óˑч'ьн' блл'шóˑˌі̯ъ[35] //
тáк-штъ с-лб'éих стлрóн длрóˑг'и и-ф-п'иᵉр'·óт[36] в-гóру н'ич'иᵉвóˑ
н'éˑ-бълъ[37] / крóˑм'ь ч'óрнъвъ / рóвнъ взбърлждˑ'óн∶ъвъ / ˌі̯ьшˑ'∶ó
н'ь-склрóжън∶ъвъ пáръ // пáхътъ былá хлрóшъˌі̯ъ / и-н'игд'é пъ-пъл'у̯̂
н'ь-в'ид'н'éлъс[38] н'и-лднлвó рлс'т'éˑн'иˌі̯ъ[39] / н'и-лднóˌі̯ъ трáфк'и[40] //

фс'ó былъ ч'и^ернó // е́къі̯ъ ръзрушы́·т'ьл'нъі̯ъ жы^эстóкъі̯ъ ⁴¹ суш'':и^е́-
ство ч'ьлáв'е́к // скó·л'къ ⁴² ун'ич'тóжыл ⁴³ ръзнлⷩбрáзных жывы́х
суш'':éстф / рлс'т'е́н'иі̯ ⁴⁴ д͡л'ъ пъ^д'д'и^ержá·н'иі̯ъ ⁴⁵ свлјéі̯ жы̇·з'н'и //
дýмъл ј·á / н'и^евó·л'н ⸱лты́скъвъі̯ъ ⁴⁶ ч'и^евó-н'ибу·т' жывóвъ ср'и^ед'и́
е́тъвъ м·óртввъ ⁴⁷ ч'óрнъвъ пó·л'ъ // ф'п'ьр'и^ед'и́ ³⁶ м'и^н'·á / фпрáвъ
лⷩдлро·г'и / в'ид'н'е́лсъ¹ клкó·і̯-тъ кý·с'т'ик // клгдá ¹² ј·á пъдлшóл
бл'и́жы^ь / ј·á узнáл ф-кý·с'т'ик'ь тлкóвъ-жы́ тлтá·р'инъ / клтóръвъ
ц'в'и^етóк ⁵ / ј·á нлпрáснъ слрвáл и-брó·с'ил ///
    кýст тлтá·р'инъ състлј̇а́л ис-тр'·óх лтрóсткъф // лд'и́н был лтóрвън /
и-клк-лтру́бл'ьн:ъі̯ъ ⁴⁸ рукá / тлрч'а́л ⁴⁹ лстáтък в'е́тк'и // нъ-друг'и́х
двýх / бы́ли нл-кáждъм пъ-ц'в'и^еткý ⁵ // ц'в'и^етк'и́ ⁵-ет'и клгдá-тъ ¹²
бы̇·л'и крáсны·и / т'и^епе̇́·р'-жъ ⁵⁰ бы̇·л'и ч'·óрныи ⁵¹ // лд'и́н с'т'е́б'ъл'
был слóмън /и-пълв'и́нъ і̯ьвó ⁵² / з-гр'·áзным ц'в'и^еткóм ⁵ нъ-клнцэ́
/ в'ис'е́лъ кн'и́зу // другó·і̯ хлт'·á и-вы́мъзън:ъі̯ ⁵³ ч'ьрнлз'·óмнъі̯
гр'·áз'і̯·у / фс'-ö-і̯ьш'':·ö́ ⁵⁴ тлрч'·áл ⁴⁹ кв'е́рху / в'и́дн былъ ⸲ штъ-в'е́с' ⁵⁵
кý·с'т'ик / был п'ьр'и^еје́хън къл'и^есóм / и-ужэ́-пó·с'ль ⁵⁶ плд'н'·áлсъ ⁵⁷ /
и-пътлмý стлј·áл бóкъм / но-фс'·ó-тък'и ⁵⁸ стлј·áл // тó·ч'н выррвъл'и
у-н'и^евó кусóк т'éлъ / вы́·в'ьрнул'и внýтр'ьн:ъс'т'и ⁵⁹ / лтлрвá·л'и ру́-
ку / вы́къll'и ⁶⁰ глáс // но-óн фс'·ó стли́т / и-н'ь·здл'ј·óтцъ ⁶¹ ч'ьлл-
в'е́ку / ун'ич'тóжыфшъму ⁶² фс'éх і̯ьвó ⁶³ брá·т'иі̯ ⁶⁴ кругóм і̯ьвó ⁶³ //
    éкъі̯ъ енэ́рг'иі̯ъ / плдýмъл ј·á // фс'·ó пъб'и^ед'и́л ч'ьлав'éк /
м'ил'и̇óны трáф ун'ич'тóжыл / л-éтът фс'·ó н'ь-здлј·óтцъ ⁶¹ //
    и мн'è фспóмн'илъс ⁶⁵ лднá длвн'и́шн'ьі̯ь клфкáсскъі̯ъ ⁶⁶ истó·р'иі̯ъ ⁶⁷ /
ч'·а́с'т' клтóръі̯ ј·á в'и́д'ьл / ч'·áс'т' слы́шъл лт-ъч'и^ев'и́тцъф / л-ч'·áс'т'
влⷩбрлз'и́л ⁶⁸ с'и^еб'é // истó·р'иі̯ъ-ет'и ⁶⁷ / тáк / къкⷩ-лнá ⁶⁹ слⷩжы́лъс ⁶⁵
в-млј·óм въспъм'инá·н'ии и-влⷩблⷩржэ̇́н'ии ⁶⁸ / вóт клⷩкá·і̯ъ ///

ПРИМЕЧАНИЯ

¹ Менее предпочтителен вариант с мягким [с] в частице *-ся* после [л]:
[възврлш'':·áлс'ъ].

² В сочетании *была самая* первое слово имеет слабое (побочное) ударение;
второе слово может произноситься, в особенности в беглой речи, с [ь] на конце
и даже без предшествующего [і̯]: [сáмъі̯ь], [сáмъь].

³ По старым московским нормам было твердое [с] на конце: [съб'ирá·л'ис].

⁴ Возможно также произношение, соответствующее написанию окончания:
[пр'и^ел'éсныі̯].

⁵ В слове *цветы* начальный согласный [ц] перед [в'] может в той или
иной степени смягчаться, т. е. возможно произношение [ц·в·и^етóф] (с полумягким [ц].

⁶ В форме им. пад. множ. ч. прилагательных в соответствии с написанием
-ые может произноситься не только [ыи], но также — в отчетливой, чеканной
речи — [ыі̯ь]: [пушы́стыі̯ь], [б'е́лыі̯ь], [крáсныі̯ь] и т. д.

⁷ Слово *ярко-жёлтый* имеет кроме основного ударения также второе — побочное. Предлог *с* перед словом, начинающимся с [ј], в современном произношении нередко не смягчается. Однако предпочтительно произношение с мягким
[с]: [с·ј·áрк].

⁸ Сочетание двух согласных [с] перед третьим, другим согласным в пределах одного слога произноситься не может. Если это сочетание относится

к разным морфемам и как перед сочетанием, так и после него имеются гласные, то оба согласных [с] сохраняются: одним из них кончается предшествующий слог, другим начинается следующий (ср., например, *восславить*: [вʌс/слá‑·в'ит']). Если же впереди сочетания гласного нет (как в наших примерах *с своей* и *с своим*), то возможно двоякое произношение — без удвоения согласных, так, как если бы писалось *своей*, *своим*, или (так как тут стык морфем — предлога *с* и слова *свой*, и потому желательно сохранить в произношении указание на обе эти морфемы) со слоговым [с] в начале и вслед за ним вторым [с]: [свʌjé̇i̯], [свʌи́м] или [ссвʌjé̇i̯], [ссвʌи́м]. В современном языке в этих случаях обычно употребляется вариант предлога с гласным на конце *со*: *со своей*, *со своим*, который произносится [съ-свʌjé̇i̯], [съ-свʌи́м]. Л. Толстой в этих случаях, в соответствии с нормами действовавшей орфографии, пишет букву ъ на конце предлога: *съ своей*, *съ своим*. Неясно — произносил ли он [ссвʌjé̇i̯], [ссвʌи́м], или [свʌjé̇i̯], [свʌи́м] или [съ-свʌjé̇i̯], [съ-свʌи́м] (т. е. с гласным на месте буквы ъ).

⁹ В форме им. пад. множ. ч. прилагательных и причастий в соответствии с написанием *-ие* может произноситься не только [ии], но — в отчетливой, чеканной речи — также [иi̯ь]: [стʌjáш':иi̯ь], [пʌʌзу̇·ч'иi̯ь], [с'и́н'иi̯ь], [крʌс'н'é̇i̯‑ÿш':иi̯ь], [в'áнуш':иi̯ь].

¹⁰ В сочетании *под старость* в соответствии с буквой *д* перед [с] образуется затвор, смычка для [т] и — что особенно заметно в разговорной речи — размыкание, взрыв для [ц].

¹¹ Слово *тотчас* может произноситься в разговорной речи также с ударением на 1-м слоге: *тóтчас*. В соответствии с написанием *тч* (перед буквой гласного) произносится двойной согласный, представляющий собой удлиненную выдержку затвора (смычки) для мягкого [т] и размыкание, свойственное звуку [ч']: [тʌᵀ'ч'·áс]. К слову *тотчас* примыкает безударная частица *же*. В связи с этим на месте *с* перед *ж* вместо глухого свистящего [с] произносится звонкий шипящий [ж]. Таким образом, на стыке слов *тотчас же* произносится долгий звонкий шипящий [ж] ([тʌᵀ'ч'·áж:ъᵇ]) со слогоразделом посередине его, т. е. между двумя [ж]: [тʌᵀ'ч'·áж/жъᵇ]. На конце частицы *же* может произноситься [ъ], [ь], склонным к [ы], [ы], склонным к [э]: [тʌᵀ'ч'·áж/жъ], [тʌᵀ'ч'·‑áж/жъᵇ], [тʌᵀ'ч'·áж/жыᵉ].

¹² Устаревшее литературное произношение, а также свойственное многим русским говорам, в особенности южным, элементы которых характерны для речи Л. Н. Толстого, было: [кʌудá].

¹³ В глагольной форме *называется* — в соответствии с написанием *тс* перед *я* — произносится звук [ц] с долгим затвором; затвор такой, который нужен для [т]. В соответствии с буквой *е* после *а* может произноситься, в особенности в беглой речи [ь] (без предшествующего [i̯]): [нъзывá·ь̇ᵀцъ].

¹⁴ Глаголы с заударным сочетанием *-ива-* (*-ыва-*) произносятся после твердых согласных с гласным [ъ] в соответствии с *и* (*ы*): [ʌкáшъвъi̯ýт], [вы́к'идъ‑въi̯ýт].

¹⁵ Для слова *нечаянно* показан книжный тип произношения с [i̯ь] в соответствии с написанием *я* после гласного и с долгим (двойным) согласным [н]. В разговорном произношении это слово на один слог короче, так как произносится без гласного в соответствии с *я* (т. е. произносится [i̯], а не [i̯ь]) и без долготы согласного [н], а также нередко с гласным [и] (или даже [ь]) в 1-м предударном слоге: [н'ич'ái̯нъ], [н'ьч'ái̯нъ].

¹⁶ Слово *чтобы* может произноситься также с побочным ударением на 1-м слоге: [штȯ́бы-н'ь-кʌʌó'т].

¹⁷ По старым московским нормам было твердое [с] на конце: [взду́мълъс].

¹⁸ Слово *его*, если оно произносится без паузы после мягкого согласного предыдущего слова, может не иметь в начале звука [i̯]: [пъʌʌжы́·т'-ььó]. Гласный [ь] тут очень близок к безударному [и]: [пъʌʌжы́·т'-ивȯ].

[19] Менее предпочтительно широко распространенное произношение [сл'éс] — без смягчения [с] перед [л'].

[20] По старым московским нормам произносилось [фп'ӣфшъвъс] с твердым [с].

[21] Слово *что* здесь может произноситься также с побочным ударением: [штò-с'т'éб'ьл']. Однако такое произношение менее предпочтительно. Смягчение [с] перед [т'] в начале слова *стебель* следует считать необходимым.

[22] Менее предпочтительно произношение мягкого [с] в частице *-ся* после [л]: [кллóлс'ъ], [б'ӣлс'ъ], [клзáлс'ъ].

[23] Слово *даже* может произноситься с одним из гласных — [ъ], [ъы], [ыэ] — на конце: [дáжъ], [дáжъы], [дáжыэ].

[24] Предлог *через* может иметь побочное (слабое) ударение: [ч'éр'ьс-пллтóк]. Однако такое произношение свойственно главным образом просторечию, и его следует избегать.

[25] Широко распространенное произношение [с-н'им], т. е. без смягчения [с] перед [н'], менее предпочтительно.

[26] На конце слова *свеж* произносится глухой согласный [ш] даже в том случае, если он произносится без паузы перед гласным следующего слова. В нашем случае: [с'в'éшы-крлс'иф] — на конце слова *свеж* перед гласным союза *и* произносится глухой согласный [ш]; под воздействием согласного [ш] как твердого вместо гласного [и] произносится гласный [ы].

[27] В слове *пожалел*, вопреки общему правилу, свойственному современному языку — произносить в 1-м предударном слоге после твердых шипящих на месте буквы *а* гласный [л], — произносится [ыэ]: [пъжыэл'éл]. Произношения [пъжлл'éл] следует избегать.

[28] Слово *что* здесь может произноситься также с побочным ударением: [штò·-нлпрáснъ]. Однако такое произношение менее предпочтительно.

[29] Слово *его*, находящееся после слова, которое заканчивается твердым согласным, и произносимое без паузы, слитно с предшествующим словом, может утрачивать начальный звук и изменять гласный [ь] (близкий к [и]) в [ы]: [брó·с'ил-ывó]. Такое произношение встречается в разговорном стиле, и оно является единственным в просторечном.

[30] В форме *с которыми* (как и в той же форме других слов — прилагательных *со старыми, умными, добрыми* и т. д.) в заударном неконечном слоге в соответствии с *ы* произносится звук, близкий к [ъ]: [с-клтóръм'и].

[31] Слово *жизнь* обычно произносится со слоговым мягким [н] на конце: [жы́з'н̥']; возможна частичная утрата голоса сочетанием [з'н'] в конце слова.

[32] Слово *вспаханный* в просторечии может произноситься без начального [ф] (на месте буквы *в*): [спáхън·ъi̯].

[33] Форма твор. пад. ед. ч. *полем* может произноситься не только [пó·л'ьм], но и [пó·л'ъм].

[34] Форма им. пад. ед. ч. *поле* в настоящее время чаще произносится с [ь] на конце: [пó·л'ь]. В тексте показано старшее произношение. Впрочем, качество гласного на конце этой формы связано также с тем, находится ли она перед паузой или произносится слитно со следующим словом.

[35] Форма им. пад. ед. ч. средн. р. *большое* может произноситься также с [ь] на конце: [бллшó·i̯ь].

[36] В настоящее время слово *вперед* чаще произносится с твердым [ф] в начале: [фп'иеp·óт].

[37] В сочетании *не было* в заударном слоге (на месте буквы *ы*) произносится [ъ]: [н'é-бълъ].

[38] Произношение с мягким [с] на конце (на месте частицы *-сь*), т. е. [в'ид'н'élъс'], менее предпочтительно.

[39] В конце слова *растения* (род. пад. ед. ч.) в соответствии с буквой *я* после [и] звук [i̯] в разговорной речи может утрачиваться: [рлс'т'éн'иь].

[40] По старшей норме произносилось [трá·ф'к'и], т. е. со смягчением [ф]. Эта норма была свойственна и Л. Н. Толстому.

⁴¹ Форма им. пад. ед. ч. средн. р. *экое*, *разрушительное*, *жестокое* может произноситься также с [ь] на конце: [е́къі̭ь], [ръзрушы́·т'ъл'нъі̭ь], [жы͡эсто́къі̭ь].

⁴² Слово *сколько* в беглой разговорной речи звучит [ско́къ]. Так же в разговорной речи может произноситься слово *только*: [то́къ] (слово *только* см. в начале текста).

⁴³ В слове *уничтожил* в заударном слоге в соответствии с буквой *и* может звучать [ъ]: [ун'ич'то́жъл].

⁴⁴ В форме *растений* (род. пад. множ. ч.) в заударном слоге в соответствии с буквой *и* может звучать [ь]: [рлс'т'е́н'ьі̭].

⁴⁵ В случаях типа *для поддержания* на стыке приставки *под-* и корня, начинающегося с согласного [д'] (*-держ-*), в настоящее время встречается произношение с „твердым" затвором и „мягким" размыканием, или взрывом: [д͡л'ъ-пъд͜д'ьржа́·н'иі̭ъ]. Предпочтительно произношение, указанное в тексте. В конце слова в соответствии с буквой *я* после гласного [и] звук [і̭] в разговорной речи может утрачиваться: [д͡л'ъ-пъд͜д'и̭е́ржа́·н'иъ].

⁴⁶ В случае *отыскивая* в соответствии с буквой *и* после [к] в заударном слоге указана старшая норма [ъ]: [лты́скъвъі̭ъ]. Такое произношение свойственно было и другим глаголам на *-ивать* после *к*, *г*, *х* (см. § 95).

⁴⁷ Слово *мёртвого* произносится со слоговым [в], после которого произносится [в] неслоговое: [м'·о́ртввъ]. При этом приближение нижней губы к верхним зубам имеет место в начале первого [в], а удаление губы от верхних зубов — в конце второго [в].

⁴⁸ Безударное слово *как* может произноситься также с гласным [ъ]: [къ·к-лтру́бл'ьн:ъі̭ъ].

⁴⁹ Согласный [р] по старой норме смягчался перед [ч']. Теперь в литературном языке такое произношение малоупотребительно.

⁵⁰ На конце частицы *же* может произноситься наряду с [ъ] также]ы], [ыэ] (см. в тексте выше [тлко́въ-жъ]) (ср. примечания 11, 23).

⁵¹ См. примечание 6.

⁵² Слабоударяемое слово *его*, примыкая к безударному гласному предшествующего слова, может утратить начальный [і̭]: [пъллв'и́нъ-ьво́] (ср. примечание 18).

⁵³ См. примечание 4 (о произношении гласного в безударном окончании *-ый*).

⁵⁴ Слабоударяемое слово *ещё*, примыкая к гласному предшествующего слова, может утратить начальный [і̭]: [фс'·о́ъш':·о́] (ср. примечания 18 и 52).

⁵⁵ Безударное слово *что*, примыкая к ударному слову *весь*, может произноситься также с гласным [о]: [што-в'е́с']. Предпочтительнее произношение [штъ-в'е́с'].

⁵⁶ Часто встречающееся произношение слова *после* без смягчения [с] перед [л'], т. е. [по́сл'ь], не может быть рекомендовано. Следует произносить [по́·с'л'ь].

⁵⁷ Вариант с мягким [с'] в частице *-ся* (т. е. [плд͡н'·а́лс'ъ] менее предпочтителен (см. примечание 1).

⁵⁸ В слове *всё-таки* гласный заударного неконечного слога между глухими согласными [т] и [к'] обычно утрачивает голос, т. е. произносится [фс'·о́-тък'и].

⁵⁹ В слове *внутренности* долгий (двойной) [н] произносится только в очень отчетливой, чеканной речи. Обычно же произносится согласный [н] нормальной длительности: [вну́тр'ьнъс'т'и].

⁶⁰ Слово *выкололи* обычно произносится со слоговым [л] (твердым), после которого непосредственно осуществляется переход к мягкому [л] (неслоговому) следующего слога: [вы́клл'и]. Произношение [вы́кълъл'и] возможно только при очень отчетливом произношении или при скандировании.

⁶¹ В слове *сдаётся* в соответствии с написанием *тс* между гласными произносится согласный [ц] с долгим затвором [ᵗц], т. е. [здлі̭·о́ᵗцъ] (см. примечание 13).

⁶² В слове *уничтожившему* в непосредственно заударном (т. е. неконечном) слоге между твердыми согласными [ж] и [ф] обычно произносится не [ы], а [ъ]: [ун'ич'тóжъфшъму].

⁶³ Слабоударяемое слово *его*, примыкая к твердому согласному предшествующего слова, не утрачивает начального [i̯], который, однако, и не смягчает твердого согласного предшествующего слова: [фс'éх i̯ьвó], [кругóм i̯ьвó].

⁶⁴ Употреблена форма род. пад. множ. ч. от слова *брáтия*, а не от слова *брат* (от последнего форма род. пад. множ. ч. *брáтьев*).

⁶⁵ Допустимо произношение с мягким [с] в частице *-сь*: [фспóмн'ильс'].

⁶⁶ Слово *кавказская* в отчетливой речи звучит с двойным [с] и слогоразделом посередине его: [клфкáс/скъi̯ъ]. В беглой речи может звучать согласный [с] нормальной долготы: [клфкá/скъi̯ъ].

⁶⁷ В слове *история* звук [i̯] между гласными может утрачиваться: [истóр'иъ].

⁶⁸ В более беглой речи возможно произношение [влбрлз'и́л], [влбрлжэ̇·н'ии] (см. § 23).

⁶⁹ Сочетание *как онá* с безударным словом *как* может произноситься не только [къкл-нá], но и [клк-лнá].

Я возвращался домой полями. Было самая середина лета. Луга убрали и только что собирались косить рожь.

Есть прелестный подбор цветов этого времени года: красные, белые, розовые душистые пушистые кашки; наглые маргаритки; молочно-белые, с ярко-жёлтой серединой „любишь-не-любишь" с своей прелой пряной вонью; жёлтая сурепка с своим медовым запахом; высоко стоящие лиловые и белые тюльпановидные колокольчики; ползучие горошки; жёлтые, красные, розовые, лиловые, аккуратные скабиозы; с чуть розовым пухом и чуть слышным приятным запахом подорожник; васильки — ярко-синие на солнце и в молодости, и голубые и краснеющие вечером и под старость; и нежные, с миндальным запахом, тотчас же вянущие, цветы повилики.

Я набрал большой букет разных цветов и шёл домой, когда заметил в канаве чудный малиновый, в полном цвету, репей того сорта, который у нас называется „татарином" и который старательно окашивают, а когда он нечаянно скошен, выкидывают из сена покосники, чтобы не колоть на него рук. Мне вздумалось сорвать этот репей и положить его в середину букета. Я слез в канаву и, согнав впившегося в середину цветка и сладко и вяло заснувшего там мохнатого шмеля, принялся срывать цветок. Но это было очень трудно: мало того, что стебель кололся со всех сторон, даже через платок, которым я завернул руку, — он был так страшно крепок, что я бился с ним минут пять, по одному разрывая волокна. Когда я, наконец, оторвал цветок, стебель уже был весь в лохмотьях, да и цветок уже не казался так свеж и красив. Кроме того, он, по своей грубости и аляповатости, не подходил к нежным цветам букета. Я пожалел, что напрасно погубил цветок, который был хорош в своем месте, и бросил его. „Какая, однако, энергия и сила жизни, — подумал я, вспоминая те усилия, с которыми я отрывал цветок. — Как он усиленно защищал и дорого продал свою жизнь".

Дорога к дому шла паровым, только что вспаханным чернозёмным полем. Я шёл изволок по пыльной чернозёмной дороге. Вспаханное поле было помещичье, очень большое, так что с обеих сторон дороги и вперёд в гору ничего не было видно, кроме чёрного, ровно взборождённого, еще не скороженного, пара. Пахота была хорошая, и нигде по полю не виднелось ни одного растения, ни одной травки, — всё было черно. „Экое разрушительное жестокое существо — человек, сколько уничтожил разнообразных живых существ, растений для поддержания своей жизни", — думал я, невольно отыскивая что-нибудь живого среди этого мёртвого чёрного поля. Впереди меня, вправо от дороги, виднелся какой-то кустик. Когда я подошёл ближе, я узнал в кустике такого же „татарина", которого цветок я напрасно сорвал и бросил.

Куст „татарина" состоял из трех отростков. Один был оторван, и, как отрубленная рука, торчал остаток ветки. На других двух было на каждом по цветку. Цветки эти когда-то были красные, теперь же были чёрные. Один стебель был сломан, и половина его, с грязным цветком на конце, висела книзу; другой, хотя и вымазанный чернозёмной грязью, всё ещё торчал кверху. Видно было, что весь кустик был переехан колесом и уже после поднялся и потому стоял боком, но всё-таки стоял. Точно вырвали у него кусок тела, вывернули внутренности, оторвали руку, выкололи глаз. Но он всё стоит и не сдаётся человеку, уничтожившему всех его братий кругом его.

„Экая энергия! — подумал я, — всё победил человек, миллионы трав уничтожил, а этот всё не сдаётся".

И мне вспомнилась одна давнишняя кавказская история, часть которой я видел, часть слышал от очевидцев, а часть вообразил себе. История эта так, как она сложилась в моем воспоминании и воображении, вот какая.

ОТРЫВОК ИЗ СТАТЬИ М. ГОРЬКОГО „О ЯЗЫКЕ"

л-i̯ьзык'е́

ф-ч'ис'л'е́ грън'д'и'о́зных злда́ч' слзда́н'иц̑[1] но́выі̯ / съцыа̯л'ис'т'и́ч'ьскъі̯[2] культу́ры / пр'иед-на́м'и плста́влѣн и злда́ч' аргън'иза́цыы i̯ьзыка́[3] / лч'иш':е́н'иц̑[4]-i̯ево́[5] лт-пъръз'ит'и́внъв хла́м// и́м'ьн:ъ к-э́тому[6] сво́д'и̯тц адна-из-глл̄вн'е́i̯шых злда́ч' на́шъі̯ слв'е́цкъі̯ л'ит'ьрлту́ры // н'ьлспл̄р'и́мъі̯ цэ́н:ъс'т' дър'ьвл'у́цыо́н:ъі̯[7] л'ит'ьрлту́ры ф-то́м / штъ[8]-нъч'ина́·і̯ъ с пу́шк'инъ / на́шы кла́с'ик'и атлбра́л'и из-р'ьч'иево́въ ха́осъ / нъибо́л'ьі̯ь[9]-то́ч'ный[10] / і̯а́рк'ии[10] в'е́ск'ии[10] сла́ва / и-со́здъл'и то́т в'иел'и́кый[11] и пр'иекра́снъі̯[12] і̯иезы́к[13] / служы́т' дал:н'е́і̯шъму рлзв'и́т'иі̯·у[14] клто́ръв / тург'е́н'ьф умлл'а́л л'ва́ тллсто́въ // н'ие-на́дъ зъбыва́т' / штъ-на́шъ[15] стрна́ ръзноі̯иезы́ч'нъ н'из'м'иер'и́мъ бо́л'ьі̯ь[16] / ч'ьм-л'у́бъі̯ъ ис-стра́н і̯иевро́пы[17] / и-штъ-ръзноі̯иезы́ч'нъі̯ пъ-і̯ьзыка́м / ана́ длжна́-быт' идъ̄лг'и́ч'ьск'и[18] і̯иед'и́нъі̯ ///

на́дъбнъ по́мн'ит' / штъ-ф-сла́вах[19] зъкл'у́ч'иены плн'а́т'иі̯ь[20] аргън'изо́вън:ыі̯[21] длглв'е́ч'ным трудлвы́м о́пытъм / и-штъ[22]-адно́ д'е́лъ / кр'ит'и́ч'ьскъі̯ пл̄в'е́ркъ смы́сл слов / друго́і̯ь / исклжо́н'иц̑ смы́сл / вы́звън:ъі̯ъ слзна́т'л̄ным ил'и-б'ьс:лзна́т'л̄ным стр'иемл'е́н'иі̯ъм[23] исклз'и́т' смы́сл-ыд'е́и / вржд'е́бнъс'т клто́ръі̯ плч'у́ствъвън[24] // блр'ба́ зъ-ч'истлту́ / зъ-смыславу́і̯·у то́ч'нъс'т' / зл-лстрлту́[25] і̯ьзыка́[26] / і̯ес'т' блр'ба́ зл-лру́д'иц̑[27] культу́ры // ч'ьм-лстр'е́і̯ь[28] ёт лру́д'иц̑[29] / ч'иебо́л'ьі̯ь[9] то́ч'н нлпра́вл'ьн / т'е́м-лн̄о́ пъб'ьдлно́с'н'ьі̯ь[30] // и́м'ьн плэ́тъму / ад̄н'и́ фс'иегда́ стр'иема́тцъ притупл'а́т' і̯иезы́к[31] / дру́г'ии / атта́ч'иват'-і̯ево́[32] ///

ПРИМЕЧАНИЯ

[1] Возможен вариант [слзда́н'иъ] (с утратой [i̯]).

[2] В слове *социалистический* имеется тенденция гласные на месте безударного сочетания *иа* произносить в один слог.

[3] В сочетании слов *организации языка* после гласного в начале второго слова может произноситься [и] вместо [i̯ь]: [изыка́]. Такое произношение характерно при отсутствии паузы между словами и свойственно разговорной речи. В просторечии во 2-м предударном слоге и в абсолютном начале слова (а также после паузы) может произноситься [и]: [изыка́].

⁴ В беглой речи нередко [i̯] между гласными в этой форме ослабляется до утраты: [лч'иш' : ен'иъ].

⁵ При отсутствии паузы после гласного предшествующего слова в начале слова *его* может произноситься [и]: [иво́].

⁶ Грубой ошибкой против норм русского произношения является смягчение согласного [к] предлога перед гласным следующего слова на месте *э* (а также *и*): [к'-е́тъму], [к'-из'б'е́].

⁷ В слове *дореволюционный* имеется тенденция гласные на месте сочетания *ио* объединять в один слог.

⁸ Возможно произношение [што] со слабым ударением.

⁹ Возможен вариант [нъибо́·л'ьь] или [нъибо́·л'ии] (без [i̯] между гласными).

¹⁰ Возможен вариант [то́·ч'ныi̯ь], [j·а́рк'иi̯ь], [в'е́ск'иi̯ь].

¹¹ Возможен вариант [в'иᵉл'и́кыi̯]. В настоящее время самым распространенным является вариант [в'иᵉл'и́к'иi̯].

¹² Возможен вариант [пр'иᵉкра́сныi̯].

¹³ При отсутствии паузы после звука [i̯] предыдущего слова *язык* может произноситься без начального [i̯]: [пр'иᵉкра́снъi̯ изы́к]. Такое произношение в абсолютном начале речи и после паузы свойственно просторечию (ср. примечание 3).

¹⁴ Возможен вариант [рлз'в'и́т'и·у] (без [i̯] между безударными гласными).

¹⁵ Возможно произношение [што-на́шъ], с гласным [о] в слове *что*.

¹⁶ Возможен вариант [бо́·л'ьь] или [бо́·л'ии] (см. примечание 9).

¹⁷ При отсутствии паузы в разговорном произношении возможен вариант [ис-стра́н-ывро́пы] (без [i̯] в начале слова *Европы* и с гласным [ы]).

¹⁸ Имеется тенденция в слове *идеологически* безударные гласные на месте *ео* произносить в один слог.

¹⁹ См. примечание 8.

²⁰ Возможен вариант [плн'а́т'иъ] (без [i̯] между заударными гласными).

²¹ Возможен вариант [лргън'изо́вън:ыi̯ь].

²² См. примечание 8.

²³ Возможен вариант [стр'иᵉмл'е́н'иъм], а также [стр'иᵉмл'е́н'иьм] (без [i̯] между заударными гласными).

²⁴ Возможен вариант [плч'·у́ствъвън]. Только при очень отчетливом произношении и скандировании возможно произношение [плч'·у́ствъвънъ].

²⁵ Возможен вариант [зъ-лстрлту́], менее предпочтительный.

²⁶ В быстрой речи, в особенности в просторечном стиле, возможно произношение [изыка́] (без [i̯] в начале слова).

²⁷ Возможен вариант с [ъ] в предлоге *за*, менее предпочтительный. Возможны также варианты без [i̯] между заударными гласными: [лру́·д'иъ] или [лру́·д'иь].

²⁸ Возможен вариант [лстр'е́ь] или [лстр'е́и], без [i̯] между заударными гласными.

²⁹ См. примечание 27.

³⁰ Возможен вариант [пъб'ьдлно́·с'н'ьь] или [пъб'ьдлно́·с'н'ии], без [i̯] между безударными гласными.

³¹ После мягкого согласного предыдущего слога, особенно при отсутствии паузы, слово *язык* может произноситься без начального [i̯]: [пр'итупл'а́т' изы́к].

³² После мягкого согласного предыдущего слова, особенно при отсутствии паузы, слово *его* может произноситься без начального [i̯]: [л·¹та́·ч'ивът'-иво́].

О ЯЗЫКЕ

В числе грандиозных задач создания новой, социалистической культуры пред нами поставлена и задача организации языка, очищения его от паразитивного хлама. Именно к этому сводится одна из главнейших задач нашей советской литературы. Неоспоримая ценность дореволюционной литературы в том, что, начиная с Пушкина, наши классики отобрали из речевого хаоса наиболее точные, яркие, веские слова и создали тот „великий и прекрасный язык", служить дальнейшему развитию которого Тургенев умолял Льва Толстого. Не надо забывать, что наша страна разноязычна неизмеримо более, чем любая из стран Европы, и что, разноязычная по языкам, она должна быть идеологически единой.

. . . .

Надобно помнить, что в словах заключены понятия, организованные долговечным трудовым опытом, и что одно дело — критическая проверка смысла слова, другое — искажение смысла, вызванное сознательным или бессознательным стремлением исказить смысл идеи, враждебность которой почувствована. Борьба за чистоту, за смысловую точность, за остроту языка есть борьба за орудие культуры. Чем острее это орудие, чем более точно направлено — тем оно победоносней. Именно поэтому одни всегда стремятся притуплять язык, другие — оттачивать его.

РАССКАЗ М. ПРИШВИНА „ГОВОРЯЩИЙ ГРАЧ"

гъвлр'а̏ш':ьi̭ [1] гра́·ч'

ръскажу́ слу́·ч'ьi̭ / клто́ръi̭ [2] бы́л сл-мно̀·i̭ / в-гллóднъм глду́ // плва·д'и́лсъ [3] кл-мн'é нъ-пъдлко́·н':ик / л'ие та́·т' [4] жълтлро́тъi̭ [5] / млладо́·i̭ грлч'·о́нък // в'и́дн с'ирлта́ был // л-у-м'и́н'·а̀ ф-тò вр'е́м'ъ / хрлн'и́лсъ [6] цэ̀лъi̭ [7] м'ие шóк гр'е́шн'ьвъi̭ [8] крупы́ / j·а̀-и-п'ита́лсъ [9] фс'·ò-вр'е́м'ъ гр'е́шн'ьвъi̭ ка́шъi̭ // вóт быва́лъ пр'ил'и е т'и́т грл-ч'·о́нък / j·а̀ плсы́пл'·у i̭и е му́ крупы́ / и-спра́шъвъi̭·у /
ка́шк'и хо́·ч'ьш дура́шк //
пъкл·ӳj·о́т / и-ул'и е т'и́т // и-та́к ка́ждъi̭ [10] д'е́н' / в'е́с' м'е́с'ьц / хлч'·у́-j·а̀ длб'и́тцъ / штъбы-нъ-влпро́с-мо·i̭ / ка́шк'и хо́·ч'ьш дура́шкъ / о́н склза́л-бы [11] / хлч'·у́ //
л-óн тó·л·к жо́лтъi̭ [12] нóс лткро́·ит [13] / и-кра́снъi̭ [14] i̭ие зы́к плка́зъвъит [15] //
ну́ ла́д̃н / ръс':ие рд'и́лсъ [16]-j·а̀ и-злбро́·с'ил уч'е́н'i̭ъ [17] ///
к·о́·с'ьн'и случ'и́лъс [18] сл-мно́·i̭ б'и е да́ // плл'е́с-j·а̀ зъ-крупó·i̭ ф-сунду́к / л-та́м н'е́т н'ич'ие вó // во́т-ка́к вóры лпч'и́·с'т'ил'и / пъллв'и́нкъ лгурца́ была́ нъ-тлр'е́лк'ь / и-ту́ ун'ие с'л'и́ / л'·о́к-j·а̀ спа́·т' гллóднъi̭ [19] // фс'·у́ нó·ч' в'ие рт'е́лсъ [20] // у́трм в-з'е́ркълъ пъсмлтр'е́л // фс'·о̀ л'ицó з'ие л'·о́нъi̭ ста́лъ ///
сту́к-сту́к / ктó-т в-лко́шкъ // нъ-пъдлко́·н':ик'ь гра́·ч' длб'и́т ф-с'т'и е клó //
вóт-ы-м'·а́съ / i̭ие в'и́лъс-у-м'и́н'·а̀ мы́·с'л' [21] //
лткрыва́·i̭·у лкнó / и-хва́·т' i̭ие вó // л-óн прык-лт-м'и́н'·а̀ нл-д'е́р'ьв // j·а̀ в-лкнó зл-н'и́м к-суч'ку́ / óн плвы́шъ / j·а̀ л'езу / óн вы́шъ / и-нл-са́му·i̭·у млку́шку // j·а̀ туда́ нъ-млгу́ / о́·ч'ьн клч'·а́·итцъ [22] / óн-ж шыэ л'м'е́ц смо́тр'ит нъ-м'и́н'·а̀ с'в'е́рху / и-гъвлр'и́т / хо́·ч'ьш ка́шк'и дура́шкъ ///

ПРИМЕЧАНИЯ

[1] Возможно произношение [гъвлр'а̊ш':иі̯] с безударным окончанием [иі̯] (см. § 86, п. 2).

[2] Возможно произношение [клто́рыі̯] с безударным окончанием [ыі̯] (см. § 86, п. 1).

[3] Возможно произношение с мягким [с]: [плва̇·д'илс'ъ]. Однако после твердого [л] чаще слышится и предпочтителен твердый [с] в возвратных глаголах (см. § 93).

[4] В этом и других случаях в беглой речи, а также в просторечном стиле на месте [иᵉ] в 1-м предударном слоге может произноситься также [и]. Звук [и] обычно произносится в слове [м'ин'·а́] (см. ниже, в тексте рассказа).

[5] Возможно произношение [жълтлро́тыі̯] (см. примечание 2).

[6] Возможно произношение [хрлн'и́лс'ъ] (см. примечание 3).

[7] Возможно произношение [цэ́лыі̯] (см. примечание 2).

[8] В настоящее время широко распространено в этом слове произношение в соответствии с написанием *чн*: [гр'е́ч'н'ьвъі̯].

[9] Возможно произношение [п'ита́лс'ъ] (см. примечание 3).

[10] Возможно произношение [ка́ждыі̯] (см. примечание 2).

[11] Довольно распространенное произношение [сказа́л-бъ] с редуцированным [ъ] в частице *бы* неправильно и является просторечно-диалектным.

[12] Возможно произношение [жо́лтыі̯] (см. примечание 2).

[13] Возможно произношение [лткро́·і̯ьт].

[14] Возможно произношение [кра́сныі̯] (см. примечание 2).

[15] Возможно произношение [плка́зывъі̯ьт], с сочетанием [і̯ь] в безударном личном окончании глаголов 1-го спряжения после гласных.

[16] Возможно произношение [ръс':иᵉрд'и́лс'ъ], с мягким [с] (см. примечание 3); в соответствии со старыми московскими нормами согласный [р] перед мягким [д] смягчался: [ръс':иᵉр'д'и́лсъ]. В настоящее время такое произношение слышится сравнительно редко.

[17] Возможно произношение [уч'е́н'і̯ь] в им.-вин. пад. ед. ч. (см. § 20, п. 4).

[18] В настоящее время широко распространено также произношение с мягким [с] на конце возвратных глаголов (после гласных): [случ'и́льс'].

[19] Возможно произношение [глло́дныі̯] (см. примечание 2).

[20] Возможно произношение [в'иᵉрте́лс'ъ] (см. примечание 3). В соответствии со старыми московскими нормами согласный [р] перед мягким [т] смягчался: [в'иᵉр'т'е́лсъ]. В настоящее время такое произношение слышится редко.

[21] На конце слова *мысль* после глухого согласного [с'] обычно произносится глухой мягкий [л]: [мыс'л'], обладающий побочной слоговостью.

[22] Возможно произношение [клч'а́і̯ьᵗцъ], с сочетанием [і̯ь] в личном окончании глаголов 1-го спряжения после гласных.

ГОВОРЯЩИЙ ГРАЧ

Расскажу случай, который был со мной в голодном году. Повадился ко мне на подоконник летать желторотый молодой грачонок. Видно, сирота был. А у меня в то время хранился целый мешок гречневой крупы. Я и питался всё время гречневой кашей. Вот, бывало, прилетит грачонок, я посыплю ему крупы и спрашиваю:

— Кашки хочешь, дурашка?

Поклюёт и улетит. И так каждый день, весь месяц. Хочу я добиться, чтобы на вопрос мой „Кашки хочешь, дурашка?" он сказал бы: „Хочу".

А он только жёлтый нос откроет и красный язык показывает.

— Ну ладно, — рассердился я и забросил ученье.

К осени случилась со мной беда. Полез я за крупой в сундук, а там нет ничего. Вот как воры обчистили, половинка огурца была на тарелке, и ту унесли. Лёг я спать голодный. Всю ночь вертелся. Утром в зеркало посмотрел, всё лицо зелёное стало.

— Стук, стук! — кто-то в окошко. На подоконнике грач долбит в стекло. „Вот и мясо!" — явилась у меня мысль.

Открываю окно и хвать его. А он прыг от меня на дерево. Я в окно за ним к сучку. Он повыше. Я лезу. Он выше — и на самую макушку. Я туда не могу, очень качается. Он же, шельмец, смотрит на меня сверху и говорит:

— Хочешь кашки, дурашка?

ОТРЫВОК ИЗ „КНИГИ ДЛЯ РОДИТЕЛЕЙ" А. МАКАРЕНКО

на́шъ мъ̌лд̓·о́ш / е́тъ н̓-и-ш̓-ч̓е́м н̓ь-срʌвн̓и́мъıъ̌ / м̓ирʌво́·ıъ̌ [1] ıие вл̓е́н̓иıъ̌ [2] / в̓ие л̓и́ч̓иıъ̌ [3] и-знʌч̓и́т̓ъл̓нъс̓т̓и клто́ръв / мы пʌжа́лу́·ı и-пʌс̓т̓и́гнут н̓ь-спʌсо́бны // кто́ⁿ ıнıј̇·о́ [5] рʌд̓и́л / кто нъу-ч̓и́л / въс̓п̓ита́л [6] / пʌста́·в̓ил г-д̓е́лу р̓ьвʌл̓·у́цыı / ʌткуда̀ вз̓ие л̓и́с̓ [7] е́т̓и д̓ис̓·а́тк̓и [8] м̓ил̓ио́нъф мъ̌с̓т̓ие ро́ф / инжыѐ н̓е́р̓ъф / л̓о̀т̓·ч̓икъф / къмба́·ı̇н̓ьръф / къмлн̓д̓и́р̓ъф / уч̓·о́ных // н̓ьужэ̀л̓и мы стъ̌р̓и́к̓и́ / со́здъл̓и е́ту мъ̌лд̓·о́ш // но-клгда́ [9] -ж // пъч̓ие му́ мы е́тъв н̓ь-зʌм̓е́т̓ил̓и // н̓ие -мы̀·-л̓и са́·м̓и руга́·л̓и / на́шы шко́-лы-и-ву́зы / по́хъд̓ руга́·л̓и / пр̓ивы̀·ч̓н // н̓ие -мы̀·-л̓и ш̓:ита́·л̓и / на́шы нърклмпро́сы [10] дʌсто́·ı̇ным̓и то́·л̓к ʌвлрч̓а̀н̓ıъ̌ // и-с̓ие м̓ј̇·а́ клг-бу́тт [11] тр̓ие ш̓:·а́л пʌ-фс̓е́м суста́въм / и-л̓у̇бо́·ф̓ клг-бу́тт [11] н̓ь-з̓ие ф̓и́р̓ъм дыша́л у-на́с / ʌ-бо̀·л̓шъı сквъз̓·н̓ие ко́м прʌхва́т-въл // и-в̓ът̓-н̓е́къгдʌ [12] бы́л / стро́·ил̓ис̓ [13] / бʌро́·л̓ис̓ [13] / сно́ву стро́·ил̓ис̓ [13] / дъ-и-с̓ие ч̓·а́с [14] стро́имс̓ [15] / с̓-л̓ие со́ф [16] н̓ь-с̓л̓ие -за́·им [17] //

ʌ-смʌтр̓и́т̓ь / в-н̓ьпр̓ивы̀·ч̓н ска́зъч̓ных прʌсто́ръх крѣмʌто́р-ск̓их цыэ хо́ф / нъ-б̓ьсклн̓е́·ч̓ных пʌлш̓:·а́ткъх стʌл̓ингра́цкъв трʌ́кторнъв / ф-ста́·л̓инск̓их / мʌк̓е́·ıъ̇ь̇фск̓их [18] / го́рлъфск̓их ша́хтъх / и ф̓·п̓е́рвъı̇ [19] / и въ-фтʌро́·ı̇ / и-ф-тр̓е́т̓ъı̇ [20] д̓е́н̓ твʌ-р̓е́н̓иıъ̌ [21] / нъ-съмл̓·о́тъх / нʌ-та́нкъх / ф-пʌдво́дных ло́ткъх / в-лъбъ̌рлто́·р̓иıъх / нъд-м̓икрʌско́пъм̓и / нът-пусты̀·н̓ьм̓и [22] а́рктик̓и / у-фс̓е́х вʌзмо́жных штурва́лъф / кра́нъф / у-фхо́лъф-ы-вы́хъдъф / в̓ие з̓д̓е́ [23] д̓ис̓·а́тк̓и [24] м̓ил̓ио́нъф но́вых / мъ̌лʌды́х / и-стра́шн инт̓ие р̓е́сных л̓у̇д̓е́ı̇ //

лн̓и́ хʌз̓а́ьв [25] жы̀·з̓н̓и / лн̓и́ спʌко́·ı̇ны и-ув̓е́р̓ьны / лн̓и́ н̓ь-ʌгл̓·а́дъвъı̇ьс̓ [26] / б̓ьз-ыс̓т̓е́р̓ик̓и-и-по́зы / б̓ьз-бʌхва́·л̓ств / и б̓ьз-ныт̓ј̇·а́ / ф-тэ́мпъх съв̓ие ршэ́н̓·ъ н̓ьпр̓ие дв̓и́д̓ьн:ых [27] / лн̓и́ д̓е́лъı̈ӱт на́шъ д̓е́л ///

ПРИМЕЧАНИЯ

[1] Возможно произношение [м̓ирʌво́·ıь], а также [м̓ирʌво́·ь], без [ı] между заударными гласными.

[2] Возможно произношение [ıие вл̓е́н̓иıь], с [ь] на конце (см. § 20, п. 4), а также [ıие вл̓е́н̓иь], без [ı] между заударными гласными.

[3] Возможен вариант [в̓ие л̓и́ч̓иъ], без [ı] между заударными гласными.

[4] Произношение [хто] устаревшее; в настоящее время оно приобрело оттенок просторечности (см. § 67).

[5] В предударном слоге местоименной формы *её*, вероятно, в связи с ее частой слабоударяемостью обычно произносится [и], реже [ие]. Кроме того, в разговорной речи начальный звук может отсутствовать: [иј̇·о́].

⁶ В настоящее время возможно произношение без смягчения [с] в приставке *вос-* перед мягким [п]: [въсп'ита́л].
⁷ В соответствии со старыми московскими нормами на конце произносилось [с]: [вз'и⁽ᵉ⁾л'ис].
⁸ Возможно произношение [д'иес·́атк'и], с [иᵉ] в 1-м предударном слоге.
⁹ Встречается произношение [клγуда́], с [γ] фрикативным, которое для настоящего времени можно считать устаревшим. В беглой речи распространено произношение [клда́] (без [γ]) (см. § 67).
¹⁰ При более книжном типе речи произносится [наркомпро́сы], без редуцированного [ъ] во 2-м предударном слоге и с [о] в 1-м предударном слоге.
¹¹ Возможно произношение [къг-бу́ᵀтъ], с редуцированным [ъ] в слове *как* в 1-м предударном слоге, более свойственное разговорной речи; произношение [къγ-бу́ᵀтъ], со звуком [γ], для современного языка является устаревшим.
¹² Произношение [н'е́къγдъ], со звуком [γ], для современного языка — устаревшее. Произношение [не́къдъ], без [г], встречается в беглой речи и характеризует разговорную речь.
¹³ Возможно произношение [стро́·ил'ис], [бдро́·л'ис], с твердым [с] на конце по старым нормам произношения частицы *-сь* (см. § 93).
¹⁴ О различном произношении слова *сейчас* в различных стилях см. § 22 и 61.
¹⁵ Возможно произношение [стро́·имс·ъ], с мягким [с] на конце.
¹⁶ Возможно произношение [с-л'иᵉсо́ф], без смягчения звука [с] предлога перед [л'].
¹⁷ Возможно произношение [сл'иᵉза́·им], без смягчения звука [с] приставки или с неполным смягчением. Возможно произношение [с'л'иᵉза́·йьм], с [į] между гласными.
¹⁸ Возможно произношение [мак'е́ьфск'их] или [мак'е́ифск'их], без звука [į] между гласными.
¹⁹ Возможен вариант [ф-п'е́рвый] (см. § 86, п. 1).
²⁰ Возможен вариант [ф-тр'е́т'ий] (см. § 36, п. 2).
²¹ Возможно произношение [твар'е́н'иъ], без звука [į] между гласными.
²² Возможно произношение [нът-пусты́·н'ъм'и].
²³ Возможно произношение [в'из'д'е́], с гласным [и] в 1-м предударном слоге.
²⁴ Возможно произношение [д'иес·́атк'и], с гласным [иᵉ] в 1-м предударном слоге.
²⁵ В очень отчетливом произношении возможен вариант [хаз'а́йьвъ], со звуком [į] между гласными.
²⁶ По старым московским нормам произносилось [агл·́а́дъвъįс], с твердым [с] в частице *сь*.
²⁷ Произношение [н'ьпр'иед'в'и́д'ьн:ых], со смягчением согласного [д] приставки *пред* перед [в'], следует считать устаревшим.

Наша молодёжь — это ни с чем не сравнимое мировое явление, величия и значительности которого мы, пожалуй, и постигнуть не способны. Кто её родил, кто научил, воспитал, поставил к делу революции? Откуда взялись эти десятки миллионов мастеров, инженеров, лётчиков, комбайнеров, командиров, учёных? Неужели это мы, старики, создали эту молодёжь? Но когда же? Почему мы этого не заметили? Не мы ли сами ругали наши школы и вузы, походя ругали, привычно; не мы ли считали наши наркомпросы достойными только ворчанья? И семья, как будто трещала по всем суставам, и любовь как будто не зефиром дышала у нас, а больше сквозняком прохватывала. И ведь некогда было: строились, боролись, снова строились, да и сейчас строимся, с лесов не слезаем.

А смотрите: в непривычно сказочных просторах краматорских цехов, на бесконечных площадках сталинградского тракторного, в сталинских, макеевских, горловских шахтах, и в первый, и во второй, и в третий день творения, на самолётах, на танках, в подводных лодках, в лабораториях, над микроскопами, над пустынями Арктики, у всех возможных штурвалов, кранов, у входов и выходов — везде десятки миллионов новых, молодых и страшно интересных людей.

Они хозяева жизни, они спокойны и уверены, они, не оглядываясь, без истерики и позы, без бахвальства и без нытья, в темпах совершенно непредвиденных,— они делают наше дело.

ОТРЫВОК ИЗ РОМАНА К. ФЕДИНА „НЕОБЫКНОВЕННОЕ ЛЕТО"

н'ѣлбыкнлв'ён:ъį л'éтъ

вн'ёшн'ьį̈ н'ьиз'м'éн:ъс'т' рлгó·з'инъ / выд'иел'ӓįь-įивó [1] ср'ьд'и--иек'ипа́жъ лкт'иебр'·а́ / фс'ем клза́лъс'[2] съв'иершэ́н:ъ лбыкнлв'ён:ъį / и са́м-он н'ь-пр'идлва́л знлч'ён'иįъ [3] свъиму̀-лтл'и̋ч'иį·у́[4] лт-мр'иекóфъ // пл-ста́ръму он-нлс'и́л късъвлрóтку / п'иж̀а́к / с'л'иехка̀-нъхллбу́·ч'ьн:у·į·у́ [5] к'éпку бл'и́нкóм / клтóру·į·у́ [5] инлгда́ прихва́тъвл с'-в'иска́ [6] зъв'итóк вллóс // злтò ступа́л рлгó·з'инъ / да́жыъ бóл'шыъ мър'иекóфъ пъ-млрск'и́ // пр'éжн'ьį̈ рлзва́лк̆ъ-įивó / ста́л лп'áт' злм'éтн'ьį̈ / мóжыъ т пътлму̀ што-óн [7] бу̀т:ъ пъмълд'éл / кó·н'ч'иф свлį·у̀ б'иезнлд'·óжну·į·у́ [5] б'и́тву / с'-ф'ина́нсъвъį [6] цыф'и́р'į·у / и-вы́-įд'ъ нъ-п'иеву́·ч'ьį [8] вóлшскъį [8] п'иесóк ///

к высóкъму сутуллва́тъму [9] įиевò-сллжё̀н'į·у́ [4] скóръ пр'ивы́кл'и в'-д'ив'из'иóн'ь // óн пъįьвл'·а́лс'[10] нъ-в'иду̀-клма́нды ч'·а́стъ / хлт'·а́-п'éрвъį вр'éм'ъ плдóлгу пр'ихлд'и́лъс' [11] с'ид'éт' ф-шта́бных клį·у́тъх // на́дъ-был вн'ика́т' в:лį̀ён:ъ-млрскó·į̈ [12] хлз'·а́į̈ствъ / и-пръдллжа́·т' п'ър'иестрó·įку пъл'ит'и̋ч'ьскъį рлбóты / сллбра́знъ м'иен'а́į̈уш'·имс'ъ [13] нъ-хлду̀ услó·в'иį̈ъм [14] ///

рлгó·з'инъ плпа́л въ-флıт'и́л'иį·у́[15] зл-н'éскъл'къ дн'éį дъ-нлч'·а́лъ а́вгустъфскъвъ нъступл'ён'иį̈ слв'ё́цк'их а́рм'иį̈ [16] к-į·у̀г-за́пъду лт-слра́тъвъ // òн-н'é-был н'и-вл'įён:ым / н'и-мър'иекóм // óн-вллд'éл л'иш-лд'н'и́м лру́жыįъм [17] / длвó·л'н ъхърлшó знлкóмым рлбó·ч'ьму [18] л'·у́ду рлс'и́и / бра́ун'ингъм // уб'иежд'·óн:ъį [19] / штъ-фс'иегда́ нлхó·д'итцъ нл-м'éс'т'ь / įés'л'и[20] плста́вл'ьн нл-ѐт м'éсто свлįéį па́рт'иįьį [21] / òн пр'иступи́л к-лб'·а́зън:ъс'т'ъм [22] д'ив'из'иóн:ъвъ към'иса́ръ / н'ь-съмн'иева́·įьс' штъ-лн'и̋·į̈иму̀ плт-с'и́лу [23] / и-óн лвллд'éит и́м'и / да́·л'и-бы срóк ///

ф-слсла́·въ судлвы́х клма́нт бы́·л'и мър'иек'и́-блт'и́įцы / фстр'иеч'·а́лс'[24] судлвó·į нлрóт с-ка́·с'п'иįъ и-пр'илзó·в'įъ / влжа́·н'ь / кър'иен:ы́и плмóры с'·éв'ьръ // фс'·ó-ет воднъį̈ пл'éмъ / лблaда́л нáвы̆към'и [25] дългалл'éт·н'их пла́вън'иį [26] // в-бл·шын с'т'в'é прлшлó вл'и́ну́ / и-слмó·į пр'ирóдъį бы́л слóвнъ вы́·д'ьл'ьн длъ-пр'иебыва́·н'иįъ нъ-суда́х //

п'ъ́стрлтъ нлрóдъ згла́жъвълс' [27] вл'įён:ъ-млрск'и́м плр'·а́ткъм / и-т'éм штъ-пр'им'éръм длл'ие-клма́нт [28] / служы́·л'и блт'и́įцы / пр'ин'éш·ыи нл-вóлгу / двлįну́·į·у́ сла́ву свлįéį б'ьз:лв'éтнъс'т'и / и-в-блр'б'é нл-ба́лт'ик'ь з-г'иерма́нск'им флóтъм / и-нъ-р'ьвл'у́ цыóн:ых [29] фрлнта́х п'ътрлгра́дъ / лтку́дъ плсла́ла пъ-рлс'и́и / п'éрвъį [30] рлска́т лкт'иебр'·а́ / л'ьг'иенда́рнъįъ лврóръ // ка́ждъį [31] ш':ита́л зл-пра́·в'илъ / пъдржа́·т' бллт'и́ӷцъм / их съмъзлб'в'е́н:ъӷ ӷ·а́ръс'т'и в-блӷ·у́ / их-пр'ибау́тккъм нл-ро́здых'ъ / да́жыѣ-их-млн'е́р'ь нлс'и́т' б'ьсклзы́рку / н'ь-нъб'иᵉкр'е́н' / л-пр'·а́мъ / в-л'и́н'иӷ·у к-нлдбро́·в'ӷ·у / / што̀-пр'идлва́лъ мър'иᵉку́ ¦ о́бл'ик н'иᵉ-сто́·л·къ л'ихо́·ӷ / ско́·л'къ н'ьп'р'иᵉкло́н:ъӷ ³² ///

ПРИМЕЧАНИЯ

¹ Форма *выделяя* обычно произносится [выд'иᵉл'а́ӷъ], с [ъ] на конце. Однако, находясь рядом с примыкающей к ней формой [ӷиво́], начинающейся со звука [ӷ], она произносится с [ь] на конце: [выд'иᵉл'а́ӷь].

² По нормам старого московского произношения [клза́лъс].

³ Возможно ослабление и даже утрата [ӷ]: [знлч'е́н'иъ] или [знлч'е́н'иь].

⁴ Возможно ослабление и даже утрата [ӷ]; [лтл'и́ч'и·у], [слжэ̀н'и·у].

⁵ В первом слоге безударного окончания вин. пад. ед. ч. женск. р. *-ую* вместо [у] может произноситься [ъ]: [нъхлбу́·ч'ьн:ъӷ·у], [клто̀ръӷ·у], [б'иᵉзнлд'·о̀жнъӷ·у].

⁶ Возможен распространенный в настоящее время вариант [с-в'иска́], [с-ф'ина́нсъвъӷ], с твердым [с] перед мягким губным [в'] или [ф'].

⁷ Возможен вариант [шть-о́н].

⁸ Возможны варианты [п'иᵉву́·ч'иӷ], [во́лшскыӷ], [во́лшск'иӷ]. Возможно оглушение [л]: [во́лшскъӷ].

⁹ Ударение *суту́ловатый* — устарелое.

¹⁰ Возможен вариант с мягким [с] в частице *-ся*: [пъьвл'·а́лс'ъ]. Между гласными в предударном слоге возможна утрата [ӷ]: [пъьвл'·а́лсъ] или [пъивл'·а́лсъ].

¹¹ По нормам старого московского произношения: [пр'ихлд'и́лъс].

¹² В слове *морское* на конце возможно произношение [ь]: [млрско́·ӷь].

¹³ По старым московским нормам в частице *-ся* произносился твердый [с]: [м'иᵉн'а́ӷуш':имсъ]. Между гласными звук [ӷ] может утрачиваться: [м'иᵉн'а́уш':мс'ъ].

¹⁴ Звук [ӷ] между заударными гласными может ослабляться и утрачиваться: [усло́в'иъм].

¹⁵ Звук [ӷ] между заударными гласными может ослабляться и утрачиваться: [въ-флл̂т'и́л'и·у].

¹⁶ По нормам старого московского произношения было [а́·р·м'иӷ], с [р'] перед мягким [м].

¹⁷ Звук [ӷ] между заударными гласными может ослабляться и утрачиваться: [дру́жыъм].

¹⁸ В очень отчетливом произношении в окончании может звучать [ъ]: [рлбо́·ч'ъму].

¹⁹ Возможен вариант [уб'иᵉжд'·о́н:ыӷ].

²⁰ Широко распространенное произношение [jе́сл'и], с твердым [с] перед [л'], не может быть рекомендовано как образцовое.

²¹ По нормам старого московского произношения было [па́·р'т'иӷь]. Звук [ӷ] между заударными гласными может утрачиваться: [па́рт'иь] или [па́рт'ьь].

²² Возможен вариант без двойного [н]: [к-лб'·а́знъс'т'ъм].

²³ В более быстром произношении: [плц-с'и́лу], с [ц] вместо [т]. По нормам старого московского произношения было [плц'-с'и́лу], со смягчением согласного на месте *д* перед [с'].

²⁴ Возможен вариант [фстр'иᵉч'·а́лс'ъ], с мягким [с] в частице *-ся*.

²⁵ В отчетливом произношении — [на́выкъм].

²⁶ Возможен вариант [пла́вън'ӷ].

²⁷ По нормам старого московского произношения: [згла́жъвълъс].

²⁸ Возможен вариант [дл'·л-клма́нт].

²⁹ Гласные на месте *ио* имеют тенденцию объединиться в одном слоге.

[30] Возможен вариант [п'е́рвыі].
[31] Возможен вариант [ка́ждыі].
[32] Возможен вариант [н'ьпр'иᵉкло́н:ыі].

НЕОБЫКНОВЕННОЕ ЛЕТО

Внешняя неизменность Рагозина, выделяя его среди экипажа „Октября", всем казалась совершенно обыкновенной, и сам он не придавал значения своему отличию от моряков. По-старому он носил косоворотку, пиджак, слегка нахлобученную кепку блинком, которую иногда прихватывал с виска завиток волос. Зато ступал Рагозин даже больше моряков по-морски — прежняя развалка его стала опять заметнее, может потому, что он будто помолодел, кончив свою безнадёжную битву с финансовой цифирью и выйдя на певучий волжский песок.

К высокому сутуловатому его сложенью скоро привыкли в дивизионе. Он появлялся на виду команды часто, хотя первое время подолгу приходилось сидеть в штабных каютах: надо было вникать в военно-морское хозяйство и продолжать перестройку политической работы сообразно меняющимся на ходу условиям.

Рагозин попал во флотилию за несколько дней до начала августовского наступления советских армий к юго-западу от Саратова. Он не был ни военным, ни моряком, он владел лишь одним оружием, довольно хорошо знакомым рабочему люду России: браунингом. Убеждённый, что всегда находится на месте, если поставлен на это место своей партией, он приступил к обязанностям дивизионного комиссара, не сомневаясь, что они ему под силу и он овладеет ими — дали бы срок.

В составе судовых команд были моряки-балтийцы, встречался судовой народ с Каспия и Приазовья, волжане, коренные поморы с Севера. Всё это водное племя обладало навыками долголетних плаваний, в большинстве прошло войну и самой природой было словно выделено для пребывания на судах.

Пестрота народа сглаживалась военно-морским порядком и тем, что примером для команд служили балтийцы, принесшие на Волгу двойную славу своей беззаветности — в борьбе на Балтике с германским флотом и на революционных фронтах Петрограда, откуда послала по России первый раскат Октября легендарная „Аврора". Каждый считал за правило подражать балтийцам — их самозабвенной ярости в бою, их прибауткам на роздыхе, даже их манере носить бескозырку — не набекрень, а прямо, в линию к надбровью, что придавало моряку облик не столько лихой, сколько непреклонный.

СТИХОТВОРЕНИЕ С. МАРШАКА „СЛОВАРЬ"

слава́·р'

ус'е́рдн'ыі̯ с-ка́ждым дн'·о́м / гл'иᵉжу́¹ ф-слава́·р' //
в-і̯иᵉво́² стлпца́х / м'иᵉрца́·і̯ут¹ -ы́скры ч'·у́ствъ //
ф-плдва́лы слоф / н'иᵉ-ра́с¹ сл і̯д'·о́т ыску́ствъ /
д'иᵉржа́¹ в-рук'е́ / своі̯ пътлі̯но́·і̯ флна́·рь' ///
нл-фс'е́х слава́х / слбы́·т'иі̯³ п'иᵉч'а́т'¹ //

лн'и́ длл'и́с'⁴ н'иᵉ-да́ръм¹ ч'ьллв'е́ку //
ч'ита́·і̯·у // в'е́к / лт-в'е́къ / в'ькла́в'т' /
в'е́к дъжыва́·т' / бо̀х сы́ну н'е́-дъл в'е́ку /
в'е́к зъі̯иᵉда́·т' / в'е́к зъжыва́·т' ч'у̀жо́·і̯ //

ф-слѧва́х звуч'·а́т / уко́р ⁞ и-гн'е́ф ⁞ и-со́·в'ьс'т'⁵ ///
н'е́т / н'ь-слѧва́·р' л'и⁽е⁾жы́т¹ п'ьр'ьдѧ-мно́·į̯ /
ѧ-др'е́вн'ьį̯ь⁶ рѧс:ы́пън:ъį̯ъ по́·в'ьс'т' ///

ПРИМЕЧАНИЯ

¹ В связи с торжественно-философским характером стихотворения и́кающее произношение, имеющее оттенок сниженной разговорной речи и даже просторечия, в нем было бы неуместно. Поэтому нельзя рекомендовать в данном случае произношение звука [и] в 1-м предударном слоге на месте *я и е* в словах [глʼижу́], [мʼирца́·į̯·ут], [нʼи-ра́с], [пʼичʼа́тʼ], [дʼиржа́], [нʼи-да́ръм], [лʼижы́т].
² По той же причине неуместно было бы в этом стихотворении просторечное произношение [в-выво́].
³ Звук [į̯] между заударными гласными может утрачиваться: [слбы́·тʼиъ].
⁴ Старое московское произношение [дѧлʼи́с].
⁵ При отсутствии пауз между словами *укор, и гнев, и совесть* будет произноситься [уко́р-ы-гнʼе́ф-ы-со́·вʼьсʼтʼ].
⁶ Звук [į̯] между заударными согласными может утрачиваться (особенно в быстром произношении): [дрʼе́внʼьь].

СЛОВАРЬ

Усердней с каждым днём гляжу в словарь.
В его столбцах мерцают искры чувства.
В подвалы слов не раз сойдёт искусство,
Держа в руке своей потайной фонарь.

На всех словах — события печать.
Они дались недаром человеку.
Читаю: „Век. От века. Вековать.
Век доживать. Бог сыну не дал веку.
Век заедать. Век заживать чужой..."
В словах звучат укор, и гнев, и совесть.
Нет, не словарь лежит передо мной,
А древняя рассыпанная повесть.

ОТРЫВОК ИЗ РОМАНА К. СИМОНОВА „ДНИ И НОЧИ"

шлʼи́ фтѧры́·и су́тк'и ⁞ гʼнʼи⁽е⁾ра́·лʼнъвъ нъступлʼе́нʼиį̯ъ¹ //
в-ызлу́·чʼинʼь до́нъ / мʼьжду-во́лгъį̯-и-до́нъм / ф-крѧмʼе́шнъį̯ тʼмʼе́ ⁞
нѧj·а́прʼскъį̯² но́·чʼи / лʼа́згъį̯ъ жыᵉлʼе́зъм / плѧзлʼи́ мʼьхнʼизʼи́-
рʼвънъыи кърпуса́ // утѧпа́·į̯ъ ф-сʼнʼи⁽е⁾гу́ / мʼе͡дʼлʼьн:ъ дʼвʼи́гълʼисʼ³
мѧшы́ны / взрыва́·лʼисʼ³-и-лѧма́·лʼисʼ³ мѧсты́ // гѧрʼе́лʼи дʼиерʼе́вн-
нʼи // и-фспы́шкʼи ѧрудʼи́йных вы́стрʼьлъф / сʼмʼе́шъвълʼисʼ³ нъ-
гърʼизо́·нʼтʼь з:ѧрнʼи́цъмʼи⁴ плжа́·рʼиш': // нъ-дѧро́гъх/ срʼьдʼи-плѧʼе́į̯ /
чʼ·о́рнымʼи пʼа́тнъмʼи ⁞ лʼиежа́·лʼи тру́пы / усʼпʼе́фшыи ѧкъсʼтʼиенʼе́т /
за́-нъчʼ ///
прѧва́·лʼивъį̯ьсʼ⁵ ф-сʼнʼе́к / шла́ пʼиехо́тъ / нъхлѧбу́·чʼиф уша́нкʼи /
прʼикрыва́·į̯ьсʼ⁵ рука́·мʼи ѧт-вʼе́тръ // пъ-сугро́бъм пʼьрʼиета́скъвълʼи⁶
нъ-рука́х ѧру́·дʼиį̯ъ⁷ / рубʼи́лʼи сѧра́·и / и-нъсʼтʼила́·лʼи ⁞ из-до́сък-
ы-брʼо́внʼьн / ша́ткʼии мо́·сʼтʼикʼи чʼьрʼьз-ѧвра́·гʼи ///

два фрóнтъ ¦ в-э́ту з'и́мн'ўį·у⁸ нó·ч' / клг-д'в'ѐ рук'и́ / схлд'и́ф-
шыис'ь нл-ка́рт'ь / д'в'и́гъл'ис' / фс'·ò пр'ибл'ижа́·įьс'⁵ дру̂г-г-дру́гу⁹ /
глтóвыи слмкну̂ᵀцъ ¦ в-длнск'и́х с'т'иеп'·а́х / за̂пъд̂'н'ьį¹⁰ стъл'ин-
гра́дъ //

в-э́тм лхва́·ч'ьн:ъм и́м'и прлстра́нс'т'в'ь / нъхлд'и́л'ис'³ įьш':ò
сó·т̂н'и ты́·с'ьч'¹¹ н'иеем'е́цк'их слда́т / вра́жъск'ии къ́рпуса́ и-д'и-
в'и̂з'ии ¦ сл-штлба́·м'и¹² ¦ г'ьн'иера́лъм'и ¦ лру́·д'иįм'и¹³ ¦ та́нкъм'и ¦
плса́дъч'ным'и плш':а́ткъм'и ¦ и-съмлл'·óтъм'и / сó·т̂н'и ты́·с'ьч'¹¹
л'ӱ́д'éį / клтóрыи спръв'ие̂д̂л'и́въ ш':ита́·л'и с'иб'·а́ с'и́лъį / и-ф-тó-жъ
вр'е́м'ъ ¦ бы́·л'и ужэ́ н'ич'е́м-ыны́м / клг-за́фтръшн'им'и м'ьрт'в'ие-
ца́·м'и¹⁴ ///

л-в-глз'е́тъх в-э́ту нó·ч' / įиш':ò нъб'ира́·л'и нъ-л'инлт'и́пъх /
клк-фс'ие́гда¹⁵ з'д'е́ржън:ыи / н'ь-жыэла̂·įу̂ш'·ии пр'ьдупр'иежда́·т' /
слбы̂·т'иį̨¹⁶ / свóтк'и инфòрмб'у̂рó // и-л'ӱ́д'и п'ьр'иет-т'ем клк-
лажы̂ᵀцъ¹⁵ спа́·т' / слу́шъį̨ плра́·д'ио плс'л'éд̂'н'ии из'в'е́с'т'иį̨¹⁷ /
фс'·ó-įьш':ò тр'иевóжыл'ис'³ зъ-стъл'ингра́т / н'ич'иевó įьш':ò
н'ь-зна́·į̨ л-тóм вз'·а́тъм в-блįу̂ ¦ влįе́н:ъм ш':а̂с'т'į̨¹⁸ / клтóръį̨
нъч'ина́лъс'¹⁹ в-э́т'и ч'иесы́ ¦ д̂л'ь-рлс'и́и ///

ПРИМЕЧАНИЯ

¹ Возможно произношение [нъступл'е́н'иъ], с утратой [į] между заударными гласными.
² В слове *ноябрьской* сочетание [бр'] обычно оглушается перед
глухим согласным [с], так что произносится [пр'] или, точнее, [б̥р'] (так как
согласный [б], утративший голос, не вполне совпадает с [п], ввиду того
что шум, характерный для [б], заметно слабее шума, который характерен
для [п]): [нлj·а́б̥р'скį]. При сохранении голоса между [б] и [р'] развивается
слабый редуцированный гласный: [нлj·а́бър'скį].
³ Старое московское произношение: [д'в'и́гъл'ис], [взрыва́·л'ис-ы-ллма́·л'ис],
[с'м'е́шъвъл'ис], [нъхлд'и́л'ис], [тр'иевóжыл'ис].
⁴ Старое московское произношение: [за́·р'н'ицъм'и], с мягким [р'] перед [н'].
⁵ Старое московское произношение: [прлва́·л'ивъįъс], [пр'икрыва́·įъс],
[пр'ибл'ижа́·įъс].
⁶ Возможен вариант [п'ьр'иета́ск'ивъл'и], не принятый в сценическом
произношении.
⁷ Возможна утрата [į] между заударными гласными: [лру́·д'иъ].
⁸ Возможен вариант [з'и́мн'иįу̂], а также [з'и́мн'ьў], с утратой [į] между
заударными гласными.
⁹ Произносится [дру̂ᵍгдру́гу] (звук [г] с долгим затвором, с выдержкой
перед размыканием, взрывом).
¹⁰ Возможно произношение [запъд̂'н'ьь], с утратой [į] между заударными
согласными.
¹¹ Произношение [ты́·ш':] в тексте данного содержания и стиля было бы
неуместно (см. § 22 и 61).
¹² Литературному языку свойственно также ударение на основе: [шта́бъм'и].
¹³ Возможно произношение [лру́·д'иъм'и], с утратой [į] между заударными гласными.
¹⁴ Старое московское произношение [м'ьр'т'в'ьца́·м'и], с мягким [р']
перед [т'].
¹⁵ Возможен вариант [къ̀к-фс'иегда́], [къ̀к-лажы̂ᵀцъ].

[16] Возможно произношение [слбы́·тиъ], с утратой [i̯] между заударными гласными.

[17] Возможен вариант [из'в'е́с'т'иъ], с утратой [i̯] между заударными гласными.

[18] К этой форме (предл. пад. ед. ч.) возможно произношение [ш':а́с'т'i̯и], с [и] в окончании.

[19] В соответствии со старыми московскими нормами произносилось [нъч'ина́лъс], с согласным [с] в частице -сь.

Шли вторые сутки генерального наступления. В излучине Дона, между Волгой и Доном, в кромешной тьме ноябрьской ночи, лязгая железом, ползли механизированные корпуса, утопая в снегу, медленно двигались машины, взрывались и ломались мосты. Горели деревни, и вспышки орудийных выстрелов смешивались на горизонте с зарницами пожарищ. На дорогах, среди полей, чёрными пятнами лежали трупы, успевшие окостенеть за ночь.

Проваливаясь в снег, шла пехота, нахлобучив ушанки, прикрываясь руками от ветра. По сугробам перетаскивали на руках орудия, рубили сараи и настилали из досок и брёвен шаткие мостики через овраги.

Два фронта в эту зимнюю ночь, как две руки, сходившиеся на карте, двигались, всё приближаясь друг к другу, готовые сомкнуться в донских степях, западнее Сталинграда.

В этом охваченном ими пространстве находились ещё сотни тысяч немецких солдат, вражеские корпуса и дивизии со штабами, генералами, орудиями, танками, посадочными площадками и самолётами, сотни тысяч людей, которые справедливо считали себя силой и в то же время были уже не чем иным, как завтрашними мертвецами.

А в газетах в эту ночь ещё набирали на линотипах, как всегда сдержанные, не желающие предупреждать события, сводки Информбюро, и люди, перед тем как ложиться спать, слушая по радио „Последние известия", всё ещё тревожились за Сталинград, ничего ещё не зная о том взятом в бою военном счастье, которое начиналось в эти часы для России.

ОТРЫВКИ ИЗ ПОЭМЫ В. МАЯКОВСКОГО „ВО ВЕСЬ ГОЛОС"

слу́шъi̯т'ь /
          тлва́·р'иш':и плто́мк'и //
лг'ита́търъ /
          глрла́нъ-глъвлр'·а́ //
зъглуша́ /
          поэ́з'ии плто́·к'и /
i̯а́ шлгну́
          ч'ьр'ьз-л'ир'и́ч'ьск'ии [1] то́·м'ик'и /
ка́г-жыво́i̯ /
          ж:ывы́·м'и гъвлр'·а́ ///
i̯·а̀-к-ва́м пр'иду́ /
          ф-къмун'ис'т'и́ч'ьскъi̯ъ [2] дл'ие́ко́ /
н'ие́-та́к /
          ка̀к п'е́с'ьн:ъ-i̯иес'е́н'ьн:ъi̯ [3] прлв'и́т'ьс' //
мò·i̯ с'т'и́х дли̯д'·о́т /
          ч'ьр'ьс-хр'иепты́ [4] в'ие́ко́ф /
и-чьр'ие́з-го́лъвы [4]
          поэ́тъф и-прлв'и́т'ьл'стф //
мò·i̯ с'т'и́х дли̯д'·о́т /
          но-о̀н дли̯д'·о́т н'ие́-та́к /

н'иᵉ-кàк стр'иᵉлá ⁵ /
    в-лмýрнъ-л'и́ръвъ̣į̇ лхó·т'ь /
н'иᵉ-кàг-длхó·д'ит ⁵ /
    к-нум'измáту с'т'·óршъį̇съ ⁶ п'иᵉтáк /
и-н'иᵉ-кàк с'в'ёт ⁵ ум'ёршых з'в'·óст дахó·д'ит //
мò į̇ с'т'и́х /
    трудóм /
        грлмáду л'ёт прлрв'·óт //
и-jӑ̇в'и́ᵀцъ /
    в'иᵉсóмъ /
        грýбъ /
          зр'и́мъ /
кàк-в-нáшы-д̑'н'и́ ⁵ /
    влшóл въдъпрлвóт /
срлбóтън:ъ̣į̇ ⁷ /
    į̇иᵉш'·ὸ рлбá·м'и р'и́мъ ///
ф-курга́нъх кн'и́к /
    пъхърлн'и́фшых с'т'и́х /
жыᵊл'ёск'и стрóк / случ'áį̇нъ лбнлрýжъвъį̇ /
вы́ /
  с-увлжэ̀н'иį̇ъм ⁸ /
        лш'·ýпъвъ̣į̇т'ь и́х /
кàк стáръį̇ ⁹ /
    но-грóзнъį̇ъ ⁹ лрýжъį̇ъ ¹⁰ ///
j·á /
  ýхъ /
    слóвъм /
        н'ь-пр'ивы́к ллскá·т' //
ушкý д'иᵉв'и́ч'ьскъму /
        в-зъв'итó·ч'къх вълласкá /
с-пълуплхáпш'ины /
        н'ь-ръзлл'ёᵀцъ трóнуту //
плрáдъм ръзв'иᵉрнýф /
        млих стрлн'иц влį̇скá /
j·à пръхлжý /
    пл-стрó·ч'ьч'нъму фрóнту //
с'т'их'и́ стлj·áт /
    с'в'инцóвъ-т'ьжыᵊлó /
глтóвыį ¹¹ и-к-с'м'ёр'т'и ¹² /
        и-г-б'иᵉсс'м'ёр͡тнъį̇ ¹³ слá·в'ь //
поёмы зá·м'ьрл'и ¹⁴ /
        г-жыᵊрлý / пр'ижáф жыᵊрлó /
нлцэ̀л'ьн:ых /
    з'иjӑ̇į̇ў̇ш'·их злглá·в'иį̇ //
лрýжъį̇ъ /
    л'ў̇б'и́м'ы̣į̇шъвъ /
        рóт /

гʌтóвъį̇ /
        рвʌнýᵗцъ в-г'и́к'ь /
зʌсты́ʌъ /
        къвʌʌ'е́р'ні̣ъ ʌстрóт /
пʌд͡'н'·а́фшы р'и́фм ¹⁵ /
            ʌᵗтó·ч'н:ыи п'и́к'и //
и-фс'é /
      пʌв'éрх зубóф / вʌʌружóн:ыи ¹⁶ вʌі̣ска́ /
штó два́ᵗцът' л'éт ф-пʌб'éдъх /
            пръл'иᵉта́·л'и /
дʌ-са́мъвъ /
        пʌс'л'е́д͡'н'ьвъ л'иска́
j·а́ ʌᵈдʌj·ý т'иᵉб'é /
        пʌʌн'éты пръл'иᵉта́·р'і̣ ///

    . . . .

пуска́·і̣ /
      зʌ-г'е́н'і̣ьм'и ¹⁷ /
            б'ъзут'éшнъі̣·у вдʌвó·і̣ /
пл'иᵉт'·óᵗц славъ /
        ф-пъхʌрóн:ъм ма́ршыʰ //
умр'и́ / мò·і̣ с'т'и́х /
        умр'и́ към-р'ьдʌвó·і̣ //
къг-б'ъзым'·а́н:ыи ¹⁸ /
        нʌ-штýрмъх м'·óрл'и на́шы ///
мн'è нъпл'иᵉва́·т' /
        нʌ-брóнзы мнъгʌпý·д'і̣ъ ¹⁹ //
мн'è нъпл'иᵉва́·т' /
        нʌ-мра́мърнъі̣·у ²⁰ с'л'и́с' //
сʌч'т'·óмс славъі̣ý /
        в'иᵉт'-мы́ свʌи́-жыʰ л'ȳд'и //
пуска́·і̣ нàм /
      óпш'им па́·м'ьт͡'н'икъм бý·д'ьт /
пʌстрó·і̣ьн:ъі̣ ²¹ /
      в-бʌj·áх /
          съцыʌʌ'и́зм ²² ///

    . . . .

jнᵉв'и́фшыс' ²³ /
      ф-цэ̀-кà-ка́ /
        идý·ш':их /
            с'в'éтлых л'éт /
нʌд-ба́ндъі̣ /
      поет'и́ч'ьск'их /
        рвʌч'е́і̣ и-вы́жык /

         јˑа́ пъдыму́ /
                 къг-бъл'шыᵉв'и́сскъі̣ ²⁴ па̀рдб'ил'е́т /
     фс'ѐ сто́ тл̥мо́ф /
             мл̥и́х /
                 пл̥рт'и́ных ²⁵ кн'и́жък ///

ПРИМЕЧАНИЯ

¹ Предлог *через* может иметь слабое ударение, однако только в разговорной речи, особенно в просторечии. Форма им.-вин. пад. множ. ч. может звучать также [л'ир'и́ч'ьск'иі̣ь].

² В очень отчетливой речи возможно произношение долгого [м], на конце возможно также [і̣ь]: [ф-към·ун'ис'т'и́ч'ьскъі̣ь].

³ Возможно окончание [ыі̣]; [і̣иᵉс'е́н'ьн:ыі̣].

⁴ О произношении предлога *через* см. примечание 1.

⁵ Слово *как* в этих сочетаниях может быть и безударным: [кък-стр'иᵉла́], [къг-дл̥хо́·д'ит], [кък-с'в'е́т], [кък-в-на́шы-дн'и́]. Однако такое произношение свойственно разговорной речи. В этой поэме оно едва ли было бы уместно.

⁶ Возможно произношение с мягким [с] в частице *-ся*, а также окончание [ыі̣]: [с'т'·о́ршыі̣с'ъ].

⁷ Возможно окончание [ыі̣]: [срл̥бо́тън:ыі̣].

⁸ Звук [і̣] может не произноситься: [с-увл̥жэ́н'иъм].

⁹ Возможно произношение [ста́ръі̣ь] или [ста́ръь] (без звука [і̣]), [гро́знъі̣ь] или [гро́знъь].

¹⁰ Возможно произношение [л̥ру́жъі̣ь].

¹¹ Возможно произношение [гл̥то́выі̣ь].

¹² Предпочтительно произношение [к-с'м'е́р'т'и]. Однако сейчас шире распространено произношение [к-с'м'е́рт'и], которое не может считаться неправильным.

¹³ В разговорной речи в соответствии со старыми московскими нормами распространено также произношение [б'иᵉс'/с'м'е́рт͡н:ыі̣], с двойным мягким [с] на слогоразделе.

¹⁴ В разговорной речи возможно произношение [за́·м'ьр'л'и].

¹⁵ На конце слова после глухого согласного [ф] согласный [м] утрачивает голос: [р'и́фм̥].

¹⁶ В слове *вооружённые* произношение в соответствии с *оо* одного гласного, в особенности редуцированного, возможно только в беглой разговорной речи. В поэме „Во весь голос" оно было бы неуместно. На конце возможно окончание [ыі̣ь]: [вл̥л̥ружо́н:ыі̣ь].

¹⁷ В очень отчетливой речи возможно произношение [зл̥-г'е́н'иіъм'и].

¹⁸ Возможно произношение [б'ъзым'·а́н:ыі̣ь].

¹⁹ Возможно произношение [мнъгл̥пу́·д'і̣ь].

²⁰ В очень отчетливой чеканной речи возможно произношение [мра́мърнуі̣·у].

²¹ Возможно произношение [пл̥стро́·і̣ьн:ыі̣]. Возможна также утрата [і̣]: [пл̥стро́·ьн:ъі̣].

²² Предударные рядом находящиеся гласные [ыл] имеют тенденцию к объединению в одном слоге.

²³ В соответствии со старыми московскими нормами произносилось [с] в частице *-сь*: [і̣иᵉв'и́фшыс].

²⁴ После [к] возможно произношение окончания [ыі̣], а также (со смягчением предшествующего [к]) окончания [иі̣]: [бъл'шыᵉв'и́с/скыі̣], [бъл'шыᵉ-в'и́с/ск'иі̣].

²³ Возможно произношение [пл̥р'т'и́ных] — со смягчением [р] перед [т']. Однако такое произношение, свойственное старым московским нормам, в настоящее время становится устарелым.

Слушайте,
         товарищи потомки,
агитатора,
         горлана-главаря.
Заглуша
      поэзии потоки,
я шагну
      через лирические томики,
как живой
      с живыми говоря.
Я к вам приду
        в коммунистическое далекó
не так,
   как песенно-есененный провитязь.
Мой стих дойдёт
      через хребты веков
и через головы
      поэтов и правительств.
Мой стих дойдёт,
        но он дойдёт не так,—
не как стрела
      в амурно-лировой охоте,
не как доходит
      к нумизмату стёршийся пятак
и не как свет умерших звёзд доходит.
Мой стих
   трудом
      громаду лет прорвёт
и явится
    весомо,
       грубо,
         зримо,
как в наши дни
      вошёл водопровод,
сработанный
    ещё рабами Рима.
В курганах книг,
      похоронивших стих,
железки строк случайно обнаруживая,
вы
  с уьажением
      ощупывайте их,
как старое,
    но грозное оружие.
Я
  ухо
    словом
      не привык ласкать;
ушку девическому
        в завиточках волоска
с полупохабщины
     не разалеться тронуту.
Парадом развернув
      моих страниц войска,
я прохожу
     по строчечному фронту.
Стихи стоят
    свинцово-тяжело,
готовые и к смерти
      и к бессмертной славе.

Поэмы замерли,
            к жерлу прижав жерло
нацеленных
            зияющих заглавий.
Оружия
       любимейшего
               род,
готовая
      рвануться в гике,
застыла
      кавалерия острот,
поднявши рифм
            отточенные пики.
И все
    поверх зубов вооруженные войска,
что двадцать лет в победах
                  пролетали
до самого
      последнего листка
я отдаю тебе,
      планеты пролетарий.

   . . . .

Пускай
     за гениями
               безутешною вдовой
плетётся слава
        в похоронном марше —
умри, мой стих,
         умри, как рядовой,
как безымянные
            на штурмах мёрли наши!
Мне наплевать
        на бронзы многопудье,
мне наплевать
        на мраморную слизь.
Сочтёмся славою —
            ведь мы свои же люди, —
пускай нам
      общим памятником будет
построенный
       в боях
           социализм.

   . . . .

Явившись
      в Це Ка Ка
            идущих
                  светлых лет,
над бандой
       поэтических
                рвачей и выжиг
я подыму,
        как большевистский партбилет,
все сто томов
       моих
           партийных книжек.

СТИХОТВОРЕНИЕ Н. АСЕЕВА „ЧЕТЫРЕ ВРЕМЕНИ ГОДА"

ч'иᵉты́·р'ь вр'е́м'ьн'и го́дъ

иш'-ч'ьтыр'·о́х вр'иᵉм'·о́н в-глду́ /
в'иᵉсна́ м'ил'е́i̯ и-j·а́рч'ь фс'е́х //
с-пʌʌ'е́i̯ пʌс'л'е́д͡н'ьi̯¹ схо́·д'ит с'н'е́к /
и-по́·ч'к'и пу́·ч'ъᵀцъ² ф-слду́ //
лна́ н'иᵉ-т'е́р'п'ит³ з'и́мн'их бу́·р' /
лна́ л'у̑д'е́i̯ злв'·о́т к-труду́ /
и-ка́к з'има́ брлв'е́i̯ н'и-хму́·р' /
выво́·д'ит на́·н'ьбъ з'в'иᵉзду́ ///

иш'-ч'ьтыр'·о́х вр'иᵉм'·о́н в-глду́ /
л'е́тъ с'в'иᵉт͡л'е́i̯ и-жа́рч'ь⁴ фс'е́х //
лно́ длj·о́т слзр'е́т' плʌду́ /
и-ръс:ыпа́·i̯ьт⁵ с'в'е́т-ы-с'м'е́х //
ка́к хърлшо́ / з'б'иᵉжа́ф к-р'иᵉк'е́ /
лстънлв'и́ᵀцъ нъд-влдо́·i̯ /
куку́шку слу́шът' вдъл'иᵉк'е́ /
и-в'и̑д'ьт' м'е́с'ьц мълʌдо́·i̯ ///

иш'-ч'ьтыр'·о́х вр'иᵉм'·о́н в-глду́ /
о́·с'ьн' i̯иᵉс'н'е́i̯ и-т'и́шъыᵇ фс'ех //
н'иᵉ-слы́шнъ пти́ц / и-нъ-в'иду́ /
плс'л'е́д͡н'ьi̯¹ вы́зр'ьфшъi̯⁷ лр'е́х //
но-лткрыва́·i̯ьт⁸ н'ьблсклон /
плл'·а́ны / в-ы́·н'ьi̯ с'ьр'иᵉбр'·а́ /
штъп-в'и́д'ьн был сл-фс'е́х стлро́н /
в'иᵉл'и́къi̯⁹ пра́·з'н'ик лкт'иᵉбр'·а́ ///

иш'-ч'ьтыр'·о́х вр'иᵉм'·о́н в-глду́ /
з'има́ с'в'иᵉже́i̯ и-кр'е́пч'ь фс'е́х //
лна́ пруды́ куj·о́т ф-с'л'у̑ду́ /
и-за́·i̯ьч'ьi̯¹⁰ м'иᵉн'а́i̯ьт¹¹ м'е́х //
л-нъ-слла́скъх вн'и́с з-глры́ //
л-ша́к глла́нскъi̯¹² нъ-клн'ка́х //
л-скво̀·с' млро́зный¹³ плры́ /
в'е́ч'ьр / ф-клл'у̑ч'их лглн'ка́х ///

ПРИМЕЧАНИЯ

¹ Сочетание [д͡н'] произносится с мягким затвором для [д], в связи с этим предшествующий гласный звучит как [ê]. На конце возможно окончание [иi̯]: [плс'л'е́д͡н'иi̯]. Часто встречающееся произношение без смягчения согласного [с] перед [л'] не может быть рекомендовано.

² Свойственное старым московским нормам произношение безударного окончания 3-го лица множ. ч. глаголов 2-го спряжения как [-ут] (в соответствии с орфографическим -ят или -ат) в настоящее время приобрело просторечную окраску. Поэтому слово *пучатся* транскрибируется [пу́·ч'ъᵀцъ], а не [пу́·ч'у̑ᵀцъ].

³ Указано произношение [т'е́р'п'ит] в соответствии со старыми московскими нормами. В настоящее время распространено произношение с полумягким или даже твердым [т]: [т'ер·п'ит] или [терп'ит]. Первое (с полумягким [т]) следует считать более предпочтительным.

⁴ Произношение [жа·р'ч'ь], соответствующее старым московским нормам, для настоящего времени является устаревшим.

⁵ Возможна утрата [i̯] перед [ь]: [ръс:ыпа́·ьт].

⁶ В конце слова *тише* произносится редуцированный гласный более высокого образования, чем [ъ], т. е. приближающийся по качеству к [ы]. Этот гласный обозначен знаком [ъʸ]: [т'и́шъʸ].

⁷ Возможен вариант [вы́зр'ьфшыi̯].

⁸ Возможен вариант [лткрыва́ьт], без звука [i̯].

⁹ Возможен вариант [в'иᵉл'и́кыi̯], а также [в'и'ел'и́к'иi̯].

¹⁰ В разговорной речи прилагательное *заячий* обычно произносится в два слога—без слогообразующего гласного на месте *я*: [за́·и̯ч'ьi̯]. Однако в соответствии со стихотворным размером здесь слово *заячий* должно быть произнесено в три слога—с сочетанием [i̯ь] или гласным [ь] в заударном слоге в соответствии с буквой *я*. Возможен вариант [за́·и̯ьч'иi̯].

¹¹ Возможен вариант [м'иᵉн'а́ьт].

¹² Возможен вариант [глла́нскыi̯], а также [глла́нск'иi̯].

¹³ Возможен вариант [млро́зныi̯ь].

ЧЕТЫРЕ ВРЕМЕНИ ГОДА

Из четырёх времён в году
весна милей и ярче всех:
с полей последний сходит снег,
и почки пучатся в саду;
она не терпит зимних бурь,
она людей зовёт к труду
и, как зима бровей ни хмурь,—
выводит на небо звезду.

Из четырёх времён в году
лето светлей и жарче всех:
оно даёт созреть плоду
и рассыпает свет и смех;
как хорошо, сбежав к реке,
остановиться над водой,—
кукушку слушать вдалеке
и видеть месяц молодой.

Из четырёх времён в году
осень ясней и тише всех:
не слышно птиц, и на виду
последний вызревший орех;
но открывает небосклон
поляны, в иней серебря,
чтоб виден был со всех сторон
великий праздник Октября.

Из четырёх времён в году
зима свежей и крепче всех:
она пруды куёт в слюду
и заячий меняет мех...
А на салазках вниз с горы!
А шаг голландский на коньках!
А сквозь морозные пары
вечер—в колючих огоньках!

УКАЗАТЕЛЬ СЛОВ

В указателе приводится слово со ссылкой на параграфы книги, а внутри параграфов — на пункты, в которых разъясняются особенности произношения этого слова. Для большей краткости слова с общей непроизводной основой в ряде случаев объединяются в одном гнезде (например, *вооружить, вооружённый, вооружение*). Если произношение того или иного слова не было разъяснено в тексте книги, то краткое описание его дается в самом указателе.

Объем указателя определяется следующим образом.

В указатель, как правило, не включаются слова, произношение которых закономерно вытекает из их написания, например: *голова, голов* ([гълавá], [гълóф]).

В указателе даны слова, которые заключают в себе написания, допускающие двоякое чтение. Например, сочетание *чн* в одних словах читается как [ч'н], в других, сравнительно немногих — как [шн]: ср. *беспечный* и *пустячный* (произносится беспé[ч'н]ый, но пустя́[шн]ый). В указателе приводятся слова, в которых на месте *чн* произносится [шн]. Другой пример: на месте *о* в 1-м предударном слоге обычно произносится [л] (ср. *вода, нога* — в[л]дá, н[л]гá), но в немногих словах иноязычного происхождения сохраняется звук [о] (например, п[о]э́т, [о]áзис). Последние даются в указателе. Как известно, согласные (кроме *ш, ж, ц*) перед гласным [е] обычно произносятся мягко (ср. *дерево, постель* — [д'é]рево, по[с'т'é]ль). Но в части слов иноязычного происхождения согласные перед [е] произносятся или могут произноситься твердо (ср. *дельта, пастель* — [дэ́]льта, па[стэ́]ль). Последние приводятся в настоящем указателе.

Другая категория слов охватывает случаи, произношение которых не вытекает из имеющихся в них написаний. Например, в слове *итого* на месте *г* звучит [в], в слове *галоши* на месте той же буквы *г* звучит [к] ([к]алóши), в предлоге *близ* на месте буквы *з* произносится мягкий согласный (бли[с']), хотя мягкий знак в конце этого слова не пишется; слово *прийти* пишется с сочетанием *йт*, на месте которого произносится звук [т] с долгим затвором: при[т':и́]. Все такого рода слова даются в указателе.

В указателе даются также слова, заключающие в себе явления, представленные в ограниченном круге лексики, например слова с сочетанием *жж*, произносящимся в литературном языке как долгий мягкий звук [ж':] (*вожжи, дрожжи* и др.).

Наконец, в указатель включаются слова, произношение которых хотя и вытекает из написания, но имеет широко распространенные неправильности, восходящие к просторечным и областным или иным каким-либо произносительным вариантам. Например, в слове *штиблеты* вместо [шт'] согласно написанию нередко неправильно произносится *щ*: [ш':]иблéты; слово *причина* нередко неправильно произносится так, как если бы было написано *притчина* (при[ч':]ина), в слове *лаборатория* часто на месте первого *р* неправильно произносится *л*: лабо[л]атóрия и т. д. Сюда входят и слова вроде *текст, музей, пионер*, которые нередко произносятся неправильно с твердым согласным перед *е*: [тэ]кст, му[зэ́]й, пио[нэ́]р.

В указателе имеется небольшое количество собственных имен, произношение которых разбиралось в тексте книги, например иностранных писателей и революционных деятелей (*Флобер, Золя, Торез, Тольятти* и др.).

Абрек — § 104, п. 6.
Абсент — § 104, п. 4.
Ага (междометие) — § 28, в.
Агрессия, агрессивный [с']; агрессор [с] — § 56, п. 2.
Адажио — § 99.
Адаптер — § 104, п. 1.
Адекватный — § 104, п. 2.
Аденоид — § 104, п. 2.
Адепт — § 104, п. 2.
Адюльтер — § 104, п. 1.
Ай-ай-ай — [ái̯-jái̯-jái̯]
Акклиматизация [к] — § 59, п. 1.
Аккорд [к] — § 56, п. 2.
Аккредитив [к] — § 59, п. 1.
Аккумулятор [к] — § 56, п. 2.
Аккуратный [к] — § 56, п. 2.
Акушёр (не é!) — § 13.
Акушерка (не ё!) — § 13.
Акушерский (не ё!) — § 13.
Аландские (острова) — § 78.
Алиментщик — § 29.
Аллегория [л'] — § 56, п. 2.
Аллегретто [л'] — § 56, п. 2.
Аллея [л'] — § 56, п. 2.
Аллюр [л'] — § 56, п. 2.
Альберт (собств. имя) — § 103.
Альтернатива — § 104, п. 1.
Амбре — § 104, п. 6.
Аммиак [м'] — § 56, п. 2.
Ампер — § 103.
Анданте — § 104, п. 1.
Андромеда (собств. имя) — § 103.
Анестезия — § 104, п. 3.
Аннексия [н'] — § 56, п. 2.
Аннулировать [н] — § 56, п. 2.
Антенна — § 104, п. 1.
Антисептика — § 104, п. 4.
Антитеза, антитетический — § 104, п. 1.
Апелляция, апелляционный [л'] — § 56, п. 2.
Апостериори — § 104, п. 1.
Аппарат [п] — § 56, п. 2.
Аппендикс — [п'] — § 56, п. 2.
Апперцепция [п'] — § 56, п. 2.
Аппетит [п'] — § 56, п. 2.
Аппликация [п] — § 59, п. 1.
Аппретура [п] — § 59, п. 1.
Арабески — § 103.
Ариозо — § 99.
Асбест — § 103.
Асептика — § 104, п. 4.
Асимметричный, асимметрия [м'] — § 56, п. 2.
Аспект — § 103.
Ассамблея [с] — § 56, п. 2.
Ассенизатор [с'] — § 56, п. 2.
Ассигнования, ассигновать [с'] — § 56, п. 2.
Ассистент [с'] — § 56, п. 2.
Ассортимент [с] — § 56, п. 2.
Ассоциация [с] — § 56, п. 2.
Астения — § 104, п. 1.

Астероиды — § 104, п. 1.
Атеизм — § 104, п. 1.
Ателье — § 105.
Атлет (не ё!) — § 13.
Атташе [т] — § 56, п. 2.
Аттестат [т'] — § 56, п. 2.
Аттракцион [т] — § 59, п. 1.
Атрибут [т] — § 59, п. 1.
Аутентичный — § 103, п. 1.
Аутодафе — § 103.
Афера (не ё!) — § 13.
Аффект, аффектация [ф'] — § 56, п. 2 и § 104, п. 7.
Аффикс [ф'] — § 56, п. 2.
Аффриката [ф] — § 59, п. 1.

Базедова болезнь [зэ] — § 14 и § 104, п. 5.
Балл, балла [л] — § 57.
Баллада — § 56, п. 2.
Балласт — § 56, п. 2.
Баллистика [л'] — § 56, п. 2.
Баллон [л] — § 56, п. 2.
Баллотировать, баллотировка — § 56, п. 2.
Балльный [л'] — § 59, п. 1.
Барражировать, барраж [р] — § 56, п. 2.
Баррикада [р'] — § 56, п. 2.
Бассейн [с'] — § 56, п. 2 и § 104, п. 7.
Баядерка — § 104, п. 2.
Бебе — § 103.
Бедекер — § 104, п. 2.
Бедствие, бедственный — § 52, п. 3.
Бедствовать — § 22 и § 63.
Безе [зэ] — § 14 и § 104, п. 5.
Безмолвствовать — § 80.
Бек — § 103.
Белесоватый — § 22.
Белёсый — § 13.
Беличий, падежные формы ед. и множ. ч. — § 35.
Белла (собств. имя) — § 103.
Белладонна — [л] — § 56, п. 2.
Беллетристика — § 56, п. 2.
Белорусский [с] — § 59, п. 3.
Бельведер — § 104, п. 2.

Бельканто — § 103.
Берберский — § 103.
Берет — § 104, п. 7.
Берта (собств. имя) — § 103.
Беспомощный — § 29.
Беспрепятственный — § 52, п. 3.
Бесстыдник [с] — § 59, п. 2.
Бесстыжий [с] — § 59, п. 2.
Бесчинствовать — § 22.
Бесчувствие — § 80.
Бета — § 103.
Бешамель — § 17, п. 2.
Бизнес — § 104, п. 3.
Бизнесмен — § 103.
Биллион [л'] — § 56, п. 2.
Биогенез — § 104, п. 3.
Бифштекс — § 104, п. 1.
Благо (и производные) — § 28, а.
Благоговеть — § 22.
Благодарить, благодать, благополучно (и другие слова, начинающиеся с благо-) — § 28, а.
Блёклый (не е!) — § 13.
Блёкнуть (не е!) — § 13.
Близ — произносится как если бы было написано близь: [бл'ис'·о́·з'ъръ] — § 36, п. 5.
Боа — § 99.
Бог — § 36, п. 2; перед гласными: бога, богу и т. д. — § 28, а.
Богатый (и производные) — § 28, а.
Бодлер (собств. имя) — § 99 и § 102.
Божественный — § 52, п. 1.
Болеро — § 102.
Большевистский — § 75.
Бомонд — § 99.
Бонвиван — § 99.
Бонмо — § 99.
Бонтон — § 99.
Бордо, бордовый — § 99.
Бороздчатый — § 61.
Борщ — § 50, п. 4.
Брабантцы — § 77.
Брезжит — § 62.
Бретелька — § 104, п. 1.
Брильянца (от брильянец) — § 77.
Брошюра — § 31.
Брудершафт — § 104, п. 2.

Бруцеллёз [л'] — § 56, п. 2.
Брызжет — § 62.
Брюзжать — § 62.
Будущность — § 29.
Бурав, буравьте — § 39.
Бургундцы — § 77.
Буржуазия — § 27.
Буржуазный — § 27.
Буриме — § 103.
Бурлеск — § 102.
Бутерброд — § 104, п. 1.
Бухгалтер — бу[үг]алтер, разговорное также бу[х]алтер.
Бушмен — § 103.
Бытие, бытием (не ё!) — § 13.
Бюллетень [л'] — § 56, п. 2.
Бюстгальтер — § 98 и § 104, п. 1.

Валентный — § 102.
Вальдшнеп — § 104, п. 3.
Варьете — § 104, п. 1.
Ватерпас — § 104, п. 1.
Ватт [т] — § 57.
Ведь [в'ьт'-он] — § 36, п. 5.
Вектор — § 103.
Вендетта — § 56, п. 2 и § 104, п. 2.
Вероятно — вер[ʌj·а]тно (не вер[j·а]тно или ве[р'еj·а]тно!).
Версия — § 50, п. 3.
Верфь — § 50, п. 3.
Веснушчатый — § 61.
Вѐстготы — § 103.
Ветвь, ветви — § 48, п. 1.
Вѐто — § 99 и § 103
Вещественный — § 52, п. 1.
Визжать — § 62.
Виконтесса — § 104, п. 1.
Властвовать — § 22.
Вновь — § 39.
Вожжи — § 62.
Возжаться — § 62.
Возьму, возьмёшь, возьми (и другие формы) — во[з'м]у́, во[з'м'·о]шь, во[з'м']и́, (во[зм]у́, во[зм'·о]шь, во[зм']и́ — просторечное!).
Вокруг — вокру́[к-о·]зера — § 36, п. 5.
Вольтер (собств. имя) — § 99.

Вольтеровский, вольтерианский — § 104, п. 1.
Вообразить, воображение — § 23.
Вообще — § 23 и § 29.
Воодушевить, воодушевление, воодушевлённый — § 23.
Вооружить, вооружение, вооружённый — § 23.
Восемь, восемьдесят, восемьсот — § 39.
Восстание [с] — § 59, п. 2.
Восстановление [с] — § 59, п. 2.
Впрочем — вп[ро́ч']ем (не впро́[т'ч']ем!).
Впрячь, впряг — вп[р'е̂]чь, вп[р'·о́]г.
Всегда — § 28, б и § 67.
Всенощная — § 29.
В соответствии с... — § 23.
Вундеркинд — § 104, п. 2.
Выиграть, выигранный, выигрышный — § 26.
Выйду, выйдешь, выйди — вы[įд]у, -вы[įд']ешь, вы[įд']и (не [вы[д]у, вы[д']ешь, вы[т']!).
Выйти — вы[įт']и (не выт'т'и]!).
Выкапывать — § 95.
Вымерзший — § 60.
Выпроваживать — § 95.
Высосал — § 22.

Габитус — § 98.
Газгольдер — § 104, п. 2.
Газелла — § 104, п. 5.
Газель — § 104, п. 5.
Газета — § 104, п. 7.
Галифе — § 102.
Галлицизм [л'] — § 56, п. 2.
Галлон [л] — § 56, п. 2.
Галлюцинация [л'] — § 56, п. 2.
Галоши — § 28, в, примечание.
Гантель — § 104, п. 1.
Гарцевать — § 18, п. 2.
Гаршнеп — § 104, п. 3.
Гейне (собств. имя) — § 98.
Геморрой [р] — § 56, п. 2.
Генезис — § 104, п. 3.
Генетика — § 104, п. 3.
Геодезия, геодезический — § 104, п. 2.
Герменевтика — § 104, п. 3.

Гермес (собств. имя) — § 103.
Гёте (собств. имя) — § 104, п. 1.
Гетера, гетеризм — § 104. п. 1.
Гетерогенный — § 104, п. 1.
Гильотина — ги[л'і̯а]тина.
Гиппопотам — § 22.
Глиссандо [с] — § 56, п. 2.
Гобсек (собств. имя) — § 104, п. 4.
Голландка — § 79.
Голландский [л] — § 56, п. 2 и § 78.
Голландцы — § 77.
Головорез — § 22.
Голосовать — § 22.
Голубь — § 39.
Гоп — § 28, в.
Гопля — § 28, в.
Гортензия — § 104, п. 1.
Горчичник — § 65.
Горчичный — § 65.
Горячечный — § 65.
Господи (в междометном употреблении) — § 27, а.
Господствовать — § 63.
Господь (и производные) — § 28, а.
Готтентот [т'] — § 56, п. 2.
Грамм, грамма [м] — § 57.
Грамматика [м] — § 56, п. 2.
Граммофон [м] — § 56, п. 2.
Грейдер — § 104, п. 2.
Гриб — § 42.
Гривенник [н'] — § 56, п. 3.
Громоздче — § 61.
Гротеск — § 104, п. 1.
Группа [п:], групп [п] (род. пад. множ. ч.) — § 57.
Группировать [п'] — § 56, п. 2.
Группка [п] — § 59, п. 1.
Грызться — § 94.
Гувернантка — § 79.
Гуго Капет (собств. имя) — § 103.
Гуммиарабик [м'] — § 56, п. 2.
Гуттаперча, гуттаперчевый [т] — § 56, п. 2.

Дастся — § 94.
Двадцать — § 6; двадцати, -тью — § 17, п. 3.

Двоюродный — § 22.
Дебаркадер — § 104, п. 2.
Дебет — § 104, п. 2.
Девон — § 104, п. 2.
Девятьсот — [д'əв'и̯ецсот] или [д'əв'əцсот]. В просторечии возможно второе ударение на е; в этом случае на месте ть произносится мягкий согласный: [д'ѐв'əт'сот].
Дегазация, деквалификация, деформация (и другие слова с приставкой де-) — § 104, п. 2.
Дегустация — § 104, п. 2.
Дедукция, дедуктивный — § 104, п. 2.
Дезидераты — § 104, п. 2.
Дезинформация, дезориентация (и другие слова с приставкой дез-) — § 104, п. 2.
Деизм — § 104, п. 2.
Дека — § 104, п. 2.
Декаданс — § 104, п. 2.
Декалитр — § 104, п. 2.
Декламация, декламационный — § 30.
Декокт — § 104, п. 2.
Декольте — § 104, п. 1 и п. 2.
Декорум — § 104, п. 2.
Дельта [э] — § 14 и § 104, п. 2.
Демарш — § 104, п. 2.
Демография — § 104, п. 2.
Демон — § 104, п. 7.
Демос — § 104, п. 2.
Демпинг — § 104, п. 2.
Денди — § 104, п. 2.
Дендрология — § 104, п. 2.
Депрессия, депрессивный [с'] — § 56, п. 2.
Дерби [дэ] — § 14 и § 104, п. 2.
Дервиш — § 104, п. 2.
Дерматология — § 104, п. 2.
Детектив — § 104, п. 2.
Детектор — § 104, п. 2.
Дефиле — § 102 и § 104, п. 2.
Дециметр — § 104, п. 2.
Де-юре, де-факто — § 104, п. 2 и п. 6.
Диадема — § 104, п. 2.
Диететика, диететический — § 104, п. 1.

Диктанца (*от* диктантец) — § 77.
Дискуссия, дискуссионный [с'] — § 56, п. 2.
Диспансер — § 104, п. 4.
Диссертация, диссертационный — § 30.
Дифференциация, дифференцировать [ф'] — § 56, п. 2.
Диффузный [ф] — § 56, п. 2.
Дождливый — § 62.
Дождь — § 36, п. 1, примечание; перед гласными: дождя, дождю, дождичек — § 62.
Документца (*от* документец) — § 77.
Долорес Ибаррури (собств. имя) — § 99.
Дороговато — § 22.
Достаточно — § 22.
Досье — § 99.
Дребезжать — § 62.
Дрессировка, дрессировать [с'] — § 56, п. 2.
Дрожжи — § 62.
Дромадер — § 104, п. 2.
Дуэлянт — § 106.

Езжу — § 62.
Если [jе́с'л'и] ([jе́сл'и] — просторечное).
Естественный — § 52, п. 1.

Жавель — § 17, п. 2.
Жакет — § 17, п. 2.
Жаккардовый [к] — § 56, п. 2.
Жалеть — § 17, п. 2.
Жалостливый — § 73.
Жасмин — § 17, п. 2.
Желе — § 102.
Женственный — § 52, п. 2.
Женщина — § 49, п. 11.
Жёстче — § 13 и § 60.
Жжёный, жжёт и др. — § 62.
Жилищный — § 29.
Жорес [жорэ́с] (собств. имя) — § 17, п. 1, § 99 и § 104, п. 6.
Жужжать, жужжит и др. — § 62.
Жюри — § 31.

Забредший (*не* ё!) — § 13.
Завистливый, завистливость — § 73.
Завоёвывать — § 22.
Завтра — завт[ръ]; завт[р’ъ], к завтраму, к завт[р’эму] — просторечное.
Загромозжу (*от* загромоздить) — § 62.
Зайти — [заjт]и́ (*не* за[ᵀ'т']и́!).
Замёрзший — § 60.
Запрячь, запряг — зап[р’е́]чь, зап[р’·о́]г.
Засовывать — § 22.
Захохотал — § 22.
Заячий, падежные формы ед. и множ. ч. — § 35.
Здравствуй, здравствуйте, здравствует — § 80.
Зеленоватый — § 22.
Зеро — § 104, п. 5.
Злобствовать — § 22.
Злорадствовать — § 63.
Золя (собств. имя) — § 99.
Зондские (острова) — § 78.

Ивовый — § 22.
Идентичный — § 104, п. 2.
Идиллия [л'] — § 56, п. 2.
Изабелла (собств. имя) — § 103.
Извозчичий, падежные формы ед. и множ. ч. — § 35.
Изотера — § 104, п. 1.
Изотерма — § 104, п. 1.
Изящный — § 29.
Иллюзия, иллюзорный [л'] — § 56, п. 2.
Иллюминация [л'] — § 56, п. 2.
Иллюстрация [л'] — § 56, п. 2.
Ильинична (собств. имя) — § 65.
Иммортель — § 104, п. 1.
Империализм — § 27.
Империалистический — § 27.
Империалистский — § 75.
Импрессионизм — § 56, п. 2.
Инвестор — § 103.
Индивидуализм — § 27.
Индустриализация — § 30.
Иннервация — § 104, п. 3.
Иногда — § 28, б и § 67.

Интегра́л — § 104, п. 1.
Интелле́кт, интеллектуа́льный — § 56, п. 2.
Интенси́вно — § 104, п. 1.
Интерве́нция, интерлю́дия, интерме́дия (и другие слова, начинающиеся с *интер-*) — § 104, п. 1.
Интервью́ — § 104, п. 1.
Интерни́ровать — § 104, п. 1.
Интерпелля́ция [л'] — § 56, п. 2.
Интерпрети́ровать — § 104, п. 1.
Ипподро́м [п] — § 56, п. 2.
Ирла́ндский — § 78.
Ирла́ндцы — § 77.
Иску́сственный [с'] — § 59, п. 3.
Иску́сство [с] — § 59, п. 3.
Исла́ндский — § 78.
Исте́кший, исте́кшее — о времени (не ё!), *но* исте́кший кровью — § 13.
Истца́ (*от* исте́ц) — § 76.
Итерати́вный — § 104, п. 1.
Итого́ — § 87.
Их, им, и́ми — § 35.

Йота́ция, йоти́рованный — [jо]та́ция, [jо]ти́рованный.
Йоркши́р, йоркши́рский — [jо]ркши́р, [jо]ркши́рский.

Кабаре́ — § 104, п. 6.
Кабриоле́т — § 102.
Каде́нция — § 30 и § 104, п. 2.
Кака́о — § 99.
Кала́чный — § 65.
Кале́нды (до греческих календ) — § 102.
Канапе́ — § 103.
Канниба́л [н'] — § 56, п. 2.
Кантиле́на — § 102.
Капе́лла — § 103.
Капилля́р, капилля́рный [л'] — § 56, п. 2.
Капри́зный — § 42.
Капри́ччио — § 99.
Капуле́тти (собств. имя) — § 102.
Караве́лла — § 103.

Каранти́н — § 22.
Карау́лить — § 22.
Каре́ — § 104, п. 6.
Карме́н (собств. имя) — § 103.
Картоте́ка — § 104, п. 7.
Касса́ция [с] — § 56, п. 2.
Кассе́та [с'] — § 56, п. 2 и § 104, п. 7.
Кате́тер — § 104, п. 1.
Кафе́ — § 103.
Кафете́рий — § 104, п. 1.
Кашне́ — § 104, п. 3.
Квалифика́ция, квалификацио́нный — § 30.
Кваре́нги (собств. имя) — § 104, п. 6.
Кве́стор — § 103.
Кессо́н, кессо́нный — § 56, п. 2.
Килогра́мм, килогра́мма [м] — § 57.
Кине́тика — § 104, п. 3.
Класс, кла́сса [с] — § 57.
Кла́ссик, классици́зм, класси́ческий [с'] — § 56, п. 2.
Классифика́ция [с'] — § 56, п. 2.
Кла́ссный [с] — § 59, п. 1.
Кла́ссовый [с] — § 56, п. 2.
Клерк — § 102.
Кля́сться — § 94.
Когда́ — § 28, б и § 67.
Кодеи́н — § 104, п. 2.
Ко́декс — § 104, п. 2.
Койне́ — § 104, п. 3.
Кокк, ко́кка — § 57.
Кокте́йль — § 99 и § 104, п. 1.
Колле́га — § 56, п. 2 и § 102.
Коллегиа́льный [л'] — § 56, п. 2.
Колле́жский [л'] — § 56, п. 2.
Коллекти́в, коллективиза́ция [л'] — § 56, п. 2.
Колле́ктор [л'] — § 56, п. 2.
Колле́кция [л'] — § 56, п. 2.
Колли́зия [л'] — § 56, п. 2.
Колло́дий, колло́идный, коллоида́льный [л] — § 56, п. 2.
Колло́квиум [л] — § 56, п. 2.
Колонна́да [н] — § 56, п. 2.
Колонновожа́тый [н] — § 56, п. 2.
Комисса́р [с] — § 56, п. 2.
Комиссионе́р, коми́ссия [с'] — § 56, п. 2.

Комиссио́нный — § 27; [с'] — § 56, п. 2.
Коммента́рий, коммента́тор, комменти́ровать [м'] — § 56, п. 2.
Коммерса́нт, комме́рция, комме́рческий [м'] — § 56, п. 2.
Коммивояжёр [м'] — § 56, п. 2.
Коммута́тор [м] — § 56, п. 2.
Коммюнике́ — § 99.
Комплиме́нтщик — § 29.
Компре́ссор [с] — § 56, п. 2.
Компроми́сс, компроми́сса [с] — § 57.
Конгре́сс, конгре́сса [с] — § 57.
Конгрессме́н — § 103.
Конденса́тор — § 104, п. 2.
Конденса́ция — § 104, п. 2.
Коне́чно — § 65.
Конкре́тный — § 104, п. 7.
Конкуре́нция — § 30.
Консоме́ — § 103.
Консте́бль — § 104, п. 1.
Конте́йнер — § 104, п. 1, 3.
Контрове́рза — § 103.
Концессионе́р, концессио́нный, конце́ссия [с'] — § 56, п. 2.
Корве́т — § 103.
Кордебале́т — § 104, п. 2.
Корректи́в [р'] — § 56, п. 2.
Корре́ктный [р'] — § 56, п. 2 и § 104, п. 7.
Корре́ктор, корректу́ра [р'] — § 56, п. 2.
Коррелятивный, корреляцио́нный, корреля́ция [р'] — § 56, п. 2.
Корреспонде́нт [р'] — § 56, п. 2.
Корро́зия, коррози́йный — § 56, п. 2.
Коррумпи́ровать, корру́пция [р] — § 56, п. 2.
Корте́ж — § 104, п. 1.
Корте́сы — § 104, п. 1.
Коры́стливый — § 73.
Косе́канс — § 104, п. 4.
Костля́вый — § 73.
Котте́дж [тэ] — § 56, п. 2 и § 104, п. 1.
Кра́сться — § 94.
Кре́до — § 99 и § 104, п. 6.
Кре́йцер — § 104, п. 6.
Крепостца́ — § 76.
Крестца́ (*от* крестéц) — § 76.

Крик, крича́ть — § 42.
Кристаллиза́ция, кристалли́ческий [л'] — § 56, п. 2.
Кронште́йн — § 104, п. 1.
Кросс, кро́сса — § 57.
К сожале́нию — § 17, п. 2.
Кузе́н — § 104, п. 5.
Кузьми́нична (собств. имя) — § 65.
Кура́ре — § 104, п. 6.
Кюре́ — § 104, п. 6.

Лаборато́рия — лабо[р]ато́рия.
Ла́комься — § 39.
Латéнтный — § 104, п. 1.
Лёгкие, лёгкими (и другие формы множ. ч.) — § 53
Лёгкий, ле́гче, легково́й, легкомы́слие, легча́йший — 67.
Ле́звие — § 48.
Лексе́ма — § 104, п. 4.
Ле́мма — § 102.
Лен, лённый (термины, относящиеся к феодальному обществу) — § 102.
Лéндло́рд — § 102.
Либретти́ст [т'] — § 56, п. 2.
Либре́тто [т] — § 56, п. 2.
Лице́нзия — § 49, п. 9.
Лошаде́й, -я́м, -я́ми, -я́х — § 17, п. 2.
Луки́нична (собств. имя) — § 65.
Лу́чший — § 69.
Любопы́тствовать — § 63.

Мадемуазе́ль — § 103, п. 2, а также [мъдмлзэ́л'] и просторечное [млмзэ́л'].
Майоне́з — ма[jлнэ́]з.
Майора́т — ма[jл]ра́т.
Максимали́стский — § 75.
Ма́ленький — ма́ле[н']кий (мале[н]кий — просторечное).
Манёвренный (*не е!*) — § 13.
Манёвры (*не е!*) — § 13.
Маркси́стский — § 75.
Марсе́ль (собств. имя) — § 104, п. 4.
Марте́н — § 104. п. 1.
Массажи́стка — § 56, п. 2.

Масштаб — § 60, примечание.
Материализм — § 27.
Материалистический — § 27.
Матине — § 104, п. 3.
Медленно — § 49, п. 7.
Мелиорация — § 30.
Мелос — § 103.
Мементо — § 103.
Менестрель — § 104, п. 3.
Ментор — § 103.
Меньшевистский — § 75.
Мериме (собств. имя) — § 103.
Месса — § 103.
Месяца (род. пад. ед. ч.) — § 22.
Металл, металла [л] — § 57.
Металлический — § 56, п. 2.
Металлург — § 56, п. 2.
Метатеза — § 104, п. 1.
Метр (учитель, мастер) — § 103.
Мѐтрдотель — § 104, п. 1.
Метрополитен — § 104, п. 1.
Механизация — § 30.
Меццо — § 103.
Милитаристский — § 75.
Миллиардер — § 56, п. 2 и § 104, п. 2.
Миллиграмм [л'] — 56, п. 2.
Миллиметр [л'] — § 56, п. 2.
Миллион — § 27 и § 56, п. 2.
Миллионер — ми[л']л]нер.
Минуточка — § 22.
Миссионер — § 27; [с'] — § 56, п. 2.
Миссия [с'] — § 56, п. 2.
Митенки — § 104, п. 1.
Мобилизация, мобилизационный — § 30.
Модель — § 104, п. 2.
Модератор — § 104, п. 2.
Модерн, модернизация — § 104, п. 2.
Модуляция — § 30.
Молибден — § 104, п. 2.
Моллюск [л'] — § 56, п. 2.
Молодожён — § 22.
Молокосос — § 22.
Молотобоец — § 22.
Молочный, молочница — § 65.
Моментца (от моментец) — § 77.
Монада — § 99.
Монотеизм — § 104, п. 1.
Монтескьё (собств. имя) — § 104, п. 1.

Мопассан (собств. имя) — § 99.
Мордент — § 104, п. 2.
Морзе — § 104, п. 5.
Моторизация — § 30.
Мощный — § 29.
Мудрствовать — § 22.
Мужчина — § 60.
Музей — § 104, п. 7.
Мулине — § 104, п. 3.
Мультипликация — § 30.
Муэдзин — § 106.
Мягкие, мягких (и другие формы множ. ч.) — § 53.
Мягкий, мягче, мягкотелый, мягкосердечный, мягчайший — § 67.

Наволока — § 22.
Надсмотрщик — § 29 и § 50, п. 4, примечание.
Наесться и наестся — § 94.
Накладывать — § 95.
Налегке — § 65.
Напротив [нлпро̀т'иф-лкна] — § 36, п.
Напутствие — § 52, п. 3.
Напутствовать — § 63.
Наследственность — § 52, п. 3.
Насупь, насупьте — § 39.
Насыпь, насыпьте — § 39.
Националистический — § 25.
Не горбься — § 39.
Не за что — § 66.
Нейгауз (собств. имя) — § 104, п. 3.
Нейман (собств. имя) — § 104, п. 3.
Нейрохирургия — § 104, п. 3.
Некоторые — § 22.
Не лукавь, не лукавьте — § 39.
Нельзя — [н'ил'з'·а́] (н'из'·а́] — просторечное, детское).
Необходимо, необязательно, неаккуратный (и другие слова с отрицанием не- перед о или а) — § 24.
Неодарвинизм, неоромантизм (и другие слова с нео-) — § 104, п. 3.
Неофит — § 104, п. 3.
Непал (назв. страны) — § 104, п. 3.
Несессер — § 104, п. 4.

Нéтто — § 104, п. 3.
Ни за чтó — § 66.
Никúтична (собств. имя) — § 65.
Ничтó — § 66.
Новеллúст [л'] — § 54, п. 2.
Нóнсенс — § 104, п. 4.
Нордвéст — § 103.
Нормáндцы — § 77.
Нуллификáция [л'] — § 56, п. 2.

Оáзис — § 99.
Облегчúть — § 67.
Образýмься — § 39.
Óбувь — § 39.
Общéственный — § 52, п. 1.
Овощнóй — § 29.
Огó — 28, в.
Одеóн — § 104, п. 2.
Одéсса (собств. имя) — § 104, п. 7.
Одúннадцать [н] — § 56, п. 3.
Óзимь — § 39
Ой-ой-óй — [ò·i̯-jòi̯-jói̯].
Оккультúзм, оккýльтный [к] — § 56, п. 2.
Оккупациóнный, оккупáция, оккупúровать [к] — § 56, п. 2.
Онорé де Бальзáк (собств. имя) — § 99.
Оппозúция, оппозиционéр, оппозициóнный [п] — § 56, п. 2.
Оппонéнт, оппонúровать [п] — § 56, п. 2.
Оппортунúст, оппортунистúческий [п] — § 56, п.2.
Организóвывать — § 22.
Оснóвывать — § 22.
Остáвь, остáвьте — § 39.
Отбáвь, отбáвьте — § 39.
Отвéтственный — § 52, п. 3.
Отéль — § 14, § 99 и § 104, п. 1.
Отпря́чь, отпря́г — отп[р'é]чь, отп[р'·ó]г.
Отсýтствие — § 52, п. 3.
Отсýтствовать — § 63.
Отсю́да — от[с'·ý]да; разговорное от[сý]да.
Óчень — óче[н'] (óче[н] — просторечное).

Па де Калé (собств. имя) — § 102.
Пáкостливый — § 73.
Палимпсéст — § 104, п. 4.
Пандемúя — § 104, п. 2.
Пантеóн — § 104, п. 1.
Папирóсы — § 22.
Пáпоротник — § 22.
Парáдный — парá[д]ный (не парá[т]ный).
Параллéль, параллелепúпед [л'] — § 56, п. 2.
Парашю́т, парашютúст — § 22 и § 31.
Парéз — § 104, п. 6.
Парикмáхер — § 22.
Парлáментский — § 78.
Партéр — § 102, п. 1.
Парцелля́рный — § 54, п. 2.
Пассажúр [с] — § 54, п. 2.
Пассеúзм — § 102, п. 4.
Пастéль — § 102, п. 1.
Пастéр (собств. имя) — § 102, п. 1.
Пастеризáция, пастеризóванный — § 102, п. 1.
Пáтер — § 102, п. 1.
Патéтика, патетúческий — § 102, п. 1.
Пéленг — § 103.
Пенс — § 103.
Пéнсия — § 49, п. 9.
Пенснé — § 104, п. 3.
Пéрвенец — § 50, п. 3.
Перебéжчик — § 61.
Переводúть — § 22.
Передавáть — § 22.
Передéржка (не ё!) — § 13.
Передовóй — § 22.
Перекрóить — § 22.
Переложúть — § 22.
Переносúть — § 22.
Пересадúть — § 22.
Пересéк (не ё!) — § 13.
Пéречница — § 65.
Пéри — § 103.
Пер-Лашéз (собств. имя) — § 103.
Пермь (собств. имя) — § 50, п. 3.
Персéй (собств. имя) — § 104, п. 4.
Пéтли — § 49, п. 7.
Пианúст — § 27.

Пианистический — § 27.
Пиано — § 27.
Пионер — § 104, п. 7.
Плавь, плавьте — § 39.
Плерезы — § 104, п. 6.
Плиссе [сэ́] — § 56, п. 2 и § 104, п. 4.
Плиссировка [с'] — § 56, п. 2.
Поблёкший (не е!) — § 13.
По-большевистски — § 75.
Подеста — § 104, п. 2.
Подсвечник — § 65.
Поезжай — § 62.
Пожалей — § 17, п. 2.
Позже — § 62.
Позиционный — § 30.
Познакомь, познакомьте, познакомься — § 39.
Позументщик — § 29.
Пойти — по[йт'и́] (не по[т'т'и́]).
Поклёвывать — § 22.
Полковничий, падежные формы ед. и множ. ч. — § 35.
Полонез — § 104, п. 3.
Помещичий, падежные формы ед. и множ. ч. — § 35.
Помолодел — § 22.
Помощник — § 29.
Попадать — § 22.
Попасться — § 94.
Поплёвывать — § 22.
Поправься — § 39.
Портмоне — § 104, п. 3.
Поскрёбывать — § 95.
Поскрипывать — § 95.
Посредственный — § 52, п. 3.
Постлать — § 73.
Потенциал — § 104, п. 1.
Потенция — § 104, п. 1.
Потрафь, потрафьте — § 39.
Похоронить — § 22.
Поцелуй — § 18, п. 2, примечание.
По́черк — по[ч']ерк (не по[т'ч']ерк).
Поэзия, поэма, поэт — § 99.
Поэтесса — § 104, п. 1 и § 106.
Поэтический — § 106.
Прачечная — § 65.
Прево (собств. имя) — § 104, п. 6.
Препятствие — § 52, п. 3.

Прессовальный, прессованный, прессовка [с] — § 56, п. 2.
Претензия — § 49, п. 9.
Претенциозный — § 104, п. 6.
Приведший (не ё!) — § 13.
Приветствие, приветственный — § 52, п. 3.
Приголубь, приголубьте — § 39.
Приготовь, приготовьте, приготовься — § 39.
Придаточный — § 22.
Приземистый (не ё!) — § 13.
Прийти — при[й'т']и́.
Принц, принцесса — § 42.
Присутствие, присутственный — § 52, п. 3.
Причина — при[ч']и́на (не при[тч']и́на).
Проволока — § 22.
Программный, программка [м] — § 59, п. 1.
Прогресс, прогресса [с] — § 57.
Прогрессивный, прогрессия [с'] — § 56, п. 2.
Проект — про[é]кт (без [j]!).
Производственный — § 52, п. 3.
Пропагандистский — § 75.
Пропедевтика, пропедевтический — § 104, п. 2.
Пропеллер — § 103.
Просперити — § 103.
Протеже — § 104, п. 1.
Протез, протезировать — § 104, п. 1.
Против — [про᾽т'иф-о́къп] — § 36, п. 5.
Профессия [с'] — § 56, п. 2.
Профессор, профессура [с] — § 56, п. 2 и § 104, п. 7.
Прохлаждаться (не про[к]лаждаться!).
Процентщик — § 29.
Процесс, процесса [с] — § 57.
Процессия, процессуальный [с'] — § 56, п. 2.
Прочий — про[ч']ий (не про[т'ч']ий).
Психостеник — § 104, п. 1.
Птичий, падежные формы ед. и множ. ч. — § 35.
Пуристский — § 75.
Пустячный — § 65.
Пшют — § 31.

Пюре́ [рэ]—§ 14 и § 104, п. 6.
Пятьдеся́т—[п'эд':и͡ес'·а́т] или разговорное [п'эд'əс'·а́т]; просторе́чное [п'иис'·а́т].
Пятьсо́т—[п'и͡ецсо́т]. В просторечии возможно второе ударение; в этом случае на месте *ть* произносится мягкий согласный: [п'а́т'со́т].

Рабле́ (собств. имя)—§ 99 и § 102.
Ра́дио—§ 99.
Разле́зться—§ 94.
Разма́зывать—§ 95.
Размозжи́ть, размозжу́—§ 62.
Райо́н—[рʌj·о́н] (слогораздел перед [j]: [рʌ|j·о́н].
Рандеву́—§ 104, п. 2.
Раси́стский—§ 75.
Рассе́сться—§ 94.
Расска́зывать—§ 95.
Расспра́шивать, расспроси́ть, расспро́сы—§ 59, п. 2 и § 95.
Расста́ться, расстава́ться [с]—§ 59, п. 2.
Расстега́й [с']—§ 59, п. 2.
Расстёгивать [с']—§ 59, п. 2.
Расстели́ть [с']—§ 59, п. 2.
Расстила́ть [с']—§ 59, п. 2.
Расстоя́ние [с]—§ 59, п. 2.
Расстра́ивать [с]—§ 59, п. 2.
Расстреля́ть [с]—§ 59, п. 2.
Расстро́йство [с]—§ 59, п. 2.
Расчёсться—§ 94.
Ревизиони́стский—§ 75.
Революцио́нный—§ 30.
Ре́гби—§ 104, п. 6.
Редупликация, ремилитаризация (и другие слова с приставкой *ре-*)—§ 104, п. 6.
Режиссёр, режисси́ровать, режиссу́ра [с']—§ 56, п. 2.
Ре́зче—§ 61.
Резюме́—§ 103.
Ре́квием—§ 104, п. 6.
Реле́—§ 102 и § 104, п. 6.
Ренесса́нс [с]—§ 56, п. 2.
Реноме́—§ 103.

Репресса́лии [с]—§ 56, п. 2.
Репре́ссия, репресси́ровать [с']—§ 56, п. 2.
Рессо́ра [с]—§ 56, п. 2.
Реце́нзия—§ 49, п. 9.
Ржано́й—§ 17, п. 2.
Риск, рискова́ть—§ 42.
Ритурне́ль—§ 104, п. 3.
Роде́н (собств. имя)—§ 99.
Рододе́ндрон—§ 104, п. 2.
Ро́дственник—§ 52, п. 3.
Рожде́ственский—§ 52, п. 1.
Ру́сский [с]—§ 59, п. 3.
Руте́ний—§ 104, п. 1.

Са́ввична (собств. имя)—§ 65.
Самочу́вствие—§ 80.
Сахарку́—§ 22.
Свёртывать—§ 95.
Сда́стся—§ 94.
Сего́дня, сего́дняшний—§ 87.
Седа́н (собств. имя)—§ 102, п. 4.
Сейча́с—§ 22 и § 61.
Се́канс—§ 104, п. 4.
Секрете́р—§ 104, п. 4.
Се́кста, секстакко́рд [сэ]—§ 14 и 104, п. 4.
Семь, се́мьдесят, семьсо́т—§ 39.
Сен-симони́зм—§ 104, п. 4.
Сенсо́рный—§ 104, п. 4.
Сенсуали́ст—§ 104, п. 4.
Сенте́нция—§ 104, п. 4.
Сентиментали́зм—§ 104, п. 4.
Се́пия [сэ]—§ 14 и § 104, п. 4.
Се́псис—§ 104, п. 4.
Се́птима—§ 104, п. 4.
Серва́нт—§ 104, п. 4.
Се́рвис—§ 104, п. 4.
Сервиту́т—§ 104, п. 4.
Се́рдится—§ 50, п. 2.
Се́рдце, сердчи́шко—§ 81.
Серьёзный—[с'и]рьёзный (*не* [су]рьёзный!).
Се́ттер [сэ́тэр]—§ 56, п. 2 и § 104, п. 4.
Сеттльме́нт [т]—§ 59, п. 1.
Симмента́льский [м']—§ 56, п. 2.

Симметри́чный, симме́трия [м'] — § 56, п. 2.
Синте́тика — § 104, п.1.
Сквозь [скво̀с'-лго́н'] — § 36, п. 5.
Скворе́чник — § 65.
Скорбь — § 50, п. 3.
Скрип, скрипе́ть — § 42.
Ску́чно — § 65.
Славь, сла́вься, сла́вьте — § 39.
Сле́дствие, сле́дственный — § 52, п. 3.
Сли́вовый — § 22.
Смерч — § 50, п. 3.
Смерть — § 50, п. 3.
Сме́тана (собств. имя) — § 103.
Со́вестливый, со́вестливость — § 73.
Совреме́нный (не ё!) — § 13.
Согласо́вывать — § 22.
Сожжённый — § 62.
Созда́стся — § 94.
Сокро́вищница — § 29.
Солите́р — § 104, п. 1.
Со́лнце — § 81.
Сообрази́ть, соображе́ние — § 23.
Сооруди́ть, сооруже́ние, сооружённый — § 23.
Соотве́тствие, соотве́тственный — § 52, п. 3.
Соотве́тствовать — § 63.
Соотве́тствует — § 23.
Сорре́нто (собств. имя) — § 104, п. 6.
Сочу́вствие — § 80.
Спе́рма — § 103.
Спи́ннинг [н'] — § 56, п. 2.
Ста́нция — § 30.
Стафилоко́кк [к] — § 57.
Стек — § 104, п. 1.
Стелла́ж [л] — § 56, п. 2.
Стенд — § 104, п. 1.
Стенокарди́я — § 104, п. 1.
Стерн (собств. имя) — § 104, п. 1.
Стетоско́п — § 104, п. 1.
Сто́ящий — § 91.
Стрептоко́кк [к], -ко́кка — § 57.
Стро́ятся — § 91.
Сту́день — [сту́]день.
Сумасше́дший — § 60, примечание.
Суррога́т [р] — § 56, п. 2.
Су́толока — § 22.

Суфле́ — § 102.
Суще́ственный — § 52, п. 1.
Су́щность — § 29.
Счастли́вый — § 61 и § 73.
Сча́стье — § 61.
Счёт — § 61.
Счетово́д — § 61.
Счита́ть — § 61.
Сюда́ — [с'уда́]; разговорное [суда́].
Сюзане́ — § 104, п. 3.
Сюзере́н — § 104, п. 5 и п. 6.

Тала́нтца (от тала́нтец) — § 77.
Танцева́ть — § 18, п. 2.
Тарака́н — § 22.
Таранте́лла — § 104, п. 1.
Тве́рже (не е!) — § 13.
Те́за, те́зис — § 104, п. 1.
Те́йн — § 104, п. 1.
Текст — § 104, п. 7.
Те́ма — § 104, п. 7.
Тембр [тэ] — § 14 и § 104, п. 1.
Темп [тэ] — § 14 и § 104, п. 1.
Те́мпера — § 104, п. 1.
Тенденцио́зный — § 104, п. 2.
Тенде́нция — § 104, п. 2.
Те́ндер — § 104, п. 1 и п. 2.
Те́ннис, теннисист — § 14, § 56, п. 2 и § 104, п. 1.
Тент — § 14 и § 104, п. 1.
Теоло́гия — § 104, п. 1.
Теосо́фия — § 104, п. 1.
Те́рмос — § 104, п. 1.
Те́рмы — § 104, п. 1.
Террако́та, террако́товый [р] — § 56, п. 2.
Терра́са [р] — § 56, п. 2.
Террито́рия [р'] — § 56, п. 2.
Терро́р, террори́ст, терроризи́ровать [р] — § 56, п. 2 и § 104 п. 1.
Те́рция — § 14 и § 104, п. 1.
Тесситу́ра [с'] — § 56, п. 2 и § 104, п. 1.
Тет-а-тет — § 104, п. 1.
Тетрахо́рд — § 104, п. 1.
Те́хника — § 104, п. 7.
Тире́ — § 104, п. 6.
Тогда́ — § 28, б и § 67.

Тожде́ственный — § 52, п. 1.
Тоже́ственный — § 52, п. 1.
Толья́тти (собств. имя) — § 99.
То́нна [н:], тонн [н] (род. пад. множ. ч.) — § 57.
Тонне́ль — § 104, п. 3.
Торе́з (собств. имя) — § 99 и § 104, п. 6.
Торже́ственный — § 52, п. 1.
Тоте́м, тотеми́зм — § 104, п. 1.
Трасси́рованный [с'] — § 56, п. 2.
Тре́д-юнио́н — § 104, п. 6.
Тре́моло — § 104, п. 6.
Трен — § 104, п. 6.
Три́дцать — § 64, тридцати́, -тью — § 17, п. 3.
Три́о — § 99.
Триоле́т — § 102.
Трокаде́ро — § 104, п. 2.
Трою́родный — § 22.
Тру́ппа [п:], трупп [п] (род. пад. множ. ч.) — § 57.
Тру́ппка [п] — § 59, п. 1.
Тури́стский — § 75.
Турне́ — § 104, п. 3.
Турне́пс — § 104, п. 3.
Тща́тельно — § 29.
Тщеду́шный — § 29.
Тщесла́вный — § 29.
Тще́тный — § 29.
Ты́сяча — § 22 и § 61, тысчо́нка, ты́сячный — § 22.

Уж [у̇ш-о́н] — § 36, п. 5.
Уздцы́ — § 76.
Укла́сться — § 94.
Улучша́ть, улу́чшить — § 69.
Упо́лзший — § 60.
Уре́тра — § 104, п. 6.
Усе́рдствовать — § 63.
Уча́стливый, уча́стливость — § 73.
Уше́дший (не ё!) — § 13.

Фаланстер — § 104, п. 1.
Фане́ра — § 104, п. 7.
Феб (собств. имя) — § 103.
Федерали́стский — § 75.

Фе́дра (собств. имя) — § 103.
Ферме́нт — § 103.
Фе́рмер — § 103.
Фешене́бельный — § 103, п. 3.
Филатели́стский — § 75.
Филатели́я — § 104, п. 1.
Филе́ — § 102.
Филлоксе́ра [л] — § 56, п. 2.
Филоде́ндрон — § 104, п. 2.
Филологи́ческий — § 22.
Фильдеко́совый — § 104, п. 2.
Фильдепе́рсовый — § 104, п. 2.
Финля́ндский — § 78.
Финн [н], фи́нна [н:] — § 56 и § 57.
Флажоле́т — § 102.
Флама́ндский — § 78.
Флама́ндцы — § 77.
Флобе́р (собств. имя) — § 99 и § 103.
Фойе́ — § 99.
Фоми́нична (собств. имя) — § 65.
Форпо́ст — § 99.
Фортепья́но — § 104, п. 1.
Фракцио́нный — § 30.
Фра́нция (собств. имя) — § 30.
Францу́зский [с] — § 59, п. 3.
Фрейди́зм — § 104, п. 6.
Фре́йлина — § 104, п. 6.
Фрикаде́лька — § 104, п. 2.
Фрикасе́ [с'] — § 104, п. 4.
Фронтиспи́с — § 99.

Ха́ос — [ха́ос].
Хабане́ра — § 104, п. 3.
Хвастли́вый, хвастли́вость — § 73.
Хвостца́ (от хвосте́ц) — § 76.
Хи́щный — § 29.
Хлёстче — § 61.
Хозя́йствовать — § 22.
Хохота́ть — § 22.
Хризанте́ма — § 104, п. 1.
Хру́стче — § 61.

Ца́рствовать — § 22.
Цвет, цвето́к, цвести́, расцвета́ть — § 30, примечание 1.
Целу́ю, -ешь, целу́й — § 18, п. 2, примечание.

Це́рковь [цэ́р'къф'] — § 39.
Циа́нистый — § 30, примечание 2.
Цивилиза́ция — § 30, примечание 2.
Цикламе́н — § 103.
Цили́ндр — § 30, примечание 2.
Цинера́рия — § 30, примечание 2 и § 104, п. 3.
Цини́зм — § 30, примечание 2.
Цирце́я (собств. имя) — § 30, примечание 2.
Цисте́рна — § 30, примечание 2.
Цисти́т — § 30, примечание 2.
Цитаде́ль — § 104, п. 2.
Цити́ровать — § 30, примечание 2.

Червь — § 39, червь, че́рви — § 50, п. 3.
Че́тверть — § 48, п. 1.
Что, что́-то, что́-нибудь, что́бы — § 66.
Чу́вство, чу́вствовать, чувстви́тельный — § 80.

Шате́н — § 104, п. 1.
Шеде́вр — § 104, п. 2.
Ше́ствовать — § 22.
Шестьдеся́т — [шъз'д'иᵉс'·а́т] или [шыз'д'ис'·а́т]; просторечное [шыис'·а́т].
Шестьсо́т — [шыᵉс:о́т]. В просторечии возможно второе ударение — на *е*, в этом случае на месте *сть* произносится мягкий согласный [с]: [ш эс'со́т].
Шимпанзе́ — § 104, п. 5.
Шопе́н [шопэ́н] (собств. имя) — § 17, п. 1, § 99 и § 103.
Шопениа́на [шо] — § 17, п. 1.
Шопе́новский [шопэ́]новский — § 17, п. 1.
Шоссе́, шоссе́йный — § 99 и § 104, п. 4.
Шотла́ндский — § 78.
Шотла́ндцы — § 77.
Шофёр [шлф'·о́р] — § 17, п. 1.
Штейгер — § 104, п. 1.
Штемпель — § 104, п. 1.
Ште́псель — § 104, п. 1.

Штибле́ты — [шт'и]бле́ты (*не* [щи]бле́ты!).
Штукату́рка — [шту]кату́рка (*не* [щ'ч'и]кату́рка или [ш':и]кату́рка!).

Эвакуа́ция — § 106.
Эве́нк — § 106.
Эволю́ция — § 106.
Эври́стика — § 106.
Эвфеми́зм — § 106.
Эвфони́я — § 106.
Эге́! (междометие) — § 28, в.
Эги́да — § 106.
Эгои́зм — § 106.
Эдельве́йс — § 104, п. 2.
Эде́м — § 104, п. 2 и § 106.
Эди́кт — § 106.
Эзо́повский — § 106.
Эква́тор — § 106.
Эквивале́нт — § 106.
Эквилибри́ст — § 106.
Экзальта́ция — § 106.
Экза́мен — § 106.
Экза́рх — § 106.
Экзеку́ция — § 106.
Экзе́ма — § 104, п. 5 и § 106.
Экземпля́р — § 104, п. 5 и § 106.
Экзерси́с — § 104, п. 5.
Экзо́тика — § 106.
Экипа́ж — § 106.
Экипиро́вка — § 106.
Эклекти́зм — § 106.
Эконо́мика — § 106.
Эконо́мь, эконо́мьте — § 39.
Экосе́з — § 104, п. 4 и § 106.
Экра́н — § 106.
Экскава́тор — § 106.
Экску́рсия — § 106.
Экспа́нсия — § 106.
Эксперимент — § 106.
Экспе́рт — § 106.
Эксперти́за — § 106.
Экспозе́ — § 99, § 104, п. 5. и § 106.
Экспона́т — § 106.
Экспресси́вный, экспрессиони́зм, экспре́ссия [с'] — § 56, п. 2.
Экста́з — § 106.

Экстенси́вный — § 104, п. 1.
Экстéрн, экстерна́т — § 104, п. 1.
Экстерьéр — § 104, п. 1.
Экстра́кт — § 106.
Эксцéсс — § 106.
Экю́ — § 106.
Элева́тор — § 106.
Элѐктромонтёр.
Элемéнт — § 106.
Эли́та — § 106.
Э́ллипс, э́ллипсис, эллипти́ческий [л'] — § 56, п. 2.
Эма́ль — § 106.
Эмба́рго — § 106.
Эмбрио́н — § 106.
Эмигра́нт — § 106.
Эми́р — § 106.
Эмисса́р [с] — § 56, п. 2.
Эмиссио́нный, эми́ссия — [с'] — § 56, п. 2 и § 106.
Эмо́ция — § 106.
Эмпи́рик — § 106.
Эму́льсия — § 106.
Эмфизéма — § 104, п. 5.
Эндокарди́т — § 106.
Энéргия — § 106.
Энкли́тика — § 106.
Энтузиа́зм — § 106.
Энциклопéдия § 106.
Эпигра́мма — § 106.
Эпи́граф — § 106.
Эпидéрма — § 104, п. 2.
Эпизо́д — § 106.
Эпило́г — § 106.

Эпи́тет — § 106.
Эпопéя — § 106.
Эпо́ха — § 106.
Эрза́ц — § 106.
Эруди́ция — § 106.
Эска́дра — § 106.
Эскадри́лья — § 106.
Эскадро́н — § 106.
Эскала́тор — § 106.
Эска́рп — § 106.
Эски́з — § 106.
Эссéнция [с'] — § 56, п. 2 и § 106.
Эстафéта — § 106.
Эстéт, эстéтика, эстети́ческий — § 104, п. 1 и § 106.
Эстра́да — § 106.
Этало́н — § 106.
Эта́п — § 106.
Этикéт — § 106.
Этногенéз — § 104, п. 3.
Этноло́гия — § 106.
Этю́д — § 106.
Эфи́р — § 106.
Эффéкт, эффекти́вность, эффекти́вный [ф'] — § 56, п. 2, § 104, п. 7 и § 106.
Эшафо́т — § 106.
Эшело́н — § 106.

Ютла́ндский (бой) — § 78.

Ягдта́ш — я[гд]а́ш.
Яи́чный, яи́чница — § 65.

ОГЛАВЛЕНИЕ

Предисловие к 5-му изданию 3
Из предисловия к 4-му изданию 5
Из предисловия к 1-му изданию 6

Введение

§ 1. Понятие об орфоэпии 8
§ 2. Практическое значение орфоэпии 12
§ 3. Русское литературное произношение в его историческом развитии 14
§ 4. Разные стили произношения 16
§ 5. Источники отступлений от литературного произношения 23
§ 6. Работа над исправлением произношения 25

Звуковая система русского языка

§ 7. Гласные 28
§ 8. Согласные 34
§ 9. Фонетическая транскрипция 44

Ударные и безударные гласные [и], [ы] и [у]

§ 10. Гласные [и], [ы] 48
§ 11. Гласный [у] 50

Ударные гласные [а], [о], [е]

§ 12. Гласный [а] 52
§ 13. Гласный [о] 53
§ 14. Гласный [е] 56

Безударные гласные

§ 15. Гласные на месте букв *о* и *а* после твердых согласных (кроме шипящих) 58
§ 16. Гласные на месте букв *о* и *а* в начале слова 62
§ 17. Гласные на месте букв *о* и *а* после твердых шипящих и [ц] в предударных слогах 63
§ 18. Гласные на месте буквы *е* после твердых шипящих и [ц] в предударных слогах 64
§ 19. Гласные на месте букв *я(а)* и *е* после мягких согласных в предударных слогах 66
§ 20. Гласные на месте букв *е* и *я(а)* после мягких согласных в заударных слогах 69
§ 21. Гласные на месте букв *е* и *а* после твердых шипящих и [ц] в заударных слогах 71
§ 22. Несколько общих замечаний о произношении безударных гласных . 72

Сочетания безударных гласных

§ 23. Гласные на месте сочетаний *ао*, *оо* 76
§ 24. Гласные на месте сочетаний *ео* и *еа* 77
§ 25. Гласные на месте сочетаний *еи* и *ее* 78
§ 26. Другие сочетания . . . . —
§ 27. Безударные сочетания гласных на месте *ио*, *иа*, *ие*, *уа* в словах иноязычного происхождения 79

Качество отдельных согласных

§ 28. Качество [г] 80
§ 29. Качество согласного на месте буквы *щ* 82
§ 30. Согласные [ц] и [ч] 84
§ 31. Согласные [ш] и [ж] 87
§ 32. Качество [в] . . . . —
§ 33. Качество [л] 88
§ 34. Качество [р] 89
§ 35. Согласный [j] . . . . —

Звонкие и глухие согласные

§ 36. Звонкие согласные на конце слова 94
§ 37. Звонкие и глухие согласные перед согласными 99

Твердые и мягкие согласные

§ 38. Общие замечания 100
§ 39. Мягкие губные согласные на конце слова 102
§ 40. Мягкие согласные перед [а], [у], [о] 103
§ 41. Мягкие согласные перед [и], [е] 104
§ 42. Мягкий звук [р] 105
§ 43. Мягкие [т] и [д] 106

Сочетания конечного твердого согласного предыдущего слова с начальным гласным на месте буквы *и* или *э* следующего слова

§ 44. Буква *и* в начале слова 107
§ 45. Буква *э* в начале слова 108

Смягчение согласных перед мягкими согласными

§ 46. Общие замечания 108
§ 47. Губные согласные перед мягкими губными 109
§ 48. Зубные согласные перед мягкими губными 110
§ 49. Зубные согласные перед мягкими зубными 113
§ 50. Согласный [р] перед мягкими губными и зубными 120
§ 51. Согласные [ж], [ш] перед мягкими согласными 122
§ 52. Мягкость групп согласных перед мягкими согласными 123
§ 53. Согласный [г] перед мягким [к] 126
§ 54. Губные согласные перед мягкими задненёбными . . . . —
§ 55. Согласные перед [j] ([i̯]) . . . . —

Двойные согласные

§ 56. Двойные согласные между гласными 128
§ 57. Двойные согласные на конце слова 134
§ 58. Двойные согласные в начале слова перед гласным 135
§ 59. Двойные согласные после гласного перед согласным . . . . . —

Сочетания согласных

§ 60. Сочетания *сш, зш* 138
§ 61. Сочетания *сч, зч, здч, жч, стч* . . . . —
§ 62. Сочетания *зж и жж* 139
§ 63. Сочетания *тс, дс и тьс* 140
§ 64. Сочетания *тц, дц* 142
§ 65. Сочетание *чн* . . . . —
§ 66. Сочетание *чт* 145
§ 67. Сочетание *г* или *к* с последующими взрывными согласными или аффрикатами . . . . —
§ 68. Сочетания *дз, тз* 146
§ 69. Сочетания *тш, дш и дж, тж* 147
§ 70. Сочетания *тч, дч* . . . . —

Сочетания с непроизносимыми согласными

- § 71. Сочетание *стн* 148
- § 72. Сочетание *здн* . . . . —
- § 73. Сочетание *стл* 149
- § 74. Сочетания *стк* и *здк* . . . . —
- § 75. Сочетание *сск* . . . . —
- § 76. Сочетания *стц*, *здц* 150
- § 77. Сочетания *ндц*, *нтц* . . . . —
- § 78. Сочетания *ндск* и *нтск* . . . . —
- § 79. Сочетания *ндк* и *нтк* 151
- § 80. Сочетание *вств* . . . . —
- § 81. Сочетания *рдц*, *рдч* и *лнц* . . . . —
- § 82. Сочетания *вск*, *жск*, *шск* . . . . —
- § 83. Сочетания *сть*, *зпь* и *ст*, *зд* на конце слова 152
- § 84. Согласные в сочетаниях *стья*, *стью*, *стье* . . . . . . —

Произношение отдельных грамматических форм

- § 85. Именительный падеж множественного числа существительных с безударным окончанием *-а*, *-ья* 152
- § 86. Именительный падеж единственного числа мужского рода прилагательных (безударное окончание *-ый*, *-ий*) 153
- § 87. Родительный падеж единственного числа мужского и среднего рода на *-ого*, *-его* 156
- § 88. Именительный падеж множественного числа прилагательных на *-ые*, *-ие* . . . . —
- § 89. Окончания *-ое*, *-ая* прилагательных 157
- § 90. Окончание *-ую* прилагательных . . . . —
- § 91. Безударные окончания 3-го лица множественного числа глаголов 2-го спряжения 158
- § 92. Сочетания гласных с *е* или *ю* во второй части в личных формах глаголов 161
- § 93. Возвратные частицы *-сь*, *-ся* 162
- § 94. Глагольные формы *-ться*, *-ться* и *-ется* 165
- § 95. Глаголы на *-ивать*, *-ывать* . . . . —

Произношение слов иноязычного происхождения

- § 96. Общие замечания 166
- § 97. Сочетания *дж* и *дз* . . . . —
- § 98. Звук [h] 167
- § 99. Произношение [о] в безударных слогах . . . . —

Согласные перед гласным на месте *е*

- § 100. Общие замечания 168
- § 101. Задненёбные согласные 169
- § 102. Согласный на месте *л* . . . . —
- § 103. Губные согласные 170
- § 104. Зубные согласные 171

Гласные на месте *е*, *э*

- § 105. Произношение гласных на месте *е* в безударных слогах 175
- § 106. Произношение гласного на месте *э* в начале слова . . . . . —

О некоторых особенностях произношения имен и отчеств

- § 107. Общие замечания 176
- § 108. Женские отчества 177
- § 109. Мужские отчества 179
- § 110. Женские имена 180
- § 111. Мужские имена 181

О некоторых тенденциях в развитии русского литературного произношения

§ 112. Изменения в произношении и их отношение к фонетической системе 182
§ 113. Принципы отбора произносительных вариантов в качестве нормы 188
§ 114. Произношение и правописание 190

Справочный отдел

Звуки и буквы 192
Русская графика и русский ударный вокализм 194
Русская орфография 204
Правила чтения. Таблица „От буквы к звуку" 211
Правила написания. Таблица „От звука к букве" 289

Приложение

Образцы транскрибированных текстов 355
Указатель слов 395

Рубен Иванович Аванесов

РУССКОЕ ЛИТЕРАТУРНОЕ
ПРОИЗНОШЕНИЕ

Редактор *А. П. Грачёв*
Художественный редактор *А. В. Сафонов*
Технический редактор *Л. К. Кухаревич*
Корректор *Г. Д. Дудина*

Сдано в набор 29/III 1972 г. Подписано к печати 25/VIII 1972 г. Формат 60×90$^1/_{16}$. Бумага типогр. № 3. Печ. л. 26. Уч.-изд. л. 25.75. Тираж 120 тыс. (1—40 000) экз. А07329

Издательство «Просвещение» Государственного комитета Совета Министров РСФСР по делам издательств, полиграфии и книжной торговли. Москва, 3-й проезд Марьиной рощи, 41

Ордена Трудового Красного Знамени Первая Образцовая типография имени А. А. Жданова Союзполиграфпрома Государственного комитета Совета Министров СССР по делам издательств, полиграфии и книжной торговли. Москва, М-54, Валовая, 28.
Заказ № 2853

Цена без переплета 72 коп., переплет 20 коп.